Politik &Co.

Gemeinschaftskunde und Wirtschaft (GWG) für das Gymnasium

Baden-Württemberg

herausgegeben
von Prof. Hartwig Riedel

Band 2

bearbeitet von

Erik Müller
Dr. Stephan Podes
Prof. Hartwig Riedel
Dr. Martina Tschirner
Martina Tuda

C.C. Buchner Bamberg

Politik & Co. 2

Gemeinschaftskunde und Wirtschaft (GWG) für das Gymnasium
Baden-Württemberg
herausgegeben von Prof. Hartwig Riedel

Bearbeiter: Erik Müller (Kapitel 4 und 6)
Dr. Stephan Podes (Kapitel 3 und 8)
Prof. Hartwig Riedel (Kapitel 7 und 9)
Dr. Martina Tschirner (Kapitel 2 und 10)
Martina Tuda (Kapitel 1 und 5)

Redaktion: Andreas Gerster

Dieses Werk folgt der reformierten Rechtschreibung und Zeichensetzung. Ausnahmen bilden Texte, bei denen künstlerische, philosophische und lizenzrechtliche Gründe einer Änderung entgegenstehen.

2. Auflage[6] 2012
Die letzte Zahl bedeutet das Jahr dieses Druckes.
Alle Drucke dieser Auflage sind, weil untereinander unverändert, nebeneinander benutzbar.

www.ccbuchner.de

Gestaltung und Herstellung: Wildner+Designer, Fürth, www.wildner-designer.de
Umschlaggestaltung: Daniela Paulus, Wildner+Designer

Druck- und Bindearbeiten: Stürtz GmbH, Würzburg

ISBN 978-3-7661-**6872**-6

Vorwort

Alles Wissen und alles Vermehren unseres Wissens
endet nicht mit einem Schlusspunkt,
sondern mit einem Fragezeichen.

Hermann Hesse

Mit Politik&Co. 2 wollen wir dazu beitragen, dass die Schülerinnen und Schüler ein solides Fundament politischer und ökonomischer Allgemeinbildung bis zum Ende der Sekundarstufe I erwerben. Leitgedanke der Arbeit an diesem Buch war, die abstrakter werdenden Zusammenhänge von Politik und Wirtschaft interessant und verständlich zu vermitteln und Orientierungswissen, Urteilsvermögen und methodische Fertigkeiten der Schülerinnen und Schüler weiterzuentwickeln.

Zur Arbeit mit dem Buch

Politik & Co. folgt einem klaren Aufbau.
Jede Lehrplaneinheit beginnt mit einer *Auftaktseite,* die collageartig gestaltet ist, einen motivierenden Einstieg in das Kapitel eröffnet und in die zentralen Begriffe und Themen des Kapitels einführt.

M 1

M 2

Daran schließt sich der *Materialteil* an, in dem die Inhalte des Kapitels in Form von unterschiedlichsten Quellen (Zeitungsartikel, Karikaturen, Statistiken, Bilder, Grafiken und Gesetzestexte) präsentiert werden. Die Überschriften der Materialien dienen als „roter Faden" und erleichtern so die Bearbeitung.

Aufgabe

1.

An die Materialien schließen sich *Arbeitsaufträge* an. Sie geben Anregungen für ein selbständiges, methodengeleitetes Erschließen der Materialien und regen die Schülerinnen und Schüler zu aktivem Handeln innerhalb und außerhalb des Unterrichts an.

Methode

Methodenseiten dienen dazu, grundlegende Methoden zu erlernen und die Arbeitsaufträge jeweils methodengeleitet anzugehen.

Infobox

Infoboxen zur Erklärung wichtiger Begriffe sind farblich hervorgehoben und helfen, ein begriffliches Grundwissen aufzubauen.

Projektorientierte Themenvorschläge geben Anregungen für die Entwicklung eines *schuleigenen Curriculums.*

Was wir jetzt wissen:

Die Rubrik *„was wir jetzt wissen"* hat eine besonderes Layout. Sie schließt jeweils ein Unterkapitel ab, fasst nochmals die wesentlichen Inhalte in schülergemäßer Form zusammen und kann so sinnvoll zur Nacharbeit oder zur Vorbereitung einer Leistungsmessung eingesetzt werden.

Ein Register und ein kleines Politiklexikon schließen den Band ab und erleichtern das selbständige Arbeiten mit dem Buch.

Der Herausgeber

Bildnachweis

Wolfgang Albers, Reutlingen – S. 90
Archiv für Christlich-Demokratische Politik der Konrad Adenauer Stiftung, Sankt Augustin – S. 103, 114, 115, 126 (5)
Archiv für soziale Demokratie der Friedrich-Ebert-Stiftung, Bonn – S. 103, 114, 115, 126 (3), 146,
Argus Fotoarchiv, Hamburg – Einband, 61 (2), 73, 193, 250,
Artur-Architekturbilder Agentur, Köln – S. 224
Sabine Brauer-Photos, München – S. 123
Bundesgeschäftsstelle der F.D.P., Bonn – S. 103, 114
Bundesministerium der Verteidigung, Presse- und Informationsstab, Berlin – S. 174
Bündnis 90 / Die Grünen, Bundesgeschäftsstelle, Bonn – S. 103, 114
CCC – Cartoon-Caricature-Contor, Pfaffenhofen-Ilm – S. 35, 38, 48, 50, 51 (5), 89, 97, 130, 139, 147, 193, 198, 211, 214, 241, 256, 262, 282
Das Fotoarchiv, Essen – S. 9, 13
Der Spiegel, Hamburg – S. 13, 168, 183 (4), 193, 195, 196
Deutscher Bundestag, Pressestelle, Berlin – S. 93, 140
DIZ Süddeutscher Verlag-Bilderdienst / AP, München – S. 232
DPA Picture-Alliance, Frankfurt – Einband (4), 25, 35, 40, 53, 61, 63, 65, 85, 89 (2), 136 (2), 146 (2), 153 (2), 159 (5), 160 (4), 177, 205, 288 (2)
Esslinger Zeitung, Esslingen – S. 79
Eucon-European-Communication, Brüssel – S. 193, 205
F1-online, Frankfurt – S. 173
Germanisches Nationalmuseum, Nürnberg – S. 161
Globus Infografik, Hamburg – S. 19 (2), 29, 45, 97, 187, 190, 203, 214, 218, 234, 237, 247, 249, 257 (2), 265, 268, 276, 278 (2), 299, 304, 306
Amelie Holtfreter-Blienke, Berlin – S. 274
Images.de digital photo, Berlin – S. 70
Informationen zur politischen Bildung, Berlin – S. 64, 185
IPON Photography, Berlin – S. 174
Keystone Pressedienst, Hamburg – S. 35, 36, 81
Laif, Köln – S. 188
Matthias Lüdecke, Berlin – S. 9
Erik Müller, Rottenburg-Wurmlingen – S. 14
Karl Pflaum, Bamberg – S. 184
Presse- und Informationsamt der Bundesregierung – Bundesbildstelle, Berlin – Einband
Erich Schmidt Verlag, Berlin – S. 21, 48, 67, 68, 75, 87, 100, 105, 107, 127, 129, 137, 140, 141, 148, 150, 151, 165, 178, 207, 237, 298 (2), 299
Stuttgarter Zeitung, Erik Raidt, Stuttgart – S. 16
The Associated Press, Frankfurt – S. 93
Ullstein-Bild, Berlin – S. 36, 146, 288 (2)
Marc-Steffen Unger, Berlin – S. 238
Uni-Bielefeld, Joachim Käppner, Bielefeld – S. 111
Visum, Hamburg – S. 32, 121, 221
Wildner+Designer, Fürth – Einband (3), 35 (2), 199, 241, 252, 287, 301
Worldpeace Conference 2003, Wien – S. 166
www.leu.bw.schule.de/berat/bogy.htm - S. 308
www.pixelquelle.de – S. 9
www.wikimedia.com – S. 206

Inhaltsverzeichnis

Verzeichnis der Methoden

Schuleigenes Curriculum

Einwanderung nach Deutschland

Grenzzaun der spanischen Exklave Melilla in Marokko

Straßenszene in Berlin-Kreuzberg

Die Tahir-Moschee in Koblenz

„Wir haben Migration, die Menschen haben sich hier niedergelassen und sind Teil dieser Gesellschaft. Sie sind keine Gäste, sondern Einwanderer und Einwohner."

Marieluise Beck, Bundesausländerbeauftragte

„Dass Menschen unterschiedlicher Herkunft und Kultur in unserem Land zusammenleben, wird sich nicht mehr ändern. Integration ist daher die Aufgabe, die wir gemeinsam anpacken müssen,wenn wir das Zusammenleben erfolgreich und friedlich gestalten wollen."

Johannes Rau, ehemaliger Bundespräsident

1. Migration – Ursachen und Motive

1.1 Flucht als Migrationsursache

M 1 Zwischen den Fronten

Zina Khalil, geb. 1984 in Bagdad

Vor zwei Jahren mussten meine Mutter und ich Bagdad als politische Flüchtlinge verlassen. Wir sind dann zuerst nach Dortmund und von dort aus in ein Flüchtlingsheim nach Neckarsulm gekommen. Zum Glück haben wir eine Wohnung in Stuttgart gefunden, wo wir auch gut aufgenommen wurden. Die Heimat verlassen zu müssen war furchtbar für mich. Hier war alles fremd, ich musste eine völlig neue Sprache lernen und in die neunte Klasse der Hauptschule gehen. Das macht mich sehr unglücklich, da ich in Bagdad in der elften Klasse auf dem Gymnasium war. Aber trotz allem fühle ich mich sehr wohl in Stuttgart. Ich hoffe sehr, dass ich die schrecklichen Erlebnisse der Flucht und die ständige Angst irgendwann einmal vergessen kann. Aber das wird mir wahrscheinlich nicht möglich sein. Auch habe ich im Moment großes Heimweh nach Bagdad und würde gerne zurückkehren, aber das kann ich nicht. Vielleicht wird das irgendwann gehen. In fünf Jahren. Oder in zehn.

Zina Khalil, www.urbanum.de (12.10.2005)

M 2 Flüchtlinge in Deutschland

Als Flüchtlinge werden alle Personen bezeichnet, die aufgrund der sozialen, wirtschaftlichen oder politischen Bedingungen ihr Heimatland verlassen haben. In Deutschland gibt es für Flüchtlinge unterschiedliche rechtliche Bedingungen. Eine besondere Gruppe von Flüchtlingen sind die Asylbewerber. Sie beantragen politisches Asyl nach Artikel 16a des Grundgesetzes, d.h. Schutz vor Abschiebung in einen Staat, in dem ihr Leben oder ihre Freiheit wegen ihrer Rasse, Religion, Staatsangehörigkeit, ihrer Zugehörigkeit zu einer bestimmten sozialen Gruppe oder wegen ihrer politischen Überzeugung bedroht ist. Im Zuwanderungsgesetz von 2004 ist festgelegt worden, dass auch Flüchtlinge, die von nichtstaatlichen Gruppen oder wegen ihrer sexuellen Orientierung verfolgt werden, oder Frauen, die vor einer Genitalbeschneidung fliehen, Anspruch auf Asyl haben. Im Rahmen der Genfer Flüchtlingskonvention dürfen sich auch abgelehnte Asylbewerber, denen eine Rückkehr in ihre Heimat nicht zugemutet werden kann, oder Bürgerkriegsflüchtlinge zeitlich befristet in Deutschland aufhalten. Wenn Aufenthaltsrechte ablaufen, müssen die Flüchtlinge wieder ausreisen oder werden zwangsweise in ihr Heimatland abgeschoben. Die Hauptargumente der Befürworter einer strikten Befristung des Aufenthaltsrechts lauten, dass ein von Bürgerkriegen erschüttertes Land die eigenen Bewohner zum Wiederaufbau braucht und Deutschland aus finanziellen Gründen nur begrenzt Flüchtlinge aufnehmen kann. Flüchtlingsorganisationen wie ProAsyl kritisieren die deutsche Abschiebepraxis und fordern ein Bleiberecht für Flüchtlinge, wie z.B. für ehemalige Bürgerkriegsflüchtlinge aus Südosteuropa, die oftmals eine zweite Heimat in Deutschland gefunden haben, einer Erwerbstätigkeit nachgehen und deren Kinder in deutschen Schulen groß geworden sind.

Autorentext

Infobox

Migration

Soziologischer Begriff, der für alle Formen räumlicher Mobilität von Individuen, (religiösen, ethnischen etc.) Gruppen, Minderheiten und Volksteilen verwendet wird. Migrationsprozesse können durch erhöhte individuelle Mobilität (z.B. aufgrund von Arbeitssuche) ausgelöst werden. Sie können sich in Form von Land- oder Stadtflucht und damit als Binnenmigration oder in Form von Ein- bzw. Auswanderung (Immigration, Emigration), also z.B. als politisch-geographische Wanderungsbewegungen, vollziehen.

Klaus Schubert, Martina Klein, Das Politiklexikon, 4. Aufl., Bonn 2006, S. 196

Aufgaben zu M 1 – M 2

1. *Versuche mithilfe von M 1 in einer Mindmap zu sammeln, was es für den Einzelnen bedeutet, seine Heimat verlassen zu müssen.*

2. *a) Arbeite aus Artikel 16a des Grundgesetzes heraus, wer Anspruch auf politisches Asyl hat.*

b) Stelle Gründe zusammen, warum es in der Bundesrepublik Deutschland ein Grundrecht auf Asyl gibt.

3. *Wer von euch hat Großeltern oder Eltern, die außerhalb der Bundesrepublik Deutschland geboren sind? Aus welchen Gründen leben die Familien jetzt in Deutschland? Berichtet euch gegenseitig oder macht eine Umfrage in eurer Klasse.*

Entwicklung der Asylbewerberzahlen in Deutschland

M 3

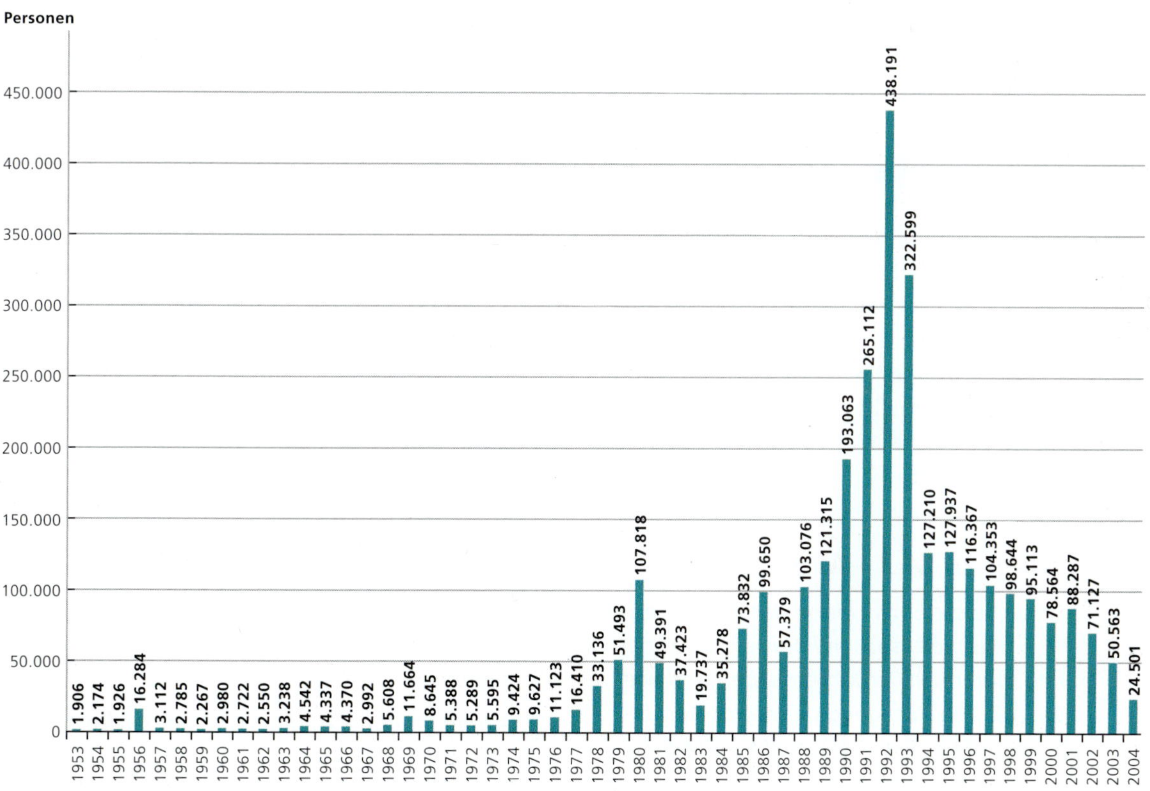

www.bamf.de (Bundesamt für Migration und Flüchtlinge, 4.7.2005)

M 4 Die Änderung der Asylgesetzgebung 1993

Seit 1. Juli 1993 kann sich ein Ausländer, der aus einem so genannten „sicheren Drittstaat" einreist, nicht mehr auf das Grundrecht auf Asyl berufen. In diesem Fall ist ihm bereits an der Grenze durch die Grenzbehörden die Einreise zu verweigern, ohne dass er in das Asylverfahren aufgenommen wird. „Sichere Drittstaaten" sind nach den verfassungsrechtlichen Vorgaben die Mitgliedstaaten der Europäischen Gemeinschaften sowie weitere europäische Staaten, in denen die Einhaltung der Genfer Flüchtlingskonvention und der Menschenrechtskonvention sichergestellt ist. … Im Fall der Einreise aus einem sicheren Drittstaat hat der Antragsteller kein vorläufiges Bleiberecht in der Bundesrepublik Deutschland. Die Rückführung in den sicheren Drittstaat kann unabhängig von einem eingelegten Rechtsbehelf vollzogen werden. Der Ausländer kann ein gerichtliches Verfahren vom sicheren Drittstaat aus betreiben. Der Hintergrund dieser Regelung besteht darin, dass eine aktuelle Verfolgung nicht mehr besteht, wenn der Ausländer bereits einen anderen Staat erreicht hat, in dem er gleichfalls Schutz nach der Genfer Flüchtlingskonvention erhalten kann.

www.bamf.de (Bundesamt für Migration und Flüchtlinge, 4.7.2005)

M 5 Mögliche Folgen der Asylrechtsänderung

Die historische Botschaft des alten Artikels 16 GG trägt nicht mehr seit der Änderung des Grundrechts auf Asyl im „Asylkompromiss", der am 1. Juli 1993 rechtskräftig wurde. Nach dem seither gültigen Artikel 16a GG hat in aller Regel keine Chance mehr auf Asyl, wer aus „verfolgungsfreien" Ländern stammt oder über so genannte „sichere Drittstaaten" einreist, mit denen Deutschland lückenlos umgeben ist. Die Folge: Die Bundesrepublik ist für asylsuchende Flüchtlinge de jure[1] auf dem Landweg legal kaum mehr erreichbar. Der Luftweg hat, der Kosten wegen, eine deutliche soziale Selektionsfunktion[2]. Auf diesem Wege einreisen können nur jene, die das Geld für den Flug – oder für Agenten und Schlepper – haben, weshalb oft viele zusammenlegen und zurückbleiben müssen, um eine Flucht zu ermöglichen. Einfliegende Asylsuchende aus so genannten „Nichtverfolgerstaaten" oder ohne gültige Papiere müssen im Transitbereich bleiben und dort auf ein Schnellverfahren warten.

Diese Abwehrmaßnahmen aber haben seither nicht nur die Asylbewerberzahlen gesenkt und den Transitverkehr von Asylsuchenden durch Deutschland verstärkt – zum Missfallen der europäischen Nachbarn, etwa der Niederlande. Sie haben ferner Asylverfahren zum Teil zu einem Katz- und Mausspiel werden lassen, oft dergestalt, dass illegal eingereiste Ausländer ihre Identität und Herkunft (z. B. aus einem „verfolgungsfreien Herkunftsland") sowie ihren Reiseweg (z.B. über ein „sicheres Drittland") verschleiern. Die Abwehrmaßnahmen führten aber insgesamt auch vermehrt zu irregulären Inlandsaufenthalten, teils, weil die illegal Eingereisten auf den ohnehin aussichtslosen Asylantrag verzichteten, teils, weil sie die Frist der Aufenthaltsgenehmigung nach legaler Einreise überschritten. Je schärfer und je unüberwindlicher die Abschottung für hilflose Einzelne, desto höher die Konjunktur des organisierten Verbrechens, das mit weltweiten Schleppernetzen operiert.

Klaus J. Bade/Jürgen Oltmer, Normallfall Migration, Bonn 2004, S. 114

[1] de jure (lat.) = von Rechts wegen

[2] Selektionsfunktion = Auswahlfunktion

Aufgaben zu M 3 – M 5

1. *Untersuche die Entwicklung der Asylbewerberzahlen. Welche Ursachen könnte der Anstieg in den späten 1980er Jahren haben und wie kann man den Rückgang der Asylbewerberzahlen im Jahr 1994 erklären (M 3 – M 5)?*
2. *Nenne Gründe und Auswirkungen der Asylrechtsänderung von 1993 (M 3 – M 5 und eigene Recherchen).*
3. *Nimm Stellung zu der Kritik am Asylrecht, das seit 1993 gilt (M 5).*

Macht Europa die Grenzen dicht?

M 6

Spiegel Titel 25/2002, Grenzanlage der spanischen Exklave Melilla in Marokko. Flüchtlinge und Migranten aus Afrika, Asien und Europa versuchen täglich auf unterschiedlichen Wegen die Grenzen zur EU zu überwinden.

Welche Länder gewähren Asyl?

M 7

Sieben von zehn Schutzsuchenden weltweit haben im letzten Jahrzehnt Asyl in Entwicklungsländern gefunden, aus denen ebenfalls 86 Prozent der Flüchtlinge stammen. … Die Industriestaaten beklagen sich zwar über eine zunehmende Zahl von Asylsuchenden, die Statistik zeigt jedoch, dass es vornehmlich die armen Länder sind, die Asyl gewähren – 72 Prozent aller Flüchtlinge weltweit im letzten Jahrzehnt. … Die Zahl der Flüchtlinge lag in den vergangenen fünf Jahren (1997 bis 2001) stets bei rund zwölf Millionen. Gegenüber dem Zeitraum 1992 bis 1996 sank sie damit um fast ein Viertel. …

Im Jahr 2001 stieg die Zahl der Asylanträge in den Industriestaaten im Vergleich zum Vorjahr um acht Prozent. In sechs nichteuropäischen Industriestaaten (Kanada, USA, Australien, Neuseeland, Republik Korea, Japan) erhöhte sich die Zahl um 31 Prozent. Mittel- und Osteuropa verzeichneten einen Anstieg von 33 Prozent. In den 15 Mitgliedstaaten der Europäischen Union hingegen verringerte sich die Zahl der Asylanträge um ein Prozent.

www.unhcr.de (Flüchtlingshilfswerk der Vereinten Nationen, 7.2.2005)

Aufgaben zu M 6 und M 7

1. *Erkläre, welche Bedeutung die Europäische Union als Zufluchtsort für Flüchtlinge im weltweiten Vergleich hat (M 7).*
2. *Zur Vertiefung: „Europa macht dicht" – Überprüfe, ob die Überschrift aus M 6 den aktuellen Stand der europäischen Flüchtlingspolitik angemessen kommentiert. Recherchiere dazu in den Internetangeboten der Europäischen Union, welche gemeinsamen Regelungen zur Aufnahme von Flüchtlingen Geltung haben.*

Schuleigenes Curriculum:
Spurensuche – Flüchtlinge bei uns

1. Flüchtlinge bei uns

Beim Thema „Flüchtlinge“ geht es um Menschen, ihre Ängste, Hoffnungen und Erwartungen, ihre Schwierigkeiten und Probleme, sich in der neuen Umgebung zurecht zu finden. Viele Flüchtlinge leben heute bei uns in der unmittelbaren Nähe. Schülerinnen und Schüler könnten Kontakte aufnehmen und so eigene Erfahrungen in den Unterricht einbringen.
Die Begegnung mit Flüchtlingen am Ort muss mit viel Einfühlungsvermögen vorbereitet werden. Wenn man mit den betroffenen Menschen Kontakt aufnehmen will, müssen diese in jedem Fall einverstanden sein und ihr müsst euch bewusst sein, dass bei der Erkundung Ernsthaftigkeit unbedingte Voraussetzung ist. Mit einer solchen Einstellung kann die Spurensuche zu einer wichtigen Erfahrung werden.

2. Vorschlag für die Arbeitsplanung

Schritt 1: Wo erhalte ich Informationen?
Örtliche Geschäftsstellen der Wohlfahrtsverbände (Telefonbuch); Arbeiterwohlfahrt, Arbeitersamariterbund, Caritas, Deutsches Rotes Kreuz, Diakonisches Werk, Malteserhilfsdienst, Paritätischer Wohlfahrtsverband, „Arbeitskreis Asyl“ am Ort (Kontakte oft über die örtliche Kirchengemeinde beider Konfessionen, im Telefonbuch unter „Kirchen“), Ausländerbehörde der Stadt, der Gemeinde, des Kreises (im Telefonbuch unter „Stadtverwaltung“, „Landratsamt“, „Sozialamt“, „Pro Asyl“, „amnesty international“).

Ein Interview mit Betroffenen muss gut vorbereitet werden, damit es gelingt.

Schritt 2: Erkundung bei Behörden durchführen
Mögliche Fragen:
- Gibt es hier am Ort Asylbewerber?
- Wo leben die nächstentfernten Asylbewerber?
- Was tut die Gemeinde / Kreis / Stadt für Asylbewerber?
- Wie wurde über Anträge entschieden?

Schritt 3: Gespräche mit Betreuern und Betroffenen
Mögliche Fragen:
- Wie viele Asylbewerber gibt es in der nächstgelegenen Unterkunft?
- Aus welchen Ländern kommen sie?
- Welche Sprachen sprechen sie?
- Welche Religion haben sie?
- Welche Berufe haben sie?
- Weshalb sind sie nach hier geflüchtet?
- Was wird von Deutschland erwartet?
- Welche Hoffnungen und Wünsche an uns haben die Asylbewerber?
- Wie wohnen die Asylbewerber?
- Welche Unterstützung erhalten sie monatlich als Sach- oder Geldleistung?
- Wie ist der Schulbesuch der Kinder geregelt?

3. Tipp: Wie können Interviews geführt und dokumentiert werden?

Ihr könnt offene Interviews führen, bei denen euch die Befragten zu verschiedenen Themen anhand eines von euch erarbeiteten Interview-Leitfadens ausführlich Auskunft geben. Wenn ihr offene Interviews führt, solltet ihr die Gespräche – mit Erlaubnis der Befragten – mitschneiden und anschließend von den wichtigsten Gesprächsabschnitten eine Abschrift anfertigen.
Oder ihr fertigt Fragebögen an, wobei die Befragten die vorher feststehenden Fragen (eher kurz) beantworten sollten (halboffene Interviews). Die Antworten könnt ihr dann in den Fragebogen eintragen (Mitschrift).
Ihr könnt auch Fragebögen mit vorgegebenen Antwortmöglichkeiten entwerfen (z.B. mit Hilfe des kostenlosen Programms GrafStatWin (vgl. S. 118 f.), wenn ihr von möglichst vielen Personen ein Meinungsbild erheben wollt.

Checkliste zum offenen Interview:

- ✓ Freundlichen Kontakt zum Gesprächspartner schon vor dem Interview suchen: Anrufen, Projekt vorstellen, Thema nennen!
- ✓ Einen Interviewleitfaden vorbereiten: Mögliche Fragen zu verschiedenen Themen notieren!
- ✓ Mikrofon und Tonträger: Ausrüstung ausprobieren!
- ✓ Auf Gesprächsatmosphäre achten: Geeigneten Ort auswählen, eventuell für Sitzgelegenheit und Getränke sorgen!
- ✓ Den Interviewpartner respektvoll und höflich behandeln: Aufwärmphase einplanen, kritischere Fragen erst später stellen!
- ✓ Während des Interviews: Offene Fragen stellen! W-Fragen (Wer? Wo? Was? Wann? Wie? Warum? Woher?) können nicht nur mit „ja“ oder „nein“ beantwortet werden.
- ✓ Ausreichend Zeit geben: Immer nur eine Frage stellen und aufmerksam zuhören!

1.2 Auf der Suche nach Arbeit

M 8 Von Süditalien nach Süddeutschland – aus „Gastarbeitern" werden Schwaben

Die Ankunft: Antonio Scaramella sitzt am 22. September 1959 in einem Zug, der ihn in ein neues Leben fährt. In der Gepäckablage über seinem Kopf liegt ein wuchtiger Koffer mit Eisenverschlüssen. Darin ist all das zusammengequetscht, was dem 20-jährigen Maurer den Start im Schwäbischen erleichtern soll: Käse, Schinken, Salami, Pasta, die ihm die Mama daheim vorgekocht hat, Socken und Unterwäsche. Der Koffer ist zusätzlich mit einem Strick verschnürt, der vorher einem Esel als Zaumzeug diente. Antonio Scaramella stammt aus einem Kaff namens Sicignano in Süditalien. Mehr als 20 Stunden hockt der junge Mann in dem Direktzug Salerno-Stuttgart. „Es war brechend voll, wie in einem Viehtransporter", erinnert er sich.

Die Vorgeschichte: Antonio Scaramella wächst als zweitältestes von sechs Geschwistern in bescheidenen Verhältnissen auf, in seinem Dorf lernt er seine spätere Frau kennen. „Bei uns in Sicignano konntest du damals nur Maurer sein oder Schafe hüten." In Sicignano sind die Chancen klein und der Horizont eng. „Ich habe es nicht mal bis zur nächsten Stadt geschafft. Neapel, Rom, davon hatte ich keine Ahnung." Eines Tages verlässt ein Mann das Dorf und geht nach Deutschland.

Fortan ist Deutschland für Antonio Scaramella das Land seiner Träume: „Es war für mich wie Amerika." Jenseits der Alpen braucht man Arbeiter, die das Land wieder aufbauten – ein italienischer Freund vermittelte Scaramella einen Vertrag bei einer Baufirma in Esslingen. Der junge Mann spricht kein Wort Deutsch, aber die Sehnsucht ist größer als die Angst. Deshalb geht er.

Die neue Heimat: Anfangs schläft Antonio Scaramella bei einem italienischen Bekannten in Leinfelden-Echterdingen. Nach zwei Tagen beginnt seine Arbeit auf dem Bau. Es ist ein Albtraum: Ende September schaufelt er Schnee von der Baustelle. Seine Firma weist ihm ein Zimmer in einer Baracke ohne Heizung und warmes Wasser zu. Auf wenigen Quadratmeter leben vier italienische Arbeiter, hier schlafen und kochen sie. Im Arbeitsvertrag hatte das Bauunternehmen Scaramella ein eigenes Zimmer mit Bad zugesichert. „Hätte ich Geld in der Tasche gehabt, wäre ich an diesem Tag sofort wieder abgehauen", sagt er und grinst. Heute erzählt er die Geschichte als Anekdote, damals verlor er seine Illusionen. 1962 heiratete er in Italien seine Jugendliebe Luigia und holt sie nach Deutschland. „Anfangs war's scho hart", sagt sie im Rückblick.

Aus Gastarbeitern werden Schwaben. Wie viel er bei seinem ersten Job auf dem Bau verdient hat, weiß Antonio Scaramella noch genau – pro Stunde 1,45 Mark brutto. Der Italiener ist für seine verschiedenen Arbeitgeber ein Mädchen für alles: Er schafft beim Daimler, schraubt bei einer Tankstelle an kaputten Autos, bedient eine Stanzmaschine in einer Papierfabrik. Auch seine Frau Luigia arbeitet. Beide lernen Deutsch. Luigia schabt Spätzle mit dem Brett. „I bin a alte Schwäbin", sagt sie heute.

Das italienische Ehepaar freundet sich mit vielen Deutschen an, zum Betriebsausflug geht es auf die Mainau oder in den Schwarzwald. Ihrem Sohn Enzo finanziert es eine akademische Ausbildung. „Ich habe von einem Studium immer nur geträumt", erzählt Luigia Scaramella. „Es ist sehr wichtig, dass Enzo studiert hat", sagt ihr Mann Antonio. 1973 nehmen die Scaramellas die deutsche Staatsbürgerschaft an.

Die Gegenwart: Manchmal muss Antonio Scaramella lange nachdenken, weil ihm auf Italienisch ein Wort entfallen ist. Seine alte Heimat ist ihm ein wenig fremd geworden. „Ich kann mir nicht vorstellen zurückzuziehen", sagt seine Frau Luigia.

Erik Raidt, Stuttgarter Zeitung, 2.2.2005

M 9

Arbeitsmigranten in Westdeutschland

Schon 1955 gab es in der württembergischen Landwirtschaft einen großen Bedarf an Arbeitskräften, deswegen wurde anknüpfend an alte Traditionen ein Anwerbeabkommen mit Italien abgeschlossen. Weitere Anwerbeverträge mit Spanien und Griechenland (1960), der Türkei (1961), Marokko (1963), Portugal (1964), Tunesien (1965), Jugoslawien (1968) und Südkorea (1970) kamen hinzu. Die Zahl der angeworbenen Arbeitskräfte wuchs schnell, nach einer Unterbrechung 1966-68 erreichte sie 1973 die Höchstzahl von 2.691.700. Wegen einer Wirtschaftskrise wurde die Anwerbung im November 1973 abgebrochen. Angesichts der wirtschaftlichen Probleme durch den „Ölschock“ und der Wiederkehr der Arbeitslosigkeit wurden ab 1974 viele Arbeitsverträge nicht verlängert. Die Zahl der ausländischen Arbeitskräfte ging zurück, insbesondere der Bürger aus EG- und EG-Beitritts-Ländern. Die Hälfte der spanischen und ein Drittel der portugiesischen Beschäftigten kehrten in ihre Heimatländer zurück. Andererseits blieb die Zahl der türkischen Beschäftigten konstant und die der Familienangehörigen stieg beträchtlich.

Beschäftigte ausländische Arbeitnehmer nach ausgewählten Wirtschaftszweigen

Wirtschaftszweig	2002
Land- und Forstwirtschaft	12,6 %
Verarbeitendes Gewerbe	9,8 %
Baugewerbe	9,5 %
Handel	6,6 %
Kreditinstitute, Versicherungsgewerbe	2,7 %
Anteil an den Beschäftigten insgesamt	8,3 %

http://www.bpb.de/wissen/ und www.integrationsbeauftragte.de (12.1.2005)

Autorentext

Aufgaben zu M 8 und M 9

1. *Erkläre, warum die Bundesrepublik Deutschland Arbeitskräfte angeworben hat (M 8, M 9).*
2. *„Man hat Arbeitskräfte gerufen und es kamen Menschen“, so kommentierte der Schriftsteller Max Frisch den Zuzug von Arbeitsmigranten in die Schweiz. Überlege, was er mit dieser Aussage gemeint haben könnte.*
3. *Zur Vertiefung: Viele Bürger ausländischer Herkunft haben in Deutschland Betriebe gegründet. Recherchiert in eurer Gemeinde, ob ihr einen solchen Betrieb vor Ort erkunden könnt und führt ein Interview mit dem Unternehmer/der Unternehmerin.*

Migration – Ursachen und Motive

Migration
Infobox

Der soziologische Fachbegriff Migration bezeichnet die Wanderungsbewegungen (Wohnortwechsel) von einzelnen Menschen oder Gruppen von Menschen. Migration kann innerhalb eines Landes stattfinden als Binnenmigration oder als Ein- bzw. Auswanderung. Einwanderung nennt man Immigration, Auswanderung Emigration.

Ursachen von Migration

Migration hat die unterschiedlichsten Ursachen: Flucht vor Kriegen und Verfolgung, die Suche nach einem wirtschaftlich besseren Leben oder der Wunsch nach einer guten Ausbildung, Familiennachzüge, Flucht vor Naturkatastrophen.
Migration betrifft viele Millionen Menschen auf der Welt – man hat das 20. Jahrhundert als das „Jahrhundert der Migration" bezeichnet, manche politischen Beobachter wollen diesen Titel aber auch für das gerade angebrochene 21. Jahrhundert reservieren.

Das Asylrecht im Grundgesetz
M 4, M 5

Das Wort Asyl bezeichnet eine Zufluchtsstätte für Vertriebene, Verfolgte. Nachdem während des Nationalsozialismus viele verfolgte Deutsche Asyl im Ausland gefunden hatten, wurde in das Grundgesetz ein Grundrecht auf Asyl aufgenommen (Art. 16a: „Politisch Verfolgte genießen Asylrecht.") Die Zahl der asylsuchenden Menschen stieg seit etwa 1990 stark an und löste eine Debatte um die Einschränkung des Asylrechts aus. Der Deutsche Bundestag änderte das Grundgesetz. Seit 1993 können Menschen, die aus einem sicheren Drittstaat oder einem gesetzlich festgelegten verfolgungsfreien Land einreisen, kein Asyl mehr beantragen. Die Zahl der Asylsuchenden hat sich seit 1993 wieder verringert. Dieser so genannte Asylkompromiss ist bis heute umstritten.

Zuwanderungsgesetz
M 2

Mit dem Zuwanderungsgesetz von 2005 wurde auch das Asylrecht verändert: Auch Flüchtlingen, die Schutz vor nichtstaatlicher (z. B. Bedrohung durch eine Bürgerkriegspartei) oder geschlechtsspezifischer Verfolgung (z.B. Genitalverstümmelung) suchen, können nun Asyl erhalten.

Ausländische Arbeitskräfte in Deutschland
M 9

In den 1950er Jahren erlebte die Bundesrepublik Deutschland einen Wirtschaftsboom, den die Bevölkerung als das „Wirtschaftswunder" wahrnahm. Von 1950 bis 1960 verdreifachte sich das Bruttosozialprodukt und es gab eine so große Nachfrage nach Arbeitskräften, dass die Bundesrepublik Deutschland Arbeitskräfte anwarb. Mit Italien, der Türkei, Portugal, Tunesien, Marokko und Jugoslawien wurden zwischen 1955 und 1968 Anwerbeverträge abgeschlossen. Die eingewanderten Arbeitnehmer wurden „Gastarbeiter" genannt.
Nach der Ölkrise von 1973 kam es 1974/75 zu einem Wachstumseinbruch und die Arbeitslosenzahlen stiegen auf über eine Million Menschen an. So wurde bereits Ende 1973 von der Bundesregierung ein Anwerbestopp ausgesprochen, der dazu führen sollte, dass die ausländischen Arbeitskräfte wieder in ihre Heimat zurückkehrten. Zum Teil war das auch der Fall, zum anderen Teil hatte der Anwerbestopp jedoch eine entgegengesetzte Wirkung. Da die in Deutschland lebenden Arbeitsmigranten nun befürchten mussten, nicht mehr nach Deutschland zurückkehren zu können, blieben viele in Deutschland und ihre Familienangehörigen zogen – auf der Basis der Europäischen Menschenrechtskonvention – nach. In Deutschland lebt mittlerweile die dritte Generation dieser Einwandererfamilien.

2. Zusammenleben in Deutschland

2.1 Die Bevölkerung in Deutschland

Anteile und Herkunftsländer ausländischer Menschen in Deutschland

M 1

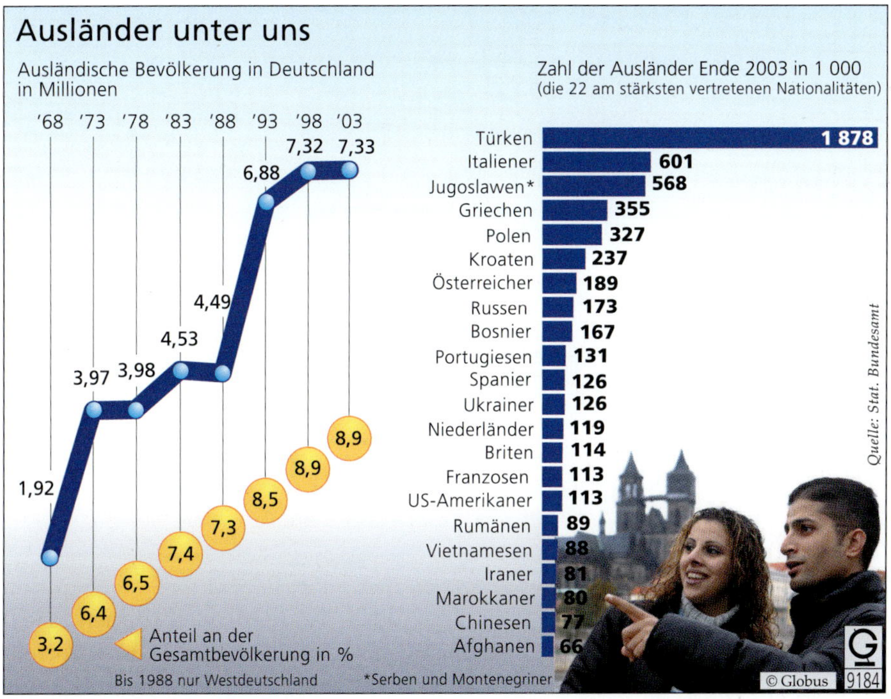

Zugewandert – abgewandert

M 2

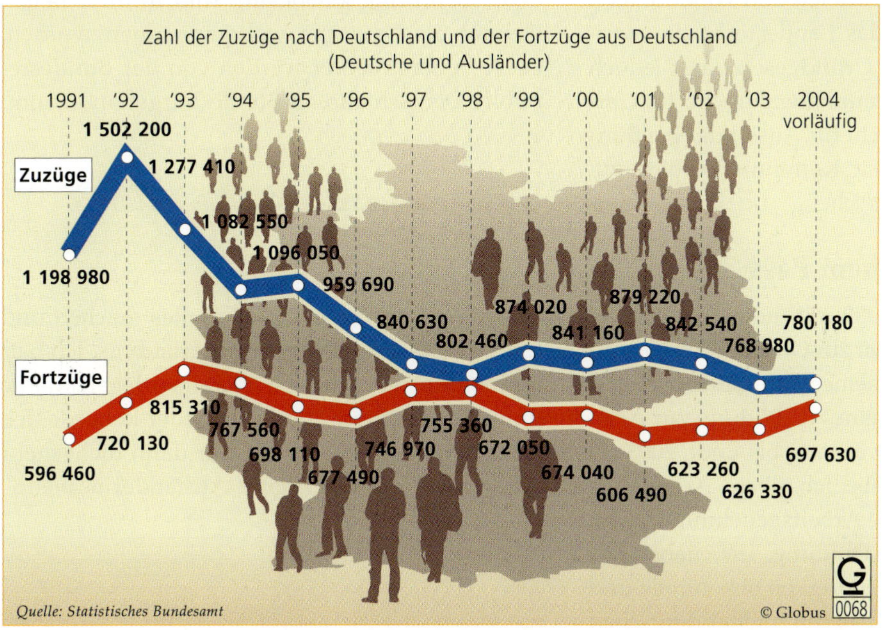

M 3 Ausländische Bevölkerung in den Ländern 2003

Land	Bevölkerung insgesamt	Ausländer
Baden-Württemberg	10.692.556	1.290.258
Bayern	12.423.386	1.182.383
Berlin	3.388.477	447.325
Brandenburg	2.574.521	67.605
Bremen	663.129	84.182
Hamburg	1.734.083	252.570
Hessen	6.089.428	700.033
Mecklenburg-Vorpommern	1.732.226	39.671
Niedersachsen	7.993.415	539.327
Nordrhein-Westfalen	18.079.368	1.965.155
Rheinland-Pfalz	4.058.682	312.575
Saarland	1.061.376	90.640
Sachsen	4.321.437	119.091
Sachsen-Anhalt	2.522.941	50.509
Schleswig-Holstein	2.823.171	153.039
Thüringen	2.373.157	47.457
Deutschland	82.531.671	7.341.820

Statistische Ämter des Bundes und der Länder, 16.9.2004

Aufgabe zu M 1 – M 3

1. Wertet – gegebenenfalls in arbeitsteiliger Gruppenarbeit – die Statistiken M 1 bis M 3 aus und haltet einen Kurzvortrag, in dem ihr einen Überblick über die Entwicklung der ausländischen Bevölkerung in Deutschland gebt. Berechnet dazu auch den prozentualen Anteil von Ausländern in Deutschland und in Baden-Württemberg. Aktualisiert die Zahlen gegebenenfalls mit Hilfe einer Recherche im Internet (M 3).

M 4 Was bedeutet der Begriff Ausländer?

Ausländer ist jeder, der nicht Deutscher im Sinne des Art. 116 Abs. 1 des Grundgesetzes ist, d.h. nicht die deutsche Staatsangehörigkeit besitzt. Ausländer genießen grundsätzlich Meinungs-, Versammlungs- und Vereinigungsfreiheit. Sie können in politischen Parteien und kommunalen Ausschüssen (soweit das Landesrecht dies vorsieht) mitwirken. Das Grundgesetz lässt jedoch mit Ausnahme des Kommunalwahlrechts für Unionsbürger kein Wahlrecht für Ausländer bei Bundestags-, Landtags- und Kommunalwahlen zu. Aussiedler sind Menschen, die aus osteuropäischen oder russischen Regionen nach Deutschland eingewandert sind. Ihre Vorfahren waren im 18. oder 19. Jahrhundert z.B. als „Donauschwaben" aus Deutschland ausgewandert und haben über die Jahrhunderte hinweg deutschsprachig gelebt und sind in ihrer neuen Heimat als Deutsche wahrgenommen worden. Diese Spätaussiedler werden von der Bundesrepublik Deutschland als Bundesbürger anerkannt.

Autorentext nach: www.integrationsbeauftragte.de (24.5.2005)

M 5 Leben mit deutschem Pass

„Ich bin seit August 1989 mit meiner Familie in Deutschland und bin hier zur Grundschule gegangen. Danach habe ich meinen Realschulabschluss abgeschlossen, habe meine Ausbildung zur Arzthelferin beendet und war tätig bis Ende 2003 als Arzthelferin. Dann habe ich übers Arbeitsamt erfahren, dass ich keine Arbeitsgenehmigung bekomme wegen meiner Duldung. 1997 haben wir die deutsche Staatsangehörigkeit bekommen und dann fühlte ich mich wohl mit meiner deutschen Staatsangehörigkeit. Ich kann alles machen und tun, ich brauchte keine Arbeitserlaubnis. Ich hatte einen Ausweis, den ich überall vorlegen konnte und der akzeptiert wurde von jeder Behörde. Ich habe mich frei gefühlt, ich war dann nicht mehr Ausländer. Ich war keine Ausländerin mehr."

Ayse Saban, Medienprojekt Wuppertal 2004/www.exil-club.de (16.4.2005)

M 6

„Ich wollte auch wählen“

Irena Kupsjak wurde in Stuttgart geboren. Ihre Eltern kamen 1968 als Arbeitsmigranten aus Jugoslawien nach Deutschland. Erst mit Anfang 30 hat sie sich einbürgern lassen. Bei der Landtagswahl 2006 in Baden-Württemberg durfte sie zum ersten Mal wählen gehen.

StZ: Sie sind ... hier aufgewachsen – warum haben sie erst so spät den deutschen Pass beantragt?

Kupsjak: Ich bin in Stuttgart geboren und habe mit dem ausländischen Pass hier immer gut gelebt – auch wenn ich keine Beamtin werden konnte und nicht wählen durfte. Lange Zeit habe ich mich aus der deutschen Politik rausgehalten. Mittlerweile weiß ich, wie unmittelbar die Entscheidungen mein Leben betreffen. Also wollte ich auch wählen. ... Für mich ist die deutsche Staatsangehörigkeit bereits meine dritte Staatsbürgerschaft: Ich wurde als Jugoslawin geboren, mit 17 Jahren [nach dem Zerfall Jugoslawiens, die Autoren] bin ich Kroatin geworden, ohne etwas dafür zu tun, seit einem Jahr bin ich nun Deutsche. Dieser Schritt hat mich Geld und Nerven gekostet.

StZ: Inwiefern?

Kupsjak: In Kroatien geht alles schnell und unbürokratisch, aber du musst viel Geld zahlen, um die Ausbürgerung zu bekommen. Mit den Übersetzungen und allem habe ich 800 Euro hingelegt. In Deutschland ist es genau umgekehrt: Die Gebühren sind akzeptabel, es dauerte aber ein Jahr, bis mein Antrag durch war und am Schluss war ich auch noch fünf Wochen staatenlos, weil mich die Kroaten bereits ausgebürgert hatten, mein deutscher Pass aber noch nicht da war. ...

StZ: Und wonach entscheiden Sie ... bei den Landtagswahlen am 26. März?

Kupsjak: Natürlich interessiert mich auch die Meinung der Parteien zur Zuwanderung. Aber dieser Punkt steht für mich nicht an erster Stelle. Für mich ist es wichtiger, wie sich die Parteien zu sozialen Fragen äußern.

höf/era, Stuttgarter Zeitung, 11.3.2006

M 7

Einbürgerung – wie man die deutsche Staatsangehörigkeit erwirbt

130 385 © Erich Schmidt Verlag

Aufgaben zu M 5 – M 7

1. *Fasse die Gründe zusammen, warum sich Ayse Saban und Irena Kupsjak für den Erwerb der deutschen Staatsbürgerschaft entschieden haben (M 5, M 6).*

2. *Erkläre, wie man die deutsche Staatsbürgerschaft erwerben kann und welche Rechte und Pflichten mit dem Erwerb verbunden sind (M 7).*

2.2 Einwanderungsland Deutschland

M 8 Der demografische Wandel in Deutschland

Was wäre, wenn Deutschland bis zum Jahr 2050 ...	... keine Zuwanderung hätte?	... eine mäßige Zuwanderung hätte?	... die Bevölkerungszahl stabil halten wollte?	... die Zahl der 15- bis 64-Jährigen stabil halten wollte?
Netto-Zuwanderung pro Jahr 1995 bis 2050	**keine**	**200 000 bis 240 000**	**324 000**	**458 000**
Bevölkerung im Jahr 2050	**58,8 Mio.**	**73,3 Mio.**	**81,7 Mio.**	**92 Mio.**
Zu-, Abnahme gegenüber 1995 in Prozent	▼ **– 28%**	▼ **– 10%**	**keine**	▲ **+ 13%**
Altersquotient 2050 (Relation der 15- bis 64-Jährigen zu den über 65-Jährigen	**1,8**	**2,1**	**2,3**	**2,4**

UNO, Abteilung für Bevölkerungsfragen

M 9 Deutschland braucht Zuwanderung

Deutschland braucht Zuwanderer. Dringend. Den Grund dafür kennen wir längst. In den kommenden Jahrzehnten wird die Zahl der Deutschen im Erwerbsalter deutlich schrumpfen, eine unerfreuliche Spätfolge der niedrigen Geburtenrate. Die Zahl der Alten wird hingegen noch mindestens 40 Jahre lang kräftig wachsen. Verantwortlich dafür sind zwei eigentlich höchst erfreuliche Entwicklungen. Zum einen steigt die Lebenserwartung, zum anderen kommen nun Jahrgänge ins Rentenalter, die kein Weltkrieg dezimiert hat. Die demografische Entwicklung beeinträchtigt mit hoher Wahrscheinlichkeit unseren Wohlstand. Und sie gefährdet unsere Wettbewerbsfähigkeit. Denn in Zukunft rücken immer weniger junge Menschen mit frisch erworbenem Wissen im Arbeitsmarkt nach. Gleichzeitig muss diese schrumpfende Zahl von Jüngeren für immer mehr Alte aufkommen. Die Folge: Der Spielraum für Lohnerhöhungen wird kleiner, das Rentenniveau lässt sich nicht halten, der Standort Deutschland wird unattraktiv, der Versuch, die Haushaltslöcher ohne neue Steuern und Abgaben zu stopfen, wird immer schwerer. Zweierlei könnte Abhilfe schaffen: eine längere Lebensarbeitszeit und mehr qualifizierte Einwanderer. Doch die Zuwanderung ist unpopulär und ein höheres Rentenalter ebenso. Dabei gibt es zu beidem keine vernünftige Alternative. Selbst jene, die sich von mehr Geld für Familien höhere Geburtenzahlen erhoffen, müssen zugeben: Im nächsten Jahr geborene Kinder stehen dem Arbeitsmarkt nicht vor 2025 zur Verfügung; besser Qualifizierte nicht vor 2030. Viel zu spät. Aus dieser Einsicht heraus sollte Deutschland deshalb das modernste Einwanderungsrecht Europas bekommen. Um dafür eine große gesellschaftliche Mehrheit zu finden, berief die rot-grüne Bundesregierung Mitte 2000 eine Kommission unter Vorsitz der CDU-Politikerin Rita Süssmuth. Arbeitgeber, Gewerkschaften, Kirchen, Kommunen, Wissenschaftler und die politischen Parteien wurden beteiligt. [Im Jahr 2001] schlug die Süssmuth-Kommission Folgendes vor: die aktive Auswahl qualifizierter Zuwanderer nach dem Vorbild klassischer Einwanderungsländer; die aktive Förderung der Integration durch Sprach- und Orientierungskurse für Zuwanderer; die Änderung des Asylrechts. Vor allem die Auswahl hochqualifizierter Zuwanderer nach einem Punktesystem – unabhängig davon, ob sie bereits ein Arbeitsplatzangebot hatten – sollte Deutschland einen klaren Vorteil im internationalen Wettbewerb um ökonomisch attraktive Migranten verschaffen. Kanada und Australien machen damit seit Jahrzehnten gute Erfahrungen und dienten der Kommission als Vorbild. Dieser ambitionierte Versuch eines zukunftsweisenden Einwanderungsrechts ist gescheitert. Die CDU lehnte das Vorhaben ab, obwohl ihre eigenen Experten unter Vorsitz des saarländischen Ministerpräsidenten Müller einst ganz ähnliche Vorschläge gemacht hatten. Die CSU war sowieso immer dagegen, und Rot-Grün fehlte eine eigene Mehrheit im Bundesrat. … Ohne Zweifel, das neue Gesetz bringt Verbesserungen. Aber es vergibt die große Chance, das Tor für hochqualifizierte Einwanderer zu öffnen.

Rainer Münz (Bevölkerungswissenschaftler und Senior Fellow am Hamburgischen Welt-Wirtschafts-Archiv/Migration Research Group. Er war Mitglied der Süssmuth-Kommission), in: Die Zeit, 24.6.2004

M 10

Das neue Zuwanderungsgesetz

Neuregelungen zum 1. Januar 2005:

- Befristete Aufenthaltserlaubnis oder unbefristete Niederlassungserlaubnis als Aufenthaltsrechte
- Niederlassungserlaubnis für hochqualifizierte Zuwanderer oder Zuwanderer, die ein Unternehmen mit mindesten zehn Beschäftigten gründen wollen
- Schutz von Flüchtlingen vor nichtstaatlicher Verfolgung und Anerkennung von geschlechtsspezifischer Verfolgung als Asylgrund
- Verpflichtende Integrationskurse für Neuzuwanderer
- Vereinfachte Ausweisung von Terroristen und Hetzrednern
- Für Neuzuwanderer, die eine Niederlassungserlaubnis haben wollen, oder vor Einbürgerung Regelanfrage beim Bundesverfassungsschutz

Autorentext

M 11

Zuwanderung und Arbeitsmarkt

a) Arbeitsmarktdaten

	Bundesrepublik Deutschland	Westdeutschland	Ostdeutschland
Arbeitslosenquote bezogen auf alle zivilen Erwerbspersonen	11,6	9,7	18,9
Ausländer	25,4	23,6	48,3

Bundesagentur für Arbeit, Mai 2005

b) Deutschland droht Arbeitskräftemangel

Berlin – Die Bundesagentur für Arbeit (BA) hat vor einem dramatischen Arbeitskräftemangel gewarnt. „In Deutschland werden in absehbarer Zeit immer weniger Menschen dem Arbeitsmarkt zur Verfügung stehen. Ab 2015 rechnen wir wegen der zunehmenden Alterung der Bevölkerung mit einem deutlichen Rückgang des Erwerbspersonenpotentials", sagte die Direktorin des Instituts für Arbeitsmarkt- und Berufsforschung (IAB) der BA, Jutta Allmendinger, der WELT. Diese Entwicklung könne zu einem „schwerwiegenden Mangel" an qualifizierten Arbeitskräften führen. „Das würde wiederum die Entwicklung des Wirtschaftswachstums und die Wettbewerbsfähigkeit beeinträchtigen", sagte Allmendinger. Dabei ließe sich der Rückgang des Erwerbspersonenpotentials nicht durch mehr Zuwanderung und eine steigende Erwerbsbeteiligung von Frauen und Älteren ausreichend kompensieren. Die BA-Expertin forderte, dem Fachkräftemangel durch eine bessere „Bildungsentwicklung" zu begegnen.

Christoph B. Schiltz, Die Welt, 27.8.2005

M 12 Eine andere Sichtweise: „Wir müssen weniger werden“

Die globale Diskussion über Bevölkerungspolitik ist verwirrend. Auf der einen Seite ist zu hören, dass das Bevölkerungswachstum unsere Umwelt und unseren Wohlstand gefährdet. Boden, Wasser, Energie und die Artenvielfalt sind bedrohter als je zuvor, und das Bevölkerungswachstum scheint die Hauptursache dafür zu sein. Auf der anderen Seite wird vor allem in reichen Ländern wie auch der Bundesrepublik behauptet, dass es zu wenige Kinder gibt, die später für ihre alternden Eltern sorgen können. Diejenigen, die sich um das rapide Wachstum der Bevölkerung Sorgen machen, verfügen über die besseren Argumente. [Die] Belastungen für die globalen Ressourcen werden sich zuspitzen, wenn die Weltbevölkerung weiterhin so rasch wächst. Deshalb sollten die Regierungen selbst in Ländern mit niedrigen Geburtenraten auf politische Strategien zur Anhebung von Geburtenraten verzichten. … Für die Welt insgesamt wird mit einer weiteren Bevölkerungszunahme von 2,5 Milliarden Menschen zwischen 2005 und 2050 gerechnet. Dieses Wachstum ist jedoch auf die Entwicklungsländer beschränkt: 1,3 Milliarden mehr Menschen in Asien, 900 Millionen mehr in Afrika und der Rest in Lateinamerika und anderen Regionen. Ein Zuwachs von 2,5 Milliarden Menschen wird nicht nur für die Gesellschaften mit schnell wachsenden Bevölkerungen eine Belastung darstellen, sondern für den gesamten Planeten. … In Europa möchte man teilweise in Anbetracht des sich abzeichnenden Bevölkerungsschwundes den umgekehrten Weg einschlagen und die Rückkehr zu größeren Familien fördern. Das wäre allerdings ein schwerer Fehler. Die Befürworter eines rascheren Bevölkerungswachstums in Europa zeigen sich besorgt, dass es in Zukunft nicht genug junge Arbeitnehmer zur Finanzierung der staatlichen Renten geben wird. Diese Bedenken können allerdings zerstreut werden, wenn junge Menschen und solche mittleren Alters mehr für ihre Rente sparen und über das 65. Lebensjahr hinaus arbeiten. Diese Arbeitnehmer werden enorm davon profitieren, in Gesellschaften mit stabilen oder schrittweise sinkenden Bevölkerungen zu leben. Vor allem werden sie weniger für direkte Haushaltsausgaben zur Kindererziehung aufwenden müssen. Außerdem ersparen sie sich Investitionen in neue Straßen, Kraftwerke, Schulen und andere öffentliche Dienstleistungen. Sie kommen in den Genuss weniger verstopfter Straßen in den Städten und einer geringeren Umweltbelastung auf dem Land. Durch die Beschränkungen für Emissionen von Treibhausgas reduzieren sich die Kosten für die europäischen Volkswirtschaften, wodurch auch der Klimawandel effektiver kontrolliert werden kann. Kurzum, die Lebensqualität wird sich mit sinkender Bevölkerungszahl in Europa in den nächsten Jahrzehnten deutlich verbessern.

Jeffrey Sachs, Süddeutsche Zeitung, 23.11.2004

Aufgaben zu M 8 – M 12

1. *Erläutere, wie sich die Bevölkerung Deutschlands in den nächsten Jahrzehnten unter den genannten Bedingungen vermutlich entwickeln wird (M 8).*

2. *a) Stelle die Ziele des Zuwanderungsgesetzes zusammen und erörtere die möglichen Auswirkungen des Gesetzes (M 9, M 10).*
b) Die politischen Parteien haben zum Thema Zuwanderung unterschiedliche Meinungen. Recherchiert arbeitsteilig, welche Positionen die im Bundestag vertretenen Parteien (vgl. Methode S. 103) einnehmen.

3. *Gestaltet ein Informationsplakat zu den Folgen des demografischen Wandels (M 8 – M 12).*

4. *Diskutiert in einer Pro-Kontra-Diskussion, ob Deutschland Zuwanderung braucht, um seine Bevölkerungszahl langfristig stabil zu halten oder ob wir auch mit einer schrumpfenden Bevölkerung gut leben können (M 8 – M 12).*

2.3 Zusammenleben und Integration

M 13

Integriert?

Gerald Asamoah aus Ghana ist Deutscher und zählt zu den Topstürmern der Fußball-Nationalmannschaft.

Neulich geschah es wieder. „Diese Haare! Darf ich mal anfassen?" Die weiße Hand der fremden Frau bewegte sich auf die dunklen Locken ihres Gegenübers zu. „Nein, das dürfen Sie nicht!", lautete die bestimmt klingende Antwort. Die Frau wich erstaunt zurück. Das hatte sie nicht erwartet. Was soll schlimm daran sein, einem schwarzen Menschen ins Haar zu fassen, um festzustellen, „wie sich das anfühlt"? Sie hatte keine bösen Absichten, wollte nur ihre Neugierde befriedigen. Dabei merkte sie nicht, dass sie die Intimsphäre eines anderen Menschen verletzte. Angesichts der zahlreichen rassistischen Angriffe, die momentan ein starkes Medieninteresse finden, mag diese kleine Episode banal klingen. Für schwarze Menschen ist sie es nicht, gehört sie doch in Deutschland zum Alltag. Solche Situationen zu meistern erfordert allerdings einen hohen Grad an Geduld und Leidensfähigkeit. …
Schätzungsweise zwischen 300 000 und 500 000 schwarze Deutsche leben in der Bundesrepublik. Viele sind hier geboren und aufgewachsen, einige haben Deutschland als ihre Heimat gewählt. Inzwischen wächst bereits die fünfte Generation heran. … Der Mord an Alberto Adriano in Dessau hat die Diskussion über Ausländerhass und Fremdenfeindlichkeit neu entfacht. Doch geht sie an der Realität vorbei. Adriano lebte hier seit 20 Jahren; er war Deutscher. Doch seine Hautfarbe machte ihn zum Fremden. Und zum Opfer von Rassismus in seiner brutalsten Form. Dieser Rassismus ist allgegenwärtig und wandlungsfähig. Er begleitet schwarze Menschen von Kindheit an, in Schule und Beruf, bei der Wohnungs- oder Jobsuche, im Kaufhaus, bei Behörden, in den Medien, im eigenen Bekanntenkreis. Er äußert sich in Vorurteilen und Klischees, er beleidigt und verletzt. Und er tötet. Solange er nicht als gesellschaftliches Problem erkannt und bekämpft wird, findet keine ernsthafte Auseinandersetzung statt, bleiben rassistische Überfälle Alltag.

Jeannine Kantara ist Mitherausgeberin von „afro look" und war 1986 an der Gründung der Initiative Schwarze Deutsche (ISD) beteiligt, in: Die Zeit 37/2000

M 14

Fremdenfeindliche Gewalt

Politisch rechts motivierte Gewalttaten mit extremistischem und fremdenfeindlichem Hintergrund				
	2004	2005	2006	2007
Tötungsdelikte	0	0	0	0
Versuchte Tötungsdelikte	6	2	0	1
Körperverletzungen	640	816	455	377
Brandanschläge[1]	39	17	9	17
Sonstige	91	123	20	19
Gesamt	776	958	484	414

[1] auch Sprengstoffanschläge, Bundesamt für Verfassungsschutz, Verfassungsschutzberichte 2005 und 2007

M 15 Woher kommt Fremdenfeindlichkeit?

Die Frage der Ursachen von fremdenfeindlichen Einstellungen wird sehr kontrovers diskutiert. Wurde zunächst davon ausgegangen, dass der typische rechtsextreme und fremdenfeindliche Gewalttäter aus sozial schwierigem Milieu oder aus sog. unvollständigen Familien stammt, über ein niedriges Bildungsniveau verfügt und arbeitslos ist (Bielefelder Rechtsextremismus-Studie), so zeigen neuere Untersuchungen, dass die Täter nur in wenigen Fällen arbeitslos sind. Allerdings sind rechtsextreme und fremdenfeindliche Haltungen in der Tat eher in den unteren Bildungsschichten vertreten. Fremdenfeindliche Gewalttäter sind selten Einzeltäter, sie begehen ihre Straftaten in einer Gruppe von mindestens zwei männlichen Personen, der große Teil von ihnen Jugendliche und Heranwachsende unter 21 Jahren. ... Aufgabe des demokratischen Staates ist es, Gewalt und Übergriffe gegen Minderheiten sozial zu ächten und mit rechtsstaatlichen Mitteln zu verfolgen. Dazu gehört auch die Beobachtung der Skinhead-Musikszene und ggf. Indizierung Gewalt verherrlichender und fremdenfeindlicher Skinhead-Musik.

Informationsdienst gegen Rechtsextremismus (www.idgr.de, 15.10.2004)

M 16 Man hat nur Vorurteile, wenn man sich nicht kennt

Er gehörte zum harten Kern der saarländischen Rechten. Sven, inzwischen siebzehn Jahre alt, war Mitglied der Jungen Nationalliberalen in der NPD. Die Skinheads „mischten Ausländer auf". Sven hat die rechte Szene verlassen. Er lebt jetzt in der Wohngruppe Nummer sieben im „Jugendwerk St. Joseph", dem sozialpädagogischen Bildungszentrum in Rheinland Pfalz. „Als er zu uns kam", erinnert sich Dembo Krubally, schwarzafrikanischer Erzieher aus Gambia, „hatten wir beide voreinander Angst. Immer wenn ich zu Sven ins Zimmer kam, provozierten mich die aufgehängte Reichsflagge und die dröhnende rechte Musik." Für Sven seinerseits war es eine dicke Überraschung, um nicht zu sagen ein Schock, ausgerechnet in der Provinz auf einen farbigen Ausländer zu treffen – und ihm zugeordnet zu sein. Sven war mit der Polizei aneinander geraten, weil er Ausländer krankenhausreif geprügelt hatte. Statt in einer Jugendstrafanstalt landete er im Sozialpädagogischen Bildungszentrum. Die neue Umgebung, die Wohngemeinschaft mit zwei farbigen Jugendlichen haben ihm geholfen, sich von der rechten Bewegung zu lösen. „Ich wollte weg, weil es nichts gebracht hat, außer Anzeigen und Stress", meint er. Der ehemalige Skin, einstmals voll Hass gegen alles „Nichtdeutsche", hat sich auch mental von seiner ehemaligen Gang gelöst und findet das, was er früher gemacht hat, „Schwachsinn". Das Heim beherbergt zurzeit 90 Jugendliche aus ganz Deutschland. Wer hier landet, stand am Beginn einer kriminellen Karriere und ist bereits mit dem Gesetz in Konflikt geraten. Doch Ausländerfeindlichkeit ist für Fabian und Ricci und die anderen aus Haus sieben kein Thema. „Das sind doch Menschen wie du und ich. Was sollte ich gegen sie haben?", meint Ricci und schaut seinen farbigen Zimmernachbarn Fabian an. „Man muss miteinander reden, Vertrauen aufbauen", empfiehlt Dembo Krubally. Noch vor einigen Jahren wurden in manchen Wohngruppen die Selbstzweifel auf alle projiziert, die auf der sozialen Leiter scheinbar noch tiefer stehen, die „schuld sind an allem Übel": zum Beispiel die Ausländer. Und so brüllten die Jungen schon mal Nazi-Lieder und grölten „Sieg Heil" gegen „Fidschis", „Zecken" und „Kanacken". „So etwas", sagt Direktor Ries, „spielt sich bei uns kaum noch ab." Die Psychologin Pia Müller führt das nicht zuletzt auf das gemeinsame Wohnen, Arbeiten und Leben zurück. „Hier zählt nur die Persönlichkeit, egal, ob du Deutscher oder Ausländer bist." Egal, ob ein Erzieher weiß oder schwarz ist. „Dembo versucht uns zu verstehen, er redet mit uns, auch wenn er manchmal streng sein muss", lobt Ex-Skin Sven.

Paul Schwarz, SWR (19.2.2002)

Aufgaben zu M 13 – M 16

1. *Erläutere, in welchen Formen die schwarze Deutsche Jeannine Kantara Rassismus erlebt (M 13).*
2. *Grenze die Begriffe Vorurteile, Diskriminierung, Rassismus, Fremdenfeindlichkeit und Rechtsextremismus voneinander ab (ein Lexikon kann dir dabei helfen).*
3. *Nenne Ursachen für fremdenfeindliche Einstellungen oder fremdenfeindliches Verhalten (M 15).*
4. *Erkläre, warum Sven seine ausländerfeindliche Einstellung aufgegeben hat (M 16).*
5. *Entwerft ein Plakat, das aufzeigt, was man gegen Ausländerfeindlichkeit tun kann.*

Schule, Integration und Erfolg: ein Interview mit Bilge, Hülya und Timur

M 17

Bilge Buz ist 17 Jahre alt, sie ist in der Türkei geboren und kam 1996 nach Berlin. Auf dem Gymnasium hat sie zwei Klassen übersprungen. Bilge hat dieses Jahr Abitur gemacht mit 1,2. Sie will Jura studieren.

Hülya Ates ist 23 Jahre alt, sie ist in Duisburg geboren, ihre Eltern kommen aus der Türkei. Hüla ist die Jüngste von sieben Geschwistern. Sie studiert in Bochum Pädagogik und Orientalistik.

Timur Husein ist in Berlin geboren. Sein Vater ist Türke aus Makedonien, seine Mutter kommt aus Kroatien. Er ist 23, studiert Jura an der Humboldt-Universität und ist Kreisvorsitzender der Jungen Union in Kreuzberg.

DIE ZEIT: Kinder ausländischer Eltern schneiden in unseren Schulen meist miserabel ab. Das haben die Pisa-Studien gezeigt, ebenso Statistiken über Bildungsabschlüsse. Besonders gilt das für Jugendliche türkischer Herkunft. Was glauben Sie, woran liegt das?

Husein: Ja, das hat mehrere Ursachen, meist stammen die Kinder aus bildungsfernen Schichten. Deren Eltern sind keine Akademiker, hatten keine große Schulausbildung. Ein anderes Problem ist tatsächlich eine Art Gettobildung. Ich komme aus Kreuzberg, da gibt es Schulen mit einem Ausländeranteil von über 90 Prozent. Und wenn das dann nur Türken sind, dann wird unter den Schülern eben auch türkisch gesprochen. Ich werde mein Kind einmal nicht in eine Grundschule stecken, in der 90 Prozent Türken sind. Es gibt Familien, die schauen nur türkisches Fernsehen, sie haben türkische Ärzte, sie haben türkische Anwälte. Sie wollen und sie müssen sich nicht integrieren. Ich persönlich habe von deutscher Seite aus nie Ausgrenzung erlebt. Ich glaube auch, dass es in der Eigenverantwortung von jedem selber liegt, was er aus sich macht. …

ZEIT: Welchen Stellenwert nimmt denn Bildung bei den Eltern ein?

Ates: Ich bin ja die Jüngste von sieben Geschwistern und die Einzige, die Abitur gemacht hat. Die anderen hätten das auch machen können, aber damals wussten meine Eltern nicht, was Abitur ist und was Gymnasium. Und der Grundschullehrer hatte damals eben gesagt, die gehen auf diese Schule, und so war es dann auch. Durch meine Geschwister habe ich gelernt, dass ich das Abitur machen kann und soll.

Husein: Ich habe oft erlebt, dass da bei manchen zu wenig Wert drauf gelegt wird. Man will schon, dass das Kind es mal besser hat, aber richtig umgesetzt wird da dann doch zu wenig. Auch bei den Jugendlichen selbst ist es oft so, dass eben nicht das Studium besonders erstrebenswert ist, sondern – das klingt jetzt polemisch und überspitzt – eine Dönerbude oder einen Obst-und-Gemüse-Laden aufzumachen, um schnell ein bisschen Geld zu machen. Die übersehen einfach, dass ein Studium normalerweise bedeutet: eine geringere Gefahr, arbeitslos zu werden, mehr Ansehen, mehr Geld, bessere Integration. …

ZEIT: Welche Rolle spielt der Islam?

Buz: Ich habe schon die Erfahrung gemacht, dass die Religion ein Hindernis sein kann, sich zu integrieren. Ich weiß zum Beispiel, dass manche Kinder nur ungern zu deutschen Freunden geschickt werden: Bleib bloß nicht zum Abendessen, heißt es dann, da essen sie bestimmt Schwein. Oder manche sind nicht mehr zur Schule gekommen, weil sie wegen Ramadan gefastet haben. Also, ich schätze meine Religion sehr, aber ich setze auch meine Prioritäten. Zum Teil trage ich auch deswegen kein Kopftuch.

Ates: Ich komme aus dem Ruhrgebiet, wo der Ausländeranteil ja sehr groß ist, aber dass ein Junge oder ein Mädchen wegen Ramadan einige Wochen nicht zur Schule geht, davon habe ich nie gehört. Meine Eltern hätten mir auch was erzählt, wenn ich wegen Ramadan nicht in die Schule gegangen wäre. Dass die Religion hinderlich sein kann, habe ich von der anderen Seite erfahren: Als ich mich um eine Ausbildung im kaufmännischen Bereich beworben hatte, habe ich alle Auswahlrunden gut überstanden; und ich hatte auch den Eindruck, dass sie mich bei der Firma mochten. Im letzten Gespräch fragten sie mich dann aber: „Frau Atesch, wären Sie denn bereit, Ihr Kopftuch abzulegen?" Da bin ich aufgestanden und habe gesagt: „Sehen Sie mich an, ich bin modern gekleidet, ich habe nur ein Kopftuch. Wenn Sie das so sehr stört, tut es mir Leid, ich werde es nicht ablegen." Sie haben gesagt: „So können wir Sie nicht einstellen." Dabei war das noch eine Firma, die viele ausländische und auch muslimische Kunden hatte. Meine Eltern haben gesagt: „Kind, nimm es doch ab", aber ich möchte es tragen, weil ich mich dazu bekenne.

Husein: Ich glaube, dass da manche Moscheevereine eine zweifelhafte Rolle spielen. In den Korankursen geht viel Zeit verloren für das Auswendiglernen von Suren. Es mag ja richtig sein, das zu lernen, aber gleichzeitig kommt dabei eben die deutsche Sprache zu kurz. Und einige dieser Vereine spalten sich bewusst vom ihrer Ansicht nach dekadenten Westen ab, und bieten eine Parallelwelt oder -kultur an. …

ZEIT: Was glauben Sie, wie wird das Zusammenleben mit den Einwanderern der vierten und fünften Generation in Deutschland einmal aussehen?

Husein: Ich hoffe, dass die Deutsch-Türken bis dahin genauso zu Deutschland gehören wie Sachsen, Bayern oder Rheinländer. Meine Prognose ist allerdings: Es wird vielleicht ein paar Bundestagsabgeordnete mehr geben, mehr Filmemacher, mehr Sportler, aber wahrscheinlich werden wir noch dieselben Probleme haben wie heute.

Buz: Ich bin da optimistischer als Timur. Ich glaube, dass sich über Bildung sehr viel bewegen wird. Wenn wir es schaffen, unseren Kindern eine bessere Bildung zu geben, werden wir von Generation zu Generation dazulernen.

Arnfried Schenk, Jan-Martin Wiarda, Die Zeit, 42/2004

Aufgabe zu M 17

1. *Fasse zusammen, welche Hindernisse aus der Sicht von Bilge, Hülya und Timur ausländischen Jugendlichen auf dem Weg zu einem höheren Bildungsabschluss entgegen stehen.*

M 18

Ungleiche Lebensverhältnisse

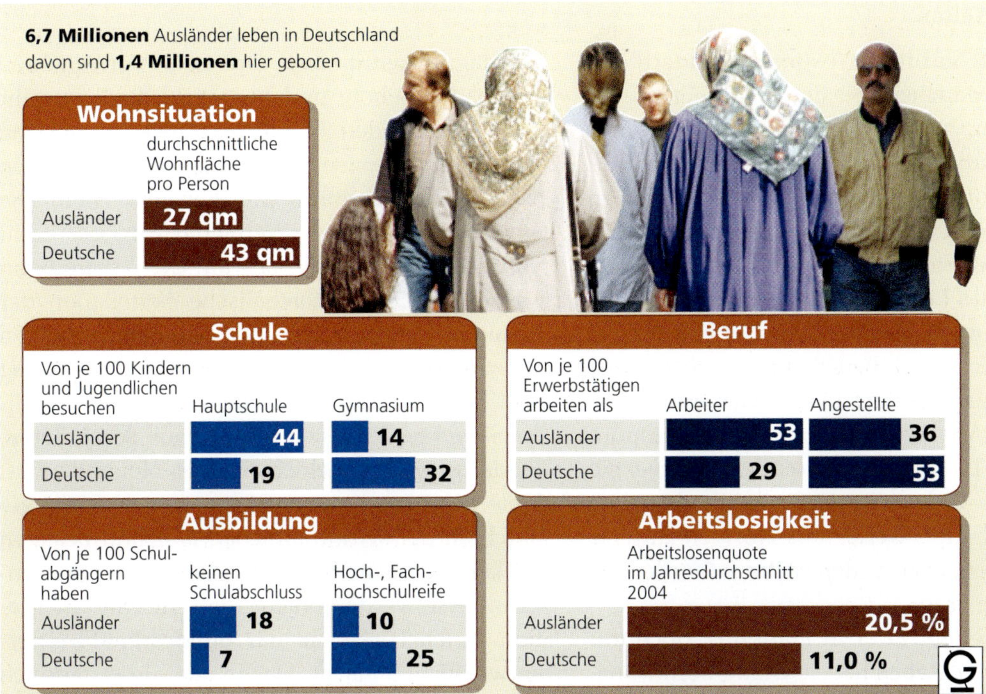

Quelle: Bericht über die Lage der Ausländerinnen und Ausländer in Deutschland; Stat. Bundesamt, BA © Globus

Infobox

Multikulturelle Gesellschaft oder deutsche Leitkultur?

Integration ist ein zweiseitiger gesellschaftlicher Prozess, bei dem sowohl die Zuwanderer als auch die Einwanderungsgesellschaft Entgegenkommen zeigen müssen.

Je nach politischem Standpunkt werden in der Diskussion um die Zuwanderung unterschiedliche Gesellschaftsbilder entworfen.

Der Begriff der „multikulturellen Gesellschaft" betont die kulturelle Vielfalt einer Einwanderungsgesellschaft, in der Migranten allerdings die deutsche Sprache lernen und das Grundgesetz respektieren müssen.

Kritiker dieses Leitbildes befürchten, dass Ausländer sich nicht ausreichend in die deutsche Gesellschaft integrieren, dass sich zum Beispiel Wohngettos bilden, in denen eine ausländische Minderheit unter sich bleibt und zur Bewältigung des Alltags noch nicht einmal die deutsche Sprache benötigt, weil Einkäufe, Arztbesuche, Besuche bei Freunden innerhalb des eigenen Sprach- und Kulturkreises stattfinden. Für dieses Szenario wurde der Begriff der „Parallelgesellschaft" geprägt.

Mit dem Schlagwort der „deutschen Leitkultur" ist die Erwartung verbunden, dass Ausländer sich stark an die Lebensweise in Deutschland anpassen sollten, wobei unklar bleibt, woraus außer der deutschen Sprache und dem Rechtssystem der Bundesrepublik eine „deutsche Leitkultur" überhaupt bestehen könnte.

Auch die Begriffe Segregation, Integration und Assimilation spiegeln unterschiedliche Integrationstiefen in einer Einwanderungsgesellschaft wider:

Segregation (Trennung) — Integration (Verbindung) — Assimilation (Anpassung)

→ Zunehmende Integration von Migranten in der Mehrheitsgesellschaft

Autorentext

M 19 Kontrovers diskutiert: Rückzug in die „Parallelgesellschaft"?

a) Parallele Welten

Eigentlich ist Nurdagül (Namen geändert) ein Frankfurter Mädchen. Sie ist in der Stadt am Main geboren, hat dort die Schule besucht und eine Ausbildung zur Kauffrau für Bürokommunikation absolviert. Nun macht die 20-Jährige ihr Fachabitur und möchte studieren. Doch ein typisch Frankfurter Mädchen – das ist Nurdagül keinesfalls. Das Leben der Tochter türkischer Eltern, die vor mehr als 30 Jahren aus einem Dorf in Anatolien zum Arbeiten nach Deutschland gekommen sind, unterscheidet sich sehr vom Leben vieler Altersgenossinnen. In der Diaspora wurden ihre Eltern praktizierende Muslime, sie erzogen ihre Tochter streng und gläubig. Die Religion und die „Werte und Normen unserer Herkunft" bestimmen den Alltag Nurdagüls, sagt die junge Frau.

Die 20-Jährige lebt zwar in Frankfurt, doch mit dem städtischen Leben hat sie wenig Berührung. Sie interessiert sich wenig für Politik und für die hiesige Gesellschaft – sie liest keine Zeitungen und guckt kein Fernsehen. Auch vom Mord an dem niederländischen Filmemacher Theo van Gogh[1] hat sie gar nichts mitbekommen. „Ich war krank und lag im Bett."

Nurdagül pflegt nur Kontakt zu ihresgleichen – zu jungen Türkinnen, die ebenfalls ganz nach den strengen Vorstellungen ihrer Eltern und den Regeln leben, von denen sie glauben, dass sie im Koran festgehalten sind. Ab und zu darf sie sich mit ihren Freundinnen treffen, im Café sitzen oder mal ins Kino gehen. Spätestens um 21 Uhr ist aber Schluss, dann muss sie wieder bei den Eltern sein. Ein einziges Mal war Nurdagül später als vereinbart zu Hause. Das gab mächtig Ärger. So einen Stress will sie nicht noch einmal haben.

Nurdagül kennt ihre Grenzen. Aufbegehren gegen die Gebote und Verbote – das käme ihr gar nicht in den Sinn. Außerhalb dieser eng gesteckten Grenzen lauern Gefahren, vor denen sie sich schützen muss. Dies haben ihr die Eltern eingebläut. Nurdagüls Verhalten wird bestimmt von der Furcht, doch noch auf die schiefe Bahn zu geraten. Der patriarchalische Wertekanon, der in der Türkei überwiegend von den ungebildeten Schichten gepflegt wird, dominiert hier Alltag und Selbstverständnis vieler Gastarbeiterfamilien. Sie rekrutieren sich zumeist aus den unteren, feudal geprägten Schichten ihres Heimatlandes. Viele Migranten stammen aus der Provinz, gehorchten der wirtschaftlichen Not und besitzen oft keinerlei Schulbildung. Mangelnde Deutschkenntnisse werden oft für die schlechte Integration vieler Türken in der Bundesrepublik verantwortlich gemacht. Doch viele dieser ländlich geprägten Familien verhalten sich ähnlich wertkonservativ, wenn sie aus dem Hinterland in Großstädte wie Istanbul oder Ankara umziehen, obwohl dort keine Sprachschwierigkeiten einem Leben nach den Prinzipien einer aufgeklärt-liberalen Gesellschaft entgegenstehen. Nurdagül verachtet jene jungen Türkinnen, die sich von ihren Wurzeln entfernt hätten und so lebten wie deutsche Frauen. „Nur weil man hier lebt, muss man doch nicht so werden wie die Menschen hier", sagt sie. „Gott bewahre mich davor."

Frau Canan Topçu, Frankfurter Rundschau, 24.11.2004

[1] Der Niederländer Theo van Gogh hatte einen Dokumentarfilm über misshandelte muslimische Frauen gedreht und ist im November 2004 in Amsterdam von einem radikalen Islamisten ermordet worden. Dieser Mord hat in den Niederlanden und in Europa eine Debatte über den Umgang mit nicht-integrationswilligen Zuwanderern entfacht.

b) Rückzug als Reaktion auf deutsche Ablehnung

Vorurteile seitens der deutschen Mehrheitsgesellschaft rufen bei Teilen der türkischen Minderheit eine regelrechte Trotzreaktion hervor. Angehörige der zweiten oder dritten Generation grenzen sich bewusst von der deutschen Mehrheitskultur ab und identifizieren sich wieder stärker mit der Kultur und Gesellschaft ihrer Eltern und Großeltern. Dies ist auch eine Abwehrreaktion gegen Versuche, die Forderung nach Einbürgerung, gleichen Rechten und Anerkennung als Streben nach Assimilation zu werten. Die jungen Türken wollen gleichberechtigt und anerkannt, also integriert sein; sie lehnen jedoch eine Aufgabe ihrer Kultur, Traditionen, Werte und Sprache, also eine vollständige Assimilation an die deutsche Mehrheitsgesellschaft, ab.

Von den Deutschen wird dies häufig als ein Zeichen für die Reislamisierung und einen Rückzug der Türken von der deutschen Umwelt gewertet. Dies scheint jedoch in vielen Fällen an den Tatsachen vorbeizugehen. Der falschen Einschätzung zugrunde liegt wohl die lange verbreitete Theorie, die Einwanderer der zweiten und dritten Generation würden sich unter Aufgabe ihrer eigenen Kultur weitgehend an das deutsche Umfeld anpassen. Die Traditionen der Eltern und Großeltern werden jedoch bewahrt und sind bei jungen Türkinnen und Türken kultur- und identitätsstiftend. Als besonders wichtige Werte werden hier Wärme, Großzügigkeit und die zentrale Bedeutung der Familie genannt. Vermutlich wird dieser Prozess der Rückbesinnung auf die Tradition gestärkt durch die Zurückweisungen, die die Türken immer wieder von der Mehrheitsgesellschaft erfahren.

Angelika Königseder, Türkische Minderheit in Deutschland, in: Vorurteile – Stereotype – Feindbilder, Informationen zur politischen Bildung, Heft 271, Bonn 2001, S. 20

Aufgaben zu M 18 und M 19

1. *Inwieweit gibt es Chancenungleichheit zwischen Kindern und Jugendlichen aus deutschen und aus zugewanderten Familien (M 18)? Welche Zusammenhänge bestehen zwischen den statistischen Ergebnissen?*

2. *Erkläre die politischen Schlagwörter „Parallelgesellschaft", „multikulturelle Gesellschaft" und „deutsche Leitkultur" (Infobox).*

3. *Erläutere auf der Basis von M 19, welche Ursachen es für die Abgrenzung mancher Zuwanderungsgruppen von der Mehrheitsgesellschaft gibt.*

M 20

Integrationspolitik in Stuttgart

Anteil an Kleinkindern ohne deutschen Pass unter sechs Jahren bezogen auf alle Kleinkinder	21,1 Prozent
Anteil an Kindern (6 bis unter 12 Jahre) ohne deutschen Pass bezogen auf alle Kinder	28,3 Prozent
Anteil an Jugendlichen (12 bis unter 18 Jahre) ohne deutschen Pass bezogen auf alle Jugendliche	27,4 Prozent
Anteil an jungen Erwachsenen (18 bis unter 21 Jahre) ohne deutschen Pass bezogen auf alle jungen Erwachsenen	27,7 Prozent

Anteil an ausländischen Kindern und Jugendlichen in Stuttgart. In einzelnen Stadtteilen reicht die Spannweite von 0 Prozent bis 77,8 Prozent.

Daten aus dem Jahr 2002, Landeshauptstadt Stuttgart, Statistisches Amt

In einer Stadt, die mit einer Exportquote von über 50 Prozent eine führende Rolle im internationalen Wettbewerb der Städte beansprucht, bekennt sich der Oberbürgermeister Wolfgang Schuster „dankbar" zum Zuwachs an Menschen: Der CDU-Mann setzt die Weltläufigkeit der regionalen Industrieprodukte in Beziehung zu jener der Bürger und erklärt die Zuwanderung von „Nachwuchs- und Fachkräften" für unverzichtbar in einer Metropole, die ihre wirtschaftliche Spitzenstellung durch Überalterung und Babyschwund bedroht sieht. …

Die Fehler der Vergangenheit wiegen schwer: Was Ausländer zum nationalen Gesamthaushalt beisteuern, reicht seit Ende der 1980er Jahre nicht mehr aus, die staatlichen Leistungen für sie zu decken. Jeder fünfte Sozialhilfeempfänger ist zugewandert. Die Arbeitslosenquote unter Ausländern ist etwa doppelt so hoch wie die unter Einheimischen.

Und daran dürfte sich vorläufig wenig ändern. Denn die Chancen für Ausländer ohne Berufsausbildung oder Lehre – 1998 waren das zum Beispiel 40 Prozent der 15- bis 20-jährigen Männer – haben sich auf dem Arbeitsmarkt seit zwei Jahrzehnten verschlechtert. Stellen ohne berufliche Qualifikation sind bei 70 Prozent der heutigen Unternehmen gestrichen oder werden abgebaut. Da aber jeder zweite berufstätige Ausländer als Arbeiter beschäftigt ist, trägt er ein

Der frühe Erwerb ausreichender Sprachkenntnisse wird heute als unerlässlich für eine erfolgreiche Integration angesehen.

besonders hohes Risiko, den Job zu verlieren.

Die Folgen dieser Entwicklung sind dort am deutlichsten zu erkennen, wo 80 Prozent aller Zuwanderer wohnen: in den Großstädten. Wo, wie etwa in den Bezirken Stuttgart-Ost, -Süd, -West, Bad Cannstatt und Zuffenhausen, bereits über 40 Prozent der Einwohner zugewandert sind. Viele Migranten suchen Zuflucht in der eigenen Ethnie, während die Einheimischen über die Verfremdung einst vertrauter Straßen und Plätze klagen.

Dies ist das Einsatzgebiet von zwölf Stuttgarter „Mediatoren", krisenerprobten Mitarbeitern der Arbeiterwohlfahrt, Caritas und Evangelischen Gesellschaft. Ihre Aufgabe: vermitteln zwischen den Kulturen, noch ehe es zu Ausbrüchen von Fremdenfeindlichkeit kommt, noch ehe Anwälte eingeschaltet werden. Wenn etwa die Kehrwoche den Hausflur zum Spannungsgebiet macht – Deutsche klagen über schlampige Türken, Vietnamesen über schmuddelige Kroaten, Polen über nachlässige Deutsche –, stiften die geschulten Schlichter Frieden. An die 70 Fälle im Jahr, vom Ärger über den Kinderwagen vor der Wohnungstür bis zu den Scheidungsfolgen für ausländische Ehefrauen, enden überwiegend mit Völkerverständigung.

Dieser Versuch, bei Stuttgartern Sympathie zu wecken für das Fremde und bei Migranten die Bereitschaft, sich einzugliedern in die deutsche Gesellschaft, ist nur einer von vielen kleinen Schritten und einer großen Vision: dem „Bündnis für Integration". Im Jahr 2001 hat sich Stuttgart in einem der ersten deutschen Gesamtkonzepte selbst Handlungsanweisungen gegeben, um die Migranten aus der Reserve, aus ihren ethnischen Rückzugsgebieten zu locken. Gari Pavkovic sorgt dafür, dass alle im „Bündnis" zusammenwirkenden Instanzen der Stadt und der Bezirke ständig miteinander im Gespräch bleiben, von Misserfolgen und Erfolgen der jeweils anderen lernen.

Aber nicht nur „Nachholen", auch Vorbeugen ist Teil des Konzepts, alte Fehler nicht zu wiederholen – die frisch Zugewanderten nicht orientierungslos in Ämtern und Nachbarschaft sich selbst zu überlassen. Mehrsprachige Informationsbroschüren liegen in den für sie wichtigen Anlaufstellen aus. Städtische Einrichtungen stellen Personen mit Migrationshintergrund ein, die wichtige Zuwanderersprachen beherrschen und aus eigener Erfahrung verstehen, mit welchem Blick die Angekommenen den fremden deutschen Planeten mustern. …

Nur wer die Sprachhürde nimmt, bestätigt der OECD-Bericht vom September 2003, hat überhaupt Aussicht auf gute Schulabschlüsse, berufliche Erfolge und den Aufstieg aus der sozialen und topographischen Talsohle Stuttgarts. Seit 2001 werden deshalb in fast jedem Viertel der Stadt Schulbänke aufgestellt. Es gibt Sprachkurse für alle Altersgruppen erwachsener Migranten: Zum Beispiel sollen Arbeitslose, die zum Teil schon vor Jahrzehnten zuwanderten, jetzt noch die Landessprache lernen, damit sie überhaupt umgeschult werden können. Junge Spätaussiedler erhalten Deutschunterricht, um ihr Abitur hier zu wiederholen, weil das russische Zeugnis nicht anerkannt wird. Und in zehn Stuttgarter Schulen findet „Mama lernt Deutsch" statt. Mit 75 Nachhilfestunden wird den Eltern schulpflichtiger Kinder beigebracht, was etwa ein Heft, ein Lehrbuch, ein Malkasten, ein Wandertag und ein Entschuldigungsschreiben ist. …

Manches, was in der Vergangenheit unterblieb, lässt sich allerdings nicht so einfach „nachholen“: Etwa dass die dritte Migrantengeneration weniger Deutsch spricht als die zweite und dass die Schulabschlüsse von Jugendlichen aus Ausländerfamilien unverändert schlecht bleiben. In Schulen und Stadtteilzentren wird deshalb Hilfe bei den Hausaufgaben angeboten. So hofft man, die Nachteile des ethnischen Umfelds auszugleichen – enge Wohnungen, in denen es an Platz und Motivation für Schularbeiten fehlt – und die Kinder länger in einem Deutsch sprechenden Umfeld festzuhalten. Sprachkurse vor und neben den regulären Schulstunden sollen Schwächen früh beheben. Und ist die Hürde am Anfang des Bildungsweges manchmal nur mit Einzeltraining zu schaffen, hält die Rektorin der Bachschule, Gertrud Pfitzer, auch diesen Aufwand für gerechtfertigt.

Uta Haenschel, Geo, Mai 2004

Aufgaben zu M 20

1. *Erläutere, welche Probleme eine Einwanderungsstadt wie Stuttgart hat (M 20).*
2. *Stelle die Stuttgarter Integrationspolitik in einer Tabelle dar: Maßnahmen, Zielgruppe, Ziel, (vermutete) Wirkung.*
3. *Was fördert, was behindert Integration? Bereitet in arbeitsteiligen Gruppen jeweils einen „Experten“ aus eurer Gruppe darauf vor, eine Podiumsdiskussion zu diesem Thema zu führen.*
4. *Zur Vertiefung: Soziales Projekt. Informiert euch, welche Maßnahmen es in eurer Gemeinde gibt, um Kinder und Jugendliche aus Migrantenfamilien zu fördern. Eure Klasse könnte eine Art Patenschaft übernehmen und zum Beispiel einmal wöchentlich im Wechsel eine Hausaufgabenbetreuung für Grundschulkinder organisieren.*

Zusammenleben in Deutschland

Ausländer in Deutschland
M 1 – M 4, M 6

In Deutschland leben etwa 7,3 Millionen ausländische Menschen. Die größte Gruppe darunter bilden Türken, etwa ein Viertel der in Deutschland lebenden Ausländer sind Staatsangehörige eines EU-Landes.
Der Begriff „Ausländer" bezeichnet nicht generell zugewanderte Menschen, sondern ist eine rechtliche Bezeichnung für die Menschen, die dauerhaft in Deutschland leben, aber nicht die deutsche Staatsangehörigkeit besitzen. Ein wesentliches Recht, das mit der deutschen Staatsangehörigkeit verknüpft ist, ist das Wahlrecht.

Einbürgerung
M 7

Die deutsche Staatsangehörigkeit kann entweder durch die Abstammung von deutschen Eltern, durch eine Geburt in Deutschland (wenn die – ausländischen – Eltern ausreichend lange in Deutschland leben) oder durch Einbürgerung erworben werden. Einbürgerung heißt, dass ein Zuwanderer die deutsche Staatsbürgerschaft nachträglich erwirbt. Um eingebürgert zu werden, muss man verschiedene Voraussetzungen erfüllen, z.B. seit mindestens acht Jahren in Deutschland leben und ausreichend gut Deutsch können.

Einwanderungsschübe

Nach dem zweiten Weltkrieg erfolgte Einwanderung nach Deutschland in mehreren Schüben:

- Flüchtlinge und Vertriebene nach dem Zweiten Weltkrieg
- Bis 1961 (Mauerbau) Flüchtlinge aus der DDR
- 1955 bis 1973 Arbeitsmigranten (v.a. aus Südosteuropa und der Türkei)
- Seit Mitte der 1980er Jahre: Aussiedler und Bürgerkriegsflüchtlinge
- Seit etwa Mitte der 1990er Jahre ist die Zuwanderung nach Deutschland rückläufig

Zuwanderungspolitik
M 10

Mittlerweile gibt es einen politisch-gesellschaftlichen Konsens, dass Deutschland de facto ein Einwanderungsland ist. Inwieweit Zuwanderung ausgeweitet werden muss oder aber beschränkt werden sollte, ist in Deutschland jedoch stark umstritten.
Die Bundesrepublik Deutschland, die Länder und Kommunen sahen es allerdings als staatliche Aufgabe an, die Zuwanderung rechtlich und politisch eindeutiger zu regeln. Die Zahl der Zuwanderer und die Gruppen von Zuwanderern werden mit dem Zuwanderungsgesetz von 2004 stärker gesteuert.

Demografischer Wandel
M 8 – M 12

Die Notwendigkeit von Zuwanderung wird insbesondere vor dem Hintergrund eines dramatischen demografischen Wandels in Deutschland diskutiert. Aufgrund einer sinkenden Geburtenrate und der gestiegenen Lebenserwartung wird eine Schrumpfung und Alterung der deutschen Bevölkerung prognostiziert.

Probleme der Integration
M 13 – M 20

Integration ist ein zweiseitiger Prozess: Sowohl die Einwanderungsgesellschaft als auch die Zuwanderer müssen ihren Beitrag zu einer gelingenden Integration leisten, von der beide Seiten im Idealfall wirtschaftlich und kulturell profitieren. Typische Probleme von Einwanderungsgesellschaften sind: Ausgrenzung von Migranten durch die Mehrheitsbevölkerung (aufgrund von Ignoranz und Vorurteilen, Fremdenfeindlichkeit und tatsächlichen oder befürchteten Verteilungskämpfen um knappe Ressourcen, wie z.B. Sozialleistungen), mangelhafte Ausbildung und Sprachkenntnisse der Zuwanderer, mangelnde Akzeptanz des westlichen Demokratie- und Menschenrechtsverständnisses durch bestimmte Zuwanderergruppen und damit verbunden eine bewusste Abgrenzung von der Mehrheitsbevölkerung.

Auftrag und Probleme des Sozialstaates

Generationenvertrag
Sozialhilfe
ürgerversicherung
Soziales Netz
Rentenlücke
Armut

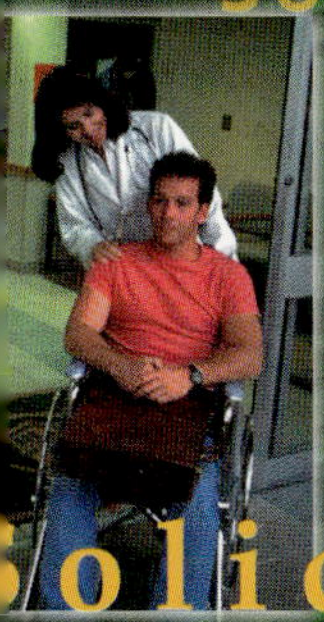

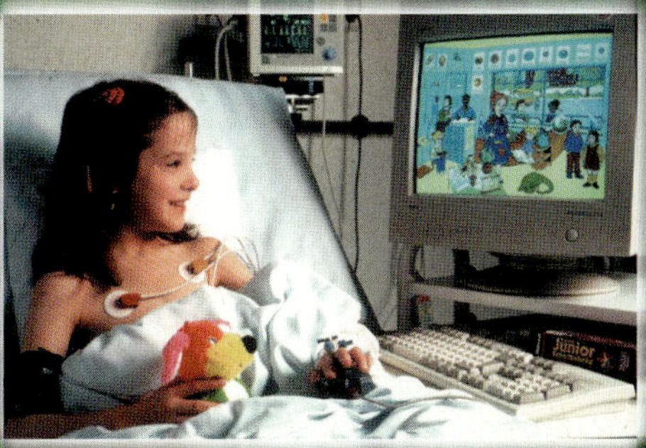

olidarprinzip

1. Lebensrisiko Armut – wie der Staat für die Schwächsten sorgt

M 1 Wohlstand und Armut in Deutschland

Shopping in einer Edel-Boutique in Berlin, obdachloser Mann in Hamburg

M 2 Was ist Armut? – Über einen relativen Begriff

Trotz Wirtschaftskrise und Ebbe in den öffentlichen Kassen: Deutschland gehört nach wie vor zu den reichsten Ländern der Welt. Wer von Armut in Deutschland spricht, muss deshalb eines hinzufügen: Mit der existenziellen Armut, unter der Menschen in Entwicklungsländern leiden, hat sie nichts zu tun. Niemand muss in Deutschland Hunger leiden, auf Kleidung oder eine Wohnung verzichten. Niemand wird vom Krankenhaus abgewiesen, wenn er ärztliche Hilfe benötigt. Und niemand muss für den Schulbesuch bezahlen. Das soziale Netz mag inzwischen Löcher haben – aber es existiert. …

Dennoch schlagen Wohlfahrtsverbände, Gewerkschaften und Wissenschaftler seit Jahren Alarm und warnen vor der zunehmenden Armut in Deutschland. Hinter ihren Warnungen steckt ein anderes Verständnis von Armut. Es geht um relative Armut – einen komplexen Begriff, der trotz zahlreicher Forschungsansätze noch immer einigermaßen schwammig ist.

Die EU hat die relative Armut 1984 folgendermaßen beschrieben: „Als verarmt sind jene Einzelpersonen, Familien und Personengruppen anzusehen, die über so geringe (materielle, kulturelle und soziale) Mittel verfügen, dass sie von der Lebensweise ausgeschlossen sind, die in dem Mitgliedstaat, in dem sie leben, als Minimum annehmbar ist."

Die konkrete Festlegung der relativen Armut basiert darüber hinaus auf einer willkürlichen Festlegung eines bestimmten Geldbetrages. Nach der Definition des Statistischen Bundesamtes etwa sind Menschen arm, denen weniger als 50 Prozent des durchschnittlichen Nettoeinkommens zur Verfügung steht. Demnach gilt beispielsweise ein Ehepaar mit zwei Kindern unter 14 Jahren und einem Budget unter 1560 Euro netto im Monat als arm. Die Bundesregierung setzt hingegen in ihrem Armutsbericht die Schwelle für Armut niedriger an: Nach ihrer Definition ist ein Mensch dann arm, wenn sein Einkommen unter 60 Prozent des Durchschnittseinkommens liegt. Die so genannte Armutsgrenze läge demnach für eine vierköpfige Familie (zwei Erwachsene und zwei Kinder) bei 938 Euro.

Definition von materieller Armut

Die Zahlen zur Berechnung von Armut sehen allerdings bei den einzelnen Institutionen wie Unicef oder Paritätischer Wohlfahrtsverband unterschiedlich aus. Denn tatsächlich stellen sich bei der Berechnung von Armut viele Fragen. Wie wird die Zahl der Kinder hochgerechnet auf das nötige Gesamteinkommen der Familie? Wie gewichtet man den geografischen Faktor (Ost oder West)? Wo liegt der Grundbedarf? Allerdings weisen Experten darauf hin, dass trotz unterschiedlicher Ansätze und Berechnungsgrundlagen die qualitative Aussage der verschiedenen Verbände gleich lautet: Die Armut in Deutschland wächst.

Armut als Verwahrlosung der Lebensführung

In der Armutsforschung ist die materielle Armut allerdings nur ein Indikator. Mindestens genauso wichtig ist für Soziologen der mögliche Rückzug von Menschen aus den wesentlichen Institutionen der Zivilgesellschaft – etwa aus Schulen oder Vereinen.

Eine so genannte „Verwahrlosung der Lebensführung" findet sich denn auch in den Statistiken und Armutsberichten der Wohlfahrtsverbände so gut wie gar nicht wieder. Bei der Frage, ob Kinder in Armut leben, stellen sich demnach ganz grundsätzliche Fragen: Ist für die täglichen Mahlzeiten gesorgt und kümmert sich jemand um deren Wäsche? Haben die Kinder einen regelmäßigen Ansprechpartner – und ganz fundamental: Wer achtet darauf, dass sie morgens pünktlich aufstehen?

Bei Erwachsenen werden finanzielle und materielle Krisenphasen gar als kaum dramatisch eingeschätzt, so lange die Perspektive besteht, dass der Betroffene auf absehbare Zeit eine moderne, gesellschaftliche Normalbiografie ausfüllen kann.

Andrea Krüger und Frank Thadeusz, tagesschau.de, 2.3.2005

Aufgaben zu M 2

1. *Die Vereinten Nationen bezeichnen einen Menschen als arm, wenn er täglich weniger als zwei US-Dollar zur Verfügung hat. Erläutere mithilfe von M 2, warum man in Deutschland eine andere Armutsdefinition zugrunde legt.*

2. *Unterscheidet für jeden der Gesichtspunkte, ob er für ein Leben ohne Armut notwendig bzw. nicht notwendig ist. Vergleicht und diskutiert euer Ergebnis.*

   Handy – Fernseher – einmal im Monat Essen gehen – eine Woche im Jahr in Urlaub fahren – gesunder Arbeitsplatz – Wohnung mit Garten/Balkon/Terasse – ein Auto – neue Kleider – warme Mahlzeit – PC mit Internetanschluss – Berufsabschluss – WC in der Wohnung – gute Wohngegend – ausreichend Heizung – Kindergartenplatz – qualitativ hochwertige Lebensmittel – eigenes Kinderzimmer – dreimal in der Woche Fleisch

Das Armutsrisiko in Deutschland steigt

M 3

Bundessozialministerin Ulla Schmidt legte dem Bundeskabinett den zweiten Armuts- und Reichtumsbericht vor. Dem vom Kabinett gebilligten Entwurf zufolge ist die Schere zwischen Arm und Reich in Deutschland seit 1998 weiter auseinander gegangen.

So habe sich der Anteil der unter der Armutsgrenze lebenden Menschen von 12,1 Prozent im Jahr 1998 auf nun 13,5 Prozent erhöht. Von den Familien seien sogar 13,9 Prozent arm. Damit gelten über elf Millionen Bundesbürger als arm. Der Verlust des Arbeitsplatzes birgt das größte Armutsrisiko. …

„Die Zahlen spiegeln in dramatischer Weise die wachsende Dynamik der gesellschaftlichen Spaltung wider: In wenigen Jahren hat sich der Schuldenstand der Ärmsten verdoppelt", sagte die Verbandsvorsitzende Barbara Stolterfoht. … Erwerbstätige, Selbstständige und ältere Menschen haben dem Bericht zufolge ein unterdurchschnittliches Armutsrisiko, ebenso Paare mit zwei Kindern. Auch bei den über 65-Jährigen ging es entgegen dem allgemeinen Trend von 13,3 auf 11,4 Prozent zurück. Alleinerziehende dagegen stehen schlechter da. …

Am anderen Ende der Skala wuchsen die Vermögen privater Haushalte weiter und erreichten dem Bericht zufolge 2004 eine Summe von 5 Billionen Euro. Das entspricht im Durchschnitt aller Haushalte 133.000 Euro. Von 1998 bis 2003 stieg das Nettovermögen nominal um 17 Prozent. Immobilien machen rund 75 Prozent des Gesamtvermögens aus. … Allerdings seien die Privatvermögen sehr ungleichmäßig verteilt, heißt es in dem Bericht. Während die unteren 50 Prozent der Haushalte weniger als vier Prozent des gesamten Nettovermögens besitzen, haben die reichsten zehn Prozent der Haushalte knapp 47 Prozent. Der Anteil dieses oberen Zehntels stieg von 1998 bis 2003 um zwei Prozent an.

Financial Times Deutschland, 2.3.2005

M 4 Kinder – unsere Zukunft?

Plaßmann/CCC, www.c5.net

Infobox

Sozialhilfe und Arbeitslosengeld II – Auffangnetz für alle Fälle

In der Bundesrepublik Deutschland soll jedem Menschen, der in Not gerät, geholfen werden.
40 Jahre diente dazu die Sozialhilfe. Seit Anfang 2005 gilt: Wer arbeitsfähig und im Alter zwischen 15 und 64 Jahren ist, erhält nicht mehr wie bisher Sozial- oder Arbeitslosenhilfe, sondern die Grundsicherung für Arbeitsuchende, das Arbeitslosengeld II … Sie wurde im Rahmen eines umfangreichen Reformpaketes zur Modernisierung des Arbeitsmarktes eingeführt (Hartz-Gesetze). Leistungen der Grundsicherung erhalten auch die Partner sowie minderjährige Kinder, die mit dem erwerbsfähigen Hilfebedürftigen in einer so genannten Bedarfsgemeinschaft leben. Wenn die Angehörigen nicht erwerbsfähig sind, erhalten sie das ebenfalls neu eingeführte Sozialgeld. …
Bezieher des Arbeitslosengeldes II werden einerseits gefördert, andererseits wird von ihnen auch etwas verlangt. Wer ohne wichtigen Grund zumutbare Arbeit ablehnt, dessen Geldleistung wird gekürzt. Auch ein Umzug in eine andere Stadt gilt für Alleinstehende als zumutbar, wenn sie dort einen Job angeboten bekommen. Sie können verpflichtet werden, Arbeitsgelegenheiten, so genannte Ein-Euro-Jobs, anzunehmen. Die Jobs dürfen reguläre Arbeit nicht verdrängen und müssen im öffentlichen Interesse sein. Für die Bundesländer gilt ein Regelsatz von monatlich 345 Euro für Alleinstehende. Ehepartner erhalten jeweils 90 Prozent des Regelsatzes, Kinder ab Beginn des 15. bis zur Vollendung des 18. Lebensjahres jeweils 80 Prozent des Regelsatzes, jüngere Kinder 60 Prozent des Regelsatzes. Kosten für Miete und Heizung werden übernommen, zusätzlicher Bedarf wird bei Schwangerschaft, für Alleinerziehende, Behinderte oder bei kostenaufwändiger Ernährung anerkannt. Beiträge für Kranken- und Pflegekassen werden ebenfalls übernommen. …
Hilfe zum Lebensunterhalt bekommt, wer die Kosten für Ernährung, Unterkunft, Kleidung, Heizung und persönliche Bedürfnisse des täglichen Lebens nicht alleine tragen kann, das ist die klassische Sozialhilfe.

http://www.sozialpolitik.com/webcom/show_article.php?wc_c=15&wc_id=5&wc_lkm=32 (12.2.2006)

Aufgaben zu M 3 und M 4

1. *Arbeite aus dem Text M 3 heraus, wie sich die Armut in Deutschland seit 1998 entwickelt hat.*
2. *Interpretiere die Karikatur in M 4.*

Der Umgang mit Zahlen, Statistiken und Diagrammen

Beim Umgang mit Zahlen, Statistiken und Diagrammen ist Vorsicht geboten. Der bekannte Satz: „Trau keiner Statistik, die du nicht selbst gefälscht hast", macht auf die Problematik im Umgang mit scheinbar objektiven Zahlen aufmerksam. Uns sollte immer bewusst sein, dass man mit der Unterstützung von Zahlenmaterial Tatsachen verfälscht darstellen kann. Häufig werden damit ganz bestimmte Interessen verfolgt. Dies gilt v.a. in der Wirtschafts- und Sozialstatistik. Deshalb ist es notwendig, nicht nur nach der Quelle einer Statistik zu fragen, sondern auch kritisch zu überprüfen, wie die Zahlen in einer grafischen Darstellung präsentiert wurden. Denn mit unterschiedlichen Darstellungen lassen sich bei denselben Zahlen durchaus unterschiedliche Wirkungen erzielen. Mit der Art der Darstellungen lassen sich Sachverhalte auch verharmlosen oder dramatisieren. Folgende Punkte solltest du bei jeder Untersuchung von Datenmaterial besonders kritisch hinterfragen:

- Quellenangaben

Wird die Quelle der Daten angeben? Handelt es sich um eine seriöse Quelle – z.B. amtliche Stellen (Behörden, Statistisches Bundesamt, Ministerien usw.)? Besonders skeptisch sollte man bei Angaben wie „eigene Erhebung" sein.

- Aktualität der Daten
- Auswahl des Zeitraums
- Maßstab der Darstellung

z.B.: Welcher Maßstab auf den Achsen ist gewählt und wie ist das Verhältnis der beiden Achsen zueinander? Ist die Einteilung auf den Achsen sinnvoll gewählt?

- Stimmen Überschrift und Text mit der Aussage des Datenmaterials überein?
- Verfolgt der Verfasser eine manipulative Absicht?

Ein Beispiel: Es liegen folgende Zahlen vor:

Die Entwicklung der Zahl der Sozialhilfeempfänger in Deutschland

Jahr	1968	1973	1978	1983	1988	1993	1998	2002	2004
Anzahl in Mio.	0,52	0,68	0,91	1,14	1,62	2,45	2,88	2,76	2,91

bis 1993 früheres Bundesgebiet, Quelle: Statistisches Bundesamt

Diese Zahlen wurden grafisch so umgesetzt:

a)

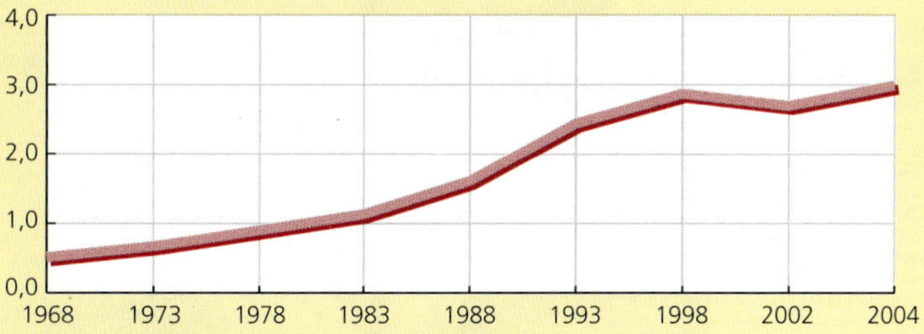

b)

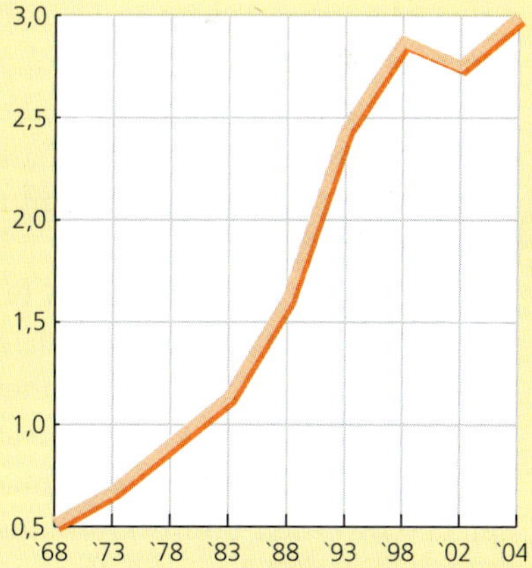

Aufgaben

1. *Überprüft die Umsetzung der Daten und begründet, weshalb die Grafiken so unterschiedlich ausfallen!*

2. *Wie müsste eurer Meinung nach eine korrekte grafische Darstellung des Zahlenmaterials aussehen?*

3. *Wer könnte ein Interesse an einer verfälschenden Darstellung der Sozialhilfedaten haben?*

M 5 Armut in Deutschland – ein Kinderproblem

Kinderarmut in Deutschland – da geht es nicht um Bilder von 5-Jährigen, die Steine schleppen für einen Teller Suppe. Armut in reichen Ländern ist unauffälliger. ... „Fälle gibt es genug", sagt auch Frank Merkel, Sozialarbeiter bei der Caritas Dortmund, „das reicht von Eltern, die die Klassenfahrt nicht bezahlen können, bis zu Kindern, die ohne Essen in den Kindergarten kommen." Hier, wo sie mit allen anderen Kindern zusammenkommen, fallen sie auf. „Oft sind es Lehrer oder Kindergärtner, die uns in der Sozialberatung anrufen und nach Hilfemöglichkeiten fragen", erzählt Merkel.

Wenn die Eltern knapp bei Kasse sind, ist es schnell vorbei mit Flötenunterricht oder Sportverein. „Es ist ein Mix aus vielen Kleinigkeiten, der die Kinder im Vergleich benachteiligt", erklärt Beraterin Marina Samra vom Sozialen Zentrum Westhoff in Dortmund. Sie zählt auf: „Da bleibt die kulturelle Bildung auf der Strecke, weil Kino, Zoo und Theater unbezahlbar sind. Die Kleidung ist nicht die gleiche und das Buch, das gerade ‚in' ist, gibt es noch nicht in der Bibliothek. Damit tun sich besonders Heranwachsende schwer."

Meistens handelt es sich bei Armut um eine Phase, oft wenn die Eltern sich trennen oder arbeitslos werden. ... Treffen kann es jeden, den gescheiterten Unternehmer genau so wie die Akademikerin, die kurz nach dem Studium ein Kind bekommt und dieses alleine erzieht. Marina Samra: „Es sind ganz normale Leute, die plötzlich Angst haben, dass ihre Kinder anfangen zu klauen." ...

Die UNICEF-Studie (2005) zeigt einen klaren Zusammenhang zwischen der Höhe staatlicher Aufwendungen und der Kinderarmut. Auch die Art, wie das Geld verteilt wird, führt in den verglichenen Ländern zu sehr unterschiedlichen Erfolgen. Umverteilung von Reichtum kann man besser machen, so die Schlussfolgerung.

Anneke Wardenbach, http://www.wdr.de/themen/politik/deutschland/kinderarmut/index.jhtml (12.3.2006)

M 6 Arme sterben früher

Arme Menschen tragen in Deutschland in jeder Lebensphase ein mindestens doppelt so hohes Risiko, schwer zu erkranken", alarmiert Dr. Raimund Geene vom Verein „Gesundheit Berlin". Und: „Arme sterben im Schnitt sieben Jahre früher als Reiche."

Dass Menschen mit niedrigem Einkommen, geringer Schulbildung und niedriger beruflicher Stellung ungünstigere Gesundheitschancen haben, zeigt sich bereits im Kindesalter. „Frühgeburtlichkeit, Säuglingssterblichkeit, Häufigkeit der Beschwerden und Erkrankungen von Schulkindern, die Zahngesundheit, Unfälle sowie schwere Atemwegsleiden hängen ganz eng mit dem sozialen Status der jungen Menschen zusammen", sagt Elisabeth Pott, Direktorin der Bundeszentrale für gesundheitliche Aufklärung). Ebenso seien Kinder und Jugendliche aus sozial benachteiligten Familien häufiger in ihrer körperlichen und psychischen Entwicklung beeinträchtigt. ...

Fast jeder zweite Zehnjährige, vor allem aus sozial benachteiligten Familien, trägt überflüssige Pfunde mit sich herum. Hier trainiert die 12-jährige Nadine in einer Reha-Klinik für Kinder, bei denen der Arzt Adipositas (Fettsucht) diagnostiziert hat.

Die Beziehung zwischen Armut und Krankheit erklärt sich wesentlich aus den Lebensgewohnheiten, denen Angehörige der verschiedenen sozialen Schichten unterworfen sind. „Menschen niederer Schichten weisen häufiger gesundheitsschädliche Verhaltensweisen auf", so Pott. Beispiel Rauchen: „Während 37 Prozent der Schülerinnen und Schüler der Sekundarstufe II in Gymnasien rauchen, liegt der Prozentsatz von gleichaltrigen Berufsschülerinnen und Berufsschülern bei 53 Prozent", erläutert die BZgA-Chefin. „Auch Früherkennungs-Untersuchungen für Kleinkinder … und Impfungen werden von sozial benachteiligten Familien seltener wahrgenommen.

Alexa Fuchswinkel, www.aerztlichepraxis.de/db/shownews/1071238152/9/3/news.html (24.11.2003)

Deutsches Schulsystem: Chancengleichheit ungenügend

M 7

Die deutsche Schule hat erneut ein vernichtendes PISA-Zeugnis erhalten: Chancengleichheit ungenügend. … Wie kein anderes Schulsystem vergleichbarer Industriestaaten versagt das deutsche bei der Förderung von Arbeiter- und Migrantenkindern und damit auch bei der sozial und wirtschaftlich gebotenen Ausschöpfung der Begabungsreserven. … Mit der Vorlage der Ergebnisse der ersten PISA-Studie im Dezember 2001 geriet Deutschland dabei auch in das Rampenlicht der internationalen Schulkritik. Einhellig gelobten die Kultusminister damals Abhilfe. Doch die jetzt vorliegende Detailanalyse des zweiten PISA-Tests (2003) zeigt, dass die soziale Unausgewogenheit bei der Verteilung von Bildungschancen gegenüber der ersten Untersuchung größer geworden ist.

Dabei geht es im Wesentlichen um zwei Befunde. Generell ist der schulische Wissensvorsprung von 15-Jährigen aus der Oberschicht gegenüber gleichaltrigen Facharbeiterkindern in Deutschland weiter gewachsen.

Eine mögliche Erklärung: Nach der Veröffentlichung der desaströsen deutschen PISA-I-Ergebnisse im Dezember 2001 wusste sich das deutsche Bildungsbürgertum selbst zu helfen und hat die eigenen Sprösslinge noch mehr als bisher privat gefördert. Eltern, die sich dagegen allein auf den Staat verließen, blieben bislang offenbar verlassen – sieht man von einigen Reformansätzen wie der Einführung von mehr Ganztagsschulen ab.

Zur „Oberschicht" zählten die PISA-Forscher Akademikereltern und Führungskräfte. Die Kinder verfügen in der Regel über ein eigenes Zimmer mit Schreibtisch für Hausaufgaben, Computer und Internetzugang. Selbstverständlich ist der Bücherschrank im Wohnzimmer mit Lexika wohlbestückt.

Der zweite Befund zielt auf die Abschlüsse ab: Bei gleicher Intelligenz und Lernbereitschaft hat ein 15-jähriges Oberschichtkind in Bayern eine 6,65-mal größere Chance, das Gymnasium zu besuchen und das Abitur abzulegen, als ein Facharbeiterkind. Im Bundesdurchschnitt ist die Chance 4,01-mal so groß. Von Chancengerechtigkeit kann dabei keine Rede mehr sein.

Die Kultusminister hatten nach dem ersten Schock über das schlechte deutsche Abschneiden bei PISA Ende 2001 ein Maßnahmebündel beschlossen, das vor allem auf Qualitätsverbesserungen des Unterrichts abzielte. Zugleich sollte eine bessere Förderung im Kindergarten Chancennachteile ärmerer Kinder ausbügeln und so die Leistungen aller verbessern. Doch der Weg zum Erfolg ist lang. Unter dem Druck, bessere Schulleistungen vorzuweisen, wurden zugleich aber offenkundig auch die Auswahlmechanismen an den Schulen verschärft. Die Hürden für einen Wechsel zum Gymnasium wurden höher gelegt.

Doch dieser Weg verschärft ein anderes Problem. Das deutsche Schulsystem bringt heute schon erheblich weniger Abiturienten hervor als andere vergleichbare Industriestaaten.

Karl-Heinz Reith, dpa, http://www.heute.de/ZDFheute/drucken/1,3733,2391280,00.html (25.3.2006)

Aufgaben zu M 5 – M 7

1. Erläutere, warum ärmere Menschen geringere Bildungschancen haben und ein höheres Risiko tragen zu erkranken (M 5 – M 7).

2. Erkläre, wo man ansetzen müsste, um die Bildungschancen der Kinder aus niederen sozialen Schichten zu verbessern (M 7).

3. Familien- und Kinderarmut sind ein großes Problem für unsere Gesellschaft. Erläutere diese Aussage (M 5 – M 7).

Was wir jetzt wissen:

Lebensrisiko Armut – wie der Staat für die Schwächsten sorgt

Armut in Deutschland
M 2, M 3

Armut in einem so reichen Land wie Deutschland ist schwer vorstellbar. Dennoch gibt es in unserem Land Armut, auch wenn sie nicht mit der in anderen Regionen der Welt vergleichbar ist. Entscheidend ist, von welchem Grundverständnis man dabei ausgeht. Armut lässt sich absolut und relativ erfassen. Absolute Armut ist in Deutschland kaum verbreitet. Sie liegt dann vor, wenn die lebensnotwendigen Grundlagen (Essen, Kleidung, Wohnung) fehlen. Deshalb ist Armut in Deutschland immer relative Armut. Relativ arm sind Menschen dann, wenn sie in Verhältnissen leben, die unterhalb der Grenze liegen, die im Verhältnis zum durchschnittlichen Wohlstand der gesamten Bevölkerung gesehen wird. Armut bedeutet aber nicht nur materielle bzw. finanzielle Armut. Sie ist zugleich auch ein soziales und kulturelles Problem, denn wer über wenig Einkommen verfügt, kann sich die Teilnahme am gesellschaftlichen Leben nicht leisten. Den Armen in der Gesellschaft fühlt sich der Staat durch das Fürsorgeprinzip verpflichtet und greift ihnen deshalb „unter die Arme".

Fürsorgeprinzip

Soziale Sicherung

Jeder Mensch kann durch unvorhersehbare Situationen wie Krankheit, Unfall, Arbeitslosigkeit, den Tod des Partners o.ä. in Not geraten. Wer in Not gerät, länger als ein Jahr arbeitslos ist und zwischen 15 und 64 Jahre alt ist, der erhält die Grundsicherung für Arbeitslose, das Arbeitslosengeld II. Alle anderen Hilfsbedürftigen erhalten Sozialgeld. Der Bezug dieser Unterstützungsleistungen ist an bestimmte Voraussetzungen gebunden. Dabei wird die Bedürftigkeit geprüft. Arbeitslosengeld II und Sozialgeld sind staatliche Leistungen, die aus dem Steueraufkommen gezahlt werden. Die Empfänger dieser Leistungen sollen gefördert und gefordert werden.

Sozialhilfe
Infobox

Die staatlichen Leistungen dienen nicht nur dazu, das Existenzminimum der Bedürftigen abzusichern, also die lebensnotwendigen Dinge wie Nahrung, Kleidung, Wohnung oder Heizung zu finanzieren. Den Empfängern dieser Leistungen soll auch die Teilhabe am kulturellen Leben ermöglicht werden.

Armutsentwicklung
M 3

Der Anteil der Empfänger staatlicher Unterstützungsleistungen an der Gesamtbevölkerung hat sich in den vergangenen Jahren drastisch erhöht, und das Armutsrisiko steigt stetig. Ein Drittel der Bevölkerung lebt mittlerweile im Niedrigeinkommensbereich und 2003 lebten 13 % aller Deutschen in Armut. Dies hängt vor allem mit der hohen Arbeitslosigkeit in unserem Land zusammen.

Besorgniserregend ist, dass die Empfänger staatlicher Unterstützungsleistungen immer jünger werden. Jedes zehnte Kind in Deutschland lebt mittlerweile in relativer Armut. Besonders betroffen sind Kinder, die mit nur einem Elternteil aufwachsen.

Folgen von Armut
M 5 – M 7

Kinder, die in ärmlichen Verhältnissen aufwachsen, haben häufig kaum eine Chance, aus ihrem Milieu auszubrechen. In der Schule sind sie benachteiligt, weil ihnen teilweise die häusliche Unterstützung und Förderung fehlt, denn in vielen Fällen haben die Eltern auch keine abgeschlossene Berufsausbildung und können ihren Kindern nicht helfen. Armut wirkt sich auch ungünstig auf die Gesundheit von Kindern und Jugendlichen und natürlich auch Erwachsenen aus. So stellen Ärzte immer häufiger ein mangelhaftes Gesundheitsverhalten (z.B. Rauchen, schlechte Ernährung, Bewegungsmangel, schlechte Zahnhygiene) und die Nicht-Teilnahme an Vorsorgeuntersuchungen und Impfungen bei ärmeren Familien fest. Dies führt bei ihnen insgesamt zu einem ungünstigen Gesundheitszustand und einer kürzeren Lebenserwartung.

2. Was heißt Sozialstaat?

M 1

Wir müssen nicht im Regen stehen ...

Karikatur: Aurel

M 2

Sozialpolitik geht alle an

Sozialstaat? Dabei denken viele immer nur an Alte, Kranke, Arbeitslose. Wer jung und gesund ist, viele Pläne hat und womöglich schon sein eigenes Geld verdient, ärgert sich höchstens über Steuern und Abgaben. „Was gehen mich die anderen an? Ich kann für mich selbst sorgen. Sollen das die anderen doch auch tun!"

Der Sozialstaat – eine Einrichtung für die Schwachen, auf Kosten der Starken? Von wegen! Wer mal genau hinsieht, merkt schnell: Der Sozialstaat ist für alle da, und deswegen geht er auch alle etwas an. Beispielsweise bei der Suche nach einem Ausbildungsplatz: Ohne die Arbeitsämter, ohne die Unterstützung durch spezielle Förderprogramme für junge Leute würden viele in die Röhre gucken. Wer einen Job hat, lernt kennen, wie er durch das Arbeitsrecht, durch engagierte Kollegen im Betriebsrat oder durch die Arbeitsschutzbestimmungen geschützt wird. Und wenn mal was schief geht, zum Beispiel ein Unfall auf dem Weg zur Arbeit, übernimmt die Unfallversicherung alle Kosten. Wer auf Dauer erwerbsgemindert wird, den unterstützt die Rentenversicherung.

Soziale Sicherheit bedeutet, dass die Gemeinschaft den Einzelnen in einer Notlage nicht allein lässt. Logisch, dass das nur funktionieren kann, wenn jeder auch bereit ist, seinen Beitrag zum System der sozialen Sicherung zu leisten. Nicht erst, wenn das Unglück da ist, sondern schon dann, wenn alles gut läuft. Wenn man sich gerade mal wieder fragt: Was geht mich das eigentlich an?

Arbeitsgemeinschaft Jugend & Bildung e. V. in Zusammenarbeit mit dem Bundesministerium für Arbeit und Sozialordnung (Hg.), Sozialpolitik, Heft 2001/2002, S. 3

M 3 Die Sozialversicherung – mehr als nur Basissicherung

Am Anfang sicherte die Sozialversicherung lediglich das Überleben – heute bietet sie weit mehr: Es gibt die erweiterte Lohnfortzahlung im Krankheitsfall, Übergangsgeld bei einer Reha-Maßnahme, Arbeitslosengeld bei Arbeitslosigkeit, zahlreiche Leistungen des sozialen Ausgleichs ohne eigene Ertragsleistungen und vieles andere mehr. Ein solches soziales Netz hat aber bei einer ständig älter werdenden Bevölkerung auch seinen Preis. Die Gesellschaft wird entscheiden müssen, ob sie bereit ist, die zusätzlichen Lasten aufgrund ihrer zunehmenden Alterung zu tragen. Die Generationengerechtigkeit verlangt auch eine gerechte Aufteilung der Lasten auf Alt und Jung. Denn auch die ältere Generation profitiert ja von der steigenden Lebenserwartung. ...

Die Geburtsstunde der modernen Sozialversicherung reicht bis in die zweite Hälfte des 19. Jahrhunderts zurück. Mit der zunehmenden Industrialisierung lösten sich die Großfamilien auf und die Arbeiterschicht verarmte zunehmend. Not und Elend gehörten zur Tagesordnung. Kinderarbeit und überlange Arbeitszeiten waren selbstverständlich. Die schützende Rolle der Familie musste nun der Staat übernehmen. Der Einfluss der Sozialdemokratie wuchs. Mit seiner als „Kaiserliche Botschaft“ in die Geschichte der Sozialversicherung eingegangenen Rede forderte Kaiser Wilhelm I. am 17. November 1881 den deutschen Reichstag auf, Gesetze zum Schutze der Arbeiter gegen Krankheit, Unfall, Invalidität und im Alter zu beschließen. Dies wird allgemein als die Geburtsstunde der deutschen Sozialversicherung angesehen. Der Reichstag verabschiedete daraufhin nach intensiven Beratungen 1883 das Krankenversicherungsgesetz, 1884 das Unfallversicherungsgesetz und 1889 das Invaliditäts- und Altersversicherungsgesetz.

Später kamen dann das Versicherungsgesetz für Angestellte (1911) und das Reichsknappschaftsgesetz für die Rentenversicherung der in Bergbaubetrieben beschäftigten Arbeitnehmer (1923) hinzu. Im Zeichen des Beginns der großen Wirtschaftskrise Ende der zwanziger Jahre mit der sich abzeichnenden hohen Arbeitslosigkeit wurde im Jahr 1927 schließlich noch die Arbeitslosenversicherung eingeführt. Als letzter Zweig unseres heutigen Sozialversicherungssystems wurde 1995 die Pflegeversicherung geschaffen.

Die Zweige der Sozialversicherung

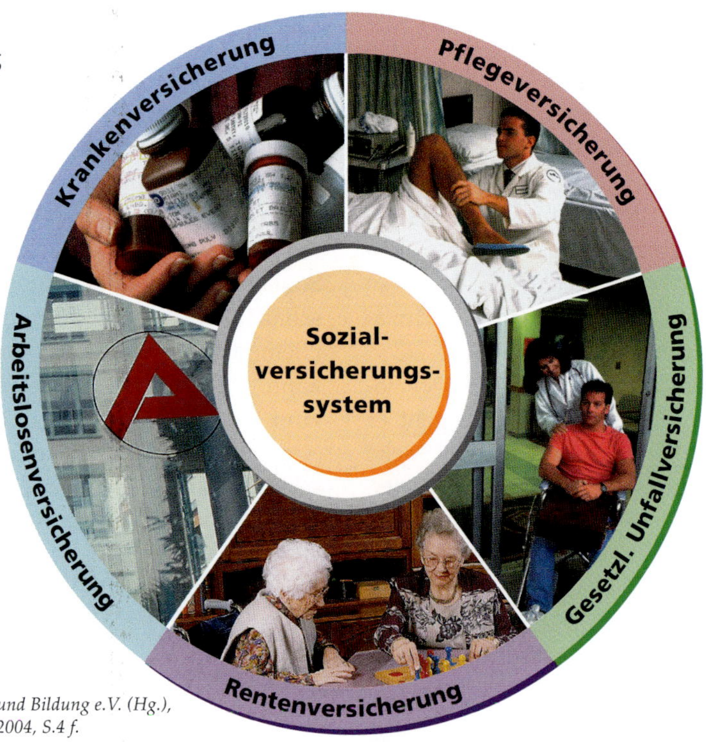

Arbeitsgemeinschaft Jugend und Bildung e.V. (Hg.), Sozialpolitik, Ausgabe 2003/2004, S.4 f.

M 4

Das Sozialstaatsgebot im Grundgesetz

Art. 1,1 GG	Die Würde des Menschen ist unantastbar. Sie zu achten und zu schützen ist Verpflichtung aller staatlichen Gewalt.
Art. 20,1 GG	Die Bundesrepublik Deutschland ist ein demokratischer und sozialer Bundesstaat.

Mit der Entscheidung für den Sozialstaat wird die immer wieder gestellte Forderung nach sozialer Gerechtigkeit zu einem leitenden Prinzip aller staatlichen Maßnahmen erhoben. Die Sozialstaatlichkeit bezeichnet den Inbegriff aller Pflichten des Staates, die Achtung der Menschenwürde (Art. 1,1) und das damit unlösbar verbundene Rechtsstaatsprinzip speziell im sozialen Bereich zu verwirklichen. …

Aus dem Sozialstaatsprinzip ergibt sich in Verbindung mit dem Grundrecht der Würde des Menschen ein Anspruch des Einzelnen gegen den Staat, für ihn im Falle seiner – verschuldeten oder unverschuldeten – Bedürftigkeit so zu sorgen, dass sein Existenzminimum gesichert ist („Fürsorgeanspruch"). Der Bundesgesetzgeber hat dementsprechend ein Gesetz erlassen, das die Einzelheiten der Sozialhilfe regelt.

Der Staat ist verpflichtet, im weiten Bereich der sog. „Daseinsvorsorge" (z.B. Versorgung mit Gas, Wasser, Strom; Bereitstellung öffentlicher Verkehrsmittel; Gesundheitsvorsorge, Schulwesen, Arbeitsvermittlung) Leistungen zugunsten des Einzelnen zu erbringen. Er braucht dies allerdings nicht kostenlos zu tun, sondern kann dafür eine zumutbare Gegenleistung in Geld fordern. …

Die Zwangsversicherung bestimmter Gruppen ist ebenfalls Ausfluss des Sozialstaatsprinzips. Die Vorsorge für Krankheit, Alter, Unfall usw. rechtfertigt die zwangsweise Versicherung des Einzelnen, wenn dieser entweder nur teilweise eigene Leistungen dafür einbringt oder sonst mit hoher Wahrscheinlichkeit für den Staat eine derart hohe Belastung einträte, dass er seinen sozialen Verpflichtungen nur noch im beschränkten Umfang nachkommen könnte.

Dieter Hesselberger, Das Grundgesetz. Kommentar für die politische Bildung, 13. Aufl., Bonn 2003, S. 184

Aufgabe zu M 4

1. *Einerseits garantiert Art. 2,1 GG das Grundrecht auf die freie Entfaltung der Persönlichkeit, andererseits verlangt der Staat eine Zwangsmitgliedschaft in den gesetzlichen Sozialversicherungssystemen. Diskutiert diesen scheinbaren Widerspruch.*

M 5

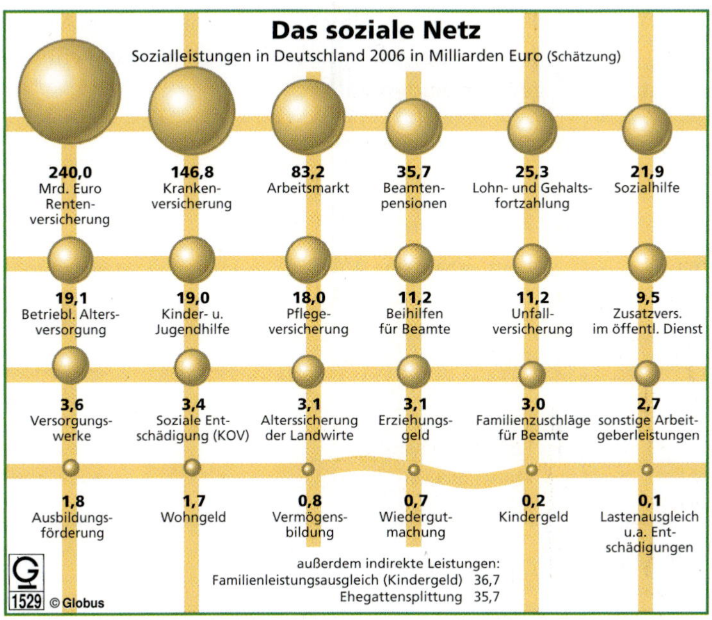

M 6 Die Sozialversicherungssysteme

Kern des Sozialstaats der Bundesrepublik Deutschland ist die gesetzliche Sozialversicherung. ... Das „soziale Netz" der gesetzlichen Sozialversicherung sichert als Pflichtversicherungssystem nahezu die gesamte Bevölkerung der Bundesrepublik Deutschland[1] gegen wichtige Grundrisiken ab (Minderung oder Verlust der Erwerbsfähigkeit, Alter, Tod des Ernährers, Krankheit, Mutterschaft, Arbeitslosigkeit und Pflegebedürftigkeit).

Die Mitgliedschaft in der gesetzlichen Krankenversicherung ist Pflicht für alle Arbeiter und Angestellten bis zu einem Monatseinkommen von 3 937,50 € (2006). Nur wer über dieser Versicherungspflichtgrenze liegt, kann aus der gesetzlichen in eine private Krankenversicherung wechseln. Die Mitgliedschaft in der gesetzlichen Renten-, Arbeitslosen-, Unfall- und Pflegeversicherung ist Pflicht für alle Arbeiter, Angestellten und Auszubildenden.

Das Finanzierungssystem der Sozialversicherung beruht auf dem so genannten „Umlageverfahren". Die notwendigen Versicherungsleistungen werden dabei je zur Hälfte aus den Beiträgen der versicherungspflichtigen Arbeitnehmer und deren Arbeitgeber gezahlt. Diese Beiträge werden nicht für jedes einzelne Versicherungsmitglied gesammelt, sondern unmittelbar wieder für benötigte Leistungen ausgegeben. ...

Die Beiträge zur Sozialversicherung orientieren sich am Bruttoeinkommen des Arbeitnehmers. ... [Der] Gesamtbetrag (42% des Bruttoeinkommens) ist je zur Hälfte (also 21%) vom Arbeitnehmer und vom Arbeitgeber aufzubringen. Die Beiträge zur gesetzlichen Unfallversicherung zahlt allein der Arbeitgeber. Die Sozialversicherungsleistungen des Arbeitgebers zusätzlich zum Lohn (Arbeiter) oder zum Gehalt (Angestellter) werden auch als Lohnnebenkosten bezeichnet.

Politik betrifft uns, Krise des Sozialstaats. Modernisierung als Umbau oder Abbau? Heft 4/2003, S. 9

[1] Nur Beamte und Selbstständige sind von der gesetzlichen Versicherungspflicht ausgenommen.

M 7 Das Solidarprinzip an einem Beispiel

Die Pflichtbeiträge zu den Sozialversicherungen werden vom Bruttolohn einbehalten. Der Arbeitgeber zieht die Beiträge ab und überweist sie mit seinem Anteil, der noch einmal die gleiche Summe ausmacht, an die Sozialversicherungsträger. Dem Arbeitnehmer wird nur noch der Nettolohn ausbezahlt.

Nikolas Pfeifer (33) und Maike Bach (32) arbeiten gemeinsam in der gleichen Position in der Marketing-Abteilung eines mittelständischen Unternehmens. Nikolas Pfeifer ist verheiratet und Vater von zweijährigen Zwillingen, seine Frau ist zur Zeit nicht berufstätig, weil sie die Betreuung der Kinder übernommen hat. Maike Bach ist Single. So sehen die Gehaltsabrechnungen der beiden aus:

Gehaltsabrechnung: Nikolas Pfeifer	
Steuerklasse:	III
Kirchensteuerpflichtig:	ja
Kinderfreibeträge:	2
Bruttoarbeitslohn/Monat:	**3750,00**
Lohnsteuer:	475,00
Solidaritätszuschlag:	12,30
Kirchensteuer:	17,89
Krankenversicherung (14,2 %):	250,28
Pflegeversicherung:	29,96
Rentenversicherung:	365,63
Arbeitslosenversicherung:	121,88
Netto-Arbeitslohn:	**2477,07**

Gehaltsabrechnung: Maike Bach	
Steuerklasse:	I
Kirchensteuerpflichtig:	ja
Kinderfreibeträge:	0
Bruttoarbeitslohn/Monat:	**3750,00**
Lohnsteuer:	819,66
Solidaritätszuschlag:	45,08
Kirchensteuer:	65,57
Krankenversicherung (14,2 %):	250,28
Pflegeversicherung:	29,96
Rentenversicherung:	365,63
Arbeitslosenversicherung:	121,88
Netto-Arbeitslohn:	**2051,95**

Außerdem erhält Familie Pfeifer noch 308 € Kindergeld.

Autorentext; Stand 01/2005

Was wir jetzt wissen:

Was heißt Sozialstaat?

Sozialstaatsgebot
M 4

Aufgaben des Sozialstaats
M 2

„Die Bundesrepublik Deutschland ist ein demokratischer und sozialer Bundesstaat". So steht es in Artikel 20 unseres Grundgesetzes. Nach diesem Sozialstaatsgebot muss sich die Politik in unserem Land an den Grundsätzen von Gleichheit, Gerechtigkeit und sozialer Sicherheit orientieren. Der Sozialstaat erfüllt somit vielfältige Aufgaben. Er ist zuständig für das Gesundheitswesen, für die Versorgung der Menschen, die aufgrund von Alter, Krankheit, Unfall oder Arbeitslosigkeit aus dem Erwerbsleben ausscheiden. Darüber hinaus schafft er Bildungseinrichtungen, die er allen Bürgerinnen und Bürgern zur Verfügung stellt und ihnen auf diese Weise gleiche Chancen gewährt. Zur Unterstützung der Familien mit Kindern wird Kinder- und Erziehungsgeld gezahlt.

Ziele der Sozialpolitik

Ein wichtiges Ziel des Sozialstaates ist es, alle diejenigen zu unterstützen und denen zu helfen, die besonders schwach sind und sich nicht selbst gegen alle Wechselfälle des Lebens schützen können. Damit bemüht sich der Staat mit seiner Sozialpolitik um den Ausgleich sozialer Gegensätze, die durch Einkommens- und Vermögensunterschiede entstehen. Auf diese Weise trägt der Staat auch zur Sicherung des sozialen Friedens bei.

Geschichte des Sozialstaates
M 3

Sozialpolitik hat in Deutschland eine lange Tradition. Bereits am Ende des 19. Jahrhunderts wurden die ersten staatlichen Sozialversicherungen eingeführt. Sie trugen dazu bei, die schlimmsten Folgen der Industrialisierung, die so genannte Soziale Frage, zu mildern. Der Staat begann damals eine schützende Rolle für jeden Einzelnen zu übernehmen, denn die Familien konnten dies aufgrund der sich verändernden Arbeits- und Lebensbedingungen immer weniger wahrnehmen. Die staatliche Sozialversicherung wurde im Laufe des 20. Jahrhunderts immer weiter ausgebaut. So wurden weitere Risiken einbezogen (z.B. zuletzt die Pflegebedürftigkeit) und der begünstigte Personenkreis wurde erweitert. Heute stellt sich die Frage, ob der Sozialstaat angesichts sinkender staatlicher Einnahmen noch finanzierbar ist.

Anforderungen an den Einzelnen

Der Sozialstaat stellt aber auch Anforderungen an seine Bürgerinnen und Bürger. So wird erwartet, dass sich alle nach ihren jeweiligen Möglichkeiten an der Aufrechterhaltung der sozialen Sicherung durch Steuern und Beiträge für die Sozialversicherungssysteme beteiligen.

Sozialstaat und Wirtschaftsordnung

Der Sozialstaat ist in Deutschland eng mit der Wirtschaftsordnung der Sozialen Marktwirtschaft verbunden. Neben den sozialpolitischen Maßnahmen ergreift der Staat nach diesem Konzept auch im Wirtschaftsgeschehen eine aktive Rolle. So hat er beispielsweise nicht nur ein Unterstützungssystem für die Arbeitslosen geschaffen, sondern ist darüber hinaus durch eine aktive Arbeitsmarktpolitik bemüht, die Erwerbslosen wieder in das Arbeitsleben zu integrieren. Daneben erlässt er auch Gesetze, die die Bürgerinnen und Bürger als Arbeitnehmer, Konsumenten, Mieter usw. schützen. Insgesamt hat die Sozialpolitik in Deutschland zu einer Festigung der Demokratie geführt, weil alle vom Sozialstaat profitierten.

3. Gesicherte Zukunft? Die Rentenversicherung

M 1 Großmutter, warum lebst du so lange?

Horst Haitzinger/CCC.www.c5.net

M 2 Der Generationenvertrag – wie er sein sollte

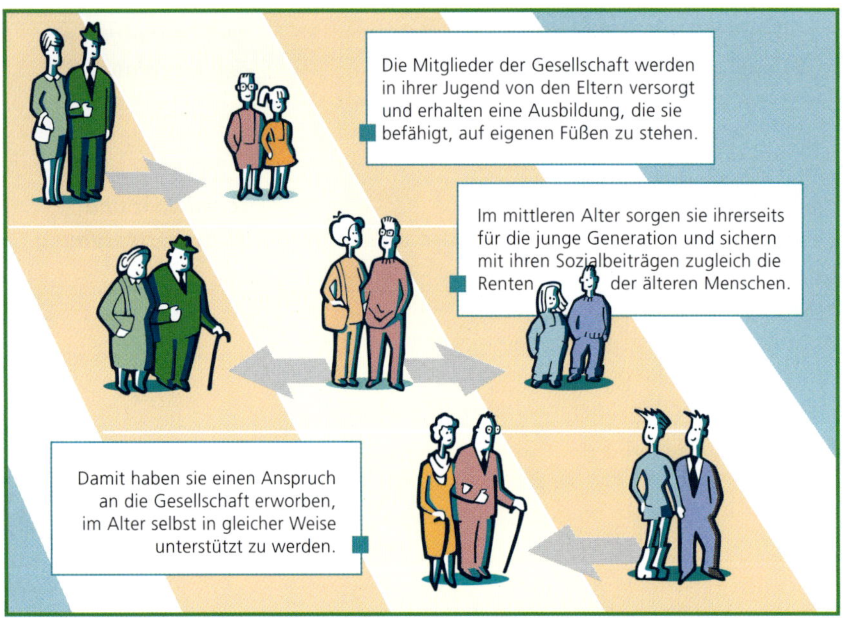

Erich Schmidt Verlag, Zahlenbild 141055

Wie wird die gesetzliche Rente finanziert?

M 3

- Rentenbeiträge der Arbeitnehmer und der Arbeitgeber
- Bundeszuschuss aus dem Steueraufkommen (Mehrwert- und Ökosteuer)

- Gesetzliche Rente nach Erreichen der Altergrenze
- Erwerbsminderungsrente
- Hinterbliebenenrente
- Rehabilitation nach Krankheit u. Unfall zur Wiederherstellung der Erwerbsfähigkeit

Autorentext

Drei Säulen der Alterssicherung

M 4

Die **erste Säule** umfasst die so genannten Regelsysteme und wird aus den folgenden drei Alterssicherungssystemen gebildet:
- gesetzlicher Rentenversicherung der Arbeitnehmer (GRV)
- Beamtenversorgung
- berufsständischen Alterssicherungssystemen für Gruppen von Selbstständigen und Freiberuflern

Die **zweite Säule** ist die betriebliche Altersversorgung (BAV), deren Rahmenbedingungen erheblich verbessert wurden. Seit Anfang 2002 wird sie auch staatlich gefördert. Begünstigt sind hierbei:
- Arbeitnehmerinnen und Arbeitnehmer in der Privatwirtschaft
- Arbeiterinnen und Arbeiter sowie Angestellte im öffentlichen Dienst

Die **dritte Säule** ist die private Altersvorsorge. Sie umfasst z.B.:
- Lebensversicherungen
- Aktienfonds
- Bausparverträge
- Immobilien

Seit Anfang 2002 werden besonders gefördert:
- private Rentenversicherung
- Investmentfondsparpläne
- Banksparpläne

Privat vorsorgen

Weil in Zukunft immer mehr Rentnerinnen und Rentner mit steigendem Lebensalter immer weniger Beitragszahlenden gegenüberstehen, wurde 2001 eine zusätzliche private Altersvorsorge eingeführt, die vom Staat gefördert wird. Die so genannte Riester-Rente soll dafür sorgen, dass alle Rentenbezieher auch in Zukunft ein ausreichendes Einkommen haben, ohne dass heute die Beiträge weiter steigen müssen. Wer früh anfängt, kann schon mit kleinen Beiträgen eine vernünftige Zusatzversorgung für das Alter schaffen. Der Gesetzgeber will mit seiner Förderung vor allem Menschen mit niedrigem Einkommen und Familien unterstützen und leistet so einen weiteren Beitrag zur sozialen Gerechtigkeit.

Arbeitsgemeinschaft Jugend & Bildung e.V. in Zusammenarbeit mit dem Bundesministerium für Gesundheit und Soziale Ordnung (Hg.), Sozialpolitik, Ausgabe 2003/04, S. 23

Infobox

Rente

Die Altersrente ist eine monatliche Zahlung, auf die man Anspruch hat, wenn man das Rentenalter erreicht hat, das heute in der Regel bei 65 Jahren liegt. Zuvor muss man im Laufe des Arbeitslebens einen bestimmten Anteil seines Lohns oder Gehalts in die Rentenversicherung einzahlen. Der Arbeitgeber beteiligt sich ebenfalls an den Zahlungen in die Rentenversicherung. Die Höhe der Rentenzahlung ist davon abhängig, wie lange in die Rentenversicherung eingezahlt wurde und wie hoch diese Zahlungen waren. Renten erhalten auch Menschen, die berufsunfähig werden, sowie Witwen und Waisen. Das Altersruhegeld der Beamten heißt Pension.

Autorentext

Aufgaben zu M 2 – M 4

1. *Erläutere, welche Auswirkungen es auf die Finanzierung der Rentenversicherung hat, wenn die Zahl der Beschäftigten abnimmt (M 2 – M 4).*
2. *Gegen die jetzige Regelung in der gesetzlichen Rentenversicherung wird immer wieder die Forderung erhoben, jeder solle für seine eigene Zukunft durch den Kauf von Aktien, Immobilien oder Sparbriefen Vorsorge treffen. Diskutiert Vor- und Nachteile und die Praktikabilität dieses Vorschlages (M 2 – M 4).*

Methode

Karika-Tour: Probleme der Rentenfinanzierung

Eine Karikatur ist die zeichnerische Darstellungsform, mit der der Karikaturist einen Sachverhalt aus Politik, Wirtschaft oder Gesellschaft in einer überspitzten Art und Weise zum Ausdruck bringt und interpretiert. Man findet Karikaturen sehr oft in Tages- und Wochenzeitungen.

Die Methode der Karika-Tour dient dazu, mit Hilfe unterschiedlicher Karikaturen einen Überblick über Interpretationen eines Gesamtthemas zu erhalten. Dazu werden die Karikaturen an den Wandseiten eures Klassenzimmers aufgehängt. In Kleingruppen betrachtet ihr nun die einzelnen Darstellungen: Wie sieht der Karikaturist das Thema? Auf welches Problem macht er aufmerksam? Dies könnten Fragen sein, auf die ihr eine Antwort finden sollt.

Nach 2–3 Minuten wechseln die Gruppen auf ein Signal des Lehrers im Uhrzeigersinn zur nächsten Karikatur. Diese werden unter der gleichen Fragestellung betrachtet. Wenn der Rundgang mit der Kurzbesprechung der übrigen Karikaturen abgeschlossen ist, werden die Bilder abgehängt. Der Lehrer lässt nun jede Gruppe verdeckt eine Karikatur ziehen. Mit Hilfe eines Frage-Leitfadens bespricht nun jede Gruppe ausführlich „ihre" Karikatur.

Mester/CCC, www.c5.net

Methode

Leitfragen

1. Was stellt der Zeichner oder die Zeichnerin dar?
   ➡ Aussage oder Thema der Karikatur
2. Wie und mit welchen Mitteln (Figuren, Objekten, Symbolen) wird das Thema dargestellt?
   ➡ Zeichnerische Elemente
3. Ist aus der Karikatur eine bestimmte Einstellung, Meinung oder Deutung des Zeichners oder der Zeichnerin erkennbar?
   ➡ Tendenz der Karikatur
4. Wie beurteilt ihr die Aussage?
   ➡ Eigene Meinung
5. Welche Fragen ergeben sich für euch aus der Karikatur?
   ➡ Weitere Fragen

Bundeszentrale für politische Bildung (Hg.), Thema im Unterricht, Methoden-Kiste, 2. Auflage, Berlin 2001, Methodenkarte 5

Rauschenbach/CCC, www.c5.net

Plaßmann/CCC, www.c5.net

Plaßmann/CCC, www.c5.net

Mester/CCC, www.c5.net

Plaßmann/CCC, www.c5.net

M 5 Weltweit niedrigste Geburtenrate in Deutschland

Deutschland hat weltweit mit der niedrigsten Geburtenrate zu kämpfen. Wie das Berlin-Institut für Bevölkerung und Entwicklung auf der Basis seiner jüngsten Erhebung mitteilte, bringt – statistisch gesehen – jede Frau nur noch 1,36 Kinder zur Welt. Für eine stabile Bevölkerungszahl in Deutschland wäre eine Rate von 2,1 Kindern notwendig. Bundesfamilienministerin Ursula von der Leyen (CDU) sagte der dpa: „Die hohe Kinderlosigkeit ist alarmierend. Wir müssen alle umdenken." Die negative Entwicklung nehme an Geschwindigkeit zu, sagte Hans Fleisch, Vorsitzender der Stiftung Berlin-Institut bei der Vorstellung der Studie „Die demografische Lage der Nation". Bis 2050 werde die Zahl der in Deutschland geborenen Kinder schätzungsweise nur noch etwa halb so groß sein wie heute.
Die Tageszeitung „Die Welt" hatte zuvor berichtet, dass die absolute Geburtenzahl in Deutschland inzwischen den Tiefstand des letzten Kriegsjahres 1945 erreicht habe. Laut Berlin-Institut lässt sich bei Kinderwunsch und Kinderzahlen nach wie vor ein deutliches Ost-West-Gefälle ausmachen: Die Geburtenzahlen in Ostdeutschland liegen konstant niedriger (vgl. dazu S. 22).

Frankfurter Rundschau vom 16.3.2006

M 6 Kontrovers diskutiert: Droht ein Generationenkonflikt?

a) Die Last mit den Alten

„Ich wehre mich mit Händen und Füßen dagegen, diese modische Debatte um einen Generationskonflikt mitzumachen", sagt Sozialministerin Ulla Schmidt (SPD). ... Aber, Pech gehabt, verehrte Frau Ministerin. Genau das werden wir jetzt machen, den Konflikt offen austragen. Denn das ist überfällig. Es geht um die entscheidende Auseinandersetzung der kommenden Jahre: Ihr gegen uns. Ihr, das sind vor allem die Jahrgänge von Helmut Kohl (1930) bis Gerhard Schröder (1944). Und wir, das sind die Babyboomer und ihre kleinen Geschwister, geboren zwischen Ende der 50er und Anfang der 70er Jahre. Ihr verabschiedet euch gerade in den Ruhestand. Wir sind dabei, den Laden zu übernehmen.
Machen wir also mal ein Übergabeprotokoll, und zwar ein vollständiges. Denn glaubt ja nicht, es ginge dabei lediglich um die Rente. ... Die Reformen, die ihr seit Jahrzehnten verhindert. Das absurde Steuersystem, die außer Kontrolle geratenen Sozialversicherungen, der aufgeblasene öffentliche Dienst, die kaputten Schulen und Universitäten, die alles erwürgende Bürokratie. Das ist eure Leistungsbilanz, euer Vermächtnis. ...
Womit wollen wir anfangen? Mit dem Geld, mit unserem Geld. Was kostet ihr uns eigentlich? Jetzt wird's kompliziert und das nicht zufällig. ... Wie viel Cent von jedem Euro, den wir so verdienen, geht nun an die Rentner, an euch? 19,5 Prozent Rentenbeitrag heißt 19,5 Cent an die Alten. Doch dabei bleibt es nicht. Die Rentenkasse wird zusätzlich von unseren Steuern unterstützt. Zählen wir die mit, kommen noch mal 8 Cent dazu. Plus Pflegeversicherung: 1,7 Cent. Beamtenpensionen pro Jahr müssen wir mit unseren Steuern ebenfalls zahlen: plus 2 Cent. Das war's aber noch immer nicht. In der Krankenversicherung verursacht ihr, die über 60-Jährigen, etwa die Hälfte aller Kosten. Dafür könnt ihr nichts, aber zahlen müssen vor allem wir: 7 Cent. Und weil so viele von euch schon mit 55 oder 57 in Vorruhestand gehen, müssen wir euch den vorgezogenen Abschied auch noch mit Arbeitslosengeld versüßen. Ohne dies wäre die Arbeitslosenversicherung für uns knapp einen Cent billiger. Macht unterm Strich: ungefähr 39 Cent. Von jedem Euro, den wir verdienen, überweisen wir 39 Cent an Euch.
...
Im Moment funktioniert unser Rentensystem so gut wie nie wieder in der Zukunft. Denn derzeit zahlen wir, die vielen Babyboomer, ja noch kräftig ein. Die richtigen Probleme beginnen in 15 Jahren, wenn die ersten von uns in Rente wollen. Aber wenn die Altersstruktur heute noch keine Probleme verursacht, warum sind dann gerade jetzt die Kassen leer? Warum müssen wir jetzt schon wieder eine Erhöhung der Beiträge zahlen? Weil ihr so gierig seid. Ihr verlangt sogar noch jetzt eine Erhöhung, während unsere realen Einkommen schrumpfen.
Und ihr verabschiedet euch viel zu früh von euren Pflichten. Im Durchschnitt legen deutsche Männer mit 59 die Arbeit nieder, sechs Jahre vor der Zeit. Die Rente ist darauf ausgelegt, dass jeder

45 Jahre arbeitet und einzahlt, um dann 10 Jahre Rente zu bekommen. Ihr lebt aber nicht nur vier Jahre länger als geplant – das sei euch gegönnt – Ihr arbeitet auch noch kürzer. So kann das nicht funktionieren. Und dann redet ihr uns auch noch ein, ihr macht das alles nur für uns, damit wir leichter einen Job kriegen. Ihr opfert euch sozusagen. Ein toller PR-Gag – aber Vorruhestand funktioniert einfach nicht. Die Unternehmer besetzen nur etwa jede siebte Stelle, die ihr frei macht, wieder neu. Für die anderen sechs muss aber auch jemand aufkommen. Wir natürlich. Wir zahlen euch 32 Monate lang Arbeitslosengeld, und von den Betrieben gibt's eine Abfindung. So werden euch die Unternehmen billig los, und ihr könnt es euch gut gehen lassen.

Doch euer Vorruhestand schlägt eine doppelte Beule in die Sozialsysteme. Den Kassen fehlt sowohl das Geld, das ihr nicht weiter einzahlt, als auch das Geld, das an euch vorzeitig ausgezahlt wird. Früher in Rente zu gehen ist generell ein Irrsinn.

Walter Wüllenweber, stern.de, 20.11.2002

b) „Ich bin kein Ausbeuter"

Schon seit mehr als einem Jahrzehnt sind die Propagandisten eines „Kriegs der Generationen" am Werke … Die Debatte wird mit üblen falschen Argumenten angeheizt, und sie offenbart bei den Einpeitschern ein erschreckendes Ausmaß ökonomischer Unkenntnis. Doch die Polemik zeigt Wirkung. Jüngere fühlen sich als Opfer – fremdbestimmt von der Führungsriege der Alten in Wirtschaft und Politik und ausgeplündert von einem Sozialsystem, das Rentner und Pensionäre großzügig bedenkt, von dem sie aber selbst kaum noch etwas zu erwarten haben. 80 Prozent der unter 25-Jährigen glauben laut einer Umfrage nicht, dass sie im Alter noch eine Rente bekommen, von der sie leben können. Die Politik hat parteiübergreifend reagiert: Nicht mehr die Alten, wie bis in die achtziger Jahre hinein, gelten als schützenswerte Spezies, sondern die Jungen. … Dass die Angstmache bei so vielen Jüngeren überhaupt verfängt, hat vor allem einen Grund: Weil Kinder ein knappes Gut geworden sind und die Alten immer länger leben, altert die Gesellschaft. Folglich müssen im Rentensystem, in dem die Berufstätigen mit ihren Beiträgen direkt die Renten bezahlen, immer weniger Berufstätige für immer mehr Ruheständler aufkommen. Schon jeder Lehrling, jeder Student kennt die furchteinflößende Kennzahl: dass in drei Jahrzehnten ein Beitragszahler einen Rentner zu versorgen hat, während heute das Verhältnis zwei zu eins ist. Tatsächlich sind die Bevölkerungsprognosen das einzig Sichere in diesen Katastrophenszenarien.

Droht ein Generationenkonflikt? Angesichts leerer Kassen und geschrumpfter Verteilungsspielräume erscheint die Frage nach der Gerechtigkeit zwischen den Generationen drängender denn je.

Dabei sagt die Altersstruktur nichts über den Wohlstand gegenwärtiger und künftiger Generationen aus. „Eigentlich müssten wir nach der Kopfzahltheorie verhungert sein", schrieb der ehemalige Sozialminister Norbert Blüm (CDU), weil 1900 ein Bauer drei Konsumenten ernährt habe, heute aber auf einen Landwirt über achtzig Verbraucher kämen. In diesem Punkt hat Blüm Recht: Entscheidend ist die Produktivität. …

Wächst die deutsche Volkswirtschaft nur um bescheidene zwei Prozent im Jahresdurchschnitt – und das wäre zu wenig, um die Massenarbeitslosigkeit substanziell zu verringern –, wäre das Bruttoinlandsprodukt in gut drei Jahrzehnten immerhin real doppelt so hoch wie heute. Das sollte wirklich für ein auskömmliches Leben aller, vom Baby bis zum Greis, reichen. Vielleicht gelingt es den heute Jungen im Laufe ihres Arbeitslebens sogar, dank neuer Technologien, besserer Bildung und mehr Investitionen die Produktivität deutlich zu erhöhen. Wenn dadurch die jährliche Wachstumsrate gar auf vier Prozent im Durchschnitt stiege, würde der Kuchen in dreißig Jahren auf mehr als das Dreifache zunehmen. Immerhin wurden solche Raten in der Bundesrepublik bis in die siebziger Jahre und in den Vereinigten Staaten in den neunziger Jahren erreicht. Die Wachstumschancen und nicht die Versorgung im Alter sollten der Dauerbrenner in der innenpolitischen Debatte sein.

Wer den Jüngeren weismacht, sie seien die Armen und Entrechteten, vernachlässigt eindeutige Fakten und simpelste ökonomische Zusammenhänge. Denn jede Generation baut auf den Fundamenten auf, die ihr die Vorgänger hinterlassen. Ich neide doch nicht den Jüngeren, dass sie heute mehr verdienen, kürzere Arbeitszeiten und mehr Urlaub haben, in größeren Wohnungen wohnen als meine Generation oder die meiner Eltern. Aber die Wirtschaft ist doch jetzt weitaus produktiver als in den fünfziger, sechziger und siebziger Jahren, weil die Senioren von heute in ihrer aktiven Zeit gespart und das Kapital investiert haben. …

Selbstverständlich habe auch ich ein Interesse daran, dass die Jungen nicht überfordert werden – schließlich lebe ich bald von ihnen. Die Höhe des Rentenversicherungsbeitrags ist vor allem eine Frage nüchternen ökonomischen Kalküls, weniger der Gerechtigkeit. Die Grenze liegt dort, wo die Beiträge Arbeitsplätze vernichten und neue Beschäftigung verhindern. Gelingt es tatsächlich, der Massenarbeitslosigkeit Herr zu werden, könnten allein wegen der zusätzlichen Einzahler in die Rentenkassen die Beiträge gesenkt werden. Und die Jüngeren würden sogar doppelt profitieren, weil für sie dann auch die Arbeitslosenversicherung billiger würde. …

Meine Rente ist sicher. Aber mir ist bewusst – und das muss allen künftigen und heutigen Rentnern klar sein: Wegen der Wechselfälle der Wirtschaft kann kein Sozialstaat eine absolute Höhe der Rente garantieren. Eine größere Sicherheit als die glaubwürdige Zusicherung, dass die Rentner angemessen an der allgemeinen Wirtschaftsentwicklung teilhaben, konnte und kann es nie geben. Wenn ein Krieg der Generationen dieses Versprechen zerstören würde, wäre dies für alle künftigen Rentner schädlich.

Wilfried Herz, Die Zeit, 17/2003

Aufgabe zu M 5 und M 6

1. *Der 23-jährige CDU-Politiker Philipp Missfelder hat im Sommer 2003 gefordert, 85-Jährige sollten künftig keine Hüftgelenksoperationen und Rentner keine Zahnprothesen von der gesetzlichen Krankenversicherung bezahlt bekommen. Diskutiert diesen Vorschlag in einer Pro-Kontra-Debatte und bezieht die Argumente der Autoren von M 6 mit ein.*

Gesicherte Zukunft? Die Rentenversicherung

Finanzierung: Umlageverfahren und Generationenvertrag
M 2

Seit ihrer Einführung im Jahr 1889 wurde die Rentenversicherung immer wieder Reformen unterworfen, um sie an die veränderten gesellschaftlichen Bedingungen anzupassen. Eine der grundlegendsten Reformen erfolgte 1957, als man die Finanzierung auf das so genannte Umlageverfahren umstellte: Von nun an wurden die von den Arbeitgebern und Arbeitnehmern entrichteten Beiträge nicht mehr, wie bisher, angespart, sondern sofort zur Finanzierung der laufenden Rentenausgaben verwendet. Diese Form der Finanzierung in der Rentenversicherung sichert auch den Generationenvertrag, mit dem sich die Beitragszahler die Anwartschaft auf die Rente der Zukunft erwerben. Wie in allen anderen Sozialversicherungen gilt auch in der Rentenversicherung das Pflichtversicherungsprinzip für alle Arbeitnehmer. Für Beamte gibt es eigene Versicherungen. Selbstständige können sich freiwillig versichern.

Rentenhöhe

Die Höhe der Rente richtet sich nach der Höhe und dem Zeitraum der geleisteten Beiträge, wobei Ausfallzeiten (z.B. Ausbildungszeiten, Kindererziehungszeiten, Wehr- oder Zivildienst) z.T. berücksichtigt werden. Im günstigsten Fall erhält ein Rentner, der zuvor 45 Jahre gearbeitet hat, 61% seines letzten Nettolohns als Rente. Diese Minderung kann durch die Betriebsrente („Zweite Säule") und die private Vorsorge („Dritte Säule" / „Riester-Rente"), die vom Staat noch steuerlich begünstigt wird, ausgeglichen werden.

Leistungen der Rentenversicherung
M 3, M 4

Rente erhält man dann, wenn man die Altergrenze von 65 Jahren (Männer) bzw. 63 Jahren (Frauen) erreicht hat, darüber hinaus auch im Fall der Erwerbsunfähigkeit. Ab dem Jahr 2012 beginnt die schrittweise Anhebung des Renteneintrittsalters auf 67 Jahre, die im Jahre 2029 abgeschlossen sein wird. Auch für die Hinterbliebenen im Fall des Todes des Ernährers einer Familie sorgt die Rentenversicherung mit der Hinterbliebenenrente. Die Rentenversicherung zahlt auch Rehabilitationsmaßnahmen nach Unfällen oder Krankheit, wenn diese zur Wiederherstellung der Erwerbsfähigkeit des Versicherten führen.

Staatliche Zuschüsse zur Rentenversicherung

Um alle diese Leistungen zu finanzieren, reichen die Beiträge von Arbeitnehmern und Arbeitgebern nicht aus. Deshalb zahlt der Staat der Rentenversicherung einen Zuschuss, der ca. 25% aller Ausgaben abdeckt. Dieser Zuschuss wird aus der Mehrwertsteuer und aus der Ökosteuer finanziert. Mit der Bezuschussung der Rentenversicherung, dem Absenken des Rentenniveaus und der Anhebung des Renteneintrittsalters will der Staat erreichen, dass die Beitragssätze zur Rentenversicherung für Arbeitgeber und Arbeitnehmer stabil bleiben. Außerdem müssen Rentner zukünftig häufiger auf Rentenerhöhungen verzichten und Steuern für ihre Renten bezahlen.

4. Ist der Sozialstaat gefährdet?

M 1 Achillesferse Arbeitsmarkt

Den Arbeitsmarkt kann man deshalb als „Achillesferse des Sozialstaates“ bezeichnen, weil die anhaltend hohe Arbeitslosigkeit in Deutschland dazu geführt hat, dass die Einnahmen der Sozialversicherungssysteme immer weiter gesunken sind. Denn je weniger Menschen erwerbstätig sind, desto geringer fallen die Einnahmen der Sozialversicherungssysteme aus, weil diese an die Erwerbstätigkeit gebunden sind. Der Staat übernimmt zwar für die Arbeitslosen die Beitragszahlungen in die Sozialversicherungssysteme, aber die Höhe dieser Zahlungen liegt deutlich unter denjenigen, die die Erwerbstätigen und ihre Arbeitgeber bezahlen müssen. Somit verursacht die Arbeitslosigkeit nicht nur immense volkswirtschaftliche Kosten, sondern führt darüber hinaus auch zu Mindereinnahmen in der Rentenversicherung, Arbeitslosenversicherung, gesetzlichen Krankenversicherung und Pflegeversicherung.
Darüber hinaus stellt sich der Arbeitsmarkt auch deshalb als „Achillesferse des Sozialstaates“ dar, weil der Erhalt der meisten Leistungen, vor allem der so genannten Lohnersatzleistungen (Rente, Arbeitslosengeld I) an die vorherige Erwerbstätigkeit gebunden ist. Auch die Höhe dieser Leistungen richtet sich nach der Höhe des Lohnes und der Dauer der Erwerbstätigkeit.

Autorentext

Sozialversicherungspflichtig Beschäftigte
In absoluten Zahlen, Deutschland 1992 bis 2007

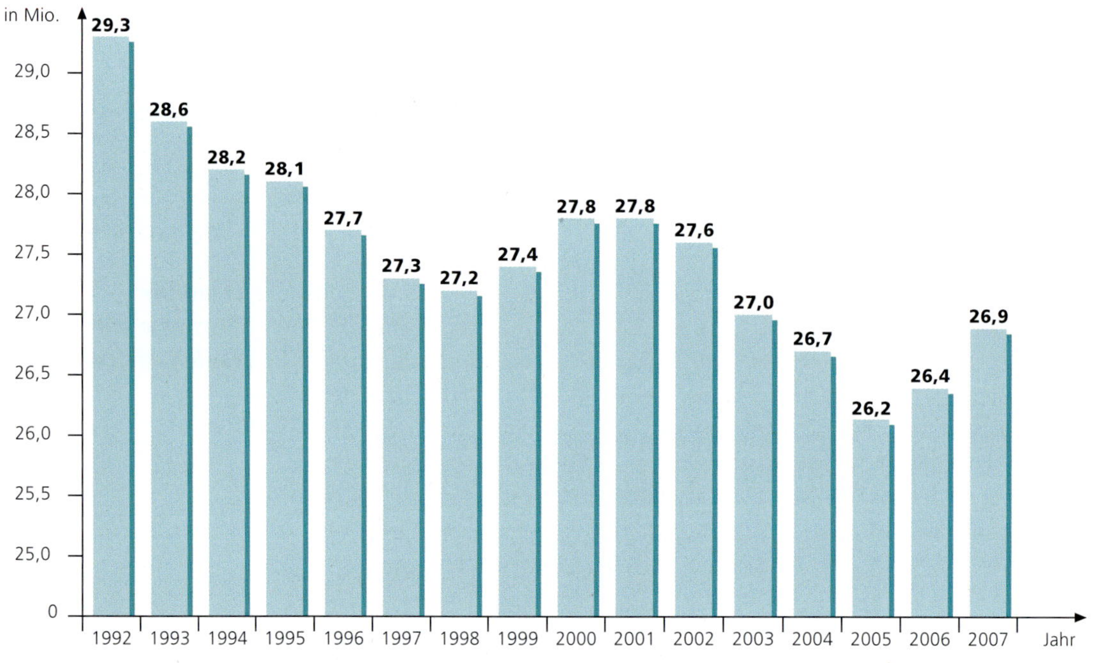

Bundeszentrale für politische Bildung, 2004 (aktualisiert)

Bei der Betrachtung der Erwerbstätigkeit in Deutschland interessiert besonders die Zahl der sozialversicherungspflichtig Beschäftigten. Denn nur diese erwerben über ihre Beitragszahlungen soziale Leistungsansprüche wie zum Beispiel auf Renten und Arbeitslosengeld. Außerdem hängen die Einnahmen der Sozialversicherungsträger stark von ihren Beitragszahlungen ab.

Entwicklung der Lohnnebenkosten

M 2

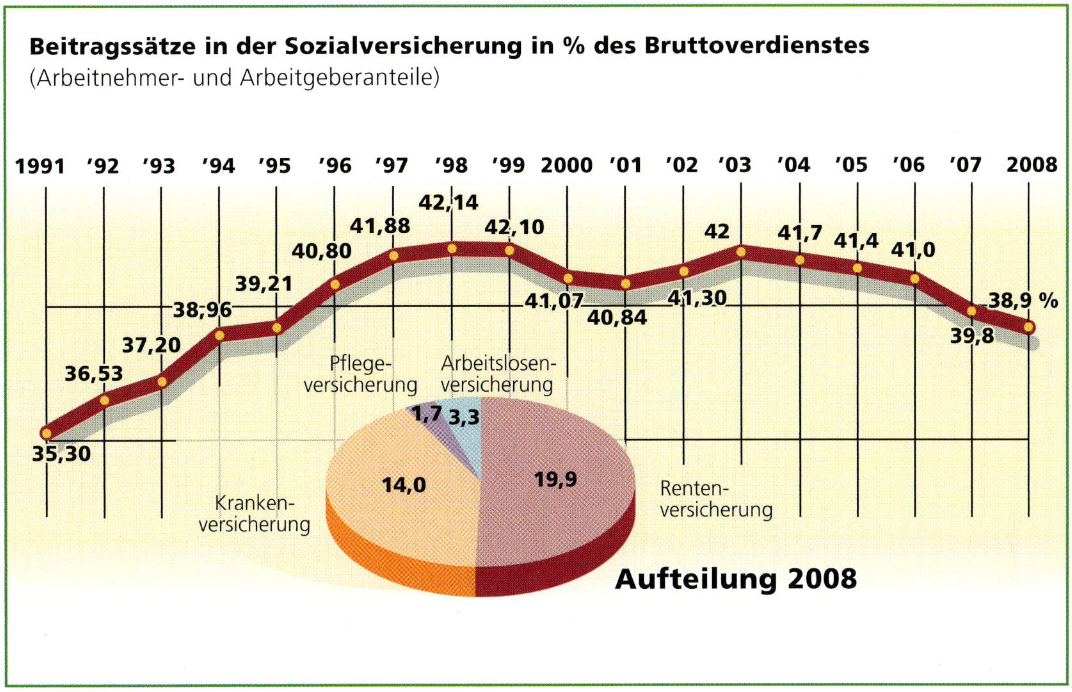

dpa-Grafik 7778, Quelle: BMA/BMG

Lebenserwartung in Deutschland

M 3

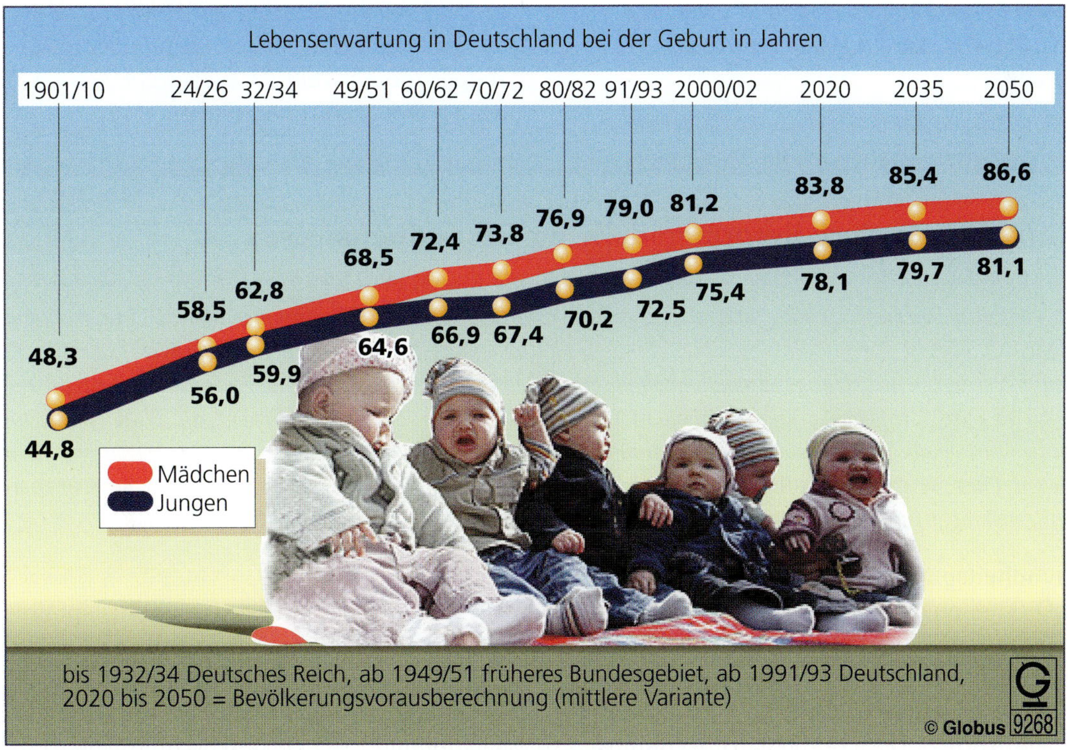

Quelle: Statistisches Bundesamt

M 4 Bevölkerungsprognosen – modernes Kaffeesatzlesen?

50-Jahres-Prognosen sind moderne Kaffeesatzleserei! – Ein Blick um 50 Jahre zurück bestätigt die These eindrucksvoll: Zwangsläufig hätte man 1950 bei einer Schätzung der Bevölkerungsentwicklung für das Jahr 2000 u.a. folgende Einflussfaktoren übersehen müssen:

- Entwicklung und Verbreitung der Antibabypille;
- Anwerbung und Zuzug von ausländischen Arbeitskräften und ihren Familien;
- Trend zur Kleinfamilie bzw. Single-Dasein;
- Öffnung der Grenzen im Osten mit dem Zuzug von etwa 2,5 Millionen Aussiedlern aus den osteuropäischen Ländern nach Deutschland.

Auch die besten Berechnungsprogramme hätten nichts genutzt, denn auch diese können nur existierende, bekannte Trends fortschreiben. Strukturbrüche sind nicht vorhersagbar – das Problem jeder Langfristprognose!

Noch deutlicher wird die Problematik, wenn wir annehmen, im Jahre 1900 sei eine 50-Jahres-Prognose gewagt worden. Es wären schlicht zwei Weltkriege übersehen worden! ...

Auch eine weitere wichtige Modellannahme, der Anstieg der Lebenserwartung um ca. 6 Jahre im Jahr 2050, ist alles andere als eine sichere Prognose. Nicht nur Kinderärzte sind angesichts von Adipositas (Fettleibigkeit) bei ca. 25 Prozent der Kinder, Bewegungsarmut, frühzeitigem Konsum von Alkohol, Nikotin und Drogen, unsicher, ob der Trend tatsächlich langfristig in diese Richtung geht.

nach: Gerd Bosbach, in: Frankfurter Rundschau, 23.2.2004

Aufgaben zu M 1 – M 4

1. *Erläutere mit Hilfe der Zahlen aus M 1, warum man den Arbeitsmarkt als „Achillesverse" des Sozialstaates bezeichnen kann.*

2. *Welche Entwicklungen sind in M 2 und M 3 festzustellen? Worauf lassen sie sich zurückführen?*

3. *Welche Folgen kann es für die Sozialversicherungssysteme haben, wenn immer mehr Menschen immer älter werden? Unterscheide dabei zwischen der Einnahme- und Ausgabenseite der Sozialversicherungen und den einzelnen Versicherungszweigen (M 1 – M 3).*

4. *Einige Wissenschaftler sind gegenüber Langzeitprognosen skeptisch eingestellt. Erkläre, wie sie ihre Skepsis begründen (M 4).*

M 5 Kontrovers diskutiert: Reformmodelle im Gesundheitswesen

Eine der schwierigsten Aufgaben der Großen Koalition ist die Reform der Gesetzlichen Krankenversicherung, darüber sind sich Beobachter einig. Jetzt gibt es erste Anzeichen für einen Kompromiss von SPD und Union. Das Modell ... besteht aus drei Säulen: einem lohn- und einkommensabhängigen Beitrag der Versicherten, der auch Kapitalerträge berücksichtigt, einem lohnabhängigen Beitrag der Arbeitgeber und einer Gesundheitsprämie von bis zu 40 Euro. Die beiden ersten Komponenten decken den Plänen zufolge 90 Prozent, die dritte rund zehn Prozent der Kosten ab. Die Pläne des Ministeriums sehen zudem vor, dass alle Bürger der Versicherungspflicht unterliegen. Diese Mischung aus Bürgerversicherung und Gesundheitsprämie ist ein Kompromiss, denn er kombiniert die bislang als unvereinbar geltenden Konzepte von SPD und Union für eine Reform der GKV.

a) Gesundheitsprämie

In der Diskussion um eine Reform der Sozialversicherungen in Deutschland spielen zunehmend Forderungen nach einer Gesundheitsprämie (Kopfpauschale) eine Rolle.

Bereits im April 2003 hatte die Rürup-Kommission alternativ zu einer Bürger- oder Erwerbstätigenversicherung ein Gesundheitsprämienprinzip zur Auswahl gestellt. Die Gesundheitsprämie ist ein Pauschalbeitrag zur Sozialversicherung. Alle erwachsenen Versicherten der gesetzlichen Krankenversicherung zahlen danach eine feste Monatsprämie, die den durchschnittlichen Pro-Kopf-Ausgaben der jeweiligen Kasse entspricht. Damit wird die Finanzierung der Krankenversicherung von den Arbeitsverhältnissen abgekoppelt. Steigende Beiträge sorgen nicht länger dafür, dass aus Kostengründen Stellen wegrationalisiert werden.

Der soziale Ausgleich wäre über das Steuer-Transfer-System zu organisieren – die Beitragsfreiheit für Kinder und die Familienkomponente blieben erhalten. Die Gesundheitsprämie ist vollständig von Löhnen und Gehältern abgekoppelt. Sie wird von den erwachsenen Versicherten unabhängig von der Höhe ihres jeweiligen Einkommens erhoben.

Für die Einführung der Gesundheitsprämie hat der „Sachverständigenrat der Bundesregierung zur Begutachtung der gesamtwirtschaftlichen Entwicklung" in seinem Jahresgutachten 2003/2004 einen Beschäftigungszuwachs von 2,4 Prozent errechnet. Der steuerfinanzierte Sozialausgleich – ein einkommensabhängiger Zuschuss zur Gesundheitsprämie – ließe sich auf der Basis eines konzentrierten Leistungskatalogs vollständig über die Versteuerung des ausgezahlten Arbeitgeberanteils zur Krankenversicherung finanzieren.

b) Bürgerversicherung

Die Bürgerversicherung ist ein Modell zur Reform der gesetzlichen Krankenversicherung, für das sich die SPD und Bündnis 90/Die Grünen stark machen. Sie geht auf eine Empfehlung der so genannten Rürup-Kommission zurück.

Nach dem Motto „Eine von allen für alle" zahlen bei der Bürgerversicherung nicht nur abhängig Beschäftigte und deren Arbeitgeber, sondern die gesamte Bevölkerung Beiträge in die Sozialversicherung ein, d.h. im Gegensatz zur aktuellen Regelung auch Selbstständige und Beamte.

Als Bemessungsgrundlage für den Beitrag sollen grundsätzlich alle sieben Einkunftsarten des Steuerrechts, also auch Unternehmensgewinne oder Kapitalerträge herangezogen werden.

Befürworter der Bürgerversicherung versprechen sich nicht nur aufgrund der höheren Zahl von Beitragszahlern eine Senkung der Lohnnebenkosten. Als wichtigstes Gegenargument führen Experten an, dass mehr Beitragszahler auch mehr Anspruchsberechtigte bedeuten und dass mit der Bürgerversicherung die strukturellen Probleme in der Krankenversicherung nicht gelöst werden.

Zudem bleibt die Belastung der Arbeitskosten durch Sozialabgaben erhalten.

Einträge Gesundheitsprämie, Bürgerversicherung, Lexikon der Initiative Neue Soziale Marktwirtschaft, 3.4.2006

Aufgabe zu M 5

1. *Zu den großen unerledigten Aufgaben der Politik gehört eine umfassende Reform der Krankenversicherung.*
   a) Erkläre die beiden grundsätzlichen Reformmodelle und recherchiere den Stand der Reformdiskussion mithilfe des Internets.
   b) Prüfe, inwieweit die beiden Grundmodelle Eingang in den Reformkompromiss gefunden haben.

Ist der Sozialstaat gefährdet?

Der Sozialstaat sieht sich immer stärkeren Gefährdungen ausgesetzt. Dazu zählen v.a. die seit langem anhaltende Arbeitslosigkeit in unserem Land und die Bevölkerungsentwicklung.

Arbeitslosigkeit
M 1

Die Arbeitslosigkeit hat zu einem massiven Einnahmeproblem in den Sozialversicherungssystemen geführt, denn die Beiträge der Arbeitslosen fehlen in den Versicherungen. Gleichzeitig müssen die Arbeitslosen mit den Beiträgen der Erwerbstätigen unterstützt werden. Hinzu kommt eine Veränderung in den Beschäftigungsstrukturen in ganz Deutschland: Immer mehr Menschen arbeiten in Teilzeitbeschäftigungen oder so genannten geringfügigen Beschäftigungsverhältnissen („400 Euro-Jobs"). Dadurch fließen immer weniger Beiträge in die Sozialversicherungen.

Bevölkerungsentwicklung
M 3

Daneben wird die Bevölkerungsentwicklung in unserem Land in der Zukunft zum Problem. Die Bevölkerung wird immer älter. Die Gründe dafür sind zum einen die stetig steigende Lebenserwartung der Menschen. So geht man bis zur Jahrhundertmitte von einem Anstieg um weitere sechs Jahren aus. Zum anderen sinken die Geburtenraten. Trotz aller gebotenen Skepsis gegenüber Langzeitprognosen gehen die Bevölkerungswissenschaftler von einem allmählichen Rückgang der Bevölkerung in Deutschland aus, der auch durch Zuwanderung nicht zu stoppen sein wird. So sollen im Jahr 2030 in Deutschland noch 79 Mio. Menschen leben, ca. 3 Mio. weniger als zur Jahrtausendwende.

Probleme der Sozialversicherung

Die Veränderung der Altersstruktur bedeutet für die Rentenversicherung, dass auf immer mehr Rentenbezieher immer weniger Beitragszahler kommen. Außerdem beziehen die Menschen immer länger Rente. Darüber hinaus wird sich auch eine zusätzliche Belastung für die gesetzliche Krankenversicherung und die Pflegeversicherung ergeben, denn die Menschen werden mit höherem Lebensalter häufiger krank und haben genauso Anspruch auf eine optimale medizinische Versorgung. Außerdem fehlen in vielen Fällen die Familien, die sich um die älteren und z.T. auch pflegebedürftigen Menschen kümmern können.

Reformversuche
M 5

Dass die Finanzierung der Sozialversicherungssysteme reformbedürftig ist, hat die Politik längst erkannt. So wurden mit dem Reformpaket „Agenda 2010" in den Jahren 2003/04 ein Umbau des Sozialstaates eingeleitet. Die Arbeitslosenversicherung und die Sozialhilfe wurden neu geordnet, aus dem Leistungskatalog der gesetzlichen Krankenversicherung wurden Leistungen herausgenommen, die jetzt von den Patienten selbst bezahlt werden müssen. Außerdem müssen sie sich mit Zuzahlungen an den Kosten der Behandlungen beteiligen. Bereits seit der Rentenreform 2001 wird die private Eigenvorsorge in der Rentenversicherung staatlich gefördert. Ab 2012 wird das Renteneintrittsalter schrittweise auf 67 Jahre angehoben.
Alle Reformen sollen dazu beitragen, dass die Beiträge zur Sozialversicherung möglichst stabil bleiben und Arbeitnehmer und Arbeitgeber nicht weiter belastet werden. Vielen Fachleuten und Politikern reichen diese Reformen jedoch noch nicht aus. Sie fordern eine Absenkung der Lohnnebenkosten und mehr private Vorsorge jedes Einzelnen.

Recht und Rechtsprechung in der Bundesrepublik Deutschland

1. Die Aufgaben des Rechts

M 1 Spielregeln und Rechtsregeln

a) Was ist Recht?

Denke einmal an ein Fußballspiel. Was muss mit dem Ball passiert sein, damit ein Tor gezählt wird? Mit welchen Körperteilen darf der Ball berührt werden? Diese und viele andere Fragen müssen in einem verbindlichen Regelwerk niedergeschrieben sein, damit ein Spiel, das heißt der Wettkampf zweier Parteien, überhaupt ohne ständigen Streit stattfinden kann. So wie im Fußball die Spielregeln gelten, so gelten allgemein im Leben der Menschen untereinander Rechtsregeln.

Was ist, wenn ein Spieler, eine Mannschaft die Regeln verletzt? Hier muss es jemanden geben, der die Regelverletzung feststellt und befugt ist, sie zu ahnden. Klar, das ist im Fußball der Schiedsrichter, der im Falle einer Regelverletzung eine ganze Bandbreite von Strafmöglichkeiten hat. In diesem Fall sollen die Regeln und die Person, die diese Regeln durchsetzen darf, sicherstellen, dass es auf dem Platz fair zugeht.

Im Rechtswesen sieht es freilich etwas komplizierter aus. Da ist die Rolle des Schiedsrichters Gerichten übetragen, vor denen die Streitenden mit ihren Anwälten angehört werden. Diese Gerichte erzwingen notfalls den Rechtsspruch mit Hilfe staatlicher Gewalt, zum Beispiel mit dem Gerichtsvollzieher, der Polizei oder der Staatsanwaltschaft.

b) Fußballregeln des Deutschen Fußballbundes (Auszüge)

Regel 5 - Der Schiedsrichter

Jedes Spiel wird von einem Schiedsrichter geleitet, der die unbeschränkte Vollmacht hat, den Fußballregeln in dem Spiel Geltung zu verschaffen, für das er nominiert wurde.

Rechte und Pflichten (Auswahl)

Der Schiedsrichter hat

- den Spielregeln Geltung zu verschaffen,
- die Zeit zu nehmen und sich Aufzeichnungen über den Verlauf des Spieles zu machen,
- ein Spiel bei irgendeiner Regelübertretung oder aus anderem Grunde zu stoppen, zeitweilig zu unterbrechen oder abzubrechen,
- disziplinarische Maßnahmen gegen Spieler zu ergreifen, die einen verwarnungs- oder feldverweiswürdigen Verstoß begangen haben. Er muss dies nicht sofort tun, aber auf jeden Fall dann, wenn der Ball zum nächsten Male aus dem Spiel ist ...

Regel 10 - Wie ein Tor erzielt wird

Ein Tor ist gültig erzielt, wenn der Ball vollständig die Torlinie zwischen den Torpfosten und unter der Querlatte überschritten hat, ohne dass die Regeln vorher von der Mannschaft übertreten wurden, zu deren Gunsten das Tor erzielt wurde.

Regel 12 - Verbotenes Spiel und unsportliches Betragen

Verbotenes Spiel und unsportliches Betragen sind in der nachstehend beschriebenen Form zu ahnden:

Direkter Freistoß

Ein Spieler verursacht einen direkten Freistoß für die gegnerische Mannschaft, wenn er einen der nachfolgend aufgeführten sechs Verstöße nach Einschätzung des Schiedsrichters fahrlässig, rücksichtslos oder mit unverhältnismäßigem Körpereinsatz begeht:

- einen Gegner tritt oder versucht, ihn zu treten,
- einem Gegner das Bein stellt oder es versucht,
- einen Gegner anspringt,
- einen Gegner rempelt,
- einen Gegner schlägt oder versucht, ihn zu schlagen,
- einen Gegner stößt ...

Der direkte Freistoß wird an der Stelle ausgeführt, wo sich der Verstoß ereignete.

Autorentext, Regeln aus: www.dfb.de

Aufgaben zu M 1

1. *Das Aufstellen von Regeln hat bestimmte Auswirkungen und Folgen, man spricht von den Aufgaben oder Funktionen des Rechts. In M 1a sind zwei solcher Aufgaben angesprochen. Schreibe auf, welche das sein könnten, und ordne ihnen die entsprechenden Abschnitte aus M 1b zu!*

2. *Vergleiche das Regelwerk des DFB mit dem Recht. Wo findest du Parallelen?*

M 2

Grundrechte und Rechtsstaatsgarantie im Grundgesetz

Artikel 1

(1) Die Würde des Menschen ist unantastbar. Sie zu achten und zu schützen ist Verpflichtung aller staatlichen Gewalt.

(2) Das Deutsche Volk bekennt sich darum zu unverletzlichen und unveräußerlichen Menschenrechten als Grundlage jeder menschlichen Gemeinschaft, des Friedens und der Gerechtigkeit in der Welt.

(3) Die nachfolgenden Grundrechte binden Gesetzgebung, vollziehende Gewalt und Rechtsprechung als unmittelbar geltendes Recht.

Artikel 20 Abs. 3

Die Gesetzgebung ist an die verfassungsmäßige Ordnung, die vollziehende Gewalt und die Rechtsprechung sind an Gesetz und Recht gebunden.

Artikel 79 Abs. 3

Eine Änderung dieses Grundgesetzes, durch welche [...] die in den Artikeln 1 und 20 niedergelegten Grundsätze berührt werden, ist unzulässig.

Artikel 104

Über die Zulässigkeit und Fortdauer einer Freiheitsentziehung hat nur der Richter zu entscheiden [...] Jeder wegen des Verdachts einer strafbaren Handlung Festgenommene ist spätestens am Tage nach der Festnahme dem Richter vorzuführen, der ihm die Gründe der Festnahme mitzuteilen, ihn zu vernehmen und ihm Gelegenheit zu Einwendungen zu geben hat. Der Richter hat unverzüglich einen mit Gründen versehenen schriftlichen Haftbefehl zu erlassen oder die Freilassung anzuordnen.

Justitia auf dem Gerechtigkeitsbrunnen am Frankfurter Römerberg. Justitia ist die römische Göttin der Gerechtigkeit. Als solche wird sie auch heute noch oft als Wahrzeichen für die Justiz verwendet. Sie wird meist mit Waage und Richtschwert dargestellt. Die Waage steht für die ausgewogene Beurteilung der Sachlage, das Richtschwert steht für die Durchsetzungskraft des Rechts. Teilweise trägt Justitia auch eine Augenbinde, was verdeutlichen soll, dass sie ohne Ansehen der Person urteilt.

M 3

Wenn das Recht nicht gilt

Roland Freisler (li.) eröffnet eine Sitzung des Volksgerichtshofes in Berlin.

a) „Mein Führer!

Ihnen, mein Führer, bitte melden zu dürfen: Das Amt, das Sie mir verliehen haben, habe ich angetreten und mich inzwischen eingearbeitet.

Mein Dank für die Verantwortung, die Sie mir anvertraut haben, soll darin bestehen, dass ich treu und mit aller Kraft ... arbeite, stolz, Ihnen, mein Führer, dem obersten Gerichtsherrn und Richter des deutschen Volkes, für die Rechtsprechung Ihres höchsten politischen Gerichts verantwortlich zu sein.

Der Volksgerichtshof wird sich stets bemühen, so zu urteilen, wie er glaubt, dass Sie, mein Führer, den Fall selbst beurteilen würden.

Heil mein Führer! In Treue, Ihr politischer Soldat Roland Freisler."

Roland Freisler, Präsident des Volksgerichtshofs, am 15.10.1942, wenige Wochen nach seiner Ernennung
(zit. nach H.Ostendorf, Roland Freisler - Mörder im Dienste Hitlers, in: Zeitschrift für Rechtspolitik 5/1994, S. 169)

b) „Regimekritiker" in Haft

Sechs malaysische Regimekritiker sind seit April 2001 ohne Anklageerhebung in Haft, ihre Inhaftierung beruht auf dem Gesetz zur inneren Sicherheit ..., das sehr oft dazu angewendet wird, um Kritiker mundtot zu machen. Tian Chua, Mohamad Ezam Mohd Nor, Haji Saari Sungib, Hishamuddin Rais, Lokman Noor Adam und Badrul Amin Bahron wird vorgeworfen, die nationale Sicherheit bedroht zu haben, weil sie angeblich planten, die Regierung gewaltsam zu stürzen. Eine Behauptung, die von den Behörden bislang nicht belegt werden konnte. ... Nach ihrer Festnahme kamen die sechs Männer in Einzelhaft. Zwei Monate lang wurden sie intensiv ... verhört. ... Während dieser Zeit hatten sie keinen Kontakt zu ihren Anwälten und konnten ihre Familien nur selten unter Aufsicht sehen. ...

Im Juni 2001 ordnete der Innenminister von Malaysia an, die Politiker für weitere zwei Jahre ohne Anklageerhebung im Straflager ... zu internieren. Diese Anordnung kann ohne richterliche Überprüfung immer wieder verlängert werden. Zwar wurde Badrul Amin Bahron Ende 2001 freigelassen, kurze Zeit später jedoch erneut inhaftiert, weil er sich angeblich nicht an Auflagen gehalten hatte, die seine Bewegungs-, Vereinigungs- und Versammlungsfreiheit einschränkten.

ai-Journal 5/2002, S. 22

Aufgaben zu M 2 und M 3

1. Überprüfe mit Hilfe von M 2, welche rechtsstaatlichen Prinzipien in M 3 verletzt wurden.

2. Der Schutz gegen willkürliche Verhaftungen und das Recht auf ein rasches Verhör des Beschuldigten haben in der Geschichte der Menschenrechte schon eine recht lange Tradition. Informiere dich (im Internet) über die so genannte Habeas-Corpus-Akte (lateinisch: „du mögest den Körper haben"), ein englisches Gesetz aus dem Jahr 1679.

M 4

Aufgaben des Rechts

In der Bundesrepublik Deutschland leben die Menschen friedlich zusammen. Es herrschen Recht und Gesetz, wenn es auch keine perfekte Sicherheit vor dem Verbrechen gibt.
Das ist keineswegs selbstverständlich ... In einigen Staaten hat sich die Rechtsordnung förmlich aufgelöst. In sinnlosen Kriegen wird keine Rücksicht auf die wehrlose Zivilbevölkerung genommen. Frauen, Kinder und alte Menschen werden vertrieben, terrorisiert oder getötet.
Das war in früheren Jahrhunderten in Europa nicht anders. Das ganze Mittelalter war gekennzeichnet durch Friedlosigkeit ... Die Erfahrungen der mörderischen Religionskriege des 16. und 17. Jahrhunderts führten schließlich zu der Einsicht, dass die Wahrung des Friedens die wichtigste Aufgabe des Gemeinwesens sei und dass allein der Staat die Befugnis zur Gewaltausübung haben dürfe, das staatliche Gewaltmonopol ist ein Wesensmerkmal des neuzeitlichen Staates. Später trat die Bindung der Staatsgewalt an das Gesetz hinzu. Beide zusammen begründen den Rechtsstaat.

Das Bundesverfassungsgericht, das höchste deutsche Gericht, bei der Urteilsverkündung

Das Recht sichert den Frieden

Die wichtigste Funktion des Rechts ist offenkundig die Sicherung des inneren Friedens. In einer Gesellschaft gibt es unterschiedliche Interessen, die unausweichlich zu Konflikten führen. Das Recht sorgt dafür, dass sie auf friedliche Weise in einem geregelten Verfahren ausgetragen werden.
Die Rechtsordnung verbietet, privat Vergeltung zu üben oder das Recht auf eigene Faust durchzusetzen. Das Opfer einer Straftat darf an dem Täter keine Rache nehmen. Ein Gläubiger darf nicht das Auto des säumigen Schuldners entwenden, um es bis zur Zahlung der Schuld als Pfand zu behalten. Der Bürger muss sich an die Gerichte wenden und sein Recht mit Hilfe der Staatsgewalt durchsetzen. ...

Infobox

Rechtsstaat

Ein Staat, dessen Handeln einerseits auf die Verwirklichung von Recht und Gerechtigkeit ausgerichtet ist, der andererseits in seinem Handeln stets an die bestehende Rechtsordnung gebunden ist. Die Rechtsstellung des Einzelnen ist durch die Garantie von Grundrechten und die Überprüfbarkeit staatlicher Maßnahmen durch unabhängige Gerichte gesichert.

Autorentext

Der Gesetzgeber muss beim Erlass der Gesetze die unterschiedlichen Interessen und möglichen Konflikte vorwegnehmen. Das Recht dient so der Vorbeugung von Konflikten.
Das Mietrecht beispielsweise legt Rechte und Pflichten von Mietern und Vermietern unter Abwägung ihrer Interessen genau fest. Es regelt Voraussetzungen und Fristen einer Kündigung, Fristen und Umfang einer Mieterhöhung, Höhe und Verzinsung einer Kaution und anderes mehr.
Kommt es dennoch zum Streit, muss ein gerichtliches Verfahren eine Lösung des Konflikts herbeiführen. Sie soll möglichst von allen Beteiligten als gerecht empfunden werden. In jedem Fall setzt sie dem Konflikt ein Ende und stellt den Rechtsfrieden wieder her.

Das Recht gewährleistet die Freiheit

Das Recht sichert nicht nur den inneren Frieden, sondern gewährleistet auch die Freiheit des Einzelnen. Das erscheint auf den ersten Blick paradox, denn das Recht schränkt gerade die Freiheit auf vielfältige Weise ein.
In einer Gesellschaft, in der viele Menschen auf engem Raum zusammenleben, kann es aber

keine uneingeschränkte Freiheit geben. Freiheit endet dort, wo das Recht des anderen beginnt. ...

Infobox

Gewaltmonopol des Staates

Der Staat muss die Geltung des Rechts notfalls mit Gewalt erzwingen. Dafür hat er besondere Einrichtungen, wie z.B. die Gerichte, Polizei, Verwaltung. Da nur der Staat allein berechtigt ist, Gewalt auszuüben, spricht man von einem Gewaltmonopol. Es verhindert eine Herrschaft der Stärkeren und sichert so die Freiheit und das friedliche Zusammenleben der Bürger.

Autorentext

Das Recht regelt die privaten Rechtsbeziehungen

Das Recht schützt nicht nur Frieden und Freiheit in der Gesellschaft, es stellt auch ein System von rechtlichen Regeln bereit, in dem der Einzelne seine Rechtsbeziehungen in eigener Verantwortung (autonom) gestalten kann. Die Juristen nennen das Privatautonomie.

Wenn jemand beispielsweise ein Haus bauen will, erwirbt er per Kaufvertrag zunächst ein Grundstück. Er wird als neuer Eigentümer in das Grundbuch eingetragen, damit ist sein Eigentum gesichert.

Dann schließt er Verträge mit dem Architekten und den verschiedenen Handwerkern über die Bauausführung. Ihre Leistungen kann der Bauherr mit den Mitteln des Rechts einfordern, ebenso wie seine Vertragspartner ein Recht auf die vereinbarte Bezahlung ihrer Leistungen haben. ...

Das Recht gestaltet die Gesellschaft

Die Sicherung des Friedens und der Freiheit und die Gewährleistung der Privatautonomie sind Kernbestandteile des liberalen Rechtsstaates. ...

Der soziale Rechtsstaat greift darüber hinaus aktiv in alle Bereiche des persönlichen, sozialen und wirtschaftlichen Lebens ein. Gesetzliche Regelungen schützen die Schwächeren und sorgen für den Ausgleich sozialer Gegensätze.

Horst Pötzsch, Die deutsche Demokratie, 4. Aufl., Bonn 2005, S. 104 f.

Aufgabe zu M 4

1. „Das Recht gewährleistet die Freiheit". Erläutere diese Aussage anhand von Beispielen (M 4).

Öffentliches Recht und Privatrecht

M 5

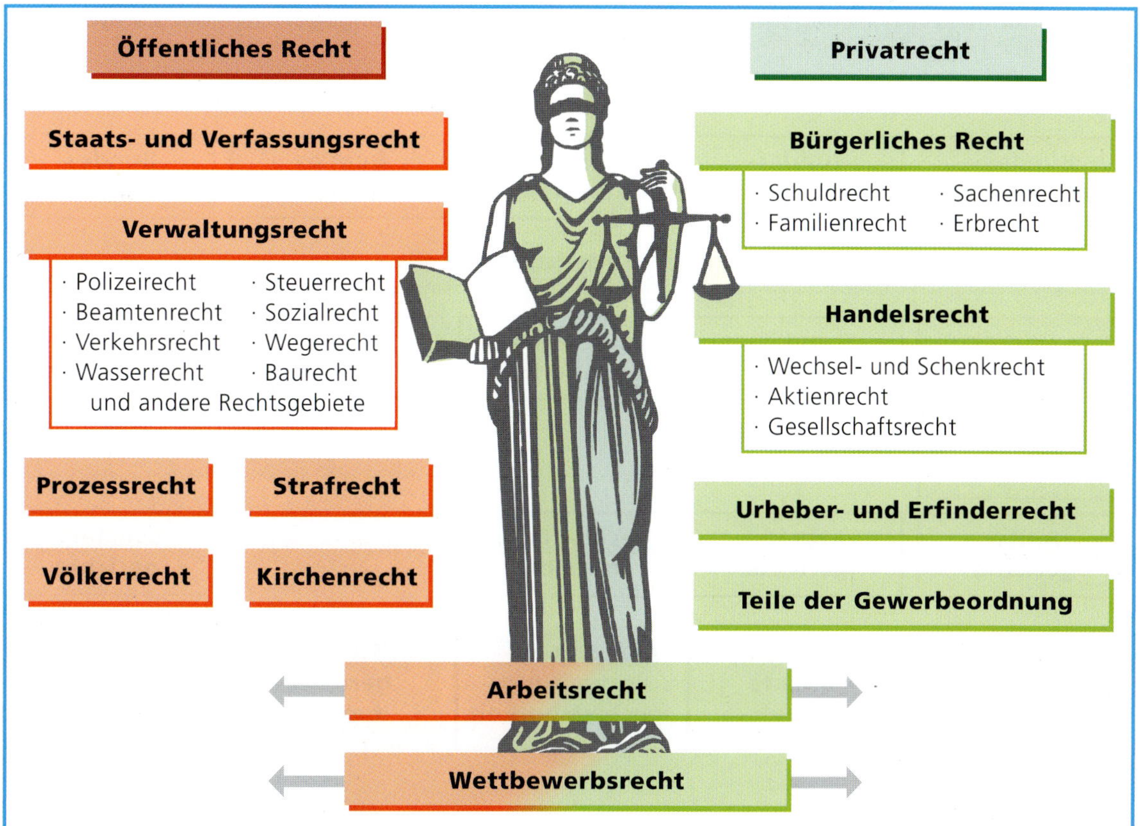

Erich Schmidt Verlag, Zahlenbilder Nr. 128 020

Das Recht wird allgemein eingeteilt in die beiden großen Rechtsgebiete Privatrecht und öffentliches Recht. Das Privatrecht (oder Zivilrecht) regelt die Rechtsbeziehungen der einzelnen Bürger untereinander. Bei der Gestaltung ihrer Rechtsbeziehungen sind die Bürger gleichberechtigt. Kern des Privatrechts ist das bürgerliche Recht, das im Bürgerlichen Gesetzbuch (BGB) niedergelegt ist. Es enthält Regelungen für den bürgerlichen Alltag, z.B. Kauf und Verkauf, Verträge, Leihe und Schenkung, Eheschließung und Scheidung usw. Das öffentliche Recht regelt die Beziehungen des Einzelnen zur öffentlichen Gewalt (Bund, Land, Gemeinde) und die Beziehung der öffentlichen Gewalten zueinander, z.B. zwischen Land und Gemeinde. Die Beziehung des einzelnen Bürgers zur öffentlichen Gewalt ist keine gleichrangige Beziehung wie im Privatrecht, sondern er ist der öffentlichen Gewalt untergeordnet (z.B. muss der Wehrdienst geleistet werden). Das heißt natürlich nicht, dass der Einzelne nicht gegen eine Maßnahme der öffentlichen Gewalt klagen kann, wenn er sich ungerecht behandelt fühlt.

Autorentext

M 6 Organe der Rechtsprechung

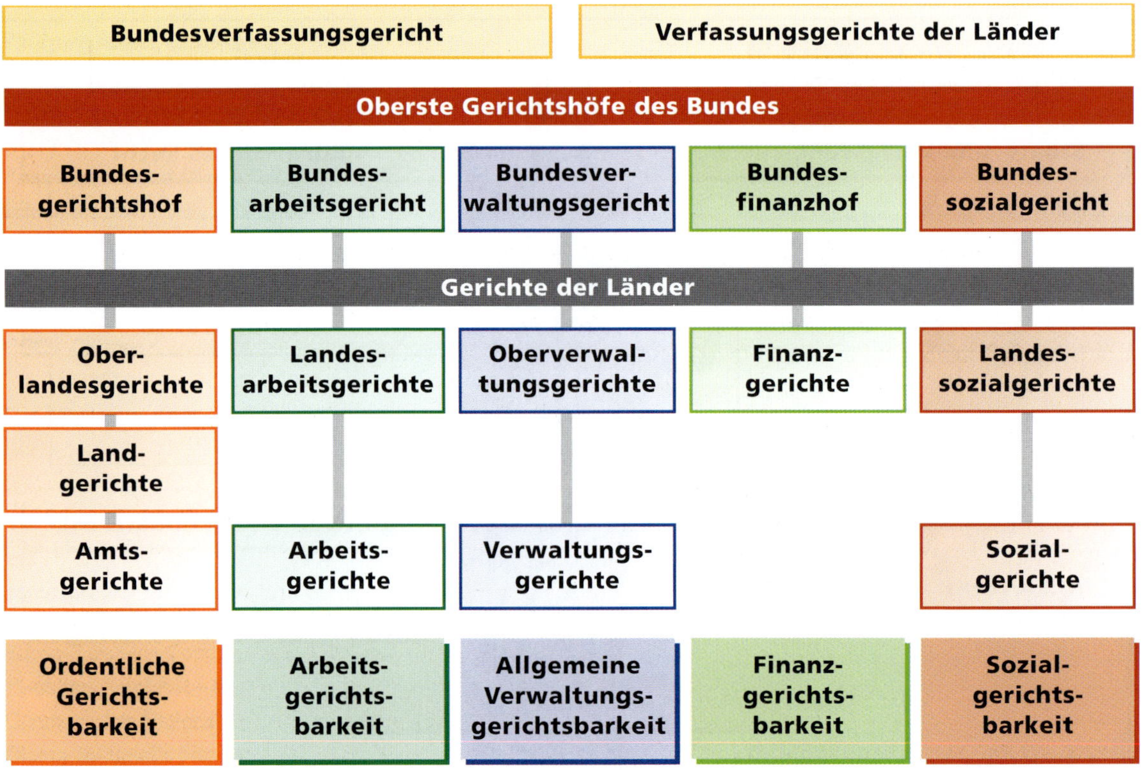

Erich Schmidt Verlag, Zahlenbilder Nr. 128 010

Beim Aufbau des Gerichtswesens lassen sich drei Bereiche unterscheiden: die Verfassungsgerichtsbarkeit, die ordentliche Gerichtsbarkeit und die besondere Gerichtsbarkeit.

Das Bundesverfassungsgericht ist das höchste Gericht des Bundes, die Landesverfassungsgerichte sind die höchsten Gerichte der Länder. Sie entscheiden über die Auslegung der Verfassung und die Verfassungsgemäßheit von Gesetzen, d.h. ob rechtliche Regelungen mit dem Grundgesetz oder den Landesverfassungen vereinbar sind.

Zur ordentlichen Gerichtsbarkeit gehören die Straf- und Zivilgerichte. Zur besonderen Gerichtsbarkeit gehören spezielle Gerichte, denen eine auf ihren Sachbereich beschränkte Gerichtsbarkeit übertragen wurde. Die Bezeichnung „ordentliche Gerichtsbarkeit" erklärt sich historisch daraus, dass früher nur die Gerichte der Justiz, die Zivil- und Strafgerichte, mit unabhängigen Richtern besetzt waren. Dagegen wurde die Verwaltungs- und Finanzgerichtsbarkeit von weisungsgebundenen Beamten ausgeübt. Die Bezeichnung hat keinerlei Bedeutung im Hinblick auf den Rang der Gerichte.

Autorentext

Aufgabe zu M 1 – M 6

1. *Entwirf eine Mind-Map, um das gedanklich zu sortieren, was du bisher zum Thema Recht gelernt hast. Beginne mit dem Hauptbegriff „Rechtsregeln" im Zentrum. Verzweige dann in „Funktionen des Rechts" bis hin zu den „Rechtsgebieten". Diese wiederum kannst du unterteilen in „Straf- und Zivilrecht". Fahre nun selbstständig fort.*

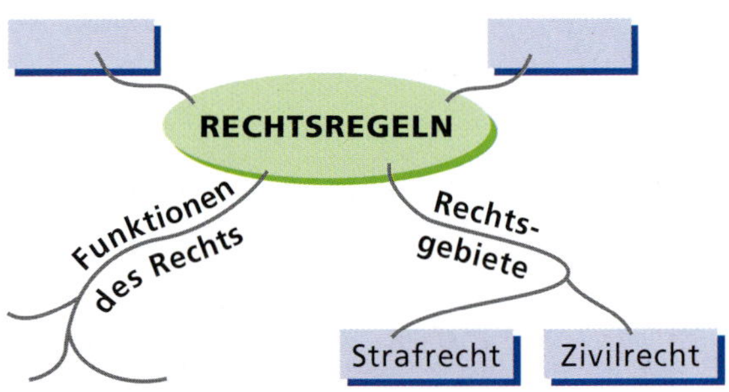

Die Aufgaben des Rechts

Recht
M 1

Das Zusammenleben der Menschen in der Familie, in der Schule, im Betrieb, in einem Staat erfordert klare Verhaltensregeln für jeden Einzelnen. Ein Großteil dieser Regeln sind rechtliche Regeln, d. h. dass sie vom Staat (den Parlamenten) gesetzt sind und ihre Einhaltung nur vom Staat mit Hilfe von Polizei und Gerichten erzwungen werden kann (staatliches Gewaltmonopol).

Aufgaben des Rechts
M 4

Vier wichtige Aufgaben des Rechts lassen sich unterscheiden: Ordnungsfunktion, Gerechtigkeitsfunktion, Herrschaftsfunktion, Herrschaftskontrollfunktion.
Zum einen ist das Recht ein Ordnungselement, das das Zusammenleben der Menschen regelt. Beispiel dafür sind die Straßenverkehrsregeln, die einen reibungslosen Verkehr ermöglichen sollen. In einem größeren Zusammenhang sorgt das Recht durch die verbindliche Ordnung des Zusammenlebens für Frieden in der Gesellschaft. Außerdem dient das Recht der Durchsetzung von Gerechtigkeit. Durch rechtliche Regelungen kann die Gesellschaft nach bestimmten Prinzipien (z.B. Gerechtigkeit) gestaltet werden. Das Recht hat auch die Aufgabe, Herrschaft aufrechtzuerhalten. Allerdings ist das Recht selbst auch ein Mechanismus zur Kontrolle der Herrschaft.

Rechtsstaat
M 2

Als Rechtsstaat darf der Staat nämlich nicht alles. Wenn er neues Recht beschließt oder das Recht mit Hilfe staatlicher Gewalt durchsetzt, so muss er sich selbst immer an das bestehende Recht und das Grundgesetz halten. Fühlt sich der einzelne Bürger in seinen Rechten verletzt, so kann er vor dem Gericht dagegen klagen. Die Richter an den Gerichten sind zur Unabhängigkeit verpflichtet. Dadurch kann sich der Einzelne des Schutzes seiner Rechte sicher sein.

Rechtsgebiete
M 5

Man unterscheidet das öffentliche Recht vom Privatrecht. Das öffentliche Recht regelt das Verhältnis des Staates zum Einzelnen, wobei ein Über- bzw. Unterordnungsverhältnis gilt. Im Privatrecht (oder Zivilrecht), das die Beziehungen der Menschen zueinander regelt, sind die einzelnen Bürgerinnen und Bürger gleichberechtigt.

Gerichtswesen
M 6

Beim Aufbau des Gerichtswesens lassen sich Verfassungsgerichtsbarkeit (z.B. Bundesverfassungsgericht), ordentliche Gerichtsbarkeit (Zivil- und Strafgerichtsbarkeit) und besondere Gerichtsbarkeit (z.B. Finanz- oder Verwaltungsgerichtsbarkeit) unterscheiden.

Menschenrechte

Menschenrechte gelten auch als „angeborene" Rechte. Wer so argumentiert, bezieht eine naturrechtliche Position: Danach können die dem staatlich gesetzten Recht übergeordneten Normen aus bestimmten Tatsachen (aus dem geoffenbarten Willen Gottes, aus der Natur, aus der Vernunft) erkannt werden. Allen Menschenrechten zugrunde liegt die Idee, dass die Würde des Menschen nicht verletzt werden darf. Die Menschenrechte sind in der Verfassung der Bundesrepublik Deutschland, dem Grundgesetz, als Grundrechte verankert.

Rechtspositivismus

Die Gegenposition wird als Rechtspositivismus bezeichnet: Danach gilt das vom Menschen gemachte Recht unabhängig davon, ob es mit irgendwelchen „höheren" Normen übereinstimmt oder nicht.

2. Die besondere Rechtsstellung von Kindern und Jugendlichen

M 1 Zivil- und strafrechtliche Verantwortung Jugendlicher – ein Fallbeispiel

Wieder Graffiti-Schmierereien im Amalia-Gymnasium

Stuttgart. Zum zweiten Mal innerhalb eines Monats wurde das Amalia-Gymnasium in Stuttgart durch Graffiti verunstaltet. Die Sprayer besprühten die Wand vor einem Klassenzimmer. Bereits vor drei Wochen hatten die Sprayer eine große Fläche an der Außenwand des Gymnasiums mit Farbe beschmiert. Bislang ist noch nicht bekannt, wer die Täter sind. Die Stadt Stuttgart zahlte 2004 allein für die Behebung von Bauschäden (eingetretene Türen, Brandschäden, Zerstörungen, Graffiti etc.) an Schulen knapp 75.000 €, die Stadt Tübingen fast 10.000 €.

Autorentext

Die rechtlichen Folgen der Zerstörung

Wenn man mutwillig einen Gegenstand zerstört, der einem anderen gehört, so hat dies juristisch zwei Folgen:

Erstens hat man eine Straftat begangen (Sachbeschädigung), die vom Staat (Gerichte, Staatsanwaltschaft, Polizei) bei Anzeige verfolgt wird. Das ***Strafrecht*** dient nämlich dem Interesse der staatlichen Gemeinschaft an der Erhaltung ihrer elementaren Grundwerte (Leben, Gesundheit, Vermögen ...) und an der Bewahrung des Rechtsfriedens innerhalb der Gesellschaft. Es verbietet bestimmte sozialschädliche Verhaltensweisen bei Strafe und ahndet Rechtsverstöße entsprechend. Sein wichtigstes Gesetz ist das Strafgesetzbuch (StGB).

Zweitens muss man dem Geschädigten gegenüber den Schaden wiedergutmachen (den zerstörten Gegenstand ersetzen, ihn reparieren lassen usw.). Juristen nennen dies Schadensersatz. Schadensersatz wird nur zwischen dem Schädiger und dem Geschädigten geleistet, der Staat hat hiermit nichts zu tun (er hilft allerhöchstens dem Geschädigten, mithilfe der Gerichte zu seinem „Recht" zu kommen). Das wird im ***Zivilrecht*** geregelt. Dieses ordnet also die Rechtsbeziehungen zwischen Menschen oder Personengemeinschaften in den unterschiedlichen Lebensbereichen. Die wichtigsten Regeln sind im Bürgerlichen Gesetzbuch (BGB) niedergelegt (vgl. zur Einordnung der Rechtsgebiete die Grafik M 5 in Kap. 1).

Außerdem wird nach dem Alter des Tatverdächtigen unterschieden. So entscheiden Jugendgerichte über die Verfehlungen Jugendlicher nach dem Jugendstrafrecht.

Autorentext

Aufgaben zu M 1 und M 2

Beantworte die folgenden Fragen mithilfe der Gesetzesauszüge in M 2.

1. *Welche strafrechtlichen Folgen ergeben sich aus dem Strafgesetzbuch (StGB), wenn ein Schüler in der Schule mutwillig etwas zerstört? Lies hierzu die §§ 303 und 304 StGB.*
2. *Welche zivilrechtliche Folge ergibt sich? Lies § 823 BGB.*

3. *Ist dies nun eine doppelte Bestrafung? Bedenke dabei den Zweck der Vorschriften des Strafgesetzbuches und derjenigen aus dem BGB.*

4. *Inwiefern ist das Alter eines Schülers, der etwas zerstört, von Bedeutung? Lies erst § 1 des Jugendgerichtsgesetzes (JGG), dann § 3 JGG und § 828 BGB.*

5. *Müssen auch die Eltern Schadensersatz leisten? Lies dazu § 832 BGB.*

6. *Fasse nun das Ergebnis deiner Untersuchungen zusammen.*

7. *Im Strafrecht und im Zivilrecht gelten unterschiedliche Altersgrenzen. Warum?*

8. *Lies noch einmal den § 823 BGB. Warum soll ein Schädiger in gleicher Weise nach dieser Vorschrift Schadensersatz zahlen, gleichgültig, ob er vorsätzlich (d. h. mutwillig) oder nur fahrlässig (d. h. versehentlich) einen Schaden angerichtet hat?*

Was steht im Gesetz?

M 2

Strafgesetzbuch (StGB[1])

§ 303 [Sachbeschädigung]

(1) Wer rechtswidrig eine fremde Sache beschädigt oder zerstört, wird ... bestraft.

(2) Der Versuch ist strafbar.

§ 303 e [Strafantrag]

In den Fällen der §§ 303 bis 303b wird die Tat nur auf Antrag verfolgt, es sei denn, dass die Strafverfolgungsbehörde wegen des besonderen öffentlichen Interesses an der Strafverfolgung ein Einschreiten ... für geboten hält.

§ 304 [Gemeinschädliche Sachbeschädigung]

(1) Wer rechtswidrig ... Gegenstände, welche zum öffentlichen Nutzen ... dienen, beschädigt oder zerstört, wird ... (schwerer als nach § 303 StGB) ... bestraft.

(2) Der Versuch ist strafbar.

[1] Anmerkung: Bei der Wiedergabe der Gesetzestexte wurden Freiheitsstrafen und Geldstrafen weggelassen, da diese Strafen nur bei Erwachsenen zur Anwendung kommen. Bei Jugendlichen und Heranwachsenden wird das Jugendrecht (§ 1 JGG) angewandt, das eine Reihe anderer Maßnahmen kennt.

Bürgerliches Gesetzbuch (BGB)

§ 823 [Schadensersatzpflicht]

(1) Wer vorsätzlich oder fahrlässig ... das Eigentum ... eines anderen widerrechtlich verletzt, ist dem anderen zum Ersatze des daraus entstehenden Schadens verpflichtet.

(2) ...

§ 828 [Verantwortlichkeit von Minderjährigen ...]

(1) Wer nicht das siebente Lebensjahr vollendet hat, ist für einen Schaden, den er einem anderen zufügt, nicht verantwortlich.

(2) ...

(3) Wer das achtzehnte Lebensjahr noch nicht vollendet hat, ist, sofern seine Verantwortlichkeit nicht nach Absatz 1 oder 2 ausgeschlossen ist, für den Schaden, den er einem anderen zufügt, nicht verantwortlich, wenn er bei der Begehung der schädigenden Handlung nicht die zur Erkenntnis der Verantwortlichkeit erforderliche Einsicht hat.

§ 832 [Haftung des Aufsichtspflichtigen]

(1) Wer kraft Gesetzes zur Führung der Aufsicht über eine Person verpflichtet ist, die wegen Minderjährigkeit ... der Beaufsichtigung bedarf, ist zum Ersatze des Schadens verpflichtet, den diese Person einem Dritten widerrechtlich zufügt. Die Ersatzpflicht tritt nicht ein, wenn er seiner Aufsichtspflicht genügt oder wenn der Schaden auch bei gehöriger Aufsichtsführung entstanden sein würde.

(2) ...

Jugendgerichtsgesetz (JGG)

§ 1 [Persönlicher und sachlicher Anwendungsbereich]

(1) Dieses Gesetz gilt, wenn ein Jugendlicher oder ein Heranwachsender eine Verfehlung begeht, die nach den allgemeinen Vorschriften mit Strafe bedroht ist.

(2) Jugendlicher ist, wer zur Zeit der Tat vierzehn, aber noch nicht achtzehn, Heranwachsender, wer zur Zeit der Tat achtzehn, aber noch nicht einundzwanzig Jahre alt ist.

§ 3 [Verantwortlichkeit]

Ein Jugendlicher ist strafrechtlich verantwortlich, wenn er zur Zeit der Tat nach seiner sittlichen und geistigen Entwicklung reif genug ist, das Unrecht der Tat einzusehen und nach dieser Einsicht zu handeln ...

Infobox

Rechtsfähigkeit

Rechtsfähigkeit ist die Fähigkeit einer Person, Rechte und Pflichten zu haben (§ 1 BGB: „Die Rechtsfähigkeit des Menschen beginnt mit der Vollendung der Geburt"). Tieren kommt eine solche Fähigkeit nicht zu. Mit dem Tode endet die Rechtsfähigkeit.

Geschäftsfähigkeit

Geschäftsfähigkeit ist die Fähigkeit, allgemein zulässige Rechtsgeschäfte selbstständig voll wirksam vorzunehmen.

Deliktsfähigkeit

Deliktsfähigkeit ist die Fähigkeit einer Person, wegen einer unerlaubten Handlung, bei der ein Schaden entstanden ist, haftbarpflichtig (Pflicht zum Schadensersatz) gemacht werden zu können.

Strafmündigkeit

Strafmündigkeit ist die strafrechtliche Verantwortlichkeit.

Autorentext

M 3

Übersicht zu den rechtlichen Altersstufen

Geschäftsfähigkeit

I. Geschäftsunfähig:
1. Minderjährige unter 7 Jahren
2. Dauerhaft geistig Gestörte
3. Wegen Geisteskrankeit Entmündigte

II. Beschränkt geschäftsfähig:
1. Minderjährige zwischen 7 und 18 Jahren
2. Wegen Geistesschwäche, Verschwendung, Trunksucht oder Rauschgiftsucht Entmündigte

III. Geschäftsfähig:
Volljährige (ab 18 Jahren)

Deliktsfähigkeit

I. Deliktsunfähig:
1. Minderjährige unter 7 Jahren
2. Personen, deren freie Willensbetätigung krankheitsbedingt ausgeschlossen ist

II. Beschränkt deliktsfähig:
1. Minderjährige zwischen 7 und 18 Jahren (Spezialfall zwischen 7 und 10: Minderjährigenhaftung bei vorsätzlich verursachtem Verkehrsunfall)
2. Taubstumme

III. Deliktsfähig:
Volljährige (ab 18 Jahren)

Strafmündigkeit

I. Strafunmündig:
Strafrechtlich nicht verantwortlich sind Personen unter 14 Jahren

II. Strafmündig nach JGG
Personen mit Vollendung des 14. Lebensjahres sind bedingt verantwortlich, nämlich falls die „Strafreife" vorhanden ist, also „die Fähigkeit, das Unrecht der Tat einzusehen und nach dieser Einsicht zu handeln" (§ 3 JGG)

III. Strafmündig:
wie IV, aber i.d.R. Behandlung nach II: 18- bis 21-Jährige

IV. Volle Strafmündigkeit:
Personen über 21 Jahren

nach: Horst Becker/Jürgen Heß/Frank Wertheimer, Grundwissen Recht, Stuttgart 1999, S. 27 ff.

M 4

Wie das Recht Jugendliche schützt – Disko ab 14?

Jugendliche in einer Diskothek: Welches Alter ist angemessen?

Die Kids finden es gut, Lehrer- und Eltern-Verbände protestieren: Jugendliche ab 14 sollen nach Plänen des Bundesfamilienministeriums künftig ohne Begleitung Erwachsener bis 23 Uhr in Diskos abtanzen dürfen. Jetzt sieht es so aus, als ob die geplante Regelung im neuen Jugendschutzgesetz erst mal auf Eis gelegt wird.

Wie die Beiträge in unserem Diskussions-Forum im Internet zeigen, sind viele Eltern bereit, ihren 14-jährigen Töchtern und Söhnen einen Disko-Besuch bis 23 Uhr zu erlauben. „Im Sommer ist es um diese Zeit gerade mal langsam dunkel geworden", schreibt eine Teilnehmerin. Auch dass Disko-Besuche die Jugendlichen zum Drogenkonsum verführen, halten einige Forums-Teilnehmer für Quatsch.

Unterstützung für diese Positionen gibt es vom renommierten Jugendforscher Prof. Klaus Hurrelmann (Bielefeld). Mit 14 in die Disko – das entspreche der Lebensrealität vieler Jugendlicher, sagte Hurrelmann dem SWR-Fernsehmagazin „Ländersache Rheinland-Pfalz": „Das Jugendschutzgesetz muss widerspiegeln, wie die jungen Leute sind. Und ihre Entwicklung in den letzten Jahren hat sich beschleunigt. Sie werden heute so früh Jugendliche wie noch nie in der Geschichte."

Das sehen viele Deutsche aber ganz anders. ... Der baden-württembergische Sozialminister Friedhelm Repnik (CDU) erklärte in einem Interview, er habe die Sorge, dass im Fall einer Freigabe der Altersbeschränkung 14 bis 16 Jahre alte Jugendliche im Umfeld von Diskotheken Zugang zu Alkohol und illegalen Drogen erhalten könnten. ... Dass Jugendliche heute reifer sind als früher, glaubt [ein] Vater nicht: „Kinder geben sich heute vielleicht cooler, aber das hat nichts mit Reife zu tun. Die Ratlosigkeit, die Ziellosigkeit, die Orientierungslosigkeit ist heute größer", so der Vater ...

Zu den Kritikern einer Gesetzesänderung gehört auch der Mainzer „Streetworker" Thomas Stock. Der Sozialarbeiter meint, dass es Eltern nach einer Gesetzesänderung noch schwerer haben werden, ihren 14-jährigen Kindern den Diskobesuch zu verbieten. ...

Der Deutsche Kinderschutzbund hingegen begrüßte das geplante neue Gesetz: „Eine liberale Haltung der Gesellschaft Jugendlichen gegenüber führt dazu, dass Jugendliche für sich selbst mehr Verantwortung übernehmen", sagte Geschäftsführer Walter Wilken. Es müsse allerdings „sichergestellt werden, dass die Grenzen des Jugendschutzgesetzes beim Alkohol-Ausschank eingehalten werden und dass es in der Disko keine Drogen gibt. Das heißt, wir brauchen eine vernünftige Kontrolle."

David Biesinger/Martin Heuser, in: SWR-Fernsehmagazin Ländersache Rheinland-Pfalz, 14.3.2002

Nach Plänen der Bundesregierung im Jahr 2002 sollten Jugendliche künftig bereits ab 14 Jahren ohne Begleitung von Erwachsenen bis 23 Uhr in Diskotheken gehen dürfen.

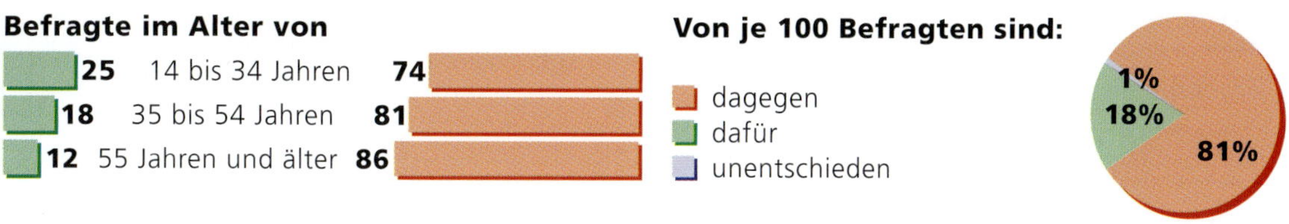

Methode

Spielregeln für ein Streitgespräch

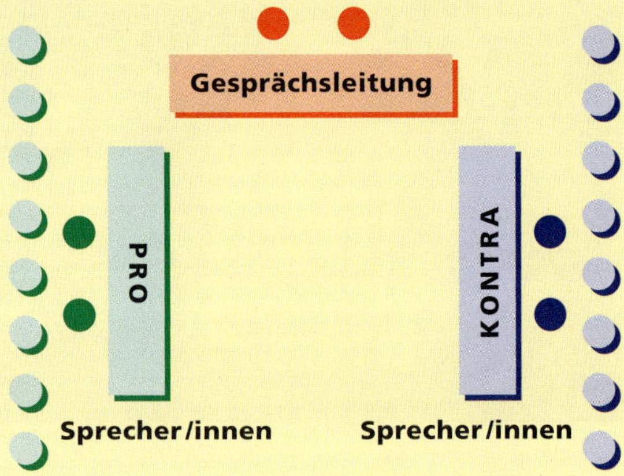

1. Zunächst müsst ihr euch mit dem Thema, dem Problem oder der Fragestellung vertraut machen. Führt in einer Abstimmung ein erstes Meinungsbild herbei: Wie steht ihr zu dem Problem oder der Frage?
2. Bildet nun Gruppen für die jeweiligen Positionen. Am besten ist es, wenn die Gruppen durch Los oder ein Zufallsprinzip gebildet werden (z.B. indem verschiedenfarbige Spielkarten gezogen werden). Es geht nämlich jetzt nicht um die eigene Meinung zu dem Problem, sondern darum, Begründungen für einen Standpunkt vorzutragen, in den man sich hineinversetzt.
3. Die Gruppen setzen sich nun anhand von Materialien vertiefend mit „ihren" Positionen auseinander und erarbeiten sich begründete Standpunkte. Dabei sollten sie auch Argumente der gegnerischen Partei erkennen und überlegen, wie man sie widerlegen kann. Anschließend bestimmen sie Gruppensprecher (2 oder 3).
4. Für die Durchführung des Spiels wird eine geeignete Sitzordnung hergestellt: Vorne sollen die Gesprächsleiter sitzen (dies können Schüler oder Lehrer sein), an zwei sich gegenüberstehenden Längstischen sitzen die „Parteien", hinten die übrigen Schüler als Beobachter.
5. Die Gesprächsleiter eröffnen das Streitgespräch, begrüßen die Zuschauer, nennen das Thema, stellen die Gesprächsteilnehmer vor und erklären den Ablauf. Anschließend halten die Gruppensprecher jeweils einen ca. dreiminütigen Eingangsvortrag (Statement). Danach erfolgt in Rede und Gegenrede der Austausch der Argumente und Gegenargumente (ca. 15–20 Minuten).
6. In der Auswertung des Spiels fordern die Gesprächsleiter die Beobachter auf, mitzuteilen, welche Argumente sie überzeugend fanden und welche nicht. Außerdem sollen sie ihren Gesamteindruck wiedergeben und sagen, was gut war und was ihnen nicht gefallen hat.
7. Zum Abschluss wird noch einmal eine Abstimmung über die Ausgangsfrage durchgeführt. Das Ergebnis wird mit dem ersten Abstimmungsergebnis verglichen. Wenn es Unterschiede gibt, sollten die Ursachen dafür diskutiert werden.

nach: Lothar Scholz, Methoden-Kiste, 2. Aufl., Bundeszentrale für politische Bildung, Bonn 2001

Aufgabe zu M 4

1. Führt in der Klasse ein Streitgespräch (vgl. Methode) zum Thema „Sollten Jugendliche mit 14 eine Disko besuchen dürfen?".

So könnt ihr die Debatte vorbereiten:

a) Erhebt durch eine Abstimmung ein erstes Meinungsbild in der Klasse. Vergleicht das Ergebnis mit dem Umfrageergebnis in M 4.

b) Stellt zusätzliche Argumente zusammen, indem ihr Stellungnahmen einschlägiger Verbände (Deutsche Hauptstelle gegen Suchtgefahren, Deutscher Kinderschutzbund, Bundesverband deutscher Diskotheken- und Tanzbetriebe, Bundeselternrat, Deutscher Lehrerverband) z.B. im Internet recherchiert.

M 5

Jugendschutz durch Gesetze

Grundgesetz **Art. 1, 5 und 6**

Kinder- und Jugendhilfe

Sozialgesetzbuch
VIII. Buch

Jugendschutz

Jugendschutzgesetz

(Gaststätten- und Kinobesuch, Abgabe von Alkohol u.s.w.)

Jugendmedienschutz

Gesetz über die Verbreitung jugendgefährdender Schriften und Medieninhalte
Strafgesetzbuch

Jugendarbeitsschutz

Jugendarbeitsschutzgesetz

(Verbot der Kinderarbeit, Arbeitszeit, Gesundheits- und Gefahrenschutz)

Erich Schmidt Verlag, Zahlenbilder 141220

M 6

Bestimmungen des Jugendschutzgesetzes

	unter 16 Jahren ohne Erziehungsberechtigten	unter 16 Jahren mit Erziehungsberechtigtem	16 – 18 Jahre ohne Erziehungsberechtigten	16 – 18 Jahre mit Erziehungsberechtigtem
Bier	verboten	Ausnahme 1	erlaubt	erlaubt
Schnaps	verboten	verboten	verboten	verboten
Gaststätte	Ausnahme 2	erlaubt	bis 24 Uhr	erlaubt
Rauchen	verboten	verboten	verboten	verboten
Computerspiel	verboten	erlaubt	erlaubt	erlaubt
Glücksspiel	Ausnahme 3	Ausnahme 3	Ausnahme 3	Ausnahme 3
Disko	Ausnahme 4	erlaubt	bis 24 Uhr	erlaubt

verboten   Ausnahmen   erlaubt

Ausnahme 1
Du bist über 14 Jahre und in Begleitung deiner Eltern.

Ausnahme 2
1. Du nimmst an einer Veranstaltung eines anerkannten Jugendhilfeträgers teil.
2. Du befindest dich auf Reisen.
3. Du nimmst eine Mahlzeit oder / und ein nichtalkoholisches Getränk ein.

Ausnahme 3
Die Spiele werden auf volksfestähnlichen Veranstaltungen durchgeführt und der Gewinn besteht aus geringwertigen Waren.

Ausnahme 4
Die Veranstaltung wird von einem anerkannten Jugendhilfeträger durchgeführt oder dient der künstlerischen Betätigung oder Brauchtumspflege. Dann darfst du:
- unter 14 Jahren bis 22.00 Uhr
- unter 16 Jahren bis 24.00 Uhr bleiben.

www.juz-united.de/body.php?site=p404 (12.5.2002)

Aufgaben zu M 4 – M 6

1. *Warum ist Jugendschutz notwendig? Schreibe drei wichtige Argumente auf (M 4 – M 6).*

2. *Von Zeit zu Zeit erhebt sich die Frage, ob Gesetze mit ihren jeweiligen Bestimmungen noch zeitgemäß sind. Diskutiert, welche Bestimmungen des JuSchG ihr lockern oder verschärfen würdet (M 6).*

Die besondere Rechtsstellung von Kindern und Jugendlichen

Rechtsfähigkeit

Jeder Mensch ist von Geburt an rechtsfähig, d.h. er kann Träger von Rechten und Pflichten sein. Ein Recht ist ein Anspruch, den man gegen jemand anderen hat. Eine Pflicht ist ein Anspruch, den jemand anders gegen einen selbst hat.

Geschäftsfähigkeit
M 3

Im Privatrecht haben Kinder und Jugendliche aber bis zur Erreichung der Volljährigkeit eingeschränkte Rechte. Kinder unter sieben Jahren sind geschäftsunfähig, d.h. sie können keine wirksamen Rechtsgeschäfte abschließen. Von der Vollendung des siebenten bis zur Vollendung des 18. Lebensjahres sind Jugendliche beschränkt geschäftsfähig. Sie dürfen dann nur unter bestimmten Bedingungen wirksame Rechtsgeschäfte abschließen (z.B. mit Taschengeld), weil man davon ausgeht, dass Jugendliche noch nicht immer die volle Tragweite ihres Handelns überblicken können. Erst mit der Vollendung des 18. Lebensjahres erlangt man die volle Geschäftsfähigkeit.

Deliktsfähigkeit von Jugendlichen
M 3

Auch können Kinder unter sieben Jahren nicht zur Rechenschaft gezogen werden, wenn sie durch eine unerlaubte Handlung einen Schaden verursacht haben. Sie sind nicht deliktsfähig. Von der Vollendung des siebenten bis zur Vollendung des 18. Lebensjahres sind Jugendliche beschränkt deliktsfähig und können nur für ihr Handeln verantwortlich gemacht werden, wenn sie die erforderliche Reife und Einsicht besaßen, ihre Verantwortlichkeit zu erkennen. Erst mit der Vollendung des 18. Lebensjahrs ist man dann voll deliktsfähig.

Strafmündigkeit
M 3

Im Strafrecht, mit dessen Hilfe der Staat wichtige Rechtsgüter (Leben, Gesundheit, Eigentum) schützt, gilt dies ebenfalls. Bis zur Vollendung des 14. Lebensjahrs sind Jugendliche nicht schuldfähig und daher strafunmündig. Ab dem 14. Lebensjahr gilt die eingeschränkte Strafmündigkeit, weil man annimmt, dass Jugendliche nicht immer reif genug sind, um voll für eine Tat verantwortlich gemacht zu werden. Für Jugendliche gibt es ein gesondertes Jugendstrafrecht mit einem breiteren Strafkatalog. Der erzieherische Aspekt der Strafe steht hier im Vordergrund. Grundsätzlich gilt die volle Strafmündigkeit ab dem 18. Lebensjahr, doch wird das Jugendstrafrecht meist auch noch auf Heranwachsende bis zur Vollendung des 21. Lebensjahres angewendet.

Jugendschutz
M 5, M 6

Mit besonderen Gesetzen, z.B. dem Jugendschutzgesetz oder dem Jugendarbeitsschutzgesetz, sollen Jugendliche vor gesundheitlichen und sittlichen Gefahren geschützt werden. Diese Gesetze (und andere Bestimmungen) richten sich nicht in erster Linie an die Jugendlichen selbst, sondern z.B. an die Betreiber von Gaststätten, Kinos, Diskotheken usw.

3. Jugendkriminalität und Jugendstrafrecht

M 1

Jugendliche als Straftäter: Schlagzeilen

SS-Runen an die Schulwand geschmiert

Blutige Attacke auf Schüler mit Steinen

Erpressung auf dem Pausenhof

Siebzehnjährige prügeln Obdachlosen zu Tode

Schüler traten Lehrer nieder

Jugendliche Bande hat 30 Autos aufgebrochen

Autorentext nach Zeitungsmeldungen

Aufgaben zu M 1

1. *In unserer staatlichen Ordnung ist die Verletzung bestimmter Güter wie Leben, Gesundheit, Eigentum, persönliche Würde und Ehre, Freiheit, Selbstbestimmung, Sicherheit, staatliche Ordnung unter Strafe gestellt. Für je wichtiger ein Gut erachtet wird, desto schwerer die Bestrafung. Überprüfe die Zeitungsmeldungen daraufhin, welche Rechtsgüter jeweils verletzt wurden. Welche Rechtsverletzungen würdest du schwerer, welche leichter bestrafen?*
2. *Welche Motive könnten den erwähnten Straftaten zu Grunde liegen?*

M 2

Umfang und Erscheinungsformen von Jugendkriminalität

a) Straftaten (Verurteilte in Baden-Württemberg 2004)	Verurteilte Jugendliche	Verurteilte Heranwachsende
I. Straftaten nach dem Strafgesetzbuch und Straßenverkehrsgesetz	**8 420**	**11 724**
1. Straftaten gegen Staat, öffentliche Ordnung und im Amt, außer im Straßenverkehr	228	406
2. Straftaten gegen die Person, außer im Straßenverkehr	2 032	2 176
darunter		
Mord und Totschlag	3	5
Einfache Körperverletzung	715	783
Gefährliche und schwere Körperverletzung	978	825
3. Straftaten gegen das Vermögen (Betrug, Diebstahl, Untreue)	4 452	5 131
4. Gemeingefährliche Straftaten, außer im Straßenverkehr	57	81

5. Straftaten im Straßenverkehr (StGB und StVG)	1 651	3 930
darunter		
Verkehrsunfallflucht	100	731
Trunkenheit im Verkehr (ohne Fremdschaden)	207	1 418
Führen eines Kfz ohne Erlaubnis oder trotz Verbots	1 220	665
II. Straftaten nach anderen Bundes- und Landesgesetzen (Betäubungsmittelgesetz, Ausländergesetz, Asylverfahrensgesetz)	**862**	**2 346**
III. Straftaten insgesamt	**9 282**	**14 070**

b) Strafmündige Bevölkerung (14 Jahre und älter) in Baden-Württemberg am 31. Dez. 2003:

Insgesamt	Jugendliche (14 bis unter 18)	Heranwachsende (18 bis unter 21)	Erwachsene (21 und älter)
9 102 092	495 236	359 215	8 247 641

Statistisches Landesamt Baden-Württemberg

Aufgaben zu M 2

1. *Errechne jeweils für Jugendliche und Heranwachsende den Prozentanteil der einzelnen Straftatengruppen an der Gesamtzahl der erfassten Fälle und bringe die Straftatengruppen für die jeweilige Altersgruppe in eine Rangfolge (M 2 a).*

2. *Vergleiche die Ergebnisse für Jugendliche mit den Ergebnissen für Heranwachsende.*

3. *Noch aussagefähiger als die Zahlen der Verurteilten sind die Verurteiltenziffern: Sie ermöglichen eine Aussage über die relative Strafhäufigkeit. Zu ihrer Berechnung werden die rechtskräftig Verurteilten der jeweiligen Gruppe eines Jahres (z.B. Jugendliche) zu 100.000 Einwohnern der jeweiligen Personengruppe in Beziehung gesetzt.*
Berechne nun mit Hilfe der Zusatztabelle von M 2b die jeweiligen Verurteiltenziffern.

M 3 Der Einfluss der Clique: schwere Gewaltdelikte in Duisburg 2003

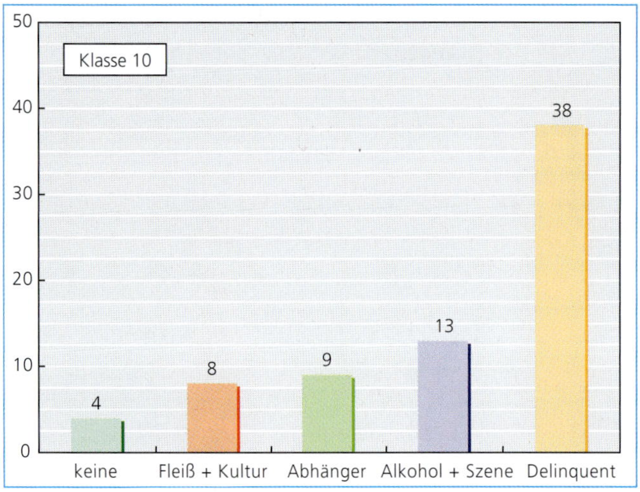

Lesehilfe: Die Grafik zeigt für die sechs Gruppen jeweils den Anteil (in %) derjenigen, die 2003 mindestens ein Gewaltdelikt verübt haben. Die Prozentzahl setzt die Zahl der Delikttäter in Beziehung zur Gesamtzahl der Mitglieder der jeweiligen Gruppe.

Beispiel: Die Zahl derjenigen, die ein Gewaltdelikt begangen haben und aus der Clique „Fleiß und Kultur" stammen, beträgt 8 %. D.h. von allen Mitgliedern der Clique „Fleiß und Kultur" haben 8 % ein Gewaltdelikt begangen.

Cliquentypen und Mitglieder in Klasse 10

„Keine" (5 % aller Befragten)

Diese Schülerinnen und Schüler (von uns als keine Clique bezeichnet) haben keinen festen Freundeskreis, der sich regelmäßig trifft. Unterschiede zwischen den einzelnen Schultypen und Geschlechtern bestehen nicht.

„Abhänger" (43 % der Befragten)

Die Jugendlichen der fünften Gruppe werden in der Kriminologie[2] als „Streetcorner Society" bezeichnet. Sie treffen sich fast täglich und „hängen" nur „rum".

„Alkohol und Szene" (35 % der Befragten)

Diese Gruppe trifft sich regelmäßig, um miteinander auszugehen und konsumiert dabei viel Alkohol. Das Geschlechterverhältnis ist bei den beiden zuletzt genannten Gruppen ausgeglichen und auch hinsichtlich der Schulformen können keine nennenswerten Unterschiede festgestellt werden.

„Fleiß und Kultur" (8 % der Befragten)

In dieser Gruppe wird gemeinsam für die Schule gelernt, Theater gespielt und musiziert oder eine Zeitung herausgegeben. Mädchen sind hier deutlich überrepräsentiert.

„Delinquent" (9 % der Befragten)

Diese Gruppe besteht aus Jugendlichen, die mit anderen Gruppen richtig verfeindet sind und sich mit ihnen prügeln oder ihre Interessen auch mit Gewalt durchsetzen wollen. Männliche Jugendliche sind hier mit zwei Dritteln stärker vertreten als weibliche. Ihr Anteil an Gymnasien und Realschulen liegt etwas niedriger als an Haupt- und Sonderschulen und geht mit der 11. Jahrgangsstufe insgesamt zurück. Sie sind deshalb auch deutlich seltener unter Berufsschülern zu finden (3 %).

[1] normkonform = mit den Normen übereinstimmend
[2] Kriminologie = Wissenschaft vom Verbrechen, seinen Ursachen, seiner Aufklärung und Bekämpfung

Klaus Boers, Informationen zur 2. Schülerbefragung in Duisburg, Münster/Trier, 2003

Aufgabe zu M 3

1. *Formuliere möglichst präzise die Ergebnisse, die du dem Schaubild M 3 entnehmen kannst.*

Verantwortungsbewusst

M 4

Esslinger Zeitung, 3.5.2002, S. 1

M 5

Senken Gewaltfilme die Hemmschwelle?

Jo Groebel untersucht, welche Rolle die Medien bei Gewalttaten von Jugendlichen spielen. Tina Baier sprach mit dem Generaldirektor des Europäischen Medieninstituts.

SZ: Nach [Littleton und Erfurt][1] fragt man sich, ob Jugendliche womöglich unter dem Einfluss der Medien schneller gewalttätig werden.

Groebel: In den letzten Jahren hat eine Veränderung stattgefunden. Früher dachte man beim Thema Jugendgewalt als Erstes an Gruppen, zum Beispiel Rockergangs; heute gibt es auch bei Jugendlichen immer mehr Einzeltäter. Es gibt Hinweise darauf, dass das mit den Medien zusammenhängt. In vielen Filmen gibt es dieses Muster des einsamen Außenseiters, der sich seinen Frust von der Seele schießt. Stimulierend ist auch, dass Gewalt oft als etwas gezeigt wird, das sich lohnt. Wir haben in Untersuchungen gefunden, dass gerade Jugendliche, die Einzelgänger sind, versuchen, ihre Frustrationen durch Gewaltfilme zu verarbeiten. Einen Film anschauen oder ein Videospiel spielen ist ja etwas, das man oft allein tut. In allen Fällen, sei es in Erfurt oder in Littleton, waren die Täter Jugendliche, die in irgendeiner Weise hochgradig frustriert waren. Das erklärt aber nicht allein, dass jemand tatsächlich zur Waffe greift.

SZ: Was muss hinzukommen?

Groebel: Versagen der Familie. Die Eltern sind immer noch die erste Instanz, bei der Kinder Orientierung suchen, dann erst kommen die Medien. Eine neue weltweite Studie der Unesco, die ich geleitet habe, hat ergeben, dass etwa zehn Prozent der Kinder durch Gewaltdarstellungen beeinflussbar sind. Außerdem gibt es offenbar auch eine genetisch bedingte Empfänglichkeit. Jungen und Männer fasziniert Gewalt mehr als Mädchen und Frauen. Man kann das messen, etwa an der Ausschüttung von Endorphinen – Substanzen im Gehirn, die Glücksgefühle auslösen.

SZ: Was bewirken die Gewaltdarstellungen bei den Kindern?

Groebel: Die Sensibilität und das Mitleid mit den Opfern nehmen ab. Studien haben gezeigt, dass bei Menschen, die häufig Gewaltfilme sehen, die Hemmschwelle sinkt, Gewalt gutzuheißen. Kindern und Jugendlichen, die ohnehin psychisch einen Knacks haben, fällt es außerdem schwer, Realität und Fiktion zu unterscheiden. Die Unesco-Studie hat ergeben, dass Kinder und Jugendliche, die sehr viel Information über Medien bekommen, nicht ständig unterscheiden: das eine habe ich aus den Nachrichten, das andere aus fiktiven Sendungen. Wir haben zum Beispiel Kinder und Jugendliche danach gefragt, wie hoch sie die Mordziffer in New York einschätzen, und bekamen von den „Vielsehern" wahnsinnige Daten – manche waren überzeugt, dass bis zu 80 Prozent der Todesfälle in New York auf Mord zurückzuführen seien. „Wenigseher" schätzten die Situation dagegen realistischer ein.

SZ: Werden Kinder stärker durch Gewalt in den Medien beeinflusst als Erwachsene?

Groebel: Ja. Das ist ein psychologisches Phänomen. Die Realitätseinschätzung muss sich bei Kindern erst entwickeln. Das ist eine Frage von Erfahrung, und Medien sind auch ein Erfahrungsvermittler.

[1] Am 20. April 1999 ermordete der 17-jährige Dylan Klebold mit seinem 18-jährigen Freund Eric Harris zwölf Schüler und einen Lehrer an der Columbine High School in Littleton, Colorado. Anschließend erschossen die Täter sich selbst.
Bei einem Amoklauf im Erfurter Gutenberg-Gymnasium tötete der 19-jährige Schüler Robert Steinhäuser am 26. April 2002 17 Menschen und anschließend sich selbst. Aktualisierung durch den Bearbeiter.

Tina Baier, Süddeutsche Zeitung, 11.11.1999

Aufgaben zu M 5

1. *Erkläre den Zusammenhang zwischen gesehener („konsumierter") Gewalt und ausgeübter Gewalt (M 5).*

2. *Notiere drei weitere Fragen, die du als Zeitungsreporter Professor Groebel stellen würdest, und versuche, sie mithilfe der Klasse zu beantworten (M 5).*

3. *Zur Vertiefung: Entwerft einen Handlungsplan zum Thema „Extreme Gewaltdarstellung in Filmen sowie in Video- und Computerspielen – Was tun?". Ihr könnt zum Beispiel folgende Akteure auf ihre Handlungsmöglichkeiten hin untersuchen: die Fernsehsender bzw. Medienproduzenten, den Gesetzgeber, die Eltern und Erzieher und die Schule.*

M 6

Weitere Gründe für Jugendkriminalität

Die Situation der jungen Menschen, die mehrfach, über einen längeren Zeitraum und (auch) mit schwereren Delikten auffallen, ist typischerweise durch erhebliche soziale und individuelle („Erziehungs"-) Defizite und Mängellagen gekennzeichnet.

Vor allem durch:

- familiäre Probleme, insbesondere auch durch erfahrene und beobachtete Gewalt in der Familie,
- materielle Notlagen bis hin zu sozialer Randständigkeit und dauerhafter sozialer Ausgrenzung,
- ungünstige Wohnsituationen,
- Schwierigkeiten in Schule und Ausbildung und dadurch bedingte – subjektive wie objektive – Chancen- und Perspektivlosigkeit,
- Integrationsprobleme allgemein.

Erich Elsner, Wiebke Steffen, Gerhard Stern, Kinder- und Jugendkriminalität in München, München: Bayerisches Landeskriminalamt 1998, S. 202-204

M 7

Besonderheiten der Jugendkriminalität

- Jugendkriminalität als altersspezifisches Phänomen ist allgemein verbreitet, d.h. nahezu jeder junge Mensch (genauer: junge Mann) begeht im Laufe seines Heranwachsens zumindest eine strafrechtlich relevante Tat, vor allem aus dem Bereich der Eigentumsdelikte.
- Nur ein ganz geringer Teil der Taten dieser jungen Menschen wird ... überhaupt bekannt, d.h. die Mehrzahl der Taten und Täter bleiben im Dunkelfeld („Nichtregistrierung").
- Für die ganz überwiegende Zahl dieser jungen Menschen ist das normabweichende Verhalten eine vorübergehende Auffälligkeit im Verlauf ihres Entwicklungs- und Reifeprozesses („Episodenhaftigkeit").
- Die weitaus meisten Jugendlichen hören von selbst wieder damit auf, Straftaten zu begehen, also ohne dass eine förmliche Reaktion durch Polizei oder Justiz erfolgt wäre („Spontanbewährung")[1].

[1] Das heißt allerdings nicht, dass nicht eine informelle Reaktion – etwa der Eltern, Lehrer oder des Freundeskreises – erfolgt ist.

Erich Elsner, Wiebke Steffen, Gerhard Stern, Kinder- und Jugendkriminalität in München, München: Bayerisches Landeskriminalamt 1998, S. 202-204

Aufgaben zu M 3 – M 7

1. *Fasse sämtliche Gründe für Jugendkriminalität aus den Materialien M 3 – M 7 zusammen. Welche Gründe hältst du für besonders gewichtig?*

2. *Befragt einen Experten im Unterricht zu Möglichkeiten der Bekämpfung von Jugendkriminalität (vgl. Methode S. 82).*

Expertenbefragung

Experten sind fachlich qualifizierte und meist wissenschaftlich ausgebildete Spezialisten, im weiteren Sinne aber auch alle, die in einem Problembereich Beteiligte, Betroffene, Partei sind. Es kann sehr interessant sein, Experten aus dem Bereich des Rechts in die Schule einzuladen und genau zu befragen. Menschen, die täglich mit dem Thema Jugendkriminalität zu tun haben, sind zum Beispiel Rechtsanwälte, Richter, Staatsanwälte, Jugendgerichtshelfer, Bewährungshelfer, Vertreter des „Weißen Rings", einer Opfervereinigung, usw. Auf eine „Expertenbefragung" solltest du dich aber gut vorbereiten. Die folgende „Checkliste" hilft dir dabei.

1. Vorinformationen sammeln und geben

- Zu welchem **Problemfeld/Thema** sollen Informationen/ Beurteilungen eingeholt werden.
- Welche Informationen besitzen wir schon?
- Welche Fragen haben wir zum Problemfeld?
- Welcher **Experte** ist geeignet? Was können wir von einem Experten zu unserem Thema erwarten?
- Wo liegen Schwerpunkte seiner Arbeit?
- Vertritt der Experte ein bestimmtes Interesse? (Auch andere Interessen anhören?)
- Den **Experten** über die Ziele und Erwartungen **informieren**.

2. Vorbereitung

- Wie soll die Befragung strukturiert werden? (Leitfaden erstellen: z.B Informationen, Einschätzungen, Bewertungen erfragen; vom Allgemeinen zum Besonderen, von offenen zu geschlossenen Fragen; Kontakt, Information, Ausklang)
- Konkrete Fragen formulieren
- Wer stellt die Fragen?
- Wo wird die Befragung durchgeführt? Sitzordnung?
- Wie wird die Befragung aufgezeichnet? (Video, Tonband, Mitschrift)
- Testbefragung durchführen (simulieren)

3. Durchführung

a) Kontaktphase

- **Kontakt** herstellen: begrüßen, sich vorstellen, Ziele und Ablauf erläutern, Gesprächspartner motivieren

b) Informationsphase

- **Eröffnungsfragen:** „Wir interessieren uns für ...", Können Sie uns sagen ...?"
- **Informationsfragen** (wer, wo, was, wann, wo, wieviel, ...?)
- **Sondierungsfragen:** „Das ist interessant. Können Sie das ein wenig ausführen?"

c) Einschätzungsphase

- **Einschätzungsfragen:** „Was halten Sie von ...?", „Woran könnte das liegen?", „Welche Erfahrungen haben Sie damit gemacht?"
- **offene Fragen:** „Wie haben Sie das gemacht?" (warum, wozu?)

d) Bewertungsphase

- **Bewertungsfragen:** „Wie beurteilen Sie?"
- **rhetorische Fragen:** „Sie sind davon wohl nicht überzeugt?"

4. Schriftliche Auswertung (Bericht)

Zielsetzung der Befragung, Leitfaden, Ergebnisse, und Beurteilung müssen zusammengefasst werden nach den Kriterien:

- **beschreiben:** Ziele, Leitfaden, Rahmenbedingungen, Inhalt
- **untersuchen:** Alle Sachverhalte beantwortet? Welche offen?
- **beurteilen:** Aussagewert der Expertenbefragung; welche Interessen vertritt der Experte? Andere Interessen hören?

nach: Elisabeth Mehrmann, Vom Konzept zum Interview, Düsseldorf 1995

Eine gute Vorübung für die Befragung ist, einen fertigen Text, z.B. einen Zeitungsbericht, in ein Interview umzuarbeiten. Versetze dich dabei in die Situation eines Journalisten, der einen Experten befragt. Reizvoll ist es, das Interview dann vor der Klasse vorzuspielen. Deine Mitschüler können so überprüfen, ob sinnvolle Interviewfragen zu den vorgegebenen Inhaltsbereichen formuliert worden sind.

M 8

Zwölfjährige einsperren?

Soll die Strafmündigkeit auf zwölf Jahre herabgesetzt werden?

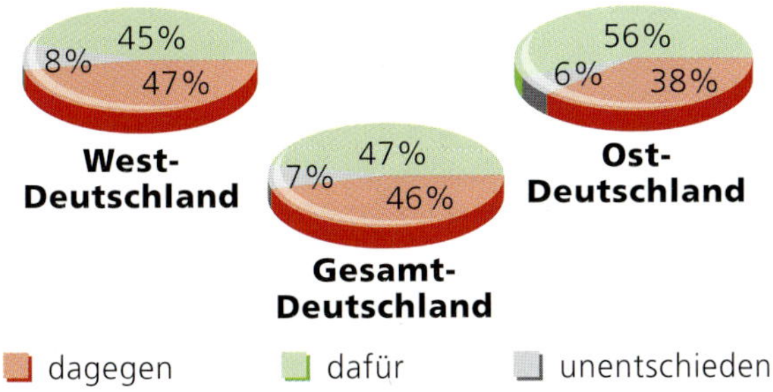

Die Woche, 30.5.1997, S. 2

Strafmündigkeitsalter in anderen europäischen Ländern

Land	Strafmündigkeitsalter
Spanien	6 Jahre
Niederlande	12 Jahre
Frankreich	10 Jahre
Schweden	15 Jahre
Großbritannien	10 Jahre

M 9

Welchen Zweck soll Strafe erfüllen?

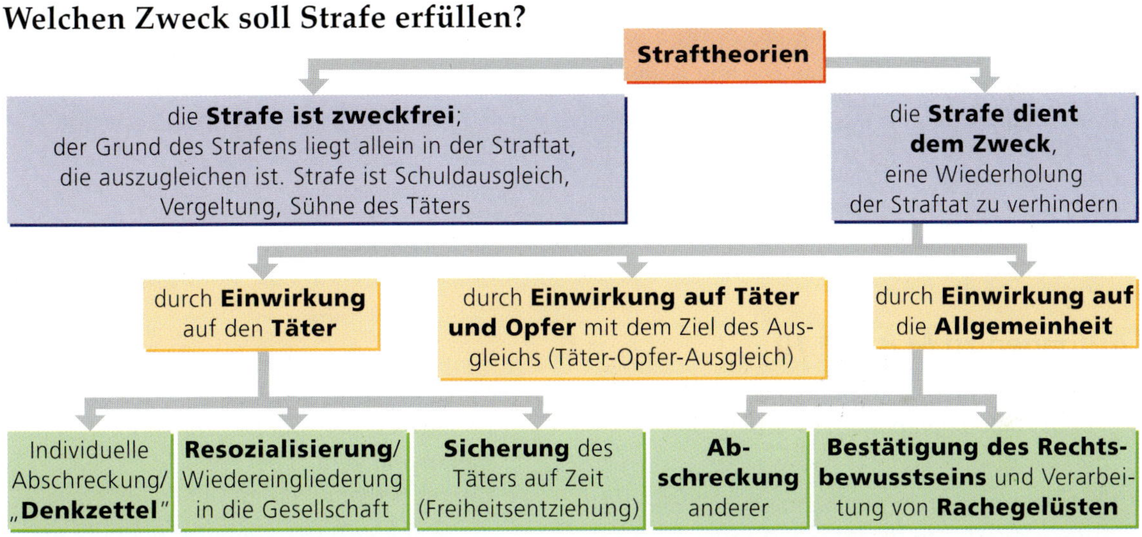

Autorengrafik

M 10

Rechtsfolgen von Straftaten nach § 5 JGG (Jugendgerichtsgesetz)

In Abweichung vom allgemeinen Strafrahmen des Strafgesetzbuches kommen im Jugendstrafrecht besondere Sanktionen zur Anwendung. Von 15 297 im Jahr 2003 in Baden-Württemberg verhängten Sanktionen (auch nebeneinander) waren 77,2 % (11 803) Erziehungsmaßnahmen, 19,5 % (2 978) Zuchtmittel und 3,3 % (516) Jugendstrafen.

Maßnahmen	Art der Durchführung oder Wirkung	Gründe der Rechtsfolgeanforderung
A. Erziehungsmaßregeln (§ 9) 1. Weisungen 2. Erziehungsbeistandschaft 3. Fürsorgeerziehung	• Gelten nicht als Strafen, kein Eintrag ins Strafregister • Gebote und Verbote zur Regelung der Lebensführung, z.B. Arbeitsstelle annehmen, in einem Heim wohnen u.a.; durch gerichtlich bestellte Erziehungsbeistände, z.B. Helfer des Jugendamts, Verwandte, Lehrer u.a. • In Erziehungsheimen oder in fremden Familien	• Einmalige Straftaten, die durch Umstände der Lebensführung wesentlich mitverursacht wurden • Wenn mangelnde elterliche Erziehungsmöglichkeit als Tätermerkmal festgestellt wird • Wenn bei einer 17-Jährigen die Familie eine drohende Verwahrlosung nicht aufhalten kann

B. Zuchtmittel (§ 13) 1. Verwarnung 2. Auflagen 3. Jugendarrest	• Gelten nicht als Strafen • Förmliche Zurechtweisung des Täters aufgrund eines Jugendstrafprozesses • Verpflichtungen, die dem Jugendlichen das Unrecht eindringlich in Erinnerung rufen, z.B. Dienst in gemeinnützigen Einrichtungen • Freizeitarrest bis zu 5 Freizeiten • Kurzarrest bis 6 Tage, Dauerarrest bis 4 Wochen	• Einmalige Straftaten, für die der Jugendliche in seiner Person selbst verantwortlich ist • Schäden aus Übermut – Wiedergutmachung und persönliche Entschuldigung • Delikte aus mangelnder Selbstkontrolle bei besonderer Gelegenheit, z.B. leichter Diebstahl, Körperverletztung u.a.
C. Jugendstrafe (§ 17) 1. Freiheitsentzug von bestimmter Dauer 2. Freiheitsentzug von unbestimmter Dauer	• Bei „schädlicher Neigung", d.h. wenn Erziehungsmaßregeln und Zuchtmittel nicht ausreichen • Mind. 6 Monate, höchstens 10 Jahre, Strafaussetzung und vorzeitige Entlassung möglich zur Bewährung • Mind. 6 Monate, höchstens 4 Jahre, wenn Erziehungserfolg nicht vorausschätzbar	• Schwere Straftaten mit hohem Schuldgehalt • Insbesondere bei Heranwachsenden und Feststellung „schädlicher Neigung" z.B. bei Wiederholungstätern
D. Maßregeln der Besserung und Sicherung (§ 7)	• Meist begleitend zu den Maßnahmen A bis C, z.B. Entziehungskur bei Drogen, Führungsaufsicht, Entziehung der Fahrerlaubnis	• Im Zusammenhang mit bestimmten Straftaten

Horst Becker, Stundenblätter Recht, Stuttgart 1990, Arbeitsblatt 10

Aufgaben zu M 8 – M 10

1. *Diskutiert, ob das Strafmündigkeitsalter in Deutschland herabgesetzt werden sollte (M 8).*

2. *Als Richter sollt ihr Maßnahmen nach dem Jugendstrafrecht (M 10) in folgenden Fällen verhängen. Begründet unter Zuhilfenahme von M 9, warum ihr euch für eine bestimmte Maßnahme entschieden habt.*

- *Anna, 16 Jahre, zerkratzt in leicht alkoholistiertem Zustand nach einer Party die Tür eines S-Klasse Mercedes, weil sie die „Bonzen" nicht leiden kann. Schaden: 2500 €*
- *Bert, 17 Jahre, schlägt zusammen mit Freunden einen türkischen Jungen zusammen, das Opfer wird dabei schwer verletzt.*
- *Chris, 14 Jahre, lässt in einem Kaufhaus die neueste CD der Gruppe „Tokio-Hotel" mitgehen und wird dabei erwischt.*
- *Dennis, 18 Jahre, dringt mit Freunden in ein Grafikbüro ein und entwendet PCs und weitere Geräte im Wert von 15000 €. Beim Versuch, die Waren zu verkaufen, wird er erwischt. Er ist schon mehrmals wegen Diebstahls beim Jugendrichter gelandet.*
- *Ellis und Felix, 15 Jahre, werfen „zum Spaß" Steine von einer Autobahnbrücke auf die Fahrbahn, eine Mutter von drei Kindern stirbt.*

M 11

Alternativer Weg Teen Court: Schüler urteilen über Schüler

Mit dieser „Strafe" hatten die Missetäter nicht gerechnet. Sie könnten ein paar Stunden gemeinnützige Arbeit leisten, hatten die CD-Diebe, zwei 16-jährige Auszubildende, als Buße vorgeschlagen. Doch ihre Richter hatten anderes im Sinn. „Sozialstunden gelten bei manchen Jugendlichen schon als cool", erzählt die 19-jährige Christiane. „Und die beiden kamen so cool rüber, dass wir uns gedacht haben: Die müssen mal ein bisschen runterkommen." Also dachten sich die Gymnasiastin und ihre beiden Kollegen etwas anderes aus: Als Clowns verkleidet, so das Urteil, sollten sie je 100 Schokoküsse in der Fußgängerzone verteilen.

Dass Jugendliche über gleichaltrige Kleinkriminelle zu Gericht sitzen, gibt es hierzulande nur in Bayern. „Wellenbrecher" nennt sich das Aschaffenburger Modellprojekt, dessen Grundidee so einfach wie einleuchtend ist: Wenn Heranwachsende ihren Altersgenossen die Grenzen aufzeigen, habe das in der Regel mehr Wirkung als der Urteilsspruch eines Erwachsenen; meinen die Initiatoren. „Gleichaltrigen-Erfahrung" heißt das Zauberwort der Fachleute, das die 17-jährige „Wellenbrecherin" Katharina so übersetzt: „Wir sagen nicht nur: ‚Das macht man nicht!' Wir gehen auf die Jugendlichen auch ein."

Vorbild des „Kriminalpädagogischen Schülerprojekts" sind die US-amerikanischen Jugendgerichte („teen courts"). Doch während sich jenseits des Atlantiks die Schüler in schmucke Roben kleiden und in großen Gerichtssälen urteilen, kommt die deutsche Variante unspektakulär daher. Richter seien sie keinesfalls, meint etwa der 17-jährige Sven – „eher Sozialarbeiter".

Und auch Verhandlungen gibt es hier nicht, sondern „Gremiumsgespräche" im Hinterzimmer des Vereins „Hilfe zur Selbsthilfe", bei dem das Vorzeigeprojekt des bayerischen Justizministeriums angesiedelt ist. Welche Fälle die für ihre Aufgabe speziell geschulten Schüler übernehmen, entscheidet der Staatsanwalt und der Betroffene:

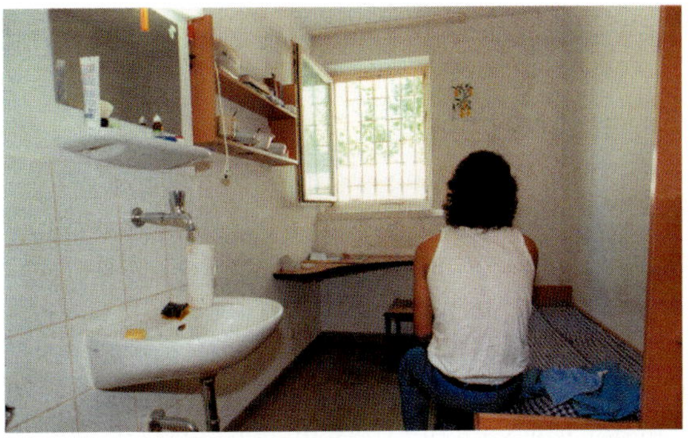

Die Unterbringung in einer Jugendstrafanstalt ist das schwerste Sanktionsmittel im Jugendstrafrecht. Für leichtere Straftaten gewinnen alternative Strafmethoden zunehmend an Bedeutung.

Die Teilnahme am Modellprojekt ist freiwillig. In der Regel sitzen den jeweils drei „Wellenbrechern" Diebe gegenüber, meist Ersttäter. Der Strafkatalog ist weit gefächert: Handy-Entzug können die jugendlichen Erzieher verhängen, aber auch gemeinnützige Arbeit oder Verkehrsunterricht.

149 Fälle haben die rund 20 Ehrenamtlichen in den ersten zweieinhalb Jahren bearbeitet, so die Bilanz einer Begleitstudie der Juristischen Fakultät der Universität München. In 144 Fällen konnten die jugendlichen „Richter" das Verfahren erfolgreich zum Abschluss bringen.

Derweil bekommen die Aschaffenburger Jung-Richter zunehmend härtere Nüsse zu knacken: Mehrfach-Straftäter, Fälle von Hehlerei und Betrug, auch Körperverletzungen einfacherer Art sind denkbar, so die dortige Staatsanwaltschaft.

Bei den CD-Dieben hat das „Wellenbrecher"-Prinzip zumindest fürs Erste gewirkt: Schon bald nach der Verhandlung kamen die beiden Auszubildenden mit einer Videokassette beim Verein vorbei. Ein Freund hat das Filmdokument gedreht: Zwei coole Jungs, als Clowns verkleidet, die Schokoküsse in der Fußgängerzone verteilen.

Ulrich Jonas, Südwestpresse, 24.5.2004

Aufgaben zu M 11

1. *Stelle in einer Tabelle gegenüber, was nach M 11 für, was gegen Schülergerichte spricht.*
2. *Welcher der in M 11 genannten Strafzwecke steht beim Teen Court wohl im Vordergrund?*
3. *Wie beurteilst du selbst die Idee von Schülergerichten?*

Schuleigenes Curriculum:
Erkundung vor Ort – wie Gerichte arbeiten

1. Vorbereitung

Gerichtsverhandlungen sind in der Regel öffentlich, sodass sie auch von Schulklassen besucht werden können. Bei einem solchen Besuch kann man einen guten Eindruck davon gewinnen, wie ein Strafprozess abläuft und wie sich die einzelnen Beteiligten vor Gericht verhalten.

Bei der Auswahl der Gerichtsverhandlung solltet ihr allerdings darauf achten, dass die Verhandlung auch für einen Besuch geeignet ist. Sucht euch am besten eine Verhandlung vor dem Jugendgericht aus. Bei einer günstigen Terminwahl ist der Jugendrichter sicher bereit, nach der Verhandlung auf eure Fragen zu antworten. Termin deshalb frühzeitig absprechen! Fragt auch beim Jugendrichter, wie lange die Verhandlung voraussichtlich dauern wird und ob mit einem Urteilsspruch zu rechnen ist.

Überlegt, welche Punkte euch bei dem Besuch besonders interessieren. Der folgende Beobachtungsbogen kann euch dabei helfen.

2. Beobachtungsbogen für einen Gerichtsbesuch

1. Aufruf der Sache durch den Vorsitzenden, dem die Verfahrensleitung obliegt.
Worum geht es bei der Verhandlung?

↓

2. Vernehmung des Angeklagten
Notiz der Ergebnisse der Befragung

↓

3. Verlesung des Anklagesatzes durch den Staatsanwalt
Was wird dem Angeklagten zur Last gelegt?
Auf welche Vorschriften beruft sich der Staatsanwalt?

↓

4. Vernehmung des Angeklagten zur Sache
Worüber wird der Angeklagte vom Vorsitzenden belehrt?

↓

5. Die Beweisaufnahme
Mit welchen Hinweisen eröffnet der Vorsitzende die Beweisaufnahme?
Wie verläuft die Vernehmung der Zeugen ab?
Welche Fragen stellen andere Verfahrensbeteiligte?
Was sagen die Zeugen und Sachverständigen zur Sache aus?

6. Plädoyer des Staatsanwalts oder Klägers
Wie argumentiert dieser?

↓

7. Plädoyer des Verteidigers
Wie argumentiert der Verteidiger?
Was spricht seines Erachtens zugunsten des Angeklagten?

↓

8. Letztes Wort hat der Angeklagte
Was sagt der Angeklagte?

↓

9. Urteilsberatung
Wie lange dauert diese?

↓

9. Verkündung des Urteils
Wie fällt das Urteil aus?
Wie wird es begründet?

↓

11. Abschließende persönliche Stellungnahme des Beobachters
Dauer der gesamten Verhandlung
Wie führt der Vorsitzende die Verhandlung?
Eindrücke und Gefühle bezüglich der Verhandlung
Verbleibende offene Fragen

3. Aufbau des Gerichtswesens: die Jugendgerichtsbarkeit

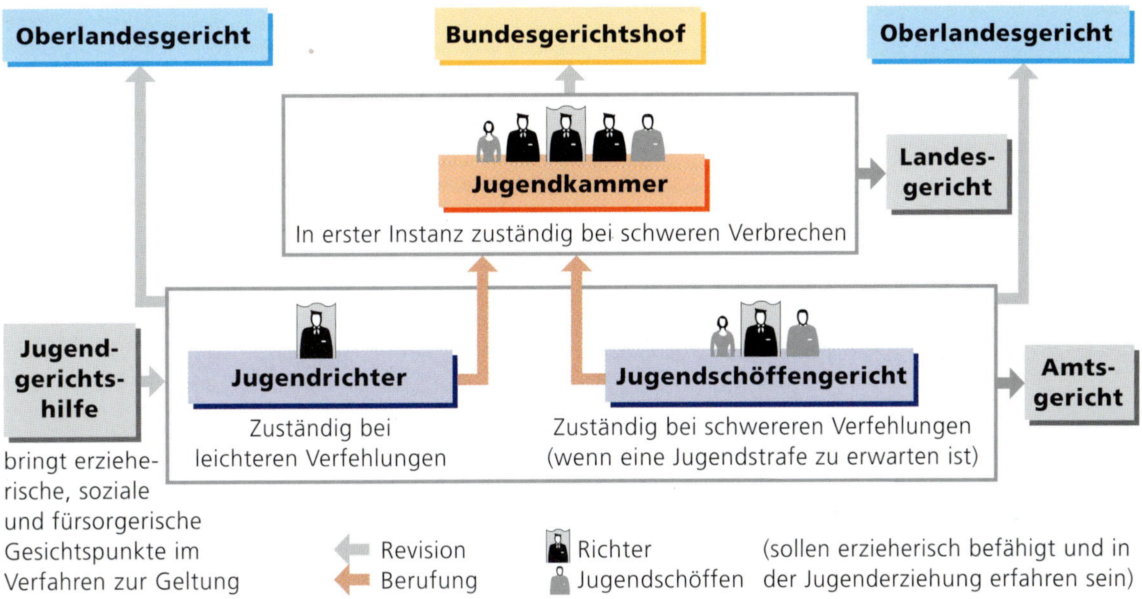

nach: Erich Schmidt Verlag, Zahlenbilder 131300

4. Wichtige Begriffe aus dem Gerichtsverfahren

Polizei
Die Polizei nimmt den Straftäter fest.

Staatsanwalt
Der Staatsanwalt erhebt beim zuständigen Gericht Anklage gegen einen Beschuldigten. In der Gerichtsverhandlung vertritt der Staatsanwalt die Anklageseite.

Ermittlungsrichter
Der Ermittlungsrichter kann z.B. bei Fluchtgefahr oder Wiederholungsgefahr Untersuchungshaft anordnen.

Anklage
Die Anklage beim zuständigen Gericht leitet das Gerichtsverfahren ein.

Verteidiger
In einem Gerichtsverfahren hat jeder Angeklagte das Recht, sich durch einen Rechtsanwalt verteidigen zu lassen. Der Verteidiger hat eine Schweigepflicht und ist außerdem verpflichtet, die Interessen des Angeklagten zu vertreten.

Beweisaufnahme
In der Beweisaufnahme werden Zeugen vernommen und die Indizien geprüft.

Jugendstrafe
Die Jugendstrafe ist ein Freiheitsentzug in einer Jugendstrafanstalt mit einer Dauer von mindestens sechs Monaten und höchstens fünf Jahren. Bei außergewöhnlich schweren Straftaten sind zehn Jahre möglich.

Verfahrenseinstellung
Eine Einstellung des Verfahrens muss erfolgen, wenn dem Angeklagten keine Schuld nachgewiesen werden kann.

Richter/Urteil
Der Richter spricht das Urteil. Er entscheidet damit, ob eine Strafe verhängt wird (und über die Höhe des Strafmaßes) oder ob ein Freispruch erfolgen kann.

Rechtsmittel
Nachdem ein Urteil gesprochen wurde, können bei der nächst höheren Instanz eingelegt werden:
- *Berufung* (inhaltliche Überprüfung eines Urteils), wenn der Angeklagte oder der Staatsanwalt das Urteil als nicht angemessen betrachten
- *Revision* (formale Überprüfung eines Urteils), wenn eine Verletzung von Rechtsvorschriften vorliegt

Bewährungsstrafe
Bei Bewährung wird der Verurteilte von der Vollstreckung der Strafe verschont. In der Bewährungszeit steht er unter der Aufsicht eines Bewährungshelfers, der die Aufgabe hat, Beratung und Hilfe anzubieten.

Autorentext

Jugendkriminalität und Jugendstrafrecht

Jugendkriminalität
M 2

Unter Jugendkriminalität versteht man die strafbaren Handlungen, die von Jugendlichen und Heranwachsenden begangen werden. Meist fallen darunter minderschwere Delikte wie Ladendiebstahl, Sachbeschädigung, Verstoß gegen das Betäubungsmittelgesetz, aber auch schwere Delikte wie räuberische Erpressung, Bandenkriminalität und schwere Körperverletzung werden von Jugendlichen begangen.

Ursachen
M 3 – M 7

Die Ursachen der Jugendkriminalität sind vielfältig. Konsumdruck, instabile soziale und familiäre Verhältnisse, Gruppenzwang, Gewalt in den Medien und die spezifischen Probleme von Heranwachsenden führen dazu, dass Jugendliche häufiger als Erwachsene gegen Gesetze verstoßen. Bei der überwiegenden Zahl junger Menschen ist die Jugendkriminalität aber eine vorübergehende Erscheinung im Verlauf ihres Entwicklungs- und Reifungsprozesses.

Gerichtsverfahren/ Gerichtswesen

Wird eine Straftat angezeigt, kommt es zu einem Strafverfahren und gegebenenfalls zur Verurteilung durch ein Gericht. Dabei gelten bestimmte Verfahrensregeln, die von den Gerichten beachtet werden müssen.

Sinn und Zweck von Strafe
M 9

Die verhängte Strafe richtet sich gemäß den Bestimmungen des Strafgesetzbuches (StGB) nach der Schwere der Tat und soll dabei neben der bloßen Vergeltung auch einen Zweck erfüllen. Sie soll den Täter zur Reue bewegen und darüber hinaus abschreckend wirken. Der Täter selbst soll durch die Bestrafung davon abgehalten werden, erneut eine Straftat zu begehen. Und auch die Gesellschaft soll sehen, dass eine Straftat nicht ohne massive Folgen für den Täter bleibt.

Folgen einer Straftat

Die Folgen einer Straftat sind weitreichend. Das Opfer leidet unter Umständen lebenslang unter der Rechtsverletzung. Für den Täter bedeutet eine Verurteilung den Verlust von Freiheit und Ehre. Die Kosten für einen Strafprozess, Haftunterbringung und eventuelle Folgekosten durch Arbeitslosigkeit etc. müssen vom Staat und damit letztlich von der Gesellschaft getragen werden.

Jugendstrafrecht
M 10

Jugendlichen (14 – 18 Jahre) begegnet der Staat bei einer Bestrafung mit größerer Nachsicht. Für sie muss, für Heranwachsende (18 – 21 Jahre) kann das Jugendstrafrecht (Jugendgerichtsgesetz, JGG) angewendet werden, das die Situation des Jugendlichen stärker berücksichtigt. Das Jugendstrafrecht misst der Erziehung zentrale Bedeutung bei und weist daher ein breiteres Spektrum an Strafmöglichkeiten auf als das Erwachsenenstrafrecht. Hauptzweck ist, den jugendlichen Straftäter wieder in die Gesellschaft einzugliedern (Resozialisierung). Bei besonders schweren Straftaten, die von Jugendlichen unter 14 Jahren begangen werden, wird gelegentlich die Frage nach einer Senkung des Strafmündigkeitsalters aufgeworfen.

Alternative Strafmethoden
M 11

Im Zusammenhang mit der Diskussion über die Wirkung einer Strafe auf den Straftäter werden immer wieder alternative Möglichkeiten des Strafens gesucht. Entsprechend breit ist die Palette an Lösungsvorschlägen. Sie reichen von extremer Kasernierung zwecks Umerziehung über die Einrichtung besonderer Schülergerichte bis hin zu Formen der Wiedergutmachung zwischen Täter und Opfer (Täter-Opfer-Ausgleich).

Der politische Willensbildungs- und Entscheidungsprozess in Deutschland

1. Der politische Willensbildungsprozess in Deutschland

1.1 Möglichkeiten der politischen Teilhabe

M 1 Braucht Reutlingen ein Kultur- und Kongresszentrum?

Das Ziel ist für OB Stefan Schultes weiter klar: „Das ist die zentrale Zukunftsinvestition in Reutlingen." Der Entwurf für das Kultur- und Kongresszentrum wurde inzwischen „optimiert", der Zeitplan präzisiert: Fällt der Baubeschluss 2002, könnte das 82-Millionen-Projekt bis Ende 2007 fertig gestellt sein. Er glaubt nicht, dass das Vorhaben wegen Zweifel an Größenordnung und Finanzierbarkeit noch gekippt werden könnte: „Ich habe den Eindruck, dass der Gemeinderat dieses Projekt nach wie vor verwirklichen will". Inzwischen liegt der Vorentwurf vor, zudem gebe es eine verlässliche Kostenschätzung: Sie geht weiter von 82 Millionen für den Hochbau aus. Finanziell bleibe das Zentrum „nach wie vor ein gewaltiger Kraftakt", sagt Schultes. Aber man habe die Last zeitlich jetzt so verteilt, dass sie tragbar sei. An der Stadt dürfte ein Eigenanteil von 50 Millionen hängen blieb.

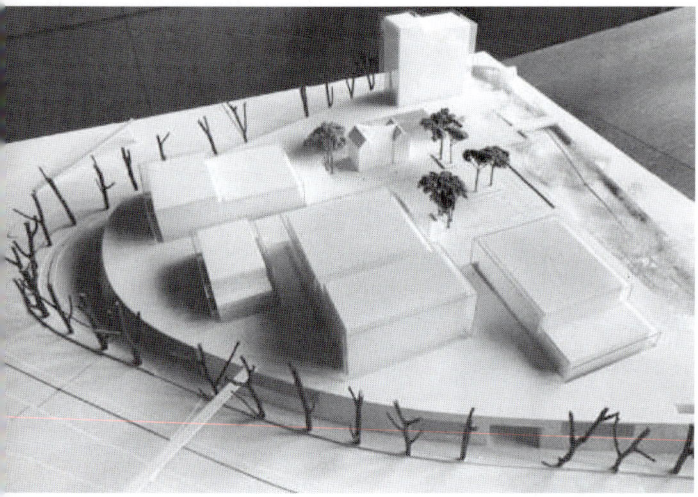

Modell des geplanten Kultur- und Kongresszentrums in Reutlingen

Wolfgang Alber, Schwäbisches Tagblatt, 15.1.2001

M 2 Die Bürger wehren sich

Gegen das geplante Kultur- und Kongresszentrum regte sich schon bald Widerstand. Dr. Werner Felix Schobel gehörte zu den Mitinitiatoren eines Bürgerbegehrens, das zum Ziel hatte, die Bürgerinnen und Bürger selbst über den Bau entscheiden zu lassen. Im Interview erläutert Dr. Schobel die Motive für sein Engagement.

Weshalb haben Sie sich gegen das Kultur- und Kongresszentrum gewehrt?

Ursprünglich habe ich mich nicht gegen das Kultur- und Kongresszentrum gewehrt, sondern ich habe mich für einen Bürgerentscheid eingesetzt. Deshalb habe ich ein Bürgerbegehren in die Wege geleitet, welches schließlich zu einem Bürgerentscheid geführt hat. Ich war der Ansicht, dass über eine Sache mit so gravierender Tragweite, wie der Bau des geplanten Kultur und Kongresszentrums, alle Bürger von Reutlingen mitentscheiden müssten. Die Stadträte im Gemeinderat, wie auch die Verwaltung unter OB Schultes waren der Meinung, dass es allein ihre Sache sei, über das Wohl Reutlingens zu entscheiden. Da war ich anderer Meinung und die Reutlinger Bürger, wie sich gezeigt hat, auch. Ein Bürgerentscheid ist ein basisdemokratisches Mittel, um die Bürger in die Entscheidungsfindung mit einzubeziehen. Ein geeignetes Mittel für die Bürger, um – aus ihrer Sicht – falsche Entscheidungen der Verwaltung und des Gemeinderates zu korrigieren.

Wie haben die Menschen auf Ihre Initiative reagiert?

Die Reutlinger Bürger waren klasse! Wie es dem Charakter einer ehemals freien Reichsstadt entspricht, haben sie sich nicht von der Obrigkeit gängeln lassen. Meine Mitbürger haben die Initiative von uns wenigen dermaßen unterstützt, dass sie nach wenigen Tagen fast ein Selbstläufer war. Wir haben unsere Unterschriftenlisten in den Zeitungen als Annoncen verbreitet. Im Internet haben wir eine Homepage eingestellt und die Presse hat unser Tun aufmerksam verfolgt und darüber berichtet. Wenn wir mit unseren Listen unterwegs waren, haben wir nicht nur die Unterschriften der Bürger bekommen, sondern auch sehr viel Zuspruch. Sehr viele Reutlinger haben es sich nicht nehmen lassen und haben um ganze Listen nachgefragt, die sie zu Hause und bei der Arbeit von ihren Familienangehörigen und Arbeitskollegen ausfüllen ließen. Ich habe in der Zeit über 500 Briefe bekommen, die alle nur eines zum Inhalt hatten: Listen mit Unterschriften von Bürgern, die einen Bürgerentscheid forderten.

Hat sich durch den Bürgerentscheid das politische Klima in Reutlingen verändert?

Die Bürger in Reutlingen sind aufgewacht. Sie haben den Oberbürgermeister bei der folgenden Wahl ab- und – zum ersten Mal in Reutlingen – eine Frau zur OB gewählt. Sie haben bei den Kommunalwahlen vier Bürger der WiR-Liste, die aus der Bewegung um den Bürgerentscheid entstanden ist, in den Gemeinderat gewählt. Das Wort „Bürgerbeteiligung" ist inzwischen eines der meist gebrauchten Worte im Reutlinger Politikgeschehen. Die Verwaltung und die Fraktionen im Gemeinderat nehmen alle für sich in Anspruch, bürgerfreundliche Politik zu machen. Diejenigen die wirklich gewonnen haben sind die Bürger – sie haben sich erfolgreich in die Politik eingemischt und etwas Großes bewegt. Jetzt sind die Politiker am Zug.

Interview des Autors mit Dr. Felix Werner Schobel, 20.11.2004

Infobox

Bürgerbegehren / Bürgerentscheid

Ein Bürgerbegehren ist der Antrag der Bürgerinnen und Bürger an die Gemeindevertretung, einen Bürgerentscheid durchzuführen. Ein Bürgerentscheid ist die Abstimmung der Bürgerinnen und Bürger über eine kommunalpolitische Sachfrage.

Autorentext

Auszug aus der Gemeindeordnung von Baden-Württemberg

M 3

(3) Über eine wichtige Gemeindeangelegenheit kann die Bürgerschaft einen Bürgerentscheid beantragen (Bürgerbegehren). ... Das Bürgerbegehren muss schriftlich eingereicht werden; richtet es sich gegen einen Beschluss des Gemeinderats, muss es innerhalb von vier Wochen nach der Bekanntgabe des Beschlusses eingereicht sein. Das Bürgerbegehren muss die zur Entscheidung zu bringende Frage, eine Begründung und einen nach den gesetzlichen Bestimmungen durchführbaren Vorschlag für die Deckung der Kosten der verlangten Maßnahme enthalten. Er muss von mindestens 10 vom Hundert der Bürger unterzeichnet sein. ...

(6) Bei einem Bürgerentscheid ist die gestellte Frage in dem Sinne entschieden, in dem sie von der Mehrheit der gültigen Stimmen beantwortet wurde, sofern diese Mehrheit mindestens 25 vom Hundert der Stimmberechtigten beträgt.

§ 21 Gemeindeordnung Baden-Württemberg (zuletzt geändert durch Gesetz vom 14.2.2006)

Bürger lehnen Kultur- und Kongresszentrum ab

M 4

Der Reutlinger Gemeinderat hat in seiner Sitzung am 15.8.2002 folgende Fragestellung beschlossen:

„Soll das geplante Kultur- und Kongresszentrum gebaut werden?"

Anzahl der Stimmberechtigten:
78 814 Bürgerinnen und Bürger;
[1]Quorum (30% der Stimmberechtigten):
23 645 Bürgerinnen und Bürger.

Endergebnis (99 Stimmbezirke):

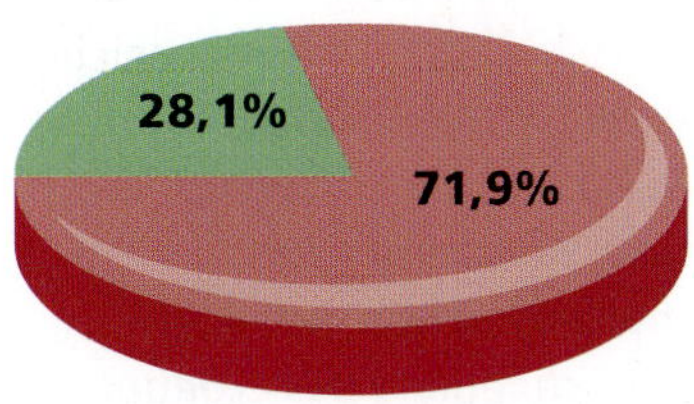

JA (9 878 Stimmen) **NEIN** (25 236 Stimmen)

www.reutlingen.de (26.10.2004)

[1] *Quorum vor der Neufassung der Gemeindeordnung von 2006, vgl. M 3*

M 5 Wovon lebt die Demokratie?

Die Demokratie ist die einzige Herrschaftsform, die es den Bürgern erlaubt, Regierende zu sanktionieren, ohne das politische System selbst beseitigen zu müssen. Politische Führung kann ausgewechselt werden, weil es in der Demokratie nur Herrschaft auf Zeit gibt. Die Opposition von heute kann morgen schon Regierung sein, aus einer Minderheit kann eine Mehrheit werden. Transparenz ermöglicht Kontrolle und schützt vor Machtmissbrauch. Konflikte können bewältigt werden, ohne dass die Kontrahenten zu Mitteln der Gewalt greifen müssen. Und vor allem: Nur der Wille der Bürgerinnen und Bürger, artikuliert in Wahlen und Abstimmungen, begründet und legitimiert die Herstellung kollektiv verbindlicher Entscheidungen. Nur die Demokratie bietet den Menschen die Chance, sich umfassend an Willensbildung und Entscheidungsfindung zu beteiligen, ihre Angelegenheit selbst in die Hand zu nehmen. Denn – schon die alten Griechen wussten es, als sie die Demokratie erfanden – die Politik ist v.a. Sache der Bürgerinnen und Bürger.

Dies alles kann aber nur funktionieren, wenn die Menschen sich am politischen Leben beteiligen. Der aktive und mündige Bürger ist die Basis und die Voraussetzung einer lebendigen Demokratie.

Informationen zur politischen Bildung Nr. 284, Demokratie, hg. von der Bundeszentrale für politische Bildung, Bonn 3/2004

Aufgaben zu M 1 – M 5

1. *Erläutere, weshalb sich die Reutlinger Bürger gegen das Kultur- und Kongresszentrum gewehrt haben (M 2).*
2. *Beschreibe, welche Wirkung der Bürgerentscheid auf das politische Klima der Stadt insgesamt hatte (M 2).*
3. *Stelle Voraussetzungen und Ablauf von Bürgerbegehren und Bürgerentscheid dar (M 3, M 4).*
4. *Macht Werbung für die Demokratie (M 5). Entwerft dazu ein Werbeplakat.*

M 6 Wie kann man sich politisch beteiligen?

Kannst du dir vorstellen ...

- ... an Wahlen teilzunehmen?
- ... für den Jugendgemeinderat zu kandidieren?
- ... Mitglied in einer Partei zu werden?
- ... in der SMV mitzuarbeiten?
- ... dich in einem Verein zu engagieren?
- ... in der Kirche mitzuarbeiten?
- ... an einer Unterschriftensammlung mitmachen?
- ... an einer Demonstration teilnehmen?
- ... in einer Bürgerinitiative mitzuarbeiten?
- ... dich für eine Umweltschutzgruppe zu engagieren?
- ... ein Ehrenamt zu übernehmen?

Autorentext

Aufgabe zu M 6

1. *Entscheide für jeden Punkt:*
   a) Kann ich mir gut vorstellen
   b) Das würde ich nicht tun
   c) Das habe ich schon gemacht
   Wertet anschließend das Ergebnis aus.

Zwei Formen der Demokratie

M 7

Direkt-Demokratie unter freiem Himmel: Volksabstimmung im Schweizer Kanton Appenzell-Innerrhoden

Im Deutschen Bundestag stimmen die Abgeordneten über ein Gesetz ab.

Es gibt unterschiedliche *Formen* der Demokratie. Eine Form ist die **direkte Demokratie**, bei der das Volk (z.B. in Gestalt einer Volksversammlung) die Staatsgewalt unmittelbar (das heißt direkt) ausübt. Es entscheidet mit Volksabstimmungen („Plebiszit") über alle politisch wichtigen Anliegen, einschließlich der Wahl und Abwahl wichtiger Amtsträger in Staat und Gesellschaft.
Im Gegensatz zur direkten Demokratie wird die Herrschaft in der **repräsentativen Demokratie** mittelbar (das heißt indirekt) über vom Volk gewählte „Abgeordnete" ausgeübt. Diese sind „Repräsentanten" des Volkes und sollen für dieses in eigener Verantwortung zeitlich befristet handeln, wobei ihr Auftrag sich in regelmäßig stattfindenden Wahlen bewähren muss und erneuert werden kann.

Autorentext

Kontrovers diskutiert: Brauchen wir mehr direkte Demokratie?

M 8

a) Pro: Frischzellenkur für die Demokratie

Einmal gewählt, können die da oben, wie so oft geklagt wird, machen, was sie wollen.
Das ist zwar zugespitzt formuliert. Denn Volksvertreter wollen wiedergewählt werden und bemühen sich deshalb, es ihren Wählern recht zu machen. Trotzdem wird in Deutschland eine zunehmende Politikverdrossenheit beklagt. Die Symptome: sinkende Wahlbeteiligung, gleichgültige Bürger, unpolitische Jugend. Nicht zuletzt die Spendenaffären der jüngsten Zeit haben das Vertrauen in die politischen Parteien erschüttert. Die Demokratie, davon ist inzwischen eine Mehrheit überzeugt, braucht dringend eine Frischzellenkur. Und viele sehen die Lösung darin, das Volk selbst über Sachfragen entscheiden zu lassen. Das Zauberwort heißt „direkte Demokratie". Sie wird in Umfragen von bis zu 85 Prozent der Bevölkerung befürwortet, von einer wachsenden Bürgerbewegung gepusht – und ist jüngst im Bundestag von der Union und einigen Liberalen abgelehnt worden.
Die Streiter für direkte Demokratie führen klare Argumente ins Feld: Politik würde kommunikativer, die Bürger interessierter, somit die viel beschworene „Bürgergesellschaft" gestärkt. „Der Kern der direkten Demokratie ist Diskussion und Kommunikation", sagt der Schweizer Andreas Gross, einer der bekanntesten Verfechter der direkten Demokratie. Für Ralph Kampwirth, Sprecher der deutschen Aktion „Mehr Demokratie", ist sie „eine große Bildungsveranstaltung für das Volk". Wer selbst entscheiden darf, informiere sich viel intensiver. Schließlich zeichne er für das Ergebnis auch verantwortlich.

Ulrike Schnellbach, Publik-Forum, 12/2002

b) Kontra: „Direkte Demokratie nur auf Landesebene sinnvoll“

Interview mit dem CDU-Innenpolitiker Wolfgang Bosbach

FAZ.NET: Was haben Sie gegen Volksentscheide auf Bundesebene?

Wolfgang Bosbach: Die Union ist der festen Überzeugung, dass sich die repräsentative parlamentarische Demokratie in der Bundesrepublik Deutschland seit Jahrzehnten bestens bewährt hat. Volksbegehren und Volksentscheid können nicht mit einem parlamentarischen Gesetzgebungsverfahren verglichen werden. Zwar können die Parlamentarier in der Schlussabstimmung auch nur mit Ja oder Nein abstimmen, aber dieser Abstimmung sind in der Regel lange parlamentarische Debatten und Verhandlungen vorausgegangen, die das Gesetz in vielen Teilen sogar wesentlich verändert haben können. Die meisten Gesetze werden nicht so verabschiedet, wie sie ins Parlament eingebracht worden sind. Bei Volksbegehren und Volksentscheiden sind ein derartiger Meinungsbildungsprozess und auch die Suche nach einem optimalen Kompromiss nicht möglich.

FAZ.NET: Bei welchen Punkten haben Sie konkrete Bedenken?

Wolfgang Bosbach: Deutschland ist ein föderativer Staat. Die Länder wirken bei der gesamten Gesetzgebung des Bundes mit, was bei dem jetzt vorliegenden Gesetzentwurf komplett unter die Räder geraten ist. Selbst bei den zustimmungspflichtigen Gesetzen werden die Länder überhaupt nicht gefragt, das ist verfassungswidrig.

FAZ.NET: Steht das Volk letztlich nicht über allen?

Wolfgang Bosbach: Auch das Volk ist an die Verfassung gebunden, wenn es im Volksentscheid als Staatsorgan tätig wird. Auch eine Mehrheit der Abstimmungsteilnehmer kann nicht unabänderliche Vorschriften des Grundgesetzes außer Kraft setzen. Es gibt Vorschriften im Grundgesetz, die weder das Volk noch der Gesetzgeber ändern können. Hier gilt die so genannte Ewigkeitsgarantie. Dazu gehört unter anderem die Länderbeteiligung am Gesetzgebungsverfahren.

FAZ.NET: Könnten Volksabstimmungen ein Mittel gegen Politikverdrossenheit sein?

Wolfgang Bosbach: Ich bin seit über 34 Jahren CDU-Mitglied. Ich kann von Politikverdrossenheit nicht viel feststellen, wohl aber von Politikerverdrossenheit. Daran ändert man nichts mit der Einführung von Volksbegehren. Die Politiker müssen zuhören können. Wenn es Volksbegehren gäbe, würde das zu Gesetzen von unterschiedlicher Qualität führen. Gesetze, die nach einem Volksentscheid zustande gekommen wären, hätten ein viel größeres politisches Gewicht und hätte der Bundesgesetzgeber dann überhaupt noch das Recht, ein solches Gesetz zu ändern, denn er selbst hat es ja nicht erlassen?

www.faz.net, 13.6.2002 (aktualisiert durch Herrn Bosbach am 31.1.2006)

Aufgaben zu M 8

1. *Fasse zusammen, welche Möglichkeiten das Grundgesetz vorsieht, sich am politischen Leben zu beteiligen. Lies dazu folgende Artikel des GG: 5, 8, 9, 20, 21, 28 und 38.*
2. *Ordne die „Schlagzeilen“ den entsprechenden Artikeln des Grundgesetzes zu.*
   - *Bürger gründen einen Bürgerinitiative gegen den Fluglärm*
   - *Bürger demonstrieren gegen den Bau einer Umgehungsstraße*
   - *Hohe Wahlbeteiligung bei der Wahl des Jugendgemeinderats*
   - *„Ich kandidiere für den Jugendgemeinderat, da dort wichtige Entscheidungen getroffen werden“*
   - *Der Plan, die Karlsstraße vierspurig auszubauen, löste eine Flut von Leserbriefen aus*
   - *Schüler verteilen Flugblätter, um auf die Schließung des Schülercafés aufmerksam zu machen*
3. *Sollten wir mehr Demokratie wagen? Stelle die Argumente aus M 8 in einer Tabelle gegenüber.*
4. *Verfasse einen Kommentar zu der Forderung nach mehr direkter Demokratie. Berücksichtige dabei auch weitere Argumente, die in M 8 nicht erwähnt werden.*

M 9

Die Verfassungsprinzipien in der Übersicht

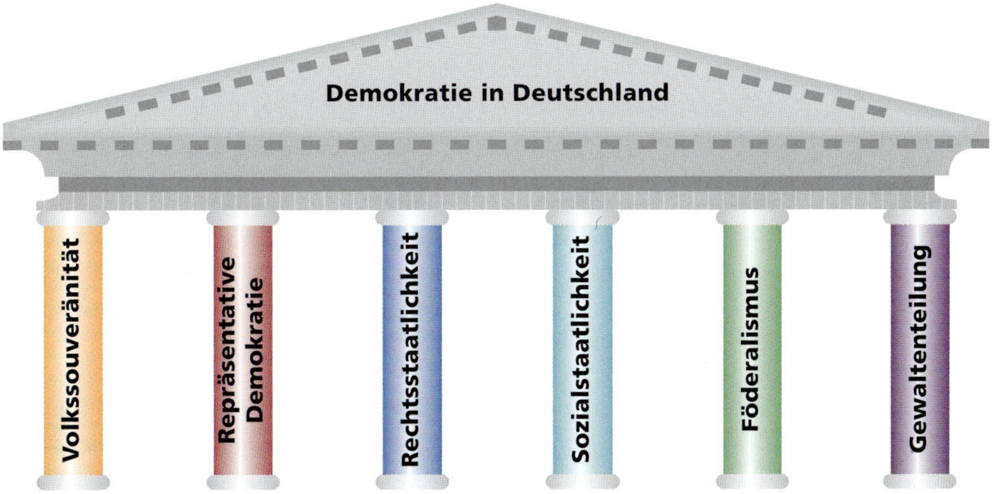

Die in Deutschland geltende Verfassungsordnung ist durch verschiedene im Grundgesetz festgeschriebene Leitprinzipien gekennzeichnet. Diese Leitprinzipien werden auch als freiheitlich-demokratische Grundordnung bezeichnet und sind gleichsam die Säulen der Demokratie in Deutschland.

Das Prinzip der **Volkssouveränität**, wie es in Art. 20 Abs. 2 des Grundgesetzes formuliert ist, verlangt ausdrücklich, dass alle Staatsgewalt vom Volke ausgeht: Sie wird durch die Bürger selbst in Wahlen und Abstimmungen ausgeübt; darüber hinaus durch die Organe der Gesetzgebung, der vollziehenden Gewalt und der Rechtsprechung. Nach den näheren Bestimmungen im Grundgesetz handelt es sich um eine freiheitliche Demokratie, in der die Bürger maßgeblich über die politischen Grundlinien zu entscheiden haben und in der eine frei gewählte Volksvertretung mit umfassenden Gesetzgebungs- und Kontrollrechten existiert.

Das Grundgesetz hat sich für eine **repräsentative Demokratie** entschieden, d.h. das Volk wirkt an der Bildung des Staatswillens durch von ihm gewählte Vertreter mit (Art. 20 und Art. 38 GG).

Die **Rechtsstaatlichkeit** der Bundesrepublik nach Art. 20 Abs. 3 GG ist dadurch gekennzeichnet, dass die staatlichen Gewalten an Gesetz und Recht gebunden sind. Eine unabhängige Justiz, die Gewährung von Rechtssicherheit, die Gesetzmäßigkeit der Verwaltung und die Möglichkeit, staatliches Handeln gerichtlich überprüfen zu lassen, sind Kennzeichen des Rechtsstaatsprinzips.

Aus der **Sozialstaatlichkeit** nach Art. 20 Abs. 1 GG erwächst die Pflicht des Staates, jedem seiner Bürger eine menschenwürdige Existenz zu ermöglichen und daher die wirtschaftlich Schwachen zu schützen und sie am allgemeinen Wohlstand teilhaben zu lassen. Die konkrete Umsetzung dieses Verfassungsgebots erfolgt z.B. im Rahmen der Sozialgesetzgebung. Im Grundgesetz selbst hat es mit der Sozialbindung des Eigentums in Art. 14 seinen Niederschlag gefunden.

Das Prinzip des **Föderalismus** garantiert die Selbständigkeit der Bundesländer. Die Länder verfügen über eigene staatliche Hoheitsmacht und sind anders als in einem Zentralstaat nicht nur untergeordnete Verwaltungseinheiten. Das Grundgesetz legt fest, wie sich die staatlichen Aufgaben und Befugnisse zwischen Bund und Ländern aufteilen. Zur Wahrung der gesamtstaatlichen Einheit räumt es dem Bund einen gewissen Vorrang ein (z.B. Art. 31, 37, 84, 85 GG). Dafür wirken die Länder durch den Bundesrat an der Gesetzgebung und Verwaltung des Bundes mit.

Das Prinzip der **Gewaltenteilung** wird in Art. 20 Abs. 2 geregelt. Die Gewaltenteilung wird dadurch erreicht, dass die drei staatlichen Grundfunktionen (Legislative, Exekutive und Judikative) verschiedenen Organen zugewiesen werden: z.B. Bundestag, Bundesregierung und Bundesgerichte. Keines dieser Organe kann legal über ein anderes verfügen.

Autorentext

Was wir jetzt wissen:

Möglichkeiten der politischen Teilhabe

Demokratiebegriff
M 5

Demokratie ist eine politische Ordnung, die von Freiheit, Gleichheit und Menschenwürde ausgeht und versucht, den Anspruch der „Regierung des Volkes durch das Volk und für das Volk“ (Abraham Lincoln) nicht nur im staatlichen Bereich, sondern in allen gesellschaftlichen Bereichen zu verwirklichen.

Volkssouveränität

Zentrales Wesensmerkmal der Demokratie ist die Volkssouveränität. Das bedeutet, dass alle politische Herrschaft vom Volk ausgeht. Zur Ausübung der Volkssouveränität ist die Partizipation, d.h. die Teilnahme der Bürger am politischen Leben notwendig. Nur so ist garantiert, dass Herrschaft zum Wohle der Allgemeinheit ausgeübt wird und nicht im Interesse einzelner Gruppen.

Möglichkeiten der politischen Beteiligung
M 3, M 6

Das Grundgesetz, die Landesverfassungen und das Kommunalrecht legen die Grundlagen für eine breite Beteiligung der Bürger an der Politik. Die Teilnahme des Volkes an der Herrschaft kann sich in einer lebendigen Demokratie jedoch nicht nur auf den Wahlakt beschränken. Neben den allgemeinen Beteiligungsmöglichkeiten finden sich deshalb auch Elemente der direkten Demokratie.

Direkte Demokratie
M 7, M 8

Durch direkte Bürgerbeteiligung – z.B. in den Gemeinden – kann unmittelbar auf die politischen Entscheidungsprozesse Einfluss genommen werden.
Die baden-württembergische Gemeindeordnung (GO) sieht v.a. das Bürgerbegehren und den Bürgerentscheid vor (§ 21 GO). Hierbei können die Bürger direkt die Politik ihrer Gemeinde mitbestimmen. Die Gemeindeordnung sieht auch die Einrichtung von Jugendgemeinderäten vor, in denen Jugendliche v.a. über jugendspezifische Angelegenheiten mitentscheiden können.
Auf Landesebene sind in Baden-Württemberg Volksbegehren und Volksabstimmungen möglich.
Auf Bundesebene sind die Möglichkeiten direkter Demokratie äußerst begrenzt. Deshalb wird immer wieder gefordert, auch auf Bundesebene direktdemokratische Elemente einzuführen.

Unkonventionelle Beteiligung

Zu den unkonventionellen Beteiligungsmöglichkeiten gehört z.B. die Mitgliedschaft in Bürgerinitiativen. Die Mitglieder melden sich – meist lose organisiert – als Betroffene zu einem konkreten Anliegen oder Problem zu Wort. Es gibt zahlreiche weitere Möglichkeiten, auf ein politisches Problem aufmerksam zu machen. Dazu zählen u.a. Demonstrationen, Unterschriftenaktionen usw.

1.2 Parteien

Die Parteien – und ihr Ruf …

M 9

Mester/CCC, www.c5.net

Vertraut keiner mehr den Parteien?

M 10

	Vertrauen kaum oder überhaupt nicht	Arbeit muss dringend verbessert werden
Parteien	67,9	86,4
Bundestag	49,0	80,5
Gewerkschaften	42,7	56,7
Greenpeace	16,8	15,9
ADAC	6,1	10,2

www.perspektive-deutschland.de/2004 (13.6.2004)

Mitgliederentwicklung der Parteien

M 11

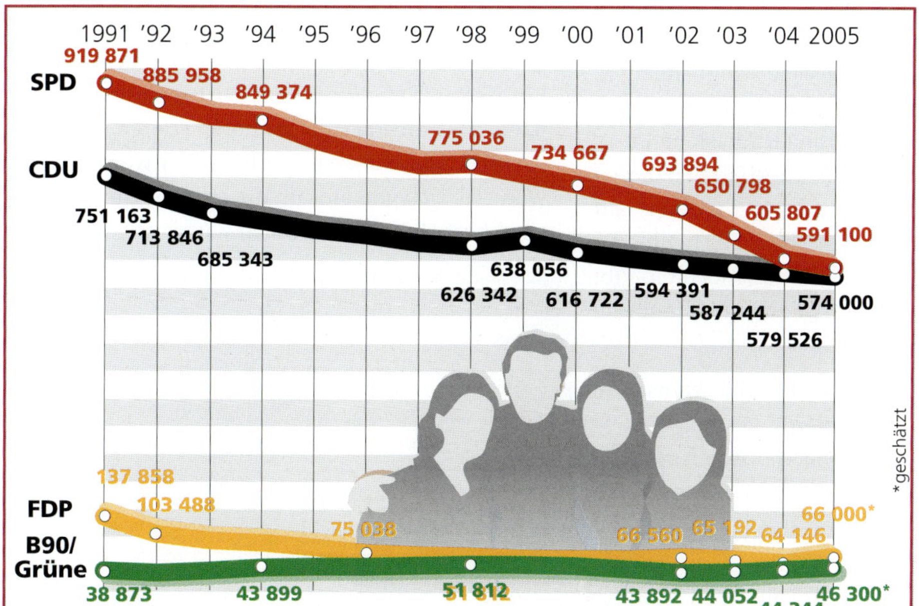

dpa-Grafik 8379

M 12 Jugend und Parteien

Felicitas R. ist Schülerin am Friedrich-List-Gymnasium in Reutlingen und besucht dort die 13. Klasse. Sie ist Mitglied in einer Partei und hat bereits für den Stadtrat von Reutlingen kandidiert. Im Interview spricht Sie über die Gründe für ihr politisches Engagement.

Das Vertrauen der Menschen in Parteien sinkt. Weshalb engagierst du dich trotzdem in einer Partei?

Ich glaube, dass Parteien nach wie vor die zentrale Einrichtung in der Politik sind, durch die man etwas erreichen kann. Viele Menschen reduzieren Parteien auf das, was sie durch das Fernsehen von ihnen mitbekommen und vergessen, dass diese Parteien auch bei ihnen vor Ort sind und es möglich ist, Politik mitzugestalten. Außerdem macht es einfach Spaß, mit Gleichgesinnten über Politik zu diskutieren und Leute und politische Strukturen kennen zu lernen.

Was kann man denn durch die Arbeit in einer Partei erreichen?

Man kann sich am politischen Prozess beteiligen und die Politik mit seinen eigenen Vorstellungen prägen. Diesen Gedanken finde ich persönlich sehr spannend, da man somit an der Politik aktiv teilnimmt. Vor allem auf kommunaler Ebene ist die Arbeit in Parteien sehr interessant. Dort wird entschieden, ob eine Bücherei geschlossen oder ein neues Hallenbad gebaut wird. Diese unmittelbare Betroffenheit sollte eigentlich viel mehr Menschen dazu bewegen, sich vor Ort in Parteien zu engagieren.

Wird denn die Stimme eines jungen Menschen überhaupt gehört?

Ja, sie wird gehört. Es gibt viele Möglichkeiten, sich Gehör zu verschaffen, z.B. durch Pressemitteilungen, Leserbriefe, Podiumsdiskussionen und Demonstrationen. Auch die Mutterparteien der jeweiligen Nachwuchsparteien legen viel Wert auf die Meinung der jungen Menschen. Für Leute, die sich nicht fest an eine Partei binden möchten, gibt es auch die Möglichkeit, sich im Jugendgemeinderat (JGR) zu engagieren.

Was glaubst du: Weshalb haben die Menschen so wenig Vertrauen in Parteien?

Politiker sind Personen, die sich durch Aussagen und Maßnahmen häufig unbeliebt machen. Ich glaube, dass viele Leute nur das, was im Fernsehen in den Nachrichten kommt oder in der Zeitung steht, von Parteien mitbekommen. Dort hört man nur von den jeweiligen Spitzenpolitikern, die irgendwelche Dinge sagen, die bei einem großen Teil der Bevölkerung auf Unverständnis und Ablehnung stoßen. Gerade schwierige Reformen sind oft nicht einfach zu erklären und werden dann häufig in den Medien stark verzerrt dargestellt. Da ist es natürlich einfach, die Parteien ganz allgemein für die schlechte wirtschaftliche Lage etc. verantwortlich zu machen. Dennoch tragen auch die Parteien durch gezielte Schwarzweißmalerei zu solchen Missverständnissen bei. Man hat dann den Eindruck, dass es den Parteien nur um den Streit und gar nicht mehr um die Lösung des Problems geht.

Was könnte man dagegen tun?

Die Parteien müssten sich trauen, die Probleme ehrlich zu erklären und anzusprechen, um das Vertrauen der Menschen in die Parteien wieder zu stärken. Wenn die Menschen die Gründe für eine Reform nicht erfahren, kann man auch schlecht von ihnen erwarten, dass sie die dafür nötigen Konsequenzen tragen. Dies gilt auch dann, wenn sie sich von der Politik übergangen, vernachlässigt oder ignoriert fühlen. Durch einen besseren Dialog zwischen Parteien und Bevölkerung könnte man versuchen, diese Probleme zu lösen. Ein weiterer wichtiger Punkt ist meiner Meinung nach, dass die Parteien aufhören sollten, sich über Kleinigkeiten zu streiten. Sinnvoller wäre es doch, wenn sie sich gemeinsam um eine für die Bevölkerung beste Lösung bemühen würden.

Interview des Autors, 23.3.2005

Das Bundesverfassungsgericht zu den Aufgaben der Parteien

M 13

Die politischen Parteien wirken an der politischen Willensbildung des Volkes vornehmlich durch ihre Beteiligung an den Wahlen mit, die ohne die Parteien nicht durchgeführt werden könnten. ... Sie stellen, sofern sie die Regierung stützen, die Verbindung zwischen Volk und politischer Führung her und erhalten sie aufrecht. Als Parteien der Minderheit bilden sie die politische Opposition und machen sie wirksam. Sie sind als Mittler beteiligt am Prozess der Bildung der öffentlichen Meinung. Sie sammeln die auf die politische Macht und ihre Ausübung gerichteten Meinungen, Interessen und Bestrebungen, gleichen sie in sich aus, formen sie und versuchen, ihnen auch im Bereich der staatlichen Willensbildung Geltung zu verschaffen. In der modernen Massendemokratie üben die politischen Parteien entscheidenden Einfluss auf die Besetzung der obersten Staatsämter aus. Sie beeinflussen die Bildung des Staatswillens, indem sie in das System der staatlichen Institutionen und Ämter hineinwirken, und zwar insbesondere durch Einflussnahme auf die Beschlüsse und Maßnahmen von Parlament und Regierung. ... Ohne die politischen Parteien können aber in der modernen Massendemokratie Wahlen nicht durchgeführt werden. Vornehmlich durch die Wahlen entscheiden die Aktivbürger über den Wert des Programms einer politischen Partei und über ihren Einfluss auf die Bildung des Staatswillens. Die Aktivbürger können diese Entscheidung nicht sinnvoll treffen, ohne dass ihnen zuvor in einem Wahlkampf die Programme und Ziele der verschiedenen Parteien dargelegt werden. Erst durch einen Wahlkampf werden viele Wähler bestimmt, zur Wahl zu gehen und ihre Entscheidung zu treffen. Das Gericht hat mehrfach betont, dass die politischen Parteien vornehmlich Wahlvorbereitungsorganisationen sind und dass sie an der politischen Willensbildung des Volkes vor allem durch Beteiligung an den Parlamentswahlen mitwirken.

BVerfGE 20, S. 101

Aufgaben zu M 9 – M 13

1. *Fasse zusammen, welches Bild von den Parteien in M 9 – M 11 gezeichnet wird.*

2. *Wofür brauchen wir eigentlich Parteien? Sammle die Argumente, die in M 12 und M 13 genannt werden.*

Die rechtliche Stellung der Parteien in Deutschland

M 14

Grundgesetz Art. 21

(1) Die Parteien wirken bei der politischen Willensbildung des Volkes mit. Ihre Gründung ist frei. Ihre innere Ordnung muss demokratischen Grundsätzen entsprechen. Sie müssen über die Herkunft und Verwendung ihrer Mittel sowie über ihr Vermögen öffentlich Rechenschaft geben.

Auszug aus dem Parteiengesetz

§ 1 Verfassungsrechtliche Stellung und Aufgaben der Parteien

(1) Die Parteien sind ein verfassungsrechtlich notwendiger Bestandteil der freiheitlichen demokratischen Grundordnung. Sie erfüllen mit ihrer freien, dauernden Mitwirkung an der politischen Willensbildung des Volkes eine ihnen nach dem Grundgesetz obliegende und von ihm verbürgte öffentliche Aufgabe.

(2) Die Parteien wirken an der Bildung des politischen Willens des Volkes auf allen Gebieten des öffentlichen Lebens mit, indem sie insbesondere auf die Gestaltung der öffentlichen Meinung Einfluss nehmen, die politische Bildung anregen und vertiefen, die aktive Teilnahme der Bürger am politischen Leben fördern, zur Übernahme öffentlicher Verantwortung befähigte Bürger heranbilden, sich durch Aufstellung von Bewerbern an den Wahlen in Bund, Ländern und Gemeinden beteiligen, auf die politische Entwicklung in Parlament und Regierung Einfluss nehmen, die von ihnen erarbeiteten politischen Ziele in den Prozess der staatlichen Willensbildung einführen und für eine ständige lebendige Verbindung zwischen dem Volk und den Staatsorganen sorgen.

(3) Die Parteien legen ihre Ziele in politischen Programmen nieder.

M 15 Wie sich die Parteien finanzieren

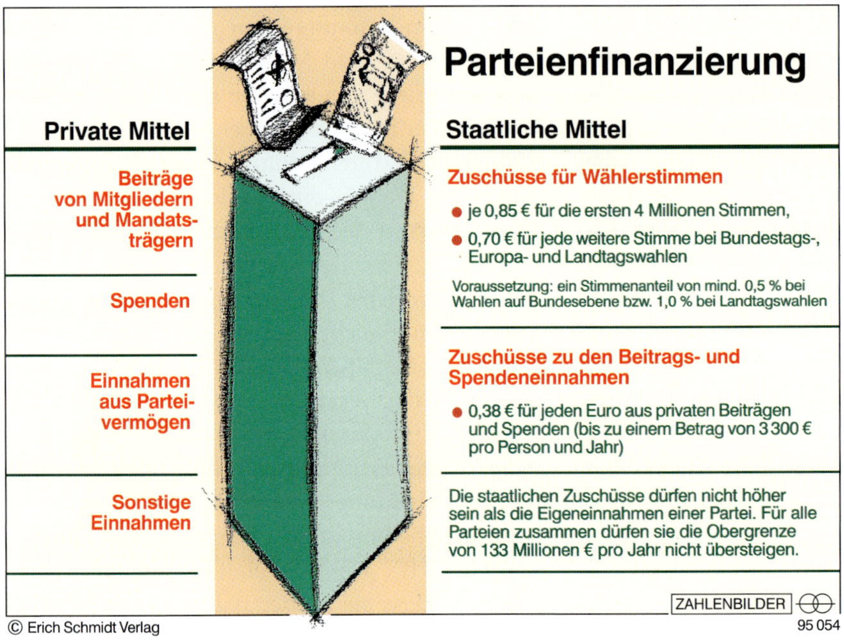

M 16 Organisation und Aufbau der Parteien

Schema der Gliederungen und Organe der Parteien

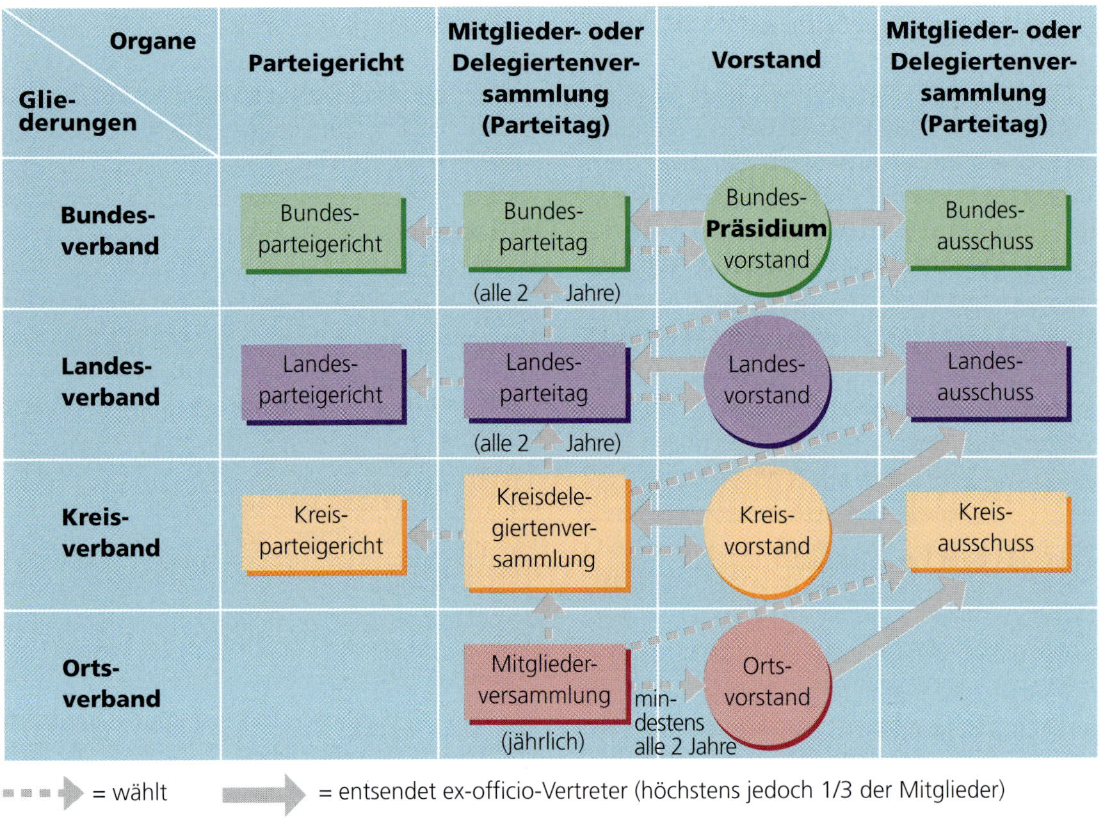

aus: B. Zeuner, Innerparteiliche Demokratie, Berlin 1970, S. 53 (ergänzt)

Mitgliederbefragung – ein Weg zu mehr innerparteilicher Demokratie?

M 17

Die CDU Baden-Württemberg hat 2004 zum ersten Mal in einer Mitgliederbefragung den Spitzenkandidaten für die Landtagswahl 2006 bestimmt. Bis dahin wurden die Spitzenkandidaten von den Parteigremien und nicht von den Mitgliedern an der Basis gewählt. Der damalige Fraktionsvorsitzende Günther Oettinger konnte sich gegen die damalige Kultusministerin Annette Schavan durchsetzen. Anschließend wurde Oettinger vom Landesparteitag zum Spitzenkandidaten gewählt.

Autorentext

Das Ergebnis der Mitgliederbefragung:

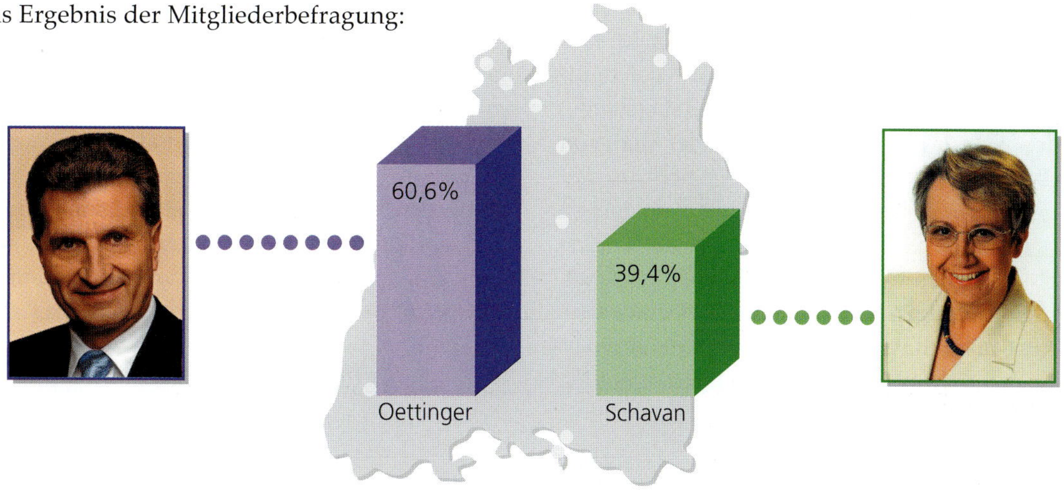

Stimmen zur Mitgliederbefragung

M 18

„Der erste Sieger steht indes schon heute fest: Es sind all jene, die seit Jahren mehr direkte Demokratie in Baden-Württemberg fordern – und bei Teufel & Co bisher auf taube Ohren stießen. Mit welchem Recht will die CDU den Bürgern zukünftig verweigern, was sie in der eigenen Partei als Königsweg feiert? Die Volkswahl der Landräte z. B. blockiert die Union seit Jahren gegen eine Koalition aller anderen Parteien. Nun, da 80 000 Christdemokraten sogar den künftigen Vorsitzenden bestimmen dürfen, wird sie den Kreisbewohnern kaum weiter verwehren, ihren Verwaltungschef zu wählen."

Andreas Müller, Stuttgarter Zeitung, 28.10.04

„Solche Entscheidungen trifft man in den Gremien, die dafür da sind. In einer Firma wählt auch nicht die Belegschaft den Chef."

Jan Gradl, Fraktionssprecher der CDU im Heidelberger Gemeinderat

„Die plötzliche Idee einer Mitgliederbefragung finde ich sehr verwunderlich. Ich bin davon gar nicht begeistert. Man fragt sich, ob da nicht übertaktiert wird. Man muss auch darauf hinweisen, dass wir demokratisch gewählte Delegierte haben, die den Vorsitzenden bestimmen sollen."

Wolfgang Müller-Fehrenbach, Vorsitzender des Kreisverbandes der CDU Konstanz

„Eine Mitgliederbefragung ist gut. Wichtig ist, dass sie schnell kommt. Es ist dringend notwendig, dass wieder Ruhe einkehrt. Jetzt geht der Zweikampf los, aber das gehört zur Demokratie, auch wenn das mancher als unangenehm empfinden mag."

Klaus Tappeser, Vorsitzender des Kreisverbandes der CDU Tübingen

M 19 Ist innerparteiliche Demokratie eine Schwäche?

Innerparteiliche Demokratie ist notwendig, um das Gewicht der politisch engagierten Bürger in einer Partei zu erhöhen. Ein demokratischer Staat kann nicht von Parteien mit undemokratischer Struktur (Beispiel „Führerprinzip") regiert werden. Ungeachtet aller gesetzlichen Vorkehrungen sind die Einflussmöglichkeiten des einfachen Parteimitgliedes verhältnismäßig beschränkt. Das liegt an der Teilnahmslosigkeit und Gleichgültigkeit vieler Parteimitglieder („Karteileichen"), an der Neigung der Parteibürokratie, sich von der Basis abzukapseln, und schließlich an den unverzichtbaren Sachzwängen einer modernen und großen Parteiendemokratie, die eben auch entschiedene Führung und schnelle Entscheidungen benötigt. Innerparteiliche Demokratie bedeutet auch, dass die einzelnen parteiinternen Gruppen ihre Kontroversen weitgehend öffentlich kundtun. Vielfach herrscht in den Parteien (und auch bei der Wählerschaft) der Glaube vor, das offene Austragen von innerparteilichen Konflikten beweise Schwäche, Unglaubwürdigkeit und mangelnde Einmütigkeit einer Partei. Eine Partei, die Meinungsverschiedenheiten nicht vertuscht, gilt häufig als „zerstritten" und „uneins". Dies kann im Extremfall tatsächlich so sein, wenn die unterschiedlichen Positionen derart weit auseinanderliegen, dass sie die Energien der Politiker binden und innere Auseinandersetzungen die programmatischen Vorstellungen der Partei überlagern. Vielfach jedoch befruchten innerparteiliche Differenzen die politische Diskussion. Es mag daher auch ein Zeichen von Stärke und Dynamik sein, wenn eine Partei sie duldet und nicht mit dem beliebten Ruf nach „Geschlossenheit" abwürgt.

Ulrich von Alemann, Informationen zur politischen Bildung 207, Parteiendemokratie, hg. von der Bundeszentrale für politische Bildung, Neudruck 1996 (Online- Ausgabe)

Aufgaben zu M 14 – M 19

1. *Erläutere die Aufgaben und die verfassungsrechtliche Stellung der Parteien (M 13, M 14).*
2. *Artikel 21 GG besagt, dass die innere Ordnung von Parteien „demokratischen Grundsätzen" entsprechen muss.*
   Erläutere, auch mit Hilfe von M 16 und M 19, was darunter verstanden wird.
3. *Die CDU in Baden-Württemberg hat eine Mitgliederbefragung durchgeführt, um ihren Spitzenkandidaten für die Landtagswahl 2006 auszuwählen (M 17, M 18). Überlege, ob du das für sinnvoll hältst. Verfasse dazu einen kurzen Zeitungskommentar.*
4. *Ein Kommentar in M 18 lautet: „Solche Entscheidungen (wie die Wahl des Spitzenkandidaten) trifft man in den Gremien, die dafür da sind. In einer Firma wählt auch nicht die Belegschaft den Chef." Diskutiert, ob der Vergleich zwischen einer Partei und einer Firma stimmig ist.*

Die Parteien im Internet – einen Steckbrief erstellen

Arbeitsauftrag:

Erstellt einen Steckbrief der Parteien, beachtet dabei folgende Fragen:

- Wann wurde die Partei gegründet?
- Welche prominenten Mitglieder hat sie?
- Wann und wo war/ist die Partei an der Regierung beteiligt?
- Hat die Partei eine Jugendorganisation?
- Einigt euch auf ein aktuelles politisches Thema (z.B. Einführung von Ganztagesschulen) und recherchiert, was die Parteien dazu auf ihren Homepages sagen.
- Ihr könnt auch den Internetauftritt der Parteien selbst bewerten

SPD *www.spd.de*; CDU *www.cdu.de*; FDP *www.fdp.de*; Bündnis90/Die Grünen *www.gruene.de*; DieLinke.PDS *http://sozialisten.de*

Parteien

Aufgaben und Stellung der Parteien
M 13, M 14

Art. 21 GG nennt allgemeine Grundsätze zur Stellung und zum Aufbau der Parteien. Damit werden sie als Verfassungsinstitution erwähnt, was ihrer herausragenden Bedeutung bei der politischen Willensbildung entspricht. Die Aufgaben der Parteien werden im Parteiengesetz näher beschrieben. Parteien wirken danach an der politischen Willensbildung des Volkes mit und bringen die von ihm formulierten politischen Ziele (besonders als Regierungsparteien) in die staatliche Willensbildung ein. Sie sind damit das wichtigste Bindeglied zwischen Gesellschaft und Staat. Es entspricht dem Rang der Parteien, dass nur das Bundesverfassungsgericht auf Antrag ein Parteienverbot aussprechen kann, wenn eine Partei zum Ziel hat, die freiheitlich-demokratische Grundordnung zu beseitigen.

Parteienfinanzierung
M 15

Um ihre wichtigen Aufgaben im politischen System zu erfüllen, brauchen die Parteien Geld. Mitgliedsbeiträge allein reichen dazu in der Regel nicht aus. Deshalb sind staatliche Zuwendungen und private Spenden wichtige Einnahmequellen für die Parteien. Vom Staat erhalten die Parteien Zuschüsse für Wählerstimmen (Wahlkampfkostenerstattung) und Zuschüsse für private Beitrags- und Spendeneinnahmen.
Zahlreiche Spendenskandale haben jedoch gezeigt, dass einzelne Parteien immer wieder der Versuchung unterliegen, die Herkunft ihrer Einnahmen zu verschleiern. Das neue Parteiengesetz aus dem Jahr 2002 zielte deshalb darauf ab, die Finanzierung der Parteien besser durchschaubar zu machen.

Innere Ordnung
M 16, M 19

In Art. 21 GG wird festgelegt, dass die „innere Ordnung" der Parteien „demokratischen Grundsätzen" entsprechen muss. Das bedeutet, dass Mitglieder nicht von der Willensbildung ausgeschlossen sein dürfen und der Entscheidungsweg grundsätzlich von unten (Parteibasis) nach oben (Führungsgremien) laufen sollte. Wie weit die innerparteiliche Demokratie gehen soll, ist auch innerhalb der Parteien umstritten.

Parteien-verdrossenheit

In den letzten Jahren mehren sich die Anzeichen, dass die Unzufriedenheit der Bürger mit den Parteien wächst („Parteienverdrossenheit"). Dies zeigt sich besonders an sinkenden Mitgliederzahlen und an einer sinkenden Wahlbeteiligung.

1.3 Wahlen

M 20

Wer nicht wählt, ist ein Esel?

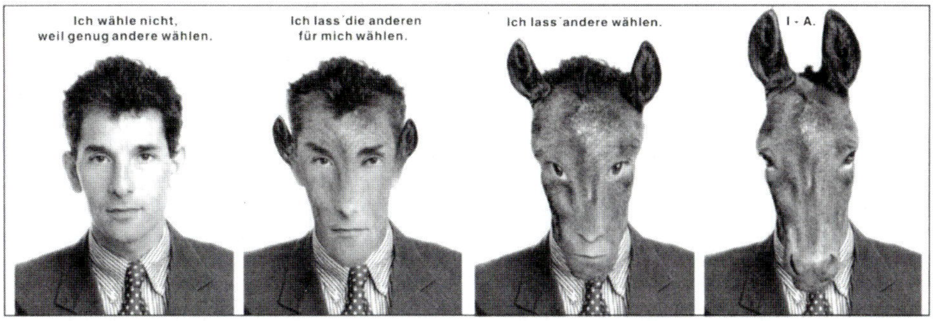

Montage: Kloss Zechner

M 21

Die Wahlbeteiligung in der Bundesrepublik

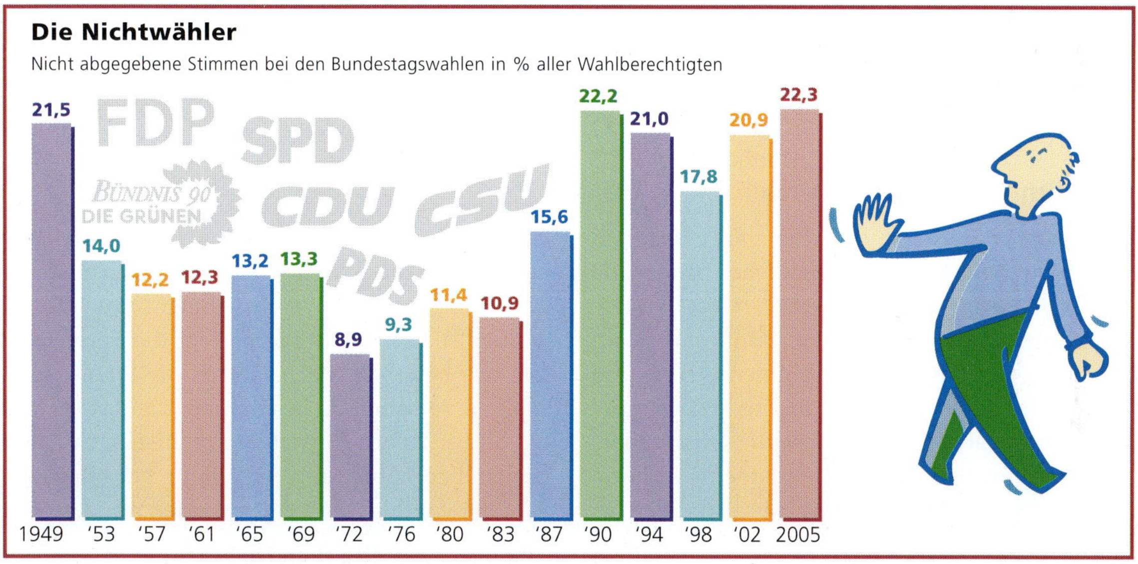

Erich Schmidt Verlag, Zahlenbilder 88607

M 22

Warum gehen manche Wähler nicht zur Wahl?

Nichtwähler sind keine homogene Gruppe. Zumindest vier Gruppen sollten unterschieden werden:

Die technischen Nichtwähler. Dies sind Wähler, die in der Regel wegen ihrer Mobilität nicht erreicht werden, die also keine Wahlbenachrichtigung bekommen, weil sie gerade umziehen oder umgezogen sind. Sie stehen in den Wählerlisten, müssten sich aber um eine Wahlberechtigung selbst bemühen, was also ein besonderes Interesse an der Wahl bedeutet und eben besondere Aktivitäten. Diese Gruppe ist sozialstrukturell nicht normal verteilt. Es handelt sich überproportional häufig um jüngere Wähler. Die Gruppe selbst ist nicht allzu groß, aber auch kaum durch Verwaltungsmaßnahmen oder politische Ansprache zu verkleinern.

Der grundsätzliche Nichtwähler. Bei ihm handelt es sich um Bürger, die politisch nicht interessiert sind, die sehr oft auch gegenüber den politischen Einrichtungen eher distanziert sind, häufig auch sonst wenig soziale Kontakte pflegen. Es sind Wahlberechtigte mit eher geringem Bildungs- und Berufsstatus. Frauen sind in dieser Gruppe überproportional vertreten. Die Gruppe hat es schon immer gegeben, sie ist kaum zu mobilisieren (circa fünf bis sechs Prozent).

Die konjunkturellen Nichtwähler. Sie sind sowohl von der Gruppenstärke als auch von der Mobilisierbarkeit her interessant, weil sie das Ergebnis einer Wahl wirklich beeinflussen können. Die konjunkturellen Nichtwähler sind sehr oft mit dem politischen System durchaus zufrieden. Für sie steht auch nicht bei jeder Wahl die Demokratie zur Abstimmung, so dass sie durchaus auch privaten Interessen am Wahltag nachgehen können. Sie haben in der Regel keine sehr enge Bindung an eine Partei, aber durchaus unterschiedliche Sympathien. Sie sind über besondere politische Ereignisse mobilisierbar, aber eben auch eher zu wechselndem Wahlverhalten fähig als das für das Gros[1] aller anderen Wähler gilt. Die Gruppe insgesamt ist in den letzten Jahren deutlich angewachsen.

Der **bekennende bewusste Nichtwähler** ist eine neue Gruppe unter den Wahlabstinenten. Er hat in der Regel eine klare Parteipräferenz, ist auch politisch interessiert, aber höchst unzufrieden mit „seiner" Partei und bestraft diese über die Nichtwahl. Er ist ein Nichtwähler aus Protest und macht sozusagen den halben Schritt, während der Protestwähler, der eine der extremen Parteien wählt, den großen Schritt vollzieht. Die Quantifizierung dieser vier Gruppen ist nicht exakt möglich. Zumindest die Größe der beiden letztgenannten Gruppen unterliegt Schwankungen, die auch etwa mit der politischen Atmosphäre zu tun haben, der Häufigkeit von Wahlen und der Offenheit der politischen Diskussion.

Dieter Roth, Süddeutsche Zeitung, 14.7.1992

[1] das Gros = Hauptmasse, Mehrheit

M 23 Wählen – warum eigentlich?

Manchen Bürgern ist nicht so ganz klar und einsichtig, welch außerordentliche Bedeutung der Wahlakt für die Demokratie besitzt. Durch die Wahlen zum Deutschen Bundestag wird über die parteipolitische Zusammensetzung und damit über die Machtverteilung im höchsten politischen Organ unserer Verfassung entschieden. Die Zusammensetzung des Parlaments in Form von Sitzen oder Mandaten ist die Grundlage für die Bildung der Bundesregierung, die ihrerseits von der Mehrheit des Parlaments gewählt werden muss. Der Wähler hat es somit weitgehend in der Hand zu bestimmen, wer die Regierungsmacht in unserem Staat ausüben soll. Gewiss hat der Einzelne dabei nur eine Stimme unter vielen Millionen, aber die vielen einzelnen Stimmen summieren sich zu einem Gesamtergebnis, das über die Richtung entscheidet, welche die Politik der Bundesrepublik nehmen soll.

Demokratische Legitimation

Demokratische Wahlen sind auch deshalb wichtig, weil durch sie die zu wählenden Abgeordneten als Volksvertreter legitimiert werden. Alle großen Demokratien sind darauf angewiesen, die Regelung der politischen Angelegenheiten an Repräsentanten zu übertragen, die stellvertretend für das Volk die Gesetzgebung und die Regierungsgeschäfte wahrnehmen. Doch beim Volk, also bei den Bürgern, liegt die Souveränität, das heißt die Macht, durch die Wahlen diejenigen Personen zu bestimmen, die das für das Wohl des Volkes so wichtige politische Geschäft auszuüben haben und sich dafür bei künftigen Wahlen vor dem Volk verantworten müssen.

Chance zur politischen Korrektur

Demokratische Wahlen haben auch das Gute an sich, dass ihre Ergebnisse nicht endgültig sind. Gewiss sind die Ergebnisse einer Bundestagswahl für die Dauer der so genannten Wahlperiode verbindlich, aber vier Jahre später ist in der Regel Schluss mit dem durch die Wähler erteilten politischen Auftrag an ihre Repräsentanten. Dann müssen diese sich wiederum in einer Wahl vor dem Volk verantworten. Dabei wird womöglich ganz anders entschieden als bei der vorausgegangenen Wahl. Dies macht die Lebendigkeit der Demokratie aus und verleiht den Wahlen eine so große Bedeutung für die geschichtliche Entwicklung. Wahlen bieten eine Chance, politische Korrekturen vorzunehmen.

Wichtige Einrichtung der Demokratie
Wählen zu dürfen ist ein Privileg, auch wenn es dem einen oder anderen Kopfzerbrechen bereiten mag, welcher Partei er seine Stimme geben soll. Wo es keine freien Wahlen gibt, in denen man ungehindert zwischen verschiedenen Personen und politischen Parteien auswählen kann, herrscht auch keine Freiheit. Ich halte nichts davon, aus dem Wahlrecht auch eine Wahlpflicht zu machen, denn es sollte auch die Freiheit geben dürfen, nicht zur Wahl zu gehen. Doch wer sich vor Augen führt, wofür Geschichte und Gegenwart leider viele Beispiele bieten, wie machtlos, hilflos und entscheidungslos ein Volk ist, das überhaupt nicht wählen darf, oder dem man, wie seinerzeit in der DDR, beim Wählen keine Wahl lässt, der kann leicht ermessen, was für ein Gewinn es ist, in persönlicher Verantwortung die Entscheidung zwischen Kandidaten und ihren Parteien treffen zu dürfen. Darin zeigt sich die politische Freiheit.

Demokratische Willensbildung
Der Wahlakt selbst, mit dem wir den Gewählten die demokratische Weihe verleihen, ist, wie es sich für eine so nüchterne Angelegenheit gehört, keine feierliche Sache. Wir bekommen die Wahlzettel ausgehändigt, gehen in die Kabine und machen unsere Kreuze an den Stellen, die wir gemäß unseren politischen Vorstellungen für die richtigen halten. Aber wenn wir das keineswegs selbstverständliche Privileg, frei wählen und entscheiden zu dürfen, in Anspruch genommen haben, dürfen wir zufrieden sein, unseren bescheidenen Anteil an der demokratischen Willensbildung geleistet zu haben. Es gibt in der Demokratie keine Institution, in der es so ausschließlich auf den Bürger ankommt wie bei den Wahlen zu den Volksvertretungen. Diese Chance sollte man sich nicht entgehen lassen.

Kurt Sontheimer, Blickpunkt Bundestag, 3.9.1998

Aufgaben zu M 20 – M 23

1. *Beschreibe, welche unterschiedlichen Typen von Nichtwählern es gibt (M 22).*
2. *Erkläre ausgehend von M 22, um welche Wähler die Parteien im Wahlkampf besonders ringen.*
3. *Kurt Sontheimer bezeichnet Wählen als ein Privileg (M 23). Arbeite heraus, mit welchen Argumenten er seinen Standpunkt vertritt.*

Die Wahlrechtsgrundsätze – und was sie bedeuten

M 24

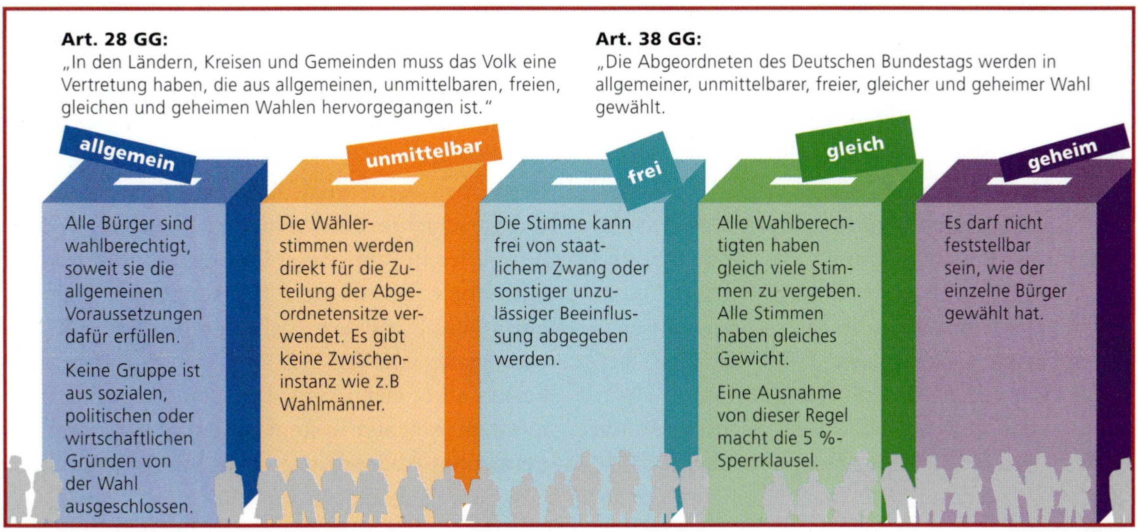

Erich Schmidt Verlag, Zahlenbilder 86030

Infobox

Aktives Wahlrecht

Wahlberechtigt sind im Sinne des Art. 116, 1 GG alle Deutschen, die am Wahltag das 18. Lebensjahr vollendet haben, seit mindestens drei Monaten in der Bundesrepublik Deutschland oder in den übrigen Mitgliedstaaten der Europäischen Gemeinschaft eine Wohnung innehaben oder sich sonst gewöhnlich aufhalten.

Passives Wahlrecht

Wählbar sind alle Deutschen im Sinne des Art. 116, 1 GG, die am Wahltag das 18. Lebensjahr vollendet haben (Ausnahme: Wahl zum Bundespräsidenten erst ab dem 40. Lebensjahr).

nach: www.bundeswahlleiter.de

M 25 Welche unterschiedlichen Wahlsysteme gibt es?

Die Stimmen der Wählerinnen und Wähler müssen in Parlamentsmandate umgerechnet werden. Hierfür gibt es unterschiedliche Methoden mit Vor- und Nachteilen. Bei der Entscheidung für ein Verfahren gilt es abzuwägen: Das Wahlergebnis soll den politischen Willen der gesamten Wählerschaft im Parlament möglichst korrekt abbilden – es soll aber gleichzeitig eine regierungsfähige Mehrheit hervorbringen. Hier gibt es einen Zielkonflikt, denn beides ist nicht gleichzeitig in idealer Weise zu erreichen. Die meisten Wahlsysteme streben deshalb einen Kompromiss an.

Mehrheitswahl

Zu klaren Mehrheiten führt es meistens, wenn alle Abgeordneten direkt in den Wahlkreisen gewählt werden. Hier spricht man von einem Mehrheitswahlsystem. Wer im Wahlkreis die meisten Stimmen auf sich vereinigen konnte, ist gewählt. Parteilisten gibt es nicht. Die Stimmen für alle nicht gewählten Kandidaten verfallen – sie wirken sich nicht auf die Zusammensetzung des Parlaments aus.

Die Mehrheitswahl begünstigt, wie das Beispiel Großbritannien zeigt, immer die großen Parteien. Kleinere politische Strömungen haben kaum eine Chance, ihre Ideen in die parlamentarische Debatte einzubringen. Die Folge ist, dass sich große Gruppen der Bevölkerung mit ihren Überzeugungen politisch überhaupt nicht vertreten fühlen. Der Vorteil für das politische System: Eine klare absolute Mehrheit für eine Partei ist die Regel. Die Regierungsbildung ist meist kein Problem.

Ein Mehrheitswahlsystem bringt auch ganz andere Parteien hervor: Die Parteien sind weniger mächtig, und die Abgeordneten spielen in ihnen eine wichtige Rolle. Diese sind sehr unabhängig und die Parteizentralen können ihnen kaum etwas vorschreiben.

Verhältniswahl

Das Verhältniswahlsystem dagegen kennt überhaupt keine direkt gewählten Wahlkreiskandidaten. Die Stimmberechtigten entscheiden sich für die Kandidatenlisten einer Partei. Jede Partei schickt so viele Abgeordnete ins Parlament, wie es ihrem Anteil an den abgegebenen Wahlstimmen entspricht. Im reinen Verhältniswahlsystem sind deshalb auch sehr kleine Parteien vertreten. Wenn es keine Sperrklausel gibt, entspricht die Zusammensetzung des Parlaments genau der Verteilung der Stimmen auf die Listen, die zur Wahl standen.

Ein reines Verhältniswahlsystem führt – wie es die Geschichte der Weimarer Republik gezeigt hat – leicht zur Zersplitterung der Parteienlandschaft. Ein in viele Fraktionen zerfallendes Parlament bringt schwache, wenig stabile Regierungen hervor, die sich auf Mehrparteienkoalitionen stützen müssen. Die Parteiapparate sind in einem solchen System übermächtig, denn die gewählten Abgeordneten sind von ihnen abhängig. Bei der nächsten Wahl wollen sie wieder auf einem aussichtsreichen Listenplatz aufgestellt werden.

Personalisierte Verhältniswahl

Der Bundestag wird auf vier Jahre gewählt, und zwar nach dem Verfahren der so genannten personalisierten Verhältniswahl. Danach wird die Hälfte der Abgeordneten in einem Wahlkreis direkt gewählt, während die andere Hälfte über die Landeslisten der Parteien in den Bundestag einzieht. Jeder Wähler und jede Wählerin kann zu diesem Zweck zwei Stimmen vergeben. Die Erststimme ist der „personalisierte" Teil des Wahlsystems. Mit ihr wird der oder die Wahlkreisabgeordnete nach dem Prinzip relativer Mehrheitswahl gewählt. Das bedeutet: Gewählt ist, wer die meisten Stimmen auf sich vereint.

Informationen zur politischen Bildung aktuell, Bundestagswahlen 2002, Bonn 2002, S. 3 f.

M 26

Zwei Mal Bundestagswahl 2005

a) tatsächliches Ergebnis

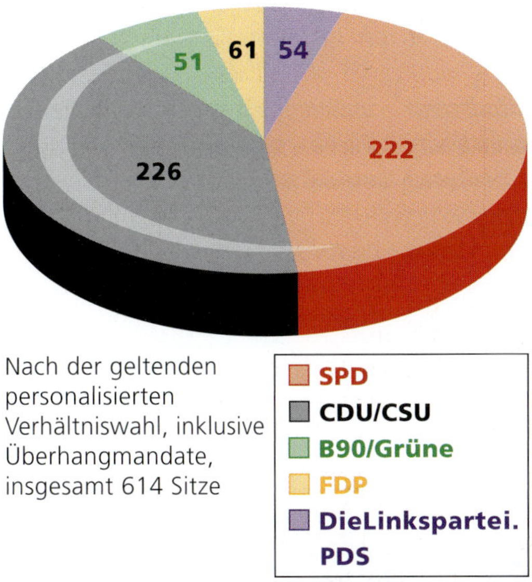

Nach der geltenden personalisierten Verhältniswahl, inklusive Überhangmandate, insgesamt 614 Sitze

b) Simulation

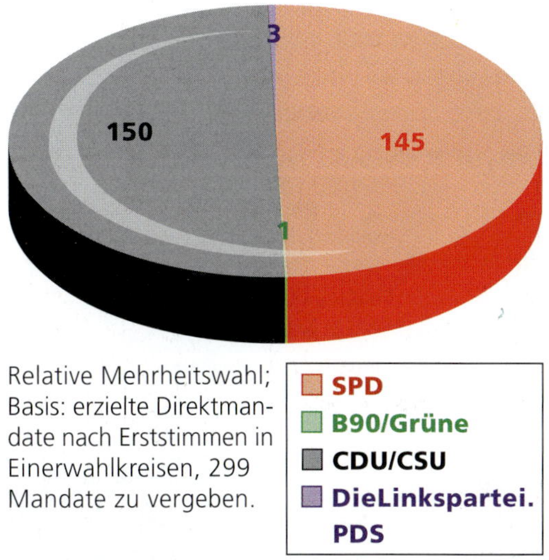

Relative Mehrheitswahl; Basis: erzielte Direktmandate nach Erststimmen in Einerwahlkreisen, 299 Mandate zu vergeben.

Um die Auswirkungen des Mehrheitswahlrechts auf die Zusammensetzung des Deutschen Bundestags zu simulieren, wird einfach angenommen, dass lediglich die in den 299 Wahlkreisen direkt gewählten Abgeordneten einen Sitz im Parlament erhalten.

Aufgaben zu M 24 – M 26

1. *Stelle Funktionsweise und Merkmale der in M 25 beschriebenen Wahlsysteme dar.*

2. *Lege eine Tabelle an, in der du die Vor- und Nachteile der drei unterschiedlichen Wahlsysteme notierst (M 25, M 26).*

M 27 Das Wahlsystem zum Deutschen Bundestag

Die Erststimme und ihre Bedeutung

Das Gebiet der Bundesrepublik ist in 299 Wahlkreise eingeteilt. Jeder Wähler entscheidet sich für einen Kandidaten seines Wahlkreises. Gewählt ist, wer mindestens eine Stimme mehr hat als jeder andere Bewerber (Relative Mehrheitswahl). Der Gewählte kommt auf jeden Fall ins Parlament, auch wenn seine Partei die 5%-Hürde nicht schafft.

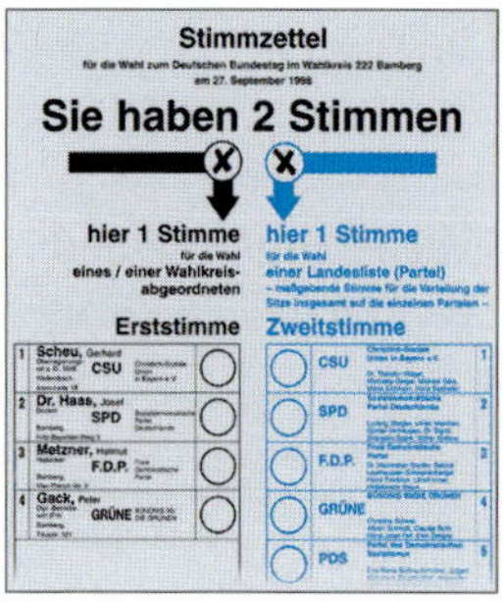

Die Zweitstimme und ihre Bedeutung

Der Wähler gibt die Zweitstimme der Landesliste einer Partei. 299 Abgeordnete erhalten ihr Mandat über diese Listen. Die Gesamtzahl der Sitze einer Partei richtet sich nach dem bundesweiten Anteil an Zweitstimmen, die diese Partei erhält (Verhältniswahl). Bei der Vergabe der Sitze werden nur Parteien berücksichtigt, die bundesweit mindestens 5% der Zweitstimmen oder drei Direktmandate errungen haben (Sperrklausel).

Verteilung der Sitze auf die Parteien

Wie viele Abgeordnetensitze (Mandate) den Parteien zustehen, wird mit Hilfe des „Hare-Niemeyer-Verfahrens" berechnet. Wie es funktioniert, zeigt die folgende Beispielrechnung. Drei Parteien haben die Fünf-Prozent-Hürde übersprungen:

Partei	Sitze insgesamt	Zweitstimmen nach Parteien	Summe der Zweitstimmen	Ganzzahliger Anteil	Rest	Sitze nach größtem Rest	Sitze
A	598	x 3700000	: 11300000 =	195,	80	1	196
B	598	x 5500000	: 11300000 =	291,	06	0	291
C	598	x 2100000	: 11300000 =	111,	13	0	111
gesamt		11300000					

Die Sitzverteilung erfolgt nach Zweitstimmen, z.B.:

Verteilung der Sitze auf die Landeslisten der Parteien

Die Gesamtzahl der bundesweit errungenen Sitze wird nun auf die einzelnen Bundesländer „verteilt". Die Gesamtzahl der Sitze im Land wird dann zunächst mit den Direktmandaten der Partei aus diesem Land aufgefüllt, die verbleibenden Sitze mit Kandidaten der Landesliste.

Überhangmandate

Hat eine Partei in einem Bundesland mehr Direktmandate errungen als ihr – den Zweitstimmen nach – zustehen, erhält Sie Überhangmandate. Beispiel: Die Partei B hat im Bundesland Y alle 28 Direktmandate gewonnen. Nach Zweitstimmen stehen ihr nur 26 Mandate zu. Die zwei fehlenden Sitze erhält die Partei als Überhangmandate.

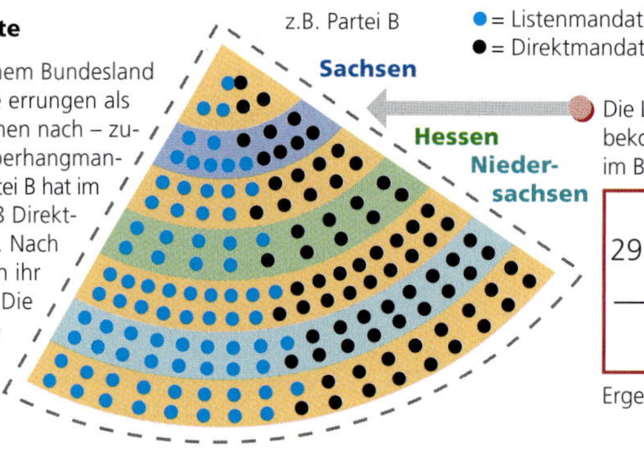

Die Landesverbände der Parteien, die viele Wähler gewinnen, bekommen auch entsprechend viele Sitze. Die Zahl der Sitze im Bundestag der Partei B im Bundesland Y errechnet sich so:

$$\frac{291 \text{ (Gesamtzahl der Sitze der Partei B)} \times 500000 \text{ (Zweitstimmen der Partei B im Bundesland Y)}}{5500000 \text{ (Gesamtzahl der Zweitstimmen der Partei B)}}$$

Ergebnis: 26,45. Das entspricht 26 Sitzen von insgesamt 291 Sitzen dieser Partei im Bundestag.

Aufgaben zu M 26 – M 27

1. *Diskutiert, welches Wahlsystem am gerechtesten ist. Beachtet dabei auch M 26 und M 27.*

2. *Nimm an: Bei der nächsten Bundestagswahl liegt folgendes Wahlergebnis in Mio. Zweitstimmen vor: SPD 18,5; CDU/CSU 19,7; Grüne: 3,8; FDP: 2,9; DieLinkspartei.PDS: 1,5.*
   a) Berechne die Verteilung der Stimmen in Prozent und die Verteilung der Sitze nach dem Hare-Niemayer-Verfahren, wenn 598 Sitze zu vergeben sind (M 27). Lösungen auf S. 112.
   b) Ermittle, welche Parteien (zusammen) eine absolute Mehrheit der Sitze erringen könnten (M 27).
   c) Erläutere, unter welchen Bedingungen die Parteien Überhangmandate bekommen würden (M 27).

Interessieren sich Jugendliche für Politik?

M 28

Klaus Hurrelmann ist Professor an der Fakultät für Gesundheitswissenschaften der Universität Bielefeld und gilt als einer der führenden Jugendforscher in Deutschland.

SZ: Wenn Sie Politiker wären, wie besorgt wären Sie angesichts der wenig ermutigenden Erkenntnisse Ihrer Shell-Studie? Nicht einmal jeder dritte Jugendliche interessiert sich noch ernsthaft für Politik – und das im Wahljahr.

Hurrelmann: Ja, das würde mich doch sehr bekümmern. Aber es gibt doch einen Trost: Die Zustimmung zur Demokratie als Staatsform, als Lebensform der Gesellschaft, ist sehr hoch. Das ist die gute Nachricht. Aber diese Unzufriedenheit mit der Praxis der Demokratie und vor allem diese äußerst große Distanz den Parteien gegenüber und auch der Arbeit des Parlaments – das ist die schlechte Nachricht. Da scheint eine Einstellung durch: Die da oben machen sowieso, was sie wollen, wir können sie gar nicht beeinflussen.

SZ: Was können die Parteien tun, um ihr mieses Image bei der Jugend loszuwerden? Können sie überhaupt etwas tun?

Hurrelmann: Aber sicher. Ganz offensichtlich müssen die Parteien versuchen, auch junge Leute über die Themen anzusprechen, die diesen wichtig sind. Das ist der Königsweg. Sie müssen das dann aber in einer Form tun, die den Jungen liegt. Dafür gibt es kein Patentrezept. Aber eine Richtung kann man andeuten. Nach wie vor finden Bürgerinitiativen bei Jugendlichen vergleichsweise große Resonanz. Die Parteien sollten deren Aktionsformen aufgreifen. Sie sollten deutlich machen, dass auch die Gestaltung der unmittelbaren Alltagswelt Politik ist. Die jungen Frauen sind übrigens stärker als junge Männer bereit, sich für soziale Belange zu engagieren. Die Verbände und Parteien erscheinen ihnen aber als Festungen einer hierarchischen, konkurrenzorientierten, nach strengen Ritualen aufgebauten Männerwelt. Darauf haben sie keine Lust.

SZ: Hat die Politik die Welt der Jugend zu sehr vernachlässigt?

Hurrelmann: Ja, das ist wohl so. Die Politik muss den Jugendlichen zeigen, dass sie sie ernst nimmt. Sie muss sie beteiligen, auch wenn sie noch minderjährig sind.

SZ: Aber wie?

Hurrelmann: Der Schule würde ich da eine Schlüsselrolle zuweisen. Ich fände es zum Beispiel klug, in den Schulen Wahlen zu veranstalten, parallel zu den echten Bundestagswahlen, damit eine vorsichtige, kluge Politisierung in dem Sinne zustande kommt, dass man merkt, was Politik eigentlich ist. Ein zweiter, weit wichtigerer Schritt wäre schlicht, das Mindestwahlalter zu senken. Wenn wir die jungen Leute unter 18 für die Politik gewinnen wollen, müssen wir ihnen das auch zeigen und sie beteiligen.

SZ: Welches Wahlalter empfehlen Sie?

Hurrelmann: Warum sollte man sich nicht ab 16 an Landtagswahlen beteiligen? Aber ich gehe noch einen Schritt weiter: Das Verständnis für politische Entscheidungen oder dafür, wie sich ein Parlament zusammensetzt, das ist auch schon bei 14-Jährigen eindeutig gegeben. So dass ich auch dieses Alter für eine sinnvolle Altersgrenze für das Mindestwahlalter halte. Darunter gibt es ja interessante Diskussionen, ob die Wahlstimme eines Kindes an Vater und Mutter delegiert werden kann.

Interview von Joachim Käppner, Süddeutsche Zeitung, 20.8.2002

Aufgabe zu M 28

1. *Wie können Jugendliche stärker für Politik interessiert werden? Sammelt und diskutiert die Vorschläge, die in M 28 gemacht werden.*

Methode

„Amerikanische Debatte"

Vorbereitung:
- Teilt eure Klasse in zwei Gruppen: eine Pro-Gruppe und eine Kontra-Gruppe. Bestimmt zudem einen Spielleiter und mehrere Beobachter.
- Bestimmt das Thema der Debatte.
- Setzt euch dann in euren Gruppen zusammen und sammelt Argumente. Legt fest, in welcher Reihenfolge ihr eure Argumente vorbringen wollt.

Debatte:
- Die beiden Gruppen setzen sich einander gegenüber. Der Spielleiter gibt einer Seite das Wort. Ihr habt nun maximal eine Minute Zeit, um euer erstes Argument vorzutragen, dann hat die andere Seite das Wort.
- Die Debatte verläuft nach diesem „Ping-Pong-Prinzip", bis alle Argumente genannt wurden.

Auswertung:
- Die Beobachter fassen die Debatte zusammen. Sie bewerten die Argumente (Gehalt, Glaubwürdigkeit, Überzeugungskraft ...) und den Verlauf (Diskussionsklima, Tonfall, ...).
- Abschließend könnt ihr die Frage zur freien Abstimmung bringen.

Themenvorschläge:
- Diskutiert folgende Vorschläge zur Reform des Wahlrechts (M 28):
  a) Soll das Wahlalter gesenkt werden?
  b) Brauchen wir ein „Familienwahlrecht", bei dem die Anzahl der Wahlstimmen der Anzahl der Familienmitglieder entspricht?

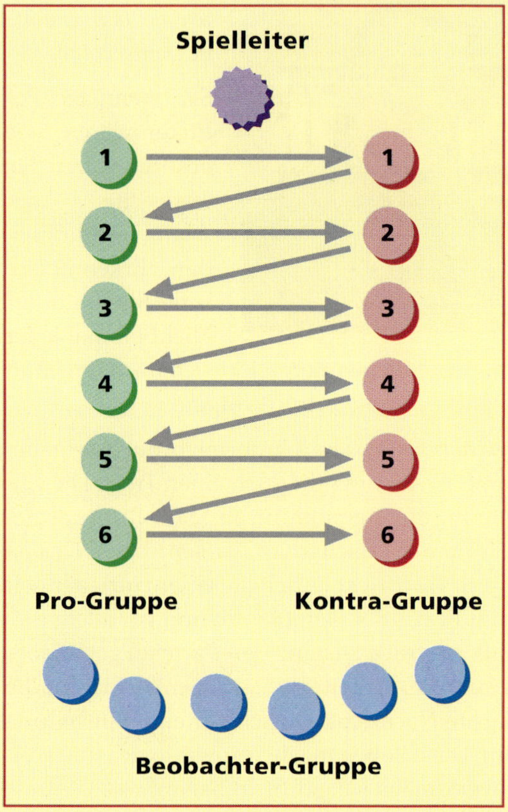

Lösungen zu Aufgabe 2, S. 110

Partei	Sitze gesamt	Zweitstimmen in Mio.	Summe der Zweitstimmen in Mio.	Ganzzahliger Anteil	Rest	Sitze nach größtem Rest	Anzahl der Sitze
SPD	598	18,5	46,4	238,	426	1	239
CDU/CSU	598	19,7	46,4	253,	892	1	254
Grüne	598	3,8	46,4	48,	974	1	49
FDP	598	2,9	46,4	37,	375	0	37
Die Linkspartei.PDS	598	1,5	46,4	19,	33	0	19
				595			598

Wahlen

Wahlen
M 23

Das Grundgesetz legt fest, dass die Bundesrepublik Deutschland eine repräsentative Demokratie ist, in der die Bürger nicht ständig über alle Angelegenheiten selbst abstimmen, sondern Abgeordnete wählen, die sie im Parlament vertreten und dort für sie stellvertretend entscheiden. Wahlen sind deshalb die wichtigste Form der politischen Mitbestimmung in der parlamentarischen Demokratie. Mit der Wahl einer Partei entscheidet der Wähler über die Zusammensetzung des Parlaments und damit (indirekt) über die politische Richtung und Zusammensetzung der Regierung.

Wahlrechtsgrundsätze
M 24

Damit Wahlen als demokratische Wahlen bezeichnet werden können, müssen die Wahlrechtsgrundsätze des Art. 38 GG erfüllt sein: Wahlen müssen allgemein, unmittelbar, frei, gleich und geheim sein.

Wahlsysteme
M 25

Grundsätzlich kann man zwischen Verhältniswahlsystem und Mehrheitswahlsystem unterscheiden. Bei der reinen Verhältniswahl erhalten die Vertreter der Parteien genauso viele Mandate im Parlament, wie es ihrem Anteil an den abgegebenen Stimmen entspricht. Beim reinen Mehrheitswahlsystem erhalten nur die Kandidaten ein Mandat, die in einem Wahlkreis die meisten Stimmen auf sich vereinigen konnten. In vielen Staaten gibt es Mischformen der beiden Systeme.

Das Wahlsystem in Deutschland
M 27

Das Wahlsystem der Bundesrepublik Deutschland ist im Bundeswahlgesetz festgelegt. Für die Wahl der 598 Abgeordneten des Bundestages haben die Wähler zwei Stimmen: Mit der Erststimme entscheidet der Wähler nach dem Prinzip der relativen Mehrheitswahl, welcher Wahlkreisabgeordnete einen Sitz im Parlament erhalten soll. Die Zweitstimme, die nach den Prinzipien der Verhältniswahl abgegeben wird, ist die wichtigere Stimme, denn durch sie wird die Zahl der Sitze festgelegt, die jeder Partei im Bundestag zustehen. Hat eine Partei die Sperrklausel (5% der Zweitstimmen oder drei Direktmandate) überwunden, so wird die Gesamtzahl der für sie abgegebenen Zweitstimmen in Mandate umgerechnet. Das Wahlsystem zum Deutschen Bundestag wird häufig als „personalisiertes Verhältniswahlrecht" bezeichnet. Dies verdeutlicht, dass das Stimmenergebnis auf der Verhältniswahl beruht, durch die Erstimme aber die Möglichkeit besteht, direkt einzelne Personen zu wählen (Personalisierung).

Wahlbeteiligung
M 21, M 22

Der Anteil der Nichtwähler ist in den letzten dreißig Jahren angestiegen. So ging bei der Bundestagswahl 2005 mehr als jeder fünfte Wahlberechtigte nicht zur Wahlurne. Die Motive, nicht zu wählen, sind unterschiedlich: Manche Nichtwähler interessieren sich grundsätzlich nicht für die Wahlen, andere sind nur mit ihrer Partei unzufrieden und können sich nicht vorstellen, eine andere Partei zu wählen.

Reform des Wahlrechts
M 28

Auch unter den Erst- und Jungwählern gibt es viele, die nicht zur Wahl gehen. Um Jugendliche früher an die Politik heranzuführen, wird diskutiert, das Wahlalter zu senken. Um Familien politisch zu stärken, gibt es Vorschläge, dass Eltern für jedes Kind eine weitere Stimme bei der Wahl abgeben dürfen.

1.4 Wahlkampf

M 29 Wahlplakate 2005

M 30 Wahlkampf – warum eigentlich?

Wahlkampf bedeutet konkurrierende Werbung der Parteien um Wählerstimmen. Alle Ziele eines Wahlkampfes sind in der Regel auf drei Aspekte ausgerichtet, wobei natürlich der Wahlsieg das Hauptziel darstellt: das eigene Stammwählerpotential optimal zu mobilisieren, Wechselwähler zu binden und den Anteil von Nichtwählern bei der gegnerischen Stammwählerschaft zu erhöhen. Probleme, bei denen man in den Augen der Bürger am besten abschneidet, werden in Wahlkampfzeiten besonders in den Vordergrund gerückt und der Amtsbonus der Regierungschefs genutzt. Wahlkampf ist zunächst einmal besonders verdichtete politische Kommunikation. Sie stellt immer ein Beziehungsgeflecht zwischen dem politischen System, den Medien und der Öffentlichkeit als Publikum der Medien her.

Neben der Bewusstmachung von politischen Problemen lenken die Parteien – oft gleichzeitig und nebeneinander – auch absichtlich von den Problemen ab. Das Buhlen um den Wahlbürger ist seit den neunziger Jahren für die Parteien schwieriger geworden.

nach: Karl-Rudolf Korte, Wahlen in der Bundesrepublik Deutschland, 4. Aufl., Bonn 2003, S. 112 f.

Infobox

Stammwähler

Stammwähler sind – häufig aufgrund ihrer Prägungen in einem bestimmten sozialen Milieu – stark auf die Unterstützung einer Partei festgelegt. So geben auch heute noch viele Menschen aus einem traditionellen katholischen Milieu stets den Unionsparteien ihre Stimme, und viele Angehörige der Arbeiterschaft wählen wie schon ihre Eltern und Großeltern sozialdemokratisch.

Wechselwähler

Wechselwähler werden Wahlberechtigte genannt, die nicht mehr durch feste politische Überzeugungen an eine bestimmte Partei gebunden sind. Sie treffen ihre Wahlentscheidung bei jeder Wahl neu und geben aus sachlichen oder personellen Erwägungen von Fall zu Fall unterschiedlichen Parteien ihre Stimme.

Protestwähler

Diese Wähler sind unzufrieden mit der Politik ihrer Partei. Sie wählen oftmals kurzfristig extreme Parteien, um ihre Unzufriedenheit zu demonstrieren.

Autorentext

Welche Rolle spielen die Spitzenkandidaten?

M 31

Mit den Spitzenkandidaten und ihrer werbewirksamen Vermarktung steht und fällt der Wahlkampf. Sie müssen Glaubwürdigkeit, Sachkompetenz und Vertrauen ausstrahlen.
Die Bewertung des „Images" gründet besonders auf dem Sympathie- und dem Leistungsbereich. Die Spitzenkandidaten sind eine Art Werbesymbol. Sie erhöhen die Mobilisierungschancen der Stammwähler und die Einsatzbereitschaft der Anhänger. Dennoch sollte nicht ausgeblendet werden, dass auch die Spitzenkandidaten den Wahlvorgang nicht allein entscheiden. Es geht immer noch um die Wahl einer politischen Partei. Nichts geht in Deutschland ohne die politischen Parteien, relativ wenig ohne ein dazugehöriges politisches Programm.
Neben dem Image der Kandidaten ist natürlich ihr Bekanntheitsgrad ein wichtiges Kriterium für die Auswahl der Spitzenkandidaten. Andererseits lässt sich die Bekanntheit eines Politikers heute innerhalb kürzester Zeit durch das Fernsehen herstellen. Wenn sich jemand zum Kandidaten küren lässt, beginnt die Medienoffensive. Die Redaktionen möchten im Wettlauf mit der Zeit möglichst vieles – politisch wie privat – über die Person publizieren.
In der „Schlussphasendramatisierung" des Wahlkampfes spielt auch das Duell der Spitzenkandidaten in der Öffentlichkeit eine besondere Rolle. Es bietet für die Wähler eine weitere Möglichkeit der Bewertung. Dazu wurde bei den zurückliegenden Bundestagswahlen häufig eine große Fernsehdiskussion mit den Spitzenkandidaten wenige Tage vor der Wahl durchgeführt.

www.wahlthemen.de (12.7.2005)

Werden die Wahlkämpfe immer „amerikanischer"?

M 32

Werden die Wahlkämpfe immer „amerikanischer"? Gemeint ist damit dreierlei: eine Personalisierung, eine Professionalisierung und die Tatsache, dass die Medien im Wahlkampf immer wichtiger werden. Alle drei Komponenten sind nicht völlig neu für die Bundestagswahlkämpfe, doch ihre Bedeutung wächst seit den neunziger Jahren dramatisch.
Personalisierung: Wahlkämpfe sind immer mehr auf den Spitzenkandidaten einer Partei ausgerichtet. Die Sachthemen treten immer mehr in den Hintergrund, der Spitzenkandidat verkörpert die Politik und die Ziele seiner Partei. Strategisch ist hier die Person des Amtsinhabers im Vorteil.
Personen repräsentieren politische Botschaften. Je größer das Potential an Wechselwählern ist, umso stärker ist der Drang zur Personalisierung. Die Spitzenkandidaten stecken dabei in einer Doppelrolle: Sie sind Hauptdarsteller und zugleich Inhalt der Kampagne. Zu den strategischen Vorbedingungen gehört, dass der Kandidat die geschlossene Unterstützung der Partei und der Anhängerschaft besitzt.
Die Rolle der Medien: Die meisten Bürger erleben Politik nur noch in den Medien. Direkte Par-

teiwerbung wird kaum beachtet, und Wahlversammlungen erreichen zumeist nur eine kleine, ohnehin überzeugte Minderheit.

Deshalb kommt dem Fernsehen eine besondere Bedeutung zu. Der Fernsehwahlkampf beschränkt sich nicht nur auf Nachrichtensendungen und politische Magazine, erst recht nicht auf Wahlspots der Parteien. Wirkungsvoller ist der Auftritt in Unterhaltungssendungen, dort gilt das Motto: mehr Infotainment als seriöse Information. Bislang wird jedoch diese in den US-Wahlkämpfen bewährte Methode nur zögernd von den politischen Parteien in ihr Konzept aufgenommen.

Als neues Wahlkampfmedium entpuppt sich das Internet. Auch dort errichten die Parteien seit 1998 eine Wahlkampfzentrale. Sie überlegen, wie sich das neue Medium strategisch in ihre Kampagnen einpassen lässt. Schwer zugängliche Wählergruppen scheinen so leichter erreichbar zu sein. Abrufen kann man neben Veranstaltungsterminen aktuelle Reden und Parteiprogramme. Die Mehrheit der Internetbesucher ist jedoch daran interessiert, selber etwas loszuwerden. Deshalb sind besonders die Diskussionsforen der Parteien erfolgreich.

Professionalisierung: Wahlkampf ist nicht mehr allein Sache der Partei oder der Parteizentralen, die eine Wahlkampfkommission einsetzen. Die Parteien ziehen Experten hinzu, die ihnen und ihren Kandidaten beratend zur Seite stehen. Neben den Demoskopen und Sozialwissenschaftlern kommen diese Fachleute zunehmend aus Werbung, Journalismus und Management. Die deutschen Parteien sind dazu übergegangen, PR-Agenturen zu beauftragen, um den Wahlkampf zu steuern, konkret, um das Image der Kandidaten und die Kontakte zu den Medien zu verbessern.

www.wahlthemen.de (12.7.2005)

M 33 Demoskopie – ein Blick in die Kristallkugel?

Nie zuvor wurden zu einer Bundestagswahl so viele Umfrageergebnisse veröffentlicht. Jede Woche präsentierten fünf renommierte Meinungsforschungsinstitute neue Vorhersagen. Und nach kaum einer Wahl waren die prognostizierten Ergebnisse der Demoskopen so weit entfernt wie von den Ergebnissen der Wahl von 2005. Zwar wird von den Wahlforschern immer betont, die Sonntagsfrage stelle ein Stimmungsbild dar und keine Prognose, die Wahrnehmung in der Öffentlichkeit scheint aber eine andere zu sein. In den Medien und in der Wissenschaft wird im Moment die Frage nach Sinn und Zweck der Meinungsforschung laut, da sich selbst die Exit-Polls, die Umfragen direkt nach Verlassen des Wahllokals, im Nachhinein als zu ungenau erwiesen haben.

Institut / Partei	Forschungsgruppe Wahlen	Emnid	Infratest	Forsa	Allensbach	amtliches Endergebnis
CDU/CSU	41%	42%	41%	42%	41,5%	35,2%
SPD	34%	33%	34%	34%	32,7%	34,3%
FDP	7%	7%	6,5%	6%	7,0%	9,8%
DieLinke.PDS	8%	9%	8,5%	8%	8,9%	8,7%
Grüne	7%	7%	7%	7%	7,2%	8,1%
Sonstige	3%	2%	3%	3%	2,7%	3,8%
	9.9.2005	8.9.2005	8.9.2005	7.9.2005	9.9.2005	18.9.2005

www.wahlthemen.de (20.11.2005)

Infobox

Wahlumfrage

Eine Befragung von Wahlberechtigten zu ihrer Parteipräferenz. Wird meist als „Sonntagsfrage" bezeichnet: „Wenn am kommenden Sonntag Bundestagswahl wäre ...".
Mit Umfragen wird die politische Stimmung im Land ermittelt.

Wahlprognose

Die Voraussage des Wahlergebnisses am Wahltag (meist um 18.00 Uhr). Die Prognose basiert nicht auf Wahlergebnissen, sondern auf Umfragen.

Hochrechnung

Die Voraussage eines Ergebnisses am Wahlabend mithilfe von Computern nach Auszählung von Teilergebnissen ausgewählter repräsentativer Wahlbezirke. Die Hochrechnung basiert bereits auf Teilergebnissen der Wahl.

Autorentext

M 34

Debakel für Demoskopen – die zittrige Hand des Wählers

Es war ein Schrei der Enttäuschung. „Was ist los mit der Demoskopie?", rief fassungslos Hans-Joachim Reck, Generalsekretär der nordrhein-westfälischen CDU, als das Fernsehen die ersten Hochrechnungen präsentierte. Zwischen 40 und 43 Prozent hatten die Umfragen seiner Union vorhergesagt, am Ende sollten es nur 35,2 Prozent werden. Entsetzen bei der Union. Bundeskanzler Gerhard Schröder dagegen genoss das Debakel der Demoskopen, die ihm über Monate hinweg eine herbe Niederlage prophezeit hatten. Die aber war nicht eingetreten. Der Wille des Wählers ist schwer erforschbar. Er entscheidet nicht mehr aufgrund seiner Grundüberzeugungen als Katholik, Gewerkschafter oder Handwerker. Er schwankt noch in der Wahlkabine, wo er sein Kreuz machen soll, hebt erst die Union ins Stimmungshoch und lässt dann den Genossen Trend marschieren. „2002 entschieden sich 16 Prozent der Wähler erst am Wahltag, diesmal waren es 28 Prozent", sagt WDR-Chefredakteur Jörg Schönenborn, der für die ARD die Umfragen von infratest dimap deutet. „In den letzten Wochen vor der Wahl hatten wir extreme Sprünge von drei bis vier Prozentpunkten am Tag." Ein einziges TV-Duell könne die Stimmung kippen lassen. „Und bei 25 Prozent Unentschiedenen können wir nicht mehr seriös sagen, wer am nächsten Sonntag gewinnt." So sieht es auch Matthias Jung von der Forschungsgruppe Wahlen: „Wir haben neun Tage vor der Wahl die Union bei 40 Prozent gesehen, eine Woche später hätten die Zahlen anders ausgesehen". Insgesamt habe man die Stärke des schwarz-gelben Lagers richtig eingeschätzt, „doch viele Wähler haben in letzter Minute ihre Entscheidung taktisch optimiert: Sie wollten keine große Koalition, also haben sie FDP gewählt." Die Demoskopen spiegeln nicht mehr nur die Stimmungslage, sie sind selber Teil der Politik geworden und Motor auf dem Weg zur Kurzfristigkeit. Der Wähler entnimmt den Umfragen, dass eine große Koalition wahrscheinlicher wird – und wandert mal eben von der Union zur FDP. „Wir wollen das nicht, wir können es aber nicht verhindern", sagt Jung.

Süddeutsche Zeitung, 20.9.2005

Aufgaben zu M 30 – M 34

1. *Nenne die Gründe, weshalb die Parteien Wahlkampf betreiben (M 30).*

2. *In M 31 ist von der besonderen Bedeutung der Spitzenkandidaten die Rede. Erkläre, worin diese besteht.*

3. *Erläutere, welche Aspekte unter dem Stichwort „Amerikanisierung" der Wahlkämpfe zusammengefasst werden (M 32). Nimm zu dieser Entwicklung persönlich Stellung.*

4. *Erkläre, weshalb es schwer ist, eine genaue Wahlprognose zu erstellen (M 33, M 34).*

Schuleigenes Curriculum: Eine Umfrage planen und durchführen

1. Vorbereitung der Umfrage

Mit Hilfe von so genannten Umfragen werden Stimmungs- und Meinungslagen der Bürgerinnen und Bürger erfasst. Ihr könnt diese Technik selbst anwenden und so z.B. in eurer Schule ermitteln, wie die politische Stimmung gerade ist und welche Parteien die Schüler wählen würden.

Die Umfragen sind zur bekanntesten Methode der Sozialforschung geworden. Eine Umfrage durchzuführen ist aber trotzdem ein schwieriges Unterfangen. Folgende Punkte sollen euch bei eurem Projekt unterstützen.

Ziele formulieren

Wichtig ist, dass ihr euch genau überlegt, was ihr untersuchen wollt. Nur dann könnt ihr präzise Fragen stellen. Entscheidet euch also für einen Aspekt. Ihr könnt z.B. untersuchen, was die Wahlentscheidung stärker beeinflusst: die Bindung an eine Partei oder die Ausstrahlungskraft eines Spitzenkandidaten. Ein weiterer interessanter Aspekt ist die Frage, ob es einen Zusammenhang zwischen dem Alter der Wähler und ihrer Parteipräferenz gibt.

Fragen formulieren

Damit die Ergebnisse eurer Umfrage glaubwürdig werden, bietet es sich an, eine anonyme Umfrage zu machen. Die Fragen, die ihr entwickelt, müssen selbsterklärend sein, d.h. klar und eindeutig formuliert sein. Ein klassisches Beispiel ist die sogenannte Sonntagsfrage:

„Wenn am Sonntag Bundestagswahl wäre, welcher Partei würden Sie dann Ihre Stimme geben?“

Um die Bedeutung von Spitzenkandidaten zu ermitteln, könnt ihr nach bestimmten Eigenschaften fragen: Kompetenz, Sympathie und Ausstrahlung ... Um zu klären, welche Themen die politische Stimmung besonders beeinflussen, bietet es sich an, nach den drängendsten politischen Problemen zu fragen und diese nach vorgegebenen Kategorien bewerten zu lassen (z.B.: sehr wichtig, wichtig, weniger wichtig).

Repräsentativität sicherstellen

Unter Repräsentativität versteht man in der empirischen Forschung, dass sich die Ergebnisse einer Untersuchung, die auf einer Stichprobe basiert, auf die Grundgesamtheit übertragen lassen.

Die Stichprobe ist dann repräsentativ, wenn sie ein verkleinertes Abbild der Grundgesamtheit darstellt. Auf die Befragung von Personen bezogen bedeutet das, dass die Zusammensetzung der Stichprobe (= befragter Personenkreis) der Zusammensetzung der Grundgesamtheit (= Gesamtbevölkerung) im Hinblick auf Altersstruktur, Bildungsniveau, Familienstand o.ä. entspricht. Repräsentativität ist darum die wichtigste Anforderung an eine Stichprobe. Für einen konkreten Untersuchungszweck ist es ausreichend, wenn die Zusammensetzung der Stichprobe derjenigen der Grundgesamtheit nur bezüglich genau der Kriterien entspricht, die Gegenstand der aktuellen Untersuchung sind. Nach dem Gesetz der großen Zahlen lässt sich die Repräsentativität einer Stichprobe erhöhen, wenn die Zahl der Elemente einer Stichprobe steigt, d.h. sie sich der Grundgesamtheit annähert.

Natürlich wäre es zu aufwändig, in euren Umfragen volle Repräsentativität anzustreben. Dennoch solltet ihr im Rahmen eurer Möglichkeiten darauf achten, dass ihr z.B. bei einer Befragung von Jugendlichen zu ihrem Konsum- oder Wahlverhalten nicht nur Jugendliche an eurer Schule befragt, sondern auch an anderen Schularten. Sonst müsst ihr euch zumindest darüber im Klaren sein, dass das Ergebnis nicht „repräsentativ“, sondern in eine bestimmte Richtung verzerrt ist.

Umfrage durchführen

Führt die Umfrage innerhalb weniger Tage durch. So könnt ihr die aktuelle politische Stimmung besser einfangen.

Umfrage auswerten

Die Umfrage auszuwerten braucht Zeit. Die Daten müssen gesammelt und in den Computer eingegeben werden. Wenn ihr fertig seid, dann könnt ihr einzelne Ergebnisse vergleichen, z.B.:

a) Wie haben die Parteien abgeschnitten? Wie glaubwürdig sind sie? Vertrauen die Menschen ihnen?

b) Wie ist im Vergleich dazu das Ergebnis bei den Spitzenkandidaten?

Durch den Vergleich könnt ihr feststellen, ob ein Spitzenkandidat seiner Partei eher nützt oder vielleicht auch schadet.

Ergebnisse präsentieren
Präsentiert der Schulöffentlichkeit eure Ergebnisse. Ihr könnt eine große Wandzeitung gestalten und diese zentral im Schulgebäude ausstellen.

2. Beispiel für die Gestaltung eines Fragebogens

Fragebogen: Bundestagswahl 2005

Interviewer: ....
Zeitpunkt Beginn: ....

1. Wie stark interessieren Sie sich für Politik?
   - 1 ☐ sehr stark
   - 2 ☐ stark
   - 3 ☐ mittel
   - 4 ☐ wenig
   - 5 ☐ überhaupt nicht

2. Wenn am nächsten Sonntag Bundestagswahl wäre, würden Sie zur Wahl gehen?
   (Wenn Antwort d, weiter mit Frage 4)
   - a ☐ ganz bestimmt
   - b ☐ wahrscheinlich
   - c ☐ wahrscheinlich nicht
   - d ☐ bestimmt nicht

3. Wenn am Sonntag Bundestagswahl wäre, welcher Partei würden Sie dann Ihre Stimme geben?
   Antworten nicht vorlesen
   - a ☐ SPD
   - b ☐ CDU
   - c ☐ FDP
   - d ☐ B90/Grüne
   - e ☐ PDS
   - f ☐ REP
   - g ☐ DVU
   - h ☐ Andere

4. Falls bei der Bundestagswahl keine der Parteien die absolute Mehrheit gewinnt, welche Koalition würden Sie persönlich bevorzugen?
   (Antwortmöglichkeiten nicht vorlesen, sondern Nennungen abwarten und den Kategorien a - g zuordnen.)
   - a ☐ CDU/CSU + FDP

9. - die Innere Sicherheit erhöhen
   - 1 ☐ sehr wichtig
   - 2 ☐ wichtig
   - 3 ☐ weniger wichtig

10. - für wirksamen Umweltschutz sorgen
   - 1 ☐ sehr wichtig
   - 2 ☐ wichtig
   - 3 ☐ weniger wichtig

Bei der folgenden Aussage handelt es sich um Meinungen über Politik. Ich lese Ihnen eine Aussage vor. Bitte sagen Sie mir anhand eines Zahlenwertes von 1 bis 5, was Sie davon halten.

11. "Leute wie ich haben so oder so keinen Einfluß darauf, was die Regierung tut."
   - 1 ☐ stimmt absolut
   - 2 ☐ stimmt im großen und ganzen
   - 3 ☐ teils/teils
   - 4 ☐ stimmt weniger
   - 5 ☐ stimmt überhaupt nicht

12. Wie beurteilen Sie ganz allgemein die heutige wirtschaftliche Lage in Deutschland?
   - 1 ☐ sehr gut
   - 2 ☐ gut
   - 3 ☐ teils/teils
   - 4 ☐ schlecht
   - 5 ☐ sehr schlecht

13. Was glauben Sie, wie wird die wirtschaftliche Lage in Deutschland in einem Jahr sein?
   - 1 ☐ wesentlich besser
   - 2 ☐ etwas besser
   - 4 ☐ etwas schlechter
   - 5 ☐ wesentlich schlechter

3. Welche Themen bieten sich für eine Umfrage an?

Meist werden Umfragen durchgeführt, um die politische Stimmung im Land zu ermitteln. Ihr könnt aber auch das Freizeit- und Konsumverhalten von Jugendlichen erforschen oder die lokalen Einzelhändler und Unternehmen nach der wirtschaftlichen Stimmung befragen.

Oft wird geklagt, Schüler arbeiten neben der Schule zu viel, um ihr Taschengeld aufzubessern. Ermittelt einfach in einer breiten Umfrage, wie viel Schüler tatsächlich arbeiten und ob sich dies auf die Leistungen – also Noten – in der Schule auswirkt.

4. Wie kann man die Datenmengen technisch meistern?

Forschen mit GrafStat (= Grafik und Statistik) ist eine besonders nutzerfreundliche Software für empirische Umfragen. Sie unterstützt die Entwicklung und Gestaltung von Fragebögen, verarbeitet auch größere Datenmengen, hilft die Daten zu strukturieren und auszuwerten und bietet ein breites Spektrum von Möglichkeiten für die grafische Darstellung der Ergebnisse.

Mehr Informationen findet ihr unter:
www.forschen-mit-grafstat.de
www.grafstat.de

Autorentext

Was wir jetzt wissen:

Wahlkampf

Wahlkampf
M 30

Im Wahlkampf konkurrieren die Parteien um die Stimmen der Wähler. Um den Wahlsieg zu erringen, müssen die Parteien v.a. die eigenen Stammwähler mobilisieren und potenzielle Wechselwähler und Nichtwähler gewinnen. Die Parteien versuchen, die Wähler von der Überlegenheit ihres Programms und ihres Personals zu überzeugen. Wahlkampf ist wichtig, weil er dem Wähler ermöglicht, sich über die Programme und das politische Personal der Parteien zu informieren. Zu beobachten ist auch in Deutschland eine zunehmende Personalisierung, Professionalisierung und Mediatisierung des Wahlkampfes („Amerikanisierung").

Rolle der Spitzenkandidaten
M 31, M 32

Die Spitzenkandidaten rücken immer stärker in den Vordergrund von Wahlen. Ist ein Spitzenkandidat gekürt, beginnt eine Medienkampagne, um den Kandidaten in der Öffentlichkeit zu präsentieren. Dabei ist es besonders wichtig, sie oder ihn als sympathisch und leistungsfähig zu präsentieren. Durch die starke Personalisierung treten die politischen Aussagen oft in den Hintergrund oder werden nur als Charaktereigenschaften des Kandidaten dargestellt.

Demoskopie
M 33

Die Meinungsforschung (Demoskopie) dient der Ermittlung von Einsichten, Einstellungen, Stimmungen oder Wünschen der Bevölkerung. Bei der Meinungsforschung werden durch Befragungen auf der Basis eines repräsentativen Querschnitts der Bevölkerung Daten gesammelt und interpretiert (z.B. die Sonntagsfrage). Die Befragung kann entweder persönlich oder per Telefon erfolgen. In der Meinungsforschung kann es sowohl um einmalige Probeerhebungen wie auch um Langzeituntersuchungen gehen.

Probleme der Meinungs- und Umfrageforschung
M 34

Die Meinungs- und Umfrageforschung erhebt den Anspruch, die Meinung der Bevölkerung wiederzugeben. Sie stößt dabei auf unterschiedliche Probleme:
Insbesondere bei als sozial unerwünscht empfundenen Meinungen (z.B. die Zustimmung zu rechtsextremem Gedankengut, Wahl einer rechtsextremen Partei) neigt ein Teil der Befragten dazu, diese nicht zuzugeben. Sowohl durch das Verhalten des Interviewers als auch durch die Fragestellungen, ist es möglich, bestimmte Antworten zu provozieren. Insbesondere bei Telefonbefragungen werden manchmal Zweifel an der Repräsentanz geäußert, da die Telefoninterviews überdurchschnittlich oft vom als so empfundenen „Familienoberhaupt" beantwortet werden.

1.5 Deutschland – eine Mediendemokratie?

Mediensüchtig ...?

M 35

Die beiden Vorsitzenden von CDU, Angela Merkel, und CSU, Edmund Stoiber, informieren am 22.9.2005 die Presse über erste Sondierungsgespräche mit der SPD.

Mediendemokratie – was heißt das?

M 36

Der Begriff Mediendemokratie bezeichnet eine Form der Demokratie, in der sich die politische Meinungs- und Willensbildung im Wesentlichen über Massenmedien vollzieht. Deutlich wird dies v.a. in Wahlkampfzeiten: So nennen die Wähler in Deutschland und anderen europäischen Staaten nach mehreren Wahlen in den letzten Jahren das Fernsehen als die wichtigste Informationsquelle für ihre Wahlentscheidung.

Meinungsbildung über Medien beinhaltet, dass die Medien durch die Auswahl und Ausgestaltung von Inhalten darüber bestimmen, was auf welche Weise zum öffentlichen Thema wird. Indem z.B. Zeitschriften oder Fernsehsendungen bestimmte Themen in der Berichterstattung durch häufige Erwähnung und gute Platzierung betonen, haben sie Einfluss darauf, welche Probleme von der Bevölkerung als besonders wichtig angesehen werden. Schon mit der Auswahl der Themen wie auch mit ihrer Darstellung und Bewertung kann Berichterstattung zur Manipulation werden. Politikvermittlung durch Medien bedeutet darüber hinaus, dass sich die Politik bzw. die Politiker mediengerecht präsentieren, um Erfolg zu haben. Denn die Bevölkerung tendiert dazu, nur ihre Medienexistenz mit den dazugehörenden Images wahrzunehmen. Die Medien sind demnach nicht nur Beobachter, Kritiker und Kontrolleure politischer Ereignisse und staatlicher Macht („vierte Gewalt"). Sie stellen vielmehr einen Faktor dar, der politische Einstellungen und Stimmungen beeinflusst und ein bestimmtes Meinungsklima zugunsten oder zuungunsten einer Partei, einer Person oder einer politischen Forderung vermittelt. Medien bestimmen dadurch die Politik mit.

Schülerduden Politik und Gesellschaft, 5. Aufl., Mannheim 2005, S. 260

M 37

Welche Aufgaben sollten Massenmedien in der Demokratie erfüllen?

Informationsfunktion

Die Massenmedien sollen so vollständig, sachlich und verständlich wie möglich informieren, damit ihre Nutzerinnen und Nutzer in der Lage sind, das öffentliche Geschehen zu verfolgen. Da unsere Gesellschaft viel zu großräumig geworden ist, kommen wir mit dem direkten Gespräch, der unmittelbaren Kommunikation, nicht mehr aus. Wir als Einzelne und die vielfältigen Gruppen, die in dieser Gesellschaft bestehen, sind darauf angewiesen, miteinander ins Gespräch gebracht zu werden – dafür sollen die Massenmedien sorgen. Dabei müssen wir uns der Tatsache bewusst sein, dass wir die Welt zum großen Teil nicht mehr unmittelbar erfahren; es handelt sich überwiegend um eine durch Medien vermittelte Welt.

Meinungsbildungsfunktion

Bei der Meinungsbildung fällt den Massenmedien ebenfalls eine bedeutsame Rolle zu. Dies ergibt sich aus der Überzeugung, in der Demokratie sei allen am meisten damit gedient, wenn Fragen von öffentlichem Interesse in freier und offener Diskussion erörtert werden. Es besteht dann die Hoffnung, dass im Kampf der Meinungen das Vernünftige die Chance hat, sich durchzusetzen. Da in einer modernen, differenziert strukturierten Gesellschaft eine Vielzahl von mehr oder weniger großen, zum Teil in Konkurrenz zueinander stehenden Interessengruppen existiert, gehört es auch zu den Aufgaben der Massenmedien, diesen Meinungspluralismus in einem angemessenen Verhältnis widerzuspiegeln.

Kritik- und Kontrollfunktion

Im parlamentarischen Regierungssystem obliegt in erster Linie der Opposition die Aufgabe der Kritik und Kontrolle. Diese wird unterstützt und ergänzt durch die Kritik- und Kontrollfunktion der Medien. Ohne Presse, Hörfunk und Fernsehen, die Missstände aufspüren und durch ihre Berichte unter anderem parlamentarische Anfragen und Untersuchungsausschüsse anregen, liefe die Demokratie Gefahr, der Korruption oder der bürokratischen Willkür zu erliegen. Wie die Wirkungsforschung hervorhebt, haben viele Medien über die erwähnten Funktionen hinaus weitere übernommen, zum Beispiel die Thematisierungsfunktion. Diese „agenda setting function", wie sie in den USA heißt, bedeutet, dass diejenigen, die die unterschiedlichen Medien lesen, hören und sehen, genau die Themen für wichtig halten, die darin behandelt werden. Die Medien sind jedoch nicht nur entscheidend dafür verantwortlich, welche Themen auf der Tagesordnung stehen, sondern sie legen auch fest, in welcher Rangfolge der Dringlichkeit diese Themen behandelt werden.

Informationen zur politischen Bildung Nr. 260, Massenmedien, hg. von der Bundeszentrale für politische Bildung, Bonn 3/1998

Karikatur: Papan

M 38

„Zwei Engel für Stoiber“

Die Zeitschrift „Bunte“ interviewte im Sommer 2002 die Töchter des damaligen Kanzlerkandidaten und Ministerpräsidenten Edmund Stoiber (CSU).

Wie lebt es sich eigentlich mit dem Namen Stoiber?

Das war nicht immer einfach. Vor allem in den 80er Jahren, als die Grünen populär wurden und so viel über Politik diskutiert wurde. Ich verkörperte in der Schule automatisch die CSU, als hätte ich einen schwarzen Stempel auf der Stirn. Ich wurde oft angegriffen und musste mich verteidigen. Da habe ich mir schon manchmal gewünscht, mein Vater hätte einen anderen Beruf.

Und wie war das, als Sie Ihren ersten Freund mit nach Hause brachten – musste der Fragen nach seiner politischen Einstellung beantworten?

Natürlich nicht. Bei uns musste auch noch niemand sein Parteibuch an der Haustür vorzeigen. Meinen Eltern war immer nur wichtig, dass wir glücklich sind.

Ist Ihr Vater ein Machtmensch?

Nein, überhaupt nicht. Zu Hause ist eher die Mama der Chef. Wichtige Entscheidungen würde der Papa nie ohne sie treffen.

Welche Rolle spielt denn die Politik in Ihrem Familienleben?

Eine ganz große – aber eine andere, als viele vielleicht meinen. Unsere politische Meinung ist unserem Vater schon wichtig. Die eigene Familie ist ja auch ein Stück Lebenswirklichkeit für die Politiker. Er fragt oft um Rat, zum Beispiel wenn es um Probleme junger Mütter geht.

Bleibt Ihrem Vater überhaupt noch Zeit für Ihre Sorgen?

Auch wenn sein Job manchmal alles andere beherrscht: Wenn´s brennt, kann der Papa die Arbeit auch mal Arbeit sein lassen. Er ist ein großartiger Tröster und ein warmherziger Mensch.

Das klingt nach einem ganz neuen Edmund Stoiber, viele schätzen ihn anders ein. Akzeptiert er denn auch, wenn Sie ihm Tipps für sein Image in der Öffentlichkeit geben?

Ich will gar nicht, dass er sich für irgendein Image verbiegt. Im Job ist er fleißig und ehrgeizig. Und er neigt öffentlich eben nicht zu Gefühlsausbrüchen. Aber er ist absolut echt. Anfangs hat es mir etwas weh getan, dass viele die menschliche Seite in ihm nicht gesehen haben.

Katja Syka-Böttcher, BUNTE Nr. 30/2002, S. 50 f.

Image

Infobox

Der Ausdruck Image (engl.: "Bild") bezeichnet das Ansehen bzw. die Ausstrahlung, die eine Person, eine Personengruppe oder ein Unternehmen hat.
Dieses Ansehen sucht man sich vor allem auf einer positiven Emotions- und Sympathieebene zu verschaffen. Dazu bedient man sich einer aufwändigen Imagepflege. Imagekampagnen, erarbeitet von Imageberatungsunternehmen, bedienen sich insbesondere der Werbung.

Das Image ist ein gezieltes Stimmungsbild, das weniger das zu konsumierende Produkt oder die präsentierte Person in den Vordergrund stellt. Es assoziiert vielmehr ein sich damit verbindendes positives Gefühl wie Lebensfreude, Vitalität oder Jugendlichkeit, Coolness etc. und erreicht so auf subtile, feinsinnige Weise sein Ziel.

Autorentext

M 39 Das Private in der Politik – ein neuer Medientrend?

Das enge Verhältnis zwischen politischen Journalisten und Politikern in Deutschland ist auch von Journalisten selbst schon als Symbiose bezeichnet worden. Symbiose bezeichnet das Zusammenleben ungleicher Lebewesen zu deren gegenseitigem Nutzen. Die einen suchen Öffentlichkeit, die anderen haben eine öffentliche Aufgabe zu erfüllen. Ungleich sind Politiker und Journalisten insofern, als sie unterschiedliche Ziele verfolgen – die einen wollen Macht, die anderen brauchen Informationen. Bei der Verwirklichung ihrer Ziele treffen sich indessen ihre Interessen, und daraus entsteht der gegenseitige Nutzen.

Die allseitige Beliebtheit der Talkshows – bei den Sendern, dem Publikum und den Politikern – hat ihren Teil dazu beigetragen, dass Privates öffentlich gemacht wird. Politiker nutzen mittlerweile auch die eher unpolitischen Talkshows für ihre Selbstdarstellung. Eine Analyse von Talkshows über den Zeitraum von einem Jahr hat gezeigt, dass rund die Hälfte aller Themen, die von Politikern dort angesprochen werden, privater Natur sind. Bei ihren Talkshow-Auftritten nähern sich Politiker mit der Bezugnahme auf Persönliches und Privates den Stars aus dem Showbusiness an und heben sich damit gegenüber anderen Experten, die stärker auf Fakten und Analysen Bezug nehmen, ab.

Dass Politiker Privates in die Öffentlichkeit tragen und den Medien damit willkommenen Stoff liefern und umgekehrt die Medien die imaginäre Grenze zwischen Öffentlichem und Privatem heute bereitwillig überschreiten, hat verschiedene Gründe. Die Strategie der Vermenschlichung ist eine klassische Imagestrategie der Politik. Sie lässt den Politiker als „Mensch wie du und ich" erscheinen, macht ihn der Wählerschaft vertraut. Sie wird bevorzugt eingesetzt für die Arbeit am Image hölzern, arrogant oder kalt wirkender Politikertypen.

Diese Strategie dient der Politik auch ganz allgemein zur Demonstration von Nähe zur Bevölkerung, um der Politikverdrossenheit in der Wählerschaft zu begegnen, die die Politiker als abgehoben und nur an der eigenen Machtsicherung interessiert empfindet.

Die Strategie der Vereinfachung und der Ablenkung durch Privatisierung ist die Antwort auf die Komplexität der Politik, die sich nur schwer vermitteln lässt. Politische Programme, Lösungen für politische Probleme werden daher bevorzugt an Personen geknüpft, durch Personen symbolisiert: Der Politiker steht für die Sache. Mit Personalisierung vereinfacht das politische System die Politikdarstellung für sich, antwortet damit aber zugleich auch auf die Bedürfnisse der Medien, zumal des Fernsehens, das auch abstrakte Politik konkret – mit Bildern – präsentieren muss, und auf die Bedürfnisse des Publikums, dem die Orientierung an Personen allemal leichter fällt als die Auseinandersetzung mit Sachfragen.

Christina Holtz-Bacha, Aus Politik und Zeitgeschichte, B 41-42/2001

Aufgaben zu M 35 – M 39

1. *Erläutere, was unter einer Mediendemokratie verstanden wird (M 35, M 36).*
2. *Welche besonderen Aufgaben sollten die Medien in einer Massendemokratie erfüllen? Entwerft dazu ein Informationsplakat. Ordnet den einzelnen Bereichen aktuelle Zeitungsüberschriften zu (M 37). Diskutiert, ob die Medien ihre Aufgaben noch ausreichend erfüllen.*
3. *Welches Image von Edmund Stoiber wird in M 38 transportiert?*
4. *Erläutere, inwiefern das Verhältnis zwischen Politikern und Journalisten als „Symbiose" verstanden werden kann (M 39).*
5. *Zur Vertiefung: Stellt euch vor, ihr wärt Imageberater eines Spitzenpolitikers. Wie sieht ein „perfektes" Image eines Spitzenpolitikers aus?*
   Überlegt, wie dieses Image in den Medien verbreitet werden könnte.

Deutschland – eine Mediendemokratie?

Mediendemokratie
M 36

Mediendemokratie bezeichnet eine Form der Demokratie, in der sich die Bürger im Wesentlichen mit Hilfe von Medien über politische, soziale und wirtschaftliche Fragen informieren.

Funktionen von Medien
M 37

In der Demokratie erfüllen die Massenmedien Presse, Hörfunk, Fernsehen und Internet drei wesentliche, sich zum Teil überlappende Funktionen:
- Information/Bildung
- Meinungsbildung
- Kritik und Kontrolle

Darüber hinaus wollen die Medien auch unterhalten.

Information und Bildung

Da wir in einer immer komplexer werdenden Welt die wenigsten Informationen durch eigene Erfahrung oder im direkten Gespräch gewinnen können, sind wir auf die Informationen der Massenmedien angewiesen. Unser Bild von der Wirklichkeit ist also wesentlich durch die Massenmedien geprägt. Für ein möglichst präzises Abbild der Wirklichkeit sollten die Massenmedien so vollständig, sachlich und verständlich wie möglich informieren, damit ihre Nutzer in die Lage versetzt werden, das wirtschaftliche, soziale und politische Geschehen zu begreifen, die Funktionsweise des politischen Systems zu durchschauen und ihre eigenen Interessenlage zu erkennen. Als Wähler sind sie auf unabhängige, wahrheitsgemäße und sorgfältig recherchierte Informationen angewiesen.

Meinungsbildung

Aber auch bei der Meinungsbildung fällt den Medien eine bedeutende Rolle zu. Dies ergibt sich aus der Funktionsweise einer pluralistischen Gesellschaft. Im Streit der unterschiedlichen Meinungen soll sich die beste und vernünftigste Lösung durchsetzen. Die Medien sollen die in der Bevölkerung bestehenden vielfältigen Meinungen widerspiegeln und sie in die öffentliche Diskussion einbringen.

Kontrolle

Zwar obliegt im parlamentarischen Regierungssystem in erster Linie der Opposition die Aufgabe der Kritik und Kontrolle, doch sind Opposition und andere Kontrollorgane auf die Vermittlung durch die Massenmedien angewiesen. Würde z.B. der jährliche Bericht des Bundesrechnungshofes nicht durch die Medien verbreitet, würden nur wenige Menschen über die ineffiziente Verwendung von Steuergeldern informiert werden. Außerdem decken Journalisten durch eigene Recherchen immer wieder politische Missstände auf und versetzen die Bürger durch ihre Berichterstattung in die Lage, politische Prozesse zu durchschauen und beurteilen zu können. Deshalb werden die Medien auch als „vierte (kontrollierende) Gewalt" bezeichnet.

Politainment
M 38, M 39

Images
Infobox

Ob die Medien ihrer Aufgabe noch gerecht werden, ist eine Ermessensfrage. Die aus der Marktkonkurrenz entstehende Orientierung der Programme an den Einschaltquoten führt zu der Tendenz, Politik oder allgemein Informationen zunehmend als Unterhaltung zu präsentieren (Politainment/Infotainment) und sich stärker auf Personen (Images) und Ereignisse als auf Hintergründe und Strukturen zu konzentrieren, da diese schwer zu vermitteln sind. Überdies neigen Politiker dazu, ihre Botschaften mediengerecht zu inszenieren, um sich die Aufmerksamkeit der Medien zu sichern.

2. Politischer Entscheidungsprozess und Herrschaftskontrolle

2.1 Die Regierung im Kräftefeld der Politik

M 1 Die Bundeskanzler[1] der Bundesrepublik Deutschland

Konrad Adenauer (CDU)
1949 bis 1963, Koalition CDU/CSU mit FDP und/oder DP

Ludwig Erhard (CDU)
1963 bis 1966, Koalition aus CDU/CSU und FDP

Kurt Georg Kiesinger (CDU)
1966 bis 1969, Koalition aus CDU/CSU und SPD

Williy Brandt (SPD)
1969 bis 1974, Koalition aus SPD und FDP

Helmut Schmidt (SPD)
1974 bis 1982, Koalition aus SPD und FDP

Helmut Kohl (CDU)
1982 bis 1998, Koalition aus CDU/CSU und FDP

Gerhard Schröder (SPD)
1998 bis 2005, Koalition aus SPD und Bündnis 90/ Die Grünen

Angela Merkel (CDU)
seit 2005, Koalition aus CDU/CSU und SPD

M 2 Die Bundeskanzlerin in den Schlagzeilen

Einbürgerungstest: Merkel fordert "bewusstes Bekenntnis zu diesem Land"

Kongo-Einsatz: Merkel stellt Bedingungen für Bundeswehr-Mission

Energiegipfel: Merkel streicht Debatte über Atomausstieg

Finanzpolitik: Merkel will keine Ausnahmen bei der Mehrwertsteuer

Mindestlohn-Debatte: Merkel will Streit beruhigen

Bundeskanzlerin einig mit Frankreichs Präsident Chirac

Schlagzeilen aus der Zeitung, Januar/Februar 2006

[1] Bezieht sich der Begriff auf die Bezeichnung des Amtes, so wird weiterhin die männliche Form verwendet, bezieht sich der Begriff auf die aktuelle Besetzung des Amtes durch Angela Merkel, so wird die weibliche Form verwendet. Aufgrund der unterschiedlichen Handhabung in den Quellen lässt sich diese Regelung nicht immer konsequent umsetzen.

Wie mächtig ist der Bundeskanzler?

M 3

Absolut zentral in der Regierung ist die Stellung des Bundeskanzlers, und diese Zentralität verleiht dem Amt eine ungeheure Machtfülle. Diese wird allerdings eingeschränkt durch dessen Abhängigkeit vom Bundestag, der ihn wählt, dem er verantwortlich ist und der ihn schließlich auch über den Weg des Konstruktiven Misstrauensvotums abwählen kann.

Ist er auf Vorschlag des Bundespräsidenten bzw. der -präsidentin gewählt, so schlägt er die Namen der Minister und Ministerinnen vor, die seinem Kabinett angehören sollen. Dem Bundestagspräsidenten wiederum obliegt dann die Ernennung. Eine genauso zentrale Stellung hat der Kanzler bezüglich der Entlassung der Minister und Ministerinnen inne, er schlägt vor und der Bundespräsident entlässt (Art. 64 GG). Und schließlich endet die Amtszeit der Kabinettsmitglieder auch mit derjenigen des Kanzlers (Art. 69 Abs. III). ...

Art. 65 GG weist dem Amt des Bundeskanzlers keinesfalls nur die Stellung eines primus inter pares zu, sondern echte Führungsfunktionen:

- Der Kanzler schlägt die Minister und Ministerinnen zur Ernennung und Entlassung vor
- er bestimmt die „Richtlinien der Politik und trägt dafür die Verantwortung“ (Art. 65 I S. 1)
- er allein ist gegenüber dem Parlament mit voller Sanktionsmöglichkeit verantwortlich
- und schließlich hat er die Organisationsgewalt der Regierung, d. h., er bestimmt über Anzahl und Struktur der Ministerien.

Die verfassungsrechtliche Basis für die Machtstellung des Bundeskanzlers liegt eindeutig in seiner Richtlinienkompetenz. Sie ist das Instrument zur „Disziplinierung“ seines Kabinetts.

Durch eine ihm geeignet erscheinende „Personalpolitik“ in seinem Kabinett kann er sich nicht nur eine arbeitsfähige Regierung zusammenstellen, sondern durch die Um- oder Neuorganisation kann er auch auf bestimmte Problemlagen oder Stimmungen in der Bevölkerung eingehen.

Irene Gerlach, Bundesrepublik Deutschland, Entwicklungen, Strukturen und Akteure eines politischen Systems, Opladen 1999, S. 202 f.

So arbeitet die Bundesregierung

M 4

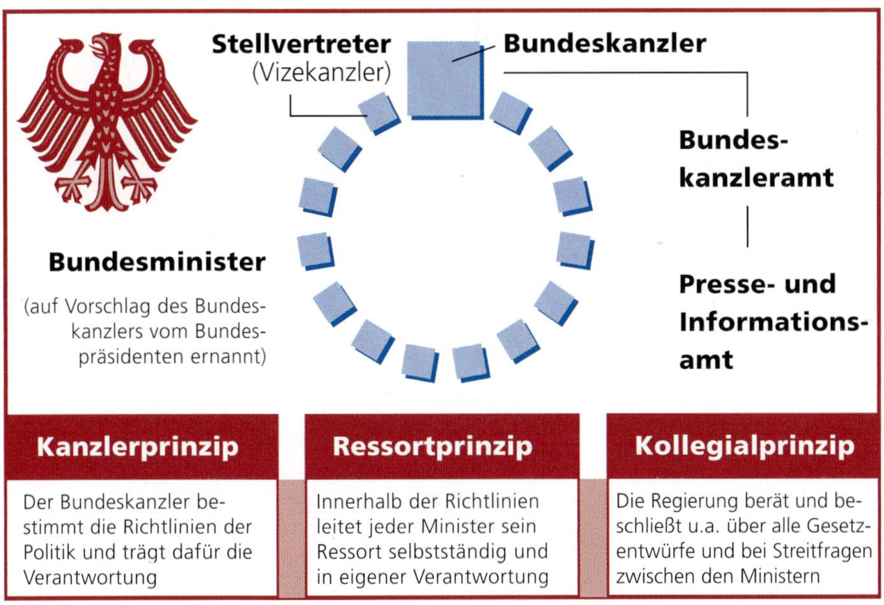

Erich Schmidt Verlag, Zahlenbilder 67123

M 5 Wenn der Kanzler keine Mehrheit hat

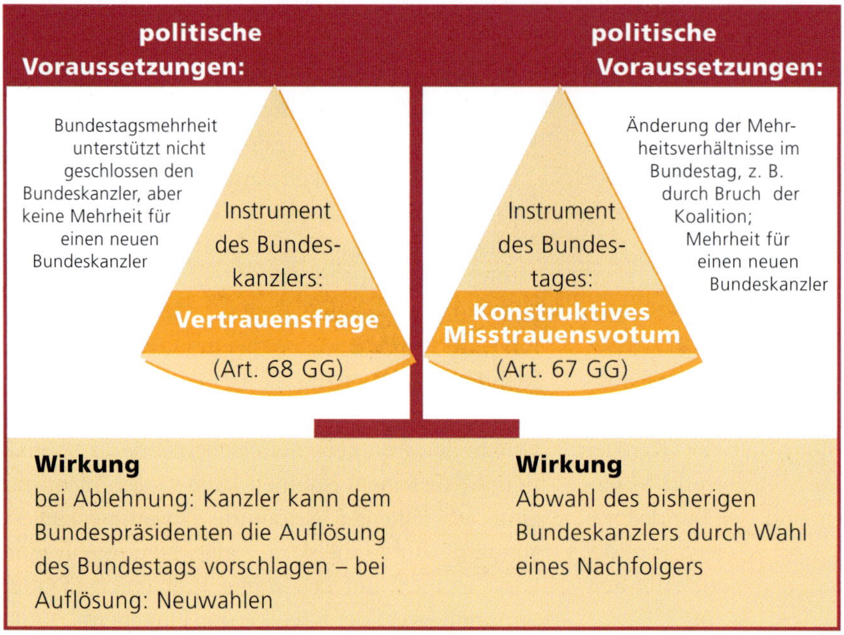

Infobox

Konstruktives Misstrauensvotum

Artikel 67 GG
(1) Der Bundestag kann dem Bundeskanzler das Misstrauen nur dadurch aussprechen, dass er mit der Mehrheit seiner Mitglieder einen Nachfolger wählt und den Bundespräsidenten ersucht, den Bundeskanzler zu entlassen. Der Bundespräsident muss dem Ersuchen entsprechen und den Gewählten ernennen.

Vertrauensfrage

Artikel 68 GG
(1) Findet ein Antrag des Bundeskanzlers, ihm das Vertrauen auszusprechen, nicht die Zustimmung der Mehrheit der Mitglieder des Bundestages, so kann der Bundespräsident auf Vorschlag des Bundeskanzlers binnen einundzwanzig Tagen den Bundestag auflösen. Das Recht zur Auflösung erlischt, sobald der Bundestag mit der Mehrheit seiner Mitglieder einen anderen Bundeskanzler wählt.

Aufgaben zu M 2 – M 5

1. *Die Demokratie in Deutschland wird auch als „Kanzlerdemokratie" bezeichnet. Erläutere, was den Bundeskanzler so mächtig macht (M 2, M 3).*

2. *Nenne die Regeln und Prinzipien, durch die die Macht des Bundeskanzlers beschränkt wird (M 3 – M 5).*

Der Dualismus von regierender Mehrheit und Opposition

M 6

Die politische Grenzlinie verläuft in erster Linie nicht mehr zwischen dem Parlament auf der einen und der Regierung auf der anderen Seite, die entscheidende Trennungslinie liegt in einem parlamentarischen System zwischen der Regierungs- beziehungsweise Parlamentsmehrheit und der Regierung auf der einen sowie der Opposition auf der anderen Seite. Die Regierungsmehrheit, die heute einen Regierungschef wählt, kann morgen nicht so tun, als ob sie mit dessen Person und Regierung nichts verbinde. Durch eine Verweigerung der Zusammenarbeit mit dem von ihr gestellten Regierungschef würde sie sich selbst einen Fehler bescheinigen – nämlich denjenigen, den falschen Kanzler gewählt zu haben. Die Brücke, über die Parlamentsmehrheit und Regierung im heutigen parlamentarischen Regierungssystem verbunden sind, bilden die Parteien. Jedoch muss dies nicht unbedingt bedeuten, dass Regierung und Parlamentsmehrheit eine absolute Einheit darstellen. Die unterschiedliche Intensität der Beziehungen zwischen diesen beiden Organen hängt in erster Linie ab von der Anzahl der Parteien, die zur Bildung einer Regierung notwendig sind.

Informationen zur politischen Bildung Nr. 227, Parlamentarische Demokratie 1, Neudruck 1993, S. 26 f.

Welche Aufgaben hat die Opposition?

M 7

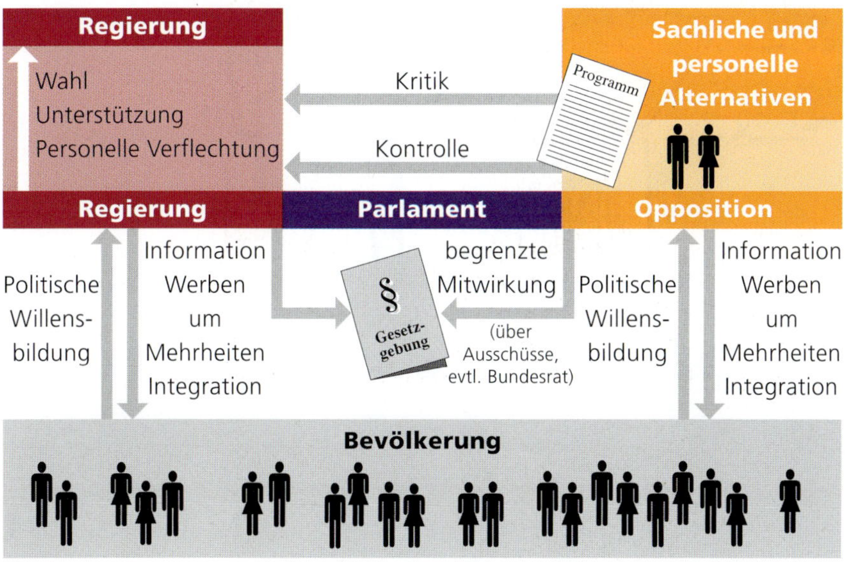

nach: Erich Schmidt Verlag, Zahlenbilder 67260

„Die Rolle der Opposition ist eine elementar wichtige Rolle in der parlamentarischen Demokratie – auch wenn es immer nur die zweitschönste Rolle sein kann.

Die Aufgabe der Opposition ist eine zweifache: zum einen, das Handeln der Regierung kritisch zu begleiten, auf Fehlentscheidungen und Fehlentwicklungen aufmerksam zu machen, wo nötig, auch öffentlichen Widerstand zu organisieren; zum anderen, die eigenen Alternativen darzulegen, für sie zu werben, neue Mehrheiten für diese Alternativen zusammenzubekommen."

Wolfgang Schäuble, Bundesinnenminister, damaliger Vorsitzender der CDU/CSU-Bundestagsfraktion, (1991 – 2000), in: Blickpunkt Bundestag 5/98, S. 66 f.

Aufgaben zu M 6 – M 7

1. *Nenne die Aufgaben, die die Opposition im Deutschen Bundestag hat (M 6, M 7).*

2. *Welcher der folgenden Aussagen stimmst du zu? Begründe deine Meinung.*
a) Aufgabe der Opposition ist es, die Bundesregierung zu kontrollieren und zu kritisieren.
b) Bei bedeutenden Gesetzesinitiativen muss die Opposition mit der Regierung zusammenarbeiten.
c) Die Opposition darf alles ablehnen, was die Regierung macht. Das ist schließlich ihre Aufgabe.

M 8 Regieren die Verbände? – „Jagdfreuden"

Jagdfreuden der deutschen Interessenverbände

Haitzinger/CCC, www.c5.net

Infobox

Interessenverband

Ein freiwilliger Zusammenschluss von Personen, die sich zur Vertretung gemeinsamer politischer, wirtschaftlicher oder sozialer Interessen eine feste Organisationsform geben.
Zu den wichtigsten Interessenverbänden gehören v.a. Gewerkschaften und Arbeitgeberverbände. Sofern die Interessenverbände auf die Gesetzgebung und andere politische Aktivitäten Einfluss zu nehmen suchen, werden sie auch als „Pressure-Groups" bezeichnet. Im Unterschied zu den Parteien stellen Interessenverbände nicht selbst Kandidaten bei der Wahl auf, sondern sie versuchen, indirekt auf Gesetzgebung und Verwaltung Einfluss zu nehmen.

Schülerduden Politik und Gesellschaft, 5. Aufl., Mannheim n.a. 2005, S. 201

M 9

Die Regierungserklärung der neuen Bundeskanzlerin – und die Reaktion der Verbände

In ihrer Regierungserklärung stellte die neu gewählte Bundeskanzlerin Angela Merkel am 30.11.2005 ihr Programm für die nächsten Jahre vor. Die Reaktionen der Verbände fielen unterschiedlich aus:

„Diese Regierungserklärung bietet viel Hoffnung für unser Land", erklärte der Präsident des Bundesverbandes der Deutschen Industrie (BDI), Jürgen R. Thumann. Merkels gleichzeitige Betonung von Freiheit und Solidarität werde dazu beitragen, dass die lähmenden ideologischen Grabenkämpfe aufhörten.

Der Präsident des Deutschen Industrie- und Handelskammertages (DIHK) Ludwig Georg Braun, sagte: „Die Regierungserklärung hat deutlich gemacht, dass Bundeskanzlerin Angela Merkel persönlich über den Koalitionsvertrag hinaus will." Für eine Trendwende am Arbeitsmarkt 2006 reichten die Vorhaben im Koalitionsvertrag nicht aus. „Wir brauchen deutlich mehr Reformschwung, um tatsächlich zu mehr Beschäftigung zu kommen", so Braun.

Der Präsident des Zentralverbandes des Deutschen Handwerks (ZDH), Otto Kentzler, erklärte, das Handwerk nehme Bundeskanzlerin Merkel gern beim Wort, wenn sie Verlässlichkeit als Markenzeichen ihrer Regierung verspreche. „Wir verlassen uns darauf, dass die Koalition eine Politik realisieren wird, die es dem Mittelstand wieder erlaubt, zu wachsen, mehr Menschen zu beschäftigen und für mehr Ausbildung zu sorgen", so Kentzler.

Kritisch äußerte sich der DGB-Vorsitzende Michael Sommer. Die Bundeskanzlerin sei viel zu unkonkret geblieben, wie sie den Millionen von Arbeitslosen Zugang zu sozial versicherten und anständig bezahlten Jobs verschaffen wolle.

IG Metall-Chef Peters sagte: „Eine Regierungserklärung, die der Zuckermarktverordnung fast so viel Platz einräumt wie der Massenarbeitslosigkeit, wird den Anforderungen nicht gerecht."

Handelsblatt, 30.11.2005

M 10

Wo nehmen Interessenverbände Einfluss?

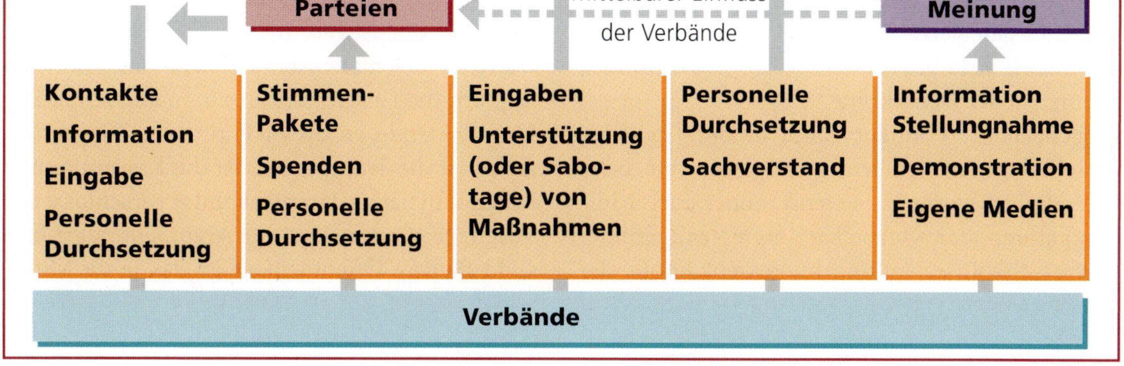

Wolfgang Rudzio, Die organisierte Demokratie, Parteien und Verbände in der Bundesrepublik, Stuttgart 1977, S. 41

M 11 Kontrovers diskutiert: Haben die Interessenverbände zu viel Einfluss?

a) Pro: Demokratie der Bremsklötze

Im Bundestagshandbuch, dem Verzeichnis aller Abgeordneten, sind viele Gründe nachzulesen, warum sich dieser Staat so schwer tut mit Reformen. Belege finden sich fast auf jeder Seite. Unsere Volksvertreter sind zwar allesamt vom Volk gewählt. Aber sie vertreten viele andere Interessen: Verbände, Konfessionen, Wirtschaftsbranchen und Berufsstände wie den öffentlichen Dienst. Drei Viertel der SPD-Abgeordneten und ein Drittel aller Parlamentarier sind Mitglied einer Gewerkschaft. Vier von zehn üben ein Amt in Verbänden aus, ähnlich viele waren vor ihrer Politkarriere beim Staat angestellt. Das wichtigste Entscheidungsgremium der Republik ist auch eine Arena der Besitzstandswahrer.

„Die Lobby regiert das Land" heißt ein Buch über die Berliner Verhältnisse. Der Autor verfügt über intime Kenntnisse. Schon in den Anfangsjahren der Bundesrepublik warnte der Politologe Theodor Eschenburg vor der „Herrschaft der Verbände". Auch wenn dies alles überspitzt sein mag, so steht doch außer Zweifel, dass die Vertreter organisierter Sonderinteressen in den Hinterzimmern der Macht ein gewichtiges Wort mitreden. Die Demokratie ist kein Marionettentheater von Funktionären. Aber der politische Alltag lehrt, dass viele Reformideen zwischen den Mühlsteinen von Verbandsinteressen zerrieben werden. So beginnt eine typische Reformkarriere in Deutschland mit Vorschlägen, welche bereits das Wasserzeichen jener tragen, die Reformen bis dato zu verhindern wussten. Sie begleiten den weiteren Diskussionsprozess mit Klageliedern gegen „Sonderopfer" oder „Sozialabbau", bombardieren die Entscheidungsträger mit Einwänden, inszenieren öffentlichen Protest, intervenieren hinter den Kulissen, schachern um Zugeständnisse.

Und das Ganze endet mit so genannten Kompromissen, die sich Reformatoren wie Peter Hartz nur mit dem „mangelnden Mut der politischen Eliten" erklären können. Konsens ist ein zentrales Prinzip der Demokratie. Jede Demokratie lebt vom Ausgleich unterschiedlicher Interessen. Verbände und Bürgerinitiativen, Gewerkschaften und Standesorganisationen sind die Sprachrohre solcher Interessen. Sie befördern Diskurse über strittige Fragen, verschaffen dem Volk Gehör bei dessen Vertretern, bilden ein Gegengewicht zu Parlament und Parteien. Die Konsensgesellschaft tendiert allerdings zum Stillstand, wenn die Politik vor den heimlichen Vetomächten kapituliert, wenn diese die Ansprüche und Pfründe ihrer Klientel bedroht sehen. Falls Gewicht und Einfluss dieser organisierten Egoismen überhand nehmen, droht Reformunfähigkeit.

Armin Käfer, Stuttgarter Zeitung, 3.12.2002

b) Kontra: Der Kampf für eigene Interessen gehört zur Demokratie

Demokratie lebt vom Streit und Ausgleich der Interessen, die sich in einer freien Gesellschaft naturgemäß voneinander unterscheiden. Demokratie lebt vom organisierten Wechselspiel unterschiedlicher Akteure – Interessengruppen, Verbände aller Art, Gewerkschaften, Kommunen, Unternehmen, Parteien und politischen Entscheidern. Organisierte Interessenvertretung – und das meint ja Lobbyismus – ist ein konstitutives Element jeder Demokratie.

Abgeordnete, Politiker sind immer Teil der Gesellschaft, sie stehen nicht neben ihr oder irgendwie außerhalb. Sie sind immer auch Multiplikatoren der vielfachen Interessenkonflikte, Interessenkollisionen und Interessenkämpfe, die es in der Gesellschaft gibt. Sie können sich nicht heraushalten aus dem, was in ihrem Umfeld geschieht. Wie sollten sie auch? Abgeordnete wollen gestalten. Sie definieren sich selbst als Interessenvertreter – als durch demokratische Wahlen legitimierte Lobbyisten ihrer Wahlkreise nämlich.

Kontakte der Abgeordneten zu kundigen Sachwaltern verschiedenster Bereiche sind notwendig, um die Gesetzesarbeit zu qualifizieren. Das Entscheidende an dieser Form von Zusammenarbeit ist die Transparenz, ist die Kontrollierbarkeit. Lobbyismus darf nicht hinter verschlossenen Türen stattfinden. Und für Argumente darf kein Geld fließen. Öffentlichkeit ist das beste Mittel, um gegen Verstöße der politischen Moral vorzugehen. Wir brauchen in der Demokratie eine Kultur der Transparenz, denn erst die ermöglicht den Bürgerinnen und Bürgern qualifizierte Partizipation.

Als Beleg für die häufig zu hörende Kritik, dass der Einfluss der Lobbyisten ins Uferlose steige, wird immer wieder die Lobbyliste des Deutschen Bundestages genannt. Auf dieser Liste stehen jene Verbände, die an der Gesetzgebung teilhaben können. Es gibt inzwischen 1781 Einträge. Gleichwohl: Ich kann diesen Wunsch nach Teilhabe, nach Mitwirkung nicht wirklich kritisieren. Dass sich so viele Lobbyisten an den Bundestag wenden, also an der politischen Kommunikation beteiligt sein wollen, spricht doch nicht gegen das Parlament, sondern für das Parlament, für die Akzeptanz der demokratischen Gesetzgebung und ihrer Verfahren. Der Bundestag ist der zentrale Ort der Demokratie, hier werden die Gesetze beraten und verabschiedet. Es ist doch nur logisch, dass sich die Lobbyisten hier sammeln ...

Es gibt Instrumente, die dazu dienen, das Parlament vor einseitiger Einflussnahme zu schützen. Ich denke an die Medien, die eine öffentliche Kontrolle ausüben und sehr genau hinschauen, wenn Interessenkonflikte oder Vorteilsnahmen drohen.

Wichtig sind auch die Verhaltensregeln für Abgeordnete des Deutschen Bundestages. Ein Mitglied, das beruflich oder auf Honorarbasis mit einem Thema beschäftigt ist, das in einem Ausschuss zur Beratung ansteht, hat als Mitglied dieses Ausschusses vor der Beratung eine Interessenverknüpfung offenzulegen. Es gibt also eine Verpflichtung des Abgeordneten, Interessenkollisionen zu vermeiden und sie kenntlich zu machen. Dazu dienen auch die veröffentlichungspflichtigen Angaben der Abgeordneten gegenüber dem Bundestagspräsidenten über ihre Tätigkeiten in Aufsichts-, Verwaltungs- oder Beiräten, über Funktionen in Verbänden, Berater- oder Vertretertätigkeiten, Gutachten, Vorträge. Ein Teil dieser Angaben (Nebentätigkeiten) wird heute schon veröffentlicht. Ich wünschte mir aber noch größere Transparenz, damit für jeden Bürger nachvollziehbar ist, in welchen Interessen-Netzwerken ein Abgeordneter steht.

Wolfgang Thierse (SPD), Auszug aus der Rede zur Buchvorstellung „Lobbyismus in Deutschland" am 18.12.2003 in Berlin, Publik-Forum, 3/2004

Aufgaben zu M 8 – M 11

1. *Überprüfe die Aussage der Karikatur (M 8) mit Hilfe der Zeitungsmeldungen aus M 9.*
2. *Haben Interessenverbände zu viel Einfluss auf die Politik? Notiere drei Pro- und drei Kontra-Argumente (M 11). Welche Argumente findest du besonders überzeugend? Erstelle dazu eine Rangfolge.*
3. *Überlege, was Verbände und Parteien unterscheidet. Übertrage dazu die folgende Tabelle in dein Heft und vervollständige sie.*

Parteien	Verbände
Kommern sich um alle Probleme	Betätigen sich nur in einzelnen Bereichen (z.B. Wirtschaft, Umwelt...)
Bündeln unterschiedliche gesellschaftliche Interessen	
Beteiligen sich an Wahlen	-> nicht an Wahlen
	Versuchen Einfluss auf die Regierung zu nehmen
Sind der innerparteilichen Demokratie verpflichtet	

Was wir jetzt wissen:

Die Regierung im Kräftefeld der Politik

Regieren

Die Bundesregierung mit dem Kanzler an der Spitze hat die zentrale Aufgabe der politischen Führung. Einerseits soll der Wille der Parlamentsmehrheit von der Regierung in praktische Politik umgesetzt werden. Andererseits formt die Regierung den Mehrheitswillen des Parlaments auch durch politische Initiativen entscheidend mit.

Wahl des Bundeskanzlers

Nach einer Bundestagswahl hat der Bundestag die Aufgabe, mit der Mehrheit seiner Mitglieder einen neuen Bundeskanzler zu wählen. Hat eine Partei nach der Wahl keine Mehrheit der Sitze im Bundestag, so sucht sie sich (oftmals schon vor der Wahl) in der Regel eine ihr nahestehende Partei als Koalitionspartner, um sicher zu sein, dass ihr Kanzlerkandidat auch von der Mehrheit des Bundestags gewählt wird. Mit dem Koalitionspartner wird dann im Vorfeld der Wahl des Bundeskanzlers ein Regierungsprogramm (Koalitionsvertrag) ausgearbeitet und es werden die Ministerposten personell besetzt (Kabinettsbildung). Der Bundespräsident schlägt dann dem Bundestag den aussichtsreichsten Kandidaten für das Amt des Bundeskanzlers vor. Nach seiner Wahl durch die absolute Mehrheit der Mitglieder des Bundestages und Ernennung durch den Bundespräsidenten bildet der neue Bundeskanzler auch formal sein Kabinett.

Stellung des Bundeskanzlers
M 3

In der Regierung hat der Bundeskanzler eine hervorgehobene Stellung. Er bestimmt nach Art. 65 GG „die Richtlinien der Politik und trägt dafür die Verantwortung" (Kanzlerprinzip), d.h. er legt umfassende Ziele fest (wie z.B. Reformvorhaben). Darüber hinaus macht er dem Bundespräsidenten Vorschläge zur Ernennung und Entlassung von Kabinettsmitgliedern. Innerhalb der Richtlinien leiten die Minister ihr Ministerium selbstständig (Ressortprinzip). Abgeschwächt wird das Kanzlerprinzip auch durch das Kabinettsprinzip. So berät und beschließt das Kabinett als Ganzes über alle Gesetzentwürfe und entscheidet bei Streitfragen über die Zuständigkeit zwischen einzelnen Ministerien.

Machtbeschränkung
M 4, M 5

Weitere Begrenzungen ihrer Macht erfahren der Bundeskanzler und die Regierung durch die Tatsache, dass sie sich ständig einer Mehrheit im Bundestag versichern müssen, um regieren zu können. Die Regierung kann also nicht über die Köpfe der eigenen Fraktionen hinwegregieren oder die Bedürfnisse eines Koalitionspartners dauerhaft ignorieren.

Opposition
M 6, M 7

Die Opposition versucht, die Regierungsarbeit zu kontrollieren und öffentlich auf die Fehler der Regierung aufmerksam zu machen. Dabei will sie sich als bessere Alternative präsentieren, um die nächste Wahl zu gewinnen.

Vertrauensfrage und Misstrauensvotum
M 5

Wenn der Kanzler unsicher ist, ob er noch von der eigenen Mehrheit im Parlament unterstützt wird, kann er die Vertrauensfrage stellen. Erreicht der Kanzler dabei keine Mehrheit, so kann der Bundespräsident auf Vorschlag des Kanzlers den Bundestag auflösen und es kommt zu Neuwahlen.

Ändern sich die Mehrheitsverhältnisse im Bundestag (z.B. durch einen Bruch der Koalition), so kann die Opposition durch ein konstruktives Misstrauensvotum einen neuen Kanzler wählen, wenn sie dafür eine neue Mehrheit im Parlament hat.

Was wir jetzt wissen:

Interessenverbände
M 10

Um ihre Interessen besser vertreten zu können, schließen sich Personen oder z.B. Unternehmen einer Branche in Organisationen zusammen. Interessenverbände haben meist eine auf Dauer angelegte, feste Struktur. Es gibt kaum Sachbereiche des Lebens, in der sich keine Interessenorganisation gebildet hat.

Funktionen von Verbänden im politischen System
M 11

Um eine Berücksichtigung der von ihnen vertretenen Interessen zu erreichen, versuchen Verbandsvertreter (Lobbyisten) gezielt, politische Entscheidungen zu beeinflussen. Dazu bündeln sie die Wünsche und Meinungen ihrer Mitglieder in konkrete politische Forderungen und versuchen, diese durch gezielte Öffentlichkeitsarbeit, durch Bereitstellung oder Entzug von Wählerstimmen, Sachverstand und Spendengeldern durchzusetzen. Naturgemäß konzentrieren sie sich dabei auf die wichtigsten politischen Institutionen wie Ministerien, Bundesregierung und Bundestag, doch nutzen sie auch die indirekte Einflussnahme über die Medien.

„Lobbypolitik"

Die Öffentlichkeit sieht in der „Lobbypolitik" oft den ungerechtfertigten Versuch, Sonderinteressen auf Kosten der Allgemeinheit durchzusetzen. Beachtet werden muss, dass sich viele Interessen (z.B. von Kindern, Arbeitslosen oder Behinderten) nur schwer organisieren lassen und finanzkräftige und mitgliederstarke Verbände wie etwa die Gewerkschaften oder die Arbeitgeberverbände bessere Chancen haben, ihre Interessen einzubringen oder unliebsame Entscheidungen zu verhindern.

2.2 Wie arbeitet der Deutsche Bundestag?

M 12 Wo sind die Abgeordneten?

Oft beherrschen unbesetzte Reihen das Bild des Plenums im Bundestag. Politik-Talkshows erzielen dagegen regelmäßig hohe Einschaltquoten.

M 13 Ist die Kritik am Parlament berechtigt?

Abgeordnete sind verpflichtet, an Ausschusssitzungen zu den Gesetzen teilzunehmen, die ihr Ausschuss (z.B. der Verteidigungsausschuss) gerade bearbeitet. Sie müssen Fachleute hören und umfangreiches Informationsmaterial durcharbeiten, das ihr Mitarbeiterstab oder der wissenschaftliche Dienst des Bundestages zusammengetragen haben; es kostet sie Zeit, etwa im Arbeitskreis ihrer Fraktion eine kritische Anfrage an die Bundesregierung zu formulieren oder sich um Kontakte zu den Medien zu kümmern, ohne die sie ihre Anliegen nicht wirksam vertreten können. Auch für die Einzelinteressen und Probleme der Bürgerinnen und Bürger setzen sich die Abgeordneten oft in mühsamer Kleinarbeit ein. Die Arbeit im Wahlkreis erfordert zusätzlichen Zeitaufwand. Da muss die Plenumsdebatte oft zurückstehen. Dort werden nach getaner Ausschussarbeit häufig die allen Abgeordneten bereits bekannten Argumente ausgetauscht, die niemanden, der sich monate-, manchmal jahrelang mit einer Frage auseinandergesetzt hat, noch zu einem Meinungswandel veranlassen können. Trotzdem sind diese Debatten kein überflüssiges Ritual: Die Sprecherinnen und Sprecher der Fraktionen reden bewusst „zum Fenster hinaus", um der Öffentlichkeit die Gründe für ihre Sachentscheidungen zu vermitteln und so die in der Demokratie wichtige Transparenz zu ermöglichen.

Ein weiteres Stereotyp der Parlamentskritik behauptet, dass die Parlamentarierinnen und Parlamentarier zuviel streiten und zu wenig Einigkeit beweisen. Wie wenig das mit der Realität zu tun hat, zeigt schon die Statistik der Bundestagsgesetzgebung. Die meisten Gesetze werden nämlich im Einvernehmen von den vier Fraktionen verabschiedet. In den Augen der Öffentlichkeit decken freilich die Meinungsverschiedenheiten über die Steuerpolitik, die Rentenreform, die Arbeitsförderung, die Gesundheitspolitik oder die Zuwanderung die Gemeinsamkeiten auf anderen Gebieten zu. Solche Themen erfordern weitreichende Weichenstellungen und die Abstimmung mit den Interessen großer gesellschaftlicher Gruppen. Wer bei derartig komplexen Fragen schnelle und einfache Lösungen verlangt, überfordert die Politik.
Die Präsentation der Politik in den Medien trägt ein Übriges zur kritischen Haltung der Bevölkerung gegenüber der (Partei-) Politik bei: Im Kampf um Einschaltquoten und Verkaufszahlen am Kiosk geben die Medien dem Zwang zu Verknappung, zu Dramatisierung und Zuspitzung immer stärker nach. Sie veranlassen die Politikerinnen und Politiker zu Erklärungen von 30 bis 90 Sekunden Länge – für differenzierte, angemessene Sachaussagen bleibt da kaum noch Raum.

Information zur politischen Bildung aktuell, Bundestagswahlen 2002, Bonn 2002, S. 7

Infobox

Redeparlament/Arbeitsparlament

Es gibt zwei unterschiedliche Arten, wie Parlamente ihre Arbeit organisieren.
Im ***Redeparlament*** (z.B. das englische Unterhaus) wird die eigentliche Arbeit im Plenum gemacht. Ein weit gefächertes System von Ausschüssen, in denen die Parlamentarier arbeiten, gibt es nicht.
Im ***Arbeitsparlament*** (z.B. der amerikanische Kongress) gibt es ständige Ausschüsse, in denen die Parlamentarier arbeiten. Die eigentliche politische Arbeit findet hier in den Ausschüssen statt.
Der Bundestag kann als eine Mischform aus beiden angesehen werden. Er ist aber eher ein Arbeitsparlament. Das kann man auch daran erkennen, dass seit 1949 ca. 3000 Plenarsitzungen und 33.000 Ausschusssitzungen stattgefunden haben.

Autorentext

Die Organisation des Deutschen Bundestages

M 14

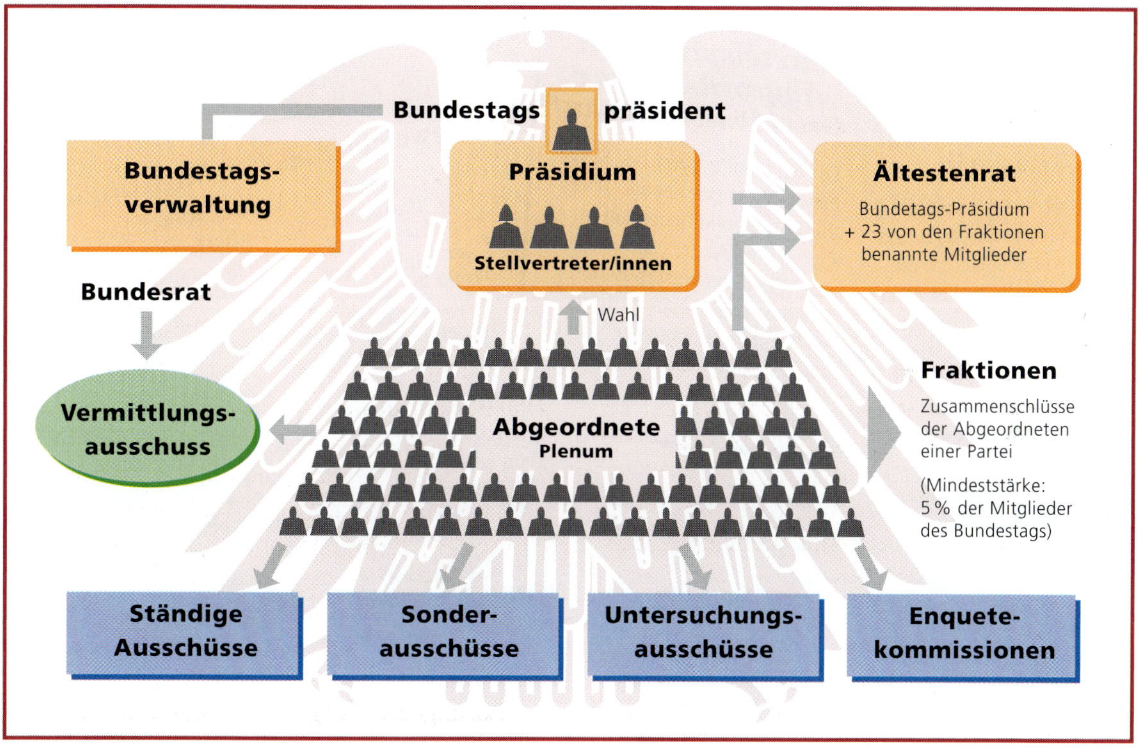

Erich Schmidt Verlag, Zahlenbilder 64110

Aufgabe zu M 12 – M 14

1. *Reagiere aus Sicht eines Abgeordneten mit einer Stellungnahme auf den Vorwurf, Abgeordnete würden sich vor der Parlamentsarbeit drücken und zu viel streiten.*

M 15 Die Agenda 2010 und der Widerstand der Abgeordneten

In der Regel werden von der Regierung ausgearbeitete und im Bundestag eingebrachte Gesetze von den Regierungsfraktionen auch verabschiedet. Bei der Agenda 2010, dem zentralen Reformprojekt der rot-grünen Bundesregierung, das Deutschland durch eine Reform der sozialen Sicherungssysteme im Jahr 2004 wieder auf Wachstumskurs bringen sollte, stieß der Bundeskanzler jedoch auch auf Widerstand aus den eigenen Reihen der SPD im Bundestag. Die Reaktionen auf die kritische Haltung der einzelnen Abgeordneten fielen unterschiedlich aus.

Die Schlagzeilen aus der Tagespresse:

Vorwurf der Erpressung

„Erpressung ist das, was die Abweichler machen – gegenüber der Bundesregierung und der absoluten Mehrheit der Fraktion", meinte ein Abgeordneter.

Neinsager sollen Mandat niederlegen

Der SPD-Abgeordnete Martin Schwanhold forderte dies öffentlich in der Neuen Osnabrücker Zeitung: „Wer der eigenen Regierung in für sie existenziell wichtigen Fragen die Gefolgschaft verweigert, der sollte dann auch so konsequent sein, sein Mandat niederzulegen."

Der Kanzler droht – der Widerstand wächst

Gerhard Schröder mochte drohen wie er wollte, sechs SPD-Rebellen bleiben bei ihrer Kritik an der Agenda 2010. Man werde sich nicht "brechen" lassen – und auch einzelne Grüne kündigten ein "Nein" zu den Hartz-Gesetzen an.

Schröder droht mit Rücktritt

Schröder hat wieder einmal die größte politische Keule geschwungen: Reformen oder Rücktritt. Er hat seine eigenen Leute nicht im Griff, zu viele meutern zu laut gegen zu viele Reformen. Der Kanzler weiß, dass sich Rücktrittsdrohungen bei häufigem Gebrauch abnutzen und die Wirkung entsprechend nachlässt.

Parteispitze ruft Abgeordnete zur Geschlossenheit auf

Die Spitzenvertreter der SPD haben die Abgeordneten zu mehr Geschlossenheit aufgerufen. Gerade die Abgeordneten, die über die Landeslisten in den Bundestag eingezogen sind, verdankten der Partei ihr Mandat. Dies verpflichte sie zu mehr Solidarität mit den Parteibeschlüssen.

Abweichler als Feiglinge tituliert

Als „Feiglinge" wurden die „Abweichler" von ihrer Parteiführung tituliert. Das sind sie mitnichten. Wer der Nötigung standhält, zu seiner Überzeugung steht, mit allen Konsequenzen, die das für ihn hat – womöglich der, von seiner Partei nicht mehr nominiert zu werden – der verdient Respekt.

Abstimmen ohne Zwang

„Bei der Abstimmung zur Reform des Gesundheitswesens haben sechs SPD-Abgeordnete gegen das ausgehandelte Reformpaket und damit gegen die eigene Fraktion votiert. Sollten sich kritische Abgeordnete bei Abstimmungen der Fraktionsdisziplin unterwerfen?

JA 22
NEIN 72
Antworten in %

Zusammengestellt aus Zeitungsmeldungen (November 2003)

M 16 Das freie Mandat im Grundgesetz

Art. 38, 1 GG Die Abgeordneten des Deutschen Bundestages werden in allgemeiner, unmittelbarer, freier, gleicher und geheimer Wahl gewählt. Sie sind Vertreter des ganzen Volkes, an Aufträge und Weisungen nicht gebunden und nur ihrem Gewissen unterworfen.

In einer repräsentativen Demokratie wird das Mandat als Auftrag des Volkes an den Abgeordneten (Mandatsträger) in der Volksvertretung (Parlament) verstanden. Unterschieden wird das freie Mandat, das den Vertreter nicht (in einem engen Sinne) an Aufträge und Weisungen bindet und das imperative Mandat, bei dem der Abgeordnete an die konkreten Entscheidungen und Aufträge der Partei oder Gruppe gebunden ist, von der er das Mandat erhalten hat.

Autorentext

M 17

Das Gewissen der Abgeordneten ...

Mester/CCC, www.c5.net

Aufgaben zu M 15 – M 17

1. *Vergleiche die Standpunkte in M 15 und erläutere das Spannungsverhältnis, in dem sich die Abgeordneten befinden (M 15 – M 17).*

2. *„Neinsager sollen Mandat niederlegen", forderte ein Mitglied der SPD-Bundestagsfraktion. Prüfe, ob diese Forderung mit dem Grundgesetz zu vereinbaren ist (M 16).*

M 18

Gestalten – verändern – bewegen: Was kann ein Abgeordneter erreichen?

BETTINA HAGEDORN, SPD

„Manchmal hat man Glück und kann so schnell die Dinge zum Positiven verändern. So, als sich Ende September ein Elternverein an mich wandte und auf verhängnisvolle Folgen eines Gerichtsurteils hinwies. Es war gerade ein Gesetz im Finanzministerium in Arbeit, in das wir schon im Oktober die Klarstellung aufnehmen konnten."

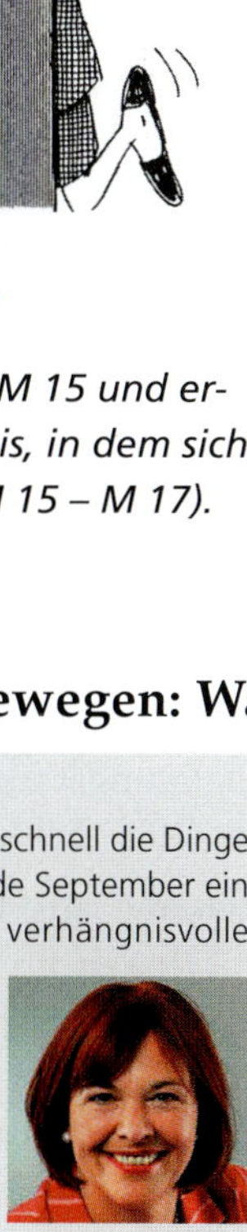

AXEL FISCHER, CDU/CSU

„Die Möglichkeiten sind sehr vielschichtig. Als Berichterstatter hat man beispielsweise großen Einfluss auf die Position der eigenen Fraktion. Und durch pointierte Debattenbeiträge im Bundestag vermag man auch die öffentliche Diskussion zu bewegen – so wie etwa meine Rede zu den hohen finanziellen Belastungen durch die Windkraft richtigen Wirbel entfachte."

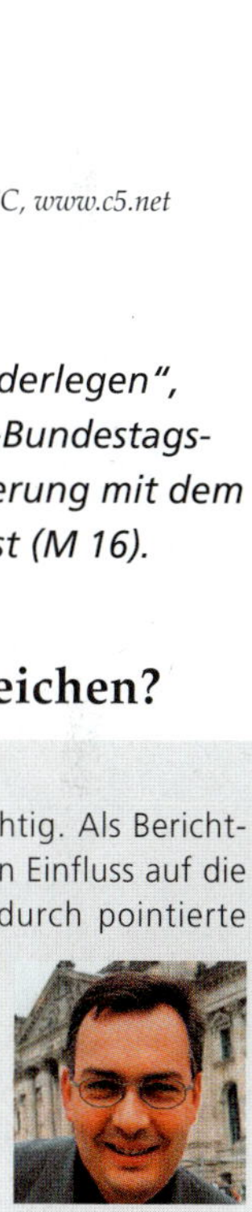

GUDRUN KOPP, FDP

„Man muss differenzieren zwischen den Einflussmöglichkeiten, die öffentlich wahrnehmbar sind, und den Gelegenheiten, die jeder einzelne Abgeordnete doch hinter den Kulissen hat. Jeder kann durch gute Facharbeit Denkprozesse mit initiieren – nicht nur in der eigenen Fraktion, sondern auch in den Ausschüssen des Bundestages."

KRISTA SAGER, BÜNDNIS 90/DIE GRÜNEN

„Jeder einzelne Abgeordnete kann Themen setzen. Er kann die Regierung dazu bringen, Informationen zu liefern, ihre Politik zu begründen oder auch Korrekturen an eigenen Vorhaben vorzunehmen. Mitglieder der Regierungsfraktionen vermögen eine ganze Menge auszurichten, wenn sie gemeinsam vereinbarte Projekte voranbringen."

www.bundestag.de/blickpunkt/102_Abgeordnete/0405004.html (15.3.2006)

M 19 Die Fragerechte des Bundestags

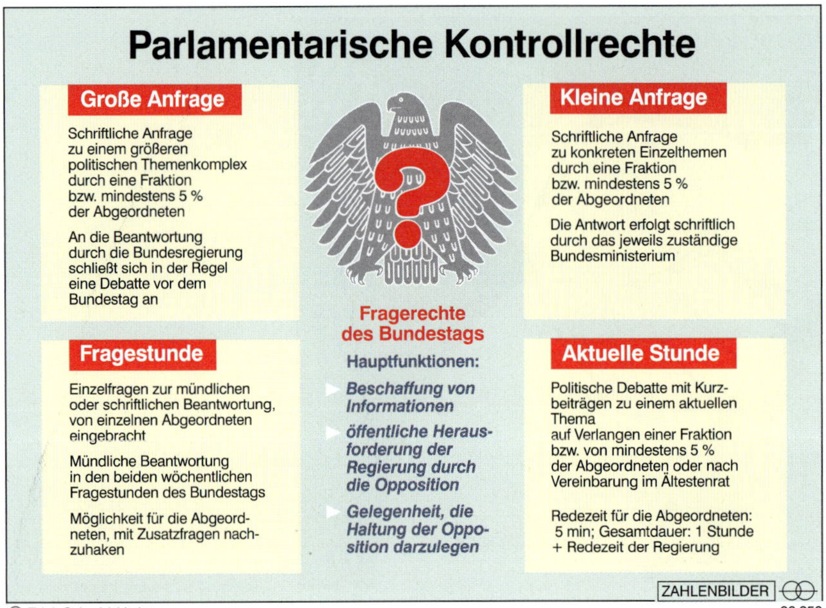

 66 250

M 20 Interview mit dem Bundestagsabgeordneten Ernst-Reinhard Beck

Herr Beck, braucht die Regierung eine Kontrolle durch den Bundestag?

Das System der Gewaltenteilung in Legislative, Exekutive und Judikative bedeutet die Aufteilung staatlicher Gewalt in sich gegenseitig kontrollierende und beschränkende Gewalten. Eine der Hauptaufgaben des Bundestages ist die Kontrolle der Bundesregierung, denn Machtmissbrauch wird am besten durch Machtkontrolle verhindert.

Dem Bundestag stehen verschiedene Kontrollinstrumente zur Verfügung. Welche dieser Instrumente halten Sie für besonders wirkungsvoll?

Neben einer Aktuellen Stunde haben die Fraktionen die Möglichkeit, die Regierung mittels Kleiner Anfragen und Großer Anfragen zu kontrollieren. Darüber hinaus können Fraktionen die Einsetzung von Untersuchungsausschüssen beantragen, in denen Verfehlungen geklärt werden sollen. Dem einzelnen Abgeordneten steht die Möglichkeit offen, vier Schriftliche Anfragen pro Monat und bis zu zwei mündlichen Fragen pro Sitzungswoche zu stellen. Als schärfste Form der Kontrolle steht dem Parlament das konstruktive Misstrauensvotum zur Verfügung. In diesem Fall wählt die Mehrheit der Mitglieder des Bundestages einen neuen Kanzler. All diese Instrumente werden vorwiegend von der Opposition eingesetzt. Die Regierungsfraktionen kontrollieren eher nicht in der Öffentlichkeit.

Nehmen aus Ihrer Sicht auch die Regierungsfraktionen ihr Recht, die Regierung zu kontrollieren, wahr?

Die Mitglieder der Regierungsfraktionen üben ihr Kontrollrecht über ihre eigene Regierung eher intern – in Fraktions- und Arbeitsgruppensitzungen – aus. Selten sind daher Schriftliche oder Mündliche Fragen an die Regierung.

Inwieweit wird die öffentliche Wirkung bei der Auswahl der Instrumente in der Fraktion berücksichtigt?

Bei der Auswahl der Instrumente ist die öffentliche Wirkung von entscheidender Bedeutung. Die größte Wirkung erzielt man, wenn das Fernsehen das Thema aufgreift.

Interview des Autors mit Ernst-Reinhard Beck über die Wahrnehmung der Kontrollrechte des Bundestags durch die Abgeordneten. Ernst-Reinhard Beck ist Bundestagsabgeordneter der CDU und vertritt den Wahlkreis Reutlingen in Berlin.

Infobox

Untersuchungsausschuss

Parlamentsausschuss, der vor allem der Aufklärung von Sachverhalten dient, die auf Missstände hinweisen. Im Zentrum der Kritik steht dabei die Regierung. Der Untersuchungsausschuss ist vor allem eine Waffe der Opposition. Nach Artikel 44 GG hat der Bundestag das Recht auf Antrag eines Viertels seiner Mitglieder einen Untersuchungsausschuss einzusetzen. Ein Untersuchungsausschuss kann Beweise nach den Vorschriften der Strafprozessordnung erheben und Rechts- und Amtshilfe in Anspruch nehmen.

Schülerduden Politik und Gesellschaft, 5. Aufl., Mannheim u. a. 2005, S. 408

Insgesamt 797 Kleine Anfragen an die Bundesregierung in der 15. Wahlperiode

M 21

Die Fraktionen des Deutschen Bundestages haben in der 15. Wahlperiode (2002 – 2005) insgesamt 797 Kleine Anfragen an die Bundesregierung gestellt. Die meisten Anfragen kamen mit 456 von der FDP, die CDU/CSU hat 338 Anfragen gestellt. SPD und Bündnis 90/Die Grünen haben zusammen eine Anfrage an die Regierung gestellt. Große Anfragen gab es insgesamt 65, von denen die CDU/ CSU 42 und die FDP 23, gestellt haben. Die Zahl der Aktuellen Stunden belief sich in der 15. Wahlperiode auf 71.

Deutscher Bundestag, Referat Sach- und Sprechregister, Stand 28.10.2005

Zur Wahlfunktion des Bundestages

M 22

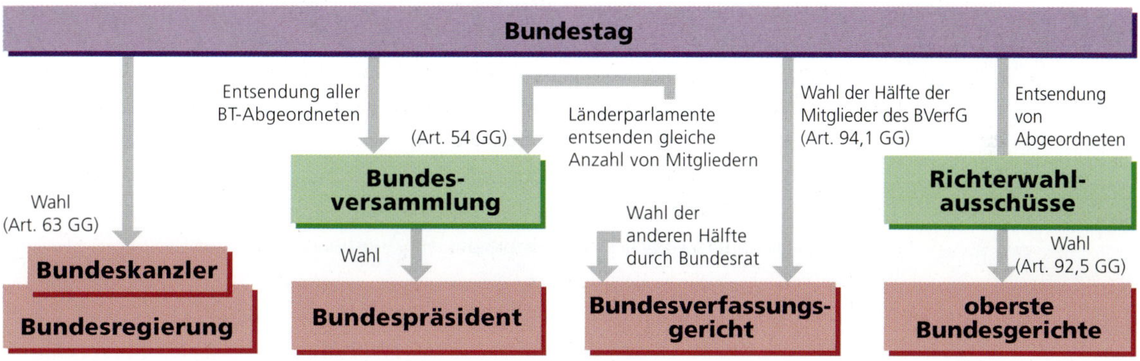

Erich Schmidt Verlag, Zahlenbilder 65380

Aufgaben zu M 18 – M 22

1. Ein Abgeordneter – alleine machtlos? Stelle dar, was die einzelnen Abgeordneten erreichen können (M 18 – M 20).

2. Der Bundestagsabgeordnete Ernst-Reinhard Beck behauptet in M 20, dass die Kontrollrechte vorwiegend von der Opposition eingesetzt werden. Überprüfe dies mit Hilfe von M 21.

3. „Bei der Auswahl der Instrumente ist die öffentliche Wirkung von entscheidender Bedeutung." (Ernst Reinhard Beck in M 20) Erläutere, welche Folgen dies für die Gestaltung von Politik haben kann.

Wie arbeitet der Deutsche Bundestag?

Der Bundestag im Zentrum der Demokratie
M 13, M 14

Der Deutsche Bundestag ist das einzige direkt vom Volk gewählte Verfassungsorgan des Bundes. Er steht damit im Zentrum der parlamentarischen Demokratie in der BRD und muss vielfältige Aufgaben erfüllen, z.B. stimmt er über Gesetze ab, kontrolliert und legitimiert die Regierung und wählt weitere Verfassungsorgane.

Stellung des Abgeordneten
M 16

Freies Mandat und Fraktionszwang

Abgeordnete, die derselben Partei angehören, schließen sich im Bundestag zu einer Fraktion zusammen. Die Fraktionen sind die politische Heimat für die Abgeordneten und bilden den organisatorischen Rahmen der Arbeit im Bundestag, denn anders wäre der Bundestag wohl kaum entscheidungsfähig. Bei Abstimmungen folgen die Abgeordneten in der Regel der von der Fraktion festgelegten Linie (Fraktionsdisziplin), obwohl sie eigentlich nach Art. 38 GG in ihren Entscheidungen frei sind (freies Mandat).

Aufgabe der Debatte

Auch die Debatten im Plenum des Bundestags erfüllen eine wichtige Aufgabe. Diese wird auch als Artikulationsfunktion bezeichnet. Durch den Austausch von Argumenten oder die Begründung von Gesetzesvorhaben wird Politik für den Bürger verständlicher und er kann sich ein besseres Bild von der Meinung der Parteien zu bestimmten Sachthemen machen. Eine Aufgabe der Debatten ist es somit, die Öffentlichkeit zu erreichen.

Kontrolle der Regierung
M 19, M 20

Eine weitere wichtige Aufgabe des Bundestags ist die Kontrolle der Regierung. Dies ist die Hauptaufgabe der Opposition. In der Praxis der Parteiendemokratie bilden nämlich die Regierung mit dem Bundeskanzler und die Regierungsparteien, die ja die Mehrheit im Parlament haben, eine Handlungseinheit. Zwar üben auch die eigenen Abgeordneten Kritik an der Regierung, doch tun sie dies meist nicht öffentlich. So werden die Kontrollinstrumente des Bundestages wie Kleine und Große Anfrage, Aktuelle Stunden, Fragestunden, Untersuchungsausschüsse etc. hauptsächlich von der Opposition in Anspruch genommen. Außerdem kann die Opposition ihre Kritik wirksam über die Medien äußern und sich dort als die bessere Alternative präsentieren.

Wahlfunktion
M 22

Deutlich wird die zentrale Stellung des Bundestages auch daran, dass er eine ganze Reihe wichtiger Verfassungsorgane wählen kann oder an deren Wahl mitwirkt. So wählt der Bundestag den Bundeskanzler, nimmt an der Wahl des Bundespräsidenten teil, wählt die Hälfte der Richter des Bundesverfassungsgerichts und entsendet Vertreter in den Vermittlungsausschuss. Der Bundestag besitzt allerdings kein Selbstauflösungsrecht.

Arbeitsweise des Bundestages

Der Bundestag ist ein Arbeitsparlament, d.h. die Hauptarbeit der Abgeordneten findet nicht im Plenum des Bundestages statt, sondern in den Fachausschüssen, die sich mit der Ausarbeitung von Gesetzen beschäftigen. Dort beraten die Abgeordneten, hören Fachleute an, diskutieren die Gesetzesentwürfe und verändern diese.

2.3 Die Gesetzgebung: wie ein Gesetz entsteht

Im siebten Alkoholiker-Himmel

M 23

„El Verplano“ wohnt im „Land des Bieres“ und befindet sich nach eigenen Angaben im „Alkoholikerstadium 2“. Auf der Internetseite Alk.de fragt der junge Mann mit dem coolen Spitznamen unter der Überschrift „Saufen Party Alkohol Bier Kotzen Saufen“ seine Kumpels im Chatroom, was denn ihr Rekord an einem Abend sei. Dann zählt El Verplano seine eigene Leistung auf: „2 Jim Beam pur, 3 Jimi Cola, 2 Flügerl, 2 Warsteiner Lemon, 2 Bier, 1 Malibu Kirsch, 1 Tequila braun, 1 Baileys“. Das sei zwar nicht „sooo viel“ für seine 55 Kilo, aber doch ganz okay. Auch auf deutschen Straßen und Plätzen, in Clubs und Diskos lässt sich zunehmend beobachten, was in Skandinavien oder England schon Tradition hat: das „Koma-Saufen“. So heißt im Jugend-Jargon, was man früher „sich die Kante geben“ nannte. Die Drogenbeauftragte der Bundesregierung, Marion Caspers-Merk, warnte bei der Vorlage des jüngsten Drogenberichts im April davor, dass das Koma-Saufen immer mehr in Mode komme. ... Die Statistiken sind alarmierend und zeigen eine deutliche Zunahme des Problems: So ist die Zahl der Kinder und Jugendlichen, die pro Jahr mit einer Alkoholvergiftung ins Krankenhaus eingeliefert wurden, seit 2002 um 26 Prozent gestiegen; 13 000 junge Menschen mussten deshalb zuletzt in die Klinik. Einer Studie der Gmünder Ersatzkasse zufolge wurden 2003 mehr als doppelt so viele Jugendliche zwischen 15 und 19 wegen psychischer Probleme infolge exzessiven Alkoholkonsums behandelt als noch vor zehn Jahren.

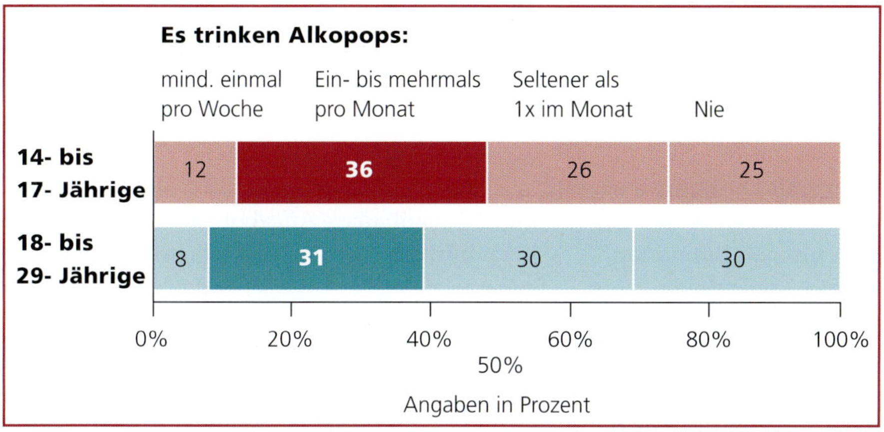

Cathrin Kahlweit, Süddeutsche Zeitung, 24.6.2004

Kontrovers diskutiert: Soll der Staat Alkopops höher besteuern?

M 24

a) Pro: „Teuer macht nüchtern“

So künstlich und kreischend sind die Farben, dass sie Erwachsenen eher den Appetit verderben. Vielen Jugendlichen aber machen poppige Alkoholmischgetränke in Pink oder Grellorange Lust auf mehr. Auf Partys trinken sie die ebenso grellen wie grellsüßen Mixturen auf Rum-, Whisky- oder Gin-Basis oft bis zum Umfallen. Von drei auf 13 Millionen Liter ist der Umsatz der „Alkopops“ zwischen 2001 und 2002 gestiegen. Deshalb denkt die Drogenbeauftragte der Bundesregierung Marion Caspers-Merk darüber nach, die Trend-Alkoholika mit einer drastischen Zusatzsteuer zu belegen. Erfahrungen in Frankreich hätten gezeigt, dass der Markt für die Getränke fast zusammenbreche, wenn sich der Preis verdoppele, sagte die SPD-Politikerin der Berliner Zeitung. Für Dezember erwartet das Gesundheitsministerium die Ergebnisse einer Untersuchung zum Alkopop-Konsum. Danach soll die Entscheidung fallen. Verbraucherschutzministerin Renate Künast (Grüne) sicherte schon jetzt ihre Unterstützung zu: „Die Berichte über Kinder und Jugendliche, die sich häufig mit Alkopops bis zum Vollrausch betrinken, machen mir große Sorge.“ Ohne Einschränkungen unterstützen auch Drogenexperten die Pläne von Caspers-Merk. „Eine drastische

Steuererhöhung ist genau das Richtige", sagt Karl Mann, Suchtforscher am Zentralinstitut für Seelische Gesundheit in Mannheim. Große Mengen Zucker und Aromastoffe überdeckten den bitteren Geschmack des Alkohols in den Mischgetränken. „Am Anfang schmeckt Alkohol niemandem", sagt Mann. „Aber die Getränke sind so aufbereitet, dass Jugendliche und sogar ältere Kinder sie gern in größerer Menge trinken." So würden die Alkopops zur Einstiegsdroge, die in ausschweifenden Konsum münden könne. Denn der Gehalt an dem Zellgift Alkohol ist größer als viele wissen. Er liegt meist bei fünf Prozent und entspricht damit dem von Bier. „Die Alkopops tragen mit zu dem Trend bei, dass Jugendliche immer früher mit dem Trinken beginnen", beklagt Mann. „Und hohe Preise gehören zu den wirksamsten Maßnahmen, um Jugendliche vom Alkohol fern zu halten." Wie groß der Handlungsbedarf ist, zeigt eine aktuelle Studie: Demnach trinkt jeder dritte Junge und jedes vierte Mädchen mit 15 Jahren bereits regelmäßig. Sechs Prozent der 14- bis 24-Jährigen gelten als abhängig, weitere zehn Prozent betreiben Alkoholmissbrauch – leiden also schon unter körperlichen, psychischen oder sozialen Folgeschäden. „Das Gehirn junger Menschen ist noch besonders verletzlich", betont Mann. „Für Schäden ebenso wie für die Entstehung von Sucht."

Christine Bernd, Süddeutsche Zeitung, 25.11.2003

b) Kontra: „Strafsteuer verfehlt Lenkungswirkung"

Vor dem Hintergrund der heutigen Anhörung im Finanzausschuss des Deutschen Bundestages zur Einführung verbesserter Maßnahmen zum Schutz von Kindern und Jugendlichen vor Alkoholmissbrauch spricht sich der Bundesverband des Deutschen Lebensmittelhandels e.V. (BVL), Berlin, erneut nachdrücklich gegen die Einführung einer Strafsteuer auf Alkopops aus.

Nach Überzeugung des BVL gewährleistet nur die konsequente Anwendung der bereits heute geltenden strikten Rechtsvorgaben den Jugendschutz. Fiskalische Instrumente zur Erreichung gesundheitspolitischer Ziele hält der BVL für ungeeignet, zumal die Strafsteuer voraussichtlich nicht die gewünschte Lenkungswirkung erzielen wird. Aktuelle Meinungsumfragen legen vielmehr nahe, dass dann verstärkt ein Ausweichen auf andere alkoholische Getränke zu erwarten ist und die Strafsteuer somit im Ergebnis kein geeignetes Mittel im Kampf gegen Alkoholmissbrauch ist.

Grundsätzlich befürwortet der BVL jedoch alle sachgerechten Initiativen, die einen Beitrag gegen die unerlaubte Abgabe von Alkohol an Jugendliche leisten können. Dazu gehört die verbesserte Angabe der gesetzlichen Altersgrenze in der Kennzeichnung des konkreten Produktes. Ein solcher neutraler Altershinweis würde zukünftig die schnelle Zuordnung eines Produktes, das Spirituosen nicht nur in geringfügiger Menge enthält, aus dem vielfältigen und teilweise unüberschaubaren Angebot an alkoholischen Mixgetränken zu den gesetzlichen Abgabeverboten erleichtern. Angesichts der etwa 2.500 auf dem deutschen Markt angebotenen Mixgetränke vereinfacht eine solche Kennzeichnung dem Lebensmittel-Einzelhandel die eindeutige Zuordnung der branntweinhaltigen Alkopops zum Spirituosen-Sortiment.

Bundesverband des Deutschen Lebensmittelhandels e.V., 28.4.2004

Aufgaben zu M 23 und M 24

1. *In M 23 wird ein düsteres Bild vom Umgang Jugendlicher mit Alkohol gezeichnet. Stelle dar, welches Ausmaß der Konsum von Alkohol angenommen hat.*
2. *Diskutiert, ob dies der Wirklichkeit entspricht und was man dagegen tun könnte.*
3. *Soll eine Steuer auf Alkopops erhoben werden? Teilt euch in Gruppen auf, die jeweils einen Standpunkt aus M 24 bearbeiten. Notiert die in den Stellungnahmen genannten Argumente auf je eine Moderationskarte. Präsentiert und ordnet die Ergebnisse. Welche Argumente leuchten euch besonders ein? Jeder aus eurer Klasse bekommt zwei Klebepunkte. Markiert damit das eurer Meinung nach jeweils überzeugendste Pro- und Kontra-Argument. Diskutiert das Ergebnis.*

Infobox

Gesetze

Mit Gesetzen nimmt der Staat seine Aufgaben wahr. Er schützt seine Bürger (z.B. durch Strafandrohung für Vergehen), ordnet das Zusammenleben (z.B. durch Straßenverkehrsregeln) und erfüllt staatliche Leistungen (z.B. durch die Sozialgesetzgebung). Darüber hinaus kann der Staat mit Hilfe von Gesetzen das Zusammenleben der Menschen lenken und gestalten (z.B. Förderung von Forschung und Bildung, Entscheidung über zukünftige Energiepolitik).
Der Bundestag verabschiedete in der 14. Legislaturperiode (Sept. 1998- Sept. 2002) über 500 Gesetze, um seine Aufgaben zu erfüllen.

Gesetze weisen im Allgemeinen drei Merkmale auf:

- Sie werden in einem vorgeschriebenen Verfahren der gesetzgebenden Organe (Bundestag) beschlossen und müssen ordnungsgemäß ausgefertigt und verkündet werden.
- Sie enthalten für eine Vielzahl von Personen allgemeine Regeln (keine Einzelfallregelung).
- Gesetze sind allgemeinverbindlich und müssen von allen Betroffenen eingehalten werden.

Autorentext

Der Weg des Gesetzes – das Beispiel Alkopops

M 25

9.3.2004: SPD und Bündnis 90/Die Grünen wollen eine Sondersteuer auf alkoholhaltige Süßgetränke, so genannte Alkopops einführen. Dazu haben sie einen Gesetzentwurf zur Verbesserung des Schutzes junger Menschen vor Gefahren des Alkohol- und Tabakkonsums (15/2587) vorgelegt. Darin heißt es, die Alkopops stellten eine dramatisch zunehmende Gefahr für junge Menschen dar, der mit allen Mitteln vorgebeugt werden müsse. Die Preise von Alkopops müssten durch eine zusätzliche steuerliche Belastung so verteuert werden, dass sie von jungen Menschen nicht mehr gekauft werden.

12.3.2004: Der Bundestag hat eine Sonderabgabe für alkoholhaltige Mixgetränke auf den Weg gebracht und beriet in erster Lesung über den entsprechenden Gesetzentwurf. Mit dem Gesetz sollen Jugendliche vom Konsum legaler Suchtmittel fern gehalten werden.

20.3.2004: Die Hersteller von Alkopops wehren sich gegen das Gesetz. „*Fiskalische Maßnahmen sind kein wirksames Mittel der Gesundheitspolitik“, sagte Holger Zikesch vom Spirituosenkonzern Diageo der Zeitung. Diageo vertreibt das Mixgetränk „Smirnoff Ice“.

*Gesetzliche

28.4.2004: Der Gesetzentwurf von SPD und Bündnis 90/Die Grünen zur Verbesserung des Schutzes junger Menschen vor Gefahren des Alkohol- und Tabakkonsums (15/2587) ist Gegenstand einer öffentlichen Anhörung des Finanzausschusses. Geladen sind 22 Sachverständige.

6.5.2004: Der Deutsche Bundestag hat in zweiter und dritter Lesung das „Gesetz zum Schutz junger Menschen vor Gefahren des Alkohol- und Tabakkonsums“ und somit die angekündigte Sondersteuer auf Alkopops und eine Kleinstverkaufsmenge für Zigaretten festgelegt. Die Preise für 0,275 Liter-Flaschen steigen um 84 Cent. Die Flaschen müssen zukünftig zum bestehenden Abgabeverbot unter 18 Jahren nach dem Jugendschutzgesetz gekennzeichnet werden und die Mindestmengen an Zigaretten pro Schachtel wurde auf 17 Stück vereinbart. Das vom Deutschen Bundestag beschlossene Gesetz trat am 1. Juli 2004 in Kraft.

Zusammengestellt vom Bearbeiter nach: heute im Bundestag

M 26 Etappen der Gesetzgebung

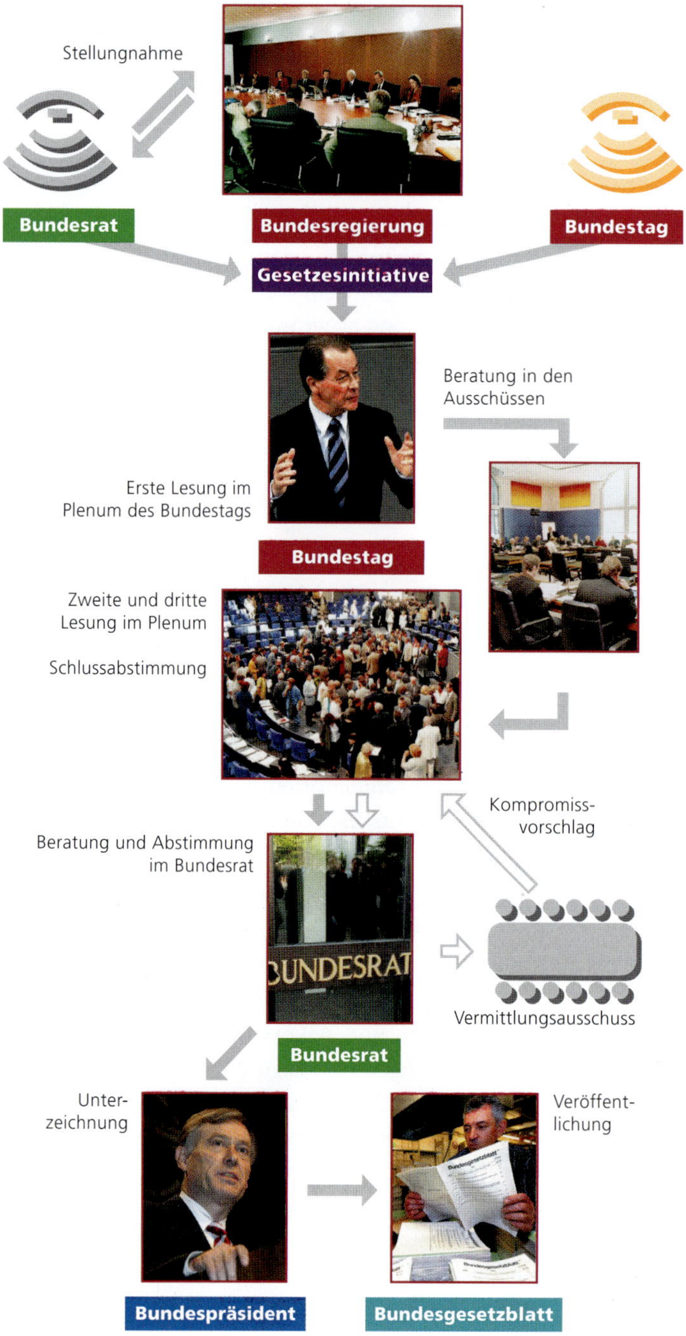

Die meisten Gesetze, die in den Bundestag eingebracht werden, sind Vorlagen der Regierung. Die Entwürfe werden in den zuständigen Fachministerien erarbeitet.

Generell können Gesetzentwürfe von der Bundesregierung, aus dem Bundestag oder vom Bundesrat eingebracht werden.

Die erste Beratung im Plenum des Bundestages dient der Begründung des Gesetzesvorhabens und der Erörterung der Grundsätze der Vorlage. Es erfolgt noch kein Beschluss.

Der Gesetzentwurf wird anschließend an die fachlich zuständigen Ausschüsse überwiesen und dort intensiv beraten. Dort können in so genannten „hearings“ auch Experten von außerhalb zu einem Gesetz gehört werden. Der Ausschuss kann dann dem Plenum eine Abänderung, Annahme oder Ablehnung des Entwurfs empfehlen.

Die zweite Lesung (Beratung) des Entwurfs erfolgt auf der Grundlage der Ausschussempfehlung. Über die einzelnen Bestimmungen wird dann abgestimmt.

Die dritte Lesung erfolgt sofort auf die zweite. Anschließend erfolgt die Schlussabstimmung.

Das im Bundestag beschlossene Gesetz wird dann dem Bundesrat zugeleitet. Die Zustimmung des Bundesrats ist erforderlich, wenn es sich um ein Zustimmungsgesetz handelt, in der Sache also Bund und Länder zuständig sind. Bei einem Einspruchsgesetz kann der Bundestag einen Einspruch des Bundesrats in einer weiteren Abstimmung überstimmen.

Bei Uneinigkeit über ein Gesetz und einer drohenden Ablehnung kann der Vermittlungsausschuss angerufen werden, der einen Kompromissvorschlag erarbeitet, über den Bundestag und Bundesrat erneut abstimmen.

Nach der Verabschiedung des Gesetzes wird es dem zuständigen Minister und dem Bundeskanzler zur Unterzeichnung vorgelegt.

Anschließend muss noch der Bundespräsident das Gesetz unterzeichnen. Er kann seine Unterschrift nur verweigern, wenn er der Auffassung ist, dass das Gesetz zweifelsfrei gegen die Verfassung verstößt.

Das Gesetz wird im Bundesgesetzblatt verkündet und tritt in Kraft.

Autorengrafik/Autorentext

Das Gesetzgebungsverfahren im Bundesrat

M 27

Durch den Bundesrat wirken die 16 Bundesländer bei der Gesetzgebung des Bundes mit (Artikel 50 GG). Zunächst gilt, dass der Bundesrat bei jedem Gesetz mitwirkt, das der Bundestag beschlossen hat. Lediglich die Intensität der Mitwirkung unterscheidet sich danach, ob es sich um „Einspruchsgesetze“ oder um „Zustimmungsgesetze“ handelt.

Der vom Grundgesetz als der normale und häufiger gedachte Fall ist der des Einspruchsgesetzes. Danach hat der Bundesrat im Regelfall das Recht, gegen ein Gesetz des Bundestages Einspruch einzulegen. Will er dies tun, muss er zuvor den Vermittlungsausschuss anrufen. Einen Einspruch des Bundesrates kann der Bundestag mit absoluter Mehrheit, das ist die Mehrheit seiner Mitglieder, zurückweisen. In einer erneuten Abstimmung kann der Bundestag also den Widerstand des Bundesrates überwinden und das Gesetz endgültig auf den Weg zur Verkündung bringen.

Wenn das Grundgesetz es besonders vorschreibt, bedarf ein Gesetz der Zustimmung des Bundesrates. Das bedeutet ein absolutes Veto: Verweigert der Bundesrat seine Zustimmung, so ist das Gesetz gescheitert, und der Bundestag kann es mit keiner noch so hohen Mehrheit, auch nicht einstimmig, in Kraft setzen. Als Zustimmungsgesetz ist ein Gesetz dann zu behandeln, wenn es die Belange der Länder in besonderem Maße berührt. Das kann der Fall sein, wenn es auf die Finanzen der Länder einwirkt oder wenn es in besonderer Weise die Vollzugskompetenz, die Behördenorganisation oder sonstige in der Durchführung anfallende Maßnahmen der Länder berührt. Da die meisten Bundesgesetze nicht vom Bund selbst, sondern von den Ländern „als eigene Angelegenheit“ auszuführen sind (Artikel 83 GG), regeln die Länder auch die Einrichtung der Behörden und das Verwaltungsverfahren, und sobald der Bundesgesetzgeber hierfür besondere Vorschriften erlassen will, braucht er dazu die Zustimmung des Bundesrates. In der Praxis sind etwa die Hälfte der Gesetze Zustimmungsgesetze.

www.bundestag.de/bic/gesgeb/14gesverf.html (12.5.2005)

Sie spielen Bundestag und Bundesrat

M 28

Struttmann/CCC, www.c5.net

M 29 Blockiert sich unser System selbst?

In Zeiten erhöhten Reformbedarfs wächst die Ungeduld mit dem komplizierten politischen Prozess in Deutschland. Besonders die Blockademöglichkeiten des Bundesrates stehen dabei in der Kritik. Ein Interview mit Hans-Jürgen Papier, Präsident des Bundesverfassungsgerichts.

Herr Papier, das politische Ringen zwischen Regierung und Opposition endet meistens auf dem kleinsten gemeinsamen Nenner – bestenfalls. Ist unser politisches System überhaupt noch effizient, oder blockiert es sich selbst?

Die politische Situation in Deutschland vermittelt den Eindruck: Alle reden über alles mit – und vor allem: Alle entscheiden über alles. Das kommt daher, dass sich ein höchst komplexes und schwer durchschaubares System der föderativen Politik herausgebildet hat. Das Dickicht der Beziehungen zwischen Bund und Ländern mit seinen Fallstricken und Blockademöglichkeiten ist für die Bürger kaum zu durchschauen. Sie fragen sich, ob das effizient ist und was das alles kostet. Und sie fragen sich, wer für einzelne Entscheidungen überhaupt verantwortlich ist. Die hoheitlichen Aufgaben sind inzwischen auf drei föderative Ebenen – Länder, Bund, Europa – verteilt und zugleich miteinander verzahnt. Was die Länder an Zuständigkeiten an den Bund verlieren, wird durch Beteiligungsrechte auf höherer Ebene kompensiert. Das ist ein regelrechter Beteiligungsföderalismus.

Stuttgarter Nachrichten, 18.11.2004

M 30 Der Bundespräsident

Trotz seiner geringeren Machtfülle verfügt der Bundespräsident über vielfältige Wirkungsmöglichkeiten, die sich aus seinen grundsätzlichen Aufgaben wie aus seiner persönlichen Autorität herleiten. Der Bundespräsident vertritt den Bund völkerrechtlich und schließt im Namen des Bundes Verträge mit anderen Staaten ab. Nach einem entsprechenden Beschluss des Bundestages ruft er den Verteidigungsfall aus. Im Gesetzgebungsverfahren fällt ihm die Aufgabe zu, die Bundesgesetze auszufertigen und zu verkünden. Dabei hat er das Recht, sie auf ihre Übereinstimmung mit dem Grundgesetz zu überprüfen. Im Falle des Gesetzgebungsnotstands (Art. 81 GG) kann er zur Lösung des zwischen Regierung und Bundestag entstandenen Konflikts beitragen. Weitgehend eingeschränkt ist aber das Recht des Bundespräsidenten zur Auflösung des Bundestags (Art. 63, 68 GG).

Auf Vorschlag des Bundespräsidenten wählt der Bundestag den Bundeskanzler. Nach der Wahl nimmt der Bundespräsident die Ernennung des Kanzlers vor und ernennt auf dessen Vorschlag auch die Bundesminister. Nicht zu unterschätzen ist die Rolle, die der Bundespräsident als oberster Repräsentant des Staates spielt. Durch Gespräche und Gesten, Empfänge und Ehrungen, Reisen und Reden trägt er maßgeblich zu dem Bild bei, das man sich im In- und Ausland von der Bundesrepublik macht.

Erich Schmidt Verlag, Zahlenbilder 67100

Wie man politische Prozesse analysieren kann – der Politikzyklus

Modelle sind wichtige Instrumente, mit denen wir die politische Wirklichkeit untersuchen können. Ein Modell versucht die Wirklichkeit so darzustellen, dass wir sie verstehen können. Dabei muss das Modell die Wirklichkeit stark vereinfachen – sozusagen nur das Wichtigste darstellen. Darin liegt aber auch eine Gefahr, denn wenn ein Modell zu stark vereinfacht, dann kann es die Wirklichkeit nicht mehr angemessen darstellen.

Der Politikzyklus ist ein solches Modell und ihm liegt ein gewisses Verständnis von Politik zugrunde: Politik wird hier als eine (endlose) Kette von Versuchen zur Bewältigung gesellschaftlicher Probleme verstanden.

D.h. Politik ist ein Prozess, der meist lange andauert und manchmal auch nicht endet. Es gibt Probleme, die werden von der Politik gelöst. Es gibt aber auch Probleme, die die Politik dauerhaft beschäftigen.

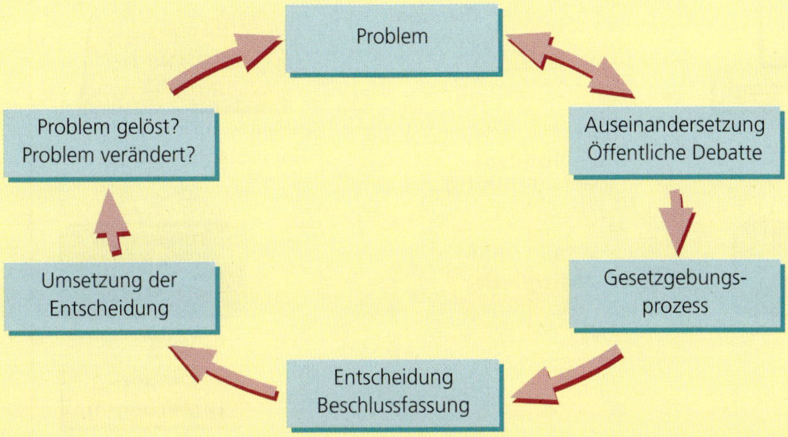

Am Beginn des Politikzyklus steht ein Problem, mit dem sich die Politik beschäftigen muss. Es wird öffentlich darüber gestritten, was man tun soll. Dabei spielen auch die Medien eine ganz wichtige Rolle. Es folgt das Gesetzgebungsverfahren in Bundestag und Bundesrat. Ist eine Entscheidung getroffen, dann wird diese wieder in der Öffentlichkeit diskutiert und bewertet. Wenn das Problem damit beseitigt werden kann, dann wird der Politikzyklus nur einmal durchlaufen. Verändert sich das Problem oder sind die getroffenen Maßnahmen nicht wirksam, dann beginnt der Zyklus von vorn. Deshalb spricht man davon, dass Politik eine (endlose) Kette von Versuchen ist, gesellschaftliche Probleme zu lösen.

Autorentext

M 31

Wie Spirituosen-Hersteller die neue Alkopop-Steuer umgehen

Die Sondersteuer für Alkopops ist noch keine drei Tage in Kraft, doch die Handelsketten haben schon längst reagiert. Seit Mai ist Deutschlands zweitgrößte Handelsgruppe Rewe dabei, die süßen Mixgetränke auf Basis von Rum, Wodka oder Branntwein auszulisten. Auch Aldi und Lidl leeren die Regale. Die gute Nachricht lautet also: Die jugendverführenden Alkopops verschwinden aus dem Sortiment. Der Grund: Die Händler befürchten, dass der Markt aufgrund der Steuer massiv einbrechen wird. 80 bis 90 Cent beträgt die seit Montag erhobene Abgabe pro handelsüblicher Flasche. Bis zu 75 Prozent weniger Absatz prognostiziert die Bundesdrogenbeauftragte Marion Caspers-Merk. Einen Einbruch um 95 Prozent sagen Spirituosenhersteller ... voraus und befürchten „erhebliche Umsatzeinbrüche".

Die schlechte Nachricht: Alternativen der Hersteller sind längst auf dem Weg. Frei nach dem Motto der Spirituosen-Industrie: „Chemisch machbar ist so ziemlich alles" werden neue Getränke gemixt, die schon bald die Regale füllen könnten.

Statt Wodka oder Rum dient Wein als Basis für Getränke ... . Soda und Zucker hinzu, fertig ist der Weinpop. Die Kunstprodukte schmeckten, so behaupten Hersteller ... , ähnlich wie klassische Alkopops. Was sie nicht laut sagen: Sie lassen sich ähnlich gut vermarkten und ihr Alkoholgehalt ist mit fünf bis sechs Prozent in etwa derselbe. Was Eltern entsetzen dürfte: Der Verkauf der neuen Mix-Getränke wäre anders als bei Alkopops schon ab 16 und nicht erst ab 18 Jahren erlaubt.

Kristina Läsker, Süddeutsche Zeitung, 4.8.2004

M 32 Die Verfassungsorgane im Überblick

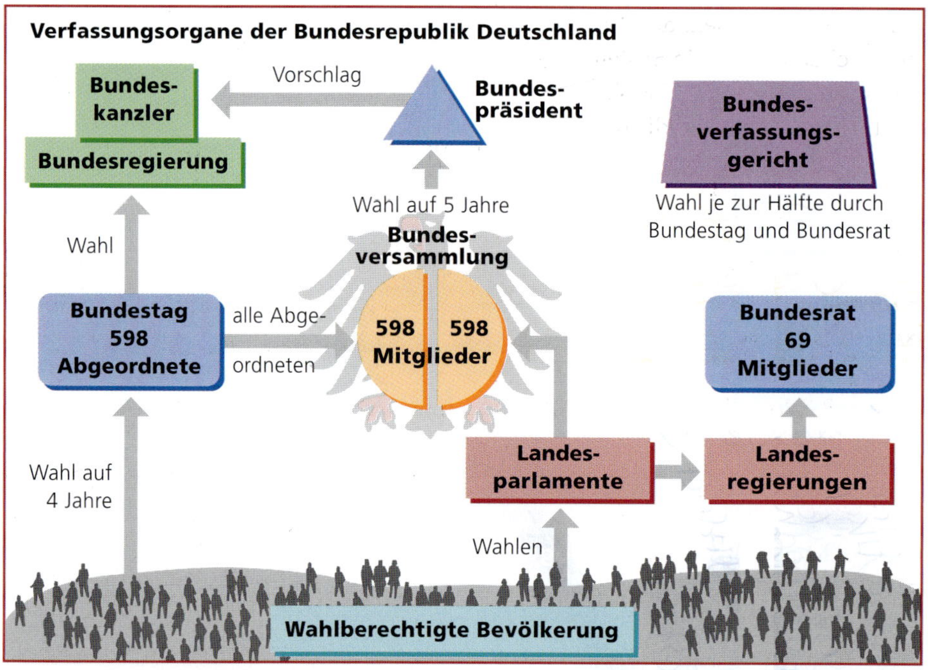

nach: Erich Schmidt Verlag, Zahlenbilder 62110

Aufgaben zu M 25 – M 32

1. *Schildere die Etappen des Gesetzgebungsprozesses in eigenen Worten (M 26).*

2. *Erläutere die unterschiedliche Beteiligung des Bundesrates am Gesetzgebungsprozess bei „Einspruchsgesetzen" und „zustimmungspflichtigen Gesetzen" (M 27).*

3. *„Ist unser politisches System überhaupt noch effizient, oder blockiert es sich selbst?" Beantworte diese Frage mit Hilfe von M 27 – M 29.*

4. *Übertrage das Politikzyklus-Modell in dein Heft. Wende das Modell auf das Problem „Jugend und Alkohol am Beispiel der Alkopops" an. Achte dabei auch auf M 31.*

5. *„Trotz seiner geringeren Machtfülle verfügt der Bundespräsident über vielfältige Wirkungsmöglichkeiten." Erkläre, wie der Bundespräsident Einfluss auf Politik und Gesellschaft nehmen kann (M 30).*

M 33

Die Gewaltenteilung

Durch die Gewaltenteilung soll nicht nur eine rein organisatorische „Aufteilung der Gewalten" auf verschiedene Staatsorgane erreicht werden; ihr eigentlicher Sinn liegt in der Verhinderung oder doch der Erschwerung einer Willkürherrschaft. ... Die Gewaltenteilung bezweckt, die Ausübung staatlicher Gewalt in ihren Grundfunktionen organisatorisch und personell zu trennen, auf verschiedene Mächte zu verteilen und in ein System gegenseitiger Hemmung zu bringen. ... Die Gewaltenteilung wird dadurch erreicht, dass die drei staatlichen Grundfunktionen verschiedenen Organen zugewiesen werden, so dass keines dieser Organe legal über die gesamte Staatsgewalt verfügen kann (organisatorische Gewaltenteilung) und die Amtsträger der einen Gewalt nicht zugleich Amtsträger der anderen Gewalt sein dürfen (personelle Gewaltenteilung; sog. Inkompatibilität). So darf beispielsweise ein amtierender Richter nicht zugleich Abgeordneter oder Minister sein.

Dieter Hesselberger, Das Grundgesetz, Kommentar für die politische Bildung, 11. Aufl., Bonn 1999, S. 178 ff.

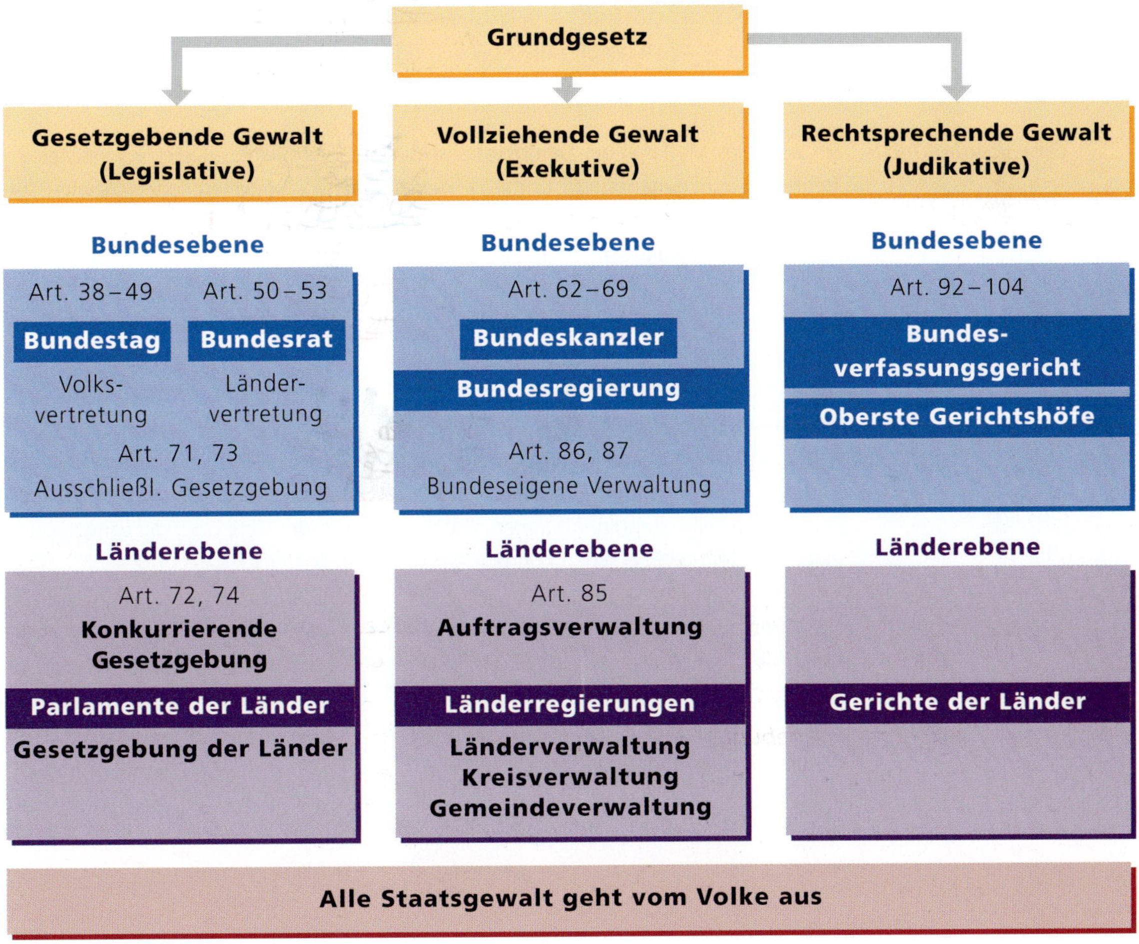

Erich Schmidt Verlag, Zahlenbilder 61 110

Aufgaben zu M 33

1. *Zeige, was durch die Gewaltenteilung erreicht werden soll.*

2. *Man unterscheidet horizontale und vertikale Gewaltenteilung. Erläutere die beiden Begriffe mit Hilfe des Schaubildes.*

Die Gesetzgebung: wie ein Gesetz entsteht

Gesetzgebung
M 26

Die wichtigste Aufgabe des Bundestages ist die Abstimmung über Gesetze. Das Recht zur Gesetzesinitiative liegt bei Bundestag, Bundesrat und Bundesregierung (Art. 76 GG). In der Praxis werden aber mehr als die Hälfte aller Gesetzentwürfe von der Bundesregierung eingebracht. Im Bundestag finden die intensivsten Beratungen in den Fachausschüssen statt. Dort können auch in so genannten „hearings" Experten von außerhalb des Bundestages gehört werden. Stimmt der Bundestag zu, wird das Gesetz dem Bundesrat zugeleitet.

Bundesrat
M 27

Über den Bundesrat wirken die Länder an der Gesetzgebung des Bundes mit. Alle Bundesgesetze werden nach Verabschiedung durch den Bundestag dem Bundesrat zugeleitet. Die Zustimmung des Bundesrates ist erforderlich, wenn in der Sache Bund und Länder zuständig sind (Zustimmungsgesetze). Das ist bei den Gesetzen der Fall, die die Verwaltung und die Finanzen der Länder betreffen (derzeit ca. 60% der Gesetze), außerdem bei Gesetzen, die die Verfassung ändern.

Gewaltenteilung
M 33

Ein zentrales Merkmal der Demokratie ist die Gewaltenteilung. Sie gewährleistet die Trennung und gegenseitige Kontrolle der staatlichen Gewalten: der vollziehenden Gewalt (Regierung und Verwaltung), der gesetzgebenden Gewalt (Parlament) und der richterlichen Gewalt (Gerichte).

Machtverteilung durch Föderalismus

Durch den Föderalismus wird die Macht im Staat zusätzlich zwischen Bund und Ländern geteilt (vertikale Gewaltenteilung). Die Teilstaaten, in Deutschland die einzelnen Bundesländer, haben dabei selbst Staatscharakter. Dies sieht man daran, dass die Bundesländer eigene Verfassungen, eigene Regierungen und eigene Parlamente haben und in ihrem Zuständigkeitsbereich eigene Gesetze verabschieden können. Sie sind also mehr als nur eine verwaltungsmäßige Untergliederung. Sie sind jedoch auch keine völlig selbstständigen Staaten. Dies wird daran deutlich, dass die Länder keine eigene Außenpolitik machen können.

Bundespräsident
M 30

Der Bundespräsident ist formal das Staatsoberhaupt der Bundesrepublik Deutschland. Als „Präsident aller Deutschen" hat der Bundespräsident vor allem moralische Autorität. Durch engagierte Grundsatzreden und Denkanstöße über parteipolitische Grenzen hinweg fördert er die Integration der Gesellschaft. Durch seine zahlreichen Auslandsreisen prägt er wesentlich das Bild mit, das man von Deutschland im Ausland hat.

2.4 Die Grundrechte: der Streit ums Kopftuch

Positionen im Kopftuchstreit

M 33

Die ehemalige baden-württembergische Kultusministerin Annette Schavan (1995 – 2005) bestätigte am 3.7.1998 auf einer Pressekonferenz in Stuttgart, dass die muslimische Lehrerin Fereshta Ludin, die im Unterricht ein Kopftuch tragen wollte, nicht in den Schuldienst übernommen wird.

a) Dr. Annette Schavan, ehemalige Ministerin für Kultus, Jugend und Sport in Baden-Württemberg

Und jetzt spielt eine Rolle, dass nicht allein in Deutschland, sondern weltweit das Kopftuch eben nicht allein als religiöses Symbol gilt, das Tragen des Kopftuchs nicht zu den religiösen Pflichten einer muslimischen Frau gehört, sondern dieses Kopftuch zwischenzeitlich auch – nicht nur, aber auch – zu einem Zeichen für kulturelle, für zivilisatorische Abgrenzung eingesetzt wird. ...

Damit sind wir am Punkt: Wenn dann ein Symbol nicht mehr allein als religiöses Symbol eingesetzt wird, sondern eben auch als erzwungenes ... und wenn es nicht nur als religiöses Symbol, sondern auch als ein politisches Zeichen eingesetzt wird, dann muss eine junge Frau, der das Tragen des Kopftuches wichtig ist ..., auch wissen, dass in dem Moment, in dem sie ein öffentliches Amt übernimmt ... nicht nur persönliche Motive Berücksichtigung finden, sondern davon auch eine öffentliche Wirkung ausgehen kann und ausgeht.

Landtagsdrucksache 12/2931, 9.6.1998

b) Fereshta Ludin, muslimische Lehrerin

Spiegel: Was bedeutet für Sie das Kopftuch?

Ludin: Das Kopftuch ist ein Teil der islamischen Kleidung einer muslimischen Frau. Damit werden die Reize bedeckt, und zu den Reizen der Frau gehören auch die Haare. ...

Spiegel: Die Rigorosität, mit der beispielsweise die Mullahs in Iran oder die Taliban in Afghanistan auf der Einhaltung der Kleiderordnung bestehen, kann man aber auch als Zeichen der mangelnden Toleranz und der Unterdrückung sehen.

Ludin: Die Haltung der Mullahs und der Taliban in diesen Ländern verstößt gegen das Prinzip der Glaubensfreiheit und gegen die Vielfalt im Islam. Nach dem Koran soll niemand zum Glauben oder zu einer Kleiderordnung gezwungen werden. Ja, da handelt es sich eindeutig um eine Einschränkung der Glaubensfreiheit. Ich habe mich sicherlich nicht wenig mit dem Islam beschäftigt und kann insofern überhaupt nicht bestätigen, dass es ein Symbol für die Unterdrückung der Frau ist. Zur Situation in Deutschland, denn hier lebe ich ja: Es gibt bestimmt hier und da unterdrückte Frauen, die auch ein Kopftuch tragen. Aber ich würde nicht ihre Unterdrückung mit dem Kopftuch gleichsetzen.

Spiegel: Auch wenn Ihr Kopftuch ein Glaubensbekenntnis ist, könnten Sie doch als Lehrerin in einem Staat, der sich als säkular[1] definiert, darauf verzichten?

Ludin: Man kann dieses nicht vergleichen mit dem Ablegen eines Mantels. Hier geht es um meine Würde als muslimische Frau, um meine grundsätzliche menschliche Würde. Das Tuch abzulegen, hieße für mich, mich zu entblößen.

Der Spiegel Nr. 30/1998, S. 59

1 säkular: (lat.) weltlich

M 34 „Sag den Frauen, sie sollen ihre Scham bedecken"

Was Gott nun genau den Frauen aufträgt, darüber streiten die muslimischen Gottesgelehrten. Grundlage der Debatte sind zwei Koranverse: „Sag den gläubigen Frauen, sie sollen ihre Augen niederschlagen, und sie sollen darauf achten, dass ihre Scham bedeckt ist," heißt es in Sure 24, Vers 31. Und Sure 33, 59 führt aus: „Oh Prophet, sag deinen Gattinnen und deinen Töchtern und den Frauen unter den Gläubigen, sie sollen etwas von ihrem Überwurf über sich herunter ziehen".

Doch was folgt nun aus diesen bald 1400 Jahre alten Textstellen? Die Burka, schlossen die afghanischen Taliban und zwangen die Frauen, die Welt durchs Stoffgitter zu sehen. Der Tschador („Zelt"), sagen die iranischen Mullahs, ein Tuch, das Kopf und Körper verhüllt. In Europa ist der „Djilbab" bekannt, der Kopf, Schultern und Brust bedeckt; verbreiteter sind jedoch die Kopftücher – inzwischen gibt es die ersten Mode-Designerinnen für das Luxus-Kopftuch: Islam ist schick.

Nach gängiger islamischer Lehre, so der Zentralrat der Muslime in Deutschland (ZMD), ist das Kopftuch „ab der Geschlechtsreife" für Frauen Pflicht; bedeckt werden sollten Hals, Ausschnitt und Brust. Offenes Haar bedeute allerdings „nicht die Abkehr vom Islam". So eindeutig wie der Islamrat sehen das aber nicht alle. Der türkische Theologenrat zum Beispiel hält das Kopftuch nicht für Pflicht – und auch in Deutschland interpretieren viele Musliminnen die Koranverse lediglich als Aufforderung, den Minirock und andere provokante Kleidung zu meiden. Eine Muslimin, die ein Kopftuch trägt, zeigt damit also, dass sie zumindest in diesem Punkt zu einer eher konservativen Sichtweise neigt.

Die Zahl der muslimischen Kopftuchträgerinnen ist in den vergangenen Jahren gestiegen; das Kopftuch gehört mittlerweile zum Alltag in Deutschland. Die Motive dafür sind vielfältig. Da gibt es zunächst die älteren Frauen, die nach der Sitte ihrer Heimat gekleidet sein wollen. Dann jene jungen Frauen, die das Kopftuch als Zeichen des Selbstbewusstseins entdeckt haben: Seht her, ich bin Muslimin – na und? Sie haben eine geradezu feministische Begründung fürs Kopftuchtragen entwickelt: Es schrecke jene Männer ab, die Frauen für allzeit verfügbar und willig hielten. Es gibt aber auch Frauen, die sich aus politischen Motiven das Haar bedecken und signalisieren wollen: Ich lebe nach den Geboten der Scharia, des Islamischen Rechts – gegen die ungläubige Welt.

Dieses Ineinander, Miteinander und Gegeneinander macht es so schwierig, über das Kopftuch zu urteilen und darüber, ob eine Kopftuchträgerin Lehrerin werden darf oder nicht.

Süddeutsche Zeitung, 4.6.2003

Aufgaben zu M 33 – M 34

1. *Stelle die Positionen von Frau Schavan und Frau Ludin gegenüber (M 33).*
2. *Die Bedeutung des Kopftuches in der islamischen Welt ist umstritten. Erkläre, welche unterschiedlichen Bedeutungen das Kopftuch haben kann (M 34).*

M 35 Glaubensfreiheit und staatliche Neutralität

Die Glaubensfreiheit nach Art. 4 GG kann nur durch die Grundrechte Dritter oder Gemeinschaftswerte von Verfassungsrang begrenzt werden. Zu den Grundrechten Dritter gehört in der Schule die Glaubensfreiheit der Schüler, insbesondere in ihrer Ausprägung als so genannte negative Glaubensfreiheit, also dem Anspruch, keinem Zwang zur Teilnahme an religiösen Veranstaltungen oder einer intensiven religiösen Beeinflussung ausgesetzt zu werden. Grundrecht Dritter ist auch das elterliche Erziehungsrecht, das den Eltern den Vorrang vor dem Staat bei der Bestimmung der religiösen Erziehung der Kinder einräumt. Die Glaubensfreiheit begrenzender Gemeinschaftswert von Verfassungsrang ist der staatliche Erziehungsauftrag (Art. 7 Abs. 1 GG) mit der Verpflichtung zu religiöser, weltanschaulicher und politischer Neutralität ... In der Praxis der Schulen umgesetzt wird die Verpflichtung des Staates zur Neutralität durch die verfassungs- und beamtenrechtliche Verpflichtung der Lehrer zu Mäßigung und Neutralität.

aus: www.schulrechtrecht-informationsdienst.de (3.2.2004)

Letzte Runde im Kopftuchstreit? Der Weg durch die Instanzen

M 36

Juli 1998: Das Oberschulamt Stuttgart verweigert Ludin nach Abschluss ihres Referendariats die Übernahme in den Schuldienst von Baden-Württemberg.

August 1998: Ludin legt Widerspruch gegen die Entscheidung beim Oberschulamt in Stuttgart ein.

Februar 1999: Die Lehrerin erhebt beim Verwaltungsgericht Stuttgart Klage gegen den Bescheid vom Juli 1998. Das Oberschulamt weist den Widerspruch zurück. Begründung: Die Pflicht des Staates zur Neutralität, das Grundrecht der Schüler auf „negative Religionsfreiheit" und das Erziehungsrecht der Eltern werde verletzt.

März 2000: Das Verwaltungsgericht Stuttgart lehnt die Klage der Lehrerin ab.

Juli 2000: Der Verwaltungsgerichtshof Baden-Württemberg (VGH) in Mannheim lässt die Berufung gegen das Stuttgarter Urteil zu.

Juni 2001: Der VGH bestätigt das Urteil des Verwaltungsgerichts Stuttgart.

Juli 2002: Das Bundesverwaltungsgericht in Berlin bestätigt die ablehnenden Entscheidungen des VGH und des Stuttgarter Verwaltungsgerichts. In der Begründung heißt es, die Pflicht zu strikter Neutralität in der staatlichen Schule werde verletzt, wenn eine Lehrerin im Unterricht ein Kopftuch trage. Wegen ihrer Vorbildfunktion dürfe sie den noch nicht gefestigten Schülern keine bestimmte Glaubensüberzeugung „ständig und unübersehbar" vor Augen führen. Das Kopftuch sei ein deutliches religiöses Symbol.

24. September 2003: Das Bundesverfassungsgericht gibt der Klage der Lehrerin statt. Nach dem Richterspruch kann das Land einer muslimischen Lehrerin das Tragen eines Kopftuchs nur dann verbieten, wenn es ein entsprechendes Gesetz verabschiedet. In Baden-Württemberg ist diese Rechtslage nicht gegeben. Damit heben die Karlsruher Richter das Urteil des Bundesverwaltungsgerichts auf und verweisen den Fall dorthin zurück.

Oktober 2003: Wie die Kultusministerkonferenz mitteilte, wollen Baden-Württemberg, Bayern, Berlin, Brandenburg, Hessen, Niedersachsen und das Saarland gesetzgeberisch tätig werden, um ein Kopftuch-Verbot zu ermöglichen, und sich dabei untereinander abstimmen.

1. April 2004: Der baden-württembergische Landtag hat als erster in Deutschland die geforderte gesetzliche Grundlage geschaffen, die es erlaubt, einer muslimischen Lehrerin das Tragen eines Kopftuchs im Unterricht zu verbieten. Das Gesetz zur Änderung des baden-württembergischen Schulgesetzes wurde mit den Stimmen von CDU, FDP/DVP und der ganz überwiegenden Mehrheit der SPD-Fraktion verabschiedet.

24. Juni 2004: Das Bundesverwaltungsgericht weist die Klage von Frau Ludin auf Einstellung in den baden-württembergischen Schuldienst ab. Das neue Kopftuch-Gesetz des Landes Baden-Württemberg erklärten die obersten Verwaltungsrichter zugleich für verfassungskonform.

Zusammenstellung des Autors mit Material aus www.tagesschau.de, 25.9.2003

Auszug aus dem Schulgesetz von Baden-Württemberg in der Fassung von 2004

M 37

§ 38 (2) Lehrkräfte an öffentlichen Schulen nach § 2 Abs. 1 dürfen in der Schule keine politischen, religiösen, weltanschaulichen oder ähnliche äußeren Bekundungen abgeben, die geeignet sind, die Neutralität des Landes gegenüber Schülern und Eltern oder den politischen, religiösen oder weltanschaulichen Schulfrieden zu gefährden oder zu stören. Insbesondere ist ein äußeres Verhalten unzulässig, welches bei Schülern oder Eltern den Eindruck hervorrufen kann, dass eine Lehrkraft gegen die Menschenwürde, die Gleichberechtigung der Menschen nach Artikel 3 des Grundgesetzes, die Freiheitsgrundrechte oder die freiheitlich-demokratische Grundordnung auftritt. Die Wahrnehmung des Erziehungsauftrags nach Artikel 12 Abs. 1, Artikel 15 Abs. 1 und Artikel 16 Abs. 1 der Verfassung des Landes Baden-Württemberg und die entsprechende Darstellung christlicher und abendländischer Bildungs- und Kulturwerte oder Traditionen widerspricht nicht dem Verhaltensgebot nach Satz 1. Das religiöse Neutralitätsgebot [...] gilt nicht im Religionsunterricht [...].

Schulgesetz Baden-Württemberg, 2004

Infobox

Das Bundesverfassungsgericht

Das höchste Gericht der Verfassungsgerichtsbarkeit in Deutschland ist ein mit den Garantien richterlicher Unabhängigkeit ausgestatteter Gerichtshof (Sitz: Karlsruhe) und zugleich ein oberstes Verfassungsorgan. Seine Entscheidungen binden die Verfassungsorgane des Bundes und der Länder sowie alle Gerichte und Behörden. Erklärt das BVerfG ein Gesetz (oder Teile daraus) für nichtig, so hat dieser Spruch selbst Gesetzeskraft.

Die weitreichenden Befugnisse des BVerfG erklären sich aus den Erfahrungen mit dem nationalsozialistischen Unrechtsstaat. Sie führten zur Schaffung eines lückenlosen verfassungsgerichtlichen Rechtsschutzsystems auch gegenüber dem Gesetzgeber, dessen Gesetzesbeschlüsse das BVerfG auf ihre Verfassungsmäßigkeit kontrollieren kann. Befugnisse: Das BVerfG entscheidet letztverbindlich alle Streitigkeiten zwischen den obersten Staatsorganen sowie zwischen Bund und Ländern über deren verfassungsmäßige Kompetenzen (Organstreit). Es schützt den Bürger gegen alle Eingriffe der öffentlichen Gewalt in seine Grundrechte (Verfassungsbeschwerde) und kontrolliert die Übereinstimmung der Bundes- und Landesgesetze mit dem Grundgesetz (Normenkontrollverfahren). Ferner sind dem BVerfG weitere Aufgaben übertragen, die der Bewahrung und dem Schutz der demokratischen Ordnung dienen, z. B. das Parteiverbot und das Wahlprüfungsverfahren.

Schülerduden Politik und Gesellschaft, 5. Aufl., Mannheim u.a. 2005, S. 73

M 38 Kontrovers diskutiert: Ist das Kopftuchverbot verfassungsgemäß?

a) Pro: Ausgewogen und verfassungsfest

Der Gesetzentwurf löst ein umfassenderes Problem als das Kopftuch einer muslimischen Lehrerin: Wie weit muss sich der Staat in Gestalt seiner Lehrer neutral verhalten, sodass sich alle Bürger unterschiedlichster Weltanschauungen mit ihm identifizieren können? Der Entwurf untersagt politische, religiöse oder weltanschauliche Äußerungen von Lehrern, wenn sie den Schulfrieden oder die Neutralitätspflicht gefährden können. Wer ihn nicht einhalten kann, wird nicht eingestellt. Er entscheidet sich in Abwägung der Verfassungspositionen für eine Stärkung staatlicher Neutralität und der Grundrechte von Schülern und Eltern. Die Freiheit der Lehrer muss nur in ihrer amtlichen Funktion, nicht im privaten Bereich zurücktreten. Die Regelung zielt nicht auf Religionen, sondern auf Äußerungen, die Neutralität oder Schulfrieden stören. Sie stellt klar, dass sie unzulässig sind, wenn sie ein Auftreten gegen Menschenwürde, Gleichheit, Freiheit oder freiheitlich-demokratische Grundordnung vermitteln, weil fundamentale Werte des Staats besonders zu schützen sind. Die Verdeutlichung erfasst religiös motiviertes Verhalten nur, wenn es zusätzlich diese Verfassungswerte empfindlich trifft. Im Ergebnis verbietet sie auch das Kopftuch, jedoch nicht als religiöses Symbol, sondern als Eintreten für einen Gottesstaat, für ein menschenunwürdiges Schariarecht, für Fundamentalismus und eine untergeordnete Rolle der Frau. Der Entwurf folgt dem Karlsruher Urteil, alle denkbaren Möglichkeiten, wie das Tragen eines Kopftuchs verstanden werden kann, zu berücksichtigen.

Wie passt hier die dritte Regelung des Entwurfs hinein, die Darstellung christlicher und abendländischer Bildungs- und Kulturwerte oder Traditionen sei zulässig? Hier wird eine Ungleichbehandlung der Religionen durch Privilegierung der christlichen Weltanschauung befürchtet. Die Vorschrift bevorzugt aber keine Religion, sondern bewahrt die jahrhundertealten Traditionen des Landes. Damit identifiziert sich das Land nicht mit einer bestimmten Weltanschauung, sondern bewahrt seine eigene, historisch gewachsene Identität.

Deshalb bleibt zum Beispiel eine Ordenstracht nicht als Ausdruck religiöser Überzeugung, sondern als traditionelles Bild des Landes in Schulen zulässig. Die persönlichen Überzeugungen werden gleichbehandelt, die Tradition des Landes wird gewahrt. Laut Verfassungsgericht dürfen solche Schultraditionen, eine konfessionelle Zusammensetzung der Bevölkerung und ihre religiöse Verwurzelung berücksichtigt werden. Der Gesetzentwurf folgt dem Auftrag aus Karlsruhe und verbindet ihn harmonisch mit dem Auftrag aus der Landesverfassung.

Ferdinand Kirchhof, der Autor ist Professor an der Universität Tübingen und Berater des Landes bei der Entwicklung des Gesetzentwurfs, Stuttgarter Zeitung, 7.11.2003

b) Kontra: Grundgesetz vor Landesverfassung

So, wie es der jetzt vorgelegte baden-württembergische Gesetzentwurf macht, geht es nicht. Der Gesetzentwurf will zwei unvereinbare Dinge miteinander vereinen: Das Kopftuch soll aus der Schule herausgehalten werden, während die Darstellung christlicher Traditionen weiter zulässig bleibt.

Das verstößt aber gegen „das Gebot strikter Gleichbehandlung der verschiedenen Glaubensrichtungen". Das Gericht betont, dass die Einführung einer Dienstpflicht, die es Lehrern verbietet, in ihrem äußeren Erscheinungsbild ihre Religionszugehörigkeit erkennbar zu machen „nur begründet und durchgesetzt werden kann, wenn Angehörige unterschiedlicher Religionsgemeinschaften dabei gleichbehandelt werden". Das ist auch richtig so, denn die Gleichbehandlung der Religionen ist zentraler Inhalt der im Grundgesetz garantierten Glaubensfreiheit.

Ein Vorrang für die christliche Religion ist auch nicht durch Berufung auf die baden-württembergische Landesverfassung, die auf christliche Inhalte Bezug nimmt, zu begründen. Da das Grundgesetz als Bundesrecht dem Landesrecht vorgeht, sind widersprechende landesverfassungsrechtliche Regelungen nicht anwendbar.

Kopftuchträgerinnen können auch nicht deshalb aus der Schule herausgehalten werden, indem man ihnen unterstellt, sie widersprächen zentralen verfassungsrechtlichen Werten wie etwa der Gleichberechtigung von Männern und Frauen. Nicht alle Musliminnen mit Kopftuch sind islamische Fundamentalisten.

Selbstverständlich sollen Extremisten nicht in den Schuldienst übernommen werden; ob aber eine Person die Werte des Grundgesetzes ablehnt, kann nur auf Grund einer Prüfung im Einzelfall festgestellt werden. Das bloße Tragen eines Kopftuchs indiziert das nicht. Der Landesgesetzgeber hat nur die Freiheit, das Ausmaß religiöser Bezüge in der Schule neu zu bestimmen. Bisher wurde staatliche Neutralität in Deutschland als „offene und übergreifende" Neutralität gedeutet, die Raum für religiöse Bekundungen lässt, solange sie nicht missionieren, indoktrinieren oder dazu führen, dass sich der Staat selbst mit einer bestimmten Religion identifiziert.

Wollen die Länder von diesem Modell abrücken und Religion grundsätzlich (jedenfalls für Lehrer) aus der Schule verbannen, gilt das für alle Religionen: Wenn muslimische Lehrerinnen kein Kopftuch tragen dürfen, kann es auch keine Nonnen im Habit[1] in der Schule geben.

Ute Sacksofsky, die Autorin ist Professorin für öffentliches Recht an der Universität Frankfurt/ Main, Stuttgarter Zeitung, 7.11.2003

1 Habit = Ordenstracht

Aufgaben zu M 35 – M 38

1. *Untersuche, welche Grundrechte Dritter oder Gemeinschaftswerte von Verfassungsrang im Fall von Frau Ludin betroffen sind (M 35).*
2. *M 37 enthält die Neufassung des Schulgesetzes von Baden-Württemberg aus dem Jahr 2004. Arbeite mit Hilfe von M 35 und der Landesverfassung heraus, worauf sich der Landtag von Baden-Württemberg bei der Ausarbeitung des Gesetzes berufen hat.*
3. *Ist das Kopftuchverbot mit der Verfassung zu vereinbaren? Stelle die Argumente aus M 38 in einer Tabelle gegenüber.*
4. *Nimm zum Fall von Frau Ludin persönlich Stellung.*

Die Grundrechte: der Streit ums Kopftuch

Grundgesetz

Grundrechte
M 35

Das Grundgesetz ist die Verfassung unseres Staates. Es regelt den Aufbau, die Aufgaben und das Zusammenwirken der Staatsorgane und enthält Aussagen über die Geltung der Grundrechte (z.B. Menschenwürde, Glaubensfreiheit, Meinungsfreiheit). Im Grundgesetz haben die Grundrechte einen besonderen Stellenwert. Man geht nämlich davon aus, dass die Menschenrechte gleichsam angeborene Naturrechte jedes Menschen sind. Sie sind deshalb in einem Grundrechtskatalog dem eigentlichen Verfassungstext vorangestellt. Die Grundrechte geben eine Wertordnung vor, an der sich staatliches Handeln immer orientieren muss. Deshalb dürfen sie auch in ihrem Wesensgehalt nicht verändert werden.

Spannung zwischen Grundrechten

Für das Verständnis der Grundrechte insgesamt ist es wichtig, diese Rechte in einer spannungsvollen Beziehung zueinander zu verstehen. Die Überbetonung jeweils nur einer Seite, z.B. der Freiheitsrechte gegenüber den Gleichheitsrechten, würde dem System der Grundrechte zuwiderlaufen, nach dem sowohl Freiheit als auch Gleichheit angemessen geschützt und gefördert werden müssen.

Bundesverfassungsgericht
Infobox

Das Bundesverfassungsgericht gilt als Hüterin der Verfassung. Das Grundgesetz weist dem Bundesverfassungsgericht eine ganze Reihe von Aufgaben zu: die Entscheidung über Verfassungsbeschwerden, die Sicherung von Demokratie und Rechtsstaatlichkeit, die Entscheidung bei Kompetenzstreitigkeiten zwischen Verfassungsorganen und die Überprüfung der Verfassungsmäßigkeit von Gesetzen. Das Bundesverfassungsgericht wirkt als „Letztentscheidungsinstanz", d.h. seine Entscheidungen stehen oftmals am Ende eines langen Rechtsstreites über mehrere Instanzen und das Verfassungsgericht entscheidet abschließend.

Rechtsstaatlichkeit

Das Rechtsstaatsprinzip stärkt die Stellung des Einzelnen gegenüber der staatlichen Gewalt. Wesentliches Merkmal des Rechtsstaates ist, dass alle staatlichen Organe (Regierung und Verwaltung, Parlamente, Gerichte) an die Verfassung und an die Gesetze gebunden sind. Vor dem Gesetz müssen alle Bürger gleich behandelt werden und jeder hat das Recht, sich gegen eine staatliche Maßnahme zu wehren (z.B. durch Klage vor Gericht), wenn er sich ungerecht behandelt fühlt. Die Richter können nur auf der Grundlage eines Gesetzes urteilen und dürfen keine politischen Weisungen befolgen. Die Existenz des Bundesverfassungsgerichts als Hüter der Verfassung und der Grundrechte zeigt, welch große Bedeutung das Rechtsstaatsprinzip in Deutschland hat.

Internationale Politik: Demokratie und Menschenrechte

1. Die Menschenrechte

M 1

Menschenrechte – oft missachtet

Todesstrafe in China

Folterinstrumente für schlechte Sportler im früheren Irak

Kindersoldaten in Sierra Leone

Leben auf der Straße – Armut in Rumänien

Aufgabe zu M 1

1. *Bildet für ein Schreibgespräch über Menschenrechte Vierergruppen. Betrachtet die Bilder in M 1. Nehmt ein großes DIN-A-3 Blatt, teilt es in so viele Felder, wie es Gruppenmitglieder gibt. Setzt euch um das Blatt herum. Jeder schreibt in ein Feld einen Kommentar zu dem Thema „Menschenrechte" (Fragen, Gedanken, aktuelle Begriffe, ...). Nach drei Minuten dreht ihr das Blatt im Uhrzeigersinn ein Feld weiter. Nun kommentiert ihr das, was euer Sitznachbar geschrieben hat. Dreht das Blatt noch ein weiteres Mal. Auf diese Art und Weise habt ihr ein Schreibgespräch miteinander geführt. Jeder konnte in Ruhe zu Wort kommen. Bestimmt einen Gruppensprecher, der die interessantesten Gesichtspunkte eures Gesprächsblattes in der Klasse vorstellt.*

M 2

Die Entwicklung der Menschenrechte

Schon seit Jahrhunderten gibt es die Überzeugung, dass der Mensch von Beginn an eine unveräußerliche und überzeitliche Würde in sich trägt. Von dieser Menschenwürde werden Rechte des Menschen abgeleitet, die der Mensch schon immer besaß und immer besitzen wird, unabhängig davon, in welchem Staat, unter welcher Regierung er lebt. Dieses Menschenbild beruht auf drei Quellen: der antiken Philosophie, dem Menschenbild des Christentums und der Aufklärung des 18. Jahrhunderts. Die „Unabhängigkeitserklärung der Vereinigten Staaten von Amerika" aus dem Jahr 1776 enthält die erste Formulierung der Menschenrechte. Auch während der Französischen Revolution wurden die Menschen- und Bürgerrechte (Freiheit, Gleichheit, Brüderlichkeit!) ausgerufen. Wer sich heute auf die Geltung der Menschenrechte beruft, bezieht sich auf ein Dokument der Vereinten Nationen (UNO), das 1948 von der Generalversammlung verabschiedet wurde. Die „Allgemeine Erklärung der Menschenrechte" erhebt universalen Geltungsanspruch.

Dennoch werden jeden Tag in den Staaten der Welt Menschenrechtsverletzungen begangen: Folter, Krieg, Vertreibungen, Inhaftierung von Unschuldigen, ... Viele Menschen können nicht in Sicherheit vor staatlicher Willkür leben. Für Friedensforscher ist jedoch die Wahrung der Menschenrechte, die Achtung rechtsstaatlicher Prinzipien und demokratischer Grundsätze eine Grundvoraussetzung für eine friedliche Entwicklung der Staaten. Wo diese Grundpfeiler eines sicheren Lebens gegeben sind, sind gewalttätige innere und äußere Konflikte weniger wahrscheinlich.

Autorentext

M 3

Allgemeine Erklärung der Menschenrechte

Alle Menschen sind frei und gleich an Würde und Rechten geboren ■ Jeder Mensch hat Anspruch auf die in dieser Erklärung verkündeten Rechte und Freiheiten ■ Recht auf Leben, Freiheit und Sicherheit der Person ■ Verbot der Sklaverei und des Menschenhandels ■ Verbot der Folter, grausamer, unmenschlicher oder erniedrigender Strafen und Mißhandlungen ■ Anspruch auf Anerkennung als Rechtsperson an allen Orten ■ Gleichheit vor dem Gesetz ■ Anspruch auf wirksamen Rechtsschutz vor innerstaatlichen Gerichten gegen Handlungen, die verfassungsmäßig zugestandene Grundrechte verletzen ■ Schutz vor willkürlicher Festnahme, Inhaftierung oder Ausweisung ■ Anspruch auf ein faires und öffentliches Gerichtsverfahren ■ Unschuldsvermutung bis zum Schuldnachweis und keine Verurteilung ohne gesetzliche Grundlage ■ Anspruch auf Schutz des Privatlebens ■ Recht auf Freizügigkeit ■ Recht auf Asyl im Falle der Verfolgung ■ Anspruch auf eine Staatsangehörigkeit ■ Recht zu heiraten und eine Familie zu gründen ■ Recht auf Eigentum ■ Anspruch auf Gedanken-, Gewissens- und Religionsfreiheit ■ Recht auf freie Meinungsäußerung und Informationsfreiheit ■ Recht auf Versammlungs- und Vereinigungsfreiheit zu friedlichen Zwecken ■ Recht auf allgemeine und gleiche Wahlen, Zulassung zu öffentlichen Ämtern und demokratische Mitbestimmung ■ Recht auf soziale Sicherheit und Anspruch auf die für die Würde und freie Entfaltung der Persönlichkeit unentbehrlichen wirtschaftlichen, sozialen und kulturellen Rechte ■ Recht auf Arbeit; gleicher Lohn für gleiche Arbeit, angemessene Entlohnung; Recht auf gewerkschaftliche Organisation ■ Anspruch auf Erholung und arbeitsfreie Zeit ■ Anspruch auf eine Lebenshaltung, die ausreichend Gesundheit und Wohlbefinden gewährleistet; Anspruch auf Unterstützung während der Mutterschaft und Kindheit ■ Recht auf Bildung ■ Recht auf kulturelles Leben und Teilhabe am wissenschaftlichen Fortschritt; Recht auf Urheberschutz ■ Anspruch auf eine freiheitliche Sozial- und Internationalordnung ■ Verpflichtung des Individuums gegenüber der Gemeinschaft; die Rechte und Freiheiten eines Menschen sind beschränkt, um diejenigen der Anderen zu gewährleisten ■ Eine Interpretation der vorliegenden Erklärung darf nicht auf die Mißachtung der darin enthaltenen Rechte und Freiheiten abzielen.

Postkarte, Germanisches Nationalmuseum, Nürnberg

M 4 Die Menschenrechte im Grundgesetz

Die „Norm der Normen":

Artikel 1 Grundgesetz der Bundesrepublik-Deutschland:

(1) Die Würde des Menschen ist unantastbar. Sie zu achten und zu schützen ist Verpflichtung aller staatlichen Gewalt.

(2) Das Deutsche Volk bekennt sich darum zu unverletzlichen und unveräußerlichen Menschenrechten als Grundlage jeder menschlichen Gemeinschaft, des Friedens und der Gerechtigkeit in der Welt.

(3) Die nachfolgenden Grundrechte binden Gesetzgebung, vollziehende Gewalt und Rechtsprechung als unmittelbar geltendes Recht.

M 5 Drei Generationen von Menschenrechten

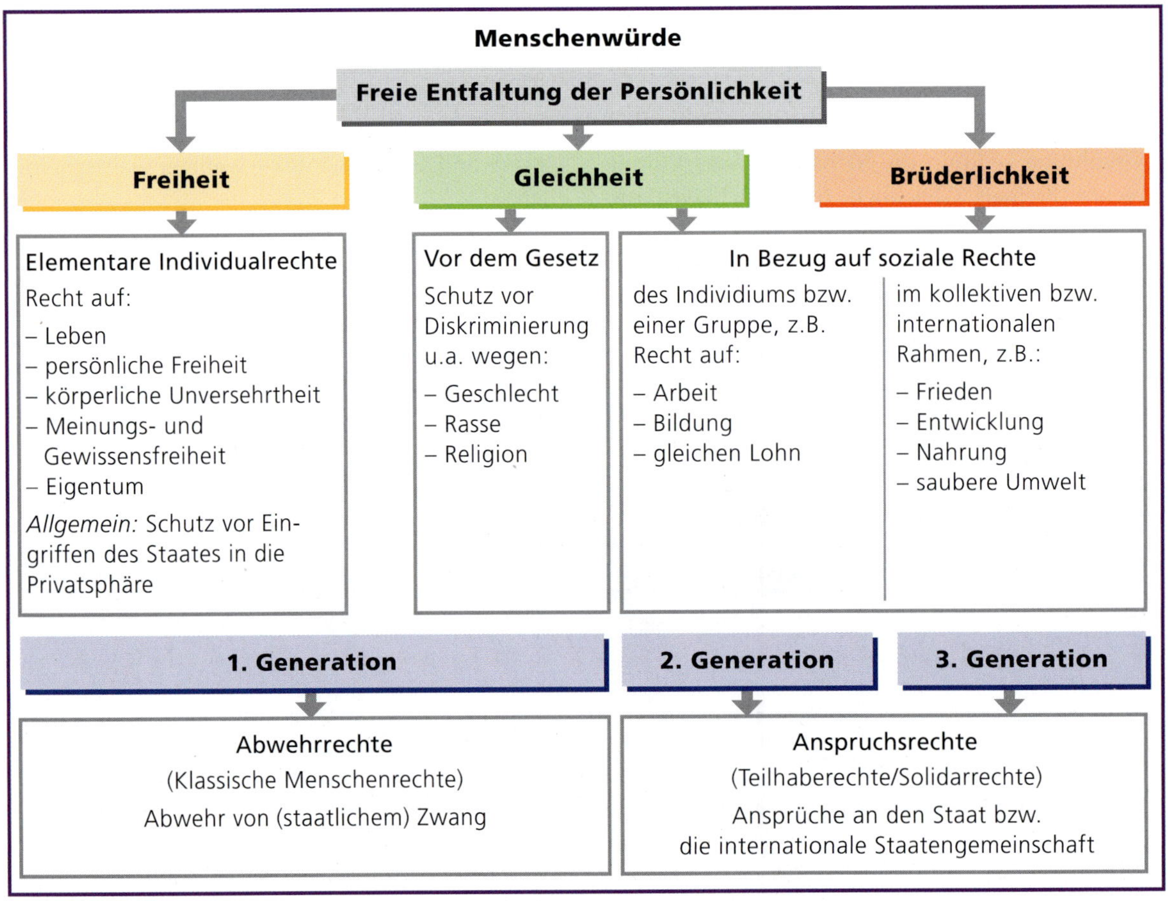

Axel Herrmann, Menschenwürde, Menschenrechte, Thema im Unterricht, Lehrerheft 11/1997, S. 7

Aufgaben zu M 1 – M 5

1. *Begründe, welche Menschenrechte dir besonders wichtig erscheinen (M 3).*
2. *Erkläre die Aussage: „Menschenrechte sind unveräußerlich."*
3. *Erläutere, warum sich die Menschenrechte in unterschiedliche „Generationen" einteilen lassen (M 5).*

Fallstudien dokumentieren und präsentieren

Sozialwissenschaftlerinnen und -wissenschaftler erforschen die Grundbedingungen der menschlichen Gesellschaft und müssen dazu eine Fülle von Informationen recherchieren und verarbeiten, zum Beispiel Umfrageergebnisse und Interviews, Wirtschaftsdaten und Statistiken, Zeitungsartikel und Länderberichte. Eine Wissenschaft legitimiert sich dadurch, dass sie ihre Forschungserkenntnisse der Allgemeinheit zur Verfügung stellt. Sinnvolle Ergebnisse sollten im Idealfall genau, seriös, nachprüfbar, anschaulich und verständlich dokumentiert werden.

In der Schule könnt ihr verschiedene Präsentationsarten für eure Themen im politischen und ökonomischen Unterricht ausprobieren und ihre jeweiligen Stärken und Schwächen prüfen.

Erarbeitet euch in Gruppen die in diesem Kapitel vorgestellten Fallbeispiele für Menschenrechtsverletzungen. Ansatzpunkte zur ergänzenden Recherche:

- *www.amnesty.de*
- *www.terre-des-femmes.de*
- *www.coe.int (Europarat)*
- *www.proasyl.de*
- *www.forum-menschenrechte.de*

Stellt eure Ergebnisse anschaulich dar. Wählt dafür die geeigneten Darstellungs- und Präsentationsformen:

	Vorteile	Nachteile
Referat Vortrag – unterstützt mit Folien, Tafelanschrieb, Ausgabe eines Thesenpapiers	- direkter Kontakt des Referenten zu den Zuhörern - gut als Einzelarbeit vorzubereiten - vielseitige Einsatzmöglichkeiten	- kann langweilig wirken, wenn nicht ausreichend auf Rhetorik und Visualisierung geachtet wird
Reportage Journalistischer Text mit Fotos, Grafiken, ggf. auch als Hörspiel	- kann gut Interesse für ein vielschichtiges Thema wecken - kann z.B. in der Schülerzeitung veröffentlicht oder auf Tonträgern vervielfältigt werden	- kann unsachlich wirken, wenn Darstellungsform nicht zum Thema passt - verlangt einen sicheren Schreibstil
Wandzeitung Plakate mit Bildern, Grafiken, Symbolen, Text – grafisch gestaltet	- kann zu einer anschaulichen Ausstellung für die ganze Schulgemeinde ausgebaut werden - Arbeitszeit gut kalkulierbar	- kann „billig" wirken, wenn nicht ausreichend auf die ästhetische Qualität der Materialien geachtet wird - Texte und Bilder müssen in einem ausgewogenen Verhältnis stehen
Computer-Präsentation Animierte Darstellung von Texten, Grafiken, Bildern mit Hilfe eines Präsentationsprogrammes	- attraktive und motivierende Darstellungsform - gute Verfügbarkeit der Ergebnisse (CD-Rom, Home-Page der Schule...)	- kann oberflächlich wirken; Gefahr, dass die Auseinandersetzung mit der Technik die inhaltliche Qualität einschränkt - das Auftreten technischer Probleme muss einkalkuliert werden
Darstellendes Spiel Rollenspiel oder Theaterszene, um die Problematik zu veranschaulichen	- kreativer Ansatz, der „Bauch" und „Kopf" anspricht - interessant für Zuschauer, kann Diskussionen anregen	- kann unbeholfen wirken, setzt Geübtsein mit darstellendem Spiel voraus - Flüchtigkeit der Ergebnisse

Menschenrechtsverletzung: Todesstrafe

M 6 Hinrichtungen in den USA

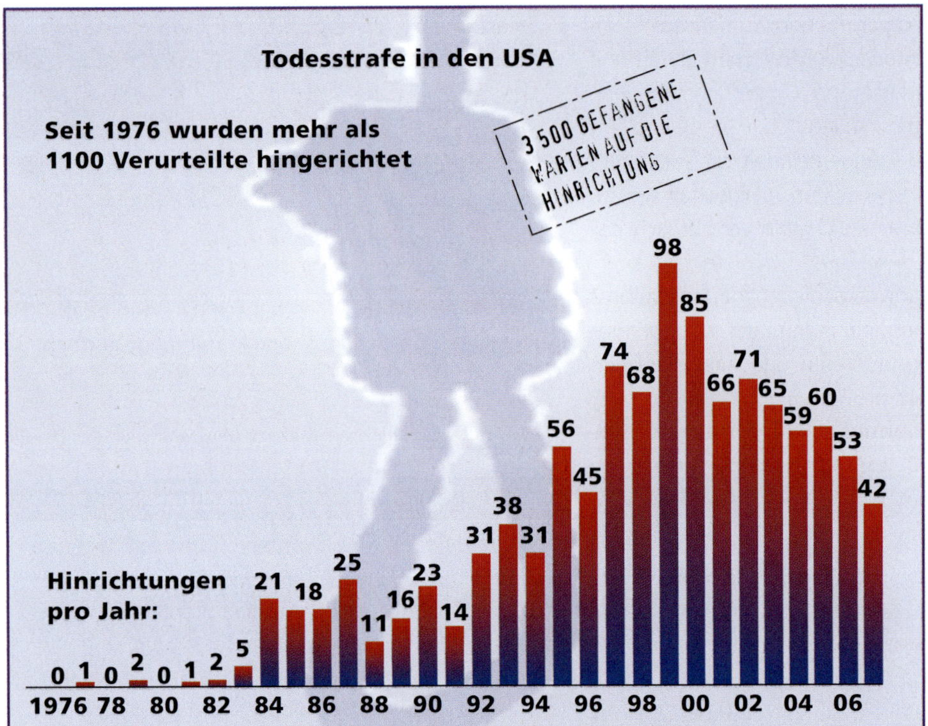

amnesty international Jahresbericht 2004, Frankfurt a.M. 2004, S. 298 f. (aktualisiert)

M 7 amnesty international berichtet über die USA

Im Berichtsjahr (2003) wurden 65 Personen hingerichtet, womit sich die Zahl der seit 1976, als der Oberste Gerichtshof ein bis dahin bestehendes Hinrichtungsmoratorium aufgehoben hatte, vollstreckten Todesurteile auf 885 erhöhte. Nach wie vor verstießen die USA gegen internationale Standards, indem sie zum Beispiel die Todesstrafe gegen zur Tatzeit Minderjährige anwandten. …

Im Bundesstaat Texas fand im Berichtsjahr die 300. Hinrichtung seit 1976 statt. Insgesamt wurden 2003 in Texas 24 Menschen exekutiert. …

Am 11. Januar 2003 entließ der scheidende Gouverneur von Illinois, George Ryan, alle in den Todeszellen seines Bundesstaates einsitzenden Gefangenen aus dem Todestrakt. Er begnadigte vier zum Tode verurteilte Gefangene, von denen er vermutete, dass sie unter Folter gezwungen worden waren, Verbrechen zu gestehen, die sie nicht begangen hatten. Bei den übrigen 167 zum Tode verurteilten Gefangenen wandelte er die Todesurteile in Haftstrafen um, weil sich seiner Meinung nach das System, auf dessen Grundlage sie verurteilt worden waren, als fehlerhaft erwiesen hatte.

Im Juli wurde in Missouri Joseph Amrine aus der Todeszelle entlassen, nachdem er 16 Jahre zuvor wegen des Mordes an einem Mithäftling zum Tode verurteilt worden war. Er war auf der Grundlage der Aussagen von Mitgefangenen für schuldig befunden worden, die diese später zurückgezogen hatten. Joseph Amrine war der 111. zum Tode verurteilte Gefangene, der seit 1973 in den USA als unschuldig aus der Todeszelle entlassen wurde. …

James Colburn wurde am 26. März in Texas und James Willie Brown am 4. November in Georgia hingerichtet. Beide Männer waren seit langem psychisch krank, unter anderem lautete die Diagnose auf Schizophrenie.

amnesty international Jahresbericht 2004, Frankfurt a.M. 2004, S. 298 f.

M 8

Strafverständnis in den USA

Aus der Geschichte heraus spielt in den USA Gewalt in der Gesellschaft eine zum Teil andere Rolle als in Europa. Auf dieser Seite des Atlantiks hat sich das Prinzip des Gewaltmonopols des Staates durchgesetzt. In den USA herrscht das in den Verfassungsrang erhobene mystifizierte Recht jedes Einzelnen, eine Schusswaffe führen zu dürfen. In diesen Zusammenhang fällt auch das Thema Strafen. Dass der Sühnegedanke eine weitaus größere Rolle als der Resozialisierungsgedanke im amerikanischen Strafrecht spielt, belegt nicht nur die Todesstrafe. Die USA haben im Gegensatz zu Europa einen um vieles höheren Prozentsatz von Gefängnisinsassen. Doch schränkt die Rechtsprechung die Anwendung der Todesstrafe zunehmend ein. So dürfen zum Tode verurteilte Mörder, die zum Zeitpunkt der Tat minderjährig waren, künftig in den USA nicht mehr hingerichtet werden. Dies entschied der Oberste Gerichtshof der USA in Washington im März 2005 mit fünf zu vier Richterstimmen. Damit wird eine Praxis verboten, die in 19 der 50 Bundesstaaten legal war. In der Folge wurden die Todesurteile von 70 Personen aufgehoben, die in Gefängnissen auf ihre Exekution warteten. 2002 hatten die Obersten Richter die Hinrichtung von geistig nicht zurechnungsfähigen Tätern untersagt. Das Gericht hatte zuvor schon Todesstrafen gegen Täter untersagt, die jünger als 15 Jahre waren. Das jetzige Urteil betrifft 16- und 17-Jährige. Das Gericht berief sich auf die US-Verfassung, die „grausame und ungewöhnliche Strafen“ untersagt. Außerhalb der USA sind nur aus Iran, Pakistan, China und Saudi-Arabien Hinrichtungen Minderjähriger bekannt geworden.

Karsten D. Voigt, Die Zukunft der deutsch-amerikanischen Beziehungen, in: Aus Politik und Zeitgeschichte Nr. 44/2000, Ergänzung durch den Autor

M 9

Todesstrafe weltweit

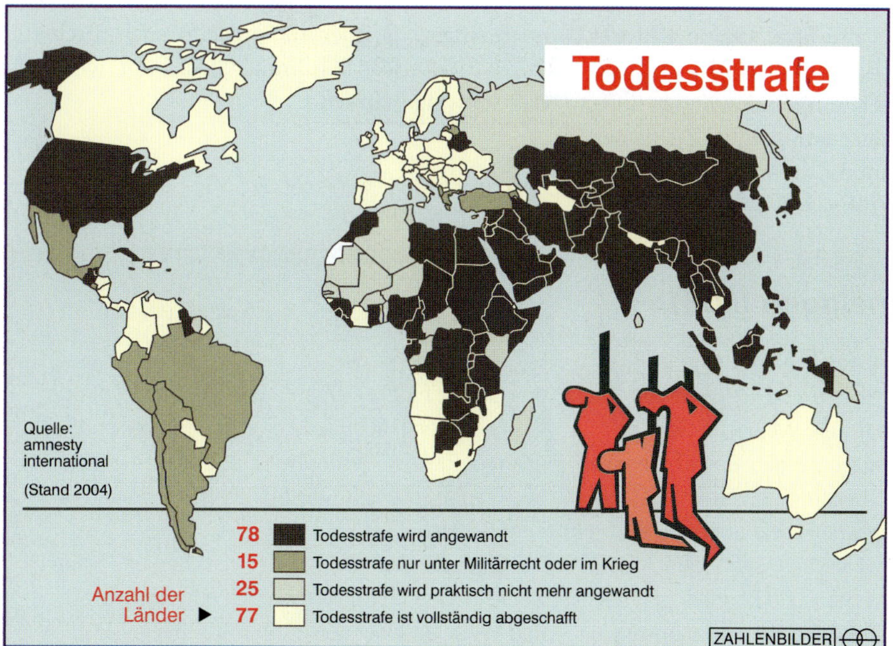

603 270

Aufgaben zu M 6 – M 9

1. *Stelle Fakten über die Ausübung der Todesstrafe in den USA zusammen (M 6 – M 8).*

2. *Erläutere, warum die Menschenrechtsorganisation amnesty international die Praxis der Todesstrafe in den USA kritisiert (M 7).*

Menschenrechtsverletzung: Weibliche Beschneidung

M 10 Waris Dirie, Top-Model und Aktivistin gegen die Genitalverstümmelung

Ich war nach Los Angeles eingeladen, um einen Vortrag über die Genitalverstümmelung an Frauen zu halten, und hatte eingewilligt – obwohl es mir schwer fiel, darüber zu sprechen. Ich war Sonderbotschafterin der UNO zum Thema Beschneidung, aber sobald ich darüber sprach, brachte es schmerzliche Erinnerungen mit sich. Ich hatte meine Mutter damals sogar um die Beschneidung gebeten, weil alle behaupteten, es würde mich sauber und rein machen. Ich war noch nicht viel größer als eine Ziege, als meine Mutter mich festhielt, während eine alte Frau meine Klitoris und die inneren Schamlippen abschnitt und die Wunde zunähte. Sie ließ nur eine winzige Öffnung für Urin und Menstruationsblut. Zu dieser Zeit hatte ich keine Ahnung, was passieren würde, weil wir niemals darüber redeten. Das Thema ist tabu. Meine schöne Schwester Halimo starb daran; niemand aus meiner Familie erwähnte es jemals, aber ich weiß ganz genau, dass sie entweder verblutet oder an einer Infektion gestorben ist. Die midgaan-Frauen, die die Beschneidung vornehmen, verwenden eine Rasierklinge oder ein an einem Stein gewetztes Messer. Die midgaan sind Unberührbare in der somalischen Gesellschaft, weil sie von einem Stamm kommen, der nicht vom Propheten Mohammed abstammt. Sie tragen danach eine Myrrhensalbe auf, um die Blutung zu stoppen, aber wenn etwas schief läuft, haben wir kein Penicillin. Später dann, wenn ein Mädchen heiratet, versucht der Bräutigam in der Hochzeitsnacht die kleine Öffnung gewaltsam zu vergrößern. Falls die Öffnung zu schmal ist, trennt man sie mit einem Messer auf. Erst nach Jahren des Kampfes wurde mir klar, dass es eine echte Verstümmelung ist. Aber ich hatte immer noch Angst, darüber zu sprechen – ich fürchtete, mir würde etwas Schlimmes passieren, wenn ich das Schweigen bräche.

Waries Dirie, Nomadentochter, München 2002, S.18 f., übers. von Theda Linke Krohm

Infobox

Weibliche Beschneidung (FGM)

Schätzungsweise 130 Millionen Frauen und jährlich weitere zwei Millionen Mädchen sind weltweit von Genitalverstümmelung betroffen. Weibliche Genitalverstümmelung – international unter dem Begriff „Female Genital Mutilation (FGM)" bekannt geworden – ist ein Sammelbegriff für verschiedene Formen operativer Eingriffe an den äußeren weiblichen Genitalien. Alle Formen von FGM sind irreversibel und können zu unterschiedlichen, sowohl unmittelbaren als auch langfristigen psychischen und körperlichen Komplikationen führen. Afrikanische Aktivisten und Nicht-Regierungsorganisationen sowie internationale Organisationen und Deklarationen verurteilen FGM als Menschenrechtsverletzung, als Verstoß gegen die Rechte des Kindes und das Recht auf Gesundheit und körperliche Unversehrtheit und setzen sich aktiv für ihre Überwindung ein.

Es geht beim Engagement gegen FGM nicht nur um den Einsatz für ein elementares Menschenrecht oder das Recht von Frauen auf körperliche Unversehrtheit und reproduktive Gesundheit. Das Engagement steht auch repräsentativ für die Stärkung von Frauen und ihrer Rechte.

Die Genitalverstümmelung von Mädchen und Frauen ist ein Thema, mit dem man sich auf sensible Art und Weise auseinandersetzen muss. Bei der Frauenrechtsorganisation Terre des Femmes gibt es ein Informationsblatt für Schülerinnen und Schüler, die sich mit dem Thema befassen möchten. Das Informationsblatt steht auf den Internetseiten von Terre des Femmes als Download zur Verfügung.

nach: www.gtz.de (12.9.2005)

M 11

Die Verbreitung von FGM

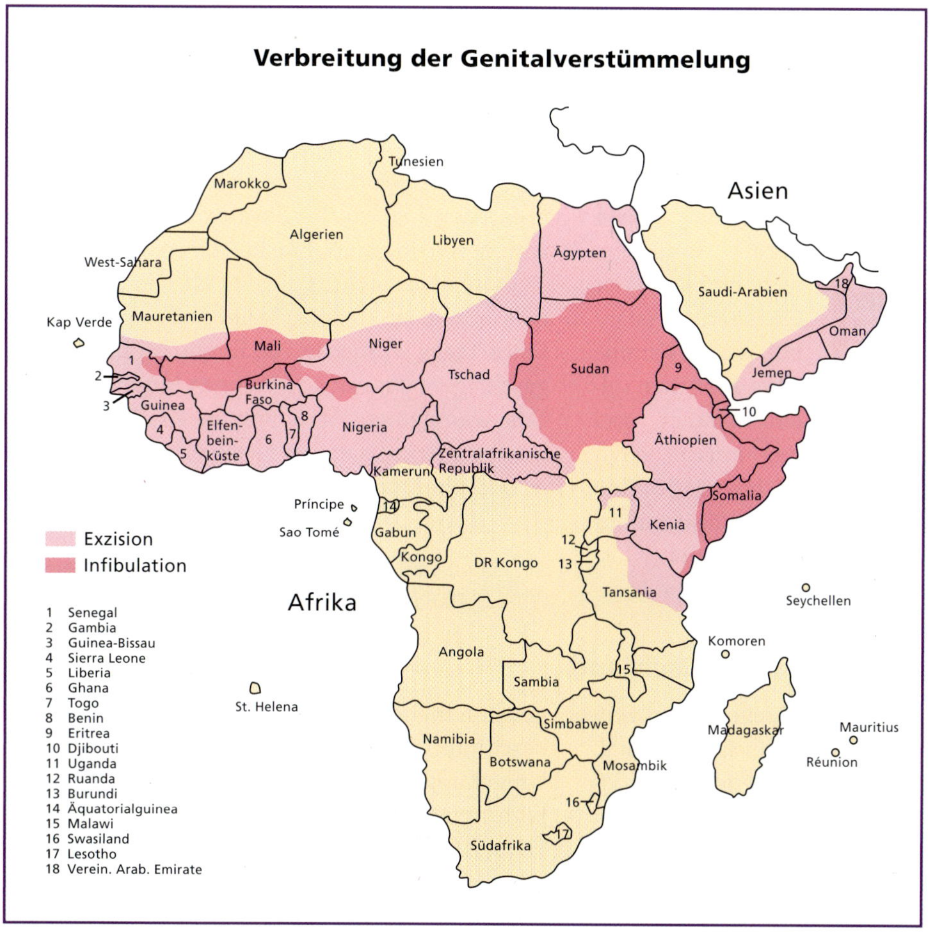

*Die **Exzision** bezeichnet die teilweise oder komplette Amputation der Klitoris mit teilweiser oder vollständiger Entfernung der kleinen Schamlippen.*

*Die **Infibulation** (auch als pharaonische Beschneidung bekannt) ist die radikalste Beschneidungsform. Dabei werden die Klitoris und die inneren und äußeren Schamlippen komplett entfernt.*

http://www.frauenrechte.de/themen/fgm/fgm-def.html (18.10.2005)

Aufgaben zu M 10 und M 11

1. Erläutere, inwiefern es sich bei FGM um eine Menschenrechtsverletzung handelt (M 10).
2. Stellt Informationen zur Verbreitung und zum Ausmaß von FGM zusammen (M 10, M 11).
3. Sucht im Internet nach Projekten, die diesen Mädchen helfen und FGM überwinden wollen und stellt diese Projekte vor. Informationen findet ihr zum Beispiel bei „Terre des Femmes“. Beurteilt die Erfolgsaussichten der verschiedenen Projekte.

Menschenrechtsverletzung: Zwangsverheiratung

M 12

Arzu, 49 Jahre

Für Arzus Vater stand immer fest, dass muslimische Mädchen keinen Beruf brauchen, nicht einmal in der Großstadt Istanbul, wo die Familie lebte. Mädchen sollen heiraten, und das musste Arzu auch – mit 15. Ihre Eltern fälschten ihr Alter auf den Dokumenten, um sie schneller loszuwerden. Die Familie hatte wenig Geld, die Tochter sollte sich woanders durchfüttern lassen. Eine Woche später war Arzu in Deutschland, verstand kein einziges Wort, kannte niemanden. Dafür setzte es jeden Tag Schläge. Sie ging putzen, ihr Mann war arbeitslos und brachte ihren Lohn durch. 28 Jahre hielt sie durch, bis ihr ältester Sohn ebenfalls anfing, sie zu prügeln, im Auftrag des Vaters. Eines Tages wurde sie von ihrem Zögling so hart geschlagen, dass sie die Treppen hinunterstürzte. Das war genug: Arzu floh in ein Frauenhaus. Doch die Angst hatte sie nicht verlassen. Ihre Söhne bedrohen sie fast täglich am Telefon.

Andrea Brandt u.a., Der Spiegel 47/2004, S. 63

M 13

Zwangsverheiratungen in Deutschland

Nuray war nicht auf ihrer eigenen Hochzeit. Durch einen Zufall hat die 17-Jährige erfahren, dass ihr Vater sie bei einer Reise in die türkische Heimat mit einem jungen Mann verheiratet hat. … Nach der Hochzeit konnte Nuray nachts nicht mehr schlafen und ist schließlich zur Polizei gegangen. Als ihr Vater davon erfuhr, hat er sie geschlagen und getreten. Die Mutter und die Schwestern konnten ihr nicht helfen, weil sie zu viel Angst hatten. Nuray ist von zu Hause abgehauen und schließlich zu „Papatya" („Kamille" auf Türkisch) und zu Ayse Uysal (Name geändert) gekommen.

Die 44-Jährige ist zierlich, hat rot gefärbte Haare und lachende dunkle Augen hinter einer runden Brille. Ihr Arbeitsplatz, die Kriseneinrichtung für junge Immigrantinnen, Papatya, ist wahrscheinlich einer der geheimsten Berlins. Niemals würde Ayse Uysal einen Besucher mit in die Wohnung nehmen. Es gibt keinen Namen an der Tür, keinen Eintrag bei der Auskunft. Dafür hat Papatya als schutzbedürftiges Objekt einen Notknopf, der die Polizei alarmiert. „Es ist wichtig, dass sich die Mädchen bei uns sicher fühlen", erklärt Uysal.

Die jungen Frauen haben einen schwierigen Weg hinter sich, wenn der Jugendnotdienst sie herbringt. Sie haben sich gegen ihre Eltern aufgelehnt, manche von ihnen sind misshandelt und beschimpft worden, alle haben sie ihre gewohnte Umgebung – Familie, Freunde, Schule oder Ausbildung – hinter sich gelassen.

„Das ist unfassbar schwer gerade für Mädchen aus dem islamischen Kulturkreis, in dem viel Wert auf Ehrvorstellungen und Gehorsam gelegt wird", sagt Uysal. Auch sie stammt aus der Türkei. Allerdings haben ihre bildungsbürgerlichen Eltern ihr alle Freiheiten gegeben. Viele der Mädchen plagen sich mit Selbstvorwürfen, haben das Gefühl, ihre Familie zerstört zu haben und schreckliches Heimweh – schließlich sind die meisten von ihnen noch halbe Kinder. …

Wie viele Zwangsheiraten, bei denen mindestens ein Partner mit körperlicher oder psychischer Gewalt zur Ehe gezwungen wird, es in Deutschland gibt, ist nicht gesichert. Die einzigen konkreten Zahlen liefert eine Erhebung des Berliner Senats bei mehr als 50 Jugend- und Beratungseinrichtungen.

Danach sind im Jahr 2002 in Berlin 230 Fälle aktenkundig geworden. …

Laut Artikel 16 der Allgemeinen Erklärung der Menschenrechte darf eine Ehe „nur aufgrund der freien und vollen Willenseinigung der zukünftigen Ehegatten geschlossen" werden. In

Deutschland fällt die Zwangsheirat bislang unter den Tatbestand der Nötigung. Nun drängt die baden-württembergische Landesregierung darauf, sie härter zu bestrafen. Der Justizminister und Ausländerbeauftragte Ulrich Goll (FDP) hat Ende Oktober 2004 eine Gesetzesänderung in den Bundesrat eingebracht: Die Initiative sieht vor, den Straftatbestand „Zwangsheirat" ins Strafgesetzbuch aufzunehmen und die Rechte der Opfer zivilrechtlich zu stärken.

Nina Berendonk, Süddeutsche Zeitung, 18.11.2004

Menschenrechte von islamischen Frauen müssen in Deutschland gesichert werden

M 14

Ein Interview mit der Journalistin und Frauenrechtlerin Alice Schwarzer:

Spiegel: Sie wollen sich des Islamismus per Grundgesetz erwehren?
Schwarzer: Selbstverständlich! Wir haben unsere Freiheiten wie Aufklärung und Demokratie mühsam erkämpft und dürfen nicht hinter das Erreichte zurückfallen. Die Menschenrechte sind universell gültig und unteilbar, unabhängig von Kultur und Religion.
Spiegel: Was erwarten Sie von der Politik, um Frauenrechte zu sichern und dem Einfluss von Islamisten entgegenzuwirken?
Schwarzer: Es gibt viel zu tun, weil alles vernachlässigt wurde. Die Beherrschung der deutschen Sprache und die Akzeptanz unseres Rechtssystems müssen zum Einbürgerungskriterium werden. In den betroffenen Stadtteilen muss offensiv Jugendarbeit betrieben werden, damit die Mädchen und Jungen nicht noch mehr voneinander entfremdet und von den demokratiefeindlichen Moscheevereinen verhetzt werden. In den Vierteln, den Schulen und an den Universitäten müssen wird der Rattenfängerpropaganda der Islamisten offensiv und konstruktiv etwas entgegensetzen. Und wir müssen den akut bedrohten Frauen und Mädchen konkret helfen.

Andrea Brandt u.a., Der Spiegel 47/2004, S. 70 f.

Infobox

Islamismus

Islamisten (auch islamische Fundamentalisten genannt) möchten einen Staat auf dem Rechtssystem der Scharia aufbauen, lehnen also die Trennung zwischen Kirche und Staat ab, und verfolgen ihre Ziele oftmals auch mit gewaltsamen Mitteln. Die Scharia ist kein festgeschriebenes islamisches Gesetzbuch, sondern wird als umfassendes göttliches Gesetz verstanden, an das sich Muslime halten sollten. Bestandteile der Scharia sind das Strafrecht (mit rigiden Körperstrafen wie Hand- und Fußamputationen, Auspeitschen, Steinigung), das Erb- und Vermögensrecht sowie detaillierte Vorgaben zur Religionsausübung. Im Zentrum der Scharia steht das Ehe- und Familienrecht, das Frauen rechtlich gegenüber dem Mann benachteiligt, obwohl die islamische Religion von einer Gleichwertigkeit von Mann und Frau ausgeht.

Autorentext

Aufgaben zu M 12 – M 14

1. *Recherchiert, in welchen weiteren Kulturkreisen Zwangsverheiratungen üblich sind und erläutert die Ursachen dafür. Warum ist es für Mädchen und Frauen so schwierig, sich dagegen zu wehren (M 12, M 13, eigene Recherchen)?*

2. *Um Zwangsverheiratungen zu vermeiden, wird diskutiert, ob nachziehende Ehepartner aus dem Ausland mindestens 21 Jahre alt sein müssen. Beurteile, ob diese Maßnahme geeignet ist und ob gegebenenfalls weitere Maßnahmen ergriffen werden müssten (M 13, M 14, eigene Recherchen).*

Die Menschenrechte

Die Allgemeine Erklärung der Menschenrechte
M 2, M 3

Am 10. Dezember 1948 verabschiedete die Generalversammlung der Vereinten Nationen die „Allgemeine Erklärung der Menschenrechte". Dieses Dokument ist die grundlegende Formulierung der Menschenrechte. Dazu gehören zum Beispiel der Schutz der Menschenwürde, das Recht auf Leben und Freiheit, die Gleichheit vor dem Gesetz, der Anspruch auf ein faires Gerichtsverfahren und ein geschütztes Privatleben, das Recht auf Gedanken- und Religionsfreiheit, auf Eigentum und freie Meinungsäußerung.

Die Idee der Menschenrechte hat ihre Wurzeln in der Antike, dem Christentum und der Aufklärung. Die beiden wesentlichen Vorläuferdokumente sind die amerikanische Unabhängigkeitserklärung und die Menschenrechtserklärung der Französischen Revolution.

Unveräußerlichkeit von Menschenrechten

Menschenrechte sind von ihrer grundlegenden Idee her Naturrecht, das heißt, sie sind dem Menschen angeboren und kein Staat der Welt hat das Recht, den Menschen in seinen Menschenrechten einzuschränken. Den Gegensatz zum Naturrecht bildet das positive Recht. Das Adjektiv „positiv" bedeutet in diesem Fall (staatlich) gesetztes Recht (lat. „ponere" oder engl. „to put" bedeutet setzen, stellen, legen) und meint die Gesetze, die in einem Staat durch die Gesetzgebung erlassen werden.

Universalität von Menschenrechten

Die Idee der Menschenrechte ist untrennbar mit der Vorstellung verbunden, dass die – angeborenen – Menschenrechte für alle Menschen in allen Staaten gelten, gleich welcher Religion oder Kultur sie angehören. Es gibt allerdings einzelne asiatische oder islamische Staaten (z.B. Indonesien, Iran), die dies ablehnen und die Menschenrechte als westlich-abendländisch geprägte Rechtsvorstellung einstufen, denen alternative Menschenbilder entgegengestellt werden können, in denen die Gemeinschaft als dem Individuum übergeordnet angesehen wird.

Generationen von Menschenrechten
M 5

Die Menschenrechte können in drei Generationen von Menschenrechten unterteilt werden. Die erste Generation bilden die klassischen Abwehrrechte, in denen die Freiheit des Menschen vor staatlichem Zwang geschützt wird (z.B. Recht auf Eigentum). Die zweite Generation sind soziale Ansprüche, wie etwa auf Arbeit oder Bildung, und die dritte Generation sind ebenfalls Anspruchsrechte, die jedoch in einem überstaatlichen Rahmen verwirklicht werden müssen, z.B. das Recht auf Frieden.

Die Menschenrechte im Grundgesetz
M 4

In Art.1 des Grundgesetzes, der Verfassung der Bundesrepublik Deutschland, ist die Würde des Menschen als oberster Wert verankert. Das Bekenntnis zu unverletzlichen und unveräußerlichen Menschenrechten steht wie eine Überschrift über den Grundrechten des Grundgesetzes. Die Grundrechte sind garantiert – sie dürfen in ihrem wesentlichen Kern nicht verändert werden.

Viele Grundrechte sind als Menschenrechte formuliert („Jeder hat das Recht auf die freie Entfaltung seiner Persönlichkeit", „Alle Menschen sind vor dem Gesetz gleich."). Manche Grundrechte sind Rechte, die an den Besitz der Staatsbürgerschaft gebunden sind („Alle Deutsche haben das Recht, sich ohne Anmeldung und Erlaubnis friedlich und ohne Waffen zu versammeln.").

2. Menschenrechte schützen – Frieden sichern

amnesty international: Briefe schreiben gegen das Vergessen

Die Arbeit einer amnesty-Gruppe

M 1

a) Der Fall

Im März 1970 wurde unserer amnesty-Gruppe ein neuer Fall vom Internationalen Sekretär von amnesty international in London zugewiesen. Es war für uns – neben einem aus Vietnam und einem aus der Sowjeunion – der dritte Fall. Der Akte entnehmen wir folgende Daten:

Name: Alberto Ch.
Alter: 29 Jahre
Beruf: Fährmann
Verhaftet am: 31. Dezember 1959
Grund der Verhaftung: vermutlich verwechselt mit einem Gesuchten des gleichen Familiennamens
Wohnort: unbekannt
Gefängnis: Villa Aurelia, Asunción
…
Dazu der Hinweis: „Schreiben Sie bitte höflich formulierte Briefe in gutem Spanisch, in Englisch oder in Deutsch, in denen Sie die sofortige Freilassung des Gefangenen fordern, an folgende Adressen." Aufgelistet waren alle Minister der paraguayischen Regierung, Paraguay. Wir hatten viele Berichte über dieses Land gelesen und darin erfahren, dass Alfredo Strasser 1954 mit Hilfe des Militärs durch einen Putsch an die Macht kam; dass er den Ausnahmezustand verhängte und damit alle verfassungsmäßigen Grundrechte außer Kraft setzte …. Über Folterungen und Misshandlungen war darin zu lesen; von unzureichender Ernährung, von Krankheiten der Inhaftierten und der Weigerung der Gefängnisleitungen, ihnen Hilfe oder wenigstens Medikamente zukommen zu lassen.
…
[Wir schrieben] ungezählte Briefe, immer an die gleichen Adressen, immer mit dem gleichen Anliegen – sie alle blieben unbeantwortet. Sollten wir aufgeben? … Vielleicht würden unsere Briefe doch ihre Adressaten finden und sich wie Stecknadeln in ihre Kopfkissen eingraben, die sie irgendwann nachts nicht mehr ruhig schlafen ließen. … Wir hatten von einer Parlamentsabgeordneten in Paraguay erfahren, die regelmäßig politische Gefangene besuche, ihnen Lebensmittel und Medikamente bringe. Aber dazu brauche sie Geld. …
Auch das letzte Jahr unseres Einsatzes – damals wussten wir allerdings noch nicht, dass es das letzte sein würde – war gekennzeichnet durch Briefeschreiben, durch weitere Postkartenaktionen, durch weiter Unterschriftensammlungen und durch weitere Geldsendungen. Angespornt wurden wir durch neue Informationen des Internationalen Sekretariats, Alberto Ch. sei krank, habe Tuberkulose und sei zudem durch wiederholte Hungerstreiks sehr geschwächt. … Fast zeitgleich mit diesen neuen Informationen erreichte uns ein Brief der Deutschen Botschaft aus Paraguay …: „Ich kann Ihnen mitteilen, dass der paraguayische Gefangene Alberto Ch. … freigelassen wurde."

R. Engelmann/ U. M. Fiechtner (Hg.), Aller Menschen Würde. Ein Lesebuch - amnesty international gewidmet, Frankfurt a.M. 2001, S. 25 f.

b) Die Antwort

Asunción, Februar 2000

Lieber Freund,

in all den Jahren, die ich jetzt in Freiheit verbringe, habe ich das Bedürfnis den Menschen zu danken, die in den schweren Jahren an mich gedacht haben. Während meiner Haftzeit hatte ich zwar nie schlüssige Beweise dafür, dass es sie gab, ich hatte keine Vorstellung davon, wer sie sind, geschweige denn ein Ahnung davon, wie und mit welchen Mitteln sie sich für mich einsetzten. Aber irgendwann, ich war damals schon mehr als zehn Jahre im Gefängnis, gab es Veränderungen in meinem Alltag. ...
In der Zelle gab es keine Zeit. Eine Sekunde reihte sich an die andere, eine Minute an die andere, eine Stunde, ein Tag, eine Woche, ein Monat. Nur die Essensausgabe unterbrach die dahinschleichende Zeit. ... Es machte keinen Sinn, die Zeit, wie auch immer, zu registrieren, die letzten Minuten, Stunden, Tage ... als einen Teil der Vergangenheit einzuordnen, um einem Ziel näher zu kommen. Welchem auch? Die Entlassung? Dafür gab es keine Anhaltspunkte. ... Dem nächsten Verhör? Mit verbundenen Augen konnte ich außerhalb der Zelle keine zeitliche Orientierung finden. Wenn sie mich zurückbrachten, fühlte ich mich wieder als unbewegliche Masse. ... Ich weiß nicht, wie oft sie mich zum Verhören aus der Zelle geholt haben. Sie verliefen aber immer nach dem gleichen Schema. Zunächst wurden mir Fragen gestellt, die ich nicht beantworten konnte, dann wurde ich „gefügig" gemacht. Heute, mit diesem zeitlichen Abstand, kann ich sagen, dass ich nach ca. sieben bis acht Jahren nur noch ganz selten verhört wurde, bis es schließlich in den Jahren 1970 bis 1971 ganz eingestellt wurde, in der Zeit also, wie ich heute weiß, in der Ihr angefangen habt, für mich Briefe zu schreiben.

R. Engelmann/ U. M. Fiechtner (Hg.), Aller MenschenWürde. Ein Lesebuch - amnesty international gewidmet, Frankfurt a.M. 2001, S. 25f.

Infobox

amnesty international

amnesty international ist die wohl bekannteste weltweit agierende Organisation zum Schutz der Menschenrechte. Sie wurde 1961 als Gefangenenhilfsorganisation gegründet. 1977 erhielt amnesty international den Friedensnobelpreis.
amnesty international entsendet weltweit Beobachter und veröffentlicht Berichte zur Situation der Menschenrechte in den Staaten dieser Welt in einem jährlich erscheinenden Handbuch. Um auf Menschenrechtsverletzungen aufmerksam zu machen, ruft die Organisation zum Beispiel so genannte „Urgent Actions" aus. Innerhalb weniger Stunden nach der Veröffentlichung eines Falles bedrängen Mitglieder und Sympathisanten von amnesty international die Verantwortlichen mit tausenden von Briefen, Faxen und E-Mails.

Autorentext

Aufgabe zu M 1

1. „Ein Einzelner kann doch nichts gegen Menschenrechtsverletzungen ausrichten" – nimm Stellung zu dieser Meinung. Berücksichtige dabei auch die Ziele und Aktionsformen von amnesty international (M 1, Infobox).

Der Europarat – Wächter der Menschenrechte in Europa

Der Europarat und der Europäische Gerichtshof für Menschenrechte

M 2

Das Menschenrechtsgebäude des Europarates beherbergt die Gerichtssäle des Europäischen Gerichtshofes für Menschenrechte.

Der Europarat mit Sitz in Straßburg wurde 1949 mit dem Ziel gegründet, die Einheit und Zusammenarbeit Europas zu fördern, auf den Gebieten Wirtschaft, Soziales, Kultur und Wissenschaft zusammenzuarbeiten und insbesondere zur Demokratisierung und Durchsetzung der Menschenrechte beizutragen. Der Europarat ist kein Organ der EU, sondern eine internationale Organisation von 46 (2005) europäischen Staaten. … Der Europarat hat bislang über 196 Konventionen verabschiedet, darunter die Europäische Konvention zum Schutz der Menschenrechte und die Europäische Sozialcharta. Kontrollorgan ist der Europäische Gerichtshof für Menschenrechte in Straßburg. Der Europäische Gerichtshof für Menschenrechte wurde 1959 eingerichtet, um Verstöße der Unterzeichnerstaaten gegen die Europäische Konvention zum Schutz der Menschenrechte zu verhandeln. Er kann ausschließlich von Mitgliedsstaaten und von Einzelpersonen und nur über die Europäische Kommission für Menschenrechte angerufen werden. Seine Urteile sind bindend.

Klaus Schubert/Martina Klein, Das Politiklexikon, 4. aktual. Aufl., Bonn 2006, S. 103

Der Europäische Gerichtshof für Menschenrechte verurteilt Deutschland

M 3

Der Europäische Gerichtshof für Menschenrechte hat einem 53-jährigen Hamburger Schadenersatz zugesprochen, dem von der deutschen Justiz das Besuchsrecht für seinen Sohn verweigert wurde. Die Straßburger Richter wiesen die Bundesregierung an, dem 53-Jährigen insgesamt fast 24 400 Euro zu zahlen, davon 12 800 Euro als Entschädigung und den Rest für seine Auslagen.

Der Hamburger hatte sich 1988 von seiner Partnerin getrennt, als der gemeinsame Sohn drei Jahre alt war. Zwei Jahre lang besuchte er seinen Sohn regelmäßig. Auf Antrag der Mutter wurde dem Vater das Besuchsrecht dann verweigert. Mehrfach scheiterte der Mann danach vor deutschen Gerichten. Die Richter meinten, dass das Kind durch die Treffen mit seinem Vater in unzumutbare Loyalitätskonflikte komme.

Der Menschenrechtsgerichtshof widersprach nun den deutschen Richtern und führte zur Begründung unter anderem an, dass sie kein psychologisches Gutachten herangezogen hatten. Deutschland habe damit gegen zwei Bestimmungen der europäischen Menschenrechtskonvention verstoßen: das Recht auf ein Familienleben und das Recht auf einen fairen Prozess.

bem/afp, 13.7.2000

Aufgabe zu M 2 – M 3

1. Bildet Gruppen und recherchiert Informationen zu den folgenden Fragestellungen:

- *Stellt ein aktuelles Projekt des Europarates vor.*
- *Welche Aufgaben hat der „Kommissar für Menschenrechte"?*
- *Wie kann sich ein europäischer Bürger an den „Europäischen Gerichtshof für Menschenrechte" wenden?*

Die einzelnen Themen sind auch als Referatsthemen geeignet.

Die Bundeswehr im Einsatz für Menschenrechte

M 4 Zwei Meinungen

Wenn ich als Bundeswehrsoldat dazu beitragen kann, dass Menschen nach einem Bürgerkrieg oder einer Naturkatastrophe in ihrem Land sicher leben können, dann helfe ich mit, Menschenrechte zu schützen. Notfalls auch mit Gewalt.

„Frieden schaffen ohne Waffen" – das sag ich dazu. Nach einem Krieg braucht ein Land vielleicht Aufbauhilfe, aber sicher keine bewaffneten Soldaten, schon gar nicht kann man Menschenrechte mit Gewalt schützen.

Autorentext

M 5 Rechtsgrundlagen für Auslandseinsätze der Bundeswehr

- GG Art. 24
  (2) Der Bund kann sich zur Wahrung des Friedens einem System gegenseitiger kollektiver Sicherheit einordnen […].
- GG Art. 87a
  (1) Der Bund stellt Streitkräfte zur Verteidigung auf […].
  (2) Außer zur Verteidigung dürfen Streitkräfte nur eingesetzt werden, soweit dieses Grundgesetz es ausdrücklich zulässt.
- Urteil des Bundesverfassungsgerichtes vom 12. Juli 1994
  Das Bundesverfassungsgericht stellte mit diesem Urteil fest, dass die UNO (United Nations Organization – Vereinte Nationen) und die NATO (North Atlantic Treaty Organization) Systeme gegenseitiger kollektiver Sicherheit sind, die in erster Linie der Friedenssicherung verpflichtet sind. Die Bundeswehr darf im Rahmen ihrer Mitgliedschaft bei der UNO und in der NATO an Auslandseinsätzen teilnehmen.
- Wehrpflichtige können nicht zu einem Einsatz im Ausland gezwungen werden.
- Der Bundestag muss einem Auslandseinsatz der Bundeswehr zustimmen.

Zusammenstellung des Autors

Aufgabe zu M 4

1. Sollen Menschenrechte notfalls mit Gewalt geschützt werden? Ermittelt ein erstes Stimmungsbild in der Klasse zu dieser Frage.

M 6

Die Bundeswehr im Einsatz – Fallbeispiel Afghanistan

Afghanistan

Über zwanzig Jahre herrschte Bürgerkrieg in Afghanistan. Muslimische Widerstandskämpfer (mit Unterstützung der USA) wehrten sich gegen die von der Sowjetunion unterstützte sozialistische Regierung. 1987 zogen die sowjetischen Truppen ab, doch der Bürgerkrieg ging weiter. Verschiedene Gruppierungen rangen um die Macht – der von der UdSSR eingesetzte Präsident Nadschibullah wurde 1992 von Rebellen hingerichtet.
In den 90er Jahren übernahmen zunehmend die fundamentalistischen Taliban die Kontrolle und errichteten eine islamistische Ordnung.
Den Norden Afghanistans kontrollierte allerdings die so genannte Nord-Allianz. Nach dem Terroranschlag auf das World-Trade-Center und das Pentagon warfen die USA den Taliban vor, den Al-Kaida-Terroristen, insbesondere Osama Bin Laden, Unterschlupf zu gewähren.
Zur Bekämpfung des internationalen Terrorismus führte die USA zusammen mit der afghanischen Nord-Allianz im Dezember 2001 Krieg (Operation Enduring Freedom) gegen das Taliban-Regime, das daraufhin zusammenbrach. Nach demokratischen Wahlen im Jahr 2004 regiert Präsident Hamid Karsai das Land.

Einsatz

Einsatz der Bundeswehr innerhalb der UN-Friedensmission ISAF (mit bis zu 2250 Soldaten)

Beginn des Einsatzes am 2. Januar 2002

Auftrag

Die Friedenstruppe der UNO hat das Ziel, eine Demokratie in Afghanistan aufzubauen und ein sicheres Umfeld für die Arbeit der UNO-Mitarbeiter und Hilfsorganisationen zu schaffen.
Konkrete Aufgaben der deutschen Soldaten sind zum Beispiel die logistische Unterstützung anderer Nationen mit Lufttransport oder Fernmeldeverbindungen, Patrouillefahrten oder die Mithilfe beim Aufbau einer afghanischen Nationalgarde und einer afghanischen Polizei.

Die Soldaten dürfen zur Selbstverteidigung oder zur Durchsetzung des UNO-Auftrages Waffengewalt ausüben. Achtzehn Bundeswehrsoldaten kamen bislang in Afghanistan durch Anschläge oder Unfälle ums Leben.

Rechtsgrundlage

Auftrag der UNO (Resolution 1386) – zunächst für einen Einsatz in Kabul, später Ausweitung (Regionen Feysabad und Kundus)

Zustimmung des Deutschen Bundestages am 22. Dezember 2001 mit großer Mehrheit (538 Ja, 35 Nein, 8 Enthaltungen), anschließende Verlängerung des Einsatzes.

Autorentext

Infobox

Die Vereinten Nationen (englisch: United Nations Organization – UNO)

Die Vereinten Nationen wurden 1945 in San Francisco gegründet und stellen die Nachfolgeorganisation des Völkerbundes dar. 191 von 194 Staaten der Welt (Stand 2003) sind Mitglied der UNO, deren Hauptsitz in New York ist. Die Ziele der UNO sind die Sicherung des Friedens und die Verständigung der Völker untereinander. Auf der Grundlage der Gleichberechtigung aller Staaten und des Selbstbestimmungsrechtes der Völker arbeiten die Mitgliedsstaaten zusammen. Die Haupt-Organe sind die Vollversammlung aller Mitgliedsstaaten, in der jeder Staat eine Stimme hat, als wichtigstes Entscheidungsorgan der Sicherheitsrat mit fünf ständigen Mitgliedern (China, Frankreich, Großbritannien, Russland, USA) und zehn nichtständigen Mitgliedern und als Vertreter nach außen und „Gesicht" der Vereinten Nationen der UNO-Generalsekretär.
Der Generalsekretär hat auch einen Sitz im Sicherheitsrat, aber kein Stimmrecht. Daneben gibt es zahlreiche Sonder- und Unterorganisationen.

Autorentext

M 7 Maßnahmen der Vereinten Nationen zur Friedenssicherung

Friedensschaffende Maßnahmen
Diplomatische Maßnahmen zur friedlichen Lösung eines Konflikts. Neben Bereitstellung guter Dienste, Vermittlung und Schlichtung können sie auch diplomatische Isolationsmaßnahmen und Sanktionen umfassen.

Friedenserzwingende Maßnahmen
Maßnahmen zur Wiederherstellung des Friedens in Konfliktgebieten unter Einsatz militärischer Mittel. Die Zustimmung der Konfliktparteien ist nicht erforderlich.

Friedenserhaltende Maßnahmen
Aktivitäten zur Eindämmung, Entschärfung und / oder Beendigung von Feindseligkeiten zwischen Staaten oder in Staaten durch Intervention einer neutralen dritten Partei unter internationaler Organisation und Leitung. Militärische Streitkräfte und zivile Organisationen können die politische Streitbeilegung ergänzen und für die Wiederherstellung und Wahrung des Friedens sorgen. Friedenserhaltende Maßnahmen beinhalten die Stationierung einer Friedenstruppe im Krisengebiet. Die Zustimmung der Konfliktparteien ist erforderlich.

Friedenskonsolidierende Maßnahmen
Maßnahmen zur Bestimmung und Förderung von Strukturen, die geeignet sind, den Frieden zu festigen und zu konsolidieren, um das Wiederaufleben eines Konflikts zu verhindern. Diese können sowohl militärisches als auch ziviles Eingreifen erfordern.

Eine klare Grenzziehung zwischen den einzelnen „Typen" von Maßnahmen ist häufig schwierig. Friedenserhaltung setzt in vielen Fällen zunächst einmal die Schaffung von Frieden voraus, zugleich können vorausgehende oder begleitende „friedenserzwingende Maßnahmen" unerlässlich sein, wie auch das Beispiel Afghanistan zeigt.

www.frieden-und-sicherheit.de (29.3.2005)

M 8 Die Bundeswehr in Afghanistan – der Auftrag ist umstritten

Major Michael Erben ist einer der wichtigsten Soldaten im deutschen Kontingent in Kundus. Der 37-jährige Familienvater ist das Bindeglied zwischen der Bundeswehr und allen zivilen Helfern, die beim regionalen Wiederaufbauteam der Deutschen mitmachen sollen oder wollen. „Das ist für uns als Militärs natürlich erst mal schwierig, weil unser Auftrag ja bedeutet, dass wir ein sicheres Umfeld für die zivilen Organisationen schaffen sollen", sagt er. „Aber meines Erachtens geht es für uns in erster Linie darum, bessere Lebensumstände für die Bevölkerung zu schaffen." Das neue Einsatzgebiet der Deutschen umfasst die vier nordöstlichen Provinzen Kundus, Baghlan, Takhar und Badakhshan. Eine vergleichsweise ruhige Gegend mit großen Kriegsschäden. „Wenn es uns jetzt gelingt, den Frieden durch einen spürbaren Wiederaufbau zu stabilisieren, dann ist das nicht nur gut für Afghanistan und Präsident Hamid Karsai, sondern auch für uns", glaubt Michael Erben. Die Bundeswehr habe auf diese Art und Weise immerhin die Möglichkeit, auch etwas für die Menschen zu tun, und das komme in jedem Fall auch positiv auf Deutschland zurück, erklärt der Offizier.
Die Hilfsorganisationen, die schon länger vor Ort sind, hören diese Argumentation mit Skepsis. Volker Rath vom Kölner Notärztekomitee Cap Anamur vermutet, dass die Bundesregierung die Soldaten überhastet und ohne schlüssigen Auftrag in die sensible Drogen-Hochburg Nordafghanistan geschickt hat. Seine Warnung: hier oben in den Bergen regeln die lokalen Kriegsfürsten ihre Angelegenheiten unter sich. Kabul und Karsai sind weit weg. „Und derjenige, der hier etwas ändern möchte, ohne ein Alternativkonzept für eine Änderung zu haben, der wird Probleme bekommen", beschreibt er die Situation.
Auch die Deutsche Welthungerhilfe bewegt sich seit mehr als einem Jahr frei und sorglos im Nordosten Afghanistans. Jetzt befürchten Mitarbeiter wie Hanife Kurt, mit der Bundeswehr in einen Topf geworfen zu werden. „Also, die Deutsche Welthungerhilfe bezieht eine ganz klare Position: Wir sind unabhängig, unparteiisch und wir sind hier, um die Not der Bevölkerung zu lindern. Wir

Bundeswehrsoldaten als Teil der UN-Schutztruppe ISAF auf Patrouille in Kabul

denken, dass militärische Zwecke nicht für politische Ziele instrumentalisiert werden sollten. Deshalb befürworten wir eine strikte Trennung von militärischen und zivilen Aufgaben." Es gibt auch andere Stimmen, die der Bundeswehr eine positive und konstruktive Rolle zutrauen. Almut Wieland-Karimi zum Beispiel ist hauptberuflich die Vertreterin der SPD-nahen Friedrich-Ebert-Stiftung. Ehrenamtlich verstärkt sie das Team der „Mediothek für Afghanistan", die in Kundus ein geschütztes Haus für offene Diskussionen aufgebaut hat. Almut Karimi sieht die Bundeswehr als Akteur auf gleicher Augenhöhe mit den lokalen Machthabern. Die Bundeswehr soll hier die Position der Zentralregierung in Kabul stärken, sagt sie. „Gleichzeitig sind wir natürlich froh, dass die ISAF hier ist mit ihrer Infrastruktur, um uns in einem Notfall zu helfen."

Major Michael Erben, Verbindungsmann der Bundeswehr zu den Hilfsorganisationen, hofft, dass die gemeinsame Wiederaufbauarbeit trotz des harten Winters so schnell wie möglich losgeht, damit das Reden endlich ein Ende hat. Die Menschen auf den Straßen von Kundus ahnen nichts von der komplizierten Diskussion. Und es ist ihnen auch egal, ob die Bundeswehr nur deshalb ins vergleichsweise ruhige Kundus geschickt worden ist, weil sie auf keinen Fall mit den Amerikanern im Irak kämpfen soll. Die Menschen von Kundus haben nach einem viertel Jahrhundert Krieg Sehnsucht nach Frieden, Sicherheit und Wohlstand. Sie wünschen sich Straßen, Brunnen, Krankenhäuser und Schulen. Egal von wem.

Sandra Petersmann, Deutsche Welle, 28.12.2005

Aufgaben zu M 4 – M 8

1. *Erläutere am Fallbeispiel ISAF/Afghanistan, welche Aufgaben die Bundeswehr bei diesem Auslandseinsatz erfüllen soll (M 6, M 8).*

2. *Stelle Argumente zusammen, die für beziehungsweise gegen den ISAF-Einsatz der Bundeswehr sprechen (M 5 – M 8).*

3. *Der Ex-Verteidigungsminister Struck hat den Einsatz der Bundeswehr in Afghanistan u.a. damit begründet, dass auch dort die Sicherheit Deutschlands verteidigt würde. Wie beurteilst du diese Aussage?*

4. *In der Bundesrepublik Deutschland sind Auslandseinsätze der Bundeswehr weiterhin umstritten. Recherchiert in den Online-Angeboten der im Bundestag vertretenen Parteien, welche unterschiedlichen Positionen vertreten werden. Diese Aufgabe könnt ihr gut als arbeitsteilige Gruppenarbeit organisieren.*

Kann der Schutz von Menschenrechten einen Krieg legitimieren? Der NATO-Einsatz im Kosovo

M 9 Hintergrund: der Bürgerkrieg in Jugoslawien

Die Balkan-Staaten heute

Der Zerfall der Sowjetunion und der Zusammenbruch der kommunistischen Regime in Osteuropa 1989/1990 führte in Jugoslawien zu einem Demokratisierungsprozess und zu Unabhängigkeitsbewegungen in den einzelnen Republiken des Vielvölkerstaats Jugoslawien. Konflikte zwischen den ethnischen Gruppen Jugoslawiens brachen aus, zum Beispiel die Konfrontation zwischen serbischer Minderheit und dem kroatischen Staat. Der serbische Präsident Milosevic andererseits verfolgte offen das Ziel eines Großserbiens. 1991/1992 erklärten sich Slowenien, Kroatien und Bosnien-Herzegowina unabhängig. Aus dem Bürgerkrieg wurde ein Krieg zwischen souveränen Staaten. Seitdem bemühte sich die internationale Staatengemeinschaft um eine Lösung des Konfliktes. Der UNO-Sicherheitsrat erklärte Serbien und Montenegro zum Aggressor des Krieges. 1992 entsandte die UNO Blauhelmtruppen nach Kroatien und Bosnien-Herzegowina und errichtete 1993 „Schutzzonen", die aber eine weitere Offensive der Serben nicht verhinderten. Nach Luftangriffen der NATO gegen serbische Stellungen und einer US-amerikanischen Initiative zu Verhandlungen wurde der Krieg 1995 beendet. Im Kosovo unterdrückte die serbische Mehrheit weiterhin die albanische Wohnbevölkerung. Gegen die Unterdrückung durch die Serben kämpfte die radikale Armee des Kosovo (UCK) – es herrschte Bürgerkrieg. 1998 stufte der Sicherheitsrat der UNO die exzessive Gewalt im Kosovo als Bedrohung des Friedens ein. Da Russland und China mit einem Veto drohten, wurde die NATO nicht zu einem militärischen Eingreifen ermächtigt.

Ein Friedensplan scheiterte am serbischen Widerstand. Daraufhin begann die NATO im März 1999 ohne Mandat der UNO einen Luftkrieg gegen Jugoslawien. Als Gegenreaktion verstärkten die Serben die Vertreibung der Kosovo-Albaner. Jugoslawien stimmte schließlich der Stationierung einer internationalen Friedenstruppe im Kosovo zu. Damit endet der NATO-Luftkrieg.
(vgl. dazu S. 218 ff.)

Autorentext

Völkerrecht

Infobox

Der Begriff Völkerrecht beschreibt das internationale Recht zwischen den verschiedenen Nationen. Völkerrechtssubjekte, also Träger von Rechten und Pflichten, können neben den Staaten auch Organisationen wie die Vereinten Nationen (UNO) sein, deren Charta zu einer der wichtigsten Satzungen des Völkerrechts geworden ist. In zunehmenden Maße dient das Völkerrecht auch dem Schutz des Individuums in Form von Menschenrechtskonventionen.
Niedergelegt ist das Völkerrecht in völkerrechtlichen Verträgen und allgemein anerkannten Rechtsgrundsätzen, wie z.B. den Menschenrechten oder der UN-Charta. Außerdem gehören das Gewohnheitsrecht und getroffene Gerichtsentscheidungen zu den Quellen des Völkerrechts.
Das Völkerrecht ist für alle Staaten bindend. Es muss allerdings in Deutschland erst in nationales Recht umgesetzt werden, bevor es Gültigkeit erlangt. Wichtige Organe des Völkerrechts sind die UNO, die der Erhaltung des Weltfriedens dient, der Internationale Gerichtshof und der Internationale Strafgerichtshof. Ein großes Problem ist, dass es – anders als in den Staaten – kein internationales Gewaltmonopol gibt (Staatsanwaltschaft, Gerichte, Polizei), das die Durchsetzung des Völkerrechts garantieren könnte.

Autorentext

Kontrovers diskutiert: Meinungen zum NATO-Angriff

M 10

a) *Der SPD-Politiker Erhard Eppler, ehemaliger Bundesminister, verteidigte den Angriff:*

Ich bin prinzipieller Pazifist gewesen. ... Die Frage ist nicht mehr, wie verhindere ich den Krieg, sondern wie verhindere ich Gewalt. Und wenn ich sie nicht verhindern kann, wie bändige, wie zähme ich Gewalt, notfalls, wie breche ich Gewalt. Das ist in der Tat eine völlig neue Fragestellung, die jetzt im Kosovo unübersehbar geworden ist. ... Mir war von Anfang an klar, dass derjenige, der bombt, tötet – und zwar auch Menschen, die nicht getroffen werden sollten, also so genannte Unschuldige, wobei ich nicht sagen will, dass ein Soldat schuldig wäre. Wer bombt, macht sich schuldig. Nur wer zusieht, wie ein Diktator, wie ein Tyrann das Recht gegen Hilflose in Anspruch nimmt, macht sich noch mehr schuldig.

Stuttgarter Zeitung, 3.5.1999

b) *Der Berliner Justizsenator Ehrhardt König, SPD, sah den Einsatz der NATO auch ohne UN-Mandat als gerechtfertigt an:*

Die systematische Tötung nationaler Minderheiten oder ihre Vertreibung sind Verbrechen, die nicht nur Sanktionen des jeweiligen Staates hervorrufen müssen, sondern wenn sie von Staats wegen gefördert oder begangen werden, auch von der internationalen Völkergemeinschaft nicht hingenommen werden können. ... Innerhalb der Völkerrechtslehre ist umstritten, ob auch bewaffnete Repressalien – und darum geht es bei den Nato-Luftangriffen – zulässig sind. Wenn man dem geschriebenen Völkerrecht folgt, dann dürfte nach überwiegender Auffassung eine bewaffnete Repressalie nicht völkerrechtsgemäß sein, weil sie gegen das Gewaltverbot verstößt und das Gewaltverbot Ausnahmen nur zur Selbstverteidigung zulässt. Die Kritiker der Luftangriffe der NATO verkennen aber naturrechtliche Prinzipien. Der Tötung oder sogar Ausrottung von Teilen einer nationalen Minderheit in einem Staat müssen die anderen Staaten nicht wegen des allgemeinen völkerrechtlichen Gewaltverbots tatenlos zusehen. Hier greift das vorstaatliche und naturrechtliche Notwehrrecht, das nicht nur zur Selbstverteidigung, sondern auch in Form von Nothilfe zum Schutz anderer bedrohter Menschen greift. Dieser Schutz kann als letztes Mittel auch den bewaffneten Eingriff erfordern. Für mich unterliegt es deshalb keinem Zweifel, dass zum Schutz einer nationalen Minderheit, die in ihrem Staat der Vertreibung und der Ermordung ausgesetzt ist, der Einsatz von Waffengewalt zulässig und gerechtfertigt ist.

Frankfurter Rundschau, 17.4.1999

c) *Der CDU-Sicherheitsexperte Willy Wimmer kritisierte den Bombenangriff der NATO:*

Es ist eingetreten, was ich befürchtet habe und weswegen ich im Oktober im Bundestag den Beschluss über den angeblich begrenzten Luftwaffeneinsatz abgelehnt habe: Die Bombenangriffe zerstören mehr, als sie schützen. Sie schützen die Flüchtlinge nicht, obwohl dies ihre Absicht ist, sie zerstören aber das Rechtsdach, unter dem wir in Europa leben. ... Die UN-Charta ist wie ein großes Dach, unter dem Europa gut gelebt hat. Unter diesem Dach ... hat sich die NATO gebildet, haben sich die Europäische Union, die WEU und die OSZE entwickelt. All diese Organisationen sind von ihrem Charakter her an das Rechtsdach der Vereinten Nationen gebunden. ... Wer ohne klares UN-Mandat den Einsatzbefehl für die Bomber gibt, [zerstört dieses Dach]. Man hat sich ja nicht einmal bemüht, im UN-Sicherheitsrat ein Mandat zu bekommen.

Süddeutsche Zeitung, 24.4.1999

d) *Der Jurist Reinhard Merkel bezieht in seine Argumentation mit ein, dass die Serben auf die NATO-Luftangriffe mit einer verschärften Verfolgung der Albaner reagierten und dass jeder Bombenangriff auch die Zivilbevölkerung trifft:*

Keine noch so berechtigte, noch so dringende, gegen noch so grausamen Terror gerichtete Hilfsaktion kann Gewaltanwendung rechtfertigen, die für ihr Ziel nicht erforderlich ist. Logische Bedingung der Erforderlichkeit eines Mittels ist dessen Tauglichkeit zum beabsichtigten Zweck. Untaugliche Gewaltmittel sind niemals erforderlich und immer unrecht. ... Wer aber bedrohten Menschen helfen will, legitimiert sich allein aus einer Norm, die es unter keinen Umständen erlaubt, dafür unschuldige Dritte zu töten. Ob er diese Tötungen „beabsichtigt" oder nur mit Bedauern, aber sehenden Auges „in Kauf nimmt", ist gänzlich belanglos. Denn eine Maxime, Unschuldige zu retten, indem man Unschuldige tötet, zerstört sich offenkundig selbst. Sie ist keiner Rechtfertigung fähig. Auch wer wenige Unschuldige tötet, um viele andere zu retten, verhält sich rechtlich wie moralisch verwerflich.

Die Zeit, 19/1999

Aufgaben zu M 9 und M 10

1. *Erläutert die Ziele, die die NATO 1999 mit dem Bombenangriff gegen Serbien verfolgte (M 9).*
2. *Vergleicht die Meinungsäußerungen zum Angriff der NATO gegen Serbien (M 10). Wie argumentieren die Gegner und die Befürworter des Angriffs? Formuliert die Meinung und die Begründung der Autoren in eigenen Worten.*
3. *Vier-Ecken-Spiel: Ein Krieg zum Schutz der Menschenrechte? Hängt Plakate mit den vier nebenstehenden Urteilen in den vier Ecken eures Klassenzimmers auf. Jeder von euch soll sich nun in die Ecke stellen, in der die Aussage hängt, der er oder sie am ehesten zustimmt.*

   Diskutiert in der Klasse, ob der NATO-Angriff gegen Serbien gerechtfertigt war. Stellt euch nach der Diskussion erneut zu dem Plakat, das eurer Meinung am meisten entspricht. Hat jemand seine Ansicht geändert?

Vier-Ecken-Spiel: Meinungen

Mit Kriegen kann man die Menschenrechte nicht schützen, weil Kriege immer auch die Zivilbevölkerung treffen und kein Mittel der Politik sein dürfen.

Es gibt Situationen, da muss man einen Krieg führen, um Menschen zu beschützen. Solch ein Krieg muss durch ein UNO-Mandat legitimiert sein.

Unter Umständen muss ein Krieg geführt werden, um Menschenrechte zu schützen. Die Staatengemeinschaft kann sich dabei auch auf Nothilfe berufen und auf ein UNO-Mandat verzichten.

Ich kann mich nicht entscheiden, ob ich es für gerechtfertigt halte, Gewalt einzusetzen, um Menschenrechte zu schützen.

Menschenrechte schützen – Frieden sichern

Menschenrechtsorganisationen

Für den Schutz der Menschenrechte engagieren sich zahlreiche staatliche und nichtstaatliche Organisationen. Beispiele für Menschenrechtsorganisationen, die auf dem privaten Engagement von Bürgerinnen und Bürgern gründen, sind amnesty international und Terre des Femmes. Durch ihre gezielte Öffentlichkeitsarbeit und ihr Ansehen gelingt es diesen Organisationen oft, sich erfolgreich für die Wahrung der Menschenrechte in den Staaten einzusetzen.

Der Europarat
M 2

Der Europarat ist eine Organisation europäischer Staaten, die den wirtschaftlichen und sozialen Fortschritt und insbesondere die Menschenrechte in den 46 Mitgliedsstaaten fördern will. Der Europarat ist kein Organ der Europäischen Union, hat aber die gleiche Flagge. Der Europarat ist ein Beispiel für eine regionale zwischenstaatliche Organisation, die sich für die Einhaltung der Menschenrechte einsetzt.

Der Europäische Gerichtshof für Menschenrechte
M 3

Zum Europarat gehört der Europäische Gerichtshof für Menschenrechte (EGMR). Er ist seit 1998 ein ständig tagendes Gericht mit Sitz in Straßburg. Seine Vorläuferin ist die Europäische Menschenrechtskommission von 1954. Einzelpersonen (natürliche und juristische) und Staaten können die europäischen Mitgliedsstaaten vor dem EGMR verklagen. Die Urteile des EGMR sind eine Leitlinie für die Urteile deutscher Gerichte. Der EGMR darf nicht mit dem Europäischen Gerichtshof EuGH der Europäischen Union in Luxemburg verwechselt werden.

Auslandseinsätze der Bundeswehr
M 5, M 6, M 8

Im Grundgesetz (Art. 87a) ist festgelegt, unter welchen Bedingungen die Bundeswehr eingesetzt werden darf. Die Hauptaufgabe der Bundeswehr ist die Landesverteidigung im Angriffsfall.
In der heutigen weltpolitischen Situation gehören jedoch Auslandseinsätze zu den häufigsten Aktionen der Bundeswehr. Die Rechtsgrundlage dafür bildet das Grundgesetz (Art. 24 Abs. 2) und ein Urteil des Bundesverfassungsgerichtes aus dem Jahr 1994: Im Rahmen der EU, NATO und UNO darf die Bundeswehr humanitäre Hilfe oder auch bewaffnete Einsätze im Ausland leisten.

Völkerrecht: Souveränität und Intervention
Infobox, M 6

Staaten sind souverän und grundsätzlich darf sich kein Staat in die inneren Angelegenheiten eines anderen Staates einmischen. Zu Ende gedacht würde das allerdings bedeuten, dass die Weltgemeinschaft nichts dagegen unternehmen könnte, wenn eine Regierung die Menschenrechte ihrer Bevölkerung oder von Bevölkerungsgruppen missachtet. Massive systematische Menschenrechtsverletzungen, Vertreibung und Ermordung von Bevölkerungsgruppen werden heute jedoch als Bedrohung des Weltfriedens und der internationalen Sicherheit betrachtet und auf dieser Grundlage darf die UNO Maßnahmen gegen solche Staaten ergreifen.

Die Ziele der UNO
Infobox

Die UNO wurde am 24.10.1945 von 51 Staaten als globale Friedensorganisation gegründet. Heute sind fast alle Länder der Welt Mitglied der UNO. Ihren Hauptsitz hat die UNO in New York. In der UN-Charta, dem Gründungsvertrag der UNO, sind die grundsätzlichen Ziele festgehalten:

- Wahrung des Weltfriedens und der internationalen Sicherheit
- Entwicklung freundschaftlicher Beziehungen zwischen den Nationen
- Herbeiführung einer internationalen Zusammenarbeit, um internationale Probleme zu lösen und die Achtung der Menschenrechte zu fördern

Was wir jetzt wissen:

Aufbau der UNO

Der Sicherheitsrat ist das wichtigste Organ der UNO. Seine Resolutionen sind völkerrechtlich verbindlich, d.h., dass sich alle Staaten daran halten müssen. Er besteht aus fünf ständigen Mitgliedern (USA, Großbritannien, Frankreich, China und Russland) und zehn nichtständigen Mitgliedern. Jedes ständige Mitglied ist mit einem Vetorecht ausgestattet, kann also Entscheidungen des Sicherheitsrates blockieren. Die nichtständigen Mitglieder werden von der Generalversammlung alle zwei Jahre neu gewählt. Die Generalversammlung, in der alle Mitgliedsstaaten gleichberechtigt eine Stimme haben, kann nur Empfehlungen verabschieden, die völkerrechtlich nicht verbindlich sind.

Völkerrecht: Das Gewaltverbot und seine Ausnahmen

Das Völkerrecht verbietet es grundsätzlich Staaten, ihre eigenen Interessen gewaltsam durchzusetzen. So ist es das Ziel der UNO, internationale Streitigkeiten friedlich zu lösen. Der Sicherheitsrat kann jedoch feststellen, dass die Handlungen eines Staates (zum Beispiel Aggressionen gegen einen anderen Staat oder massive Menschenrechtsverletzungen in einem Staat) den Weltfrieden bedrohen und dann Maßnahmen beschließen, um internationalen Druck auf den betreffenden Staat auszuüben.
Die Handlungsmöglichkeiten der UNO lassen sich folgendermaßen untergliedern:

- friedensschaffende Maßnahmen (diplomatische Aktivitäten, Vermittlung, Schlichtung, politische Isolierung)
- friedenserzwingende Maßnahmen (wirtschaftliche Sanktionen, Einsatz von Waffengewalt)
- friedenserhaltende Maßnahmen (Überwachung eines Waffenstillstandes, Trennung der Konfliktparteien, Wahrnehmung von Polizeiaufgaben)
- friedenskonsolidierende Aufgaben (Aufbau zivil- und rechtsstaatlicher Strukturen, gemeinsame Projekte, Durchführung von Wahlen)

Wenn der Sicherheitsrat feststellt, dass nichtmilitärische Zwangsmittel nicht ausreichen, um die internationale Sicherheit wieder herzustellen, kann er also auch Streitkräfte ermächtigen, militärisch in einen Konflikt einzugreifen. Eine zweite Ausnahme des Gewaltverbots besteht im Selbstverteidigungsrecht der Staaten.

Die UNO: Verdienste und Probleme

Da die fünf ständigen Mitglieder ein Vetorecht im Sicherheitsrat haben, ist dieser oft handlungsunfähig. Völkerrechtler diskutieren deshalb darüber, ob es auch eine Art internationales Nothilferecht gibt, das Staaten auch ohne Ermächtigung durch die UNO das Recht gibt, einen Konflikt militärisch zu lösen, wenn dadurch zum Beispiel ein Völkermord verhindert werden könnte.
Die Verdienste der UNO für die Sicherung des Weltfriedens und der Menschenrechte sind unbestritten. Mit der UN-Charta liegt ein völkerrechtliches Dokument vor, das verbindliche Grundsätze und Regeln für die Beziehungen der Staaten untereinander enthält, auch wenn diese Regeln von Zeit zu Zeit in Frage gestellt und neu ausgelegt werden müssen.
Unbestritten ist aber auch, dass die UNO reformiert werden muss, um effektiver und handlungsfähiger zu werden. Im Zentrum der Reformüberlegungen stehen dabei der Sicherheitsrat und das System der Friedenssicherung.

Integrative Modul: Globale Herausforderungen und Zukunftssicherung – das Beispiel China

M 1

Die Stadt der Postmarxisten

Chinas Städte – im Bild die Millionenmetropole Shanghai – verzeichnen ein rasantes Wirtschaftswachstum.

Eine Stunde von Shanghai entfernt liegt Jiaxing, der Ort mit den höchsten Wachstumsraten in China. Nirgendwo sonst lässt sich der volksrepublikanische Kapitalismus besser beobachten.

Der Bürgermeister fühlt sich als Chefpilot. „Vor 20 Jahren sind wir gestartet, seit zehn Jahren fliegen wir“, sagt Chen Derong. Als Vorsteher der 3,5-Millionen-Stadt Jiaxing in der Deltaregion des Jangtse-Flusses sitzt Chen, ein kleiner und stets konzentrierter KP-Funktionär, im Cockpit der chinesischen Wirtschaft. Früher war er Chefingenieur in einem planwirtschaftlich geführten Großstahlwerk. „Ich weiß, was damals falsch gelaufen ist“, sagt er. Heute ist Chen stolz darauf, dass 80 Prozent der Wirtschaftsleistung seiner Stadt von Privatunternehmen erwirtschaftet werden, landesweit sind es je nach Quelle und Berechnungsart zwischen 33 und 60 Prozent. In den ersten zehn Monaten von 2004 erreichte hier das Wirtschaftswachstum 16,9 Prozent, fast doppelt so viel wie im übrigen China. In keiner anderen Stadt lässt sich der volksrepublikanische Kapitalismus besser beobachten. Kein Ort ist besser geeignet, um folgender Frage nachzugehen: Gibt es eine speziell chinesische Art des Wirtschaftens und der Wohlstandsschaffung – auch in Zeiten der Marktwirtschaft? Jeden Tag werden in seinem Büro neue Projekte diskutiert, Genehmigungen beantragt, Entwürfe verfasst und von ihm unterschrieben. Er arbeite wie der Chef einer großen Firma, sagt Chen. Nur wenn in seiner Stadt weiterinvestiert werde, könne sich das Leben entwickeln. „Reden wir nicht von Diktatur und Demokratie“, sagt er. „Einigen wir uns, dass die Marktwirtschaft von allen Wirtschaftssystemen das am wenigsten mangelhafte ist, um Wohlstand zu schaffen und ihn innerhalb der Gesellschaft umzuverteilen“. Die Stadt Jiaxing liegt im Herzen der Provinz Zhejiang, der neben Guangdong im Süden wirtschaftlich am weitesten entwickelten Region Chinas. Die Lage ist günstig: nur eine Stunde Fahrzeit bis zur Metropole Shanghai, ebenso nah ist die Provinzhauptstadt Hangzhou, ein großer Tiefseehafen liegt nur 20 Kilometer entfernt. Wenn im Jahr 2009 der Transrapid zwischen Shanghai und Hangzhou tatsächlich fertig gestellt sein sollte, wird er auch in Jiaxing halten. Ans Landesinnere binden Jiaxing die Schifffahrtswege auf dem Jangtse und diverse Autobahnen. So verwandelte sich die Stadt innerhalb eines Jahrzehnts in eine moderne Industrielandschaft, die das Tempo der Globalisierung nicht nur aushält, sondern mitbestimmt.

Georg Blume, Die Zeit, 27.1.2005

Wachstumsraten der chinesischen Volkswirtschaft im Vergleich

Bruttoinlandsprodukt				
	2002	2003	2004	2005
China	8,0	9,1	10,1	9,9
BRD	0,1	– 0,2	1,6	0,9

Statistisches Bundesamt

M 2

Konsumgüterbesitz und Agrarproduktion in China

Besitz an langlebigen Konsumgütern pro 100 städtischen Haushalten

Posten	1985	1990	1995	2000	2001	2002
Wolldecke	86,79	123,82	139,75	143,27	146,17	k.A.
Sofa	131,49	157,30	210,12	198,82	204,93	k.A.
Polsterbett	5,53	16,45	36,46	52,22	55,61	k.A.
Fahrrad	152,27	188,59	194,26	162,72	165,42	k.A.
Nähmaschine	70,82	70,14	63,67	51,46	50,64	k.A.
Ventilator	73,91	135,50	167,35	167,91	170,74	k.A.
Waschmaschine	48,29	78,41	88,97	90,52	92,22	92,9
Kühlschrank	6,58	42,33	66,22	80,13	81,87	87,4
Farbfernsehapparat	17,21	59,04	89,79	116,56	120,52	126,4
Kamera	8,52	19,22	30,56	38,44	39,79	44,1

Quelle: www.china.org.cn/german/ger.shuzi2003/rm/biao/10-25.htm, k.A. = keine Angaben

Aufgaben zu M 1 – M 2

1. Beschreibe, wie sich China wirtschaftlich entwickelt hat (M 1, M 2).

2. Überprüfe die Aussage: „Von der wirtschaftlichen Entwicklung Chinas profitieren v.a. die Menschen in China" (M 1, M 2).

M 3

China geografisch

Informationen zur politischen Bildung Nr. 289/2005, Ingenieurbüro für Kartographie J. Zwick, Gießen

Daten zu China

	China	BRD
Bevölkerung in Mio. (2005)	1 316	82,7
Landesfläche in Mio. km^2	9,56	0,357
Anteil an der Weltbevölkerung in % (2003)	20,5	1,3
BIP in Mio. USD (2004)	7 262	2 362
BIP/Kopf in USD (2004)	5 530	27 950
Anteil am Weltaußenhandel in % (2003)	6	10
Analphabetenrate (2003) in %	10	1
Lebenserwartung (2003) in Jahren	72	78,4

Statistisches Bundesamt, CIA World Fact Book

Die Volksrepublik China ist mit fast 10 Millionen Quadratkilometern etwa so groß wie die USA oder ganz Europa bis zum Ural. Dies bedeutet, dass sich die physische Oberfläche, die klimatischen Bedingungen und damit die Voraussetzungen für menschliches Leben zwischen den einzelnen Regionen des Landes sehr stark unterscheiden. Die Hauptstadt Chinas ist Peking. Shanghai, Guangzhou, Wuhan, Harbin, Nanjing, Xi'an, Chengdu, Tianjin, Chongqing und Shenzhen sind weitere wichtige Städte.

Das Territorium kann man grob in drei Bereiche unterteilen: Der Osten Chinas ist von vier großen, dicht besiedelten Schwemmebenen geprägt. Dort befinden sich auch die Deltas der größten Flüsse des Landes. Der südöstliche Küstenstreifen ist gebirgig, während der Süden eher hügelig ist. Westlich an die Ebenen schließen sich Bergland und Hochebenen und -becken an, wie etwa die Mongolische Hochebene, das Tarimbecken, das Sichuan-Becken, das Lössplateau oder das Yunnan-Guizhou-Hochland. Die Berge haben hier Höhen von etwa 1000 bis 2000 Meter.

Westchina ist geprägt von Hochebenen und Hochgebirgen wie dem Himalaya, Tianshan, Pamir oder der tibetischen Hochebene. Der Westen ist zusammen mit der Inneren Mongolei auch die trockenste Region des Landes mit den Wüsten Taklamakan und Gobi.

Das Klima ist so vielfältig wie die Geografie: Im Westen, Norden und Nordosten herrscht kontinentales Klima mit sehr kalten Wintern und heißen Sommern. Im Süden ist das Klima hingegen subtropisch bis tropisch. Tibet hat ein Hochgebirgsklima.

nach: Wikipedia.de (10.6.2005)

M 4 China – der unersättliche Drache?

Economist, 19.2.2004

M 5

Chinesische Wachstumsschmerzen

Fangen wir beim Wasser an. Hoch in den Wolken: In China stehlen sie einander nun den Regen. Die Leute aus Zhoukou in der Provinz Henan, in der staubigen Mitte Chinas, zeigen mit dem Finger auf die Stadt Pingdingshan. Dort haben die Regenmacher vom Amt die Wolken geimpft mit Silberjodid, wie sie es mittlerweile vielerorts tun in China, und tatsächlich: Es regnete. In Pingdingshan. Aber nicht mehr in Zhoukou. Die klauen unsere Wolken, sagen sie nun dort, voller Zorn. Und voller Furcht, weil ihre Äcker verdursten.
Erzählen könnte man auch vom Wasser tief unter der Erde: von Pekings Grundwasserspiegel, der nun schon 13,65 Meter tief liegt – zwei Meter tiefer als noch vor zwei Jahren, sieben Meter tiefer als vor zwanzig Jahren. Von den riesigen Hohlräumen, die sich in Nordchina unter den Städten bilden, weil die in ihrer Not das Grundwasser anzapfen. Mancherorts beginnen die Häuser zu sinken. Oder von der Erde, in diesem Land, das ein Fünftel der Menschheit beherbergt, aber gerade mal sieben Prozent des weltweit bebaubaren Landes. In Provinzen wie Ningxia und Shaanxi leidet diese Erde schon zur Hälfte unter Erosion und treibt manche Bauern in die Flucht. Oder von dem, was sie hier Luft nennen. Die immer dicker wird. 12 Prozent mehr Schwefeldioxid waren es 2003, hinausgeblasen von den Kohlekraftwerken, die nun wieder wie verrückt ans Netz genommen werden. Billig sind sie, und Kohle fördert China selbst. Im Jahr 2010, prophezeit die chinesische Akademie für Umweltplanung, werde der Smog allein in Chinas 11 größten Städten 380 000 Bürgern einen frühen Tod bescheren. Chinas Wirtschaftswachstum – im ersten Halbjahr 2004 waren es 9,7 Prozent – wird bestaunt von der ganzen Welt. „Ebenso erstaunlich ist der Preis, den unser Land dafür bezahlt, besonders unsere Umwelt", schreibt die China Daily. Ein Gefühl der Beklommenheit macht sich auch bei Mitgliedern der Regierung

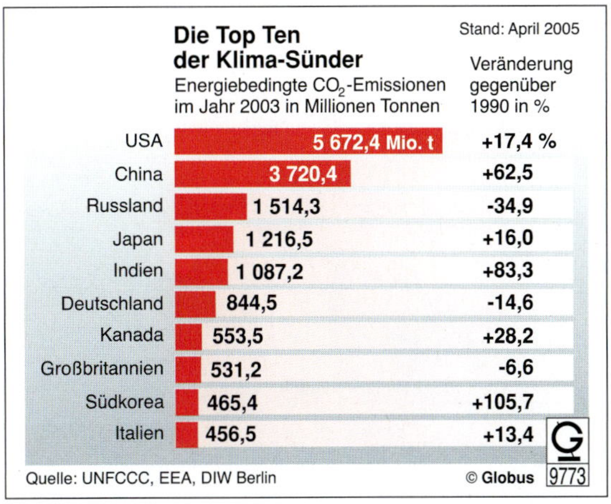

breit. „Jedes Stückchen Wachstum bezahlen wir mit viel höherem Energiekonsum und noch schlimmerer Umweltzerstörung", sagt Pan Yue, der engagierte Vize-Chef von Chinas nationaler Umweltbehörde Sepa. „Chinas Bevölkerung, seine Ressourcen und seine Umwelt sind längst an die Grenzen ihrer Kapazitäten gestoßen." Es scheint, als beginne China nun jene Diskussion, die der Club of Rome 1972 dem Westen schenkte: die über die „Grenzen des Wachstums". Alles wird knapp in China. Die Energie. Das Wasser. Das bebaubare Land. Die Atemluft. Aber Europas Probleme von damals verblassen vor den Herausforderungen, denen sich China stellen muss: Es sind die schiere Masse dieses Volkes und der historisch einmalig rasante Prozess seiner Industrialisierung und Urbanisierung, die Folgen und Risiken multiplizieren. Es ist ganz einfach – die Chinesen möchten so leben wie wir: Auto, TV, Klimaanlage. Wiederholen sie auf dem Weg zu einem besseren Leben auch unsere Fehler? Sie machen die gleichen Fehler, meint Sheri Liao von der Pekinger Umweltschutz-Organisation Global Village. „Aber wir können es uns nicht leisten. Wir sind zu viele Menschen, um Amerika zu kopieren."

Kai Strittmaier, Süddeutsche Zeitung, 30.7.2004

Aufgaben zu M 5

1. *Stelle dar, welche negativen Folgen die schnelle wirtschaftliche Entwicklung Chinas hat (M 5).*

2. *„Wiederholen die Chinesen auf dem Weg zu einem besseren Leben auch unsere Fehler?" Erläutere, was mit dieser Frage aus M 5 gemeint ist.*

M 6 „Der Groll der Bauern wächst"

Viele Bauern ziehen vom Land in die Städte, wo sie als Tagelöhner arbeiten.

Li Shi ist Ökonom an der Chinesischen Akademie für Sozialwissenschaften und Ko-Autor einer aktuellen Studie über das Wohlstandsgefälle in China.

SZ: Ihr Bericht ist recht düster: Sie vergleichen China mit Simbabwe.

Li: Unser wichtigstes Ergebnis ist: Die Kluft innerhalb der Städte ist gar nicht so tief, es ist die Kluft zwischen Stadt und Land, die unablässig wächst. Aus den Zahlen unseres Statistischen Amtes können Sie ersehen, dass die Einkommen in den Städten im Jahr 2003 schon 3,2 mal so hoch waren wie auf dem Land. In Wirklichkeit ist der Unterschied noch größer. Die Städter genießen viele Sozialleistungen, die kein Bauer erhält: im Erziehungs- und Gesundheitswesen oder bei den Renten. Die Weltbank schätzt deshalb die städtischen Einkommen auf das 5-fache der bäuerlichen. Besonders seit 1997 wächst die Kluft gewaltig. Die Preise für Agrarprodukte fielen konstant. Gleichzeitig stieg die Steuer- und Abgabenlast für die Bauern. Außerdem entließen Ende der neunziger Jahre die Fabriken in den Städten viele Arbeiter. Daraufhin schotteten sich viele Städte ab gegen die vom Land hereindrängenden Arbeitssuchenden.

SZ: Macht das die Bauern zornig?

Li: Viele sind fatalistisch und fügen sich in ihr Los. Sie leben schon ewig von der Hand in den Mund. Andere aber, die in die Städte gehen, sehen, wie reich einige geworden sind und wie sie selbst gleichzeitig diskriminiert werden. Bei denen wächst der Groll.

SZ: Lauert hier ein Risiko für die gesellschaftliche Stabilität?

Li: Die Toleranzschwelle ist nicht überall gleich. In Europa ist sie vielleicht schneller erreicht als in asiatischen Gesellschaften. In China schaut man, ob einer sein Geld seinen Fähigkeiten verdankt.

SZ: Reich werden ist nicht mehr per se schlecht.

Li: Genau, wir sind doch jetzt eine Marktwirtschaft. Dass früher alle gleich viel bekamen, war ja eine künstliche Sache. Viele Länder haben die Erfahrung gemacht, dass im Zuge der Industrialisierung die Unterschiede zwischen den Einkommen wuchsen, aber irgendwann wieder schrumpften. Das wird in China frühestens in zehn Jahren der Fall sein.

Interview von Kai Strittmaier, Süddeutsche Zeitung, 5.3.2004

Wirtschaftskraft einiger chinesischer Provinzen

BIP pro Kopf in Yuan/2002	1 Yuan = 0,999 Euro
Shanghai	40.646
Peking	28.449
Zhejiang	16.838
Sichuan	5.766
Gansu	4.493
Guizhou	3.153

China aktuell, August 2004, S. 930 ff.

Vergiftete Rüben verursachen Bauernaufstand

M 7

Nach den Straßenschlachten zwischen Bauern und paramilitärischen Sondereinheiten am Wochenende in der ostchinesischen Provinz Zhejiang haben am Dienstag weiter Polizeieinheiten im Gebiet patrouilliert. Wie die Hongkonger „South China Morning Post" berichtete, hatten mehr als 30 000 Bauern an den Unruhen im Landkreis Dongyang teilgenommen. Auslöser der Proteste war ein Streit über die Abgase eines lokalen Chemiewerks.

Augenzeugen berichteten von umgeworfenen Regierungsfahrzeugen und Bussen. Die Demonstranten hätten 50 Fahrzeuge zerstört. Regierungsvertreter stritten jedoch ab, dass bei den Unruhen zwei ältere Bauernfrauen ums Leben gekommen sein sollen. „Das sind Gerüchte. Nach unseren Informationen wurden 36 Menschen verletzt, darunter drei Bauern", erklärte Landkreissprecher Chen Qixian der Stuttgarter Zeitung. Anderen Quellen zufolge wurden 128 Menschen in Krankenhäusern behandelt. Rund 200 ältere Bauern hatten seit Wochen vor dem Zhuxi-Chemiewerk eine Mahnwache mit Straßensperren eingerichtet, weil giftige Abgase die Ernte zerstören. Als die Behörden am Sonntag vor Sonnenaufgang die Bauern mit Polizeigewalt vertreiben wollten, eskalierte die Situation. Die Bauern in der wirtschaftsstarken Region hatten sich seit längerem über die giftigen Abgase der Chemiefabriken beschwert, die den Ackerbau in der Umgebung unmöglich machen. „Die Haut der Rüben ist weiß, aber innen sind sie schwarz", sagte ein Dorfbewohner. Die Kinder in der Nachbarschaft litten an Atembeschwerden und Ausschlägen. Forderungen nach Filteranlagen lehnten Fabriken und Behörden ab. Seit 2001 waren in der Region 13 Fabriken errichtet worden.

Die ungleichmäßige Wirtschaftsentwicklung führt seit einigen Jahren zu wachsenden Spannungen und Unruhen in China. Offiziellen Angaben zufolge kam es 2003 in der Volksrepublik zu 58 000 Demonstrationen und Unruhen, an denen rund drei Millionen Menschen beteiligt waren. Zahlen für 2004 hat die Regierung nicht veröffentlicht. Vergangenen November starben sieben Menschen in der Provinz Henan bei Unruhen zwischen Han-Chinesen und der moslemischen Hui-Minderheit. In Sichuan demonstrierten zehntausende Menschen gegen ein umstrittenes Staudammprojekt. Landkreissprecher Chen sieht in den Unruhen vom Wochenende politische Ursachen: „Diese Vorfälle passieren, weil in der Gesellschaft Widersprüche existieren."

Harald Maass, Stuttgarter Zeitung, 13.4.2005

Aufgabe zu M 6 und M 7

1. *Erläutere, wie sich die wirtschaftliche Entwicklung auf die Lebenssituation der ländlichen Bevölkerung auswirkt.*

Immer mehr Menschen in den armen Ländern

M 8

Die Weltbevölkerung wird nach neuesten Schätzungen der Vereinten Nationen bis zum Jahr 2050 von derzeit 6,5 auf mehr als 9,1 Milliarden Menschen anwachsen. Die Experten korrigierten in einer am Donnerstag veröffentlichten Studie ihre früheren Erwartungen etwas nach oben. Fast das gesamte Wachstum wird auf die 50 ärmsten Länder der Welt entfallen, während die Zahl der Menschen in den entwickelten Regionen insgesamt etwa gleich bleiben dürfte. Im Jahr 2050 werden nach der Prognose 7,9 Milliarden Menschen die armen Regionen bevölkern, in der entwickelten Welt werden es lediglich 1,2 Milliarden sein. Trotz insgesamt sinkender Geburtenraten bekommen Frauen in 35 der 148 armen Staaten immer noch mehr als fünf Kinder. Allerdings gibt es auch eine Reihe von Entwicklungsländern, in denen die Geburtenrate bereits unter zwei Kinder pro Frau gesunken ist. Zu dieser Gruppe zählt auch China. Indien dürfte China als bevölkerungsreichstes Land der Welt schon bis zum Jahr 2030 überholt haben – etwas früher als bislang erwartet. 2050 werden in Indien nach den Schätzungen fast 1,6 Milliarden Menschen leben, in China knapp 1,4 Milliarden.

Arne Perras, Süddeutsche Zeitung, 26.2.2005

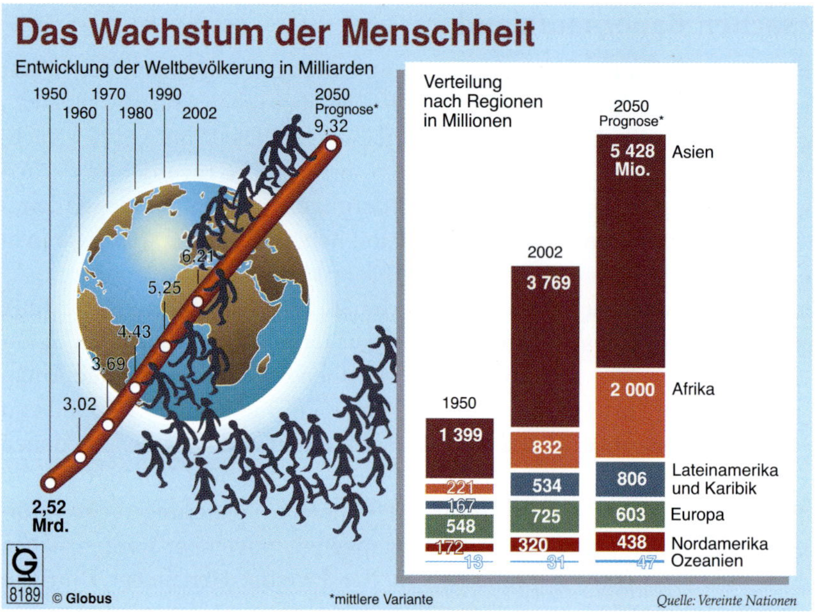

M 9 Chinas verlorene Jugend

China ist eine der ältesten Zivilisationen der Erde, war aber immer ein junges Land: Es hatte stets eine Bevölkerung von jugendlichem Durchschnittsalter. Drei Jahrtausende lang waren da – unterbrochen von Kriegen und Naturkatastrophen – genug Raum und Ressourcen, dass dieses Volk sich kinderreich mehren konnte. Das ist vorbei. China sei längst am „Rande seiner Kapazität“ angekommen, sagte diesen Monat Familienplanungs-Minister Zhang Weiqing. Und dann sagte er noch etwas: Bis zur Mitte des Jahrhunderts werde es in China mehr als 400 Millionen Alte geben (derzeit sind es 120 Millionen) – dann drohe das Land erdrückt zu werden von der Versorgungslast. Das ewig junge China ist dabei, ein Volk von Alten zu werden. Und zwar innerhalb von nur einer Generation.

Das Problem mag in den Ohren von Deutschen und Japanern vertraut klingen, ist im Falle Chinas jedoch etwas Außergewöhnliches: Die heute vergreisenden Industrienationen wurden reich, bevor sie alt wurden, haben unterwegs Ressourcen angesammelt und (zugegeben: reformbedürftige) Systeme installiert, um dem Wandel zu begegnen. China ist trotz allen Fortschritts noch ein Entwicklungsland. Entwicklungsländer aber vergreisen für gewöhnlich nicht: Indien zum Beispiel steht noch lange nicht vor diesem Problem (dafür wird es in nicht ferner Zukunft mit größerer Überbevölkerung kämpfen als China). …

Die Zahlen sind dramatisch. Vor 35 Jahren kamen in China sechs Kinder auf einen Alten über 60 Jahre – in 35 Jahren werden es zwei Alte für jedes Kind sein. Im Jahr 2040 werden die Alten über 60 ganze 28 Prozent der Bevölkerung stellen, dann wird das chinesische Volk erstmals älter sein als das amerikanische – zumindest, wenn sich das Szenario der UN bewahrheitet, das die heutige Geburtenrate zugrunde legt. China ist dabei zum Teil Opfer des eigenen Erfolgs: Die Lebenserwartung der Chinesen ist stark angestiegen, von 41 Jahren kurz nach der Revolution auf heute 71 Jahre. Gleichzeitig ist die Geburtenrate stark gefallen, auf durchschnittlich 1,8 Geburten pro Paar. Weniger Kinder gibt es nicht nur in den Städten, wo die neue Mittelschicht sich mittlerweile freiwillig beim Nachwuchs zurückhält, sondern auch auf dem Land – als Ergebnis der Ein-Kind-Politik. Als Mao Zedong 1966 in der Kulturrevolution die Jugend des Landes in den Kampf gegen ihre Eltern und Vorgesetzten hetzte, da hatte er auch deshalb die Mehrheit des Landes auf seiner Seite, weil die Chinesen damals im Durchschnitt gerade mal 20 Jahre alt waren. Heute liegt das Durchschnittsalter bei 32 (Deutschland: 42), bis 2040 wird es auf 44 steigen (Deutschland: 50).

Das ist nicht allein schlecht: Der Beschäftigungsdruck wird sinken. „Die negativen Auswirkungen werden jedoch die positiven Effekte bei weitem übertreffen", prophezeit Wang Dewen von Chinas Akademie der Sozialwissenschaften. Wer soll für all die Alten sorgen? Nur eine kleine Minderheit hat heute Anspruch auf Rente: Selbst in den Städten ist nicht einmal jeder zweite Arbeiter oder Angestellte versichert, auf dem Land erhält gerade mal jeder zehnte Unterstützung von der Regierung.

Kai Strittmaier, Süddeutsche Zeitung, 27.5.2004

Aufgabe zu M 9

1. *Vergleiche die Situation in China mit der Bevölkerungsentwicklung in Deutschland. Welche Gemeinsamkeiten, welche Unterschiede gibt es (M 9)?*

M 10

Die Zauberformel „Nachhaltige Entwicklung"

Nachhaltige Entwicklung

Eine Entwicklung des Umgangs mit der Natur, die es der heutigen Generation erlaubt, ihre Bedürfnisse zu befriedigen, ohne die Möglichkeiten künftiger Generationen zu gefährden, ihre eigenen Bedürfnisse zu befriedigen und ihren Lebensstil zu wählen.

Das Konzept der Nachhaltigkeit lässt sich bis ins 14. Jahrhundert zurückverfolgen. Schon damals existierte eine „nachhaltige" Forstwirtschaft, die darauf basierte, „nicht mehr Holz zu schlagen, als nachwächst." 1795 formulierte *Georg Ludwig Hartig:* Die Wälder sind so zu nutzen, „dass die Nachkommenschaft ebensoviel Vorteile daraus ziehen kann, als sich die jetzt lebende Generation zueignet."

1987 legte die „World Commission on Environment and Development (WCED)" („Weltkommission für Umwelt und Entwicklung") unter der Leitung der damaligen norwegischen Ministerpräsidentin *Gro Harlem Brundtland* ihren Abschlussbericht „Our Common Future" vor. Im Mittelpunkt dieses Berichts steht der Begriff der Nachhaltigkeit „sustainable developement".

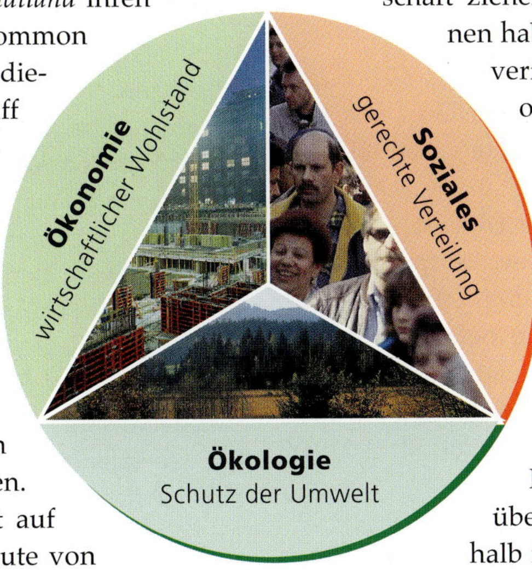

Der Brundtland-Bericht von 1987 beschreibt das Problem folgendermaßen: „Mögen die Bilanzen unserer Generation auch noch Gewinne aufweisen – unseren Kindern werden wir die Verluste hinterlassen. Ohne Absicht und Aussicht auf Rückzahlung borgen wir heute von künftigen Generationen unser „Umweltkapital". Unsere Nachfahren mögen uns ob unseres verschwenderischen Vorgehens verfluchen – unsere Schulden werden sie nicht mehr eintreiben können. Unser Verhalten ist bestimmt von dem Bewusstsein, dass uns keiner zur Rechenschaft ziehen kann. Künftige Generationen haben heute kein Wahlrecht, sie verfügen über keine politische oder finanzielle Macht und sind uns daher ohnmächtig ausgeliefert."

Heftig gestritten wird darüber, wie man das Prinzip der Nachhaltigkeit mit wirtschaftlichem Wohlstand und gerechter Verteilung der Güter in Einklang bringen kann.

Im Zentrum der Debatten über Nachhaltigkeit steht deshalb in der Regel das Begriffsdreieck (die Trias) Ökologie – Ökonomie – Soziales. Das heißt, alle Umweltmaßnahmen sollen sozial verträglich sein und die wirtschaftliche Entwicklung fördern.

Autorentext

Methode

Ein Zukunftsszenario entwerfen

Wie sich China in den kommenden 15-20 Jahren entwickeln wird, wird auch schwerwiegende Auswirkungen auf unser Leben in Europa haben. Die Knappheit der Rohstoffe, die Belastung der Umwelt und die Globalisierung zeigen, dass die Menschen auf der ganzen Welt sich in einem Zustand gegenseitiger Abhängigkeit befinden. Wir leben in „Einer Welt".
Wie stark wird sich China entwickeln? Welche Auswirkungen wird diese Entwicklung auf unser Leben haben? Was können wir tun, um diese Herausforderung zu meistern?
Um Probleme dieser Größenordnung im Unterricht bearbeiten zu können, bedarf es besonderer Methoden. Eine dieser Methoden, um langfristige Zukunftsbilder und Entwicklungsprognose zu formulieren, ist die Szenariotechnik.

Der Szenariotrichter

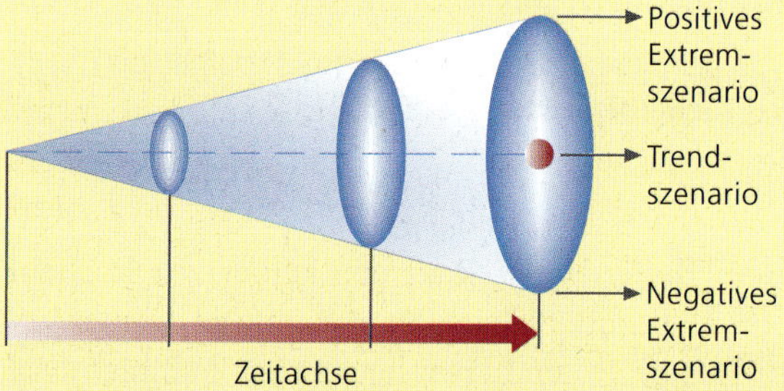

Am engsten Punkt des Trichters befindet sich die Gegenwart. Die Öffnung des Trichters markiert den größten gedachten Zeithorizont (z.B. die Zukunft in 20 Jahren). An den Rändern der Öffnung sind zwei gegenüberliegende Punkte markiert. Sie symbolisieren jeweils ein positives und ein negatives Extremszenario. In der Mitte der Trichteröffnung befindet sich das Trendszenario. Zwischen Anfang und Ende des Trichters (engste und weiteste Stelle) können weitere Zeitpunkte markiert werden, die z.B. die Zukunft in 5, 10 und 15 Jahren symbolisieren.

Ablauf:

1. Die Gegenwart untersuchen: Problemanalyse

- Untersucht die jetzige Situation in China. Bearbeitet dazu dieses Kapitel und recherchiert im Internet. Überlegt euch Leitfragen, die ihr in eurer Recherche untersuchen wollt.
- Berücksichtigt dabei alle Ebenen der nachhaltigen Entwicklung: Ökonomie, Ökologie und Soziales (M 10).

2. Die Zukunft voraussagen: Entwicklung der Szenarios

- Entwerft drei denkbare Szenarien. Ein positives Extremszenario, d.h. wie könnte die Zukunft im besten Fall aussehen, ein negatives Extremszenario, d.h. wie könnte die Zukunft im schlimmsten Fall aussehen und ein Trendszenario, d.h. wie könnte die Zukunft aussehen, wenn sich die jetzige Situation fortschreibt.
- Achtet dabei, wie die Entwicklung Chinas auch das Leben in Deutschland beeinflussen wird.

3. Die Zukunft darstellen: Szenarien präsentieren

- Präsentiert eure Ergebnisse. Versucht dabei die Vielschichtigkeit des Problems deutlich zu machen.
- Gestaltet eure Präsentation abwechslungsreich: Entwerft Wandzeitungen, schreibt Reiseberichte aus der Zukunft, dreht Nachrichtensendungen aus dem Jahr 2025, studiert Rollenspiele ein. Macht deutlich, wie die Menschen nach eurer Prognose in 20 Jahren in China leben werden.

4. Die Zukunft gestalten: Strategien für eine bessere Zukunft entwerfen

- Entwickelt Maßnahmen, um die Probleme, die die Szenarien deutlich gemacht haben, zu bearbeiten.
- Achtet dabei auf die verschiedenen Ebenen von Politik und Gesellschaft:
  Was kann die Bundesregierung tun, um das negative Szenario zu verhindern?
  Wie können Unternehmen eingreifen, um eine nachhaltige Entwicklung zu fördern?
  Was könnt ihr selbst tun (z.B. in eurem Konsumverhalten und eurem Umgang mit Energie), damit das negative Szenario nicht eintritt?
- Euren Maßnahmenkatalog könnt ihr dann der Schulöffentlichkeit, den lokalen Unternehmen und Verbraucherzentralen oder den Politkern in eurer Gemeinde präsentieren.

Autorentext

Die Zukunft Europas und der Europäischen Union

1. Der europäische Einigungsprozess

M 1 Europa – wie ich es sehe

Erster Preis eines internationalen Malwettbewerbs zum Thema: der europäische Baum

Aufgaben zu M 1

1. Vervollständige den folgenden Satz: Europa bedeutet für mich …
2. Entwerft eine Mindmap zum Thema Europa.
3. Male ein Bild zum Thema: Europa – Vielfalt und Einheit.

M 2

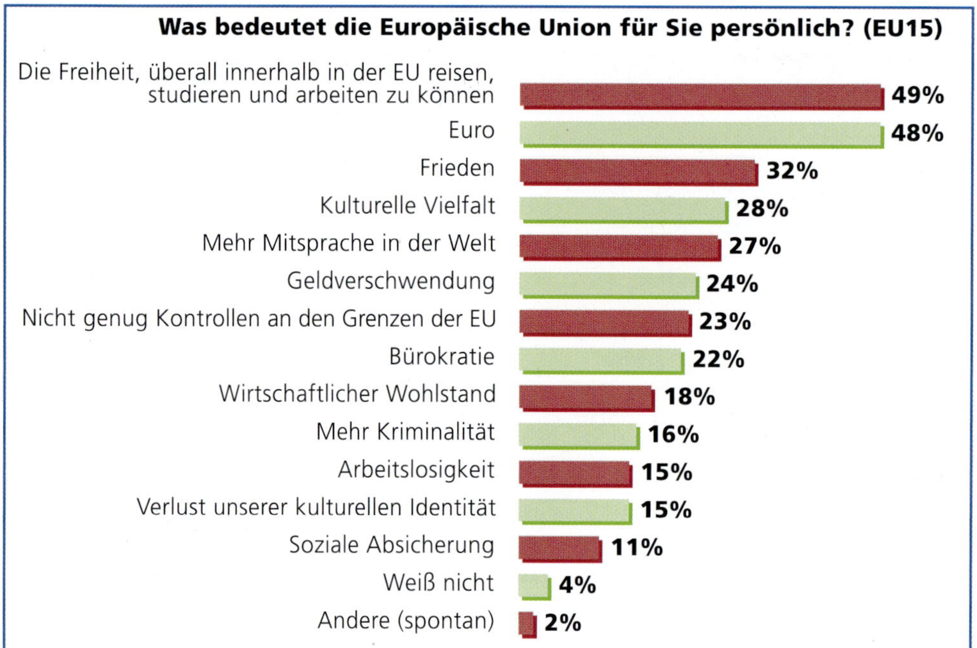

Quelle: Umfrage Nr. 60.1 - Okt.-Nov. 2003, Standard-Eurobarometer 60 - Abb. 6.2

M 3

Europas Weg zur Einigung

Die Anfänge: Krieg und Frieden

Jahrhundertelang war Europa regelmäßig Schauplatz blutiger Auseinandersetzungen. Allein zwischen 1870 und 1945 führten Frankreich und Deutschland dreimal Krieg gegeneinander, mit schrecklichen Verlusten. Nach dem Zweiten Weltkrieg gelangten europäische Staatsmänner zu der Überzeugung, dass die wirtschaftliche und politische Einigung Europas die einzige Möglichkeit zur Sicherung eines dauerhaften Friedens zwischen ihren Ländern sei.
1950 schlug der französische Außenminister Robert Schuman die Integration der westeuropäischen Kohle- und Stahlindustrie vor. 1951 gründeten Belgien, Deutschland, Luxemburg, Frankreich, Italien und die Niederlande die Europäische Gemeinschaft für Kohle und Stahl (EGKS). Die Befugnis, Entscheidungen über die Kohle- und Stahlindustrie in diesen Ländern zu fällen, hatte ein unabhängiges übernationales Gremium, die so genannte „Hohe Behörde". Ihr erster Präsident war Jean Monnet.

„Fraglos würde es einen großen Schritt vorwärts bedeuten, wenn Franzosen und Deutsche in einem Hause und an einem Tisch säßen, um miteinander zu arbeiten und gemeinsame Verantwortung zu tragen. ... Ich glaubte, dass die Verständigung zwischen Deutschland und Frankreich auf einer solchen Grundlage noch bedeutungsvoller sei als alle wirtschaftlichen Vorteile, die fraglos mit einer deutsch-französischen Union verbunden seien."

Konrad Adenauer zur Kohle- und Stahl-Union, März 1950

Von den drei Gemeinschaften zur Europäischen Union

Die EGKS war ein derartiger Erfolg, dass ihre sechs Gründungsmitglieder nach wenigen Jahren übereinkamen, eine Integration weiterer Bereiche ihrer Wirtschaft vorzunehmen. 1957 unterzeichneten sie den Vertrag von Rom und gründeten damit die Europäische Atomgemeinschaft (EURATOM) und die Europäische Wirtschaftsgemeinschaft (EWG). Ziel der Mitgliedstaaten war die Beseitigung von Handelshemmnissen und die Bildung eines „Gemeinsamen Marktes".
1967 wurden die Organe der drei Europäischen Gemeinschaften vereinigt. Seitdem gibt es eine gemeinsame Kommission und einen gemeinsamen Ministerrat sowie das Europäische Parlament.
Ursprünglich wurden die Mitglieder des Europäischen Parlaments von den nationalen Parlamenten entsandt. Seit 1979 werden sie jedoch alle fünf Jahre direkt gewählt, was den Bürgern der Mitgliedstaaten ermöglicht, für Parteien und Kandidaten ihrer Wahl zu stimmen.
Der Vertrag von Maastricht (1992) führte zu neuen Formen der Zusammenarbeit zwischen den Regierungen der Mitgliedstaaten – beispielsweise in der Verteidigungspolitik sowie im Bereich „Justiz und Inneres". Durch die Einbeziehung dieser intergouvernementalen Zusammenarbeit in das bestehende „Gemeinschaftssystem" begründete der Vertrag von Maastricht die Europäische Union (EU).

Integration bedeutet gemeinsame politische Maßnahmen

Die wirtschaftliche und politische Integration der Mitgliedstaaten der Europäischen Union bedeutet, dass diese Länder in vielen Angelegenheiten gemeinsame Beschlüsse fassen müssen. So haben sie in äußerst unterschiedlichen Bereichen gemeinsame Politiken entwickelt, z.B. in den Bereichen Kultur, Verbraucherschutz, Wettbewerb, Umweltschutz, Energie, Verkehr und Handel.
In den Anfangsjahren lag der Schwerpunkt auf einer gemeinsamen Handelspolitik für Kohle und Stahl sowie einer gemeinsamen Agrarpolitik. Mit der Zeit wurden entsprechend den Notwendigkeiten weitere Politikbereiche hinzugefügt. Wichtige politische Ziele wurden angesichts veränderter Umstände neu gefasst. So ist es beispielsweise nicht mehr das Ziel der Landwirtschaftspolitik, möglichst große Mengen preiswerter Nahrungsmittel zu produzieren, sondern Anbaumethoden zu fördern, die gesunde, hochwertige Erzeugnisse ergeben und die Umwelt schützen. Der Not-

wendigkeit des Umweltschutzes wird mittlerweile in einer Vielzahl von EU-Politikbereichen Rechnung getragen.
Die Beziehungen der Europäischen Union zu der übrigen Welt sind ebenfalls immer wichtiger geworden. Die EU handelt mit anderen Ländern wichtige Handels- und Hilfsabkommen aus und entwickelt eine gemeinsame Außen- und Sicherheitspolitik.

Der Binnenmarkt: Abbau der Grenzen

Die Mitgliedstaaten benötigten einige Zeit, um alle Handelshemmnisse zu beseitigen und ihren „Gemeinsamen Markt" in einen wirklichen Binnenmarkt zu verwandeln, in dem der freie Waren-, Dienstleistungs-, Personen- und Kapitalverkehr gewährleistet ist. Der Binnenmarkt wurde formell Ende 1992 vollendet. Nach wie vor bleibt jedoch in einigen Bereichen noch viel zu tun, beispielsweise bei den Finanzdienstleistungen.
In den 90er Jahren wurde es für die Menschen immer leichter, durch Europa zu reisen, da die Pass- und Zollkontrollen an den meisten EU-Binnengrenzen abgeschafft wurden. Eine Folge war die größere Mobilität der EU-Bürger. Seit 1987 haben beispielsweise mehr als eine Million junger Europäer mit Unterstützung der EU Studien im Ausland aufgenommen.

Die einheitliche Währung: der Euro in unseren Taschen

1992 beschloss die EU die Gründung der Wirtschafts- und Währungsunion (WWU), was die Einführung einer einheitlichen europäischen Währung unter der Aufsicht einer europäischen Zentralbank bedeutete. Die einheitliche Währung, der Euro, wurde am 1. Januar 2002 eingeführt. Euro-Banknoten und -Münzen ersetzten die nationalen Währungen in zwölf der fünfzehn Mitgliedstaaten der Europäischen Union (Belgien, Deutschland, Griechenland, Spanien, Frankreich, Irland, Italien, Luxemburg, den Niederlanden, Österreich, Portugal und Finnland).

Eine wachsende Familie

Die EU ist durch mehrere Beitrittswellen immer größer geworden. Dänemark, Irland und das Vereinigte Königreich traten 1973 bei, gefolgt von Griechenland 1981, Spanien und Portugal

1986 sowie Österreich, Finnland und Schweden 1995. Die Europäische Union begrüßte 2004 weitere zehn Länder aus Ost- und Südeuropa: Zypern, die Tschechische Republik, Estland, Ungarn, Lettland, Litauen, Malta, Polen, die Slowakei und Slowenien. Bulgarien und Rumänien folgten Anfang 2007. Auch die Türkei ist ein Beitrittskandidat. Wegen der Osterweiterung wurden im Vertrag von Nizza neue Regeln für die Größe der EU-Organe und ihre Funktionsweise festgelegt. Dieser Vertrag trat am 1. Februar 2003 in Kraft und ist der derzeit (2005) für die EU gültige Vertrag. Um Europa fit für die Zukunft zu machen haben die EU Staats- und Regierungschefs Ende 2001 einen Konvent einberufen, der die Ausarbeitung einer europäischen Verfassung zum Auftrag hatte. Der Entwurf einer europäischen Verfassung wurde am 29. Oktober 2004 von den nunmehr 25 Staats- und Regierungschefs unterzeichnet. Nachdem die Bürger Frankreichs und der Niederlande den Verfassungsvertrag 2005 in nationalen Referenden abgelehnt haben, ist unklar, ob und wann der Verfassungsvertrag in der vorliegenden Form in Kraft treten kann.

Friede – Stabilität – Wohlstand

Schumans Idee der Integration sollte den Krieg unmöglich machen. Dieses Ziel hat die EU erfüllt. Sie verbindet die Mitgliedsstaaten so eng miteinander, dass sie in vielen Bereichen nur noch gemeinsam handeln können. Konflikte werden mit Hilfe des Rechts und gemeinsamer Institutionen und nicht mit Gewalt gelöst. Mit der Europäischen Union verbinden sich viele Hoffnungen. Sie bringt Stabilität und gilt als Modell für Frieden und Wohlstand. Ihr wirtschaftlicher Erfolg ist unbestritten. Sie sieht sich aber auch als Gemeinschaft mit weltweiter Ausstrahlung, von der zunehmend erwartet wird, dass sie auch eine stärkere politische Rolle spielt.

Die Europaflagge

Die Europaflagge ist das Symbol der Europäi-

schen Union, aber auch der Einheit und der Identität Europas im weiteren Sinn. Der Kreis der zwölf goldenen Sterne steht für die Solidarität und Harmonie zwischen den Völkern Europas. Die Anzahl der Sterne hat nichts mit der Anzahl der Mitgliedstaaten zu tun. Es gibt zwölf Sterne, da die Zahl Zwölf seit jeher Vollendung, Vollkommenheit und Einheit verkörpert. Die Flagge bleibt daher auch bei künftigen Erweiterungen der Europäischen Union unverändert bestehen.

nach: http://europa.eu.int/abc/history/index_de.htm und Zeitlupe Europa

Aufgabe zu M 3

1. Gestalte eine Collage zum europäischen Einigungsprozess.

Werte und Ziele der Europäischen Union im Verfassungsvertrag

M 4

Am 29. Oktober 2004 wurde der vom Konvent ausgearbeitete Verfassungsentwurf von den nunmehr 25 Staats- und Regierungschefs unterzeichnet. Die Verfassung ist jedoch nie in Kraft getreten, weil sie unter anderem in Frankreich und den Niederlanden in Referenden abgelehnt wurde. Der Entwurf enthielt jedoch im ersten Teil auch heute noch gültige Aussagen über das Selbstverständnis, die Ziele und die Werte der Europäischen Union.

TITEL I – DEFINITION UND ZIELE DER UNION

Artikel I – 1: Gründung der Union

…

(2) Die Union steht allen europäischen Staaten offen, die ihre Werte achten und sich verpflichten, ihnen gemeinsam Geltung zu verschaffen.

Artikel I – 2: Die Werte der Union

Die Werte, auf denen die Union sich gründet, sind die Achtung der Menschenwürde, Freiheit, Demokratie, Gleichheit, Rechtsstaatlichkeit und die Wahrung der Menschenrechte; diese Werte sind allen Mitgliedstaaten in einer Gesellschaft gemeinsam, die sich durch Pluralismus, Toleranz, Gerechtigkeit, Solidarität und Nichtdiskriminierung auszeichnet.

Artikel I – 3: Die Ziele der Union

(1) Ziel der Union ist es, den Frieden, ihre Werte und das Wohlergehen ihrer Völker zu fördern.

(2) Die Union bietet ihren Bürgerinnen und Bürgern einen Raum der Freiheit, der Sicherheit und des Rechts ohne Binnengrenzen und einen Binnenmarkt mit freiem und unverfälschtem Wettbewerb.

(3) Die Union strebt ein Europa der nachhaltigen Entwicklung auf der Grundlage eines ausgewogenen Wirtschaftswachstums an, eine in hohem Maße wettbewerbsfähige soziale Marktwirtschaft, die auf Vollbeschäftigung und sozialen Fortschritt abzielt, sowie ein hohes Maß an Umweltschutz und Verbesserung der Umweltqualität. Sie fördert den wissenschaftlichen und technischen Fortschritt.

Sie bekämpft soziale Ausgrenzung und Diskriminierungen und fördert soziale Gerechtigkeit und sozialen Schutz, die Gleichstellung von Frau und Mann, die Solidarität zwischen den Generationen und den Schutz der Rechte des Kindes.

Sie fördert den wirtschaftlichen, sozialen und territorialen Zusammenhalt und die Solidarität zwischen den Mitgliedstaaten.

Die Union wahrt den Reichtum ihrer kulturellen und sprachlichen Vielfalt und sorgt für den Schutz und die Entwicklung des kulturellen Erbes Europas.

(4) In ihren Beziehungen zur übrigen Welt schützt und fördert die Union ihre Werte und Interessen. Sie trägt bei zu Frieden, Sicherheit, nachhaltiger Entwicklung der Erde, Solidarität und gegenseitiger Achtung unter den Völkern, freiem und gerechtem Handel, Beseitigung der Armut und Schutz der Menschenrechte, insbesondere der Rechte des Kindes, sowie zur strikten Einhaltung und Weiterentwicklung des Völkerrechts, insbesondere zur Wahrung der Grundsätze der Charta der Vereinten Nationen.

aus dem Verfassungsvertrag

M 5 Gemeinsame Werte auf dem Prüfstand – die Türkei und Europa

Hanel/CCC, www.c5.net

Die EU und die Türkei

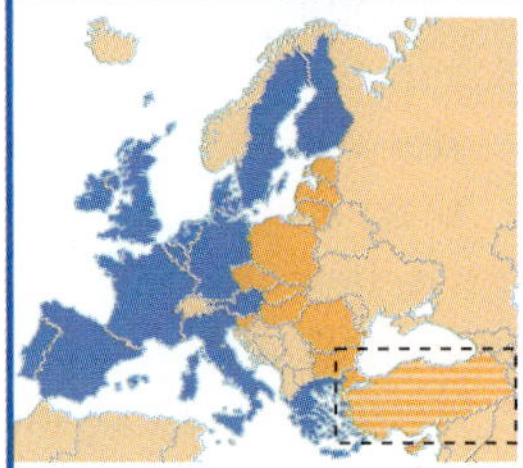

Verhältnis Türkei-EU

1987 erstes Beitrittsgesuch in Brüssel
1997 Ablehnung als Beitrittskandidat
1999 Offizieller Kandidatenstatus
2002 EU-Gipfel ebnet Weg für Beitrittsverhandlungen
Okt. 2004 EU-Kommission empfiehlt die Aufnahme von Beitrittsverhandlungen.
Okt. 2005 EU beginnt offiziell Beitrittsverhandlungen

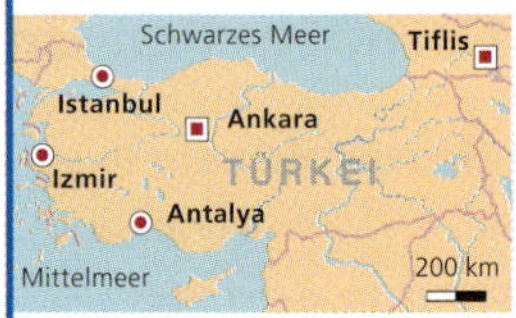

Wirtschaft (2003/2004)

	TUR	EU-25
BIP-Kopf in €	6 300	22 300
Arbeitslosenquote in %	10,8	9,0
Inflationsrate in %	25	1,8

71 Mio. Einwohner
Fläche 779.452 km²
Währung: 1 Türk. Lira = 100 Kurus

Quelle: EU-Kommission/APA

M 6 Gehört die Türkei in die EU?

a) Heribert Prantl: Eine Chance für die Europäische Union

Gehört die Türkei zu Europa? Europa ist mehr als das, was war. Europa ist das, was die Europäer daraus zu machen verstehen. Die Türkei ist eine große Chance für die Europäische Union: Die Türkei ist das Land zwischen den Kulturen, das Land, das Europa geopolitisch neue Horizonte öffnet. Die EU darf nicht das Finale der europäischen Geschichte sein, sondern ihr neuer Anfang.

Die Geschichte Europas taugt sowohl für ein zuversichtliches Ja, als auch für ein ängstliches Nein zur Türkei. ...

Zweifellos: Die Türken haben die europäische Geschichte mitgeprägt. ... Bis hinein ins 20. Jahrhundert war das Osmanische Reich ein zentraler Faktor in der europäischen Machtpolitik; drei Jahrhunderte lang war dieses Reich eine europäische Großmacht. ...

Im 20. Jahrhundert hat die Türkei das europäische Recht übernommen – das deutsche Handels- und Wirtschaftsrecht, das Schweizer Zivilrecht (inklusive Wahlrecht für Frauen), das italienische Strafrecht. Die Türkei hat jüngst die Todesstrafe abgeschafft und den Kurden Rechte zugesichert. Von westeuropäischen rechtsstaatlichen und zivilgesellschaftlichen Standards ist sie trotzdem weit entfernt; aber sie hat sich auf den Weg gemacht. Es ist der lange Weg nach Westen.

Die Aufnahme der Türkei in die EU ist eine weltgeschichtliche Frage. Es geht darum, was und wie Europa sein wird. Europa ist kein vergangenes Produkt, es ist nicht nur das, was in den Geschichtsbüchern steht, nicht die Addition aus alten Schlachten und Vorurteilen. Europa ist ein Zukunftsprojekt – so ist die EU angelegt, als Projekt der Vielfalt und der Toleranz. Europäische Demokratie heißt: Zukunft miteinander gestalten. ...

Ob die Türkei europäisch ist oder nicht – das entscheidet die Haltung der EU zur Türkei. Diese Türkei hat nur zwei Wege: den westeuropäischen oder den islamistischen. Akin Birdal, der türkische Bürgerrechtler, sagt: „Ich weiß, welchen ich gehen will." Die EU sollte es auch wissen. Die Türkei ist ein Brückenland, ein Land zwischen den Kontinenten, die Synthese aus europäisch-christlicher und nahöstlich islamischer Kultur. Es ist das einzige Land der Region, das eine zuverlässige, am Westen orientierte Außenpolitik betreibt, es ist das einzige Land der Region mit einer laizistischen[1] und demokratischen Staatsform. Es ist das Land, durch das Europas Öl fließt. Es ist das Land, dessen Auswanderer die größte Minderheit in Westeuropa bilden. Es ist das Land, in dem der Dialog zwischen Christentum und Islam am aussichtsreichsten geführt werden kann.

Heribert Prantl, in: Süddeutsche Zeitung, 18.11.2002

[1]Laizismus: Trennung von Kirche und Staat

b) Richard Wagner: Die Türkei gehört nicht in die EU

Die Kontroversen um eine europäische Verfassung zeigen, dass Europa an einem Wendepunkt angekommen ist. Wenn aus dem unruhigen Kontinent wirklich eine funktionierende Staatengemeinschaft werden soll, ist mit der erfolgten Osterweiterung die Zeit für eine Konsolidierung gekommen. Will man die EU als Wertegemeinschaft erhalten, muss ihre Begrenzung vereinbart werden. Europa kann nicht beliebig ausgeweitet werden, es riskiert, wie alle Großstaaten, eine Überdehnung. Damit aber würde es seine Identität einbüßen. Um das Bekenntnis zur europäischen Identität drücken sich viele Politiker. Die fruchtlose Diskussion um den Verfassungstext zeigt, dass man es nicht wagt, sich offen zu den europäischen Grundlagen zu bekennen. Bekanntlich sind das: die griechisch-römische Antike, die jüdisch-christliche Religionsformel, das darauf beruhende Mittelalter, die Renaissance mit ihrem Rückgriff auf die Antike, die Aufklärung, die angelsächsischen Verfassungsideen, der Individualismus und das Arbeitsethos der Moderne. Rechtsstaat und Freiheitsbegriff sind untrennbar mit all dem verbunden. ... Alles zusammen stellt einen kulturhistorischen Konsens dar, auf einem begrenzten Territorium. Wer die europäische Identität erhalten will, muss die Grenzen benennen. ...

Wer nicht erkennen will, dass die Werte der modernen Demokratie historisch gewachsene und religiös grundierte kulturelle Voraussetzungen haben, der hat nichts verstanden.

Der Islam ist in mancher Hinsicht mit den westlichen Werten unvereinbar. Schon weil er gegen die Gleichberechtigung der Geschlechter agiert, die Bildungsmöglichkeiten und die Bewegungsfreiheit der Frauen einschränkt. In der Türkei gibt es unter den Männern 6,5 Prozent Analphabeten, unter den Frauen sind es 23,4 Prozent. Hat das wirklich nichts mit dem Islam zu tun?

Richard Wagner, 1952 im rumänischen Banat geboren, lebt als Schriftsteller in Berlin, in: Die Welt, 5.12.2003

Der Bosporus ist eine Meerenge und verbindet Europa mit Kleinasien. An beiden Ufern der Meerenge erstreckt sich die Stadt Istanbul.

Aufgaben zu M 4 – M 6

1. *Überprüft, inwieweit ein Beitritt der Türkei zur EU mit den Werten und Zielen des Verfassungsvertrages vereinbar wäre (M 4 – M 6).*
2. *Führt anschließend eine Pro- und Kontra-Diskussion zu diesem Thema durch.*

Auseinandersetzung mit Szenarien zur Zukunft Europas – Quo vadis Europa?

Szenarienübersicht

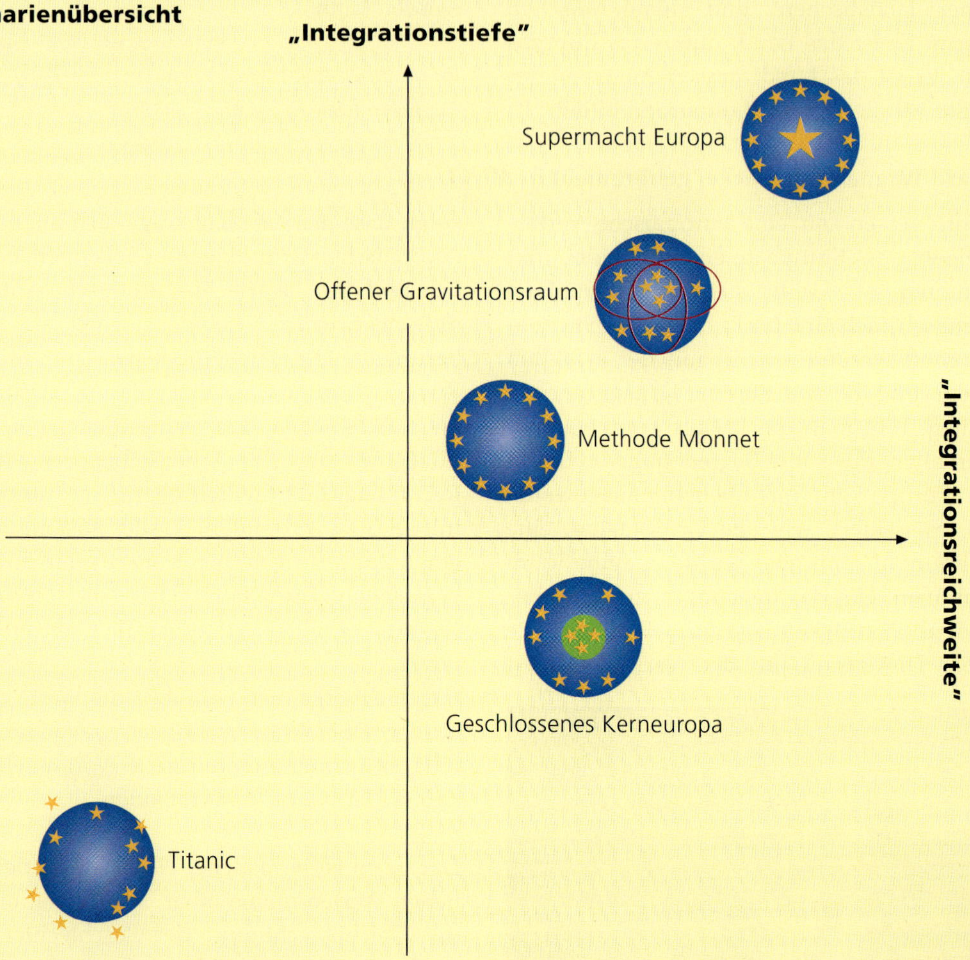

Legende:
„Integrationsreichweite" = Anzahl der beteiligten Staaten
„Integrationstiefe" = Anzahl der vergemeinschafteten Politikfelder

Erläuterungen zu den einzelnen Szenarien:

Titanic: Das Titanic-Szenario beschreibt eine wesentliche Gefährdung bis hin zur Auflösung der europäischen Integration. Die Europäische Union ist nach diesem Szenario nicht fähig, den inneren und äußeren Herausforderungen gerecht zu werden. Innerhalb der Union nehmen die Interessenunterschiede und die Leistungsunterschiede der Mitgliedsstaaten insbesondere durch die Erweiterungen immer weiter zu. Die Verteilungskämpfe werden schärfer und die Wertvorstellungen der einzelnen Mitgliedsstaaten scheinen unüberbrückbar. Die bestehenden Strukturen und Institutionen der EU erweisen sich als ungeeignet für die große Zahl von Mitgliedsstaaten. Sie führen zu tiefen Rissen und schließlich zur totalen Handlungsunfähigkeit. Infolge dessen bemühen sich die Mitgliedsstaaten nicht nur, keine Kompetenzen mehr an die EU zu übertragen, sondern bereits an die EU abgetretene Kompetenzen wieder zurückzuerhalten. Das Modell der EU ist gescheitert.

Kerneuropa: Dieses Szenario basiert auf der Annahme, dass die Mitgliedstaaten sich über den gemeinsamen Binnenmarkt und den grenzenlosen Reiseverkehr hinaus nicht mehr auf ein gemeinsames Ziel hinsichtlich der zukünftigen Entwicklung der Europäischen

Union einigen können. Der Gedanke einer großen, föderativen politischen Union aller Mitgliedsstaaten geht verloren. In einigen Staaten nehmen Nation und Region in ihrer identitätsstiftenden Bedeutung wieder zu. Diese blockieren aufgrund ihres Mitspracherechts in den europäischen Institutionen eine weitergehende Integration. Schließlich entschließt sich eine überzeugte Gruppe von Mitgliedsstaaten zur Zusammenarbeit außerhalb der Strukturen der Europäischen Union.

Methode Monnet: Dieses Szenario schreibt das Muster des Einigungsprozesses der vergangenen Jahre fort. Nach dem Scheitern der Verfassung erweist sich die ständige Suche nach einem kleinsten gemeinsamen Nenner als das beherrschende Prinzip des Integrationsprozesses, der flickenhaft und unvollständig bleibt. Trotz ihrer institutionellen Schwächen und den unterschiedlichen Interessen der Mitgliedsstaaten zerfällt die Union nicht. Die bisherigen Erfolge (Frieden, Binnenmarkt, Schengen-Region) halten die Union so zusammen, dass immer wieder Kompromisse und kleine Fortschritte möglich sind.

Offener Gravitationsraum: Wesentliches Merkmal dieses Szenarios ist eine Gruppe von Mitgliedsstaaten, die sich dem Ziel einer kontinuierlichen Integrationsvertiefung verpflichtet haben. Die ganzheitlichen Reformbemühungen scheitern an den unterschiedlichen Interessen der Mitgliedsstaaten. Dennoch hält eine Mehrheit der Mitgliedsstaaten am grundsätzlichen Ziel der Fortentwicklung der EU in Richtung einer politischen Union fest. Sie wählt mit Duldung der anderen Mitgliedsstaaten den Weg weiter vertiefter Kooperation, jedoch wird den andern Mitgliedsstaaten die Möglichkeit der Teilnahme an der vertieften Zusammenarbeit zu einem späteren Zeitpunkt gegeben.

Supermacht Europa: Die Staaten sind bereit, der EU immer weiterreichende Kompetenzen in zentralen Politikbereichen zu übertragen (Innen-, Außen-, Verteidigungs-, Wirtschafts- und Sozialpolitik), weil sie davon ausgehen, dass sich die Nationalstaaten nur über den Zusammenschluss in der EU im internationalen Wettbewerb behaupten können. Eine Europäische Verfassung führt zu einer klaren Abgrenzung der Kompetenzen der EU und der Mitgliedsstaaten. Wirtschaftliche Leistungsfähigkeit, Rechtsstaatlichkeit, ein Wertesystem mit großer internationaler Ausstrahlungs- und Anziehungskraft und erweiterte militärische Fähigkeiten verschaffen der EU eine beachtliche Handlungsbasis. Auf der Grundlage eines sich immer stärker ausprägenden „Wir-Gefühls" entwickelt sich die EU in Richtung eines europäischen Bundesstaates mit eigener Staatsqualität.

nach: Franco Algieri u.a., Centrum für angewandte Politikforschung, München

Aufgaben

1. ***Gruppenpuzzle:*** *Jede der fünf Stammgruppen beschäftigt sich mit einem Szenario unter folgender Fragestellung:*
   a) Welche (aktuellen) Entwicklungen europäischer Politik sprechen für oder gegen das Szenario? Wie wahrscheinlich ist also das Szenario?
2. *Es werden fünf Expertengruppen gebildet, in denen jeweils die Arbeitsergebnisse der Stammgruppen weitergegeben werden und die Szenarien diskutiert und beurteilt werden.*
3. *Am Schluss steht eine Podiumsdiskussion zur Frage „Wie entwickelt sich die EU?".*

Was wir jetzt wissen:

Der europäische Einigungsprozess

Beginn der Integration
M 3

Der französische Außenminister Robert Schuman schlug 1950 vor, die französische und deutsche Kohle- und Stahlproduktion – damals die Hauptgrundlage der Rüstungsindustrie – unter die Leitung einer gemeinsamen Behörde („Hohe Behörde") zu stellen. 1951 gründeten Frankreich und Deutschland zusammen mit Italien, Belgien, Luxemburg und den Niederlanden die „Europäische Gemeinschaft für Kohle und Stahl" (EGKS) oder „Montanunion". Die EGKS war so erfolgreich, dass die Gründungsmitglieder beschlossen, die Integration auf weitere Bereiche der Wirtschaft auszudehnen. 1957 gründeten sie in Rom die Europäische Atomgemeinschaft (Euratom) und die Europäische Wirtschaftsgemeinschaft (EWG) mit dem Ziel der Beseitigung von Handelshemmnissen und der Schaffung eines gemeinsamen Marktes.

Merkmale des Einigungsprozesses

Charakteristisch für den Einigungsprozess ist seit Beginn ein Wechselspiel von Vertiefung, d.h. dass immer mehr Politikbereiche in die Zuständigkeit der Europäischen Union übertragen wurden (z.B. Umweltpolitik, Währungspolitik ...) und Erweiterung, d.h. dass immer mehr Staaten in die EU aufgenommen wurden. Dazwischen gab es aber auch immer Phasen der Stagnation, in denen sich Europa nicht weiterentwickelte.

Gemeinsame Werte in der EU

Die Ziele der europäischen Einigung reichten von Anfang an über die Mehrung des wirtschaftlichen Wohlstands hinaus. Die Vereinbarungen über die Montanunion, die EWG und Euratom sowie der Maastrichter Vertrag von 1992 zur Gründung der Europäischen Union enthalten allgemeine Bezüge zu den grundlegenden gemeinsamen Werten der Mitgliedstaaten.

In Amsterdam wurden 1997 erstmals die gemeinsamen Werte in Artikel 6 des Vertrages zur Gründung der Europäischen Union zusammengefasst: „Die Union beruht auf den Grundsätzen der Freiheit, der Demokratie, der Achtung der Menschenrechte und Grundfreiheiten sowie der Rechtsstaatlichkeit; diese Grundsätze sind allen Mitgliedstaaten gemeinsam."

Charta der Grundrechte

In der „Charta der Grundrechte der EU" wurden erstmals grundlegende Rechte der EU-Bürger ausgearbeitet. Der Europäische Rat von Nizza proklamierte diese Charta im Dezember 2000 in Form einer feierlichen Erklärung. Damit verfügt die EU über eine Zusammenstellung der gemeinsamen Grundwerte, die aber noch nicht rechtsverbindlich ist.

Werte in der neuen Verfassung
M 4

Das Ziel der Einklagbarkeit der Grundrechte vor dem Europäischen Gerichtshof soll im Zusammenhang mit der Europäischen Verfassung erreicht werden. Im Verfassungsentwurf sind die Ziele und Werte der Union erstmals systematisch zusammengefasst, außerdem soll die Charta der Grundrechte ein Bestandteil der Verfassung werden.

Beitrittsverhandlungen mit der Türkei
M 5, M 6

Seit über 40 Jahren hoffen die Türken auf einen Beitritt zur Europäischen Union. Im Oktober 2005 hat die EU offiziell damit begonnen, Beitrittsverhandlungen mit der Türkei zu führen. Ein Beitritt der Türkei zur EU wird allerdings kontrovers beurteilt. Die Gegner des Beitritts sehen eine Unvereinbarkeit von islamischer und christlicher Kultur, hohe Kosten für die wirtschaftliche Integration und ein sicherheitsstrategisches Problem, wenn ein Land wie der Irak Nachbarland der EU würde. Die Befürworter sehen die Chance des friedlichen Zusammenführens unterschiedlicher Kulturen, die Möglichkeit, wirtschaftliche Ungleichgewichte in Europa auszugleichen und die Ausdehnung des Friedensmodells der EU auf Südosteuropa.

2. Der Entscheidungsprozess in der Europäischen Union

Sollen gentechnisch veränderte Nahrungsmittel besser gekennzeichnet werden?

M 1

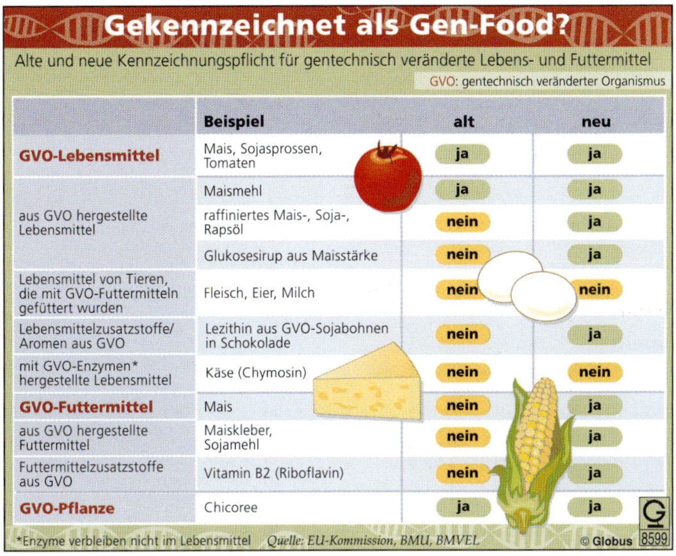

Gekennzeichnet als Gen-Food?

Alte und neue Kennzeichnungspflicht für gentechnisch veränderte Lebens- und Futtermittel

GVO: gentechnisch veränderter Organismus

	Beispiel	alt	neu
GVO-Lebensmittel	Mais, Sojasprossen, Tomaten	ja	ja
aus GVO hergestellte Lebensmittel	Maismehl	ja	ja
	raffiniertes Mais-, Soja-, Rapsöl	nein	ja
	Glukosesirup aus Maisstärke	nein	ja
Lebensmittel von Tieren, die mit GVO-Futtermitteln gefüttert wurden	Fleisch, Eier, Milch	nein	nein
Lebensmittelzusatzstoffe/Aromen aus GVO	Lezithin aus GVO-Sojabohnen in Schokolade	nein	ja
mit GVO-Enzymen* hergestellte Lebensmittel	Käse (Chymosin)	nein	nein
GVO-Futtermittel	Mais	nein	ja
aus GVO hergestellte Futtermittel	Maiskleber, Sojamehl	nein	ja
Futtermittelzusatzstoffe aus GVO	Vitamin B2 (Riboflavin)	nein	ja
GVO-Pflanze	Chicoree	ja	ja

*Enzyme verbleiben nicht im Lebensmittel *Quelle: EU-Kommission, BMU, BMVEL* © Globus 8599

Mit der Novel Food-Verordnung begann 1997 ein neues lebensmittelrechtliches Zeitalter: Erstmals mussten so genannte „neuartige Lebensmittel" in der EU ein Zulassungsverfahren durchlaufen, bevor sie auf den Markt gebracht werden durften. Bis Ende 2003 zählten auch gentechnisch veränderte Lebensmittel zu diesen „neuartigen Lebensmitteln" (vgl. Infobox). Nach der Novel Food-Verordnung waren aber gentechnisch veränderte Lebensmittel nur dann kennzeichnungspflichtig, wenn die jeweiligen gentechnisch veränderten Organismen (GVOs), aus denen sie hergestellt waren, im Endprodukt nachgewiesen werden konnten. Im Juli 2001 schlug die Kommission deshalb eine stark umstrittene Verordnung zur besseren Kennzeichnung und Rückverfolgbarkeit gentechnisch veränderter Lebensmittel vor. So sollte die Stellung des Verbrauchers gestärkt werden (vgl. M 4).

nach: www.transgen.de, 15.3.2006

Gentechnisch veränderter Organismus

Infobox

Der Begriff "gentechnisch veränderter Organismus" ist in verschiedenen europäischen Gesetzen und im deutschen Gentechnik-Gesetz definiert.
"Gentechnisch verändert" ist ein Organismus, dessen genetisches Material in einer Weise verändert worden ist, wie sie unter natürlichen Bedingungen durch Kreuzen oder natürliche Rekombination nicht vorkommt. Im Einzelfall kann es allerdings strittig sein, ob ein Organismus genetisch so verändert wurde, wie es in der Natur nicht üblich ist.
Weitere Informationen zur Gentechnik können im Lexikon von Trans Gen (www.transgen.de/lexikon/) eingeholt werden.

www.transgen.de

Stellungnahmen von Befürwortern und Gegnern

M 2

„Ich finde, dass die Verbraucher ein Recht darauf haben, genau zu wissen, was sie essen. Man weiß ja nicht, wie sich die GVO auf den Menschen auswirken."

„Mir ist das egal. Für die Lebensmittelindustrie ist das doch nur ein riesengroßer Aufwand. Am Ende werden die Lebensmittel nur teuerer und nicht billiger."

„Durch die Kennzeichnung wird dem Verbraucher unnötig Angst gemacht. Auf der ganzen Welt wird doch schon Gen-Food gegessen. Die Europäer hinken mal wieder hinterher."

„Nur durch die Kennzeichnung hat man als Verbraucher auch die Möglichkeit, Gen-Food abzulehnen, wenn man es nicht möchte."

Autorentext

Aufgabe zu M 1 – M 2

1. Führt unter Berücksichtigung der Materialien aus M 1 und M 2 eine Debatte zum Thema: „Sollten gentechnisch veränderte Lebensmittel besser gekennzeichnet werden?“

M 3 Was die EU regeln darf

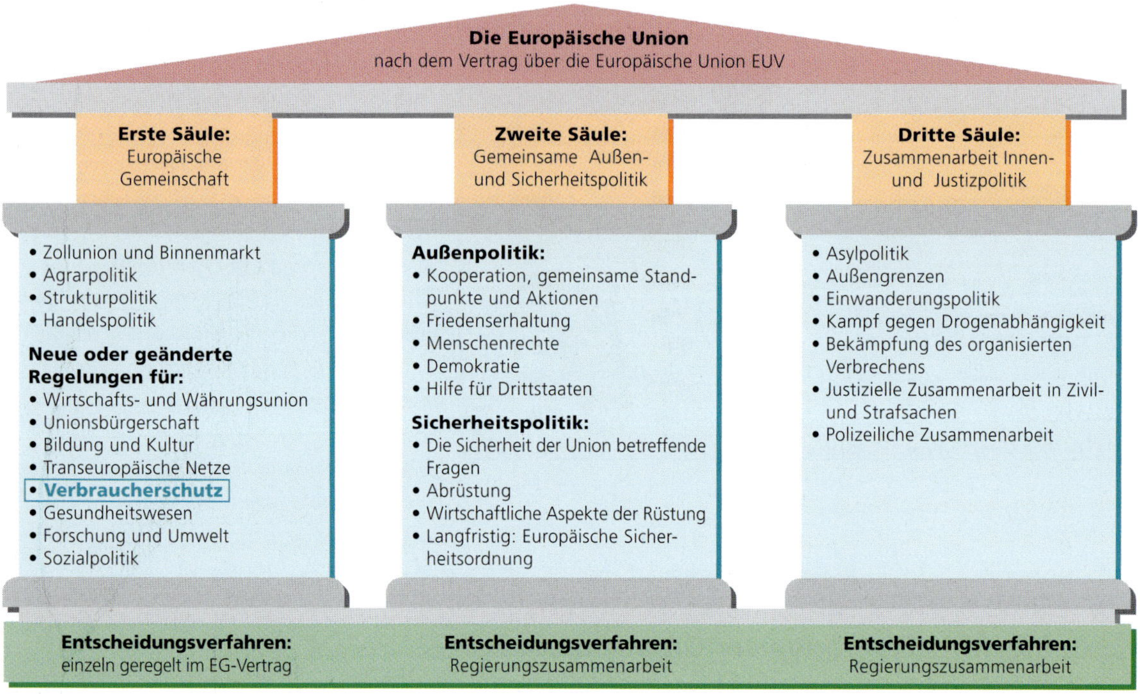

Grundlage des „Säulenmodells“: Vertrag von Nizza

Infobox

Arten von gemeinschaftlichen Rechtsakten der EU

(bis zum Inkrafttreten der Verfassung)

- ***Verordnungen*** sind ab dem Zeitpunkt ihrer Verabschiedung auf Gemeinschaftsebene für jedermann verbindlich; sie gelten unmittelbar in jedem Mitgliedsstaat und müssen nicht erst in nationales Recht umgesetzt werden.
- ***Richtlinien*** legen Ziele fest, wobei es Aufgabe der Mitgliedsstaaten ist, diese auf nationaler Ebene anzuwenden; sie geben den Mitgliedsstaaten Ergebnisse verbindlich vor, stellen ihnen jedoch frei, wie sie diese erreichen.
- ***Entscheidungen*** beziehen sich auf ganz bestimmte Themen; sie sind in allen ihren Teilen für diejenigen verbindlich, an die sie gerichtet sind. Eine Entscheidung kann an alle Mitgliedsstaaten, einen Mitgliedsstaat, ein Unternehmen oder eine Einzelperson gerichtet sein.
- ***Empfehlungen*** und ***Stellungnahmen*** sind nicht rechtsverbindlich; sie geben lediglich den Standpunkt der Organe zu einer bestimmten Frage wieder.

Wie funktioniert die Europäische Union? hg. vom Amt für amtliche Veröffentlichungen der Europäischen Gemeinschaften, Luxemburg, S. 18

Der lange Weg zu einer EU-Verordnung

M 4

a) EU-Kommission schlägt neue Verordnung für gentechnisch veränderte Futter- und Lebensmittel vor

Das Berlaymont, Sitz der EU-Kommission in Brüssel

(26.7.2001) Die EU-Kommission hat die neue von Verbraucherkommissar David Byrne ausgearbeitete Verordnung für gentechnisch veränderte Lebens- und Futtermittel gebilligt. Nun beginnen die Beratungen im Ministerrat und im Europaparlament. Findet das neue Gesetz auch dort eine Mehrheit, werden vor allem die Kennzeichnungsbestimmungen drastisch ausgeweitet.

Erwartungsgemäß hat die EU-Kommission den bisher nur informell diskutierten Verordnungsentwurf mehrheitlich angenommen. Damit ist eine grundsätzliche Neuorientierung bei der Zulassung gentechnisch veränderter Lebensmittel eingeleitet. Die wichtigsten Eckpunkte der neuen Verordnung sind:

- Lebensmittel, Zutaten und Zusatzstoffe aus gentechnisch veränderten Organismen (GVOs) werden aus der älteren Novel Food-Verordnung herausgenommen und in einem eigenen EU-Gesetz geregelt.
- Futtermittel aus GVOs werden im Hinblick auf Zulassung, Sicherheitsbewertung und Kennzeichnung den Lebensmitteln gleich gestellt.
- Die Kennzeichnung stützt sich nicht mehr allein auf den GVO-Nachweis im Endprodukt, sondern auf ein warenbegleitendes Dokumentationssystem. Dazu beschloss die Kommission neue Vorschriften zur „Rückverfolgbarkeit".

Schon jetzt zeichnen sich einige Streitpunkte ab. Die von der Kommission verabschiedete Verordnung sieht einen Schwellenwert von 1% vor, bis zu dem in einem konventionellen Lebensmittelzutat zufällige, unbeabsichtigte „GVO-Verunreinigungen" toleriert werden, ohne dass sie den gentechnikspezifischen Zulassungs- und Kennzeichnungspflichten unterliegen. Bundeslandwirtschaftministerin Künast hat bereits angekündigt, die 1%-Schwelle nicht zu akzeptieren. Sie will 0% durchsetzen. Für EU-Verbraucherkommissar Byrne sind hingegen GVO-Spuren eine „Realität, der wir uns nicht entziehen können."

b) EU-Parlament will schärfere Kennzeichnungsbestimmungen

Le bâtiment Louise Weiss, Sitz des Europäischen Parlaments in Straßburg. Im Vordergrund das Palais de l' Europe, Tagungsort des Europarates

(4.7.2002) Das EU-Parlament hat sich mehrheitlich für einen Kennzeichnungs-Schwellenwert von 0,5% ausgesprochen. Damit ging das Parlament über die Vorschläge der EU-Kommission hinaus. Weiterhin bleibt die Verwendung von GVO-haltigen Futtermitteln auf dem Lebensmittel deklarationsfrei.

Bei den Beratungen folgte das EU-Parlament weitgehend dem Bericht des federführenden Umweltausschusses. Vor allem bei der Kennzeichnung sprach sich das Parlament für strengere Regelungen aus als im Vorschlag der EU-Kommission.

Der Schwellenwert, bis zu dem unbeabsichtigte Beimischungen von GVOs in Lebensmittel nicht zu kennzeichnen sind, wird auf 0,5% festgelegt.

Die EU-Kommission hatte 1,0% vorgeschlagen. In den Grundlinien folgte das Parlament dem Entwurf der Kommission.
Noch sind jedoch die neuen Kennzeichnungsvorschriften nicht rechtskräftig und der weitere Beratungsweg ist lang. Nun ist erst einmal der EU-Ministerrat am Zug.

c) EU-Agarminister einigen sich – Kompromiss bei Schwellenwertverhandlung

Das Justus-Lipsius Gebäude in Brüssel, Tagungsgebäude des Ministerrates

(29.11.2002) Nach stundenlangen Verhandlungen haben sich die EU-Agrarminister in der Frage des Schwellenwerts für zufällige GVO-Beimischungen auf einen Kompromiss verständigt. Bis zu einem Anteil von 0,9% sollen GVO-Anteile in Lebensmitteln ohne Kennzeichnung bleiben.
Weil sich die EU-Agrarminister nicht über die Höhe des Schwellenwerts einigen konnten, drohte erneut ein Scheitern der geplanten Verordnung über gentechnisch hergestellte Lebens- und Futtermittel.
Doch nun kam die Einigung: Der Schwellenwert von 0,9 Prozent fand die erforderliche Mehrheit der Agrarminister – gegen die Stimmen Großbritanniens, das auf 1,0% beharrte, sowie Österreichs und Luxemburgs, die einen deutlich niedrigeren Wert wollten. Alle anderen Länder stimmten der 0,9 % Schwelle zu.
Auch EU-Verbraucherkommissar Byrne schloss sich der Mehrheit der Mitgliedstaaten an. Er hatte sich vehement für 1,0% ausgesprochen, da zu niedrige Schwellenwerte zu einer Kennzeichnung „fast aller“ Lebensmittel führen würden. Gegen die Auffassung der Kommission hätte der Beschluss des Ministerrats einstimmig ausfallen müssen.
Damit hat die neue Verordnung eine weitere Hürde genommen. Doch bis sie in Kraft treten kann, ist es noch ein weiter Weg. ... In der ersten Lesung hatte das Parlament für einen Schwellenwert von 0,5 % votiert.

d) Nach der Zustimmung des Europa-Parlaments – Kennzeichnungspflicht kommt

(3.7.2003) Bis zuletzt war es spannend, ob sich das Europäische Parlament dem Gemeinsamen Standpunkt von Kommission und Ministerrat anschließen würde. Vor allem bei der Frage des Schwellenwertes gingen die Auffassungen auseinander. Zuletzt hatte der Umweltausschuss des Parlaments eine Höhe von 0,5 Prozent empfohlen, bis zu dem zufällige GVO-Beimischungen zu tolerieren seien.
Am Ende folgte die Mehrheit des Parlaments der Linie der Agrarminister, die sich im Herbst auf 0,9% geeinigt hatten. Offenbar wollte auch das Parlament ein langwieriges Vermittlungsverfahren vermeiden. Am 7. November 2003 trat in allen EU-Ländern die neue Verordnung in Kraft, mit der Zulassung und Kennzeichnung von gentechnisch veränderten Lebens- und Futtermitteln einheitlich und in gesetzlich verbindlicher Form geregelt werden. Seit 18. April 2004 müssen die neuen Bestimmungen in allen EU-Ländern angewandt werden.

Alle Texte nach: www.transgen.de (23.4.2004)

Aufgaben zu M 4

1. *Fasse in eigenen Worten zusammen, welche Ziele mit der neuen Regelung verfolgt werden sollen.*

2. *Erstelle eine Übersichtsskizze, aus der hervorgeht, wer welche Positionen vertrat und wie der Gesetzgebungsprozess verlief.*

M 5

Das Regierungssystem der EU im Überblick

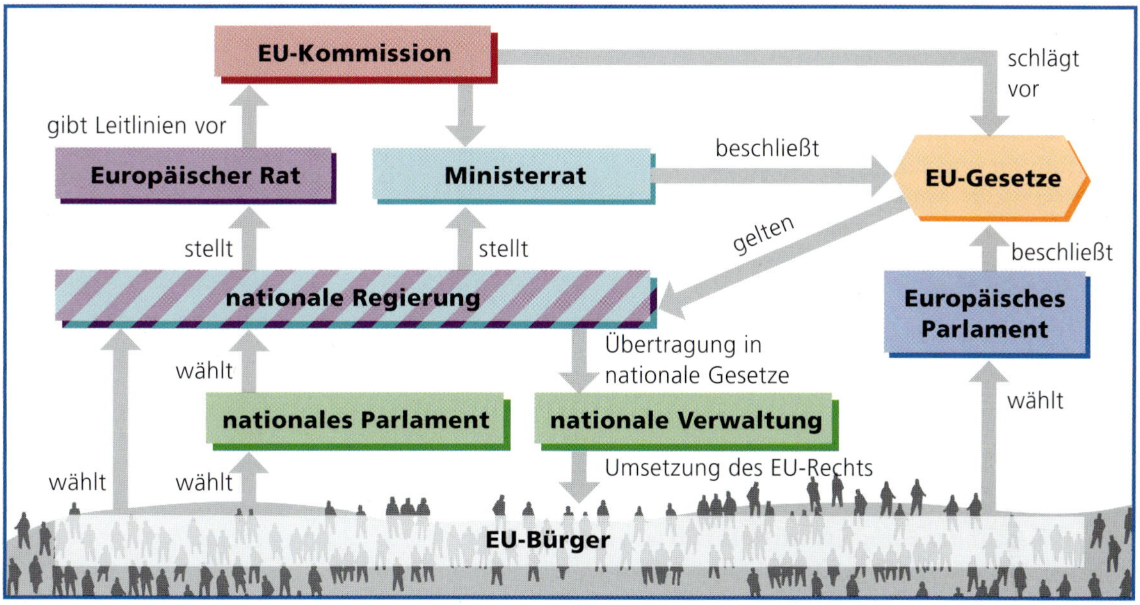

Stand: Vertrag von Nizza

M 6

Europäische Gesetzgebung: das Mitentscheidungsverfahren

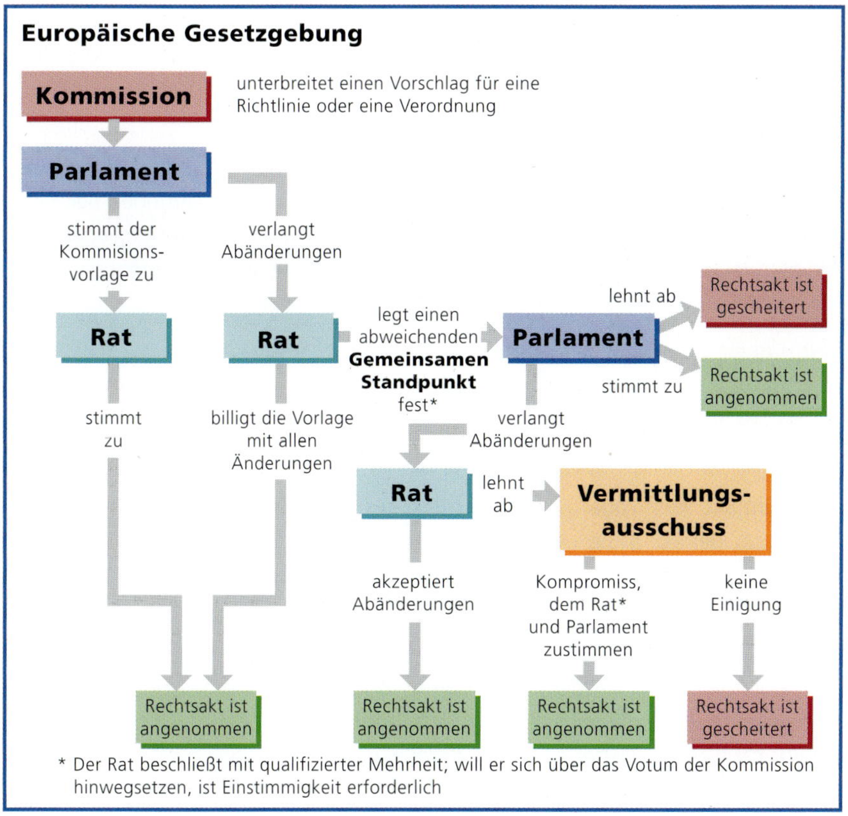

Erich Schmidt Verlag, Zahlenbilder 715420

M 7

Vorgestellt: die wichtigsten Organe der EU

Der Kursivdruck bezieht sich auf die im Vertrag von Lissabon vorgesehenen Veränderungen. Der Vertrag soll nach der Ratifizierung am 1.1.2009 in Kraft treten.

Europäischer Rat

Bestellung und Zusammensetzung:
Die Staats- und Regierungschefs der Mitgliedstaaten bilden mit dem Kommissionspräsidenten den Europäischen Rat. *Der Hohe Vertreter der Union für Außen- und Sicherheitspolitik nimmt an den Beratungen teil. Der Europäische Rat wird von seinem Präsidenten vierteljährlich statt bislang halbjährlich einberufen.*

Aufgaben:
- Er gibt der Union die für ihre Entwicklung erforderlichen Impulse und legt ihre allgemeinen politischen Zielvorstellungen und Prioritäten fest („institutioneller Architekt").
- Er legt die strategischen Interessen und Ziele der Außenpolitik fest; schlägt dem Parlament den Kommissionspräsidenten vor *und wählt mit qualifizierter Mehrheit den Hohen Vertreter mit Zustimmung des Kommissionspräsidenten.*

***Der Präsident des Europäischen Rats** wird vom Europäischen Rat auf 2 1/2 Jahre mit qualifizierter Mehrheit gewählt (einmalige Wiederwahl möglich), er darf kein einzelstaatliches Amt innehaben; er führt den Vorsitz und leitet die Beratungen; er vertritt die Europäische Union nach außen.*

Europäische Kommission

Zusammensetzung: Jedes Land entsendet einen Kommissar auf 5 Jahre (bis 2014). *Ab dem 1. November 2014 wird die Zahl der Kommissionsmitglieder auf zwei Drittel der Anzahl der Mitgliedstaaten verkleinert. Die Auswahl der Mitglieder erfolgt dabei auf der Grundlage der gleichberechtigten Rotation. Aufeinander folgende Kollegien werden so zusammengesetzt, dass das demografische und geografische Spektrum der Gesamtheit der Union zum Ausdruck kommt.*

Bestellung: Die Regierungen der Mitgliedstaaten bestimmen gemeinsam den neuen Präsidenten der Kommission. Der designierte Präsident der Kommission wählt dann in Gesprächen mit den Regierungen der Mitgliedstaaten die anderen Mitglieder der Kommission aus. Das Parlament befragt daraufhin alle Mitglieder und gibt seine Stellungnahme zum gesamten Kollegium ab. Im Falle der Zustimmung kann die neue Kommission am 1. Januar des folgenden Jahres ihr Amt aufnehmen.

Der Kommissionspräsident wird vom Europäischen Rat dem Parlament zur Wahl vorgeschlagen, auf Vorschlag der Mitgliedsstaaten schlägt der Kommissionspräsident dem Parlament die Kommissare vor. Die Kommission bedarf der Zustimmung durch das Parlament.

Aufgaben:
- Sie macht dem Parlament und dem Rat Vorschläge für neue Rechtsvorschriften („Motor der EU"). Sie setzt die EU-Politik um und verwaltet den Haushalt.
- Sie überwacht (gemeinsam mit dem Gerichtshof) die Einhaltung des europäischen Rechts.
- Sie vertritt die Europäische Union in Wirtschaftsfragen auf internationaler Ebene, zum Beispiel durch Aushandeln von Übereinkommen zwischen der EU und anderen Ländern.

*Die bisherigen Funktionen des Hohen Vertreters für die Gemeinsame Außen- und Sicherheitspolitik und des Kommissars für auswärtige Beziehungen werden in einer Person, dem Hohen Vertreter der Union für Außen- und Sicherheitspolitik **(„Doppelhut")**, vereint. Dieser ist Mitglied der Europäischen Kommission, einer ihrer Vizepräsidenten und gleichzeitig ständiger Vorsitzender des Rats für Auswärtige Angelegenheiten. Er soll für die Kohärenz des gesamten auswärtigen Handelns der Union sorgen.*

Europäisches Parlament

Zusammensetzung: 785 Abgeordnete. Die Zahl der Abgeordneten einzelner Staaten richtet sich nach der Bevölkerungszahl (BRD = 99 Abg., Malta = 5 Abg.).
Ab 2009 Begrenzung auf 751 Abgeordnete (dann min. 6, max. 96 Sitze je Land).

Bestellung: Seit 1979 Direktwahl auf fünf Jahre in den Mitgliedstaaten.

Aufgaben:
- Es teilt sich die gesetzgebende Gewalt mit dem Rat.
- Es übt die demokratische Kontrolle über alle Organe der EU und insbesondere über die Kommission aus.
- Es stimmt der Benennung der Kommissionsmitglieder zu oder lehnt sie ab und kann einen Misstrauensantrag gegen die gesamte Kommission einbringen.
- Es teilt sich die Haushaltsbefugnis mit dem Rat und kann daher Einfluss auf die Ausgaben der EU ausüben.
- In letzter Instanz nimmt es den Gesamthaushalt an oder lehnt ihn ab.
- *Stärkere Beteiligung an der Gesetzgebung, Wahl des Kommissionspräsidenten.*

Ministerrat („Rat")

Bestellung und Zusammensetzung: Nationale Regierungen entsenden zuständigen Ressortminister (z.B. Innenminister, Finanzminister, ...).

Aufgaben:
- Er verabschiedet die Gesetze (in vielen Bereichen gemeinsam mit dem Parlament) auf Vorschlag der Kommission.
- Er schließt internationale Übereinkünfte für die EU ab.
- Gemeinsam mit dem Parlament genehmigt er den Haushaltsplan.
- Auf der Grundlage der vom Europäischen Rat festgelegten allgemeinen Leitlinien entwickelt er die Gemeinsame Außen- und Sicherheitspolitik.
- Er koordiniert die Zusammenarbeit der nationalen Gerichte und Polizeikräfte in Strafsachen.
- Der Vorsitz im Rat wechselt alle sechs Monate. Über die Beschlüsse im Rat wird abgestimmt. Je größer die Bevölkerung eines Landes ist, desto mehr Stimmen hat es: Deutschland, Frankreich, Italien, Großbritannien 29, Spanien u. Polen 27, Rumänien 14, Niederlande 13, Belgien, Tschechien, Griechenland, Ungarn und Portugal 12, Österreich, Schweden, Bulgarien 10, Dänemark, Irland, Litauen, Slowakei u. Finnland 7, Zypern, Estland, Lettland, Luxemburg u. Slowenien 4, Malta 3.
- *ab 2014 neues System zur Annahme von Rechtsakten mit qualifizierter Mehrheit:* ***doppelte Mehrheit*** *(55 % der Mitgliedstaaten und 65 % der Bevölkerung)*

Europäischer Gerichtshof (EuGH)

Bestellung und Zusammensetzung: Er verfügt über einen Richter je Mitgliedstaat; dem Gerichtshof stehen acht „Generalanwälte" zur Seite.

Aufgaben: Der Gerichtshof ist das oberste europäische Gericht. Die häufigsten Klagearten sind:
- Ersuchen um Vorabentscheidung: Wenn ein nationales Gericht Zweifel über die Auslegung oder Gültigkeit einer Rechtsvorschrift der EU hat, so kann es – und muss es in manchen Fällen – den Gerichtshof zu Rate ziehen. Dieser Rat wird in Form einer „Vorabentscheidung" erteilt.
- Vertragsverletzungsklagen: Diese Klage kann von der Kommission (oder einem anderen Mitgliedstaat) erhoben werden, wenn sie Grund zu der Annahme hat, dass ein Mitgliedstaat seinen Verpflichtungen gemäß dem EU-Recht nicht nachkommt.
- Darüber hinaus können die einzelnen Organe oder Mitgliedstaaten überprüfen lassen, ob ein bestimmter Rechtsakt rechtmäßig ist (Nichtigkeitsklage) oder ob die EU zu unrecht in einer bestimmten Sache nicht tätig geworden ist (Untätigkeitsklage).

Autorentext

M 8 Kommentar: Europäische Zukunftsfragen

Mester/CCC, www.c5.net

Die Mehrzahl der Briten will offenbar nicht mehr als den großen und freien EU-Binnenmarkt und die pragmatische Zusammenarbeit der Regierungen. Deutschland, Frankreich und die Europäer in den meisten anderen EU-Mitgliedstaaten wollen mehr. ... Tatsächlich können die Europäer die Herausforderungen des 21. Jahrhunderts – Globalisierung und wachsender Konkurrenzdruck aus Ostasien, Terrorismus und internationale Kriminalität, weltweite Umweltzerstörung – nur dann meistern, wenn sie ihre Kräfte in einer politischen Union bündeln. Nur dann haben sie das notwendige wirtschaftliche und politische Gewicht, um zwischen der dominierenden Weltmacht USA, Russland und den dynamisch aufstrebenden Mächten Asiens künftig mitreden zu können. ...

Im vergangenen halben Jahrhundert war die europäische Einigung eine beispiellose Erfolgsgeschichte, weil sie im Westen des Kontinents eine Garantie für Frieden und Demokratie war. Für die neue Generation der Europäer ist das so selbstverständlich geworden wie die Freizügigkeit zwischen den Seen Schwedens, den griechischen Inseln und den Stränden Portugals. Heute erwarten Europas Bürger von ihren Politikern aber Antworten auf die drängenden neuen Fragen, die viele Menschen zutiefst verunsichern und verängstigen: Wie können wir in einer zunehmend globalisierten Wirtschaft unseren Wohlstand und unsere soziale Sicherheit bewahren? Wie können wir das Wirtschaftswachstum wieder ankurbeln und die Arbeitslosigkeit bekämpfen? Wie schützen wir uns vor Terrorismus und Kriminalität?

Bisher ist es Europas Politikern nicht gelungen, den Bürgern klar zu machen, dass die Einigung des Kontinents die beste Antwort Europas auf diese Fragen sein kann. Nur wenn sich die Europäer enger zusammenschließen, können sie die Globalisierung gestalten. Dazu gehört aber auch, dass das alte Europa seine Identität wahrt. Eine blindwütige Erweiterung, ein Europa ohne Grenzen und ohne „Wir-Gefühl", führt weiter zur Entfremdung. Wenn die Berliner Regierung, die nach wie vor die EU-Erweiterung bis an die Grenzen Syriens und des Irak betreibt, nicht umdenkt und zurücksteckt, dann wird sich die Kluft zwischen Regierenden und Regierten noch weiter vertiefen. Europas Politiker müssen jetzt die Chance der Krise nutzen, um sich auf die Idee und die Identität Europas zu besinnen. Machen sie aber so weiter wie bisher, dann setzen sie die Einheit und damit die Zukunft Europas aufs Spiel.

Thomas Gack, Stuttgarter Zeitung, 20.6.2005

M 9

Die passenden Antworten? Der Vertrag von Lissabon

Die wichtigsten Neuerungen des Reformvertrages von Lissabon:

Eine neue gemeinsame Rechtsgrundlage

- Verankerung von gemeinsamen Werten
- Einheitlicher Zielekatalog der Union
- Klarere Kompetenzabgrenzung zwischen Mitgliedstaaten und EU
- Bessere Ausgestaltung der Prinzipien der Subsidiarität und der Verhältnismäßigkeit
- Eigene Rechtspersönlichkeit der EU
- Abschaffung der Drei-Säulen-Struktur bzw. grundsätzliche Anwendung der Gemeinschaftsmethode auch bei Bestimmungen über die polizeiliche und justizielle Zusammenarbeit in Strafsachen
- Ausweitung des Zuständigkeitsbereichs des Europäischen Gerichtshofs
- Austrittsmöglichkeit

Beim EU-Gipfel am 18. und 19. Oktober 2007 einigten sich die Staats- und Regierungschefs der EU auf den Vertrag von Lissabon.

Mehr Demokratie und Bürgerbeteiligung

- Stärkung des Europäischen Parlaments, insbesondere als Mitgesetzgeber
- Wahl des Kommissionspräsidenten durch das Europäische Parlament
- Einbeziehung der nationalen Parlamente in den europäischen Entscheidungsprozess (Subsidiaritätskontrolle)
- Einführung der europäischen Bürgerinitiative
- Höherer Rechtsschutz für den Einzelnen
- Öffentliche Diskussion und Annahme von Gesetzesvorhaben im Rat

Stärkung der Grundrechte

- Rechtsverbindlichkeit der Charta der Grundrechte
- Schaffung der Beitrittsmöglichkeit der EU zur Europäischen Menschenrechtskonvention

Handlungsfähig in Europa und der Welt

- Mehr Entscheidungsfindung mit qualifizierter Mehrheit im Rat
- Einführung von Teampräsidentschaften im Rat
- Präsident des Europäischen Rates wird künftig für zweieinhalb Jahre gewählt
- Verringerung der Zahl der Kommissare auf zwei Drittel der Mitgliedstaaten ab 2014
- EU-Mitgliedstaaten sind durch Rotationsprinzip der Kommissare gleichberechtigt
- Erhöhung der Mindestanzahl der Mitgliedstaaten von acht auf neun, die eine „Verstärkte Zusammenarbeit" beginnen können
- Neue Funktion des „Hohen Vertreters der Union für Außen- und Sicherheitspolitik" durch Zusammenlegung der Ämter des bisherigen Hohen Vertreters für die gemeinsame Außen- und Sicherheitspolitik (derzeit Javier Solana) und der Außenkommissarin (derzeit Benita Ferrero-Waldner)
- Ausbau des konsularischen Dienstes und des Schutzes für EU-Bürgerinnen und Bürger

Erweiterte Politikbereiche und Kompetenzen

- Ausbau der sozialen Dimension der Europäischen Union
- Stärkung der Daseinsvorsorge
- Verstärkter Umwelt- und Klimaschutz in der EU
- Gemeinsame europäische Energiepolitik und -solidarität
- Solidarität bei (Natur)katastrophen

http://www.zukunfteuropa.at/site/5818/default.aspx (12.2.2008)

M 10 Nach dem Nein der Iren: Schafft ein Kerneuropa!

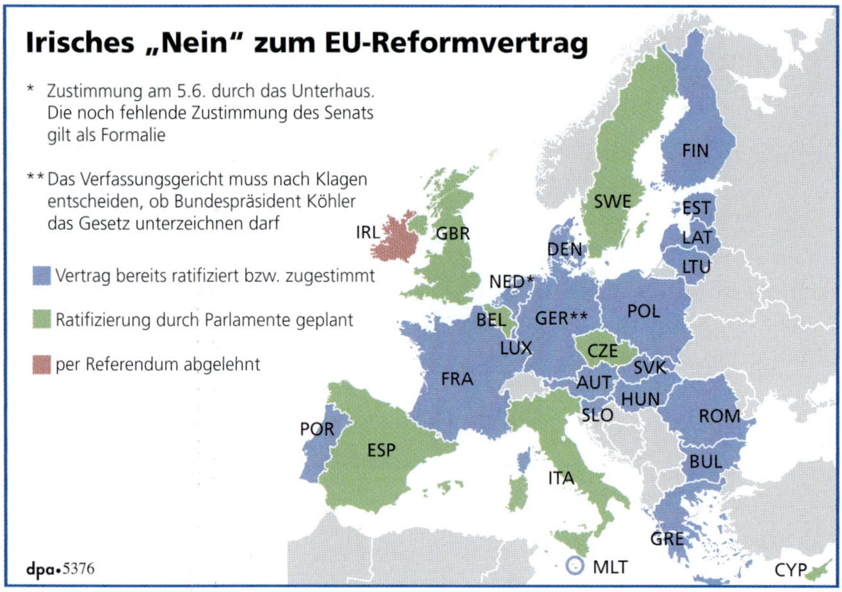

Europa ist geschockt. 862.415 Iren haben den Reformvertrag von Lissabon abgelehnt und dadurch 490 Millionen EU-Bürgern den Weg in die gemeinsame Zukunft versperrt – wenigstens zunächst. ... Was nun? ... Der Ratifizierungsprozess sollte auf keinen Fall unterbrochen werden. Wenn die Volksvertreter von 26 Staaten das Vertragswerk billigen, das Europa mehr Transparenz, Effizienz und demokratische Kontrolle verspricht und überdies die Mitspracherechte der kleineren Ländern stärkt, werden sich die Iren ja vielleicht überlegen, ob sie weiterhin abseits stehen oder doch lieber ganz austreten wollen – eine Möglichkeit, die ihnen der Lissabon-Vertrag eröffnen würde.

Ganz unsinnig wäre es, jetzt noch ein weiteres Mal an dem Vertragstext herumzubosseln. Besser, man zieht den Ratifizierungsprozess durch. Dabei wird sich herausstellen, wer sonst noch umfällt – England, Tschechien, Polen? Jene Länder aber, die bei der Stange bleiben, sollten unter sich ein Abkommen schließen, das ihnen erlaubt, ohne die widerborstigen und halbherzigen Mitglieder eine Kern-EU zu schaffen, in der engere Zusammenarbeit und fortschreitende Integration möglich werden.

Über Nacht wird sich eine solche Umgründung der Europäischen Union zu einem Zusammenschluss der Fortschrittswilligen nicht bewerkstelligen lassen. Doch könnte allein die Fixierung dieses Ziels den stotternden europäischen Motor wieder anspringen lassen.

Theo Sommer, Zeit online, 16.6.2008

Aufgaben zu M 5 – M 10

1. *Überprüft mit Hilfe des Schaubilds M 6, welchen der möglichen Wege des Mitentscheidungsverfahrens die GVO-Verordnung genommen hat.*
2. *Erstellt in Gruppen Porträts der vorgestellten Institutionen. Vergleicht die politischen Organe der Bundesrepublik mit denen der EU (M 5 – M 7).*
3. *Beschreibe, worin der Verfasser (M 8) die europäische Sinnkrise sieht.*
4. *Prüfe, ob die Reformen im Vertrag von Lissabon einen Beitrag zur Lösung gegenwärtiger und zukünftiger Probleme der EU leisten (M 8, M 9).*
5. *Diskutiert die Forderung nach einem Kerneuropa (M 10).*

Der Entscheidungsprozess in der Europäischen Union

Zuständigkeiten der EU
M 3

Im Laufe der europäischen Integration haben die einzelnen Mitgliedsstaaten in unterschiedlichen Verträgen (z.B. Römische Verträge, Maastrichter Vertrag) vereinbart, der Europäischen Union die Zuständigkeit für immer mehr Politikbereiche zu übertragen. Man unterscheidet deshalb bis zum Inkrafttreten der neuen Verfassung drei Haupt-Politikbereiche (Säulen), die unter dem Dach der Europäischen Union vereint sind:

- der Bereich der Gemeinsamen Außen- und Sicherheitspolitik (GASP)
- der Bereich der polizeilichen und justiziellen Zusammenarbeit
- der Bereich der Europäischen Gemeinschaften (EG), in dem ganz unterschiedliche Politikfelder zusammengefasst sind (z.B. Zollunion und Binnenmarkt, Verbraucherschutz, Umweltpolitik).

Arten der Zusammenarbeit

In den ersten beiden Bereichen gilt das Prinzip der Regierungszusammenarbeit, d.h. die Mitgliedsstaaten einigen sich zusammen auf gemeinsame Regelungen.
Im Bereich der EG ist das Gesetzgebungsverfahren besonders kompliziert, da für jeden Politikbereich einzeln angegeben ist, welches Gesetzgebungsverfahren zur Anwendung kommt.

Das Gesetzgebungsverfahren
M 4 – M 6

Im Rahmen des Gemeinschaftsrechts werden die „Gesetze" von den Institutionen der EU erlassen. Dabei ist das Mitentscheidungsverfahren das am häufigsten angewendete Verfahren. Die wichtigsten an diesem Verfahren beteiligten Institutionen sind die Europäische Kommission, der Ministerrat und das Europäische Parlament.

Die EU-Institutionen
M 7

Die Europäische Kommission hat allein das Recht zur Gesetzesinitiative. Sie wird deswegen auch als „Motor" der europäischen Einigung bezeichnet. Außerdem setzt die Kommission als Verwaltung das Gemeinschaftsrecht um und überwacht die Einhaltung des europäischen Rechts durch die Mitgliedsstaaten.

Der Rat der Europäischen Union setzt sich aus den Fachministern der Mitgliedsstaaten zusammen, die die jeweiligen nationalen Interessen durchzusetzen versuchen, dabei aber einen Kompromiss mit der Europäischen Kommission finden müssen. Der Ministerrat wird auch als Hauptgesetzgeber bezeichnet, weil ohne eine Einigung im Ministerrat keine Gesetze verabschiedet werden können und er in vielen Bereichen alleine entscheiden kann.

Das Europäische Parlament gilt als Sprachrohr der Bürger der EU, da die Abgeordneten von den EU-Bürgern direkt gewählt werden. Beim Mitentscheidungsverfahren entscheidet das Europäische Parlament gleichberechtigt mit dem Ministerrat über die Gesetze. Zwei wichtige Aufgaben kommen dem Parlament außerdem zu: Es entscheidet über den Haushalt der EU und kontrolliert die Arbeit von Kommission und Rat.

Die Staats- und Regierungschefs der Mitgliedsländer bilden den Europäischen Rat. Er ist nicht am Gesetzgebungsverfahren beteiligt, sondern legt zusammen mit dem Kommissionspräsidenten die Leitlinien und allgemeinen Ziele der Union fest.

Wichtige Organe sind außerdem der Europäische Gerichtshof, der darüber entscheidet, ob die Handlungen der EU-Organe und der Mitgliedsstaaten mit den EU-Verträgen übereinstimmen und die Europäische Zentralbank, die über die gemeinsame Geldpolitik bestimmt.

3. Europäische Außen- und Sicherheitspolitik

M 1

M 2

Europa bezieht Stellung

Plaßmann/CCC, www.c5.net

Europa uneins

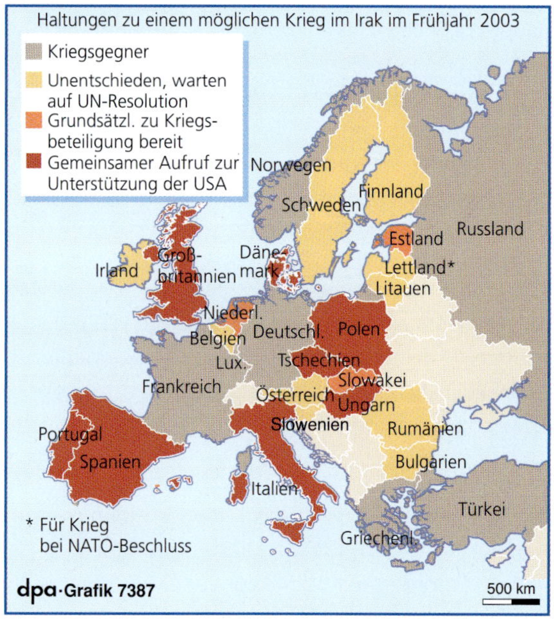

M 3

Von der EPZ zur Europäischen Verfassung – die gemeinsame Außenpolitik der EU

Der Gedanke, die Europäische Union müsse auf der internationalen Bühne mit einer Stimme sprechen, ist so alt wie der Prozess der Europäischen Integration selbst.

Historisch gesehen wurde der erste Schritt 1954 gemacht. Der ehrgeizige Versuch, eine Europäische Verteidigungsgemeinschaft zu gründen, schlug in letzter Minute fehl. 1970 wurde die Europäische Politische Zusammenarbeit (EPZ) ins Leben gerufen, im Rahmen derer die Mitgliedstaaten versuchten, ihre Positionen zu aktuellen außenpolitischen Fragen zu koordinieren. Im Rahmen der EPZ wurden gemeinsame Erklärungen abgegeben (aber keine gemeinsamen Aktionen beschlossen), in denen Gewalt- und Terrorakte in aller Welt verurteilt oder die Vereinten Nationen oder verschiedene Friedensinitiativen unterstützt wurden.

Ein neuer Anstoß

In den vergangenen 15 Jahren hat die Union neue Anstrengungen unternommen, um ihre Rolle in der Außen- und Sicherheitspolitik mit ihrem Gewicht als Handels- und Wirtschaftsmacht in Einklang zu bringen. Angesichts der regionalen Konflikte, die nach dem Fall der Mauer 1989 ausbrachen, und seit einiger Zeit auch angesichts der Notwendigkeit, den Terrorismus zu bekämpfen, sind die Staats- und Regierungschefs der EU zu der Überzeugung gelangt, dass formelle Instrumente für diplomatische Bemühungen und Interventionen geschaffen werden sollten. Als problematisch erwies sich jedoch die Frage, welche Kompetenzen die EU und ihre Institutionen bei Entscheidungen über Kernfragen der Außen- und Sicherheitspolitik erhalten und welche dagegen in der Hand der Mitgliedstaaten bleiben sollten.

Lehren aus dem Konflikt im ehemaligen Jugoslawien

Der Grundsatz einer Gemeinsamen Außen- und Sicherheitspolitik (GASP) wurde 1992 im Vertrag von Maastricht verankert. Als einige Monate später im ehemaligen Jugoslawien Krieg ausbrach, hatten die Union und die Mitgliedstaaten jedoch noch nicht viel unternommen, um diesen Grundsatz umzusetzen. Die Union versuchte vergeblich, als Vermittler auf diplomatischem Wege ein Ende der Kampfhandlungen herbeizuführen. Ohne europäische Interventionskapazitäten konnten EU-Mitglieder nur als Teil der Friedenstruppe der Vereinten Nationen und anschließend unter US-Oberbefehl als Teil der NATO-Streitkräfte intervenieren, wie es in Bosnien-Herzegowina und der ehemaligen jugoslawischen Republik Mazedonien geschah.

Die Lehren aus dem Balkankonflikt waren nicht umsonst. Seitdem ist die Union auf diplomatischer Ebene wie auch im Bereich der Sicherheit tätig.

Die fünf Ziele der gemeinsamen Außen- und Sicherheitspolitik

- Wahrung der gemeinsamen Werte, der grundlegenden Interessen und der Unabhängigkeit der Europäischen Union,
- Stärkung der Sicherheit der Union und ihrer Mitgliedstaaten in allen ihren Formen,
- Wahrung des Weltfriedens und Stärkung der internationalen Sicherheit entsprechend den Grundsätzen der Charta der Vereinten Nationen sowie den Prinzipien der KSZE-Schlussakte von Helsinki (1975) und den Zielen der Charta von Paris (1990),
- Förderung der internationalen Zusammenarbeit,
- Entwicklung und Stärkung von Demokratie und Rechtsstaatlichkeit sowie Achtung der Menschenrechte und der Grundfreiheiten.

EU-Vertrag 1997, Artikel 11 Absatz 2

Entschlossenere Diplomatie

Um der GASP diplomatische Schlagkraft und Sichtbarkeit zu verleihen, schuf die Union das Amt des Hohen Vertreters für die Außen- und Sicherheitspolitik. Sie stellte ihm Strukturen zur Seite, die ihm weitreichende Unterstützung bieten und unter anderem einen politischen Stab, der Krisensituationen bewertet und Frühwarnungen abgibt, eine politisches und sicherheitspolitisches Komitee und einen Militärausschuss umfassen. Der neue Verfassungsvertrag, den die Staats- und Regierungschefs der EU im Juni 2004 annahmen, verleiht der europäischen Diplomatie erheblich mehr Profil, da damit das Amt des Außenministers der Europäischen Union geschaffen wurde. Die EU behält ihre starke Präsenz vor Ort bei und hat daher Sonderbeauftragte an einige internationale Brennpunkte entsandt, wie zum Beispiel in das Gebiet der Großen Seen (Afrika), den Mittleren Osten, den Balkan und Afghanistan.

Glaubhafte Interventionskapazitäten

Als Teil der GASP rief die Union darüber hinaus eine Europäische Sicherheits- und Verteidigungspolitik (ESVP) ins Leben, die vorbehaltlich entsprechender Beschlüsse auch die Schaffung einer gemeinsamen Verteidigungsstruktur ermöglicht. ... Damit sie mit einer glaubhaften Interventionskapazität ausgestattet wird, hat die EU ferner eine Reihe von Aufgaben bestimmt, die von militärischen Kräften erfüllt werden könnten (die so genannten Petersberg-Aufgaben, vgl. M 4).

Erste ESVP-Einsätze

Der erste Einsatz begann am 1. Januar 2003 mit der Ablösung der Internationalen Polizeieinsatztruppe der Vereinten Nationen durch die aus 500 Beamten bestehende Polizeimission der Europäischen Union in Bosnien-Herzegowina. Im Rahmen dieser Mission, die drei Jahre dauern soll, werden einheimische Polizeibeamte ausgebildet und tragfähige Regelungen für die Polizeiarbeit im Einklang mit europäischen Normen und Gepflogenheiten festgelegt. Der zweite Einsatz folgte im März 2003 in Mazedonien. ...

Wie geht es weiter?

Mit der GASP und der ESVP schafft die Union eine politische Dimension, die ihre Rolle als große internationale Handels- und Wirtschaftsmacht ergänzt. Es ist jedoch noch ein langer Weg, bis das Ausmaß dieser politischen Dimension klar wird. ... Wie schwierig das sein kann, zeigte die tiefe Spaltung der EU-Mitgliedstaaten im Frühjahr 2003 in der Frage, ob der UN-Sicherheitsrat dem Krieg gegen den Irak unter Führung der Vereinigten Staaten zustimmen sollte.

http://europa.eu.int/pol/cfsp/print_overview_de.htm (22.11.2004)

M 4 Aktuelle Instrumente der GASP/ESVP

Politisch-wirtschaftliche Instrumente	Nicht-militärisches Krisenmanagement	Militärisches Krisenmanagement
• Politische Erklärung • Grundsätze und allgemeine Leitlinien • Gemeinsame Strategien • Gemeinsame Aktionen • Gemeinsame Standpunkte • Entwicklungshilfe, Förderprogramme, Wirtschaftssanktionen • Rapid Reaction Mechanism (schnelle Finanzierung für Konfliktprävention)	• 5000 Polizisten • 200 Experten für Rechtsstaatlichkeit • Zivile Verwaltungsexperten • 2000 Experten für Katastrophen- und Zivilschutz	• 100000 Mann (60000 Mann in 60 Tagen für 12 Monate verfügbar) • 400 Kampfflugzeuge • 100 Schiffe • Hauptquartiere (national und multinational)

Dr. Heiko Borchert & Co., www.borchert.ch/paper/HSG_0428_EU.pdf (Stand: April 2003)

M 5 Eine Sicherheitsdoktrin für Europa

Die Europäische Union hat erstmals eine gemeinsame Strategie für ihre Sicherheitspolitik formuliert. Die EU-Außenminister beschlossen bei ihren Beratungen einen von EU-Chefdiplomat Javier Solana vorgelegten Entwurf. Die Strategie setzt vor allem auf Prävention, um internationale Krisen zu verhindern. Eine „robuste Intervention" in Form eines militärischen Eingreifens wird dabei aber nicht ausgeschlossen. Formell soll die Strategie auf dem Gipfel der Staats- und Regierungschefs am Freitag in Brüssel besiegelt werden.

Mit diesem neuen Rahmen für künftiges Krisenmanagement setzen sich die Europäer erkennbar von Konzepten der USA ab, wie sie im Irak deutlich geworden sind. Die Strategie legt deutlich mehr Wert auf ziviles Engagement zur Konfliktverhütung. Die Weltordnung müsse geprägt sein durch Multilateralismus[1] und die Zusammenarbeit der Staaten in internationalen Organisationen, allen voran den Vereinten Nationen, heißt es in dem Text.

Als Bedrohungen nach dem Ende des Kalten Krieges definiert die EU Terrorismus, Verbreitung von Massenvernichtungswaffen, regionale Konflikte wie im Nahen Osten, den Zerfall von Staaten durch Korruption und Machtmissbrauch sowie das Organisierte Verbrechen. „Kommen diese unterschiedlichen Elemente zusammen, dann könnten wir mit einer wirklich radikalen Bedrohung konfrontiert sein", heißt es in der Doktrin. Im Gegensatz zur Zeit des Kalten Krieges seien keine der neuen Bedrohungen ausschließlich militärischer Art – „noch kann eine von ihnen nur mit militärischen Mitteln angegangen werden", stellt die EU fest.

Zugleich betont die EU, dass sie ihre militärischen Fähigkeiten verbessern muss. Um das Militär zu reformieren und die Truppen flexibler und mobiler zu machen, müssten die Mitgliedstaaten auch mehr Geld für die Verteidigung ausgeben. In diesem Zusammenhang hebt die EU ihre Beziehungen zur NATO und das transatlantische Verhältnis hervor, das „unersetzbar" sei. „Mit einem gemeinsamen Vorgehen können die Europäische Union und die USA eine beachtliche Kraft sein, um Gutes in der Welt zu schaffen."

www.tagesschau.de, 9.12.2003

[1] Multilateralismus bezeichnet die Strategie, seine Außenbeziehungen mit anderen Nationen zu koordinieren

Die Osterweiterung als Friedenspolitik

M 6

Die EU darf nach dem Ende des Kalten Krieges nicht auf Westeuropa beschränkt bleiben, sondern es liegt im Wesen der europäischen Integrationsidee, dass sie gesamteuropäisch angelegt ist. Darüber hinaus lassen die geopolitischen Realitäten auch gar keine ernsthafte Alternative zu. Wenn dies richtig ist, dann hat die Geschichte bereits 1989/90 über das Ob der Osterweiterung entschieden ... Nur durch den Beitritt der mittel- und osteuropäischen Partner lassen sich Wohlstand, Frieden und Stabilität in Europa dauerhaft sichern. Erst mit der Öffnung nach Osten löst die EU ihren Anspruch ein, als Kulturraum und Wertegemeinschaft für ganz Europa zu sprechen. Wir vergessen als Deutsche nicht, welch unschätzbaren Beitrag die Völker Mittel- und Osteuropas für die Überwindung der Teilung Deutschlands und Europas geleistet haben. ... Langfristig müssen wir uns die Frage nach den Zielen und den Methoden der weiteren Integration stellen. ... Krieg ist innerhalb der Europäischen Union politisch und militärisch unmöglich geworden. Dies ist auf unserem „Kontinent der Kriege" die größte Errungenschaft des Europäischen Integrationsprozesses, die wir nie vergessen dürfen. Warum wollen wir also mit der Integration fortfahren? Weil sich im Zeitalter der Globalisierung die Nationalstaaten, selbst die größeren unter ihnen, nicht allein werden behaupten können. Nur vereint werden wir Europäer den Herausforderungen der Globalisierung begegnen können; und weil der Export von Stabilität in unsere Nachbarregionen nicht nur eine historisch-moralische Aufgabe ist, sondern auch in unserem ureigenen Interesse liegt. Präventive Krisenverhütung ist immer besser, billiger und vor allem auch humaner als akute Krisenbewältigung.

Joschka Fischer, Rede vor dem EU-Parlament am 12.1.1999

Aufgaben zu M 1 – M 6

1. *Beschreibe die Kernelemente der neuen Sicherheitsdoktrin der EU (M 5).*
2. *Erläutere, warum man die Osterweiterung als Friedenspolitik bezeichnen kann (M 6).*
3. *Warum fällt es den Staaten der EU so schwer, eine gemeinsame Außenpolitik zu verfolgen?*

M 7 Kosovo heute

832 630 © Erich Schmidt Verlag

Zur Vorgeschichte des Kosovokrieges siehe auch S. 178 ff.

M 8 Kosovo – der Staat ist erst zur Hälfte aufgebaut

Lange ist es her, dass die Bevölkerung die UN-Verwaltung im Kosovo (UNMIK) als Befreier feierte und ihr Chef, der Franzose Bernard Kouchner, täglich sein Bad in der Menge nahm. Hohe Arbeitslosigkeit, mangelhafte Energieversorgung und die ungewissen Perspektiven der Provinz, die völkerrechtlich zu Serbien-Montenegro gehört, hat zu verbreiteter Frustration geführt. Nicht nur die radikalen Veteranenverbände der UCK werfen den internationalen Protektoren Korruption und eine antialbanische Gesinnung vor. Kosovo verkomme zum Experimentierlabor der UN ... UNMIK hat sich im Kosovo viel vorgenommen. Auf der Grundlage der UN-Resolution 1244 von 1999, konkretisiert durch den Verfassungsrahmen von 2001 sollen in der Provinz Institutionen aufgebaut werden, die dem Gebiet „substanzielle Selbstbestimmung“ verschaffen. Es geht letztlich um „Staatsbau“, auch wenn der endgültige Status vom Kosovo weiterhin unklar ist. Für die Kosovo-Albaner ist indessen klar, dass dieser Prozess sie langfristig von Serbien-Montenegro abtrennt und in die Unabhängigkeit führt. Genau dies wollen die verbliebenen 130 000 Serben jedoch verhindern.

Noch immer ist der Kosovo auf die Präsenz der UN-Soldaten angewiesen, um die Sicherheit der Bürger zu gewährleisten.

Der Hauptmechanismus beim Staatsbau ist die Übertragung von Hoheitskompetenzen von den internationalen Protektoren an die lokalen Behörden. Bisher engagieren sich neben der UNMIK viele andere Organisationen im Kosovo: Die Organisation für Sicherheit und Zusammenarbeit in Europa (OSZE) setzt sich für Demokratisierung ein, die EU für den wirtschaftlichen Aufbau und die NATO-geführte Schutztruppe KFOR für die Sicherheit. Geplant ist, dass die lokalen Behörden die Zuständigkeit für Wirtschaft (aber nicht für Privatisierung), Erziehung, Gesundheit, Soziales, Transport, Telekommunikation, Verwaltung, Tourismus, Sport und Kultur übernehmen. Die Hoheit über die Außenbeziehungen, Justiz und Polizei soll dagegen bei UNMIK bleiben. ... Die öffentliche Diskussion im Kosovo wird derzeit vom „blame game" (Beschuldigungs-Spiel) beherrscht: Lokale Behörden und Unmik schieben sich gegenseitig die Verantwortung etwa für die regelmäßigen Stromausfälle zu. Das Grundproblem: Die „Lokalen" fordern mehr Kompetenzen, weil sie denken, es besser machen zu können, die „Internationalen" werfen den „Lokalen" vor, mit den bestehenden Problemen überfordert zu sein. ... Auch wenn der Aufbau der Verwaltung im Kosovo voranschreitet, der Beamtenapparat bleibt albanisch dominiert. Außerdem ist die Sicherheit der serbischen Minderheit noch immer nicht gewährleistet: Im vergangenen März gab es Pogrome gegen Serben und Roma.

Auch UNMIK und KFOR wurden damals zur Zielscheibe organisierter Gewalt, von deren Ausbruch sie völlig überrascht wurden und bei deren Bekämpfung sie versagten. ... Die wichtigste Voraussetzung für erfolgreichen Staatsbau ist die Gewährleistung persönlicher Sicherheit für alle Bewohner eines Territoriums und die Durchsetzung des Gewaltmonopols. Hier liegen die größten Defizite der internationalen Verwaltung. Das liegt auch daran, dass dem Aufbau einer multiethnischen Bürgergesellschaft, dem funktionalen Gegenstück zur Staatsbildung, große Hindernisse entgegenstehen. Es gibt nach wie vor keine gemeinsame „kosovarische Identität". Albaner, Serben und Roma leben im besten Fall nebeneinander. Oft hat in der Vergangenheit jedoch eine Gruppe über die andere geherrscht, zuletzt in Form einer serbisch dominierten Apartheid in den 1990er Jahren. Der Gründungsmythos des heutigen Kosovo ist daher der Krieg der UCK gegen die serbische Staatsmacht.

Andreas Ernst, Stuttgarter Zeitung , 9.12.2004

Informationen zum Friedensprozess im Kosovo

M 9

Die Resolution 1244 des Sicherheitsrates der Vereinten Nationen, die den Kosovokrieg beendete und die am 10.6.1999 verabschiedet wurde, enthält im Wesentlichen drei Festlegungen:

Sicherheit: Abzug der jugoslawischen Armee, paramilitärischer Truppen und Polizei. Gleichzeitig Auflösung und Entwaffnung der "albanischen Befreiungsarmee, UCK". Einrücken einer internationalen Friedenstruppe unter Führung der NATO und einer internationalen zivilen Polizeitruppe.

Zivilverwaltung: Einsetzung eines Sonderbeauftragten des UN-Generalsekretärs mit dem Auftrag, mit Hilfe einer internationalen Zivilverwaltung (UNMIK) eine lokale Übergangsverwaltung mit substantieller Autonomie zur Wiederherstellung normaler Lebensverhältnisse zu schaffen.

Status: Zwar wird durch die Resolution 1244 die Verwaltungshoheit in dem Gebiet Kosovo an die UNMIK übertragen, aber die territoriale Integrität der Bundesrepublik Jugoslawien (mit Verfassungsänderung im Febr. 2003 wurde der Staatsname in "Serbien und Montenegro" geändert) nicht berührt. Dennoch erteilt 1244 dem Sonderbeauftragten den Auftrag (Ziff. 11 (e)), einen politischen Prozess vorzubereiten, mit dem Ziel, den zukünftigen Status Kosovos zu bestimmen. Damit ist die Statusfrage Kosovos offen. Der status quo kann nur durch Beschluss des UN-Sicherheitsrats geändert werden, etwa indem die Resolution 1244 durch eine neue Resolution ersetzt wird.

KFOR

Am 12.6.1999 rückte die vom Sicherheitsrat mandatierte und unter NATO-Führung stehende KFOR-Friedenstruppe mit etwa 60.000 Soldaten in den Kosovo ein. Sie sorgte für die Überwachung des Abzugs der jugoslawischen Armee und Polizei, die Entwaffnung und Auflösung der paramilitärischen, selbsternannten kosovo-albanischen "Befreiungsarmee" (UCK), für die sichere Rückkehr der 900.000 vertriebenen Kosovo-Albaner sowie den Schutz der in Enklaven zurückbleibenden Kosovo-Serben. Erst mit dem Sturz des Milosevic-Regimes im Oktober

2000 entfiel die Aufgabe des Schutzes vor äußerer Bedrohung. Insgesamt verbesserte sich die Sicherheitslage stetig. Die Zahl interethnisch motivierter Anschläge ging in den Jahren 2000 bis 2003 stark zurück. Deutschland hatte mehrfach das rotierende Kommando über die gesamte KFOR-Operation inne und stellt zurzeit mit rd. 2.900 Soldaten das zweitgrößte Truppenkontingent nach Frankreich. Insgesamt beteiligen sich 36 Nationen, davon 25 NATO-Mitgliedstaaten an KFOR. Die Truppenstärke liegt zurzeit bei ca. 17.000 Soldaten. Schwerpunkt der Tätigkeiten sind die Schaffung eines sicheren Umfeldes für die Minderheiten, Grenzüberwachung zur Eindämmung der Schmuggelaktivitäten, sowie Kontroll- und Durchsuchungsoperationen, die sich gegen die organisierte Kriminalität und illegalen Waffenbesitz richten.

UNMIK

UNMIK stützt sich organisatorisch auf die für Polizeiausbildung, Demokratisierung und Institutionenaufbau zuständige OSZE sowie auf die für den Wirtschaftsaufbau und Transformationsprozess zuständige EU. UNMIK zeichnet selbst für Polizei und Justiz sowie Verwaltung verantwortlich. Der Sonderbeauftragte des UN-Generalsekretärs hat die oberste Koordinierungskompetenz.

UNMIK gelang es innerhalb kurzer Zeit, die 900.000 vom Milosevic-Regime vertriebenen Kosovo-Albaner durch beispiellose humanitäre Hilfe wieder zu integrieren. Rasche Fortschritte wurden auch beim physischen Wiederaufbau, der Schaffung eines Verfassungsrahmens und der Einrichtung von provisorischen Selbstverwaltungsinstitutionen erzielt. Ebenso gelang es UNMIK, unterstützt von internationaler entsandter Polizei und einem von der OSZE geführten Ausbildungsprogramm, eine lokale Polizei aufzubauen. Die Entwicklung einer unabhängigen, sich allein rechtsstaatlichen Grundsätzen orientierenden Justiz schreitet gleichfalls voran.

Autorentext

M 10 Kosovo – die Zukunft bleibt ungewiss

Seit Ende des Krieges gegen Slobodan Milosevic vor fast sechs Jahren warten Albaner und Serben auf eine Lösung des Kosovo-Konflikts. Bisher haben sich die Vereinten Nationen an diese Frage nicht herangetraut, denn nicht weniger als das Schicksal der ganzen Region hängt an der Entscheidung über den Status der serbischen Provinz. Doch spätestens seit den Pogromen gegen die serbische Minderheit im März 2004 ist klar, dass es so nicht weitergehen kann und der Kosovo ein Signal für die Zukunft braucht. Deshalb wollen die UN, Serbien und Albaner Mitte des Jahres über die brisanteste Frage des Balkans verhandeln.

Die Situation ist vertrackt: Die Albaner, die mit zwei Millionen Menschen die Bevölkerungsmehrheit stellen, fordern die Unabhängigkeit. Sie haben jahrzehntelang unter der Bevormundung aus Belgrad gelitten und sehen die Voraussetzungen zur Staatenbildung erfüllt.

Auch die Serben beharren auf ihren Ansprüchen. Obwohl nicht einmal 100.000 ihrer Landsleute im Kosovo leben, betrachtet Belgrad das Gebiet wegen der vielfältigen historischen Beziehungen als festen Teil des eigenen Staates. Keine Region genießt im serbischen Nationalbewusstsein einen ähnlich hohen Stellenwert.

Die UN haben bisher eine Festlegung vermieden; die Kosovo-Resolution von 1999 gibt keine klare Vorgabe für eine Lösung des Konflikts. Zudem verschanzt sich die internationale Gemeinschaft hinter der Formel „Standards vor Status". Erst sollen die Albaner Voraussetzungen wie zum Beispiel ein Rückkehrrecht für Flüchtlinge erfüllen, dann kann über eine Unabhängigkeit verhandelt werden – so das Credo. Doch die Albaner wollen sich nicht mehr hinhalten lassen und beharren auf Unabhängigkeit.

Diese birgt Gefahren für den Balkan und darüber hinaus. Sollte der Kosovo unabhängig werden, könnten sich die albanischen Gebiete in Mazedonien und im Süden Serbiens abtrennen und Teil eines Groß-Kosovo werden. Serbien fordert dann womöglich als Ausgleich den Anschluss der Serben-Republik in Bosnien. In Serbien selber könnten die nationalistischen Kräfte die ohnehin fragile Demokratie weiter schwächen. Und nicht zuletzt könnten die Autonomiebewegungen in Tschetschenien und in Tibet Auftrieb bekommen, weshalb sich Russland und China gegen die Abtrennung des Kosovo stemmen dürften. Trotz dieses möglichen Domino-Effektes wird es eine Wiedereingliederung der Provinz in den serbischen Staat nicht geben. Das hat die Kosovo-Kontaktgruppe festgestellt. Alternativ zur Unabhängigkeit wird erwogen, den Kosovo als gleichberechtigtes Mitglied der Staaten-Union Serbien-Montenegro aufzunehmen. Auch die Teilung des Kosovo wird diskutiert, obwohl keiner der beiden Hälften überlebensfähig wäre.

Wie kompliziert der Knoten auch ist – die Rückkehr der Kosovo-Frage auf die Agenda wird neue Impulse bringen. Die Provinz braucht dringend eine aktivere Politik. Und dazu könnten die Gespräche in diesem Jahr ein Auftakt sein.

Marc Hoch, Süddeutsche Zeitung, 5.1.2005

Aufgaben zu M 7 – M 10

Das Fallbeispiel Kosovo zeigt die Chancen und Probleme europäischer Friedenspolitik.

1. Analysiere den Fall Kosovo unter folgenden Aspekten:
- *a) Warum erweist sich der Balkan nach wie vor als Pulverfass?*
- *b) Welche Maßnahmen wurde bisher ergriffen, um Frieden herzustellen?*
- *c) Wie sind die bisherigen Maßnahmen zu beurteilen?*
- *d) Welche Entwicklung im Kosovo wäre wünschenswert?*
- *e) Wie ist die Rolle der EU im Kosovokonflikt insgesamt zu beurteilen?*

Ausblick: die Europäische Nachbarschaftspolitik

M 11

Die Europäische Nachbarschaftspolitik (ENP) ist ein Programm der Europäischen Union (EU). Es richtet sich an die östlichen und südlichen Nachbarn der EU und soll die wirtschaftliche, politische und kulturelle Zusammenarbeit verstärken.

Den Nachbarländern werden privilegierte Beziehungen mit der EU vorgeschlagen. Die EU bietet die Aussicht auf eine Teilhabe an ihrem Binnenmarkt und auf eine weitere wirtschaftliche Integration. Dafür soll die grenzüberschreitende Zusammenarbeit intensiviert werden.

Die Achtung der Menschenrechte, die Rechtsstaatlichkeit die Entwicklung von Marktwirtschaften soll gestärkt werden. Die EU will Mitverantwortung bei der Vorbeugung und Beilegung von regionalen Konflikten übernehmen. Dabei geht es auch um illegale Migration aus Drittländern, Menschenhandel und Terrorismus. Das Tempo der Annäherung zwischen EU und ENP-Ländern soll davon abhängen, wie weit die einzelnen Länder an den Zielen des Programms mitwirken.

Die ENP richtet sich in Europa an Russland, die Ukraine, Weißrussland und Moldawien, im südlichen Kaukasus an Armenien, Aserbaidschan und Georgien und in der Mittelmeerregion an Marokko, Algerien, Tunesien, Libyen, Ägypten, Israel, die Palästinensischen Autonomiegebiete, Jordanien, Libanon und Syrien. ... Ab 2007 sollen Europäische Nachbarschaftsinstrumente (ENI) greifen, die grenzüberschreitende Projekte in Partnerländern finanzieren. Dabei sollen nicht nur gemeinsame Projekte an der Grenze finanziert werden, sondern auch Regionalprojekte in den Partnerländern.

Mit der Osterweiterung umfasst der „Friedensraum" Europa nun auch Staaten des ehemaligen Ostblocks. Hier sichert ein polnischer Grenzsoldat die neue EU-Außengrenze zur Ukraine.

Begriff Europäische Nachbarschaftspolitik, Wikipedia, freie Enzyklopädie, 5.4.2006

Anmerkung: Der Beitrag wurde redaktionell geprüft. Wikipedia ist eine Online-Enzyklopädie, an der zahlreiche Autoren mitwirken können. Beiträge sollten deshalb nicht ungeprüft übernommen werden.

Europäische Außen- und Sicherheitspolitik

Motive für die GASP
M 3

Erst 1992 wurde das Ziel einer Gemeinsamen Außen- und Sicherheitspolitik (GASP) in den Maastrichter Vertrag aufgenommen. Damit sollte sich die hauptsächlich durch die Integration im Wirtschaftsbereich (Binnenmarkt- und Währungsunion) geprägte EU in den internationalen Beziehungen einheitlich präsentieren können und dadurch mehr Gewicht in außenpolitischen Fragen erhalten.

Motive für die ESVP
M 3, M 4

Vor allem die Balkankriege und insbesondere die Kosovokrise (1999) haben aber deutlich gemacht, dass die EU mit den damaligen Instrumenten der GASP nur unzureichend in der Lage war, Krieg und Gewalt vor der „eigenen Haustür" zu verhindern. Deshalb hat der Europäische Rat 1999 eine verteidigungspolitische Ergänzung der GASP beschlossen – die Europäische Sicherheits- und Verteidigungspolitik (ESVP). Neben humanitären Missionen oder Einsätzen zur Konfliktverhütung und -nachsorge kann die EU mit einer 60 000 Soldaten umfassenden Eingreiftruppe jetzt auch Kampfeinsätze in eigener Verantwortung durchführen. Dabei ist allerdings eine enge Abstimmung mit der NATO vorgesehen.

Probleme der GASP/ESVP

Zwar hat die EU mit dem „Hohen Vertreter der GASP" (zugleich Generalsekretär des Ministerrates) eine Art außenpolitischen Sprecher, doch gilt im Bereich der GASP/ESVP das Entscheidungsprinzip der Regierungszusammenarbeit, d.h. alle Einzelstaaten müssen zunächst einen gemeinsamen Standpunkt finden. Dabei bestimmt der Europäische Rat einstimmig die allgemeinen Leitlinien der europäischen Außenpolitik, im Ministerrat bestimmen die Außenminister dann gemeinsame Standpunkte und Aktionen im Rahmen der Leitlinien. Doch zeigt sich, dass es den Staaten in der Realität oft schwer fällt, ihre nationalen Interessen zugunsten einer gemeinsamen Außenpolitik aufzugeben. Dies hat besonders der Irakkrieg 2003 deutlich gemacht. Die neue EU-Verfassung sieht den Posten eines Außenministers mit erweiterten Rechten und eine begrenzte Abkehr vom Einstimmigkeitsprinzip vor.

Ziele der europäischen Außenpolitik
M 6 – M 11

In ihren Außenbeziehungen setzt sich die EU für die Wahrung ihrer Sicherheit und des Weltfriedens, für die Stärkung von Demokratie und Rechtsstaatlichkeit sowie die Achtung der Menschenrechte und Grundfreiheiten ein. Als ein Mittel zur Erreichung dieser Ziele kann die Integration von Staaten in die EU, insbesondere von Staaten des ehemaligen Ostblocks, angesehen werden. Die Osterweiterung dient somit dem Export von Stabilität durch Integration.

Sicherheitsdoktrin
M 5

Ende 2003 hat die EU außerdem erstmals in ihrer Geschichte eine gemeinsame Sicherheitsdoktrin beschlossen. In ihr werden die Leitlinien der EU-Außenpolitik umrissen. Als Hauptbedrohungen definiert die EU Terrorismus, die Verbreitung von Massenvernichtungswaffen, regionale Konflikte, Staatszerfall und organisierte Kriminalität. Diese Gefahren lassen sich nur durch eine Kombination von zivilen und militärischen Mitteln bewältigen.

Wirtschaftsordnung

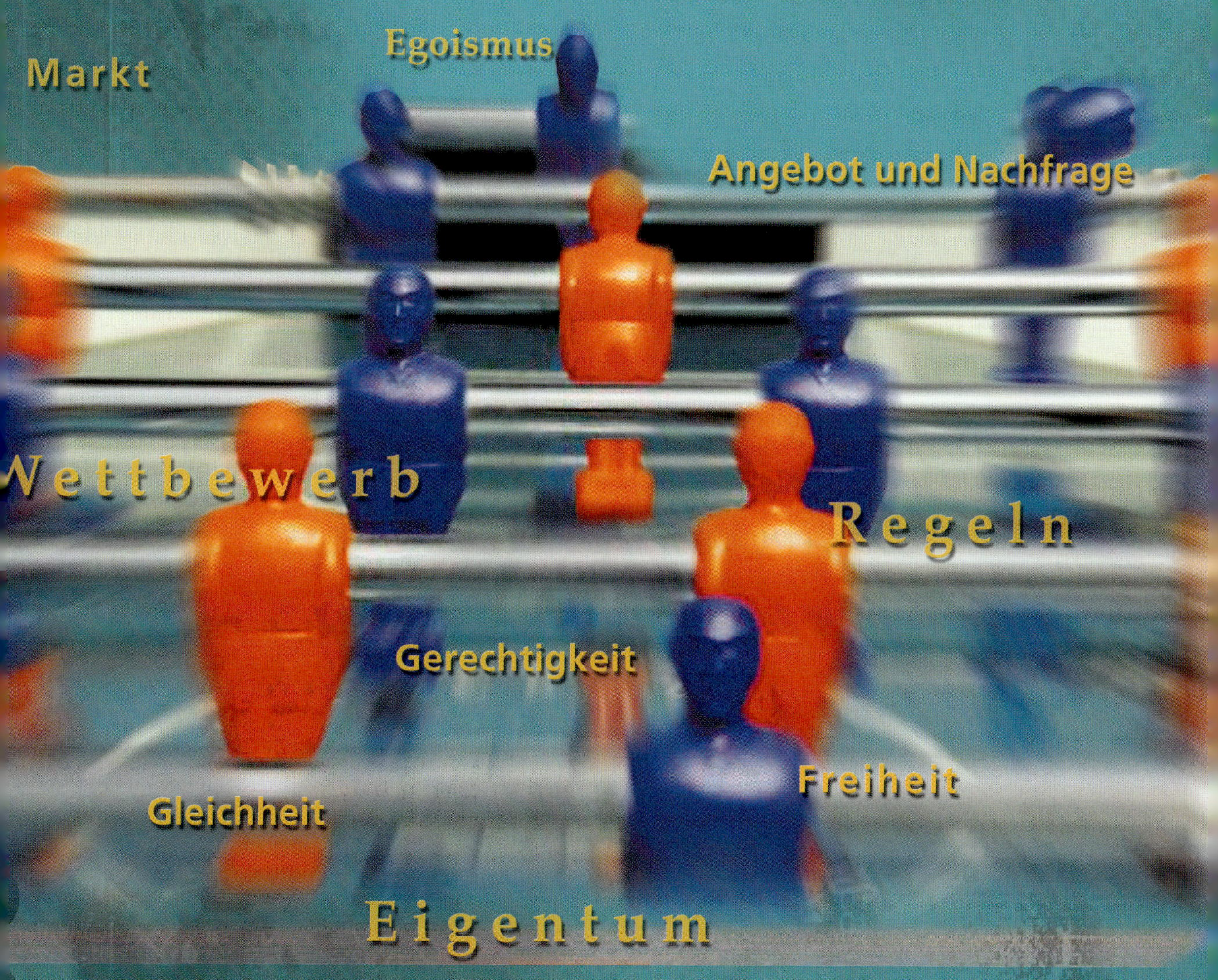

Gleiche Spieler, anderes Spiel:
Die Spielregeln zu ändern ist leichter,
als den Charakter der Spieler zu beeinflussen

James M. Buchanan, Wirtschaftsnobelpreisträger

1. Wie steuern Regeln das wirtschaftliche Verhalten?

M 1 Wirtschaftsordnung und Regeln

Das Angebot ist üppig. Doch wie und warum kommen die Produkte auf den „Markt"?

Jeden Tag werden in einer Großstadt wie Berlin Millionen von Menschen pünktlich mit Nahrungsmitteln und Mahlzeiten versorgt, sei es im Supermarkt, an Imbissbuden, in Kantinen, in Restaurants oder in privaten Küchen. Dabei hat jeder die Möglichkeit, seine ganz individuellen Bedürfnisse zu befriedigen. Kebab, Sushi, Hamburger, Eintopf – es werden die unterschiedlichsten Gerichte angeboten. Die allerwenigsten Zutaten für diese Mahlzeiten werden in Berlin selbst hergestellt.

An unterschiedlichsten Orten und in unterschiedlichen Ländern produzieren Menschen Nahrungsmittel und Zutaten, die transportiert, weiterverarbeitet und schließlich an andere Menschen verteilt werden: Wie kann erreicht werden, dass alle Bedürfnisse und Güter so koordiniert werden, dass die Nahrungsmittelversorgung jedes Einzelnen in einer so großen Stadt gesichert ist?

Um dieses „Wunder" zu verstehen, muss man sich den Regeln widmen, nach denen das wirtschaftliche Geschehen funktioniert. Ähnlich wie beim Sport hängen nämlich die wirtschaftlichen Aktivitäten in ihrer genauen Ausführung und in ihren Ergebnissen von bestimmten Regeln ab. Solche Regeln oder Verfahren werden auch als Institutionen bezeichnet. Für die Wirtschaft besonders wichtig sind zum Beispiel das Vertragsrecht, der Markt mit seinem Wettbewerb und das Geldwesen.

Autorentext

M 2 Wirtschaftliches Handeln – eine Folge von Anreizen

Ökonomie ist im Kern eine Untersuchung über die Wirkung von Anreizen. Es geht dabei um die Frage, wie die Leute bekommen, was sie wollen oder brauchen, besonders wenn andere Leute dasselbe wollen oder brauchen. Ökonomen lieben Anreize. Sie lieben es, sich Anreize auszudenken, sie einzusetzen, sie zu studieren und daran herumzubasteln. Der typische Ökonom glaubt, dass die Welt noch kein Problem erfunden hat, das er nicht lösen könnte, wenn er freie Hand hätte, das passende Schema von Anreizen zu konstruieren. …

Ein Anreiz ist einfach ein Mittel, mit dem man Leute dazu bewegt, mehr Positives und weniger Negatives zu tun. Aber die meisten Anreize ergeben sich nicht von selbst. Irgendjemand – ein Ökonom oder Politiker, ein Vater oder eine Mutter – muss ihn erfinden. Ihre dreijährige Tochter isst eine ganze Woche lang das Gemüse auf? Dafür darf sie sich im Spielzeugladen etwas aussuchen. Eine große Stahlfabrik stößt zu viele Abgase aus? Das Unternehmen muss für jeden Kubikmeter, der über die zulässige Menge hinausgeht, Strafe zahlen. Zu viele Leute zahlen ihre Steuer nicht vollständig? Es war der Ökonom Milton Friedman, der in den USA zur folgenden Lösung beigetragen hat: Die Steuer wird automatisch vom Lohn einbehalten.

Grundsätzlich gibt es drei verschiedene Arten von Anreizen: ökonomische, soziale und moralische. Sehr oft sind alle drei Varianten in einem einzigen Schema zusammengefasst.

Steven D. Levitt, Stephen J. Dubner, Freakonomics, München 2006, S. 39 ff.

Aufgabe zu M 1 und M 2

1. Erläutere, welche Bedeutung Regeln und Anreize für das wirtschaftliche Handeln der Menschen haben.

Anreizstruktur Abrechnungsmodus – die Heizkostenabrechnung

M 3

In einer Umweltbefragung ... in den Städten Bern und München wurde u.a. das Energiesparverhalten erhoben. Als Indikator für den sparsamen Umgang mit Heizenergie galt die Zustimmung zu der folgenden Frage: „Wenn Sie im Winter Ihre Wohnung für mehr als vier Stunden verlassen, drehen Sie da normalerweise die Heizung ab oder herunter?" Nur 23 Prozent der Befragten in der eidgenössischen Hauptstadt, dagegen aber 69 Prozent der Münchnerinnen und Münchner bejahten die Frage ... Diese enorme Differenz kann nun wirklich kein Zufall sein. Sind die Bernerinnen und Berner vielleicht weniger umweltbewusst als die Bewohner der bayerischen Metropole? Dies ist nicht der Fall, denn beim Umweltbewusstsein erzielen die Berner keine geringeren Werte als die Münchner. Unterschiedlich war zum Zeitpunkt der Befragung aber die Art der Heizkostenabrechnung in den beiden Städten. Während in München überwiegend nach dem individuellen Verbrauch abgerechnet wurde, war in Bern der kollektive Abrechnungsmodus vorherrschend (z.B. die Aufteilung der Heizkosten nach der Wohnungsgröße).

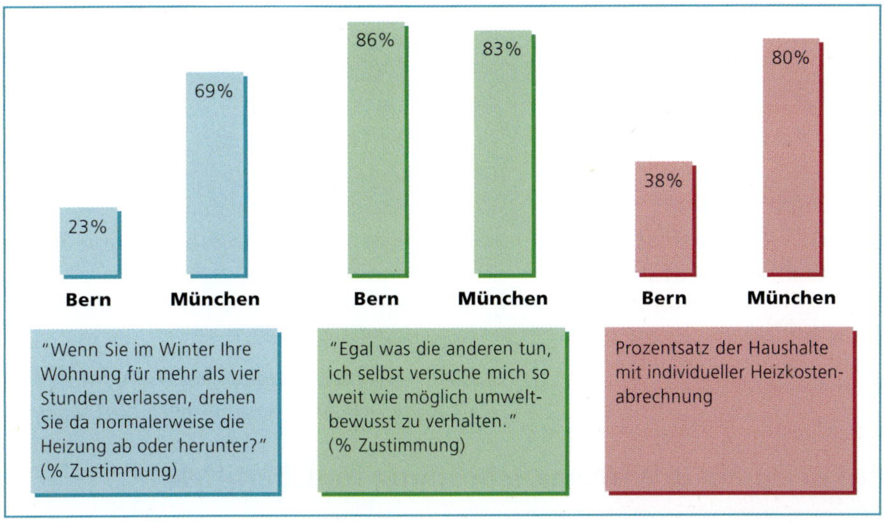

Andreas Diekmann, Umweltsoziologie, Reinbek 2001, S. 80 f.

Anreizstruktur Abgabesystem – Lofanga oder die Kultur des Teilens

M 4

Papageien- und Doktorfische, Zackenbarsche, Schnapper und Meeräschen zappeln im Netz – um die südpazifische Insel Lofanga im Königreich Tonga gibt es Fisch im Überfluss. Die Fischer hier kennen ein Abgabesystem, das gleichzeitig als Sozialversicherung, Nachbarschaftshilfe und Ökosteuer wirkt: Wer mehr fängt, als er verbraucht, muss seinen Fang mit anderen teilen, zum Beispiel mit alten und kranken Bewohnern oder Fischern, die weniger Glück hatten. Täglich lieferten die Fischer etwa einen Drittel ihres Ertrags ab – Renten in Form von frischen Nahrungsmitteln. Weil sich große Fänge nicht lohnen, gehen sie mit der natürlichen Ressource sparsam um. Und nur ausnahmsweise, wenn sie einmal Geld für Benzin oder Schulen brauchen, dürfen die Männer ihren Fisch an einem Marktstand verkaufen.

Völlig anders – und ähnlich wie in den Industriestaaten – wirtschaften die Fischer der etwas größeren Nachbarinsel Uiha: Sie bringen einen Großteil ihrer Fänge auf den Markt und mancher legt das eingenommene Geld für die eigene Alters- und Krankheitsvorsorge auf einer Bank an. Damit sind sie motiviert, mehr Fische zu fangen, als sie und ihre Familien essen können. Folge: Die Fischgründe bei Uiha sind heute nahezu erschöpft.

Christoph Dieffenbacher, in: Horizonte, Schweizer Forschungsmagazin 45/2000, S. 14

M 5 Anreizstruktur Steuersystem – der blaue Dunst verzieht sich

Zigarettenkonsum ist in den Industrieländern das mit weitem Abstand größte Gesundheits- und Sterblichkeitsrisiko. Im Durchschnitt sterben Raucher acht Jahre früher als Nichtraucher. Für Deutschland liegt die Zahl der Toten pro Jahr zwischen 110.000 und 140.000 Menschen. Weltweit belief sich im 20. Jahrhundert die Zahl der durch Zigarettenkonsum Getöteten auf über 100 Millionen Menschen. ...

Es gehört zu den gesicherten Erkenntnissen der Wirtschaftswissenschaften, dass Preiserhöhungen von Gütern einen Rückgang der Nachfrage nach ihnen bewirken. Diese gilt ungeachtet der bei vielen Rauchern bestehenden Nikotinsucht auch für Zigaretten. Grund für den Nachfragerückgang ist, dass weniger neue Raucher gewonnen werden, dass ein Teil der Raucher das Rauchen aufgibt und andere weniger rauchen. Die kommende Tabaksteuererhöhung führt zu einem Preisanstieg von Zigaretten um 30 Prozent und wird eine Verminderung der Nachfrage nach Zigaretten um 12 Prozent bewirken. Kinder und Jugendliche werden ihren Zigarettenverbrauch nach den Erfahrungen der Vergangenheit sogar um rund 39 Prozent einschränken, wobei vor allem ihr Verzicht, mit dem Rauchen überhaupt zu beginnen, zu Buche schlagen wird. Bei den schwangeren Frauen hören 30 Prozent auf und schützen damit ihre Kinder vor schwerwiegenden Gesundheitsschäden.

Michael Adams, Tabaksteuer noch mehr erhöhen, Süddeutsche Zeitung, 6.10.2003, S. 2

Aufgaben zu M 3 – M 5

1. Konzentriere dich bei der Auswertung der Materialien M 3 – M 5 darauf, die jeweilige Anreizstruktur genau herauszuarbeiten: Welche Handlungsmöglichkeiten eröffnet sie, welche Handlungsbeschränkungen legt sie auf?

2. Die Situation bei gemeinsamer Abrechnung (M 3) wird auch als Energiespardilemma oder Allmende-Dilemma bezeichnet:
a) Informiere dich im Lexikon über den Begriff Allmende.
b) Versuche, genau zu beschreiben, worin das Dilemma besteht.
c) Suche nach weiteren Situationen, die sich als Allmende-Dilemma beschreiben lassen.

M 6 Zentrale Anreizstrukturen einer Wirtschaftsordnung im Überblick

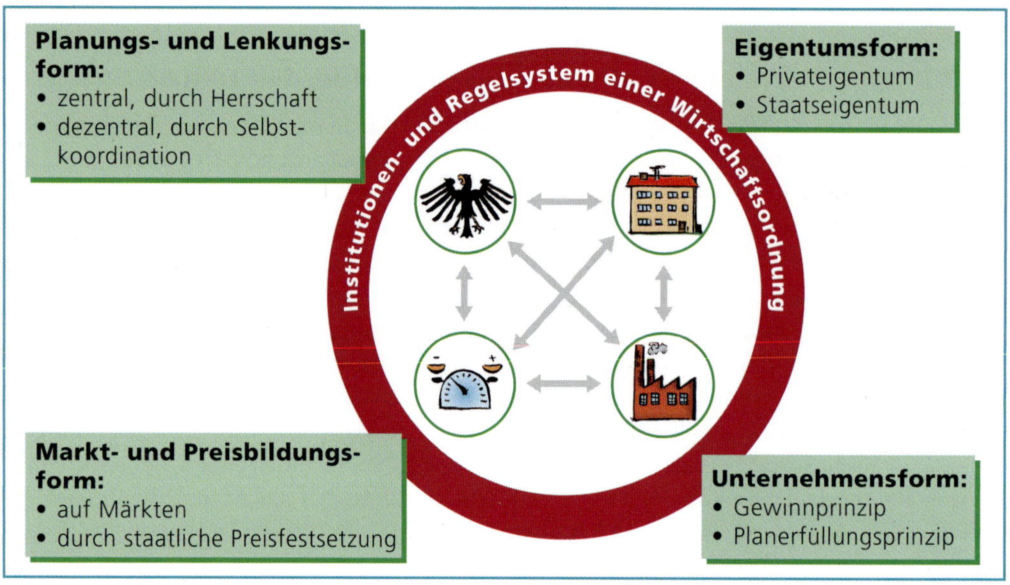

nach: Institut für Ökonomische Bildung Oldenburg

Mit Modellen arbeiten am Beispiel des Wirtschaftskreislaufs

Modelle sind die Landkarten der Volkswirtschaftslehre

Modelle spielen in der Volkswirtschaftslehre eine wichtige Rolle. Vereinfacht handelt es sich dabei um Landkarten, die es uns ermöglichen, uns in einer sehr komplexen Realität zurechtzufinden. Und ähnlich wie für Landkarten gilt auch für Modelle, dass keines für alle Bedürfnisse gleichermaßen geeignet ist. So ist es für eine Autoreise von Frankfurt nach Hamburg am besten, wenn man eine gute Autobahnkarte mit einem kleinen Maßstab hat. Will man aber dieselbe Strecke mit dem Fahrrad bewältigen, ist man mit einer Wanderkarte mit großem Maßstab sehr viel besser bedient. Ob ein Modell gut oder schlecht ist, hängt also vor allem davon ab, ob es dem Anwender eine Einsicht in ökonomische Zusammenhänge vermitteln kann. Dazu ist es unumgänglich, dass Modelle immer nur ein vereinfachtes Abbild der Realität darstellen. … Eine mangelnde Realitätsnähe ist dabei nicht von vornherein als ein Nachteil eines Modells ... anzusehen. … Problematisch wird es erst, wenn manche Ökonomen Landkarten von Regionen entwickeln, die nur noch in ihren Köpfen existieren und dabei den Anspruch erheben, eine Orientierungshilfe für die reale Welt zu bieten.

Peter Bofinger, Grundzüge der Volkswirtschaftslehre, München 2003, S. 51

Beispiele

Man unterscheidet verschiedene Modelltypen, so zum Beispiel:

Name	Definition	Beispiele
Realmodelle	Das Modell ist bereits vorhanden ohne das Zutun dessen, der Modellbildung betreibt.	• das Tier(modell) in der Arzneimittelforschung • der Organismus als Modell für den Staat („gesetzgebendes Organ“)
Ikonische Modelle	Das Modell wird im Gegensatz zum Realmodell erst während und zum Zwecke der Modellierung konstruiert.	• Photographien • i. S. der Umgangssprache: ‚Modelleisenbahn‘ • der Sandkasten im Kinderspiel wie in der militärischen Ausbildung
Verbal- und Formalmodelle	Der Modellbereich ist die natürliche oder eine formale Sprache, in der eine Beschreibung des abgebildeten Wirklichkeitsausschnittes vorgenommen wird.	• Wirtschaftskreislaufmodell • eine Computersimulation

nach: Klaus G. Troitzsch, Modellbildung und Simulation, Opladen 1990, S. 12 f.

Ein einfaches Kreislaufmodell einer Volkswirtschaft

Um die Vielzahl der wirtschaftlichen Verflechtungen in einer Volkswirtschaft überschaubar darzustellen, fasst man die Akteure in einer Wirtschaft zu Sektoren zusammen. Dabei werden bestimmte Vereinfachungen vorgenommen. So geht man von der Annahme aus, dass ökonomisch relevante Entscheidungen (z.B. über eine bestimmte Anschaffung, d.h. über die Verwendung der erzielten Einkommen) in der Regel zwischen den einzelnen Mitgliedern des in einer Wohneinheit zusammenlebenden sozialen Verbundes (z.B. einer Familie) gemeinsam getroffen werden. Es wird also unterstellt, dass mehrere Individuen als Einheit handeln. Diese Einkommens- und Konsumeinheit wird in der Ökonomie als „Privater Haushalt“ bezeichnet. Und die Gesamtheit dieser Privaten Haushalte in einer Volkswirtschaft wird in einem weiteren Schritt zum „Sektor der Privaten Haushalte“ zusammengefasst. Auch mit diesem Schritt sind wieder erhebliche Vereinfachungen verbunden, denn schließlich gibt es ganz unterschiedliche Haushaltstypen. Man unterscheidet u.a. nach der Haushaltsgröße, der Höhe der Haushaltseinkommen, der sozialen Stellung des Haupteinkommensbeziehers, oder sozialen Lebensform (Paar mit Kindern, Alleinerziehende usw.).

In gleicher Weise werden so unterschiedliche Unternehmen wie ein großer Automobilkonzern oder das kleine Lebensmittelgeschäft im „Sektor Unternehmen“ zusammengefasst. Auch in diesem Sektor gibt es in der Realität natürlich große Unterschiede, zum Beispiel nach Branchen: Industrie, Gesundheit, Telekommunikation, Finanzdienstleister, Informationstechnologie, Rohstoffe, Energie usw. Diese Unterschiede bleiben

bei der Reduzierung auf einen Sektor aber unberücksichtigt, denn sie sind für den Zweck, den das Modell erfüllen soll, nicht wichtig.
Sowohl Haushalte als auch Unternehmen haben Einnahmen und Ausgaben. Familie Muster z.B. gibt einen Teil ihres Haushaltseinkommens für die Beschaffung von Waren und Dienstleistungen aus (Konsumausgaben). Diese Ausgaben sind gleichzeitig Einnahmen der Unternehmen, die Waren und Dienstleistungen auf den Märkten anbieten (siehe Abbildung).
In einem komplexeren Modell fasst man zusätzlich zu den Wirtschaftssektoren Haushalt und Unternehmen noch den Staat, die Banken und das Ausland zu Sektoren zusammen.

Autorentext

Zur Vertiefung: Alles hat zwei Seiten

Jedes Erntedankfest kann ich darauf zählen, dass es Leitartikel geben wird, die den Amerikanern dringend empfehlen, weniger Fleisch zu essen, so dass der Anteil, auf den sie verzichten, den Unterernährten zur Verfügung steht. Die Wahrheit, jedoch, ist komplizierter: Wenn die Menschen weniger Fleisch essen, wird die Viehhaltung weniger profitabel werden, und die Viehhaltung wird zurückgehen. Dann wird doch zumindest das Getreide, das bislang für die Futtertröge bestimmt war, nun für den menschlichen Verzehr zur Verfügung stehen, stimmt's? Falsch. Der Getreideanbau wird auch zurückgehen.

Steven E. Landsburg, The Armchair Economist: Economics & Everyday Life, The Free Press: New York 1993, S. 124 f. (eigene Übersetzung)

Aufgaben

1. Im einfachen Kreislaufmodell wird davon ausgegangen, dass die Haushalte ihre Einkünfte vollständig für den Konsum ausgeben und die Unternehmen ihren Gewinn für Löhne und Gehälter. Überlege, inwiefern das Modell hier von der Wirklichkeit abweicht und in welcher Beziehung z.B. die Banken oder der Staat zu den Sektoren Haushalt und Unternehmen stehen.

2. Der Text „Alles hat zwei Seiten" zeigt, wie die Veränderung bestimmter Größen (z.B. ein Rückgang der Nachfrage nach Fleisch) nicht die erhoffte Wirkung zeigt (hier: die bessere Versorgung der Unterernährten), sondern auch „Verlierer" produziert (hier: die Viehhalter und Getreideproduzenten). Konstruiere weitere solche Fälle.

Wie steuern Regeln das wirtschaftliche Verhalten?

Aufgaben einer Wirtschaftsordnung
M 1

Wie kann erreicht werden, dass die Versorgung einer Millionenstadt wie Berlin mit Nahrungsmitteln scheinbar so mühe- und reibungslos funktioniert? Wie können die Bedürfnisse und Ressourcen so vieler unterschiedlicher Menschen koordiniert werden?

Verhaltenssteuerung durch Regeln und Anreize
M 2

Wirtschaftliches Handeln hängt von Regeln ab, die dieses Handeln in eine bestimmte Richtung lenken. Die Regeln der Wirtschaftsordnung schaffen negative oder positive Anreize für die Akteure, sich so und nicht anders zu verhalten. Ein Geflecht aus Regeln beeinflusst also unser Verhalten. Solche Regeln oder Verfahren werden allgemein auch als Institutionen bezeichnet.

Institutionentheorie

Wichtig ist die Frage, wie Institutionen gestaltet sein müssen, damit in einer Gesellschaft Beziehungen zwischen den Individuen so möglich sind, dass die Beteiligten daraus Nutzen ziehen können.

Beispiel Allmende-Dilemma
M 3

An einem alltäglichen Beispiel wie dem Besuch eines Restaurants lässt sich gut zeigen, wie Regeln unser Verhalten maßgeblich beeinflussen: Wird vorher vereinbart, die gemeinsame Rechnung einfach durch die Zahl der Personen zu teilen – ungeachtet dessen, was jeder Einzelne verzehrt hat – so wird die Gesamtrechnung zumeist höher ausfallen als bei individueller Abrechnung. Eine Parallele zum Restaurantbeispiel ist der übermäßige Verbrauch von Energie und Wasser in Wohngebäuden mit mehreren Mietern bei gemeinsamer Abrechnung nach der Umlageregel.

Solche Situationen werden auch als Allmende-Dilemma bezeichnet. Es liegt unter folgenden Voraussetzungen vor:

- Es existiert eine gemeinsam genutzte, knappe Ressource.
- Mehrere Personen haben Verfügungsrechte über diese Ressource.
- Keine Person kann eine Kontrolle über das Ausmaß der Nutzung durch die anderen Verfügungsberechtigten ausüben.

Hauptregeln einer Wirtschaftsordnung
M 6

Auch auf gesamtgesellschaftlicher Ebene können unterschiedliche Institutionen und ihre Wirkung auf das Verhalten der Menschen beobachtet werden. Zu den wichtigsten Anreizstrukturen einer Wirtschaftsordnung zählt man

- die Planungs- und Lenkungsform
- die Eigentumsform
- die Markt- und Preisbildungsform
- die Unternehmensform

Das Modell des Wirtschaftskreislaufs

Arbeitsteilig organisierte Volkswirtschaften sind durch millionenfache Tauschvorgänge gekennzeichnet. Um die vielfältigen wirtschaftlichen Beziehungen und Zusammenhänge darzustellen, verwenden Ökonomen in ihrer Disziplin bevorzugt bestimmte, die Wirklichkeit vereinfachende Modelle. So werden z.B. die zahlreichen Akteure mit ähnlichen Merkmalen zu einzelnen Sektoren einer Wirtschaft zusammengefasst (private Haushalte, Unternehmen, Staat, Ausland). Genauso werden die vielfältigen Beziehungen der Sektoren zueinander zu wenigen Strömen (Güterstrom, Geldstrom) verdichtet. So erhält man ein Modell des Wirtschaftskreislaufs, das gut geeignet ist, das komplizierte Netz wirtschaftlicher Beziehungen übersichtlich darzustellen.

2. Unterschiedliche Wirtschaftsordnungen

M 1 Markt, Freiheit und Wohlstand

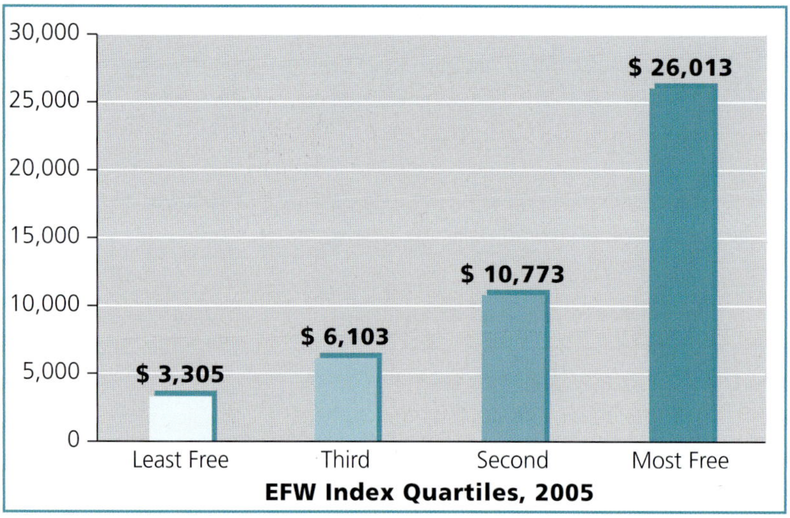

James Gwartney / Robert Lawson, Economic Freedom of the World: 2007, Annual Report, Fraser Institute: Vancouver B.C., S. 23

Auf der x-Achse sind die Länder der Welt entsprechend dem Grad an wirtschaftlicher Freiheit (z.B. sichere Eigentums- und Verfügungsrechte, offene Wettbewerbsmärkte, Vertragsfreiheit und Rechtsstaatlichkeit) in Viertel geteilt, links das unfreieste Viertel, rechts das freieste Viertel.

Zu den unfreiesten Ländern gehören die afrikanischen Staaten Demokratische Republik Kongo, die Zentralafrikanische Republik, Simbabwe und das asiatische Myanmar, zu den freiesten u.a. Neuseeland, die Schweiz, Großbritannien, Australien, Kanada und die Bundesrepublik Deutschland.

Auf der y-Achse ist das Bruttoinlandsprodukt pro Kopf in internationalen Dollar (2005 auf dem Preisniveau von 2000) in Kaufkraftparitäten abgetragen. Dieser Umrechnungsfaktor (anstelle von Wechselkursen) ist definiert als die Zahl der Währungseinheiten eines Landes, die erforderlich ist, um die gleiche Menge an Gütern und Leistungen am Inlandsmarkt zu kaufen, die der Kaufkraft eines Dollars in den Vereinigten Staaten entspricht.

Autorentext

Aufgabe zu M 7

1. *Formuliere die zentrale Aussage der Grafik als Je-Desto-Hypothese.* - Je freier das Land desto größer das Bruttoinlandsprodukt.

Infobox

Kapitalismus

Unter den Produktions- und Arbeitsbedingungen des ausgehenden 18. Jahrhunderts und des beginnenden 19. Jahrhunderts geprägter Begriff für eine Wirtschafts- und Gesellschaftsordnung, in der das private Eigentum an den Produktionsmitteln (Fabrikhallen, Maschinen, Anlagen), das Prinzip der Gewinnmaximierung und die Steuerung der Wirtschaft über den Markt typisch ist. Das wirtschaftliche und soziale Zusammenleben in der damaligen Gesellschaft wurde weitgehend von den Interessen der Kapitaleigentümer bestimmt. Im Kapitalismus ist Kapitalbesitz die Voraussetzung für die Verfügungsgewalt über die Produktionsmittel, was das Weisungsrecht über die Arbeitskraft der abhängig Beschäftigten einschließt.

Das Lexikon der Wirtschaft, Bundeszentrale für politische Bildung, 2.Aufl., Bonn 2004, S. 25

M 2

Die „Philosophie“ des Marktes

Nicht vom Wohlwollen des Metzgers, Brauers und Bäckers erwarten wir das, was wir zum Essen brauchen, sondern davon, dass sie ihre eigenen Interessen wahrnehmen. Wir wenden uns nicht an ihre Menschen-, sondern an ihre Eigenliebe, und wir erwähnen nicht die eigenen Bedürfnisse, sondern sprechen von ihrem Vorteil.

Adam Smith, Der Wohlstand der Nationen, München 1974 (engl. Original: 1776), S. 17

Die „unsichtbare Hand“ zwingt auf dem freien Markt auch den Egoisten[1] dazu, sich so zu verhalten, als ob er ein Altruist[2] und am Wohlergehen seiner Kunden interessiert wäre. Wer auf einem freien Markt Güter und Dienstleistungen anbietet, deren Erstellung zwar der Selbstverwirklichung des Produzenten dient, an denen sonst aber niemand interessiert ist, der wird keine Abnehmer finden und nichts verdienen. Wer genau die Güter und Dienstleistungen anbietet, die von vielen nachgefragt und von wenigen angeboten werden, die also dem Wohlbefinden der Mitmenschen dienen, der wird hohe Preise erzielen können. Der Egoist wird sich auf einem freien Wettbewerbsmarkt so verhalten müssen, als ob ihm das Wohlergehen der anderen, nämlich seiner Kunden, am Herzen läge. Eine freie Marktwirtschaft ist deshalb eine gute Ordnung, weil sie auch dann gut funktioniert, wenn wir nur Menschen und keine Heiligen sind.

Erich Weede, Mensch, Markt und Staat, Stuttgart 2003, S. 19

[1]Egoismus = Eigennutz, Selbstsucht
[2]Altruismus = Selbstlosigkeit, Uneigennützigkeit

Eine auf komplexe, arbeitsteilige Gesellschaften zugeschnittene Ethik kann nicht bei der Polarisierung von Altruismus und Egoismus stehen bleiben. Sie muss fordern, dass die Einzelnen ihren Vorteil so verfolgen, dass auch andere profitieren. Doch der Vorteil der anderen ist nicht immer eindeutig zu bestimmen: Ist es moralisch, wenn ein Unternehmen auf Kinderarbeit in Entwicklungsländern verzichtet? Oder ist es moralisch, den Kindern Arbeit und somit Perspektiven zu geben? Gibt es Mittelwege?

Christoph Lütge, Zum Vorteil aller, Frankfurter Allgemeine Zeitung, 6.3.2004, S. 15

In seinem wichtigsten Werk, das 1776 veröffentlicht wurde, „Der Wohlstand der Nationen“ (auch unter „Der Reichtum der Nationen“ bekannt), erklärte der berühmte Schotte Adam Smith so präzise und allgemeingültig wie kein anderer vor allem eins: Er zeigte, inwiefern Individuen im Marktgeschehen letztlich das Interesse der Allgemeinheit voranbringen, obwohl sie nur auf ihren eigenen Vorteil bedacht sind. Es ist jene berühmte „unsichtbare Hand“, die den einzelnen dazu bringt, einen Zweck zu erfüllen, der keineswegs in seiner Absicht liegt. Obwohl er nur seine persönlichen Interessen verfolgt, arbeitet er damit oft auf wirkungsvollere Weise für das Interesse der Gesellschaft, als wenn er sich dies zum Ziel gesetzt hätte.
Aber der britische Denker musste nicht bei Null anfangen. Er ließ sich von dem Holländer Bernard Mandeville inspirieren, der 1714 mit der Veröffentlichung seiner Bienenfabel einen Skandal verursachte. Und worum ging es in dieser Fabel? In einem Bienenstock – Spiegel unserer Gesellschaft – herrscht großer Wohlstand, aber auch großes Laster. Die Gesellschaft wünscht sich die Tugenden, insbesondere die christliche Nächstenliebe, zurück. Als jedoch dieser Wunsch erfüllt wird und es tatsächlich keine Laster mehr in dieser Gesellschaft gibt, verschwinden mit einemmal auch jede Aktivität und aller Wohlstand, und bald stellen sich Müßiggang, Langeweile und Chaos ein!
Smith nimmt diesen Grundgedanken auf, geht jedoch nicht ganz so weit. Er behauptet lediglich, dass das persönliche Interesse (eher eine „niedere Tugend“ als ein wirkliches Laster) unbewusst und ungewollt zu Wohlstand führt. Ganz schön schockierend, diese Idee, oder? Aber so unbeschreiblich menschlich.

André Fourçans, Die Welt der Wirtschaft, Frankfurt/New York 1998, S. 26 f.

Aufgabe zu M 2

1. *Arbeite die wesentlichen Merkmale des Menschenbildes der freien Marktwirtschaft heraus und vergleiche es mit anderen dir bekannten Menschenbildern, z.B. aus Religion/Ethik oder Biologie.*

M 3 Wirtschaftsordnungen – Wirtschaftssysteme

Soll ein unübersichtliches und zusammenhangloses Nebeneinander einzelwirtschaftlicher Aktivitäten vermieden werden, sind Regeln, Normen und Institutionen erforderlich, die von allen Wirtschaftssubjekten akzeptiert werden. Die Gesamtheit der wirtschaftlich relevanten rechtlichen Vorschriften, Koordinationsmechanismen, Zielsetzungen, Verhaltensweisen und Institutionen, die den organisatorischen Ablauf und Aufbau einer Volkswirtschaft bestimmen, werden als Wirtschaftsordnung bezeichnet.

Wirtschaftsordnungen setzen sich aus unterschiedlichen Bausteinen zusammen.
Im Wesentlichen sind dies:

- Die Formen der Planung und Lenkung
- Das Eigentumsrecht
- Die Formen der Geld- und Finanzwirtschaft
- Das Außenwirtschaftsrecht
- Die Rolle der Wirtschaftssubjekte, besonders auch des Staates
- Die Rolle des Marktes, z.B. bei der Preisbildung
- Das Unternehmensrecht

Im Allgemeinen werden zwei Wirtschaftsmodelle gegenübergestellt:

- **Marktwirtschaft und**
- **Zentralverwaltungswirtschaft**

In einem marktwirtschaftlichen System werden Nachfrage und Angebot dadurch koordiniert, dass die Unternehmen ihre Güter und Leistungen auf Märkten gegen Geld anbieten, zu Preisen, die sich entsprechend dem Verhältnis von Angebot und Nachfrage, also entsprechend der Knappheit, frei herausbilden.
Anders die Zentralverwaltungswirtschaft, die man vielfach als Planwirtschaft bezeichnet. Diese Bezeichnung ist missverständlich, da in jeder Wirtschaft geplant werden muss. Die Frage ist allein, wer plant und was geplant wird. In der Zentralverwaltungswirtschaft ist die gesamte Produktion und Verteilung der Güter den Dispositionen[1] der Haushalte und Unternehmen entzogen. Stattdessen entscheidet eine staatliche Stelle (Planbehörde) darüber, welche Güter in welcher Menge und Qualität zu erzeugen und nach welcher Rangfolge sie an andere Unternehmen und Haushalte zu verteilen sind (Planauflagen). Oberste Pflicht der Unternehmen ist die

Auf einer Wahlkampfveranstaltung im März 1990 fordern die Bürger der DDR die Einführung der Sozialen Marktwirtschaft.

fristgerechte Erfüllung der Planauflagen (Planerfüllungsprinzip). Artunterscheidendes Merkmal der Zentralverwaltungswirtschaft ist also, dass der arbeitsteilige Wirtschaftsprozess zentral geplant und aufgrund dieses Planes gelenkt wird. Ein häufig angeführtes Kriterium der Zentralverwaltungswirtschaft ist die Form des Eigentums. In Übereinstimmung mit der marxistischen Doktrin wird an sachlichen Produktionsfaktoren kein privates Eigentum zugelassen.
Im Falle zentraler Steuerung einer Volkswirtschaft müssen die Koordinatoren über eine außerordentliche Informationsfülle in Bezug auf die Bedarfe, die Güter- und Rohstoffvorräte, die Produktionskapazitäten, d. h. die Sachkapitalbestände und das Arbeitskräftepotential, verfügen. Daher ist eine umfangreiche, hochqualifizierte und kostspielige staatliche Bürokratie erforderlich, die die Informationen beschafft, auswertet, Teilpläne entwirft, aufeinander abstimmt, zum Gesamtplan zusammenfügt, die Pläne gegebenenfalls revidiert, die Einhaltung der Pläne kontrolliert und durchsetzt.
Mit ihrem Anspruch, den Wirtschaftsprozess zentral zu lenken und auf diese Weise das Knappheitsproblem zufrieden stellend zu lösen, sind die Zentralverwaltungswirtschaften gescheitert. Eine oberste Planungsbehörde zu installieren und dieser eine bessere Vorausschau zuzutrauen als den Individuen, erwies sich als kapitaler Irrtum.

nach: Schul/Bank, Wirtschaft, Materialien für den Unterricht, Berlin 2006, S. 10 f., Artur Woll, Allgemeine Volkswirtschaftslehre, 13. Aufl., München 2000, S. 69 f. und Heinz Lampert/Albrecht Bossert, Die Wirtschafts- und Sozialordnung der Bundesrepublik Deutschland im Rahmen der Europäischen Union, 15. Aufl., München 2004, S. 35

[1] Disposition: hier = Verfügung

Aufgaben zu M 3

1. *Erkläre den Begriff „Wirtschaftsordnung".*

2. *Nenne die zentralen Merkmale des Modells der Planwirtschaft.*

3. *Worin liegen die Schwächen der Planwirtschaft?*

Beispiel Planwirtschaft – Preiskontrollen und ihre Folgen in der DDR

M 4

Mit zwölf, vierzehn, ja sechzehn Jahren musste gerechnet werden. Kinder wurden währenddessen erwachsen, Eheleute trennten sich, man gebar neues Leben oder fuhr in die Grube, ganze Weltreiche brachen zusammen – nur die Trabant-Anmeldung lief immer weiter. Auf welchem Rang man im Warte-Marathon gerade lag, ließ sich bestenfalls annäherungsweise feststellen. Über den Schaltern des IFA-Vertriebs hingen große Tafeln mit dem aktuellen „Auslieferungsstand" – eine Einrichtung, die man sich als Kreuzung der Jerusalemer Klagemauer mit der New Yorker Börse am Schwarzen Freitag vorstellen muss. Hier war zu sehen, wie dicht Euphorie und Depression doch beieinander lagen. Gelegentlich konnte es passieren, dass die angegebenen Daten unvermittelt einen Sprung nach vorn machten; häufiger jedoch blieben sie so eisern stehen, als habe jemand die Zeit angehalten. Über einen ganzen Sommer hinweg war es dann Februar, und man fragte sich unwillkürlich, ob da noch alles mit rechten Dingen zuging. Auf der Straße fuhren ja neue Trabanten; das konnte jeder am fortschreitenden Alphabet der Nummernschilder erkennen. Warum also ging es auf der Tafel nicht weiter? Das zermürbende Warten trieb manch gefestigte Persönlichkeit zur Verzweiflungstat: Eingaben an den Staatsrat wurden geschrieben oder ältere Anmeldungen für Tausende Mark aufgekauft, nur um endlich von dem verdammten Februar wegzukommen. Die positive Seite der Warterei bestand darin, dass sich der Trabant praktisch aus der Sparbüchse finanzieren ließ: Wer jeden Tag zwei Mark beiseite legte, hatte den Preis nach anderthalb Jahrzehnten mühelos beisammen.

> **Kundin:** „Gibt's denn bei Ihnen keine Unterwäsche?"
>
> **Verkäuferin:** „Bei mir gibt's keine Backwaren. Keine Unterwäsche gibt's im dritten Stock."
>
> *Legendärer Dialog im volkseigenen Centrum-Warenhaus*

Der Trabi von A bis Z, ein nicht ganz ernst gemeintes Lexikon (http://www.trabi.de/sur/Buch2.htm), gefunden bei Peter Bofinger, Grundzüge der Volkswirtschaftslehre, München 2003, S. 190

Das Ende der DDR

M 5

Im Laufe des Jahres 1989 verschlechterte sich die wirtschaftliche Situation der DDR nahezu wöchentlich, während gleichzeitig die Verschuldung weiter zunahm. Gerhard Schürer[1] teilte im Mai 1989 dem „Kleinen Kreis" der höchsten Wirtschaftsfunktionäre mit, dass bei fortgesetzter Neuverschuldung die „DDR 1991 zahlungsunfähig ist". Doch die anwesenden Politfunktionäre sahen weiterhin keinen Handlungsbedarf, vor allem widersetzten sie sich der Einschränkung sozialpolitischer Maßnahmen.

Klaus Schroeder, Der SED-Staat. Geschichte und Strukturen der DDR, 2. Aufl., München 1999, S. 306-308

[1] Vorsitzender der staatlichen Plankommission

BIP und Produktivität 1989 im Vergleich

	BRD	DDR
Bruttoinlandsprodukt pro Kopf	100 %	33 %
Produktivität (geschätzt)	100 %	16 – 20 %

M 6 Realer Vergleich BRD – DDR

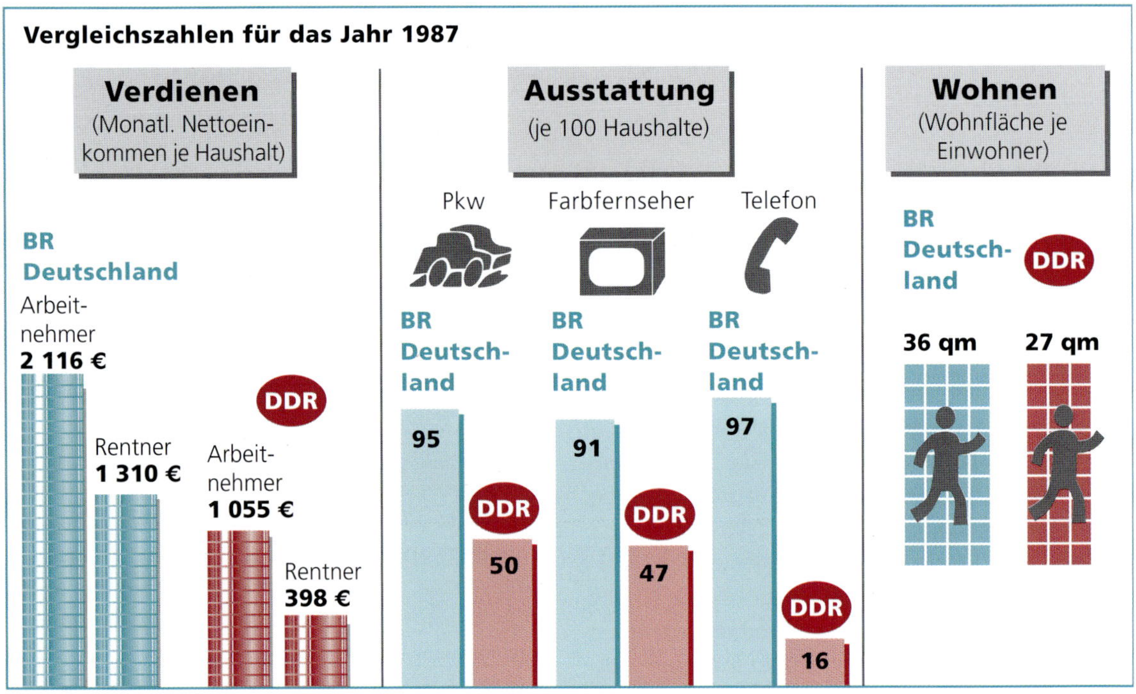

Globus Infografik 7928

M 7 Vergleich der Wirtschaftsordnungen Marktwirtschaft und Planwirtschaft

	Marktwirtschaft	**Planwirtschaft**
Lenkung	Freier Wettbewerb auf Märkten (dezentral): Angebot und Nachfrage	Zentral durch staatliche Planung
Wirtschaftliche Initiative	Unternehmen/Konsumenten	Staatliche Planungszentrale
Preisbildung	Angebot und Nachfrage regeln den Preis	Staatliche Preisfestsetzung und -kontrolle
Eigentumsverfassung	Privateigentum an Produktionsmitteln (Kapitalismus)	Staatseigentum an Produktionsmitteln (Sozialismus)
Verteilung (Distribution)	Nach Leistungsprinzip	Nach Gleichheitsprinzip und Bedarfsprinzip
Lohnbildung	Lohnfestsetzung durch die Tarifpartner	Lohnfestsetzung durch den Staat

Autorentext

Aufgaben zu M 5 – M 7

1. Vergleiche die wirtschaftliche Leistungsfähigkeit der BRD und der DDR (M 5, M 6).

2. Ergänze die Tabelle M 7 um die Kriterien „Menschenbild“ und „Schwächen“.

Unterschiedliche Wirtschaftsordnungen

Wirtschaftsordnungen
M 3

Die existierenden Wirtschaftsordnungen lassen sich danach unterscheiden, welches charakteristische Institutionen- und Regelsystem in der jeweiligen Ordnung gegeben ist (Planungs- und Lenkungsform, Eigentumsform, Markt- und Preisbildungsform, Unternehmensform).
In der Geschichte haben sich bislang vor allem zwei Wirtschaftsordnungen herausgebildet, die auf ganz unterschiedlichen Institutionen- und Regelsystemen basieren. Marktwirtschaften in allen Variationen – dazu sagt man auch Kapitalismus – und Planwirtschaften, die heute allerdings in ihrer reinen Form nur noch in wenigen Staaten existieren (z.B. auf Kuba und in Nord-Korea).

Merkmale und Menschenbild der Wirtschaftsordnungen

Marktwirtschaft
M 2, M 7

Man kann die beiden Wirtschaftsordnungen vor allem daran unterscheiden, wie frei die Menschen in ihren wirtschaftlichen Handlungen sind und wie die Verteilung der Güter organisiert wird. Haben die Menschen eine große wirtschaftliche Handlungsfreiheit und ist die Verteilung der Güter dezentral durch Märkte mit freier Preisbildung organisiert? Dann handelt es sich um das Modell der Marktwirtschaft. Die Marktwirtschaft nutzt den Egoismus des Einzelnen, um über die Koordination auf Märkten die Wohlfahrt aller zu mehren. Sie verlangt nicht den „neuen Menschen", der nur das Wohl seines Nächsten im Auge hat. Sie funktioniert auch und gerade dann, wenn „wir nur Menschen und keine Heiligen sind."

Planwirtschaft
M 3

Sind die Menschen in ihrer wirtschaftlichen Handlungsfreiheit stark eingeschränkt und ist die Verteilung der Güter durch einen zentralen Plan mit festen Preisen für die Güter organisiert? Dann handelt es sich um das Modell der Planwirtschaft oder auch Zentralverwaltungswirtschaft. In einer Planwirtschaft bestehen nur in sehr eingeschränktem Maße Anreize für die Menschen, Eigeninitiative und Eigenverantwortung zu übernehmen und den eigenen Gewinn zu vermehren.

Wirtschaftliche Freiheit und Wohlstand in der Welt

Nicht nur der Zusammenbruch der sozialistischen Staaten Ende der 80er Jahre des letzten Jahrtausends hat gezeigt, dass die Marktwirtschaft der Planwirtschaft überlegen ist, weil sie mehr Wohlstand zu erzeugen vermag und die Anbieter der Waren und Dienstleistungen dazu zwingt, sich an den Bedürfnissen der Kunden zu orientieren. Viele Untersuchungen haben inzwischen ergeben, dass Länder mit mehr ökonomischer Freiheit – wie z.B. Australien oder Kanada – einfach mehr Wohlstand produzieren, d.h. ein substanziell höheres Pro-Kopf-Einkommen haben, als Länder mit weniger ökonomischer Freiheit – wie z.B. Simbabwe oder Myanmar. Ein höheres Pro-Kopf-Einkommen bedeutet im Durchschnitt weniger Armut, eine höhere Lebenserwartung und eine geringere Kindersterblichkeit. Wirtschaftliche Handlungsfreiheit oder allgemein die Freiheit des Einzelnen ist somit offensichtlich eine wichtige Voraussetzung für Wohlstand und Demokratie.

3. Die Soziale Marktwirtschaft – Möglichkeiten und Grenzen

M 1 Was gehört zum Grundbild der Sozialen Marktwirtschaft?

1. *Die Soziale Marktwirtschaft basiert auf der Funktion eines beweglichen und sich dynamisch entwickelnden Marktes.* Wenigstens in dieser Hinsicht besteht eine gemeinsame Auffassung sehr vieler Wirtschaftspolitiker, dass die Marktwirtschaft ein wirtschaftlich effizientes, ja den anderen Ordnungen überlegenes System sei.

2. *Die Soziale Marktwirtschaft ist angetreten mit dem Anspruch,* durch den marktwirtschaftlichen Prozess nicht nur die Gütererzeugung anzuheben, den Bereich persönlicher freier Gestaltungsmöglichkeiten für die Einzelnen zu erweitern, sondern *auch soziale Fortschritte zu bringen*. Der marktwirtschaftliche Prozess hat fraglos eine unvergleichliche Erweiterung der Konsumkaufkraft breitester Schichten ermöglicht und auch durch sein von Jahr zu Jahr vorrückendes Wachstum Arbeitsplätze neu geschaffen, die Vollbeschäftigung gesichert und die Voraussetzung für steigende Löhne und Einkommen aller Schichten begründet.

3. *Die Soziale Marktwirtschaft fordert keinen schwachen Staat, sondern sieht in einem starken demokratischen Staat die Voraussetzung für das Funktionieren dieser Ordnung.* Der Staat hat nicht nur der Sicherung der Privatrechtsordnung zu dienen, er ist gerade durch die marktwirtschaftliche Theorie in einer wesentlichen Aufgabe bestärkt worden, sich für die Erhaltung eines echten Wettbewerbs als einer politischen Funktion (im Sinne von Eucken, Franz Böhm und Miksch) einzusetzen. Die vom Staate zu sichernde Wettbewerbsordnung wehrt zugleich Machteinflüsse auf dem Markt ab.

4. Garant des sozialen Anspruchs der Marktwirtschaft ist nicht nur der Markt, dessen wirtschaftliche Leistungen sehr oft schon sozialen Fortschritt bedeuten. *Der Staat hat vielmehr die unbestrittene Aufgabe, über den Staatshaushalt und die öffentlichen Versicherungen die aus dem Marktprozess resultierenden Einkommensströme umzuleiten und soziale Leistungen, wie Kindergeld, Mietbeihilfen, Renten, Pensionen, Sozialsubventionen usw., zu ermöglichen. Das alles gehört zum Wesen dieser Ordnung, und es wäre eine Farce, nur den unbeeinflussten Marktprozess zu sehen, ohne seine vielfältige Einbettung in unsere staatliche Ordnung zu beachten.* Das bedeutet keineswegs ein Hinüberwechseln aus dem Markt in den staatlichen Bereich, sofern man sich dabei bewusst ist, dass die Mittel, die der Staatshaushalt transformiert, von der wirtschaftlichen Leistung des Marktes abhängig bleiben und „marktkonform" sein müssen. Es muss die Grenze eingehalten werden, deren Überschreitung eine Störung der Marktvorgänge bewirkt.

Ludwig Erhard (1897- 1977) gilt als Begründer des Konzepts der Sozialen Marktwirtschaft und als „Vater" des deutschen Wirtschaftswunders.

5. Neben den engeren Aufgaben der Wettbewerbssicherung und den weiteren Aufgaben des sozialen Schutzes *steht der Staat seit je und heute bewusster als früher vor Aufgaben der Gesellschaftspolitik, um die heute so gern zitierte ,Qualität des Lebens', d. h. die Lebensumstände für alle, zu verbessern.* Es gibt eben neben den Leistungen, die sich der Einzelne im Markte zu beschaffen hat oder die er aus den Sozialfonds des Staates erhält, eine Fülle von gesellschaftspolitischen Aufgaben. Ich nenne Erweiterung der Vermögensbildung, Verbesserungen der Investitionen im Bereiche des Verkehrs, des Gesundheitswesens, Aufwendungen für Bildung und Forschung, Schutz gegen die wachsende Verschlechterung vieler Umweltbedingungen, Städtebauförderung und eine verbesserte Gliederung des Wohn-, Arbeits- und Erholungsraumes der gesamten Bevölkerung.

Ludwig Erhard/Alfred Müller-Armack, Soziale Marktwirtschaft - Ordnung der Zukunft. Manifest '72, Berlin 1972, S. 25-27 (Kursivierung im Original)

M 2

Wohlstand für alle!

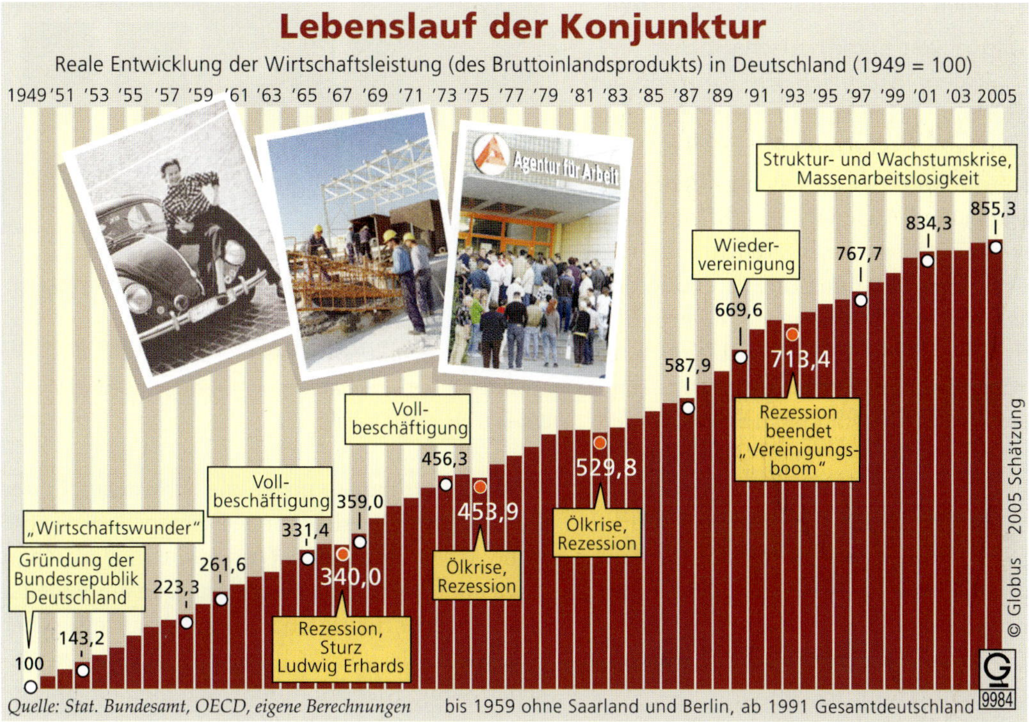

Als Indikator für wirtschaftliches Wachstum wird heute weltweit das Bruttoinlandsprodukt (BIP) verwendet. Es bildet die gesamtwirtschaftliche Produktion (Output) eines Landes ab, die in einer Periode von den Unternehmen hergestellt wurde (= gesamtwirtschaftliches Angebot) und dann auch von den Konsumenten und Investoren nachgefragt wurde (= gesamtwirtschaftliche Nachfrage).

© Erich Schmidt Verlag

293 571

M 3

Kontrovers diskutiert: Wie viel Staat braucht die Soziale Marktwirtschaft?

a) Der Sozialstaat bevormundet die Menschen

Die Verbindung von marktwirtschaftlicher Freiheit und sozialem Ausgleich im Konzept der Sozialen Marktwirtschaft ist im Laufe der Jahre immer häufiger missverstanden worden. Viele sehen heute die Marktwirtschaft und die Forderung nach sozialem Ausgleich fälschlicherweise als etwas Getrenntes, ja Gegensätzliches. Das Soziale kann nach dieser Auffassung nur außerhalb des Marktes, also durch staatliche Umverteilung oder durch Einschränkung des Wettbewerbs, erreicht werden. Soziale Gerechtigkeit wird dann oft gleichgesetzt mit Bestandsschutz und allein identifiziert mit der so genannten Verteilungsgerechtigkeit.

Ein derartiges Verständnis von Sozialer Marktwirtschaft verkennt jedoch zweierlei. Erstens: Ein zentrales Element der sozialen Gerechtigkeit ist die Leistungsgerechtigkeit. Das, was jemand erhält, muss immer in einem vernünftigen Verhältnis zu seiner Leistung stehen.

Zweitens: Jeder Versuch staatlicher Umverteilung, der die volkswirtschaftliche Leistungskraft überfordert, ist zum Scheitern verurteilt. Die notwendige soziale Sicherung darf nicht in erster Linie eine Frage der guten Absichten sein. Sie muss den ökonomischen Möglichkeiten Rechnung tragen und zugleich Eigeninitiative und Eigenverantwortung fördern.

Der Sozialstaat ist aber bei uns im Laufe der Jahre zu einem Wohlfahrtsstaat geworden, der die Menschen bevormundet, ihnen immer mehr Lasten aufbürdet und immer weniger Gestaltungsmöglichkeiten lässt. Es gibt unzählige Beispiele dafür, wie die angebliche soziale staatliche Versorgung die Selbsthilfe und Eigenvorsorge der Menschen ersetzt und so auch ihre Leistungsbereitschaft immer weiter zurückgedrängt hat. ...

Dass die Soziale Marktwirtschaft solidarisch mit denen sein muss, die sich nicht selbst helfen können, steht außer Zweifel. Jedoch richten sich die Wirkungen des ausgeuferten Sozialstaates in der

Zwischen drei und vier Millionen Menschen in Deutschland haben keine Arbeit.

Praxis zu oft gerade gegen die Schwachen in der Gesellschaft. Das sichtbarste Zeichen dafür ist die hohe Arbeitslosigkeit. Ist es wirklich sozial, wenn etwa ein Übermaß an Regulierungen am Arbeitsmarkt die Beschäftigten schützt, gleichzeitig aber den mehr als vier Millionen Erwerbslosen Beschäftigungschancen nimmt? Ich meine nein.

Wir müssen uns bei der Definition des „Sozialen" wieder auf die ordnungspolitischen Grundsätze der Sozialen Marktwirtschaft besinnen. Es kann nicht sozialstaatliche Aufgabe sein, Versorgung für alle zu gewährleisten und jedes denkbare Risiko für jeden Personenkreis abzudecken. Das ist falsch verstandene Solidarität, die der wirtschaftlichen Entwicklung und damit letztlich allen schadet.

Sozialstaatliche Umverteilung muss sich auf die wirklich Hilfsbedürftigen konzentrieren. Die elementarste Form des Sozialen liegt in der Sozialen Marktwirtschaft aber darin, jedermann die Chance zu eröffnen, aus eigener Kraft am Wohlstand teilzuhaben. Die eigentliche soziale Frage unserer Zeit lautet daher: Wie schaffen wir mehr wirtschaftliche Dynamik und mehr Arbeitsplätze? Oder anders gewendet: Sozial ist heute vor allem, was mehr Beschäftigung schafft.

Hans Tietmeyer ist Kuratoriumsvorsitzender der Initiative Neue Soziale Marktwirtschaft, in: Handelsblatt, 31.5.2002

b) Soziale Rechte sind keine Almosen

Gesetzt wird auf die Freiheit der Märkte, der Unternehmen und ihres Wettbewerbs in der längst widerlegten, aber immer aufs Neue propagierten Hoffnung, dass so Wohlstand entsteht, von dem für alle genug abfällt. ... [Doch] soziale Rechte sind im demokratischen Sozialstaat keine

Almosen des Staates, sondern Grundrechtsverwirklichung!

Nun steht außer Frage, dass sich aus den Grundrechten nicht im Detail ablesen lässt, welcher soziale Standard angemessen ist, um für alle Chancen zu eröffnen und sie in ausreichendem Umfang gegen Risiken abzusichern. Es ist Sache der Politik, dieses Maß auszutarieren und den ökonomischen wie gesellschaftlichen Notwendigkeiten anzupassen. Stete Reformbedürftigkeit kennzeichnet den Sozialstaat, der auf gesellschaftlichen Wandel wie neue Bedürfnisstrukturen zu reagieren hat, damit der soziale Ausgleich, den er bewirken soll, nicht selbst neue Schieflagen erzeugt.

Es beschleicht einen aber der Eindruck, dass dieses Anliegen heutzutage quasi auf den Kopf gestellt zu werden droht, wenn im Eifer der Reformen zur „Entlastung der Wirtschaft“ denen, die wenig haben, genommen wird, um es denen zu geben, die schon haben, oder wenn Freiheit sich am Kapital ausrichtet und zur Legitimation der Freisetzung von Menschen gereicht, die nur noch als störende Kostenfaktoren wahrgenommen werden. Auf solchen Wegen bleibt nicht nur der Sozialstaat Stück für Stück auf der Strecke, sondern es geht auch das verloren, was eine Gemeinschaft zusammenhält. …

Wie sagte Johannes Rau zu Recht in seiner letzten Berliner Rede: „Es ist ein Irrtum zu glauben, dass man Menschen zu besserer oder mehr Leistung motivieren kann, wenn sie ständig Angst haben müssen, ihren Arbeitsplatz zu verlieren oder im Alter in Not zu geraten. Jeder Mensch braucht eine gewisse Grundsicherheit, damit er den Kopf frei hat, auch für Anstrengung und Erfolg im Beruf.“ …

Und noch aus einer weiteren Richtung weht den Grundrechten der Wind entgegen. Das Verständnis von dem, was Sache des Staates ist, hat in den letzten Jahren einen Wandel erfahren. Dem Staat wird inzwischen laut der Rückmarsch geblasen und dies nicht nur, weil seine Kassen immer leerer werden, sondern damit der Bürger endlich frei von der Last und Gängelung des Staates agieren kann, wie uns erklärt wird. Dies klingt zunächst durchaus überzeugend und den Grundrechten entgegenkommend, setzen doch gerade sie dem Staat Grenzen, um dem Bürger seine Freiheit zu wahren. Aber geht die Rechnung „je weniger Staat, desto mehr Freiheit“ auf? … Der Sozialstaat und die sozial eingebundene Marktwirtschaft konnten sich in der Bundesrepublik zum Erfolgsmodell entwickeln, das eine starke D-Mark, das soziale Sicherungssystem und die Mitbestimmung der Arbeitnehmer zu den anerkannten Markenzeichen Deutschlands reüssieren ließ.

Aber ist damit schon alles auch für die Zukunft so zum Besten bestellt worden, dass dem Staate zu tun nicht mehr viel übrig bleibt? Schaut man auf die Verteilung von Geld, Macht und Chancen in unserer heutigen Gesellschaft zwischen Arm und Reich, Jung und Alt, Männern und Frauen, Familien und Singles und sieht zugleich das wachsende Bedürfnis der Menschen, vor immer mehr ihnen drohenden Lebensrisiken geschützt zu werden, dann kann davon keine Rede sein. Hier ist noch viel zu bewegen. Soll der Staat aber die Aufgaben erfüllen, die ihm das Grundgesetz mit seinen grundrechtlichen Wertentscheidungen vorgibt, braucht er Handlungskraft und darf wegen eines Schlankheitsverdikts nicht der Magersucht verfallen.

Christine Hohmann-Dennhardt ist seit 1999 Richterin des Bundesverfassungsgerichts (Erster Senat), in: Frankfurter Rundschau, 12.7.2004

Aufgaben zu M 1 – M 3

1. *Erläutere, welche allgemeinpolitischen Ziele mit der Sozialen Marktwirtschaft erreicht und welche Werte verwirklicht werden sollen (M 1).*

2. *Stelle gegenüber, welche Aufgaben der Markt und welche der Staat im Konzept der Sozialen Marktwirtschaft erfüllen soll (M 1).*

3. *Die derzeitige Ausgestaltung des Modells der Sozialen Marktwirtschaft ist vor allem durch die anhaltend hohe Arbeitslosigkeit in die Kritik geraten. Stelle gegenüber, welche unterschiedlichen Ursachen und Lösungsvorschläge in M 3 aufgezeigt werden. Achte dabei besonders auf die Rolle, die dem Staat zugemessen wird.*

Die Soziale Marktwirtschaft – Möglichkeiten und Grenzen

Soziale Marktwirtschaft
M 1

Der Begriff Soziale Marktwirtschaft beschreibt die spezielle Ausprägung der Marktwirtschaft in der Bundesrepublik Deutschland. Ein wesentlicher Grundsatz dieser Wirtschaftsordnung besagt, dass sie als effizienteste Wirtschaftsordnung Wirtschaftswachstum ermöglicht und so automatisch sozialen Fortschritt fördert, nämlich u.a. in Form von steigender Massenkaufkraft der Verbraucher. Ein weiterer Grundsatz fordert einen starken demokratischen Staat, gleichsam in der Rolle des Schiedsrichters: Er überwacht das Spiel, d.h. er garantiert die Wirtschaftsordnung, mischt sich selbst aber möglichst wenig in das Wirtschaftsgeschehen ein. So sichert er zum Beispiel den Wettbewerb, indem er Kartelle verbietet. Daneben gilt als weitere Staatsaufgabe eine umfassende Gesellschaftspolitik überall dort, wo der Markt nicht automatisch zu guten Ergebnissen führt, also z.B. im Bereich des Umweltschutzes. In den Worten von Ludwig Erhard (1897-1977, erster deutscher Wirtschaftsminister nach dem Zweiten Weltkrieg und Bundeskanzler von 1963-1966): „Der tiefe Sinn der Sozialen Marktwirtschaft liegt darin, das Prinzip der Freiheit auf dem Markt mit dem des sozialen Ausgleichs und der sittlichen Verantwortung jedes Einzelnen dem Ganzen gegenüber zu verbinden."

Die Soziale Marktwirtschaft – ein Erfolgsmodell
M 2

Gemessen am Wirtschaftswachstum (BIP) ist die Geschichte der Sozialen Marktwirtschaft seit der Gründung der Bundesrepublik Deutschland zumindest bis Ende der achtziger Jahre eine einzige Erfolgsgeschichte. Die Wirtschaftsleistung der BRD hat sich im besagten Zeitraum nach Abzug der Preissteigerungen fast verzehnfacht. Die westdeutschen Arbeitnehmer haben beträchtliche Wohlstandsgewinne erzielt: Während sich die Lebenshaltungskosten zwischen 1960 und 2001 gut verdreifachten, ist der durchschnittliche Nettoverdienst für jede geleistete Arbeitsstunde auf fast das Zehnfache gestiegen (von 1,27 auf 12,58 €).

Die Soziale Marktwirtschaft in der Krise

Doch steht das Modell der Sozialen Marktwirtschaft auch vor ungelösten Problemen. An erster Stelle steht das Problem der Massenarbeitslosigkeit. Seit Beginn des neuen Jahrtausends beträgt die Zahl der Arbeitslosen gemessen an der Zahl der zivilen Erwerbspersonen circa 10 %, was ungefähr 5 Millionen Arbeitslosen entspricht. Auch sind die sozialen Sicherungssysteme infolge der deutschen Wiedervereinigung und der sich abzeichnenden Überalterung der Gesellschaft überlastet und deshalb dringend reformbedürftig. Darüber hinaus schränkt die hohe Staatsverschuldung den wirtschaftlichen Handlungs- und Gestaltungsspielraum des Staates immer mehr ein. Das jährliche Wirtschaftswachstum hat den Wert von 3% lange nicht mehr überschritten.

Bei der Diskussion um die Reform der Sozialen Marktwirtschaft lassen sich zwei grundsätzliche Positionen unterscheiden. Vertreter der einen fordern einen „Rückzug" des Staates und mehr Eigenverantwortung des Einzelnen auch bei der Absicherung sozialer Risiken. Die Vertreter der anderen Position argumentieren, dass nur der Staat ausreichend für soziale Gerechtigkeit und soziale Sicherheit sorgen kann.

Wirtschaftspolitik

Einkommensverteilung

Wachstum

Wettbewerb

Angebotspolitik

Nachfragepolitik

Steuern

Geldpolitik

Umweltpolitik

BDI
Bundesverband der
Deutschen Industrie e.V.

DGB

1. Die Stärken und Schwächen des Marktes und die Rolle des Staates

M 1 Das Ballonspiel – die schweren Lasten des Staates

Die neun „Lastenpakete des Ballons Staat“:

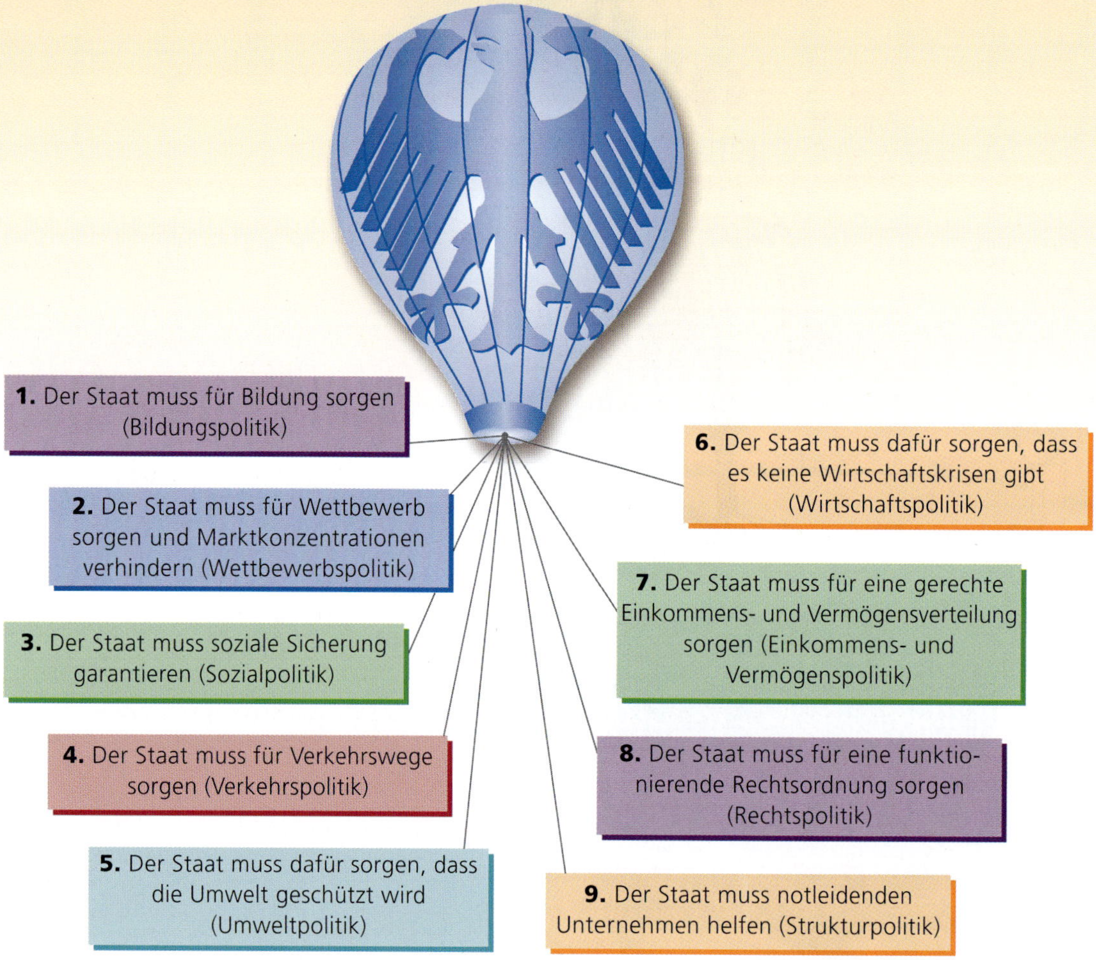

Stellt euch vor, ihr schwebt in einem Ballon „Staat“. (Gebt eurem Ballon einen Namen!)
An Bord sind schwere Lastenpakete mit Aufgaben des Staates, die den Ballon immer wieder Höhe verlieren lassen. Er droht abzustürzen. Um den Abstieg aufzuhalten, müsst ihr ein Lastenpaket über Bord werfen. Ihr müsst euch dabei überlegen, welche Staatsaufgaben ihr leicht aufgeben könnt und welche ihr so lange wie möglich an Bord behalten wollt.
Der Ballon fängt sich wieder, verliert aber nach einer Weile wieder an Höhe. Ein weiteres Paket (2. Spielrunde) muss also abgeworfen werden. Dies geht so weiter, bis der Ballon sich endlich stabilisiert hat. Dokumentiert jeden Abwurf: In welcher Reihenfolge wurden die Lasten abgeworfen? Begründet jeden einzelnen Abwurf (Argumente, Kontroversen).

Anmerkung für den Spielleiter:
Alle Mitspieler erhalten die Liste mit den Lasten. Außerdem wird eine große Tabelle mit den Namen der Ballone und den mitfahrendenden Spielerinnen und Spieler benötigt, um am Schluss die Ergebnisse vergleichen zu können.

Autorentext

M 2

Die faszinierende Leistungsfähigkeit von Märkten

- Sie sorgen dafür, dass wir uns in der Regel jederzeit eine Vielzahl von Gütern beschaffen können, obwohl die Anbieter über unsere individuellen Kaufwünsche zuvor nicht informiert waren.
- Sie setzen für die Produzenten starke Anreize, immer bessere Güter und Dienstleistungen für die Konsumenten zu entwickeln.
- Sie begrenzen wirtschaftliche Macht und tragen so auch dazu bei, dass Verkäufer freundlich und zuvorkommend mit ihren Kunden umgehen, obwohl es sicherlich zahlreiche Ausnahmen gibt, die diese Regel bestätigen.
- Sie zwingen die Unternehmen, in der Güterproduktion sparsam („ökonomisch") mit den vorhandenen Produktionsmitteln zu wirtschaften.
- Sie bewirken, dass Güter vorrangig von den Konsumenten erworben werden, die ihnen den höchsten Wert beimessen.

Da wir diese Koordinations- und Informationsfunktionen der Märkte in der Regel nicht bewusst wahrnehmen, spricht man häufig auch von der „unsichtbaren Hand" des Marktes, ein Begriff der von Adam Smith (1723–1790), einem Urvater der Wirtschaftslehre, bereits in seinem Hauptwerk „Der Wohlstand der Nationen" im Jahr 1776 geprägt wurde. Besonders faszinierend daran ist, dass wir durch diese unsichtbare Hand veranlasst werden, Dinge zu tun, die wir so gar nicht beabsichtigt haben. Adam Smith sah darin die wichtigste ethische Begründung der Marktwirtschaft:

> *„Nicht zum Wohlwollen des Metzgers, Brauers und Bäckers erwarten wir das, was wir zum Essen brauchen, sondern davon, dass sie ihre eigenen Interessen wahrnehmen. Wir wenden uns nicht an ihre Menschen- sondern an ihre Eigenliebe, und wir erwähnen nicht die eigenen Bedürfnisse, sondern sprechen von ihrem Vorteil."*

Die hohe Leistungsfähigkeit einer durch Märkte gesteuerten Wirtschaft zeigte sich besonders deutlich am Ende der achtziger Jahre des letzten Jahrhunderts. Viele Länder in Ost- und Mitteleuropa, die damalige Sowjetunion und China hatten bis dahin das Konzept einer weitgehend staatlich organisierten Wirtschaftsplanung verfolgt. Mit dieser „zentralen Planwirtschaft" waren sie jedoch im Lauf von Jahrzehnten massiv gegenüber den marktwirtschaftlich ausgerichteten Ländern in den Rückstand geraten. Es blieb ihnen so Anfang der neunziger Jahre nichts anderes übrig, als eine grundlegende Umgestaltung ihrer Wirtschaftsordnung durchzuführen. Als Ergebnis dieser „Wirtschaftstransformation" ist heute die Planwirtschaft – mit der Ausnahme von Nordkorea – völlig von der Bildfläche verschwunden.

Peter Bofinger, Grundzüge der Volkswirtschaftslehre, München 2003, S. 23 ff.

M 3

Die Schwächen des Marktes

- Im Marktprozess werden Einkommen immer nur nach Leistung und nie nach Bedürftigkeit vergeben. Für Menschen mit einer geringen Leistungsfähigkeit besteht dabei die Gefahr, dass sie nicht einmal genug verdienen, um ihr Existenzminimum abzudecken. Dies gilt auch für ganze Regionen und Länder. So lag das durchschnittliche Pro-Kopf-Einkommen in den Ländern südlich der Sahara im Jahr 2000 bei nur 1.600 $ – in Sierra Leone waren es sogar nur 480 $, während es in den Mitgliedsländern der Europäischen Währungsunion 23.600 $ betrug.
- Der Marktmechanismus versagt, wenn man es mit Gütern zu tun hat, für die es keine Preise und damit auch keine Märkte gibt. Das beste Beispiel hierfür ist die Umwelt. Die extrem schlechte Umweltqualität in vielen Entwicklungsländern zeigt, wie gefährlich es ist, hier allein auf den Markt zu vertrauen.
- Unternehmen haben immer ein starkes Interesse daran, sich durch Absprachen und Fusionen dem Wettbewerbsdruck des Marktes zu entziehen.

- Die wirtschaftliche Entwicklung weist ausgeprägte zyklische Schwankungen auf. Diese können zu Inflation oder Arbeitslosigkeit und teilweise auch zu beidem gleichzeitig führen. Bisweilen geraten diese Prozesse so sehr aus dem Gleichgewicht, dass es – wie in Deutschland in den Jahren 1920-23 – zu einem völligen Wertverlust des Geldes kommt oder aber zu einer Massenarbeitslosigkeit, wie sie in der Weltwirtschaftskrise von 1929-33 beobachtet werden konnte.

In gewisser Hinsicht befinden sich Wirtschaftswissenschaftler dabei in einer ähnlichen Rolle wie Ärzte. Sie wissen, dass der Wirtschaftsprozess grundsätzlich über sehr gute Selbstheilungskräfte verfügt, sie sind sich aber auch der Tatsache bewusst, dass es zu Störungen kommen kann, in denen das System eine Hilfestellung von außen benötigt. Von wem kann diese Stabilisierung kommen? Letztlich ist es immer der Staat, der mit seiner Wirtschaftspolitik dafür zu sorgen hat, dass die Marktwirtschaft wieder ins Gleichgewicht kommt. Und wie in der Medizin kommt es dabei natürlich auf die richtige Dosierung an. Ein Zuviel an Staat kann den Patienten genauso schwächen wie eine halbherzige Intervention im Fall einer schweren Erkrankung. Die Analogie zur Medizin lässt sich noch beliebig fortsetzen. So wie man immer zwei Ärzte mit unterschiedlichen Diagnosen für einen Patienten finden kann, gibt es auch zu jeder Situation stets konträre volkswirtschaftliche Therapievorschläge.

Peter Bofinger, Grundzüge der Volkswirtschaftslehre, München 2003, S. 23 ff.

Aufgabe zu M 2 und M 3

1. Überprüfe ausgehend von M 2 – M 3 folgende Behauptungen:
- *Der Marktmechanismus lässt Menschen auch verhungern.*
- *Der Markt dient den Menschen, weil er sie optimal mit Gütern versorgt.*
- *Der Markt beseitigt seine eigenen Prinzipien, nämlich Wettbewerb und Konkurrenz.*
- *Der Wettbewerbscharakter macht die Marktwirtschaft zur leistungsfähigsten Wirtschaftsordnung.*

Der Markt beseitigt seine Grundvoraussetzung: den Wettbewerb

M 4 Ausschaltung des Wettbewerbs – Bill Gates im McDonalds

Bill Gates: Ich hätte gerne einen Bigmac.
Kassierer: Einen Bigmac, eine Cola, macht $ 6.99.
Bill Gates: Ich habe nur einen Bigmac bestellt!
Kassierer: Die Cola gehört dazu, ist Teil eines Gesamtpakets.
Bill Gates: Wie bitte? Die Cola zahle ich nicht.
Kassierer: Brauchen sie auch nicht. Die Cola ist gratis.
Bill Gates: Aber kostete der Bigmac alleine bisher nicht $ 3.99?
Kassierer: Stimmt, aber der Bigmac hat jetzt neue Leistungsmerkmale. Er hat eine Cola im Lieferumfang!
Bill Gates: Ich habe eben erst eine Cola getrunken. Ich brauche jetzt keine Cola.
Kassierer: Dann gibt's auch keinen Bigmac.
Bill Gates: Na gut, ich zahle $ 3.99 und verzichte auf die Cola.
Kassierer: Man kann die Teile des Gesamtpaketes nicht trennen. Bigmac und Cola sind nahtlos integriert.
Bill Gates: Quatsch. Big Mac und Cola sind zweierlei!
Kassierer: Passen sie mal auf. (Er tunkt den Bigmac in einen Becher Cola.)
Bill Gates: Was soll denn das?
Kassierer: Das ist im Interesse des Kunden, denn so können wir einen einheitlichen Geschmack in allen Komponenten garantieren.

http://www.infantologie.de/fun/texte/bigmac.html (20.7.2005)

M 5

Marktbeherrschung durch Microsoft – Wettbewerb doppelt verzerrt

Die Suchmaschine Google hat die Chancengleichheit schon hergestellt. Wer im Internet nach dem von Microsoft angebotenen „Windows Media Player" sucht, wird auf den ersten beiden Ergebnisseiten auch zu den beiden Hauptkonkurrenten des Software-Giganten geleitet: „Quicktime Player" von Apple und „Real Player" von der Firma Realnetworks. Im wirklichen Leben will die EU-Kommission die Chancengleichheit mit einem Rekord-Bußgeld und weitreichenden technischen Auflagen gegen Microsoft erzwingen. Das Unternehmen soll sein Windows-Betriebssystem, das auf neun von zehn Rechnern installiert ist, künftig ohne den Media Player anbieten. Dadurch soll es den Anwendern erleichtert werden, auch die Programme anderer Anbieter zunutzen; die Anbieter selbst sollen bessere Chancen auf dem Markt erhalten.

Die Brüsseler Kommission sticht damit in einen aufblühenden Markt. Media Player ermöglichen es einem Computernutzer, sich unterhalten zu lassen, konkret: Musikstücke und Videodateien abzuspielen. Sie führen sowohl Dateien vor, die schon auf der Festplatte sind, also auch solche, die aus dem Netz geladen werden sollen.

Die EU-Kommission hat nun eine doppelte Wettbewerbsverzerrung ausgemacht, unter der sowohl die Nutzer als auch die Anbieter solcher Entertainment-Dateien zu leiden hätten. Der Nutzer findet, wenn er zu den mehr als 90 Prozent gehört, die mit Windows arbeiten, den Windows Media Player beim Einschalten auf seiner Festplatte vor. Zwar kann er auch die Konkurrenz-Produkte installieren, doch das verlangt einige Detailkenntnisse. Auch das Löschen des Windows-Hilfsprogramms ist kompliziert. Während die Konkurrenz-Produkte komfortabel entfernt werden können, muss man den Windows Media Player erst umständlich auf der Festplatte suchen.

Noch gravierender wirkt sich die marktbeherrschende Stellung von Microsoft auf die anderen Anbieter aus. Wer Musikstücke zum Herunterladen verkaufen möchte, weiß schließlich, dass das Gros seiner potenziellen Kunden das Windows-Produkt besitzt. Daher liegt es nahe, die Musikstücke gleich als solche Dateien anzubieten, die den Windows Media Player auf direktem Weg ansprechen. Beim Service „Musicload" von T-Online zum Beispiel öffnet sich das Windows-Hilfsprogramm automatisch, wenn man eines der Musikstücke anhören möchte.

Christopher Schader, Süddeutsche Zeitung, 24.3.2004

Aufgaben zu M 4 und M 5

1. *Beurteile die Verkaufsstrategie des Kassierers (M 4).*

2. *Vergleiche die Rolle von Bill Gates im Verkaufsgespräch mit dem „Fall Microsoft" (M 4, M 5).*

M 6

Das Kartellverfahren gegen Microsoft

Dezember 1997	Microsoft muss Internet Explorer von Windows trennen
April 2000	US-Urteil: Microsoft hat Monopol wettbewerbsbehindernd genutzt, spätere Zerschlagung des Konzerns angeordnet
Juni 2001	Urteil zur Zerschlagung wird aufgehoben
August 2001	EU-Kommission sieht in der Bündelung von Windows mit Media-Player Wettbewerbsbehinderung
August 2003	EU-Kommission droht mit Geldstrafe und Auflagen
März 2004	Einigungsversuch zwischen EU-Kommission und Microsoft-Chef Ballmer scheitert. EU verhängt anschließend gegen Microsoft ein Bußgeld in Höhe von 497 Mio. Euro
Dezember 2004	Die von Microsoft geforderte Aufhebung der Sanktionen wird von EU-Gericht abgelehnt
August 2005	Microsoft legt beim EuGH Berufung gegen die Verurteilung ein

Zusammenstellung des Autors

M 7

Bußgelder der EU gegen „Wettbewerbs-Sünder"

Die bislang höchsten Bußgelder der EU für "Wettbewerbs-Sünder"			
Unternehmen	**Bußgeld in Mio. Euro**	**Jahr**	**Grund**
Microsoft	497 (erwartet)	2004	Ausweitung der marktbeherrschenden Stellung bei PC-Betriebssystemen
Roche Holding	462	2001	Beteiligung an einem Vitamin-Kartell
BASF	296,16	2001	Beteiligung an einem Vitamin-Kartell
Lafarge	249,6	2002	Beteiligung an einem Kartell für Rigipsplatten
Arjo Wiggins Appelton	184,27	2001	Beteiligung an einem Papierkartell

dpa, 22.12.2004

M 8

Der Wettbewerb schafft die Grundlagen unserer Wirtschaftsordnung

Allokationsfunktion[1]

Möchten Unternehmen im Wettbewerb erfolgreich sein, müssen sie sich an den Bedürfnissen der Konsumenten ausrichten, damit entscheiden diese mit ihren Kaufentscheidungen auch über Marktanteile der Anbieter (Konsumentensouveränität).

Die Konkurrenz zwingt die Unternehmen, die Ressourcen d. h. Produktionsfaktoren (Boden, Arbeit, Kapital) effizient einzusetzen, um ihre Marktanteile zu sichern bzw. auszubauen.

Innovationsfunktion

Technischer Fortschritt bzw. Innovationen gelten als wichtigste Determinante für die langfristige Steigerung des Lebensstandards aufgrund von Wirtschaftswachstum. Dem Wettbewerb kommt hierbei eine Schlüsselfunktion zu, weil im Wettbewerb hohe Anreize bestehen, dass Unternehmen neue Produkte und Produktionsverfahren entwickeln, um mit solchen Produkt- und Verfahrensinnovationen im Wettbewerb mit anderen vorzustoßen, ihre Marktanteile zu vergrößern und ihre Gewinne zu erhöhen.

Machtbeschränkungsfunktion

Wettbewerb wurde immer auch als ein wichtiges Instrument zur Beschränkung wirtschaftlicher Macht und damit zur Sicherung der individuellen Freiheit gesehen. Wenn Anbieter miteinander im Wettbewerb stehen, so haben die Nachfrager die Möglichkeit, zwischen den Leistungsangeboten der verschiedenen Anbieter zu wählen. Insofern wird die Macht des einzelnen Anbieters durch die Existenz anderer konkurrierender Wettbewerber massiv eingeschränkt.

Verteilungsfunktion

In einem funktionsfähigen Wettbewerb sollen die Wettbewerber nach ihren jeweiligen Leistungen entlohnt werden. Wenn Unternehmen eine besonders gute Leistung für die Nachfrager im Wettbewerb erbringen, dann werden sie dafür mit steigenden Marktanteilen und daraus folgend mit hohen Gewinnen belohnt.

nach: Walter Kerber, Wettbewerbspolitik, S. 9 ff. , ÖBO, Modul 28

[1] Allokationsfunktion (des Marktes) = bedarfsgerechte Bereitstellung von Produktionsmitteln

Aufgaben zu M 7 – M 8

1. *Kartelle sind Absprachen zwischen Unternehmen, die dazu dienen, den Wettbewerb zu beeinträchtigen oder zu beseitigen. Recherchiere Fälle (vgl. M 7), bei denen das deutsche Kartellamt gegen verbotene Preiskartelle vorgegangen ist und stelle den Verlauf der Verfahren dar.*

2. *Beschreibe, inwieweit die Marktbeherrschung von Microsoft die Funktionen des Wettbewerbs (M 8) beeinträchtigt.*

Der Markt führt zu ungleicher Einkommensverteilung

Was ist soziale Gerechtigkeit?

M 9

Was ist soziale Gerechtigkeit?
So viel Prozent der Befragten glauben (Mehrfachnennungen) …

dass es „sozial gerecht" ist, wenn die Menschen entsprechend ihrer Tüchtigkeit unterschiedliche Einkommen haben	78
dass Reformen nur dann gerecht sind, wenn das obere Viertel der Gesellschaft deutlich stärker zur Kasse gebeten wird	64
dass der Begriff „soziale Gerechtigkeit" nur vorgeschoben wird, um eigene Interessen durchzusetzen	55
denjenigen, die soziale Gerechtigkeit fordern, dass sie wirklich einen gerechten Interessenausgleich herbeiführen wollen	43
dass es gerecht ist, wenn alle gemäß ihrem Einkommen belastet werden	35
dass es „sozial gerecht" ist, wenn alle das Gleiche haben	20

Quelle: Emnid-Institut, 2003

Aufgaben zu M 9

1. Erläutere, was für dich soziale Gerechtigkeit bedeutet.
2. Erkläre in diesem Zusammenhang die Begriffe Chancengerechtigkeit, Leistungsgerechtigkeit, Bedarfsgerechtigkeit, Generationengerechtigkeit.

Ist die Einkommens- und Vermögensverteilung gerecht?

M 10

Schichtung der Bevölkerung nach relativen Einkommenspositionen
Bevölkerungsanteile in Prozent

	Monatliches Haushaltsnettoeinkommen					
	1994	1997	2000	2003	2004	2005
	in %					
Höherer Wohlstand (>200%)	3,9	3,4	3,3	4,4	4,3	4,2
Relativer Wohlstand (150-200%)	8,3	7,6	8,9	8,1	7,8	8,4
Gehobene Einkommenslage (125-150%)	9,6	10,1	10,9	9,6	9,9	10,1
Mittlere bis gehobene Einkommenslage (100-125%)	18,0	18,3	15,1	17,6	16,9	16,7
Untere bis mittlere Einkommenslage (75-100%)	27,4	28,8	30,3	25,7	26,7	26,3
Prekärer Wohlstand (50-75%)	24,6	23,9	22,7	23,7	23,7	23,8
Relative Armut (0-50%)	8,3	7,9	8,8	10,8	10,6	10,6

Statistisches Bundesamt, Datenreport 2006, S. 611

Das Nettovermögen der Deutschen

Zehntel der Bevölkerung	Mittelwerte in 1 000 Euro 1993	2003	Veränd. in Prozent
unterstes	– 2,1	– 7,9	– 276
2.	2,4	0.8	– 67
3.	6,3	6,1	– 3
4.	12,5	16,2	+ 30
5.	23,9	34,9	+ 46
6.	50,7	70,5	+ 39
7.	105,7	123,6	+ 17
8.	160,3	190,0	+ 19
9.	227,3	275,8	+ 21
oberstes	474,7	624,1	+ 31

Minuswerte sind Schulden *Quelle: EVS, ZEW-Berechnungen*

Lesebeispiel: In der Gruppe der reichsten Deutschen (oberstes Zehntel) hat jedes Mitglied 2003 im Durchschnitt 624 100 Euro Vermögen gehabt. Eventuelle Schulden sind schon gegengerechnet.

Stuttgarter Zeitung, 3.3.2005

Aufgaben zu M 10

1. Analysiere die Einkommens- und Vermögensverteilung in Deutschland (M 10).
2. Ist die Verteilung der Einkommen und Vermögen (M 10) mit den Prinzipien der Sozialen Marktwirtschaft zu vereinbaren? Begründe deine Meinung.

M 11 Brauchen wir eine Luxussteuer?

Im Hinblick auf den Armutsbericht 2004 der Bundesregierung fordern SPD-Linke und einige Gewerkschaften eine stärkere finanzielle Belastung von Reichen. Ideen sehen u.a. vor, auf das Einkommen von Höchstverdienern einen Solidarbeitrag in Höhe von fünf Prozent zu erheben oder eine zusätzliche Abgabe auf Luxusgüter ab einem Kaufpreis von einer halben Million Euro zu erheben.

Ist eine Luxussteuer in Deutschland sinnvoll?

http://www.politikerscreen.de/direct800.asp?Page=/polls/2004/11/40723/default.asp (2.2.2005)

Nein, eine Luxusabgabe vertreibt nur finanzkräftige Investoren und Kaufkraft aus Deutschland und behebt nicht die Ursachen von sozialer Armut in Deutschland.	30%
Ja, die Schere zwischen Arm und Reich in Deutschland darf nicht immer weiter auseinander gehen. Eine stärkere Belastung der Starken zum Wohle einer solidarischen Umverteilung ist vertretbar.	70%

M 12 Ungleiche Belastung

Ungleiche Belastung

Steuerlast nach Einkommensgruppen

Steuerpflichtige mit einem Einkommen von...	zahlen am deutschen Einkommensteuer-aufkommen einen Anteil von...
über 85 400 Euro (**Spitzenverdiener**: entsprechen den obersten fünf Prozent aller Steuerpflichtigen)	41,4%
67 000 – 85 400 Euro (entsprechen den nächsten fünf Prozent)	11,5
57 950 – 67 000 Euro	8,1
51 600 – 57 950 Euro	6,5
46 550 – 51 600 Euro	5,4
42 100 – 46 550 Euro	4,5
38 100 – 41 200 Euro	4,0
34 350 – 38 100 Euro	3,7
28 100 – 31 030 Euro	3,1
unter 28 200 Euro (entsprechen 50 Prozent)	8,3

Quelle: BMF, Stand 2004

Stuttgarter Zeitung, 25.6.2005

M 13 Steuer ABC

Der **progressive Einkommensteuertarif** führt dazu, dass mit steigendem Einkommen die Steuerlast überproportional steigt. Seit 2005 liegt der Eingangssteuersatz bei 15 Prozent und der Spitzensteuersatz bei 42 Prozent.

Der **Grenzsteuersatz** gibt an, wie stark der letzte hinzuverdiente Euro belastet wird. Die meist deutlich niedrigere Durchschnittsbelastung ergibt sich aus dem Verhältnis zwischen den insgesamt zu zahlenden Steuern und dem Bruttoeinkommen.

Ein **linearer Tarif** kennt nur einen einzigen Steuersatz, der von allen Steuerzahlern zu zahlen ist. Wird diesem Tarif ein allgemeiner Grundfreibetrag vorgeschaltet, ergibt sich für höhere Einkommen eine langsam ansteigende Durchschnittsbelastung.

Direkte Steuern sind vor allem die Lohn- und Einkommensteuer, für Kapitalgesellschaften die Körperschaftsteuer, der Solidaritätszuschlag, die Grundsteuer sowie die Gewerbesteuer und die Erbschaftsteuer. Sie erfassen das Einkommen bei seiner Entstehung.

Indirekte Steuern sind die Mehrwertsteuer, Zölle, Mineralölsteuer, Kraftfahrzeugsteuer sowie die übrigen Verbrauchsteuern. Sie erfassen das Einkommen bei seiner Verwendung.

Direkte und indirekte Steuern tragen, grob gerechnet, jeweils zur Hälfte zu den Steuereinnahmen des Staates bei.

nach: Die Zeit, 7.8.2003

Steuermodelle im Vergleich

M 14

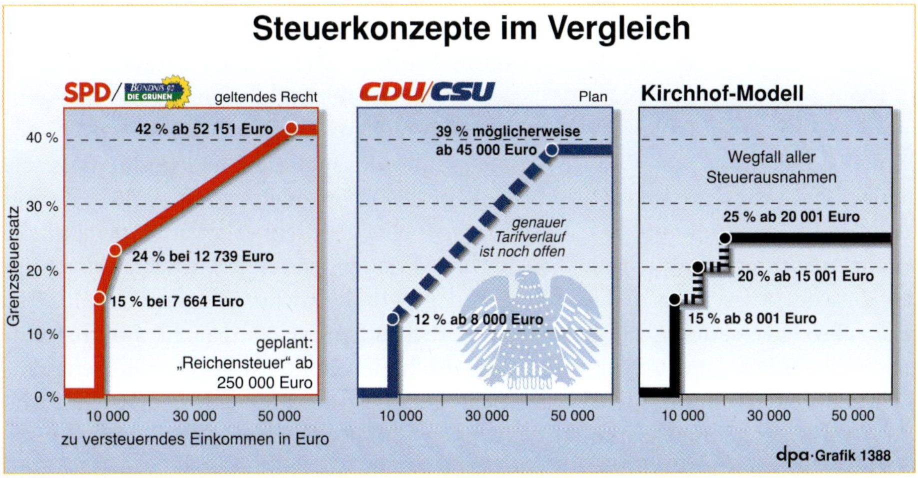

Aufgabe zu M 11 – M 14

1. Die Parteien eines europäischen Nachbarlandes interessieren sich für die in Deutschland diskutierten Steuermodelle (M 14). Die Berater der Parteien sollen für ihre Partei eine Empfehlung abgeben, welches Modell im Wahlkampf beworben werden soll. Die Modelle müssen also genau geprüft werden. Teilt euch dazu in Beratergruppen auf und begründet eure Wahl schriftlich.

a) Gruppe 1 berät die „Partei der sozialen Gerechtigkeit", diese setzt sich für Arbeitnehmerrechte und Umverteilung von oben nach unten ein. Sie will vermeiden, dass die soziale Schere weiter auseinander geht. Solidarische Sozialstaatspolitik ist ihr wichtig.

b) Gruppe 2 berät die liberale Partei „Leistung muss sich wieder lohnen", sie setzt sich für das freie Spiel der Kräfte am Markt ein.

c) Gruppe 3 berät die große Volkspartei, die beim Thema Gerechtigkeit möglichst viele Interessen und gesellschaftliche Gruppen ansprechen und überzeugen will.

Beschreibe und begründe jeweils deine Vorschläge.

Der Marktmechanismus zerstört wichtige Güter oder stellt sie nicht her

Was sind öffentliche Güter?

M 15

Wir gehen im Marktmodell davon aus, das der Konsum eines Gutes nur dem Käufer zugute kommt. Wenn ein Konsument einen Apfel kauft (und isst), dann kommt nur er in den Genuss des Apfels; kein anderer Konsument hat einen Vorteil aus dem Konsum dieses Apfels. Diese Eigenschaft eines Gutes bezeichnet man als Rivalität: „Ein Gut besitzt die Eigenschaft der Rivalität (im Konsum), wenn der Konsum des Gutes durch die gleichzeitige Nutzung dieses Gutes durch einen anderen Konsumenten beeinträchtigt wird." Dies ist nicht bei allen Gütern so. Viele Güter weisen Nicht-Rivalität im Konsum auf.

Wenn ein Deich gebaut wird, können alle Haushalte hinter dem Deich das Gut „Schutz vor Überschwemmungen" gleichermaßen konsumieren. Kommt ein Haushalt hinzu, mindert das nicht den Konsum des Gutes der anderen Haushalte. Andere Beispiele für nicht-rivalisierende Güter: Landesverteidigung, saubere Umwelt, Straßen, Brücken, Gehwege, Straßenbeleuchtung, Parks, TV- und Radio-Programme. Anders formuliert: Bei Gütern mit Nicht-Rivalität muss jeder die gleiche Menge oder Qualität konsumieren; z.B. beim Deich kann nicht ein Haushalt einen größeren Schutz (höheren Deich) konsumieren als ein anderer Haushalt. Neben dem Kriterium der Rivalität verwendet man das Kriterium der Ausschließbarkeit zur Klassifizierung von Gütern. „Ein Gut besitzt die Eigenschaft der Ausschließbarkeit (im Konsum), wenn ein potentieller Nutzer von dem Konsum des Gutes ausgeschlossen werden kann." Der Preis ist ein Ausschluss-Mechanismus. Nur wer den Preis für einen Apfel bezahlt, kann das Gut „Apfel" konsumieren. Bei einigen Gütern wird kein Ausschluss praktiziert. Das kann daran liegen, dass der Ausschluss nicht möglich, bzw. zu teuer wäre (z.B. saubere Luft, Landesverteidigung, Schutz vor Wasser durch einen Deich) oder dass ein Ausschluss einfach nicht durchgesetzt wird (kunsthistorisch interessante Kirchen). Öffentliche Güter werden i. A. durch die Nicht-Ausschließbarkeit und Nicht-Rivalität definiert. Öffentliche Güter sind Güter, Dienstleistungen und Zustände, für deren Herstellung, Verteilung und Sicherung die Gesellschaft verantwortlich ist. Der Zugang zu öffentlichen Gütern soll grundsätzlich allen Mitgliedern einer Gesellschaft, unabhängig von ihrem Einkommen, offen stehen. Zu den öffentlichen Gütern können Güter des materiellen Grundbedarfs wie Energie und Wasser sowie soziale, kulturelle und Bildungsdienste gehören – aber auch persönliche Sicherheit, Frieden, saubere Umwelt, Gerechtigkeit und gesellschaftlicher Zusammenhalt. Was ein öffentliches Gut ist, wird nicht durch stoffliche Eigenschaften, sondern durch politische Entscheidungen bestimmt, denen gesellschaftliche Wertungen, Interessen und Kräfteverhältnisse zugrunde liegen.

Begriff öffentliche Güter, Wikipedia, freie Enzyklopädie (13.5.2005)

M 16 Die Auswirkungen wirtschaftlichen Handelns auf Dritte

Der Individualverkehr verursacht Kosten, die von der Allgemeinheit getragen werden müssen.

Der Individualverkehr in Ballungsgebieten verursacht Beeinträchtigungen für die Allgemeinheit, sog. externe Kosten, in Form von z.B. Lärm, Luftverschmutzung, Landschaftsverbrauch, Erkrankungen.
Man bezeichnet diese Auswirkungen als extern, da sie außerhalb des zugehörigen Handelns stattfinden und die indirekt Betroffenen (z. B. Anwohner) keinen Einfluss auf die Entscheidung haben, ob die Handlung (z. B. die Fahrt mit dem PKW) getätigt wird oder nicht.
Als intern sind alle Geldströme zu bezeichnen, die mit den Fahrtkosten entstehen (z. B. Kosten für die Anschaffung, Treibstoffkosten).
Bei Fahrten mit dem PKW entstehen Umweltkosten, für die der Autofahrer nicht bezahlt, sondern die Allgemeinheit. Da es sich in diesen Fällen um Wohlfahrtsverluste handelt, spricht man von negativen externen Effekten. Für Mitfahrer, die für die Annehmlichkeiten der Autofahrt nichts bezahlen, entstehen positive externe Nutzen (positive externe Effekte).
Das ökonomische Problem der externen Effekte liegt darin, dass die Verursacher der externen Effekte diese nicht in Ihrem wirtschaftlichen Kalkül beachten müssen. Gerade bei externen Kosten wird dies nicht freiwillig geschehen, da es höhere Kosten für den Einzelnen verursachen würde. Hier bedarf es u. U. staatlicher Eingriffe, um den Verursacher die Kosten ihres Handelns zu berechnen und damit Leidtragende des Verkehrs zu entschädigen. Man spricht dann von der Internalisierung externer Effekte.

Begriff Externe Effekte, Wikipedia, freie Enzyklopädie (13.5.2005)

M 17

Strategien zur Lösung von Umweltproblemen

Appelle an Moral und Einsicht	Staatliche Auflagen	Marktkonforme Anreize
– Aufklärung – Umweltzeichen – Umweltbildung – Verhaltensappelle	– Ge- und Verbote (z.B. Rußfilterpflicht) – Produktstandards – Genehmigungen – Umweltstrafrecht	– Ökosteuern – Subventionen – Handel mit Lizenzen, Zertifikaten (z.B. Emissionszertifikate)

Autorengrafik

Aufgaben zu M 15 – M 17

1. *Definiere öffentliche Güter (M 15).*
2. *Beschreibe weitere Beispiele für externe Effekte (M 16).*
3. *Warum löst man das Umweltproblem nicht einfach damit, dass man alle externen Kosten (M 16) berechnet und auf den Verursacher umlegt (Internalisierung externer Kosten)?*
4. *Beurteile die Strategien zur Lösung der Umweltprobleme (M 17) hinsichtlich ihrer Wirksamkeit.*
5. *Der Fischbestand ist weltweit dramatisch zurückgegangen, sodass es sich teilweise nicht mehr lohnt, einzelne Arten überhaupt noch zu fangen. Erkläre, warum.*

M 18

Die Verschmutzung der Luft

Der Begriff Luftverschmutzung fasst eine Vielzahl von Verunreinigungen der Luft mit umwelt- und gesundheitsgefährdenden Substanzen zusammen, die sich unterteilen lassen in:

- organische Verbindungen (Kohlenwasserstoffe),
- staubförmige anorganische Stoffe (z.B. Schwermetalle),
- dampf- oder gasförmige anorganische Stoffe (z.B. Schwefeldioxid (SO_2)),
- Stickoxide (NOX),
- Kohlenmonoxid (CO),
- Kohlendioxid (CO_2),
- Fluor-, Chlor- und Schwefelwasserstoffe usw.

Emittenten sind neben Verkehr, Industrie, Kraftwerke und Müllverbrennung auch Landwirtschaft, Dienstleistungsbetriebe und die privaten Haushalte (Heizung). Während die Luftverschmutzung durch Kraftwerke in den letzten Jahrzehnten drastisch reduziert wurde (Großfeuerungsanlagenverordnung), haben die Emissionen des Verkehrs teilweise weiter zugenommen.

Luftverschmutzung trägt u.a. zu den Phänomenen Waldsterben, Treibhauseffekt und Ozon bei und wird für den Schadstoffeintrag in Gewässer (saurer Regen) und Boden (Bodenbelastung) als auch für gesundheitliche Schäden (z.B. Allergien) verantwortlich gemacht. ...

Die Bundesländer geben Immissions-Berichte, Luftreinhaltepläne und Schadstoffkataster heraus. Weitere Messungen werden von den Ländern in Gebieten vorgenommen, in denen in den letzten Jahrzehnten Waldschäden aufgetreten sind (Waldschadenserhebung).

Matthias Zillig, www.sonnenseite.de (22.9.2005)

M 19

Der Handel mit der Luft

1. Wozu der Handel mit CO_2- Emissionszertifikaten?

CO_2 oder Kohlendioxyd ist das wichtigste der Treibhausgase, die für die Klimaerwärmung verantwortlich gemacht werden. Treibhausgase sollen weltweit reduziert werden. Die Europäische Union will 2008 bis 2012 genau 8 Prozent weniger Treibhausgase ausstoßen als 1990. Sie hat sich für ein Verfahren entschieden, bei dem einerseits die Menge festgelegt wird, um die Industrie und Energieversorger CO_2-Emissionen reduzieren müssen. Andererseits aber strebt sie eine marktwirtschaftliche Lösung an, um dieses Ziel effizient zu erreichen: den Handel mit Emissionsrechten.

2. Wie funktioniert der Emissionshandel?

Zunächst müssen nur Betriebe der Industrie und der Energiewirtschaft für den Betrieb ihrer Anlagen CO_2-Emissions-Zertifikate beantragen. Das sind Rechte, um Kohlendioxyd in die Atmosphäre zu blasen. Diese Zertifikate teilt in Deutschland das Bundesumweltamt zu. Stößt ein Betrieb mehr Treibhausgas aus, als er es laut Zertifikat darf, dann muss er Zertifikate von anderen Betrieben dazukaufen oder aber eine Anlage installieren, die seinen Ausstoß auf das erlaubte Maß reduziert (oder Strafe zahlen). Die Entscheidung wird das Unternehmen vom Preis für das Zertifikat abhängig machen. Einige Betriebe werden – in der Theorie zumindest – Zertifikate verkaufen können, weil sie auf günstigere Weise CO_2-Ausstoß technisch herunterfahren können. Die Idee dahinter: CO_2 wird dort gespart, wo es am günstigsten geht. Ein Markt entsteht, wenn die Ware Emissionsrecht knapp ist. Das hängt davon ab, wie viele Zertifikate wie zugeteilt werden.

3. Um wie viel Treibhausgas geht es also?

Jedes EU-Land hat sich auf ein nationales Emissionsziel verpflichtet. Deutschland etwa hat versprochen, Emissionen bis 2008/2012 um 21 Prozent gegenüber 1990 zurückzufahren. Daraus lässt sich errechnen, wie viele Tonnen Kohlendioxyd dann in die Luft geblasen werden dürfen. Für Deutschland sind das 846 Millionen Tonnen CO_2. Das Reduktionsziel muss das ganze Land erreichen: die Industrie, die Versorger, das Gewerbe, private Haushalte und den Verkehr. In den Emissionshandel sind aber nur die Energieerzeuger und bestimmte Industriezweige (Eisen- und Stahlindustrie, die Hersteller von Kalk, Zement, Glas, keramische Produkte, Papier und Zellstoff) einbezogen. Eine der aktuellen Streitfragen ist, wie viel von den 846 Millionen Tonnen CO_2 Industrie und Versorger ausstoßen dürfen. Wichtig ist: Alles, was diese Sektoren nicht schaffen, müssen andere, also Verkehr, Haushalte, nicht einbezogene Wirtschaftszweige, dann einsparen.

4. Wie viel Treibhausgas dürfen Industrie und Versorger in die Luft lassen?

Das Kohlekraftwerk Niederaußem in Nordrhein-Westfalen stößt rund 30 Mio. Tonnen Kohlendioxid aus. Durch den Emissionshandel besteht ein wirtschaftlicher Anreiz, den Ausstoß zu senken.

Das ist hoch umstritten. Industrie und Versorger argumentieren so: Deutschland hat von den versprochenen 21 Prozent zur Reduktion schon knapp 19 Prozent erreicht. Also will man erst einmal eine Atempause einlegen, um den Rest der Wegstrecke von 2008 bis 2012 zu erreichen. Die Phase von 2005 bis 2007 soll nur zur Erprobung des Zertifikatehandels dienen. ... 2007 sollen Industrie und Energiewirtschaft 488 Millionen Tonnen ausstoßen dürfen, bis 2012 dann 480 Millionen Tonnen statt etwa 505 Millionen Tonnen wie jetzt. Technisch werden die Zertifikate mit einem Erfüllungsfaktor ausgestattet, der eins beträgt oder unterhalb von eins liegt. Das heißt im letzteren Fall: Die Rechte zur Emission erlauben nach und nach kleinere Ausstoßmengen.

5. Warum protestiert die Industrie so laut?
Ein paar Millionen Tonnen Reduktion, das müsste locker zu wuppen sein, möchte man meinen nach den Erfolgen in den neunziger Jahren. Doch die Welt hat sich geändert: Die damaligen Erfolge hingen zum großen Teil von der Deindustrialisierung Ostdeutschlands ab. Von 2000 bis 2002 stiegen die Emissionen jener Anlagen, die in den Zertifikatehandel einbezogen werden, trotz Wirtschaftskrise. Und obwohl die Wirtschaft sich zur Reduktion von Emissionen verpflichtet hatte. Ein weiterer Streitpunkt ist der „Atomausstieg". In Deutschland sollen nach und nach die Atomkraftwerke abgeschaltet werden, die kein CO_2 emittieren. Sie müssen durch Kraftwerke ersetzt werden, die Treibhausgase emittieren. ... Eine dritte Konfliktzone ist die Ausstattung der Zertifikate und ihre Verteilung auf die Unternehmen.

6. Wie werden die Zertifikate ausgestattet und verteilt?
In den nationalen Zuteilungsplänen wird die Gesamtmenge und die Verteilung der CO_2-Emissionen festgelegt, die die Mitgliedstaaten den ansässigen Unternehmen gewähren und die dann von den Unternehmen gehandelt werden können. Dazu müssen die Mitgliedstaaten zunächst festlegen, wie viele Zertifikate sie im Zeitraum 2005 - 2007 insgesamt vergeben wollen und wie viele Zertifikate die am Emissionshandelssystem beteiligten Anlagen jeweils erhalten sollen. Grundidee des Systems ist, dass die Mitgliedstaaten die CO_2-Emissionen des Energie- und Industriesektors mittels Vergabe von Emissionszertifikaten begrenzen und durch diese Kontingentierung der Emissionsrechte eine Verknappung derselben herbeiführen, so dass ein funktionierender Markt entsteht und in der Folge die Gesamtemissionen faktisch zurückgehen.

7. Nützt der CO_2-Emissionshandel?
In der Theorie ja. Nur: Weil nicht alle Länder mitmachen, etwa die Vereinigten Staaten, könnte Produktion verlagert werden. Dann könnten Einsparungen hier zu höheren Ausstößen anderswo führen. Wenn dort die Anlagen alt sind, könnte der Ausstoß sogar noch größer werden als die Einsparung in der EU. Erwartet werden zudem höhere Energiepreise, die den Standort Deutschland verteuern.

Winand von Petersdorff, in: Frankfurter Allgemeine Sonntagszeitung, 28.03.2004, S. 41 und http://www.emissionshandel-fichtner.de/eu_emissionshandel_nationale_allokationsplaene.html, 22.9.2005

Aufgaben zu M 18 und M 19

1. *Gestalte eine Grafik, welche die Funktionsweise und Wirksamkeit des Handels mit Emissionen aufzeigt.*

2. *Nenne die Probleme, die bei der Einführung des Emissionshandelssystems in Deutschland deutlich werden (M 19).*

Die Stärken und Schwächen des Marktes und die Rolle des Staates

Markt und Staat im Spannungsfeld

Den Rahmen der Sozialen Marktwirtschaft bildet die Wertordnung des Grundgesetzes. Freiheit und Gleichheit, Markt und Staat bilden die Pole, innerhalb derer unsere Wirtschaftsordnung politisch gestaltet wird.
Welche Aufgaben der Staat in welchem Umfang erfüllen soll, wurde schon immer politisch kontrovers beurteilt. Die Marktwirtschaft mit ihrem freiheitlichen Menschenbild fordert und fördert Leistung, schafft Anreize für Innovationen und ermöglicht so eine optimale Versorgung der Bürger mit Gütern.

Marktversagen: Aufrechterhaltung des Wettbewerbs
M 2, M 3
Staatliche Wettbewerbspolitik
M 8

Der Marktmechanismus vermag aber nicht alle Aufgaben, wie sie sich aus den wertorientierten grundgesetzlichen Regeln des Zusammenlebens ergeben, befriedigend zu erfüllen. So versagt der Markt, wenn es darum geht, seine eigenen Voraussetzungen, nämlich Wettbewerb und Konkurrenz, zu schützen. Staatliche Wettbewerbspolitik (Kartellverbote, Fusionskontrolle) sichert den Wettbewerb und damit die Leistungsfähigkeit des Marktmechanismus. In Deutschland übernimmt diese Aufgabe das Bundeskartellamt in Berlin, in der EU ist die Europäische Kommission zuständig.

Marktversagen: Existenzsicherung
Sozial- und Einkommenspolitik
M 9 – M 14

Der Markt weist Einkommen nach Leistung, nicht nach Bedürftigkeit zu. Menschen, die nicht in der Lage sind, eigenes Einkommen zu erzielen, sind, wollen sie überleben, auf Almosen oder familiäre Unterstützung angewiesen. Der Markt ist also nicht in der Lage, automatisch das Existenzminimum jedes Einzelnen zu sichern bzw. für sozialen Ausgleich zu sorgen. Der Staat übernimmt deshalb durch Sozialpolitik (Sozialleistungen) und Einkommenspolitik (Steuerpolitik) die im Grundgesetz garantierte Aufgabe, für ein Existenzminimum zu sorgen. Wie eine gerechte Einkommens- und Vermögensverteilung aussieht und in welchem Umfang der Staat über seine Steuerpolitik dafür Einkommen und Vermögen umverteilen soll, ist politisch allerdings umstritten.

Marktversagen: Umweltschutz
M 15
Umweltpolitik
M 17

Der Marktmechanismus versagt auch, wenn es um den Schutz wertvoller Güter geht, für die es keine Preise gibt (öffentliche Güter). Umweltgüter wie saubere Luft oder Regenwasser können von allen frei konsumiert werden, da das Ausschlussprinzip des Preises fehlt. Die Umweltnutzung verursacht Kosten (z. B. der Verkehr in Form von Landschaftsverbrauch, Lärm, Luftverschmutzung etc.), welche der Nutzer nicht selbst trägt, sondern die Allgemeinheit (negative externe Effekte). Der Staat kann Umweltgüter durch Umweltgesetze, z.B. eine Rußfilterpflicht, schützen. Er kann aber auch für marktkonformen Anreize sorgen, schonend mit der Luft umzugehen. Der Handel mit CO_2-Emissionszertifikaten ist dafür ein Beispiel.

Marktversagen: Wirtschaftskrisen

Darüber hinaus tendieren Marktwirtschaften zu zyklischen Wachstumsschwankungen, die sich im Extremfall zu ausgeprägten wirtschaftlichen Krisen mit hoher Arbeitslosigkeit und/oder Inflation entwickeln können. Um die Marktwirtschaft wieder ins Gleichgewicht zu bringen, bedarf es deshalb korrigierender staatlicher Eingriffe.

2. Die Stabilisierung der Marktwirtschaft durch den Staat

2.1 Wirtschaftliches Problem Nr.1 – Arbeitslosigkeit

Arbeitsgesellschaft heute und morgen

M 1

Karikatur: Barbara Henniger

Prof. Ulrich Beck: Die Politik, die Parteien gaukeln uns die Vorstellung vor, man muss an ein paar Hebeln drehen, ein bisschen bittere Medizin, dieses oder jenes schlucken, und das Paradies der Vollbeschäftigungsgesellschaft wird wieder entstehen. Das finde ich fatal. Wir lügen uns alle in die Tasche! Es wird eine Transformation geben, und das Zentrum, übrigens gerade in Deutschland – in anderen Ländern ist das nicht im selben Maße der Fall – wird nicht mehr nur die Erwerbsarbeit sein.

Prof. Ralf Dahrendorf: Wir sind in einer Epoche, in der das, was man früher „Beruf" nannte, und das, was manche Normalarbeitsplätze nennen, in abnehmendem Maße nötig sind, um das zu produzieren und sogar unter die Leute zu bringen, was wir wollen und was wir brauchen.

Georg Meissner, Baustellen-Leiter: Man sieht ja, wie viel zigtausende Kollegen arbeitslos sind, und es tut sich aber nichts, ne? Und mittlerweile ist es ja schon so, dass der Slowake, der hier nach Deutschland kommt, um zu arbeiten, oder der Pole in seinem eigenen Land zu teuer ist und von hinten her, von hinten herein dann der Russe oder der Rumäne dringt.

Karlheinz Augendübler, Optiker: Logischerweise macht es also Angst, in 20 Jahren keine Arbeit mehr zu haben. Es macht mir auch Angst für meine Kinder, die dann in 20 Jahren nicht mehr Optiker sein dürfen, weil das eben halt unmodern ist. Wenn ich mir überlege, in meiner Jugend gab es an jeder Ecke einen Schuhmacher, … es gab überall einen Juwelier, es gab einen Goldschmied, es gab einen Uhrmacher, das ist also heute alles weg.

Ellen Paulus, Software-Expertin: Ich lebe auch, um zu arbeiten. Also die Arbeit macht mir großen Spaß. Sie strukturiert mein Leben, sie lässt mich am gesellschaftlichen Leben teilhaben, sie erfüllt mich auch und sie befriedigt mich.

aus der Sendung Monitor, Beitrag: Arbeitsgesellschaft: Das Ende der Vollbeschäftigung, Bericht: Sonia Mikich, Kim Otto, Tatjana Kasprzyk, 29.1.2004

M 2 Einzelschicksal Arbeitslosigkeit

Hanel/CCC, www.c5.net

Der ehemalige Geschäftsführer eines Kölner Verlages sitzt in hellen Slippern auf einem weißen Sofa in Bergisch Gladbach: „Mein Chef hat mich in einen kahlen Raum gerufen", erinnert er sich. „Da hat er dann gesagt: Tja, tut mir Leid, wir schließen Ihren Bereich. Kein Glas Wasser, kein „Wollen Sie den Rest des Tages freihaben?", nichts. Das war ein merkwürdiges Gefühl. Als würde man von Tempo 200 auf null gestoppt. Man war ja hoch motiviert. Immer kreativ. Und dann von einem Moment auf den anderen das Aus. Das war ein Schock. Schlicht ein Schock. Ein anderes Wort fällt mir dazu nicht ein." „Nach dem ersten Schreck kam die Wut", sagt er, „wie kann der nur, so ein Arschloch, und ich bin nun wirklich nicht der Mensch für Kraftausdrücke. Dann kam Erleichterung, na bitte, mach ich eben was Neues, habe ich ja schon oft gemacht. Und dann aber doch wieder die Wut. Und die Angst. Ich bin 48, und als Lektor ist es im Moment sehr schwierig. Auf einmal fehlt bei allem der Sinn. Das war ja nicht nur irgendein Job für mich. Das war meine Leidenschaft, meine Berufung. Ich habe mich erst mal noch mehr in meine Kirchenarbeit gestürzt und im Haushalt nützlich gemacht. Aber man muss dabei aufpassen. Für meine Söhne ist das komisch. Früher ist der Vater morgens um sieben zum Job gefahren und abends um zehn nach Hause gekommen. Immer im Anzug, immer zu tun. Und jetzt steht er am Bügelbrett. Das verunsichert die Jungs doch. „Mit der Kündigung verliert man seine bisher gewohnte Rolle – im Freundeskreis, in der Partnerschaft, in der Familie", sagt Sabine Blecher, Familientherapeutin in Frankfurt am Main. Ihre Patienten erzählen, dass sie pausenlos mit dem Partner streiten, dass sie sich einsam und unverstanden fühlen. Erst nach vielen Sitzungen erkennen sie, dass all diese

Probleme mit dem Verlust ihrer Arbeit begonnen haben. Glücksforscher sagen: Ohne Job zu sein macht so unglücklich wie ein Minus von 34 500 Euro auf dem Konto. Noch unglücklicher macht nur Krankheit. Arbeit bringt Geld. Arbeit bringt Achtung. Wer nicht arbeitet, der lebt nicht. Wer die Arbeit verliert, der hat versagt. Und auch wenn Millionen Menschen wissen, dass Kündigung schon lange alltäglich ist – dieser Glaube gehört zur hiesigen Kultur.

In den ersten Monaten nach dem Jobverlust erleben die Betroffenen die Kündigungssituation in immer wiederkehrenden Bildern. Verbeißen sich in diesen einen Moment, erzählen wieder und wieder von jedem Detail, klagen sich an, suchen nach eigenen Fehlern, die zur Katastrophe geführt haben. Die, die ahnten, dass sie ihren Job verlieren, empfinden zunächst Erleichterung, dass die Bedrohung endlich Gewissheit ist. Doch auch bei ihnen folgen Depression, Verzweiflung und Erschöpfung bis hin zu Apathie.

Franziska Reich, Stern, Heft 20, 8.5.2003

Aufgaben zu M 1 und M 2

1. *Finde für die Statements und die Karikatur in M 1 jeweils eine aussagekräftige Überschrift.*

2. *Erkläre mit Hilfe von M 2, warum Arbeit für den Einzelnen so wichtig ist.*

M 3

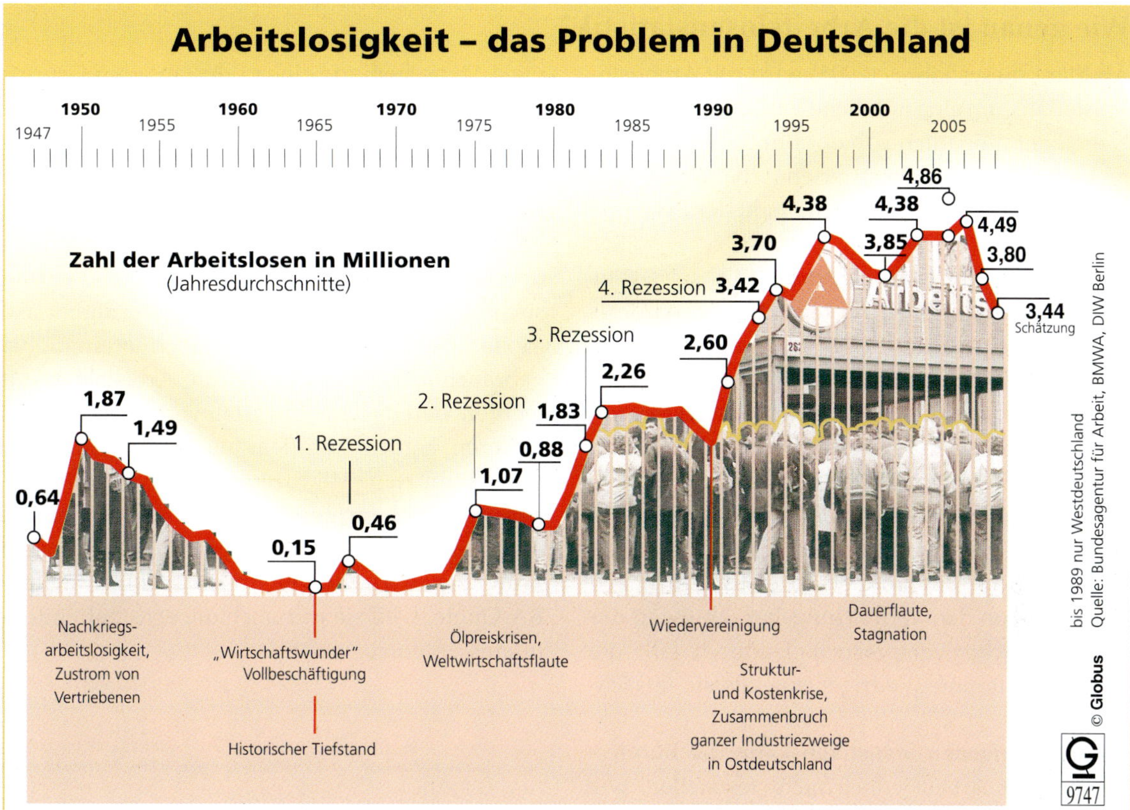
Arbeitslosigkeit – das Problem in Deutschland
Zahl der Arbeitslosen in Millionen
(Jahresdurchschnitte)
1947
1950
1955
1960
1965
1970
1975
1980
1985
1990
1995
2000
2005
0,64
1,87
1,49
0,15
0,46
1,07
0,88
1,83
2,26
2,60
3,42
3,70
4,38
3,85
4,38
4,86
4,49
3,80
3,44
Schätzung
1. Rezession
2. Rezession
3. Rezession
4. Rezession
Nachkriegs-arbeitslosigkeit, Zustrom von Vertriebenen
„Wirtschaftswunder" Vollbeschäftigung
Historischer Tiefstand
Ölpreiskrisen, Weltwirtschaftsflaute
Wiedervereinigung
Struktur- und Kostenkrise, Zusammenbruch ganzer Industriezweige in Ostdeutschland
Dauerflaute, Stagnation
bis 1989 nur Westdeutschland
Quelle: Bundesagentur für Arbeit, BMWA, DIW Berlin
© Globus
9747

M 4

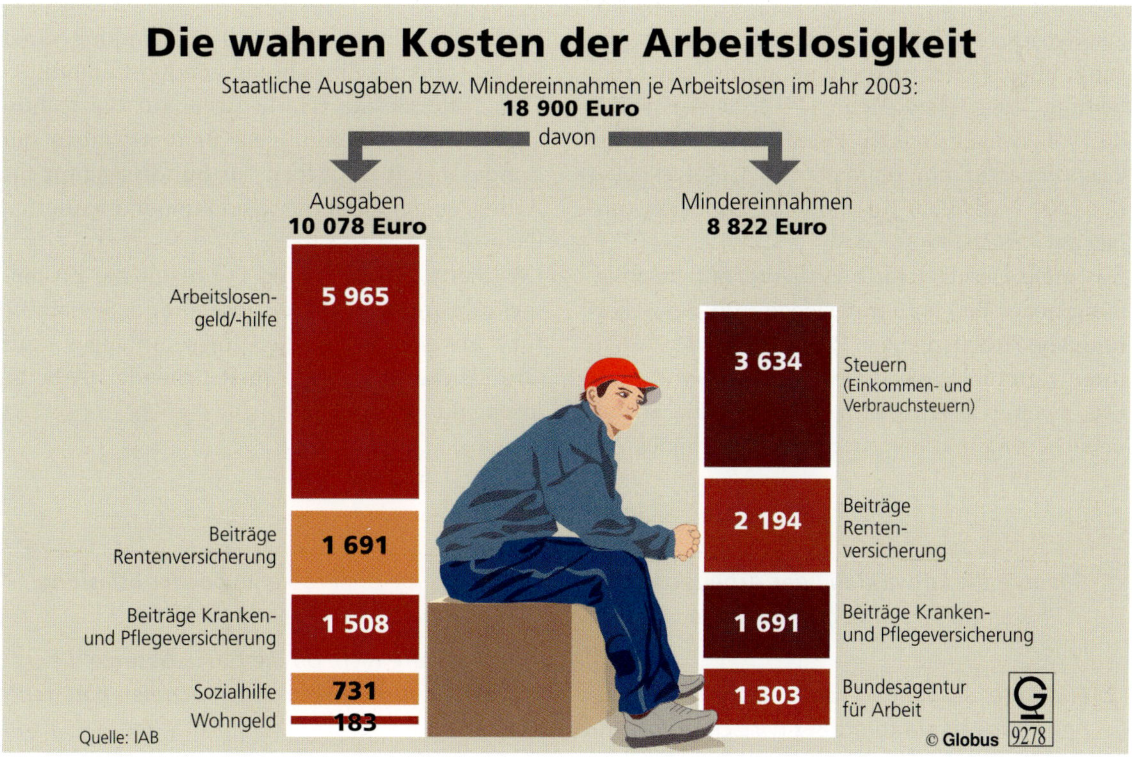
Die wahren Kosten der Arbeitslosigkeit
Staatliche Ausgaben bzw. Mindereinnahmen je Arbeitslosen im Jahr 2003:
18 900 Euro
davon
Ausgaben
10 078 Euro
Mindereinnahmen
8 822 Euro
Arbeitslosen-geld/-hilfe 5 965
Beiträge Rentenversicherung 1 691
Beiträge Kranken- und Pflegeversicherung 1 508
Sozialhilfe 731
Wohngeld 183
3 634 Steuern (Einkommen- und Verbrauchsteuern)
2 194 Beiträge Renten-versicherung
1 691 Beiträge Kranken- und Pflegeversicherung
1 303 Bundesagentur für Arbeit
Quelle: IAB
© Globus
9278

M 5 Wie genau ist die Arbeitslosenstatistik?

Ab März dieses Jahres (2005) wird die Arbeitslosenstatistik um eine nützliche Variante bereichert. Neben der monatlich von der Bundesagentur gemeldeten Zahl der registrierten Arbeitslosen gibt das Statistische Bundesamt die Zahl der Erwerbslosen bekannt.

Wer sich bei der Bundesagentur (BA) arbeitslos meldet, bekommt eine Karteikarte und wird als Arbeitsloser gezählt – selbst wenn der Betreffende bis zu 15 Stunden pro Woche seinem Beruf nachgeht oder eigentlich gar keine Arbeit sucht, weil er schon einen Job in Aussicht hat. Das treibt die Arbeitslosenquote künstlich nach oben.

Auf der anderen Seite melden sich zahlreiche Arbeitslose erst gar nicht beim Amt, weil sie keine Ansprüche auf Lohnersatzleistungen haben oder sich von den Vermittlungsbemühungen der Behörde nichts versprechen. Dadurch fällt die Arbeitslosenquote niedriger aus, als sie tatsächlich ist.

Mit ihren eigenen Statistiken kann die Bundesagentur für Arbeit jedoch nicht feststellen, wie viele Menschen zur einen oder anderen Gruppe gehören. Das Statistische Bundesamt berechnet deshalb die Zahl der Erwerbslosen anders. Es führt dazu monatlich telefonische Umfragen durch. Dabei wird als arbeitslos klassifiziert, wer nicht erwerbstätig ist (unabhängig vom Umfang der Erwerbstätigkeit), aktiv eine Beschäftigung sucht und binnen zwei Wochen verfügbar ist. Monatliche Werte nach dieser auch international gebräuchlichen Definition von Arbeitslosigkeit werden bereits von Eurostat veröffentlicht. Sie basieren jedoch auf dem nur einmal im Jahr durchgeführten Mikrozensus und werden dazwischen grob fortgeschrieben. Die neue Statistik des Bundesamtes wird wesentlich genauer sein – und sie wird auch niedriger ausfallen als die BA-Quote, weil sie nur noch die ernsthaften Jobinteressenten ausweist.

iwd – Informationsdienst des Instituts der deutschen Wirtschaft Köln Nr. 2, 13.1.2005

M 6 Reform der staatlichen Beschäftigungspolitik: die Hartz-Gesetze

Die Reformvorschläge der von der Bundesregierung eingesetzten Expertenkommission unter Leitung des ehemaligen Personalvorstandes der Volkswagen AG, Dr. Peter Hartz, waren die Grundlage für ein umfassendes Gesetzespaket (1.1.2003 - 1.1.2005) für moderne Dienstleistungen am Arbeitsmarkt.

Das erste Gesetz (Hartz I) diente der Erschließung neuer Beschäftigungswege und der Schaffung von Arbeitsplätzen; Personal-Service-Agenturen vermitteln Arbeitslose in Zeitarbeit.

Das zweite Gesetz (Hartz II) regelt die Sozialversicherung und Besteuerung von Minijobs, die finanzielle Unterstützung bei Gründung einer Ich-AG und die Einrichtung von Job-Centern.

Das dritte Gesetz (Hartz III) schuf die rechtlichen Rahmenbedingungen für den Umbau der Bundesanstalt für Arbeit zur Bundesagentur für Arbeit, einem modernen und kundenorientierten Dienstleister.

Das vierte Gesetz (Hartz IV) regelt die Zusammenführung von Arbeitslosen- und Sozialhilfe für erwerbsfähige Leistungsempfänger zur Grundsicherung für Arbeitsuchende (Arbeitslosengeld II, vgl. S. 38).

Autorentext

Aufgaben zu M 3 – M 6

1. Gliedere die Entwicklung der Arbeitslosigkeit in Phasen (M 3) und begründe deine Einteilung.

2. Erläutere, ausgehend von M 4, warum Arbeitslosigkeit ein so großes wirtschaftliches Problem darstellt.

3. Beschreibe die Probleme bei der Erfassung der Arbeitslosenstatistik (M 5).

4. Informiere dich, ob die Hartz-Gesetze die beabsichtigten Wirkungen erzielen konnten (M 6).

Ursachen der Arbeitslosigkeit – Übersicht

M 7

Warum Arbeitslosigkeit bestehen bleibt

AL = Arbeitslosigkeit

Formen der Arbeitslosigkeit und Lösungsansätze zu ihrer Bekämpfung

M 8

Ursachen	Mögliche Lösungsansätze
Friktionelle Arbeitslosigkeit Die Ursache dieses Typus sind Friktionen (= Hemmnisse, Widerstände) auf dem Arbeitsmarkt. Wegen dieser Friktionen kommt es zu Verzögerungen bei der Besetzung vorhandener offener Stellen durch Arbeitslose: Passende Stellen müssen erst gefunden werden, dann müssen sich die Arbeitslosen bewerben, gegebenenfalls müssen sie umziehen, wenn die Stelle in einer anderen Stadt liegt usw.	Gegen friktionelle Arbeitslosigkeit können die Arbeitsämter arbeitsmarktpolitische Maßnahmen einsetzen, um die Vermittlung geeigneter Arbeitsloser auf vorhandene offene Stellen zu fördern. Zu diesen Maßnahmen gehören u.a.: • die rasche Information der Arbeitslosen über das Angebot an Stellen • Unterstützung bei Bewerbung, Vorstellungsgespräch usw. • Mobilitäts- und Umzugsbeihilfen, falls die neue Stelle weiter entfernt liegt
Merkmalsstrukturelle Arbeitslosigkeit Ursächlich sind hier die Unterschiede zwischen den Merkmalen der Arbeitslosen und den Anforderungen der offenen Stelle; viele Arbeitslose können die Qualifikationsanforderungen nicht erfüllen. Bei dieser merkmalsbedingten Arbeitslosigkeit gibt es also sowohl Arbeitslose als auch offene Stellen, aber beide passen nicht zusammen.	Gegen merkmalsstrukturelle Arbeitslosigkeit können Arbeitsämter Maßnahmen der Qualifizierung, Weiterbildung und Umschulung von Arbeitslosen einsetzen. Meist sind es ja unzureichende Qualifikationen der Arbeitslosen, die eine Vermittlung behindern – also Ursache des Weiterbestehens von Arbeitslosigkeit sind.
Konjunkturelle Arbeitslosigkeit Dieser Typus ist durch einen konjunkturellen Abschwung oder eine Rezession verursacht. Vorhandene Stellen in den Unternehmen können nicht besetzt werden, weil die Produktionskapazitäten schlecht ausgelastet sind. Es fehlt an Nachfrage, also wird weniger produziert, also benötigen die Unternehmen auch weniger Arbeitskräfte: Sie stellen keine neuen Mitarbeiter ein oder entlassen Arbeitskräfte.	Gegen konjunkturelle Arbeitslosigkeit hilft nun nicht mehr die Arbeitsmarktpolitik der Bundesagentur für Arbeit, sondern jetzt ist die Konjunktur- und Beschäftigungspolitik von Regierung und Zentralbank gefordert. Zur Ankurbelung der Konjunktur kann die Regierung z.B. Steuerentlastungen beschließen oder die Staatsausgaben erhöhen. Das schafft mehr Nachfrage und regt Wachstum und Beschäftigung an. Allerdings erhöhen solche Maßnahmen das Haushaltsdefizit – und damit die Staatsverschuldung. Die Zentralbank kann zur Anregung der Konjunktur die Zinsen senken.

Strukturelle Arbeitslosigkeit
Allgemein liegt hier eine mangelnde Anpassungsfähigkeit der Volkswirtschaft vor. Strukturwandel, veränderte Produktions- und Konsumbedingungen stellen hohe Anforderungen an die Flexibilität der Wirtschaftssubjekte. So führt z.B. der technische Fortschritt dazu, dass immer mehr Arbeit von Maschinen verrichtet werden kann (Rationalisierung). Entstehen nun keine neuen Stellen in neu gegründeten Unternehmen oder expandierenden Sektoren, weil z.B. im Ausland kostengünstiger produziert werden kann, dann entsteht strukturelle Arbeitslosigkeit.

Gegen strukturelle Arbeitslosigkeit kann die Regierung Maßnahmen der Standortpolitik und der Verbesserung der Angebotsbedingungen ergreifen. Die „Arbeitsplatzlücke" ist ja Folge einer unzureichenden Investitionsneigung der Unternehmen, also müsste diese gestärkt werden. Dies kann z.B. dadurch geschehen, dass die (Kosten-) Belastung der Unternehmen verringert wird (Senkung von Steuern und Abgaben; Abbau kostenwirksamer Regulierungen, Flexibilisierung u.s.w.). Außerdem kann der Staat Wachstum fördern, indem er durch eine gezielte Bildungs- und Forschungspolitik Zukunftsbranchen fördert.

nach: Gerhard Willke/Lothar Schaechterle, Thema im Unterricht Nr. 30/2003, Arbeitslosigkeit, Bundeszentrale für politische Bildung

Aufgaben zu M 8

1. *Erläutere, welche Form der Arbeitslosigkeit besonders schwer zu bekämpfen ist.*

2. *Welche Maßnahmen kannst du selbst treffen, um später nicht von Arbeitslosigkeit betroffen zu werden?*

Wirtschaftliches Problem Nr. 1 – Arbeitslosigkeit

Arbeit sichert nicht nur den Lebensunterhalt, sondern für viele ist Erwerbsarbeit wichtiger Bestandteil des Selbstbewusstseins und Quelle gesellschaftlicher Anerkennung. Unsichere, wechselnde Arbeitsverhältnisse und Jobverlust führen zu Zukunftsängsten und können psychische Probleme bei den Betroffenen auslösen.
Der hohe Stellenwert, den die Erwerbsarbeit gesellschaftlich genießt, versperrt den Blick auf die vielfältigen, wertvollen Formen unbezahlter Arbeit, die in einer Gesellschaft geleistet werden, wie Haus-, Erziehungs- und Versorgungsarbeit. Deshalb wird über einen umfassenderen Begriff von Arbeit nachgedacht, um der Arbeitsgesellschaft der Zukunft gerecht zu werden.

Auswirkungen der Arbeitslosigkeit auf die Betroffenen
M 2

Hohe Arbeitslosigkeit verursacht eine Reihe wirtschaftlicher Probleme: Die Ausgaben für die Arbeitslosen (Arbeitslosengeld II und Sozialbeiträge) steigen, gleichzeitig hat der Staat weniger Steuereinnahmen und geringere Einzahlungen in die Sozialversicherungssysteme. Weniger Einnahmen und höhere Ausgaben führen zu höheren Staatsschulden oder zu einer Verteuerung der Arbeit, wenn die Lohnnebenkosten steigen.

Wirtschaftliche Auswirkungen der Arbeitslosigkeit
M 4

Nach 1945 gelang es durch hohes Wirtschaftswachstum in der Wiederaufbauphase die hohe Nachkriegsarbeitslosigkeit bis zur Vollbeschäftigung in den sechziger Jahren abzubauen. Seit Mitte der siebziger Jahre steigt die Arbeitslosigkeit ständig an. Strukturelle Arbeitslosigkeit verfestigt sich besonders seit der Wiedervereinigung in den neuen Bundesländern.

Arbeitslosigkeit seit 1945
M 3

Arbeitslosigkeit hat verschiedene Gesichter: Die in der Regel kurzfristige friktionelle Arbeitslosigkeit, auch Sucharbeitslosigkeit genannt, entsteht beim Übergang von einer Arbeitsstelle zu einer anderen.
Merkmalsstrukturelle Arbeitslosigkeit entsteht, wenn die Qualifikationen der Arbeitssuchenden nicht mit den Anforderungen der offenen Stellen übereinstimmen.
Konjunkturelle Arbeitslosigkeit wird verursacht durch Konjunkturschwankungen. In der Rezession entlassen die Unternehmen Arbeitskräfte, die sie im Aufschwung wieder einstellen.
Strukturelle Arbeitslosigkeit ist ein eher dauerhaftes Phänomen. Sie erklärt sich im Zusammenhang mit dem Strukturwandel der Wirtschaft, z.B. der technologischen Entwicklung und der mangelnden Anpassungsfähigkeit an die wirtschaftlichen Veränderungen.

Formen der Arbeitslosigkeit
M 8

Friktionelle und merkmalsstrukturelle Arbeitslosigkeit können durch Maßnahmen der Arbeitsmarktpolitik (z.B. schnellere Vermittlung, bessere Qualifizierung) bekämpft werden. Konjunkturelle und strukturelle Arbeitslosigkeit lassen sich nur durch wirtschaftspolitische Maßnahmen bekämpfen.

Lösungsmöglichkeiten
M 8

2.2 Wirtschaftswachstum – Lösung des Beschäftigungsproblems?

M 9 Der Motor springt an …

Der Motor ist angesprungen!

Haitzinger/CCC, www.c5.net

M 10 Die Fieberkurve des Arbeitsmarkts

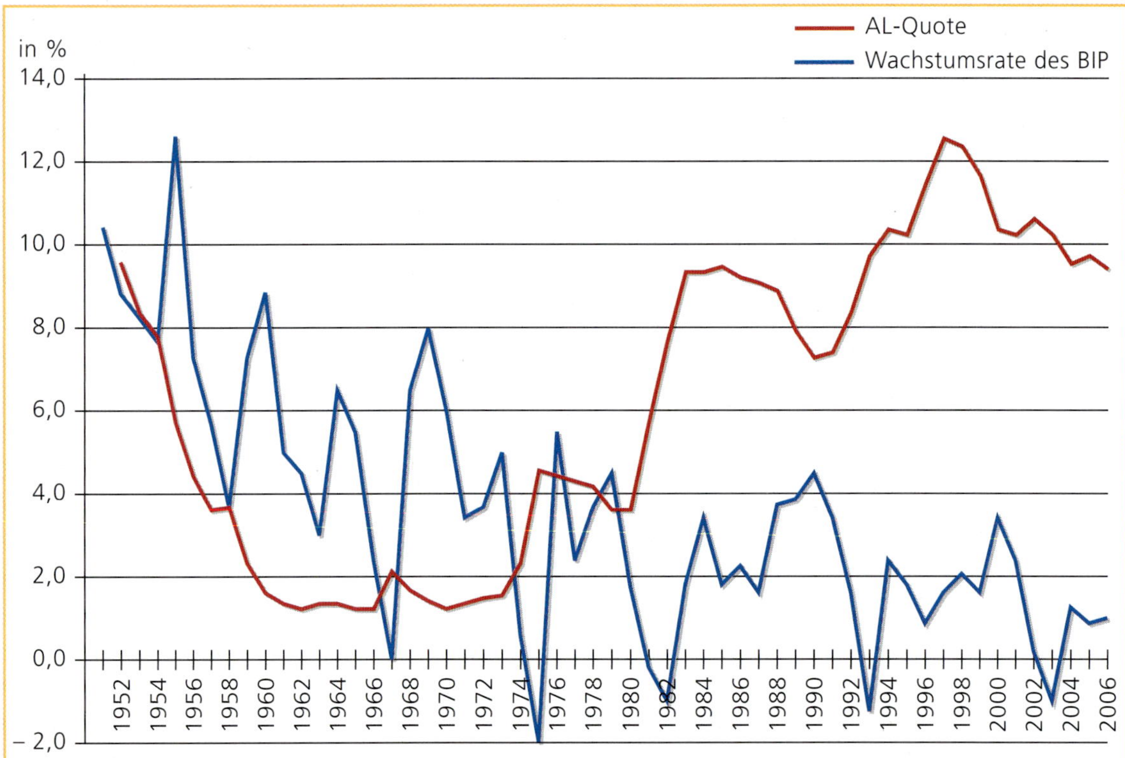

Autorengrafik

Auswertung von Graphen

Untersuche den Zusammenhang zwischen Wachstum und Arbeitslosigkeit anhand der Darstellung M 10.

Arbeitsschritte:

1. Ermittle zunächst, wie die beiden im Schaubild dargestellten Indikatoren definiert sind.
2. Beschreibe dann den Verlauf der einzelnen Kurven. Ermittle durchschnittliche Prozentangaben für die einzelnen ablesbaren Phasen.
3. Welche ursächlichen (kausalen) Zusammenhänge könnten zwischen Wachstum und Arbeitslosigkeit bestehen?

Eine statistische Korrelation (Wechselbeziehung) zweier Zeitreihen sagt noch nichts über die Ursache oder das Wirkungsverhältnis (Kausalität) beider Größen aus.
Führt z. B. eine zunehmende Beschäftigung zu mehr Wirtschaftswachstum oder eine Zunahme des Wirtschaftswachstums zu mehr Beschäftigung und geringerer Arbeitslosigkeit?
Das folgende Beispiel verdeutlicht, wie schwer es ist, von einem statistischen Zusammenhang auf das Ursache-Wirkungsverhältnis zu schließen.

Der dümmste Bauer hat die dicksten Kartoffeln

Ist das so? Haben die dümmsten Bauern die dicksten Kartoffeln? Ich wollte es wissen, ganz empirisch und exakt, d.h. in Zahlen ausgedrückt. In meinem Dorf wohnen fünf Bauern, nämlich Anton, Bertolt, Christian, Dieter und Emil. Zunächst galt es, die durchschnittliche Kartoffeldicke dieser fünf Erzeuger zu ermitteln. Mit wiegen und mit zählen war das recht einfach: Anton hatte die dicksten Kartoffeln, dann folgten Bertolt, Christian, Dieter und schließlich Emil. Aber wie drückt man Dummheit in Zahlen aus? Ich veranstaltete eine Umfrage unter den übrigen fünf Einwohnern und bat sie, die fünf in eine Reihenfolge zu bringen, vom Dümmsten über den Zweitdümmsten usw. bis zum Fünftdümmsten. Nach einigem Rechnen hatte ich des Volkes Meinung ermittelt. Es ergab sich wieder die gleiche Reihenfolge. Den Spitzenplatz in Dummheit hielt Anton, gefolgt von Bertolt, Christian, Dieter und Emil. Wir haben hier zwei Variablen, Dummheit und Kartoffeldicke. Und wir haben einen Zusammenhang, eine Korrelation, zwischen den Variablen: je mehr von dem einen, desto mehr von dem anderen. Die Korrelation ist die stärkste, die überhaupt denkbar ist, und einen solche Korrelation hat den Wert 1. ... Was wäre gewesen, wenn sich zwischen Dummheit ... und Kartoffeldicke kein Zusammenhang ergeben hätte? Wenn ganz und gar kein Zusammenhang vorliegt, hat die Korrelation den Wert 0. ...
Eine Korrelation ... sagt überhaupt nichts darüber aus, wodurch dieser Zusammenhang bewirkt wird. Aber natürlich ist es genau das, was interessiert: die Kausalzusammenhänge. Und so versucht man die Korrelation kausal zu erklären. Vielleicht machen die Kartoffeln dumm, und da die Erzeuger natürlich ihre eigenen Kartoffeln essen, wäre der Zusammenhang erklärt. Oder dumme Bauern verwenden besonders viel Dünger und der Dünger lässt die Knollenfrüchte anschwellen. ... Wenn die Dinge günstig liegen, kann man die Zusammenhänge experimentell überprüfen; wenn nicht, bleibt es bei mehr oder weniger plausiblen Interpretationen. ...
Die Korrelation von gemessener Intelligenz und Schulerfolg liegt etwa bei 0,5. Ist das nun eine hohe oder eine geringe Korrelation? Allgemein gefragt. Welche Korrelation wollen wir als hoch oder niedrig ansehen?

H. Hannapel, Lehren lernen. Ein Handbuch und Übungsbuch für die Lehrerausbildung, 3. Aufl., Bochum 1992, S. 184 f.

Aufgaben

1. *Erkläre, wie man auf den Korrelationswert von 0,5 zwischen Schulerfolg und Intelligenz kommt (Methode).*
2. *Formuliere in einem Satz, was dieser Wert bedeutet.*
3. *Kann man diesen Zusammenhang kausal erklären?*

M 11

Wirtschaftswachstum, Wohlstand und Beschäftigung

Nach allgemein gebräuchlicher Definition spricht man von Wirtschaftswachstum, wenn die Menge der produzierten Güter und Dienstleistungen, genauer gesagt das „reale Bruttoinlandsprodukt" (BIP), zunimmt. Die Wachstumsrate misst den prozentualen Zuwachs des realen BIP von Jahr zu Jahr.

Grundsätzlich kann das Wirtschaftswachstum auf zwei Wegen zustande kommen: zum einen durch eine verbesserte Auslastung der Kapazitäten, zum anderen durch eine Ausweitung der Produktionskapazitäten, also zum Beispiel den Kauf neuer Maschinen. Ein wichtiges Maß für die Versorgung mit Gütern und Dienstleistungen ist das Wachstum pro Kopf der Bevölkerung. Denn wenn das Wachstum der Bevölkerung größer ist als das Wirtschaftswachstum, dann sinkt das BIP je Einwohner – der Wohlstand nimmt also ab ...

Wirtschaftliches Wachstum gilt fast überall auf der Welt als eines der Hauptziele staatlicher Wirtschaftspolitik. ...

Dabei wird eine Gleichsetzung von Wachstum, gesellschaftlicher Wohlstandsmehrung und Fortschritt angenommen. Als Begründungen für ein quantitatives (durch Zahlen bestimmtes) Wachstumsziel werden genannt: Umverteilung von Sozialproduktzuwächsen, erhöhte Beschäftigung, Beseitigung von Umweltschäden und deren zukünftige Vermeidung, sozialverträglicher Strukturwandel, Versorgung mit kollektiven Gütern und verstärkte Entwicklungshilfe. Wachstum wird grundsätzlich positiv interpretiert. Die erreichte Wachstumsrate des Sozialprodukts je Einwohner gilt als ein zentrales Kriterium für die wirtschaftspolitische Leistungsfähigkeit einer Regierung sowie für die Leistungs- und Wettbewerbsfähigkeit der Volkswirtschaft.

Kritisiert wird diese Anschauung, da etwa folgende Tatbestände nicht oder nur unzureichend erfasst werden: die regionale und personelle Verteilung des wirtschaftlichen Wohlstands; die Beeinträchtigung des Wohlstandspotenzials künftiger Generationen; die Arbeitsintensität; die Effizienz der Produktion; der Auslastungsgrad der Produktionsfaktoren; die Qualität und Eignung der Produkte und Dienstleistungen zur Bedürfnisbefriedigung; die Eigenleistungen privater Haushalte; Subsistenzwirtschaft; wohlstandsrelevante Effekte wie Freiheit und soziale Sicherheit. Hauptkritikpunkt ist das Außerachtlassen der sozialen und der Umweltkosten des wirtschaftlichen Wachstums und Wohlstands. Die negativen ökologischen Auswirkungen des Wirtschaftens werden nicht als Produktions- oder Konsumkosten erfasst. Die wirtschaftlichen Aktivitäten zur Reparatur oder Sanierung von Umweltschäden und -belastungen werden sogar als positiver Beitrag zum Sozialprodukt verbucht, obwohl dadurch höchstens ein zuvor verursachter ökologischer Verlust ausgeglichen wird. Dadurch werden Wachstum und Wohlstand doppelt überschätzt.

Aus dieser Kritik ist die Forderung nach qualitativem Wachstum entstanden: Wachstum soll demnach zuallererst umweltverträglich und ressourcenschonend sein. Technischer Fortschritt, wie zum Beispiel die Mikroelektronik, soll dafür sorgen, dass der Wert der Güter durch eine höhere Qualität zunimmt – und nicht durch den Einsatz von mehr Material. Was die sparsame Verwendung der Ressourcen angeht, rennen die Kritiker allerdings offene Türen ein, denn die Ressourcenintensität der gesamtwirtschaftlichen Produktion und des Wachstums geht schon seit Jahrzehnten immer weiter zurück.

nach: www.wirtschaftundschule.de/Lexikon/W/Wirtschaftswachstum.html und Bjørn Ludwig, Begriff und Indikatoren nachhaltigen Wirtschaftens www.sowi-onlinejournal.de/nachhaltigkeit/ludwig.htm, 17.3.2005

Aufgaben zu M 11

1. *Erläutere, wie Wirtschaftswachstum gemessen wird.*
2. *Warum ist das BIP ein ungenauer Indikator für die Messung von Wohlstand?*

M 12

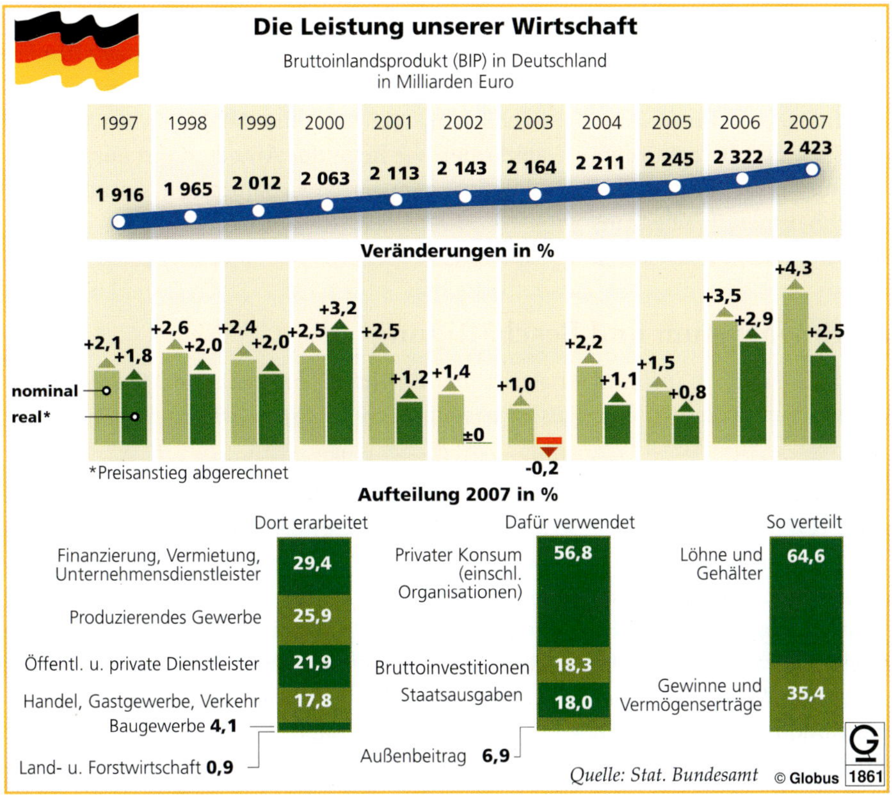

M 13

Quellen des Wachstums

„Das Bruttoinlandsprodukt, das aus dem Land und der Arbeit einer jeden Nation erwirtschaftet wird, kann in seinem Wert nur gesteigert werden, wenn man entweder die Zahl der Erwerbstätigen erhöht oder aber die Produktivität der bisher Beschäftigten." (Adam Smith)

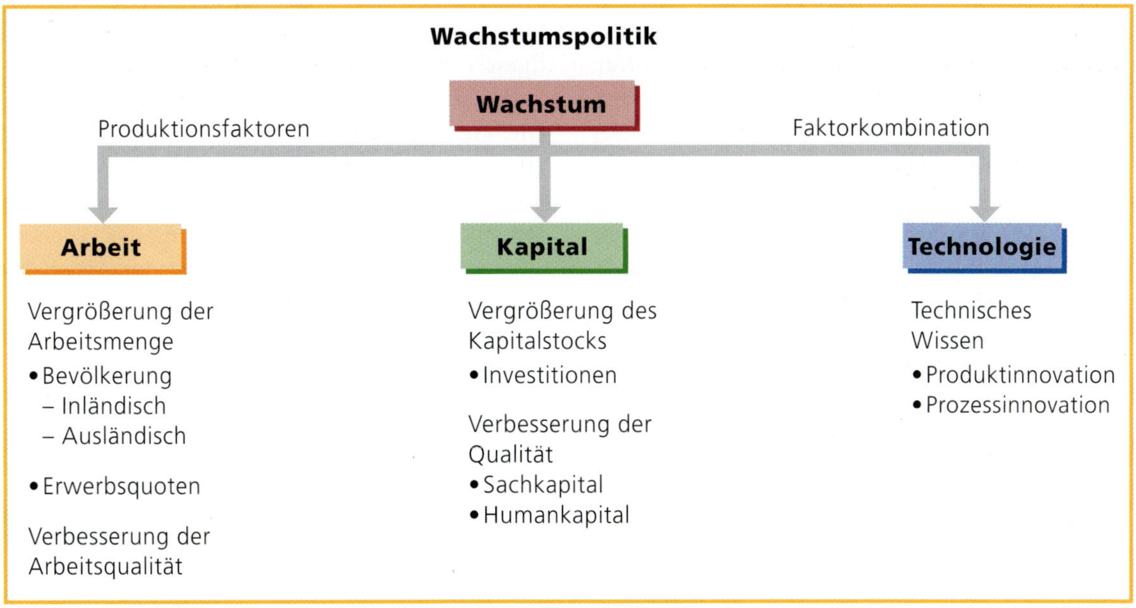

Neben Investitionen in Sachkapital (Maschinen, Anlagen) führen auch Investitionen in Humankapital zu einem schnelleren Wachstum und zu einem höheren Outputniveau je Einwohner. Neuere Überlegungen messen den Investitionen in Humankapital eine zentrale Bedeutung bei der Erreichung eines nachhaltigen Wachstums bei. Humankapital bezeichnet das in Individuen vereinigte Wissen, seine Kenntnisse und Fertigkeiten. Um zu messen, wie groß das Humankapital eines Landes ist, kann man zum Beispiel nachsehen, wie hoch die Ausgaben für Bildung sind oder wie hoch der Anteil an gut ausgebildeten Menschen an der Gesamtbevölkerung ist.

Autorentext

M 14 Kontrovers diskutiert: Wachstum und Beschäftigung

Die Ökonomen Rudolf Hickel (Direktor des Instituts für Arbeit und Wirtschaft, Bremen) und Michael Hüther (Direktor des Instituts der deutschen Wirtschaft, Köln) diskutieren die Frage, ob Wirtschaftswachstum zu mehr Beschäftigung führt.

Hüther: Grundsätzlich verläuft der Wirkungsmechanismus umgekehrt. Eine geringere Arbeitslosigkeit, oder positiv gewendet, ein hoher Arbeitseinsatz ist die Voraussetzung für Wirtschaftswachstum. Die Bedingungen am Arbeitsmarkt müssen dahingehend verändert werden, dass auch das brachliegende Arbeitskräftepotenzial von rund fünf Millionen Arbeitslosen ausgeschöpft wird. Hierfür seien eine Erhöhung der tariflichen Flexibilität, die Verringerung der Lohnzusatzkosten sowie eine Lockerung des Kündigungsschutzes genannt. Dadurch können ein höherer Beschäftigungsstand und somit auch ein größeres Wachstum erreicht werden.
Der technische Fortschritt leistet einen zusätzlichen Beitrag zur Verringerung der Arbeitslosigkeit. Durch die Fortentwicklung der Produktionsprozesse steigt die Arbeitsproduktivität. Somit steigt die Nachfrage nach Arbeitnehmern und die Arbeitslosigkeit wird verringert. Der Strukturwandel, der mit diesem Prozess einhergeht, sollte nicht aufgehalten werden. Nur produktiv eingesetzte Arbeitskräfte tragen zum Wachstum bei.

Hickel: Höheres Wirtschaftswachstum reicht allein nicht aus, um die Massenarbeitslosigkeit zu reduzieren. Das Angebot an Arbeitsplätzen hängt außer vom Wirtschaftswachstum vor allem von der Produktivität der Arbeit ab. Im längerfristigen Trend liegt der Zuwachs der Leistungsfähigkeit einer Arbeitsstunde (Produktivität) über der Rate des Wirtschaftswachstums. Ursache dafür ist der technologische und organisatorische Wandel der Wirtschaft. Berechnungen zeigen, dass erst ab einem in der mittleren Frist durchschnittlichen Wirtschaftswachstum von 3% die Nachfrage nach Arbeitskraft und damit die Beschäftigung zunimmt.
Die Antwort auf diese Auseinanderentwicklung lautet: Neben der Stärkung des ökologisch fundierten Wirtschaftswachstums muss im langfristigen Trend die Arbeit durch Arbeitszeitverkürzung auf mehr Beschäftigung aufgeteilt werden. Die Arbeitszeitverkürzung ist das Instrument zur sozialen Beherrschung des arbeitssparenden technischen Fortschritts. Dagegen muss die aktuell dominierende Verlängerung der Wochenarbeitszeit am Ende zum Anstieg der Arbeitslosigkeit beitragen

Praxis Politik, Wachstum, 1/2006, S. 4

Infobox

Produktivität

$$\text{Produktivität} = \frac{\text{Produktionsergebnis (output)}}{\text{Faktoreinsatz (input)}}$$

$$\text{Arbeitsproduktivität} = \frac{\text{Arbeitsergebnis}}{\text{Arbeitsinput}}$$

Aufgaben zu M 13 und M 14

1. *Formuliere Vorschläge, wie das Wachstum in Deutschland (M 13) erhöht werden könnte. Berücksichtige dabei die Faktoren Arbeit, Kapital und Technologie.*
2. *Diskutiert, ob mehr Wachstum zu mehr Beschäftigung führt (M 14).*

Wirtschaftswachstum – Lösung des Beschäftigungsproblems?

Wachstum und Beschäftigung
M 10

Wirtschaftswachstum ist bis in die siebziger Jahre eine Grundvoraussetzung zum Abbau hoher Arbeitslosigkeit (konjunkturelle Arbeitslosigkeit). Es gilt: je höher das Wachstum, desto geringer die Arbeitslosigkeit (positive Korrelation). Für die folgenden Jahre lässt sich dieser Zusammenhang zwar prinzipiell auch noch feststellen, es zeigt sich aber, dass die aufkommende strukturelle Arbeitslosigkeit mit dem niedrigeren Wachstum allein nicht zu erklären ist. Vielmehr sind offenbar aufgrund des technischen Fortschritts und der steigenden Produktivität immer höhere Wachstumsraten nötig, um Arbeitslosigkeit abzubauen.

Das BIP
M 12

Das Bruttoinlandsprodukt (BIP) ist ein Maß für die wirtschaftliche Leistung eines Landes. Das BIP gibt den Wert aller in einer Periode im Inland produzierten Güter zu Marktpreisen an. Es kann auf drei Wegen berechnet werden: Die Entstehungsrechnung gibt an, in welchen Wirtschaftsbereichen (Sektoren) die Wertschöpfung erfolgte. Die Verwendungsrechnung zeigt, wofür es verwendet worden ist (z.B. Konsum oder Investition). Die Verteilungsrechnung gibt Aufschluss darüber, an wen welcher Anteil des Erwirtschafteten ging (Löhne der Arbeitnehmer oder Gewinne der Unternehmen). Das reale BIP ist das um die Preissteigerungen bereinigte nominale BIP. Das BIP pro Kopf ist das Bruttoinlandsprodukt geteilt durch die Anzahl der Einwohner und wird häufig zum Vergleich der wirtschaftlichen Leistung von Ländern herangezogen.

BIP und Wohlstand
M 11

Da das BIP nur die Summe aller in Geld ausgedrückten Leistungen misst und nicht ihren Nutzen (oder gar ihren Schaden), eignet es sich nur bedingt zur Messung des Wohlstands und der Lebensqualität. So sagt der Wert des BIP nichts über die Verteilung des Wohlstands aus. Wohlstandssteigernde Dienstleistungen, wie Hausarbeit, häusliche Kindererziehung oder unentgeltliche soziale Dienste, werden ebensowenig erfasst wie die Schädigung der Umwelt durch die Produktion. Unfälle und Naturkatastrophen erhöhen das BIP, aber nicht den Wohlstand.

Quellen des Wachstums
M 14

Das Wirtschaftswachstum kann heute gesteigert werden, indem man die Produktivität der Produktion erhöht. Dies kann erreicht werden durch die Investitionen in Sachkapital und in Humankapital (Ausgaben für Bildung und Forschung). Investitionen in Humankapital erweisen sich heute in einer Gesellschaft, in der Wissen und Innovation zentrale Quellen des Wachstums darstellen, als besonders wichtig.

2.3 Strukturwandel, Strukturpolitik und Beschäftigung

M 15 China kleidet die Welt

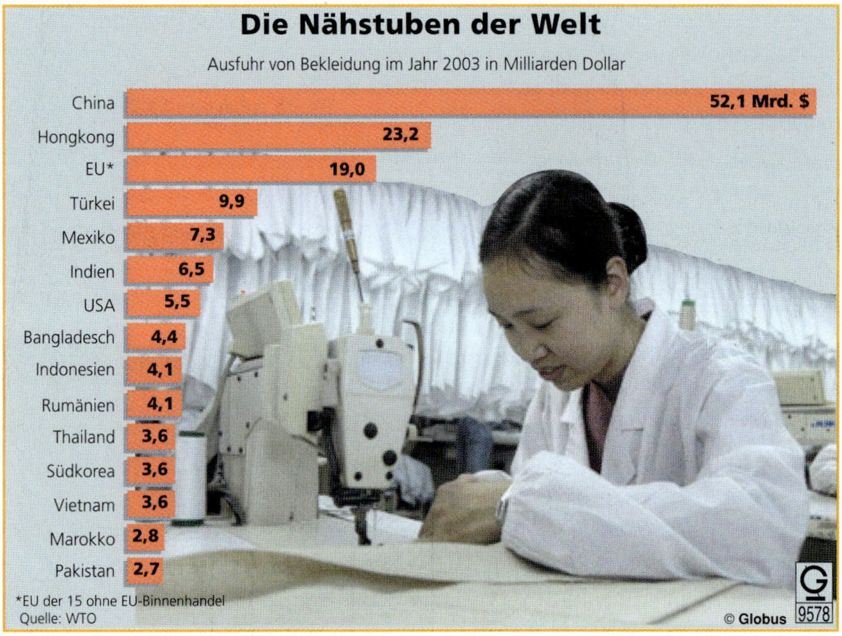

China kleidet die Welt. Diesen Eindruck vermittelt die aktuelle Statistik der Welthandelsorganisation (WTO). Mit Exporten von mehr als 52 Milliarden Dollar war die Volksrepublik im Jahr 2003 weltgrößter Exporteur von Bekleidung. Hongkong folgte auf dem zweiten Rang. Die Länder der EU lagen mit Ausfuhren im Wert von 19 Milliarden Dollar auf dem dritten Platz. (Dabei wurde der Handel der EU-Mitglieder untereinander herausgerechnet.) – In den nächsten Jahren wird China seine führende Position auf dem Markt für Bekleidung weiter ausbauen können. Denn ab Januar 2005 fallen in der EU und in Nordamerika die Einfuhrquoten für sämtliche Artikel im Textil- und Bekleidungsgewerbe; bisher galten für China exakt festgelegte Mengenbeschränkungen. Verbraucher können sich freuen: Mit dem Fall der Importquoten werden die Preise für Textilien und Bekleidung sinken.

Globus Infografik, 12.11.2004

M 16 Warum immer mehr Jeans aus Asien stammen

Den Jeanshersteller Mustang im hohenlohischen Künzelsau zieht es nach Asien. In Osteuropa, wo bislang produziert wurde, soll es keine neuen Werke mehr geben. Der Grund: Die Firma muss Kosten senken. Dem Jeans-Hersteller macht nicht nur das sich immer schneller drehende Modekarussell zu schaffen. Der Fachhandel schwächelt, die Kunden halten ihr Geld zusammen. Die Kosten noch stärker senken, heißt die Konsequenz. In den vergangenen Jahren hatte Mustang die Produktion nach Ungarn, Russland und Polen ausgelagert. Doch inzwischen ist selbst Osteuropa nicht mehr billig genug. Das Mustang-Werk in Polen wurde geschlossen, künftig wird ein Großteil der Jeans in Asien produziert.

SWR, „Baden-Württemberg aktuell", 22. September 2003

M 17

Die langen Wellen des Strukturwandels

Nikolai Dimitrijewitsch Kondratieff (1892-1938) gilt als Begründer der „Theorie der langen Wellen". Nach dem auf ihn zurückgehenden Modell kommt es alle 30 bis 50 Jahre zu Basisinnovationen, die die wirtschaftliche Dynamik langfristig prägen.

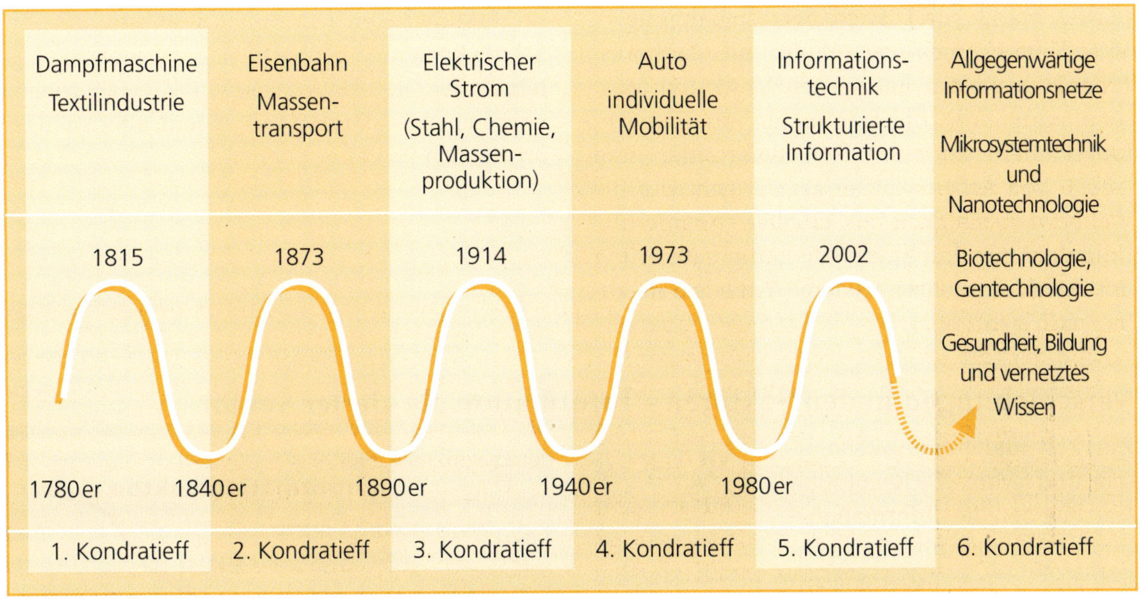

nach: Bundesamt für Sicherheit in der Informationstechnik, BSJ-Jahresbericht 2003

M 18

Deutschlands Textilindustrie im Strukturwandel

Die Textil- und Bekleidungsbranche zählt zu den ältesten Industriesektoren Deutschlands. Vor der Erfindung von mechanischen Spinnrädern und Webstühlen war die Herstellung von Textilien ein sehr arbeitsintensiver Prozess. Webereien und Spinnereien zählten zu den ersten Wirtschaftsbereichen, die industrielle Fertigungstechnologien einsetzten, um der wachsenden Nachfrage zu begegnen. Heute haben beide Branchen hinsichtlich ihrer Beschäftigtenzahl und der Zahl der Unternehmen an Bedeutung verloren. Die deutsche Textilindustrie hat seit den 60er Jahren einen deutlichen Einbruch erlebt. Im Jahr 1950 war die Textilindustrie mit 700.000 Beschäftigten noch der wichtigste Industriezweig Westdeutschlands. 1997 wurden für Gesamtdeutschland lediglich noch 132.000 Arbeitsplätze ausgewiesen. ...
Ein Vergleich der Entwicklung in den westlichen Bundesländern zwischen 1984 und 1994 verdeutlicht den regionalen Strukturwandel und die entsprechenden Arbeitsplatzverluste. In diesem Zeitraum verloren in allen Bundesländern zwischen 10% und 40% aller Beschäftigten des

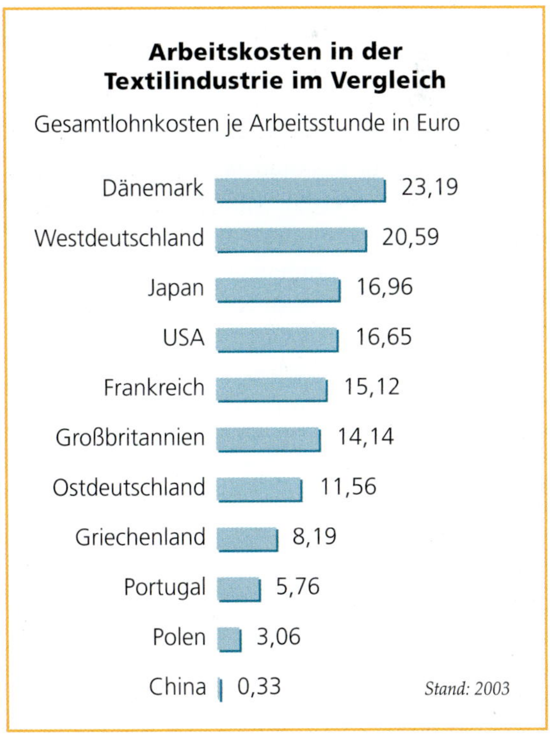

gesamten Textilsektors ihren Arbeitsplatz. Dabei waren die Verluste in Nordrhein-Westfalen, Baden-Württemberg und Bayern am höchsten ... Sowohl der Textil- als auch der Bekleidungssektor leiden seit den 60er Jahren unter veränderten Markt- und Wettbewerbsbedingungen. Viele Unternehmen waren aufgrund von hohen Produktionskosten im eigenen Land und Massenimporten von Billigprodukten aus Entwicklungsländern zu einer Schließung oder zum Abbau von Arbeitsplätzen gezwungen. Um die Wettbewerbsfähigkeit zu erhalten, wurde die Produktivität durch erhöhte Automatisierung gesteigert, was einen weiteren Arbeitskräfteabbau nach sich zog. Globalisierungsprozesse stellen eine der größten Bedrohungen dar. Die Textil- und Bekleidungsindustrien waren die ersten Industriezweige, die ihre Produktion internationalisierten. Heute ist der internationale Druck in arbeitsintensiven Produktionsbereichen weiter wirksam. Als Ergebnis kann man beobachten, dass deutsche Unternehmen in osteuropäischen Zweigbetrieben oder in neuen Märkten (z.B. Asien), aber weniger im eigenen Land investieren.

http://geogate.geographie.uni-marburg.de/vgt/deutsch/brd/module/m4/u4.htm (11.6.2005)

M 19 Verschiebungen in den Sektoren – Information als vierter Sektor

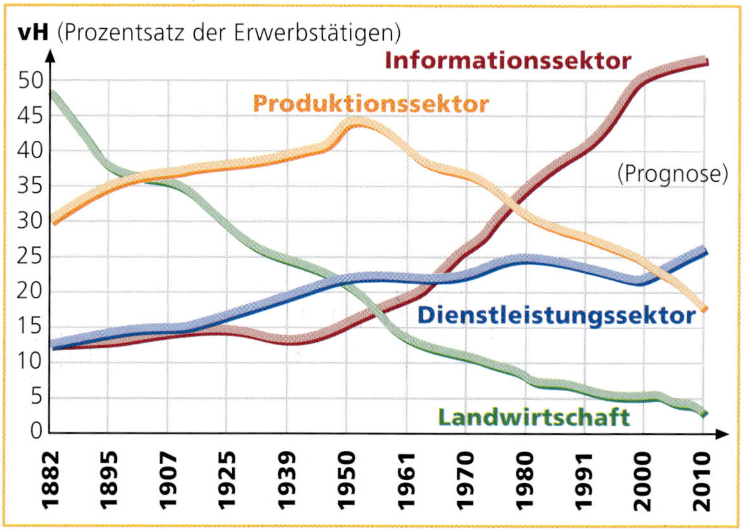

Zur Zeit findet eine ökonomische und technische Revolution statt, in der die Informations- und Kommunikationstechnologien (IuK-Technologien) eine Schlüsselrolle einnehmen. Heute werden bereits mehr als 50 Prozent der Arbeitsplätze durch IuK-Techniken deutlich geprägt, und dieser Einfluss wird auch noch weiter zunehmen. Um die Entwicklung zu veranschaulichen, wird das klassische Drei-Sektoren-Modell um einen vierten Sektor ergänzt, in dem alle Informationstätigkeiten zusammengefasst werden. ... Die Entwicklung des Informationssektors bis hin zum Jahr 2010 untermauert eindrucksvoll den Trend des Strukturwandels in Richtung Informationsgesellschaft. Nach ihr werden im Jahr 2010 bereits 55 Prozent der Beschäftigten im Informationssektor zu verzeichnen sein. Man spricht hier auch von der Informatisierung der Arbeitswelt.

Bert Rürup / Werner Sesselmeier, Wirtschafts- und Arbeitswelt, in: Karl-Rudolf Korte / Werner Weidenfeld: Deutschland Trendbuch. Fakten und Orientierungen, Opladen 2001, S. 250 f.

Infobox

Dienstleistungen

Zur näheren Betrachtung der Schwerpunkte innerhalb der Dienstleistungen lassen sich diese nach funktionalen Schwerpunkten in vier Gruppen gliedern, nämlich die gesellschaftsbezogenen, die wirtschaftsbezogenen, die distributiven und die haushaltsbezogenen Dienstleistungen.
Unter gesellschaftsbezogenen Dienstleistungen sind alle direkten oder indirekten Leistungen für Personen bzw. Familien zu verstehen, die dem individuellen bzw. kollektiven, sozialen und kulturellen Bedarf entsprechen (u.a. Heime, Schulen, Kliniken und Verwaltung).
Wirtschaftsbezogene Dienstleistungen sind Dienste, die von privatwirtschaftlichen Firmen oder staatlichen Institutionen als Vorleistungen, d.h. zur intermediären Verwendung für andere Wirtschaftsbetriebe, produziert und angeboten werden (u.a. Finanzierungsinstitute, Unternehmensberatungen, Versicherungsgewerbe).
Dienstleistungen, die zur Deckung der Mobilitäts-, Kommunikations- und Transportbedürfnisse der privaten Haushalte und der Wirtschaftsunternehmungen von privatwirtschaftlichen oder öffentlichen Anbietern erstellt werden, werden distributive Dienstleistungen genannt (u.a. Einzelhandel, Großhandel, Speditionen, Warenhäuser).
Unter haushaltsbezogenen Dienstleistungen werden konsumentenbezogene Dienstleistungen verstanden, die von privaten Anbietern für private Haushalte zum Endverbrauch erstellt werden.

Bert Rürup / Werner Sesselmeier, Wirtschafts- und Arbeitswelt, in: Karl-Rudolf Korte / Werner Weidenfeld, Deutschland Trendbuch. Fakten und Orientierungen, Opladen 2001, S. 250 f.

Aufgaben zu M 15 – M 19

1. *Die Materialien M 15 – M 19 zeigen verschiedene Aspekte des Strukturwandels im Bereich der Textilindustrie. Gestalte ein Plakat, in welchem Ursachen und Auswirkungen dieses Strukturwandels deutlich werden. Berücksichtige dabei insbesondere, wie Strukturwandel und Arbeitslosigkeit zusammenhängen.*

2. *Zur Vertiefung: Die Textilfirma TRIGEMA in Burladingen produziert ausschließlich in Deutschland. Informiere dich über diese Firma und erstelle ein Referat dazu.*

M 20

Dimensionen des Strukturwandels

Der marktwirtschaftliche Wettbewerb und die internationale Arbeitsteilung verursachen eine fortwährende Veränderung der wirtschaftlichen Strukturen. Strukturwandel ist – ob politisch gefördert oder gebremst – Kennzeichen einer Marktwirtschaft. Im Wesentlichen lassen sich drei Dimensionen des Strukturwandels unterscheiden:

1. Intersektoraler Strukturwandel: Damit ist der in allen entwickelten Volkswirtschaften seit dem 19. Jahrhundert zu beobachtende Übergang von einer Agrar- in eine Industriegesellschaft und seit Mitte dieses Jahrhunderts in eine Dienstleistungsgesellschaft gemeint. Mittlerweile beschäftigen die Dienstleistungsbranchen Deutschlands mehr als 60 Prozent aller Erwerbstätigen, in den USA liegt der Anteil sogar bei über 70 Prozent. Besonders expansiv zeigen sich z.B. gesundheits- und unternehmensnahe Dienste wie Werbung, Finanzierung, Kundenservice. Letztere zeigen, dass Industrie und Dienstleistungen häufig eng miteinander verzahnt sind. Angesichts der wachsenden Bedeutung der Informations- und Kommunikationstechnologien wird in jüngster Zeit bereits von einem Übergang in die Informationsgesellschaft gesprochen.

2. Intrasektoraler Strukturwandel: Auch innerhalb der großen Wirtschaftssektoren – Agrarwirtschaft, Industrie, Dienstleistungen – finden strukturelle Veränderungen statt. Ein Beispiel: In der Industrieproduktion übernehmen Maschinen gefährliche, schwere oder belastende Arbeiten.

Auch der Arbeitseinsatz verändert sich: Gerade in den Industrieländern gewinnen gut qualifizierte Arbeitskräfte immer mehr Beschäftigungsanteile hinzu.

3. Regionaler Strukturwandel: In einzelnen Regionen verändern sich die wirtschaftlichen Strukturen immer wieder, zum Teil mit einschneidenden Konsequenzen für den Arbeitsmarkt. Ein anschauliches Beispiel ist das Ruhrgebiet, das sich mit dem Niedergang des Bergbaus und der Montanindustrie von einer Schwerindustrieregion zunehmend in ein Zentrum für hochtechnologische Industrien (z.B. im Umweltschutzbereich) und moderne Dienstleistungen gewandelt hat. Ein wesentlicher Trend im Strukturwandel heute ist die funktionale Konzentration. Damit ist die Ballung vor allem bestimmter Dienstleistungen auf einige Zentren gemeint: z.B. Banken in Frankfurt, Versicherungen in München, Medien in Hamburg, Berlin und Köln.

www.wirtschaftundschule.de/Lexikon/S/Strukturwandel.html (12.10.2005)

M 21 Was kann der Staat tun? Klassische Instrumente staatlicher Strukturpolitik

Autorengrafik

Aufgaben zu M 20 und M 21

1. *Erkläre anhand von Beispielen den Zusammenhang zwischen sektoralem und regionalem Strukturwandel (M 20).*
2. *Prüfe, welche strukturpolitischen Maßnahmen als Antwort auf den Strukturwandel in der Textilindustrie sinnvoll wären (M 21).*
3. *Diskutiert, ob der Staat überhaupt Strukturpolitik betreiben sollte.*

Strukturwandel, Strukturpolitik und Beschäftigung

Globalisierung und Strukturwandel als Ursache für Arbeitslosigkeit

Der marktwirtschaftliche Wettbewerb und die internationale Arbeitsteilung verursachen eine fortwährende Veränderung der wirtschaftlichen Strukturen eines Landes. Dieser Strukturwandel gilt heute als entscheidender Faktor für die hohe Arbeitslosigkeit in Europa (strukturelle Arbeitslosigkeit). Beschleunigt wird dieser Strukturwandel durch die Globalisierung. Als Globalisierung bezeichnet man den fortschreitenden Prozess weltweiter Arbeitsteilung, der durch moderne Kommunikationstechnologien und den Abbau von Handelsschranken ermöglicht wird.

Sektoraler Strukturwandel
M 17, M 19

Gleichzeitig lässt der Wandel der Wirtschaft Gesetzmäßigkeiten erkennen: Zum einen werden ganze Epochen durch die Dominanz bestimmter Wirtschaftszweige (Textilindustrie, Automobilindustrie) geprägt, die jedoch im Verlauf der Zeit wieder an Bedeutung verlieren (Kondratieff-Zyklen). Zum anderen verändert sich die Bedeutung der Wirtschaftssektoren. So verdrängte der sekundäre Sektor (produzierendes Gewerbe) den primären Sektor (Land-, Forstwirtschaft und Fischerei) und wird nun schließlich selbst vom tertiären Sektor (Dienstleistungen) verdrängt. Teilweise unterscheidet man aufgrund der zunehmenden Bedeutung von Information und Kommunikation für den Arbeitsmarkt einen weiteren Sektor, den Informationssektor (vierter Sektor), der den Dienstleistungssektor zurückdrängt.

Intrasektoraler Strukturwandel
M 20

Doch verschieben sich die Gewichte nicht nur zwischen den Sektoren, auch innerhalb der Sektoren können sich Veränderungen bei der Produktionsweise (z. B. durch die Automatisierung der Produktion) und der Art der hergestellten Güter ergeben. Man spricht dann von intrasektoralem Strukturwandel.

Regionaler Strukturwandel

Regionaler Strukturwandel ist häufig eine lokal erkennbare Folge der Veränderungen innerhalb der Wirtschaftssektoren, wenn z.B. ein Sektor (etwa die Landwirtschaft) in einem geografischen Raum besonders konzentriert war.

Strukturwandel und Arbeitslosigkeit
M 18

Generell erfordert der Strukturwandel Anpassungsleistungen aller. Gelingt die Anpassung nur langsam oder nicht, entsteht Arbeitslosigkeit. Dies kann am Beispiel der Textilbranche in Deutschland verdeutlicht werden: Einerseits ist es der deutschen Wirtschaft nicht möglich, im weltweiten Lohnwettbewerb mitzuhalten; andererseits finden Beschäftigte in der Textilbranche aufgrund mangelnder Qualifikation und/oder mangelnder Bereitschaft, den Wohnort zu wechseln, nicht ohne weiteres eine neue Arbeit in anderen Branchen.

Strukturpolitik
M 21

Allgemein hat der Staat nur begrenzte Mittel, über strukturpolitische Maßnahmen Arbeitslosigkeit zu bekämpfen, weil in der Marktwirtschaft letztlich die Unternehmen Arbeitsplätze schaffen. Der Staat vermag aber günstige Rahmenbedingungen zu schaffen und soziale Härten abzufedern. Dem Staat stehen dazu zahlreiche strukturpolitische Instrumente zur Verfügung. Zur Steuerung der Regionalstruktur dienen z.B. der Ausbau der Infrastruktur (Verkehrsprojekte) oder die Förderung von Unternehmensansiedlungen oder Neugründungen (Beratung und Kreditvergabe). Zur Steuerung sektoraler Anpassungsprozesse kann der Staat notleidende Branchen finanziell unterstützen (subventionieren), Zukunftstechnologien fördern oder Arbeitsmarktpolitik betreiben. Ein gewichtiger Teil der staatlichen Hilfen laufen heute über die Strukturfonds der Europäischen Union.

2.4 Politik für mehr Beschäftigung – die Nachfragetheorie

M 22 Wenn ihr mehr kaufen würdet …

Högli/Amelie Holtfreter-Glienke, Berlin

M 23 Beschäftigungspolitik durch Erhöhung der gesamtwirtschaftlichen Nachfrage – die Theorie des J. M. Keynes

In seiner berühmten Theorie zeigte Keynes insbesondere, dass Angebot und Nachfrage auf den Märkten nicht automatisch zu einem gesamtwirtschaftlichen Gleichgewicht führen, bei dem auch Vollbeschäftigung herrscht. Danach gibt es also auch in marktwirtschaftlichen Wirtschaftsordnungen häufiger Arbeitslosigkeit, ohne dass die Marktkräfte allein einen Aufschwung bewirken können und z.B. über Lohnsenkungen die Arbeitslosigkeit beendet und Vollbeschäftigung erreicht wird. Nach Keynes liegt der Grund für konjunkturelle Einbrüche begleitet von Arbeitslosigkeit in einer zu geringen Nachfrage nach Gütern, vor allem nach Investitionsgütern. Die Investitionsgüternachfrage wiederum ist abhängig von den zukünftigen Gewinnerwartungen der Unternehmen. Die Unternehmen werden dabei nur so viele Arbeitnehmer beschäftigen, wie sie für die Herstellung ihrer Gütermengen benötigen. Sinkt die gesamtwirtschaftliche Nachfrage nach Gütern, wird weniger produziert und die Unternehmen entlassen einen Teil der Arbeitnehmer. Arbeitslosigkeit wiederum führt zu verringerten Einkommen, was die gesamtwirtschaftliche Nachfrage nach Konsumgütern weiter sinken lässt und noch höhere Arbeitslosigkeit bewirkt.

Um nun wieder Vollbeschäftigung zu erreichen, muss die gesamtwirtschaftliche Güternachfrage steigen. Insbesondere die Investitionsgüternachfrage muss zunehmen, denn steigende Investitionen schaffen Arbeitsplätze und damit Einkommen, was wiederum die Nachfrage nach Konsumgütern ankurbelt und weitere Investitionen zur Folge hat. Die Investitionsneigung der Unternehmen hängt jedoch von der Höhe der Zinsen ab. Ist der Zins hoch, wird die Investitionsneigung der Unternehmen gering sein, was keine positiven Auswirkungen auf die konjunkturelle Lage hat. Ist der Zins für Kredite dagegen niedrig, haben die Unternehmen eine höhere Gewinnerwartung und damit einen größeren Anreiz zu investieren. Aber selbst bei sinkenden Zinsen kann die Investitionsneigung der Unternehmen gering sein, weil sie z.B. hoffen, dass die Zinsen noch weiter fallen.

In dieser Situation ist nach Ansicht von Keynes der Staat gefragt, der dafür sorgen muss, dass die fehlende private Nachfrage durch staatliche Nachfrage ersetzt und so die Wirtschaft aus der Krise (Unterbeschäftigungsgleichgewicht) herausgeführt wird. Indem der Staat die gesamtwirtschaftliche Nachfrage direkt durch Erhöhung seiner Ausgaben z.B. für öffentliche Aufträge wie den Bau von Straßen, Schienenwegen oder öffentlichen Gebäuden, oder indirekt, z.B. durch Steuervergünstigungen für Investitionen, steuert, trägt er zur Belebung der Wirtschaft bei. Das schafft neue Arbeitsplätze und Einkommen bei den privaten Haushalten, die wiederum mehr Konsumgüter nachfragen, was wieder Investitionen der Unternehmen bewirkt und weitere Arbeitsplätze schafft.

Die staatliche Steuerung der Konjunktur im Sinne einer Fiskalpolitik (= Steuer- und Ausgabenpolitik) erfolgt dabei je nach konjunktureller Lage, d.h. im Abschwung soll der Staat die gesamtwirtschaftliche Nachfrage beleben, indem er mehr ausgibt als er einnimmt und dadurch seine Schulden erhöht; man spricht auch von Defizitfinanzierung. Im Aufschwung muss die gesamtwirtschaftliche Nachfrage dagegen gebremst und die entstandenen Schulden durch Steuererhöhungen getilgt werden. Eine solche antizyklische Wirtschaftspolitik und Globalsteuerung der Wirtschaft im Sinne von Keynes wurde in den 1960er- und 1970er-Jahren auch in der Bundesrepublik Deutschland betrieben und hat im Stabilitätsgesetz ihren Niederschlag gefunden.

Lexikon der Wirtschaft. Grundlegendes Wissen von A bis Z, 2. Aufl. Bonn 2004, S. 109 f.

Infobox

John Maynard Keynes

Der britische Wirtschaftswissenschaftler wurde 1883 geboren. Von 1920 bis 1946 war Keynes Professor am King's College in Cambridge, gleichzeitig Publizist, Finanzfachmann und Wirtschaftspolitiker. 1942 wurde er geadelt und trug den offiziellen Titel Baron Keynes of Tilton. Unter dem Eindruck der Weltwirtschaftskrise gelangte Keynes zu der Auffassung, dass die Grundlagen der bisherigen ökonomischen Theorien (v.a. des wirtschaftlichen Laissez-faire) infrage zu stellen seien. Er wurde zum Begründer einer eigenen Richtung der Volkswirtschaftslehre. Der 1946 verstorbene Keynes galt bis Anfang der 1970er-Jahre als der führende Theoretiker einer modernen Volkswirtschaftslehre.

Das Lexikon der Wirtschaft. Grundlegendes Wissen von A bis Z, 2. Aufl. Bonn 2004, S. 109

Aufgabe zu M 23

1. *Arbeite die Kernpunkte der keynesschen Wirtschaftspolitik heraus und stelle die Zusammenhänge in einer grafischen Übersicht dar.*

M 24

Das Stabilitätsgesetz von 1967

Die nachfrageorientierte Wirtschaftspolitik wurde in der Bundesrepublik zum ersten Mal zur Überwindung der Rezession 1967 angewandt und fand ihren Niederschlag im „Gesetz zur Förderung der Stabilität und des Wachstums der Wirtschaft". Im wichtigen Paragraph 1 werden Ziele staatlicher Wirtschaftspolitik genannt: „Bund und Länder haben bei ihren wirtschafts- und finanzpolitischen Maßnahmen die Erfordernisse des gesamtwirtschaftlichen Gleichgewichts zu beachten. Die Maßnahmen sind so zu treffen, dass sie im Rahmen der marktwirtschaftlichen Ordnung gleichzeitig zur Stabilität des Preisniveaus, zu einem hohen Beschäftigungsstand und außenwirtschaftlichem Gleichgewicht bei stetigem und angemessenem Wirtschaftswachstum beitragen". Da es schwer – wegen wechselseitiger Abhängigkeiten vielleicht unmöglich – ist, die Ziele gleichzeitig zu erfüllen, werden sie auch als „magisches Viereck" bezeichnet.

Autorentext

M 25

Ziele erreicht?

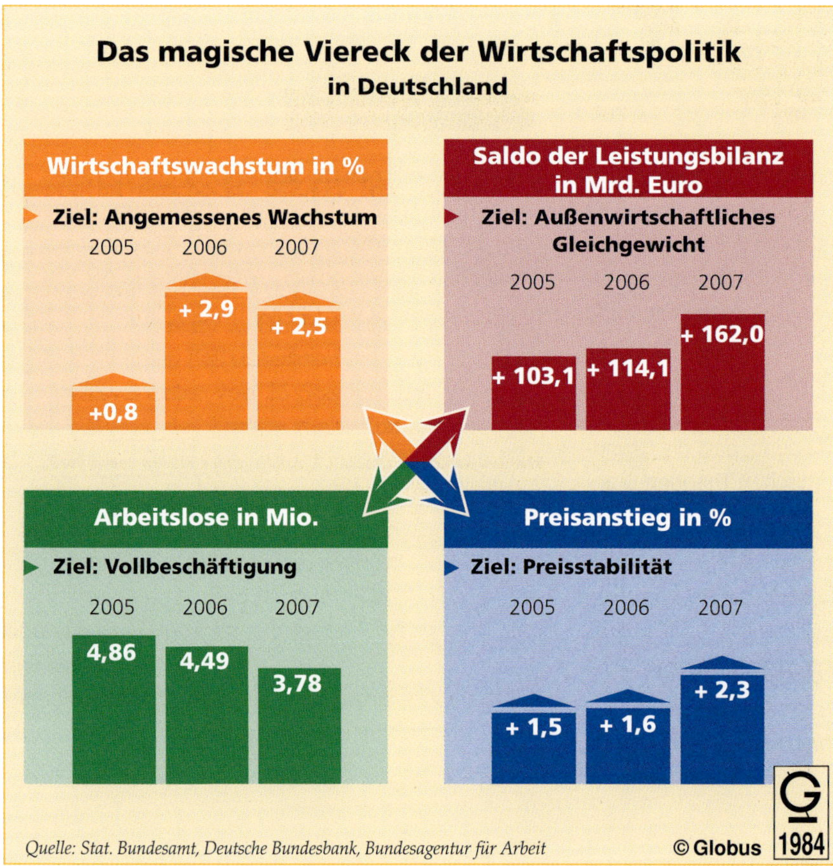

Aufgaben zu M 24 und M 25

1. Überprüfe mithilfe von M 25, inwieweit die Ziele des Stabilitätsgesetzes erreicht (M 24) worden sind.
2. Stellt euch vor, ihr seid als Gruppe von Sachverständigen damit beauftragt, die Ziele des Stabilitätsgesetzes neu zu formulieren und z.B. weitere wirtschaftspolitische Ziele aufzunehmen. Entwerft dazu in Gruppenarbeit einen Gesetzestext.

Führt Keynes in die Schuldenfalle?

M 26

Die hohe Staatsverschuldung ist ein Dauerthema in der öffentlichen Diskussion. ... Und regelmäßig weisen Fachleute darauf hin, dass die zunehmende Staatsverschuldung zu einer ernsthaften Belastung der Wirtschaft wird. ...

Mittlerweile erreicht die Verschuldung von Bund, Ländern und Gemeinden mehr als sechzig Prozent des Bruttoinlandsprodukts. ... Mehr als die Hälfte der gesamten Jahresproduktion des Landes müsste also rein rechnerisch dafür verwendet werden, die Schulden wieder zurückzuzahlen.

Der Schuldenberg ist vor allem in den Jahren nach der Wiedervereinigung gewachsen. Der Staat darf sich aber nicht unbegrenzt verschulden. Das Ausmaß ist rechtlich beschränkt. Das Grundgesetz begrenzt die Neuverschuldung im Regelfall auf den Umfang der staatlichen Investitionen. Und der Stabilitäts- und Wachstumspakt der Europäischen Union begrenzt die Neuverschuldung des Staates im Regelfall auf maximal drei Prozent des Bruttoinlandsprodukts. Diesen Anteil der Neuverschuldung bezeichnet man als Defizitquote. Und die gesamten Schulden dürfen nicht höher als sechzig Prozent des Bruttoinlandsprodukts sein. Deutschland hat mittlerweile beide Kriterien verletzt und steht daher auch in der Kritik der EU-Kommission.

Schwieriger als die rechtlichen Fragen aber sind die wirtschaftlichen Folgen der Staatsverschuldung zu beurteilen. Als unstrittig gilt, dass die Staatsverschuldung den Handlungsspielraum der Finanzpolitik einengt: Von 100 Euro, die der Staat in einem Jahr ausgibt, werden zwischen 11 und 12 Euro für Zinsen verwendet. Das ist mehr als der Staat zum Beispiel für Bildung und Forschung ausgibt. Auf diese Weise begrenzt die Staatsverschuldung auf lange Sicht die Ausgaben für wichtige Zukunftsinvestitionen – oder erzwingt höhere Steuern. So sind die Schulden von heute die Steuern von morgen. ...

Strittig ist aber die weit verbreitete Vorstellung, die Staatsverschuldung sei eine direkte Erblast, also eine Last der Enkel. Dies kann gelten, wenn der Staat gegenüber dem Ausland verschuldet ist und der Staat in Zukunft diese Kredite an das Ausland zurückzahlt. Da die deutsche Staatsschuld zu vierzig Prozent eine Auslandsschuld ist, bedeutet sie in diesem Umfang in der Tat eine mögliche Last späterer Generationen.

Die Mehrheit der Staatsschulden, also etwa sechzig Prozent, sind allerdings Schulden, die die Bürger eines Landes gegenüber sich selbst haben: Die Steuerzahler tragen die Last der Zinszahlungen. Sie zahlen an diejenigen, die dem Staat einst Kredit gewährt haben. Das sind zum Beispiel Inhaber von Bundesobligationen. In diesem Sinne wird innerhalb der selben Generation von einer Tasche in die andere Tasche gezahlt. Eine Umverteilung zwischen den Generationen findet nicht statt.

Allerdings hat die Tatsache, dass Steuerzahler und Zinsempfänger nicht übereinstimmen, einen anderen Effekt. Da im Prinzip alle Bürger Steuerzahler sind, zahlen auch alle. Zinsempfänger sind aber in der Regel nur die Reicheren. In diesem Sinne bewirkt die Staatsverschuldung eine Umverteilung von Arm zu Reich.

Jürgen Heinrich, Handelsblatt, 30.4.2004

Rechtliche Grenzen der Staatsverschuldung

M 27

Grundgesetz der Bundesrepublik Deutschland:

Art. 109 (2): Bund und Länder haben bei ihrer Haushaltswirtschaft den Erfordernissen des gesamtwirtschaftlichen Gleichgewichts Rechnung zu tragen.

Art. 115 (1): Die Einnahmen aus Krediten dürfen die Summe der im Haushaltsplan veranschlagten Ausgaben für Investitionen nicht überschreiten; Ausnahmen sind nur zulässig zur Abwehr einer Störung des gesamtwirtschaftlichen Gleichgewichts.

Maastricht-Kriterium (1992)

Das gesamtstaatliche Haushaltsdefizit darf maximal 3% des BIP erreichen.

Für die Staatsverschuldung gilt ein Maximalwert von 60% des Bruttoinlandsproduktes.

Europäischer Stabilitäts- und Wachstumspakt

Mittelfristig sind ausgeglichene Haushalte oder Überschüsse anzustreben. Sanktionsverfahren bei Überschreitung der Vorgaben.

M 28 Die Schulden der Bundesrepublik Deutschland

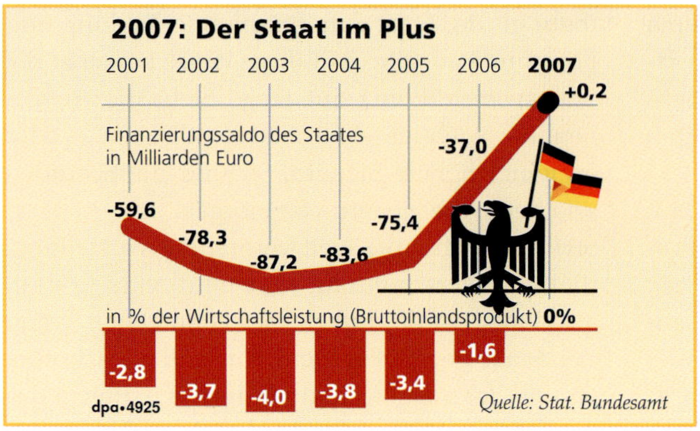

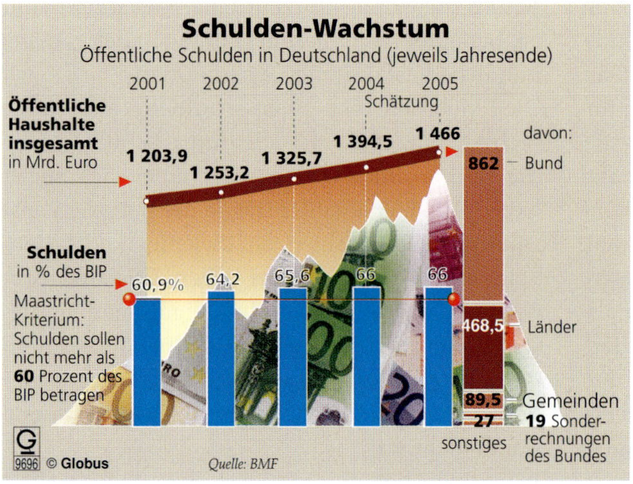

Aufgaben zu M 26 – M 28

1. *Erläutere die wirtschaftlichen und rechtlichen Grenzen der Staatsverschuldung (M 26 – M 28).*
2. *Nimm Stellung zu der These: „Um Arbeitslosigkeit zu bekämpfen, muss man auch eine höhere Staatsverschuldung in Kauf nehmen."*

M 29 Die Grenzen der Nachfragepolitik

- Nachfragepolitische Globalsteuerung orientiert sich am relativ kurzfristigen Konjunkturverlauf. Eine Stop-and-go-Politik macht Wirtschaftspolitik damit unberechenbar und sorgt für Unruhe. Langfristige Planungen werden erschwert, Unsicherheiten können zu einem Rückgang der Investitionen führen.
- Das Stabilisierungskonzept verlangt rasche, kurzfristig orientierte Interventionen des Staates. Kommt die staatliche Maßnahme zu früh oder zu spät, kann sie unerwünschte Effekte verstärken. Damit sind aber hohe Anforderungen an die Diagnose und Prognose zukünftiger wirtschaftlicher Entwicklungen notwendig. In der Regel ist staatliches Handeln damit überfordert.
- Mitnahmeeffekte verwässern die staatlichen Maßnahmen. Werden z.B. befristet Zulagen für private Investitionen gewährt, werden die Unternehmen auch Investitionen, die für später geplant waren, vorziehen. Damit fehlen aber Investitionen für die Zeit nach den Subventionen.
- Nachfragesteuerung führt zu wachsenden Haushaltsdefiziten: So sind Steuererhöhungen selbst in Aufschwungs- und Boomphasen nicht durchsetzbar, weil sich Politiker damit selbst unbeliebt machen würden. Die Folge ist eine kontinuierliche Ausweitung der Staatsausgaben, der Staatsquote und am Ende auch der Staatsverschuldung.
- Angesichts der heute europa- und weltweit stark verflochtenen Volkswirtschaften ist der Erfolg einer nationalen Nachfragestimulation fragwürdig.

Autorentext

Kontrovers diskutiert: Kaufkraft- vs. Kostenargument

M 30

a) Das Kaufkraftargument – wacklig wie ein Kartenhaus?

	Verheirateter Alleinverdiener mit 2 Kindern	Single
Bruttolohnerhöhung	**100,00**	**100,00**
– Lohnsteuer, Kirchensteuer, Solidaritätszuschlag	22,80	35,30
– Sozialversicherungsbeiträge des Arbeitnehmers	21,20	21,20
= Nettolohnerhöhung	56,00	43,50
– Ersparnis	5,70	4,40
– Konsum von Importwaren	16,00	12,40
= Nachfrageplus nach inländischen Konsumgütern	**34,30**	**26,70**

Stand 2003; Ursprungsdaten: Statistisches Bundesamt *Institut der deutschen Wirtschaft Köln*

Nach den Vorstellungen der Gewerkschaften sorgen hohe Lohnzuwächse für mehr Konsum und Beschäftigung. Doch letztlich kommt nur ein geringer Teil einer Lohnerhöhung in den inländischen Geschäften an. Im vergangenen Jahr gingen sogar trotz hoher Tarifabschlüsse sowohl der private Verbrauch als auch die Investitionen sowie die Zahl der Arbeitsplätze zurück.
Auch in den jüngsten Tarifverhandlungen präsentierten einige Gewerkschaften das so genannte Kaufkraftargument als Allzweckwaffe gegen die Beschäftigungsmisere. Danach sollen kräftige Lohnsteigerungen die allgemeine Kaufkraft stärken. Dies würde den Konsum beleben, was quer durch die Wirtschaft zu mehr Investitionen und Jobs führe und so den privaten Verbrauch weiter ankurbele – ein perfektes Perpetuum mobile[1]. Die angebliche Wundermaschine erweist sich jedoch bei näherem Hinsehen als funktionsuntüchtig: Von einer monatlichen Einkommensanhebung eines verheirateten Alleinverdieners um brutto 100 Euro fließen 2003 im Schnitt lediglich 34,30 Euro in den inländischen Konsum – bei einem Single sind es sogar nur 26,70 Euro. Ein großes Stück des zusätzlichen Lohnkuchens kassiert der Fiskus in Form von Steuern und Sozialabgaben. Vom verbleibenden Nettolohn legen die Bürger einiges auf die hohe Kante, machen Urlaubsreisen ins Ausland oder kaufen importierte Waren.
Die schwache Konsumspritze kommt die Betriebe teuer. Denn sie müssen nicht nur den zusätzlichen Bruttolohn schultern, sondern auch noch ihren Anteil zur Sozialversicherung drauflegen: Insgesamt summieren sich die Extra-Arbeitskosten auf über 121 Euro. Auch gesamtwirtschaftlich ist die Kaufkrafttheorie so stabil wie ein Kartenhaus. Selbst wenn einzelne Mitarbeiter von der Gehaltszugabe profitieren, können die höheren Belastungen die Unternehmen zu Rationalisierungen und Produktionsverlagerungen an kostengünstigere Standorte zwingen. Dann gehen hierzulande Jobs verloren, sodass die Summe aller Löhne und damit auch die gesamte Kaufkraft schrumpft.

iwd – Informationsdienst des Instituts der deutschen Wirtschaft Köln Nr. 4, 23.1.2003

[1]Perpetuum mobile = physikalisch unmögliche Maschine, die ohne Energiezufuhr in Bewegung bleibt

b) Das Kaufkraftargument – alles andere als ein Kartenhaus

Insbesondere von Arbeitgeberseite wird immer wieder behauptet, hohe Lohnzuwächse würden nicht zu mehr Konsum und damit auch nicht zu mehr Beschäftigung führen. Damit sei das Kaufkraftargument „wacklig wie ein Kartenhaus" – behauptet jedenfalls das Institut der deutschen Wirtschaft.
Als Grund wird angegeben: Von den Bruttolohnerhöhungen eines Durchschnittsverdieners würde nur ein kleiner Teil in den heimischen

Geschäften landen. Es wird vorgerechnet, dass bei einem Einkommen von 2.200 Euro von einer Brutto-Lohnerhöhung um 100 Euro im Durchschnitt nur 34 Euro (verheirateter Alleinverdiener mit 2 Kindern) als zusätzliche Nachfrage nach inländischen Konsumgütern übrig bleiben würden. Die Botschaft ist klar: Da ohnehin kein positiver Effekt auf die Binnennachfrage und damit auf die wirtschaftliche Entwicklung ausgehe, sollte man auf Lohnsteigerungen am besten ganz verzichten, da sie nur die Unternehmen belaste. Um auf lediglich 34 Euro „Rest"nachfrage zu kommen, werden zunächst die Lohnsteuer, die Kirchensteuer, der Solidaritätszuschlag und die Sozialversicherungsbeiträge des Arbeitnehmers in Höhe von 44 Euro einfach abgezogen. Damit hätte sich der Nachfrageeffekt nach Ansicht des Arbeitgeberinstituts bereits auf 56 Euro fast halbiert. Um auf die mageren 34 Euro Nachfrageplus zu kommen, werden dann noch 5,70 Euro abgezogen, die bei dieser Einkommenshöhe angeblich gespart werden und 16 Euro, die nicht für inländische, sondern für ausländische Güter und Dienstleistungen ausgegeben werden. Die Rechnung ist jedoch praktisch in allen Schritten falsch:

1. Sozialversicherungsbeiträge stellen in vollem Umfang zusätzliche Nachfrage dar – sie verschwinden nicht im ökonomischen Nirwana, sondern fließen unmittelbar in den Wirtschaftskreislauf zurück. Sie sind sogar besonders konsumwirksam, da die Sozialversicherungsträger bis auf geringfügige Rücklagen keine „Sparquote" kennen. Die Beiträge werden in voller Höhe für Sachleistungen oder Transferzahlungen, wie Renten, Arbeitslosengeld oder -unterstützung ausgegeben. Sachleistungen werden zu hundert Prozent nachfragewirksam. Da Arbeitslose und besonders Sozialhilfeempfänger in der Regel von der Hand in den Mund leben, also nichts auf die hohe Kante legen können, haben Sozialversicherungsbeiträge sogar eine höhere Nachfragewirkung als Erwerbseinkommen, von denen ein – mit der Höhe des Einkommens steigender – Anteil gespart wird.

2. Gleiches gilt für die Steuern. Auch sie werden unmittelbar nachfragewirksam. Nichts bleibt beim Staat hängen. Alle Steuereinnahmen werden unmittelbar für Löhne und Gehälter, Sachausgaben und Investitionen verwandt und steigern damit die inländische Nachfrage.

3. Grundsätzlich richtig ist, dass ein Teil des Einkommens der Ersparnis dient. Diese fehlt zunächst der Binnennachfrage. Aber: Um den Nachfrageeffekt von Lohnerhöhungen weiter zu schmälern, setzt das Arbeitgeberinstitut die Ersparnis mit 5,70 Euro besonders hoch an. Damit würde der Haushalt fast 10 Prozent der Nettolohnerhöhung sparen, ein Wert der nach Angaben der Statistik erst von vergleichbaren Haushalten mit über doppelt so hohem Einkommen erreicht wird.

4. Schließlich spricht auch der Konsum von Importwaren nicht gegen den Nachfrageeffekt von Lohnsteigerungen. Im Gegenteil – für ein Land wie Deutschland, das über enorme Exportüberschüsse verfügt, ist es unumgänglich, dass eine ausreichende Binnennachfrage auch für Nachfrage nach Importen sorgt. Nur so ist langfristig sicherzustellen, dass das Ausland weiterhin die Waren aus Deutschland bezahlen kann. Kräftige Lohnerhöhungen schlagen sich fast vollständig in einer höheren Nachfrage nieder, die zu mehr Wachstum und Beschäftigung führt.

www.verdi.de (27.9.2005)

Aufgabe zu M 30

1. Vergleiche die unterschiedliche Argumentation in M 30. Entscheide dich für eine Sichtweise und entwirf eine kurze Rede aus der Sicht der Arbeitnehmer bzw. Arbeitgeber.

Politik für mehr Beschäftigung – die Nachfragetheorie

Die Nachfragetheorie J.M. Keynes
M 23, Infobox

Die Nachfragetheorie geht auf den englischen Nationalökonomen John Maynard Keynes (1883-1946) zurück. Nach dieser Theorie begründet sich Arbeitslosigkeit in einer unzureichenden gesamtwirtschaftlichen Nachfrage. Da der Markt alleine die Ungleichgewichte auf dem Arbeitsmarkt nicht beseitigen kann, muss der Staat mit seiner Einnahmen- und Ausgabenpolitik eingreifen. In der Rezession (wirtschaftlicher Abschwung) senkt dann der Staat z.B. die Steuern, steigert seine Ausgaben (z.B. durch den Bau von Schulen und Straßen) und schafft so zusätzliche Nachfrage. Diese führt zu höherer Produktion, welche wiederum eine höhere Beschäftigung nach sich zieht. Höhere Beschäftigung wiederum führt zu höheren Einkommen, welche die Nachfrage weiter steigern. Die zusätzlichen Ausgaben können dabei auch durch Schulden finanziert werden.

Stabilitätsgesetz
M 24

Die Nachfragetheorie hat auch Niederschlag im Stabilitätsgesetz von 1967 gefunden. Das darin neben einem hohen Beschäftigungsgrad, Preisstabilität und außenwirtschaftlichem Gleichgewicht formulierte Ziel eines „stetigen und angemessenen Wirtschaftswachstums" zeigt deutlich den keynesschen Ansatz, die Wirtschaft „global", also insgesamt durch entsprechende staatliche Maßnahmen steuern zu können.

Nachfragepolitik und Staatsverschuldung
M 26 – M 29

Trotz entsprechender Maßnahmen hat die wirtschaftliche Entwicklung in der Bundesrepublik gezeigt, dass ein Abbau der Arbeitslosigkeit nicht erreicht werden konnte und sich auch das Wachstum nicht verstetigen ließ. Angesichts einer sehr hohen Staatsverschuldung stellt sich die Frage, ob der Staat heute generell noch in der Lage ist, weitere Kredite aufzunehmen. So gibt der Staat heute bereits einen großen Teil seines Haushaltes dafür aus, die Zinsen für seine aufgenommenen Kredite zu bezahlen. Diese Ausgaben stehen nicht mehr zur Verfügung. Außerdem verstößt die Bundesrepublik Deutschland schon seit einigen Jahren gegen rechtliche Beschränkungen der Schuldenaufnahme, wie zum Beispiel den EU-Stabilitätspakt.

Nachfragetheorie und Lohnpolitik
M 30

Auch in der Lohnpolitik der Gewerkschaften und Arbeitgeber spielt die Nachfragetheorie eine prominente Rolle. Die Gewerkschaften argumentieren ganz im Sinne der keynesschen Nachfragetheorie. Für sie steigern Lohnerhöhungen die gesamtwirtschaftliche Nachfrage und führen somit zu steigenden Unternehmensgewinnen, mehr Investitionen und letztlich mehr Beschäftigung.
Die Arbeitgeber halten dagegen, dass Lohnerhöhungen vornehmlich Kosten für die Unternehmen verursachen und nur unwesentlich die Nachfrage erhöhen, weil die Haushalte z.B. ihr zusätzliches Einkommen sparen. Für die Unternehmen bedeutet dies sinkende Gewinne, damit weniger Investitionen und schließlich einen Abbau der Beschäftigung.

2.5 Politik für mehr Beschäftigung – die Angebotstheorie

M 31 Heilig Abend bei Arbeitgebern

Hans Olaf Henkel war von 1995 bis 2000 Präsident des Bundesverbands der Deutschen Industrie.

Sakurai/CCC, www.c5.net

M 32 Bekämpfung der Arbeitslosigkeit – die Rezepte der Angebotspolitik

[Mit Angebotspolitik oder -theorie bezeichnet man ein] wirtschaftspolitisches Konzept, mit dem die Wachstumsschwäche und Massenarbeitslosigkeit hoch entwickelter Marktwirtschaften durch verbesserte Produktionsbedingungen und erhöhte Anpassungsfähigkeit des privatwirtschaftlichen Sektors bekämpft und überwunden werden soll. Wirtschaftliches Wachstum und die Schaffung von Arbeitsplätzen sollen über die Verbesserung der Bedingungen auf der Angebotsseite erreicht werden. Die Angebotspolitik spiegelt die Abkehr vom nachfrageorientierten Konzept des Keynesianismus …

Angebotspolitik ist auf die Produktion, d.h. auf die Unternehmen gerichtet. Höhere Gewinne sollen dabei die finanziellen Voraussetzungen für Investitionen der Unternehmen verbessern. Höhere Investitionen verbessern die Produktionsbedingungen sowie die internationale Wettbewerbsfähigkeit und bewirken eine Steigerung der Beschäftigung, was zu mehr Einkommen bei den privaten Haushalten führt. Maßnahmen der Angebotspolitik sind deshalb auf die Förderung der Investitionstätigkeit ausgerichtet, über die das Wirtschaftswachstum verstärkt werden soll, um so die Schaffung von Arbeitsplätzen zu erreichen. Mittel der Angebotspolitik sind z.B. die Senkung von Unternehmenssteuern, die Verbesserung der steuerlichen Abschreibungsmöglichkeiten, die Förderung von Forschung und Entwicklung, die Förderung von Existenzgründungen und Maßnahmen der Deregulierung[1].

Weitere wichtige Programmpunkte sind: eine … inflationsvermeidende Geldpolitik; eine Fiskalpolitik, die den Staatsanteil am Sozialprodukt senkt, die Neuverschuldung verringert, die Investitionsausgaben zulasten der konsumtiven Ausgaben erhöht, das Steuersystem leistungs- und investitionsfördernd verändert, eine zurückhaltende, sich am Produktivitätsfortschritt orientierende Lohnpolitik, verbunden mit einer Förderung der Mobilität der Erwerbspersonen und der Flexibilität von Löhnen, Arbeitszeit und Beschäftigungsbedingungen.

Das Lexikon der Wirtschaft. Grundlegendes Wissen von A bis Z, Bonn 2004, S. 124 f.

[1]Deregulierung = Übertragung staatlicher Aufgaben an private Unternehmen, Entbürokratisierung

Wesentliches Element der Angebotspolitik: die Geldpolitik der Zentralbank

M 33

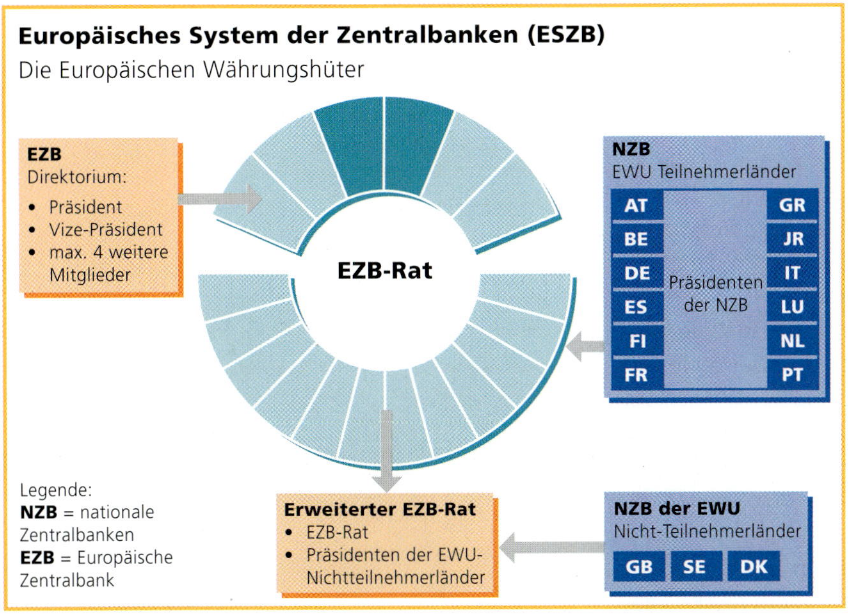

Ein zentrales Ziel der Angebotspolitik ist die Geldwertstabilität. Dafür sorgt die Notenbank. Wegen der Konzentration auf die Geldpolitik nennt man Angebotspolitik deshalb auch Monetarismus. Seit dem 1.1.1999 ist die Europäische Zentralbank (EZB) für die Durchführung einer einheitlichen Geldpolitik im Euro-Währungsgebiet zuständig. Der Vertrag über die Europäische Union definiert die Gewährleistung von Preisstabilität als vorrangiges Ziel des Eurosystems und trägt damit der in der Gesellschaft weit verbreiteten Auffassung Rechnung, dass stabile Preise der beste Beitrag der Geldpolitik zum Wirtschaftswachstum und damit zur Schaffung von Arbeitsplätzen sind. Die Europäische Zentralbank (EZB) hat ihren Sitz in Frankfurt am Main, also in Deutschland. Die EZB ist unabhängig gegenüber politischen Weisungen, kann ihre Geldpolitik also eigenständig verfolgen.

Die Hauptaufgaben der EZB:

- Festlegung der Geldmenge: Allein die EZB entscheidet, wie viel Geld in Umlauf gebracht wird. Hierdurch wird sichergestellt, dass die EZB tatsächlich die gesamte Euro-Geldmenge steuern und kontrollieren kann. Ferner bestimmt sie, zu welchen Konditionen Geschäftsbanken Zentralbankgeld beziehen können und damit die Höhe der Zinsen, die man für Kredite bezahlen muss oder für Erspartes erhält.
- Stabilität der Währung nach innen und außen sichern: Die EZB ist dafür verantwortlich, dass der Euro eine stabile (d.h. eine dauerhaft wertvolle) Währung wird und auch bleibt. Die EZB muss dafür sorgen, dass in den Euro-Staaten immer genügend Geld im Umlauf sein wird, damit die Wirtschaft reibungslos funktionieren kann. Es darf aber nie zuviel Euro-Geld im Umlauf sein, weil sonst die Gefahr besteht, dass die Preise übermäßig steigen (=Inflation) und der Euro dadurch an Wert verliert (innere Stabilität des Euro). Außerdem überwacht sie auch den Außenwert des Euro (Stabilität nach außen).

Autorentext

Infobox

Inflation

Bei einem anhaltenden Anstieg des gesamtwirtschaftlichen Preisniveaus spricht man von Inflation (lat. inflare = aufblähen). Verteuerung einzelner Produkte bei gleichzeitiger Verbilligung anderer ist dagegen kein Anzeichen für eine inflationäre Geldentwertung. Sie zeigen lediglich Verknappungen an, die in einer Marktwirtschaft durch die Lenkungsfunktion der Preise beseitigt werden. Wichtiges Merkmal einer Inflation ist somit die anhaltende und allgemeine Teuerung. Gemessen wird die Inflation in Deutschland gewöhnlich am Preisindex für die Lebenshaltung aller privaten Haushalte. Zur Messung der Inflation in den Ländern der Europäischen Währungsunion gibt es einen so genannten Harmonisierten Verbraucherpreisindex (HVPI), der die Preissteigerungsraten zwischen den einzelnen Mitgliedern der EU vergleichbar machen soll. Die prozentuale Veränderung des Preisindexes entspricht dabei der Inflationsrate. Der Preisindex wird mit Hilfe eines Warenkorbs für einen durchschnittlichen Haushalt in einem bestimmten Jahr (Basisjahr) gemessen.

Zusammensetzung des statistischen Warenkorbes

Jahr	1995	2000
Nahrungsmittel, alkoholfreie Getränke	13,1 %	10,3 %
Tabakwaren, alkoholische Getränke	4,2 %	3,7 %
Bekleidung, Schuhe	6,9 %	5,5 %
Wohnung, Wasser, Gas, Brennstoffe	27,5 %	30,2 %
Einrichtungsgegenstände	7,1 %	6,9 %
Gesundheit, Pflege	3,4 %	3,5 %
Verkehr	13,9 %	13,9 %
Nachrichtenübermittlung	2,3 %	2,5 %
Freizeit, Kultur, Unterhaltung	10,4 %	11,0 %
Bildungswesen	0,7 %	6,9 %
Hotel, Restaurants	4,1 %	4,7 %
Andere Waren und Dienstleistungen	6,1 %	7,0 %

Statistisches Bundesamt (http://www.destatis.de/)

Autorentext

Aufgaben zu M 31 – M 33

1. *Arbeite die Kernpunkte der angebotsorientierten Wirtschaftspolitik heraus und entwirf dazu ein Plakat (M 32 – M 33).*

2. *Erläutere, welche Bedeutung die Unabhängigkeit der EZB hat (M 33).*

M 34

Grenzen der Angebotspolitik

- Es ist keineswegs so, dass die Unternehmen ihre Gewinne automatisch in zusätzliche Produktionskapazitäten im Inland investieren und damit mehr Arbeitsplätze schaffen. So können die Gewinne auch dazu verwendet werden, weitere Kostensenkungen (z.B. Rationalisierungsmaßnahmen, Aufbau einer Auslandsproduktion) und damit den Abbau von Arbeitsplätzen zu finanzieren.
- Investitionen werden nur getätigt, wenn zukünftig die produzierten Güter auch verkauft werden können und so Gewinne zu erzielen sind. Dies ist aber nicht selbstverständlich, sondern nur möglich, wenn kaufkräftige Nachfrage vorhanden ist. Deshalb ist eine einseitige Ausrichtung der Wirtschaftspolitik auf das Angebot nicht erfolgreich.
- Weniger Staat heißt in der Regel weniger sozialstaatliche Leistungen, worunter vor allem sozial Schwächere leiden. Damit stellt sich die Frage, wie sozial ausgewogen eine solche Wirtschaftspolitik ist.

Autorentext

M 35

Strategien der Wirtschaftspolitik in der Übersicht

Nachfragesteuerung
Grundüberlegung: Die Gesamtnachfrage bestimmt das Volkseinkommen und die Höhe der Beschäftigung

Nachfrage nach Konsum- und Investitionsgütern

Nachfrage des Auslands

Nachfrage des Staates

↓

Wirtschaftspolitische Instrumente: Antizyklische Finanz- und Steuerpolitik → **Initialzündung:** Höhere Staatsinvestitionen

↓

Mehr Beschäftigung in den betroffenen Branchen (Bau, Zulieferer)

↓

Höheres Volkseinkommen in diesen Branchen

↓

Mehr Konsumnachfrage

↓

Mehr Beschäftigung in der Konsumgüterindustrie

↓

Mehr private Investitionen

↓

Hauptziel:
Kurzfristiges gesamtwirtschaftliches Gleichgewicht

Angebotssteuerung
Grundüberlegung: Die Rentabilität der Produktion bestimmt die Höhe des Einkommens und der Beschäftigung

Arbeitskräfte-Angebot

Geldmarkt

Produktionsapparat/ Produktionsstruktur

↓

Wirtschaftspolitische Instrumente: Potenzialorientierte Geldpolitik, Angebotsorientierte Finanzpolitik, Produktivitätsorientierte Lohnpolitik → **Initialzündung:** Steuererleichterungen z.B. Abschreibungen bzw. Innovationsförderung

↓

Ertragskraft der Unternehmen wird verstärkt

↓

Mehr private Investitionsgüterindustrie, darunter innovative Investitionen

↓

Mehr Beschäftigung in der Investitionsgüterindustrie, Modernisierung des Produktionsapparates

↓

Hauptziel:
Mittelfristiges gesamtwirtschaftliches Gleichgewicht
Stärkung der internationalen Wettbewerbsposition durch Senkung der Produktionskosten

nach: Heinrich Köppen, Konjunkturpolitik, Schülerheft, Stuttgart, 7. Aufl. 1998, S. 47

Aufgaben zu M 34 und M 35

1. *Der ehemalige Bundeskanzler Helmut Schmidt sagte in den Siebzigerjahren: „Die Investitionen von heute sind die Gewinne von morgen und die Arbeitsplätze von übermorgen.“ Überprüfe diese Aussage, indem du dich mit den Einwänden gegen die Angebotspolitik auseinandersetzt (M 34, M 35).*
2. *Informiere dich über die Ursachen der Inflation von 1923 in Deutschland (fächerübergreifend mit Geschichte).*

Politik für mehr Beschäftigung – die Angebotstheorie

Die Angebotstheorie
M 32

Für die angebotsorientierte Wirtschaftspolitik, die auch wegen ihrer Ausrichtung auf die Geldpolitik als Monetarismus bezeichnet wird, ist die Stärkung der Investitionsbereitschaft der Unternehmen Ziel- und Steuerungsgröße der Wirtschaftspolitik. Eine Verbesserung der Gewinnsituation der Unternehmen soll mehr Investitionen, höheres Wachstum und damit einhergehend mehr Arbeitsplätze bringen.

Die Rolle des Staates
M 35

Der grundlegende Unterschied zur Nachfragetheorie liegt in der Rolle des Staates. Der Staat soll keine aktive Rolle einnehmen, sondern sich auf die Gestaltung der Rahmenbedingungen beschränken (Ordnungspolitik). Angebotspolitik setzt auf den Marktmechanismus, die Selbstverantwortung und Initiative jedes Einzelnen. Zu viele staatliche Einmischungen (z.B. Umweltauflagen, Subventionen, Schutzgesetze für Arbeitnehmer wie Kündigungsschutz) verhindern dies, folglich wird die Privatisierung staatlicher Leistungen und die Deregulierung (Bürokratieabbau) angestrebt. Als weitere Hemmnisse werden zu hohe staatliche Sozialleistungen und zu hohe Steuern gesehen. Allgemein formuliert geht es den angebotsorientierten Politikern um die Senkung der Produktionskosten, wobei die Lohnkosten (Löhne und Lohnnebenkosten) hier als entscheidender Faktor gesehen werden.

Kritik an der Angebotstheorie
M 34

Die Angebotspolitik wird kritisiert, weil sie vor allem die Schwachen belastet und die Einkommens- und Vermögensverteilung zugunsten der Wohlhabenden fördert. Ferner führt die Verbesserung der Gewinnsituation der Unternehmen nicht zwangsläufig zu einer steigenden Investitionsbereitschaft der Unternehmen.

Ein Element der Angebotstheorie: die Geldpolitik

Die EZB
M 33

Für die Angebotstheoretiker hat die Sicherung der Preisstabilität, also die Verhinderung von Inflation, Vorrang vor dem Ziel der Vollbeschäftigung. Der Notenbank kommt die wichtige Aufgabe zu, durch ihre Geldpolitik Preisstabilität zu wahren. Die Europäische Zentralbank (EZB) ist die Notenbank der EU. Ihre Hauptaufgaben sind die Sicherung des Geldwerts nach innen (Preisniveaustabilität) und nach außen (Wechselkursstabilität) sowie die Geldversorgung der Wirtschaft. Die EZB ist unabhängig von den Weisungen der Regierungen und anderen staatlichen Organen. Dadurch soll gewährleistet sein, dass die Sicherung der Geldwertstabilität jederzeit Vorrang hat. Die EZB hat seit 1999 mit ihrer Geldpolitik Preisniveaustabilität erreicht.

Inflation
Infobox

Gemessen wird die Veränderung des Preisniveaus (Inflationsrate) mittels eines statistischen Warenkorbs, der repräsentativ für die Konsumausgaben eines Durchschnittshaushalts steht. Dabei werden einzelne Konsumausgaben nach ihrem Anteil an den Gesamtausgaben gewichtet. Die Gründe für Preissteigerungen sind vielfältig: Steigende Produktionskosten oder die Realisierung höherer Renditen können ebenso zu Inflation führen wie höhere Steuern oder eine das gesamtwirtschaftliche Angebot übersteigende gesamtwirtschaftliche Nachfrage bei ausgelasteten Produktionskapazitäten. Hohe Inflation schädigt eine Volkswirtschaft nachhaltig. Sie führt zu mangelnder Wettbewerbsfähigkeit, einem Rückgang der Investitionen und daraus folgend hoher Arbeitslosigkeit.

Arbeit und Beruf
Du würdest eine gute Kinderkrankenschwester abgeben
Entscheide dich schnell!
Es gibt doch so viele Ausbildungsberufe
Werde doch IT-Spezialistin, das hat Zukunft
Ohne Abi geht heute nichts!
Geh doch zur Berufsfachschule!
Erst mal Geld verdienen!
Du bist kreativ!
Was soll ich werden?
Wir sind einer der weltweit führenden Spezialisten für die Entwicklung und Herstellung von modernen Phytopharmaka – einer neuen Generation von Naturarzneimitteln mit wissenschaftlich dokumentierter Wirkung. International ergänzen auch chemische Wirksubstanzen das Unternehmensprofil.
Wir suchen ab sofort einen (m/w)
Kommunikationsmanager
Suche zuverlässige und flexible Auszubildende zur
Mediengestalterin
Tel. 0152 / 12 36 54
Auszubildender
zum
Industriekaufmann
Zuschrift unter Chiffre SB 284344
Was soll ich werden?

1. Die Arbeitswelt im Wandel

M 1 Bilder zum Wandel in der Arbeitswelt – Büroberufe

Aufgaben zu M 1

1. *Ordne die Abbildungen in M 1 chronologisch. Beschreibe die Tätigkeiten der Menschen und zeige auf, wie sich Arbeit und Arbeitsumgebung verändert haben.*

2. *Zeige an Beispielen aus dem Alltag und der Schule auf, wie sich das Leben durch die neuen Informationstechnologien verändert hat.*

Auf dem Weg in die Wissensgesellschaft

M 2

Die heutige Situation lässt sich durchaus vergleichen mit dem Übergang von der Agrar- zur Industriegesellschaft. In der Agrargesellschaft arbeiteten Menschen jahrtausendelang gemäß dem Rhythmus der Natur. Mit der Industrialisierung wurden Menschen dann auf einmal gezwungen, sich zur selben Zeit am selben Ort zu versammeln, um gemeinsam zu arbeiten. Nur so ließen sich Dampfmaschinen als zentrale Energiequellen rationell nutzen. Dieser Zwang brachte allmählich die Arbeitsdisziplin des Industriezeitalters hervor. Dabei entstand unser heutiges Verständnis von Arbeit als räumlich und zeitlich festgelegte, kontinuierlich abzuleistende Erwerbsarbeit. Die Industrialisierung trennte Lebens- und Arbeitsraum sowie Arbeits- und Freizeit und schuf vielerlei Grenzen, etwa zwischen verschiedenen Lebensphasen wie Ausbildung, Arbeit und Ruhestand …

Heute lassen sich mithilfe der Informationstechnik viele Tätigkeiten von den Zwängen, die die Industrialisierung mit sich brachte, befreien … Die Arbeit von immer mehr Menschen wird es sein, Daten in Bedeutung und in Wissen zu verwandeln. Durch die zunehmende Automatisierung von Routinetätigkeiten erhöht sich der intellektuelle Gehalt der verbleibenden Arbeit, sie erfordert zunehmend die Fähigkeit, Informationen zu verstehen, auf sie zu reagieren, sie zu verwalten – und natürlich auch, mit zu viel Informationen umgehen zu können.

Laut aktueller Prognose werden schon im nächsten Jahrzehnt vier Fünftel aller menschlichen Arbeiten aus dem Umgang mit Informationen bestehen: beraten, informieren, forschen, entwickeln, organisieren, vernetzen, managen, recherchieren, gestalten und präsentieren.

aus: Ulrich Klotz im Interview mit Ina Hönicke, Frankfurter Rundschau, 3.4.2000

Lernen – ein Leben lang

M 3

Über die … fachlichen, technischen und persönlichen … Kenntnisse hinaus ist in der Internet-Wirtschaft noch eine weitere persönliche Qualifikation unabdingbar: die Bereitschaft zur ständigen Weiterbildung und Qualifikation. Dies betrifft einerseits technische Kompetenzen, die aufgrund neuartiger Techniken und sich ständig weiter entwickelnder Anwendungssysteme angepasst werden müssen, andererseits fachliche Kompetenzen. … Dies bedeutet aber auch, dass die Bedeutung klassischer Berufsverläufe – Ausbildung in einem bestimmten Beruf, Ausübung dieses Berufes … vor dem Hintergrund dieser neuartigen Arbeits- und Beschäftigungsstrukturen abnimmt. Vielmehr ist zu erwarten, dass zwar gewisse berufsbezogene Basisqualifikationen erlernt werden müssen, die dann jedoch in Abhängigkeit der jeweiligen Anforderungen und tatsächlichen Gegebenheiten anzupassen und weiterzuentwickeln sind.

Rahild Neuburger, Auswirkungen der New Economy auf die Arbeit, in: Gesellschaft – Wirtschaft – Politik, 4/2003, S. 461

Aufgaben zu M 2 und M 3

1. *Stelle dar, welche Anforderungen die Wissensgesellschaft an die Beschäftigten stellt (M 2, M 3).*

2. *Im Übergang von der Industrie- zur Wissensgesellschaft entstehen ständig neue Berufe und alte verschwinden. Informiere dich, z.B. im Berufsinformationszentrum der Agentur für Arbeit, welche Berufe in den letzten Jahren neu entstanden sind.*

Infobox

Vielfalt der Beschäftigungsverhältnisse

Gleitzeit
Die Beschäftigten können Arbeitsbeginn und Arbeitsende nach ihren Bedürfnissen selbst festlegen. Festgelegt ist in den meisten Betrieben eine Kernarbeitszeit, in der die Anwesenheit verpflichtend ist.

Teilzeitarbeit
Ein Teilzeitbeschäftigungsverhältnis liegt dann vor, wenn die Arbeitszeit, die ein Arbeitnehmer regelmäßig arbeitet, kürzer ist als die Arbeitszeit bei Vollzeitbeschäftigung. Die Arbeitszeit kann dabei innerhalb der Woche unterschiedlich verteilt sein. So kann täglich kürzer oder nur an bestimmten Tagen in der Woche gearbeitet werden.

Flexible Arbeitszeit
Für den Arbeitnehmer wird ein Arbeitszeitkonto geführt, auf dem Abweichungen von der festgelegten Arbeitszeit festgehalten werden.
Die Arbeitszeitguthaben werden innerhalb eines bestimmten Zeitraumes wieder ausgeglichen. Gleiches gilt auch für zu wenig geleistete Stunden. Der Beschäftigte verfügt somit über mehr Zeitsouveränität, für den Unternehmer bedeutet dies eine bessere Nutzung der Betriebszeiten.

(Tele-)Heimarbeit
Als Telearbeit wird eine Tätigkeit bezeichnet, die sich auf die moderne Informations- und Kommunikationstechnik stützt und ausschließlich oder zumindest zeitweise an einem Arbeitsplatz erledigt wird, der außerhalb des Betriebes liegt. Telearbeiter können an beliebigen Orten tätig sein: unterwegs im Zug, zu Hause oder beim Kunden. Über Laptop, PC, Internet und Handy sind sie mit dem Betrieb verbunden.

Mini-Jobber
Mini-Jobber haben einen so genannten 400 Euro-Job. Da für diese Jobs weniger Steuern und Sozialversicherungsabgaben bezahlt werden, dürfen Beschäftigte maximal nur 400 Euro im Monat verdienen. Sie können diesen Betrag aber auch bei mehreren Arbeitgebern verdienen. Man bezeichnet diese Arbeitsverhältnisse auch als „geringfügige Beschäftigung".

Ich-AG
In den so genannten Ich-AGen arbeiten vor allem ehemalige Arbeitslose, die sich mit staatlicher Hilfe selbständig gemacht haben und in den ersten Jahren ihrer Selbstständigkeit finanzielle Unterstützung vom Staat erhalten. Die meisten Ich-AGen sind Ein-Mann oder Ein-Frau-Betriebe im Dienstleistungssektor.

Autorentext

M 4 Auf der Datenautobahn zum Arbeitsplatz

Für ihren Arbeitsweg benötigt Andrea Faulhaber montags zwei Stunden, dienstags und mittwochs dagegen nur eine Minute: Seit sechs Monaten fährt die festangestellte Systemanalytikerin und Testspezialistin einmal in der Woche in die Zentrale der Lufthansa Systems Group GmbH nach Kelsterbach bei Frankfurt. Die beiden anderen Tage arbeitet sie von Rheinbach bei Bonn aus. Die zweifache Mutter ist froh, dass ihr Arbeitgeber flexible Arbeitszeitmodelle inklusive des Home-Office-Modells anbietet – insbesondere seit dem beruflichen Umzug ihres Mannes ins Rheinland. Nur ungern hätte sie ihre berufliche Tätigkeit ... aufgegeben: „Auf die Entfernung hin und mit zwei Kindern ist dies auf jeden Fall die optimale Lösung zu arbeiten", schwärmt die IT-Fachfrau. Sei 1986 arbeitet sie für Lufthansa. ... Als Ende des vergangenen Jahres der berufliche Umzug ihres Mannes nach Bonn anstand, bewarb sie sich auf eine Stellenausschreibung bei Lufthansa Systems, da sie wusste, dass dort Mitarbeiter auch in Heimarbeit arbeiten können. Andrea

Faulhaber ist bei Lufthansa Systems kein Einzelfall – allein in ihrem achtköpfigen Team gibt es noch eine weitere Kollegin, die gleichfalls einen Teil ihrer Arbeitszeit von zu Hause aus erfüllt. … „Mitte der neunziger Jahre wurde bei Lufthansa Systems [der hundertprozentigen IT-Tochter von Lufthansa] die Telearbeit … eingeführt", [sagt Barbara Kirchberg-Lennartz, Leiterin Human Resources bei Lufthansa Systems]. … Hinter diesen flexiblen Arbeitszeitangeboten steckte nach Angaben der Leiterin Human Resources zum einen der soziale Aspekt, auf die Bedürfnisse der Mitarbeiter einzugehen. Und natürlich spielten „rein wirtschaftliche Aspekte" eine Rolle, da zufriedene Mitarbeiter mehr Leistung erbrächten. … Nach Angaben von Barbara Kirchberg-Lennartz habe man mit Telarbeit gute Erfahrungen gemacht. Die Mitarbeiter seien weiterhin sehr engagiert bei der Sache. „Telearbeit basiert auf gegenseitigem Vertrauen. Aufgrund der Kritik des fehlenden sozialen Kontaktes setzen wir eine gewisse Dauer der Firmenzugehörigkeit voraus und prüfen natürlich generell, ob sowohl hinsichtlich Mitarbeiter als auch Tätigkeit die Voraussetzungen für Telearbeit gegeben sind", sagt Kirchberg-Lennartz. Bisher sei das Vertrauen des Unternehmens nach ihren Angaben auch nicht missbraucht worden. Im Gegenteil, wie Andrea Faulhaber bestätigt. „Ich arbeite oft mehr als meine vereinbarte Stundenzahl, da ich zu Hause auch abends sowie an Feiertagen und am Wochenende die Gelegenheit habe, meine Mails anzusehen und darauf zu antworten." Der Vorteil auf der anderen Seite ist: Ist eines ihrer Kinder krank, kann sie dennoch ihre aktuellen Projekte von zu Hause aus weiter bearbeiten. Allerdings zieht sich der Arbeitstag dann auch bis in den Abend hin, da ein kontinuierliches Arbeiten im Gegensatz zu normalen Home-Office-Tagen, an denen die Kinder im Kindergarten sind und in der Schule betreut werden, schwer möglich ist. Den wöchentlichen Arbeitstag in Kelsterbach genießt sie jedoch besonders, weil sie dann persönlichen Kontakt zu ihren Kollegen hat. „Dieser Tag vor Ort ist auch sehr wichtig, um den Austausch untereinander aufrechterhalten zu können. Auch wenn mich meine Kollegen hervorragend informieren, es gibt immer Sachen, die im persönlichen Gespräch abgestimmt werden müssen."

Jutta Gröschl, Frankfurter Allgemeine Zeitung, 10.1.2004

Aufgabe zu M 4

1. *Viele Menschen befürchten, dass die Computer sie aus den Büros und Fertigungsstätten verdrängen. Diskutiert, ob diese Furcht berechtigt ist.*

M 5 Die Schattenseiten der neuen Arbeitswelt

a) Selbstdisziplin gefordert

Auch wenn der Freiraum zur individuellen Gestaltbarkeit der Arbeitsphasen im Verlauf des Tages zunächst als wohltuende Befreiung ... empfunden werden kann, birgt er auch die Gefahr der Selbstausbeutung und Überlastung in sich, da der klar vorgegebene Feierabend entfällt und die Kopplung von Wohnen und Arbeit die Überschneidung gegensätzlicher Interessen und Anforderungen mit sich bringt.

Einerseits müssen klare Grenzen zwischen Arbeitsphasen und familiären/häuslichen Tätigkeiten und Störfaktoren gezogen werden, andererseits erfordern betriebliche Abläufe eine generelle Erreichbarkeit über weitgehend technische Kommunikationswege. Belastbarkeit und die Fähigkeit zum Umgang mit Stress sind unabdingbar, da die psychischen Belastungen aufgrund der generellen Verfügbarkeit zunehmen.

Auch für Mitarbeiter an dezentralen Arbeitsplätzen mit einem hohen Technisierungsgrad entfällt die Motivation durch direkte Reaktionen von Vorgesetzten und Kollegen. Somit müssen solche Mitarbeiter in der Lage sein, sich durch konkrete Hinweise auf ihre Arbeit und durch „Nachfragen" Anerkennung abzuholen und ihre Arbeitsleistungen selbst zu beurteilen.

Karin Kühlwetter, IT-Medienberufe: zukünftige Anforderungen an berufliche Qualifikationen und Kompetenzen, in: Neue Berufswege für Frauen in das 21. Jahrhundert, Bundesinstitut für Berufsbildung (Hg.), Berlin 1999, S. 27 f.

b) Kontrolle

IT und veränderte Arbeitsformen können – neben all den ... Vorteilen wie Selbstbestimmung, interessante Arbeitsinhalte etc. – auch erhebliche Nachteile für die Mitarbeiter haben. Zu denken ist z.B. an die Gefahr der verstärkten Überwachung durch Informations- und Kommunikationstechniken oder die Gefahr einer zu starken Fremdbestimmung aufgrund des Zwangs der ständigen Erreichbarkeit, wenn vorgegebene Arbeitszeiten und -orte immer weniger relevant werden.

Internet sowie IT erlauben neuartige Formen der Überwachung von Mitarbeitern – unabhängig vom Standort, an dem sie tätig sind. Beispiele sind die Überwachung der Computernutzung von Telearbeitern, die Kontrolle der Internet-Nutzung der Mitarbeiter (z.B.: wie lange wurde auf welchen Seiten gesurft), die vereinfachte Zeiterfassung (z.B.: wann und wie lange hat sich der Mitarbeiter in das unternehmensinterne Netz eingewählt) ... Ähnlich verhält es sich mit der Problematik der ständigen Erreichbarkeit, die für alle Beteiligte ... Vorteile hat, jedoch auch dazu führen kann, dass Führungskräfte [und] Mitarbeiter ... sich einen zunehmenden Zwang ausgesetzt fühlen, ständig für ihre Auftraggeber bzw. Arbeitgeber ansprechbar zu sein.

Rahild Neuburger, Auswirkungen der New Economy auf die Arbeit, in: Gesellschaft-Wirtschaft-Politik, 4/2003, S. 462

Aufgaben zu M 5

1. *Wählt aus den Materialien der Infobox ein neues Beschäftigungsverhältnis und überlegt mithilfe von M 5, welche Vor- und Nachteile dieses für Arbeitgeber und Arbeitnehmer bringt.*

2. *Es wird häufig behauptet, die Arbeit in den neuen Beschäftigungsverhältnissen verliere Ort und Grenzen. Erläutere diese These.*

3. *Überlege, was es für den Einzelnen und das Leben in Familie und Gesellschaft insgesamt für Konsequenzen haben könnte, wenn jeder seine eigenen Arbeitszeitrhythmen hat.*

Die Arbeitswelt im Wandel

Wandel zur Informations- und Wissensgesellschaft
M 2, M 3

Die Arbeitswelt unterliegt einem ständigen Wandel, der sich so schnell vollzieht, dass verlässliche Prognosen über die Entwicklung auf dem Arbeitsmarkt kaum mehr möglich sind. Sicher ist aber, dass wir uns immer mehr auf dem Weg in die Informations- und Wissensgesellschaft befinden, in der auch in Zukunft nur noch sehr gut ausgebildete Fachleute für Dienstleistungs-, Steuerungs- und Managementaufgaben benötigt werden. Die Experten der Arbeitsämter raten Jugendlichen, die vor der Berufsentscheidung stehen, dazu, sich auf die persönlichen Stärken und Neigungen zu verlassen, denn es nützt oft wenig, wenn man einen Beruf wählt, nur weil er vielleicht zu einem sicheren Arbeitsplatz führt. Dann fehlt häufig die für die Ausübung des Berufs notwendige Motivation. Da sich die Berufsbilder ständig ändern, gibt es heute schon kaum jemanden mehr, der seinen Beruf ein ganzes Berufsleben lang ausübt. Der erlernte Beruf bleibt aber nach wie vor die Eintrittskarte in das Arbeitsleben.

Wandel der Arbeitswelt

Der Wandel in der Arbeitswelt wurde maßgeblich durch die technische Entwicklung bedingt. Der Computer prägt immer mehr Arbeitsplätze. So haben mittlerweile mehr als zwei Drittel aller Beschäftigten an ihrem Arbeitsplatz mit computergesteuertem Gerät zu tun. Bereits 36% der Beschäftigten arbeiten überwiegend damit. Mit der technischen Entwicklung einher geht auch ein Wandel in den Beschäftigungsverhältnissen. Auch wenn das Normalarbeitsverhältnis nach wie vor das am meisten verbreitete Beschäftigungsverhältnis ist, hat sich daneben eine Vielfalt neuer Beschäftigungsverhältnisse entwickelt. Neben den neuen Selbstständigen, Minijobbern, befristet Beschäftigten, Leiharbeitern oder Tele-(Heim)arbeitern, sind es vor allem die Beschäftigten in Teilzeit und mit flexiblen Arbeitszeitmodellen, die die Beschäftigungslandschaft in Deutschland zunehmend prägen.

Vielfalt der Beschäftigungsverhältnisse
Infobox

Vor- und Nachteile
M 5

Für den Arbeitgeber bedeuten diese neuen Beschäftigungsverhältnisse vor allem eine Möglichkeit, die Arbeitskräfte flexibel einzusetzen und somit die Betriebszeiten besser auszunutzen und an das Arbeitsaufkommen anzupassen. Darüber hinaus können v.a. die flexiblen Arbeitszeiten zur Erhöhung der Arbeitszufriedenheit der Mitarbeiter beitragen. Dadurch kann die Arbeitsqualität gesteigert werden. Die Arbeitnehmer schätzen die bessere Vereinbarkeit von Familie und Beruf und die Möglichkeit, private und berufliche Interessen besser vereinbaren zu können. Darüber hinaus stellen die neuen Beschäftigungsverhältnisse die Arbeitnehmer aber vor neue Probleme und Herausforderungen. So kann beispielsweise die Tätigkeit am häuslichen Arbeitsplatz auch zu Stress führen, wenn der Arbeitnehmer die unterschiedlichen Anforderungen, die von der Familie und dem Arbeitgeber gestellt werden, gleichzeitig erfüllen will. Viele Beschäftigte in der Teleheimarbeit berichten darüber hinaus, dass es ihnen manchmal schwerfalle, Arbeit und Freizeit deutlich voneinander zu trennen. Darüber hinaus klagen sie zuweilen auch über mangelnde persönliche Kontakte zu den Kollegen.

2. Konflikte und Interessenausgleich in der Arbeitswelt

M 1 Arbeitest du immer noch bei IKEA oder lebst du schon?

„Wieder einmal wird der Versuch gemacht, die Sonn- und Feiertage reinen Wirtschaftsinteressen zu opfern. Dagegen protestieren wir nachdrücklich. Den Menschen bleibt schon jetzt zu wenig Zeit, die sie in Ruhe mit Familie und Freunden verbringen können." Mit diesen Worten reagierte die Bundesvorsitzende der Katholischen Arbeitnehmer-Bewegung Deutschlands (KAB) Birgit Zenker auf die Pläne des Möbelriesen IKEA, ab November (2004) dauerhaft seine Filialen bundesweit für so genannte „Schau- und Informationstage" zu öffnen.

„Als geradezu zynisch empfinde ich die Argumentation des Möbelhauses, mit dem neuen Angebot die Palette der Familienausflugsziele bereichern zu wollen", sagte Zenker. Die KAB wertet die Pläne von IKEA als Umgehung des im Ladenschlussgesetz garantierten Sonntagsöffnungsverbotes. …

„Auch das Argument, Arbeitsplätze zu schaffen, überzeugt mich nicht", so Zenker. „Alle Erfahrungen mit der Ausweitung von Öffnungszeiten im Handel zeigen, dass Vollzeit-Arbeitsplätze zugunsten geringfügiger Beschäftigungsverhältnisse abgebaut werden." Außerdem führe eine längere Öffnung beim Möbelriesen IKEA langfristig zu einer weiteren Konzentration in diesem Wirtschaftszweig. Am Ende stehe der Verlust weiterer Arbeitsplätze. …

Empört zeigte sich Zenker über die Drohung von IKEA, an Sonntagen eventuell Fremdpersonal einzusetzen. Die Firmenleitung hatte damit auf einen Aufruf des Gesamtbetriebsrates zur Verweigerung der Sonntagsarbeit reagiert. „Wir unterstützen den Betriebsrat ausdrücklich", so Zenker. Der Einsatz von Fremdpersonal diene dazu, die Belegschaft des Möbelkonzerns zu spalten. „Ich finde es schon erstaunlich – übrigens auch als Kundin – dass Ikea diesen Umgang mit seinem Personal mit der eigenen Selbstdarstellung vereinbaren kann. Aus Sicht eines Mitarbeiters müsste man die bekannte Werbefrage ganz anders stellen, nämlich: „Arbeitest Du immer noch bei Ikea oder lebst Du schon?"

Pressemitteilung der KAB, 21.9.2004, www.kab.de

Infobox

Interessenvertretung im Betrieb

Viele Menschen verbringen einen großen Teil ihrer Lebenszeit an einem Arbeitsplatz im Betrieb. Von der menschengerechten Gestaltung der Arbeitsplätze hängt ihr Selbstbewusstsein, ihre Gesundheit und Lebensqualität ab. Wo Menschen zusammen arbeiten und leben entstehen Konflikte, die ihre Ursache in persönlichen, gesellschaftlichen und wirtschaftlichen Interessensgegensätzen haben können. Wie die Konflikte gelöst werden, hängt neben dem guten Willen der Beteiligten oft auch von der Machtstellung der Konfliktpartner ab. Das „Grundgesetz" für die Mitwirkungs- und Mitbestimmungsrechte der Beschäftigten und des Betriebsrates bildet das ***Betriebsverfassungsgesetz (BetrVG)***. In Betrieben ab 5 Beschäftigten können ***Betriebsräte*** gewählt werden, die darauf achten, dass Schutzvorschriften und Tarifverträge vom Arbeitgeber eingehalten werden, jugendliche Arbeitnehmer haben ihre eigene betriebliche Interessenvertretung: die Jugend- und Auszubildendenvertretung – kurz JAV. Viele Auseinandersetzungen werden in der Regel im Gespräch mit Vorgesetzten oder durch Anwendung der gesetzlichen Mitbestimmung (Betriebsverfassungsgesetz) bewältigt und gelöst.

www.workshop-zukunft.de (25.3.2005)

Rechte des Betriebsrats

M 2

Der von den Arbeitnehmerinnen und Arbeitnehmern gewählte Betriebsrat verfügt über eine Reihe von Beteiligungsrechten, die er einsetzen und durchsetzen kann. Sie werden nach ihrer Wirkung in Mitbestimmungs- und Mitwirkungsrechte unterschieden. Mitbestimmung bedeutet, dass der Betriebsrat gleichberechtigt mitreden und mitentscheiden kann. Er kann durch die Verweigerung der Zustimmung eine Entscheidung des Arbeitgebers blockieren. Die Mitwirkungsrechte sehen vor, dass der Betriebsrat von der Unternehmensleitung informiert wird, dass er Vorschläge unterbreiten kann und angehört wird. Können sich Arbeitgeber und Arbeitnehmer in Konfliktfällen innerbetrieblich nicht einigen, so steht ihnen der Gang zum Arbeitsgericht offen.

Mitbestimmung bei ...	Mitwirkung bei ...
Einstellung, Eingruppierung, Umgruppierung, Versetzung, Betriebsordnung, Verteilung der täglichen Arbeitszeit und Pausenregelungen, Urlaubsplanung, Unfallverhütung, betriebliche Sozialeinrichtungen, Akkord- und Prämiensätze	Kündigung, Personalplanung, Betriebsorganisation, Arbeitsplatzgestaltung

Autorentext

Aufgaben zu M 1 und M 2

1. *Notiere in jeweils einem Satz, welche Interessen sich im Konflikt um die Sonntagsöffnung bei IKEA gegenüber stehen (M 1).*
2. *Simuliert in einem Rollenspiel das Streitgespräch zwischen Unternehmensleitung und Betriebsrat. Zu welcher Lösung kommt ihr?*
3. *Informiert euch auf der Internet-Seite der KAB (www.kab.de), wie der Fall IKEA tatsächlich ausgegangen ist.*

Unternehmensmitbestimmung in den Aufsichtsräten

M 3

Die Unternehmensmitbestimmung ergänzt die betriebliche Mitbestimmung. Während die betriebliche Mitbestimmung Fragen behandelt, die sich unmittelbar auf den Arbeitsplatz beziehen, handelt es sich hier um wirtschaftliche Planungen und Entscheidungen der Unternehmenspolitik.

Dabei werden Arbeitnehmervertreter in den Aufsichtsrat eines Unternehmens gewählt. Die Mitbestimmung auf Unternehmensebene beschränkt sich auf Kapitalgesellschaften wie Aktiengesellschaften oder Gesellschaften mit beschränkter Haftung (GmbH). Der Aufsichtsrat kontrolliert den Vorstand des Unternehmens, bestellt und entlässt die Vorstandsmitglieder. Welches Gewicht die Arbeitnehmerseite hat, hängt von der Zusammensetzung des Aufsichtsrates ab. In den verschiedenen Gesetzen ist das Stimmenverhältnis von Anteilseignern zu Arbeitnehmervertretern geregelt. Die praktische Bedeutung der Unternehmensmitbestimmung liegt vor allem in den Informationen, die der Aufsichtsrat über alle „Angelegenheiten der Gesellschaft" erhält.

www.workshop-zukunft.de (25.3.2005)

M 4 Zusammensetzung des Aufsichtsrates nach dem Mitbestimmungsgesetz von 1976

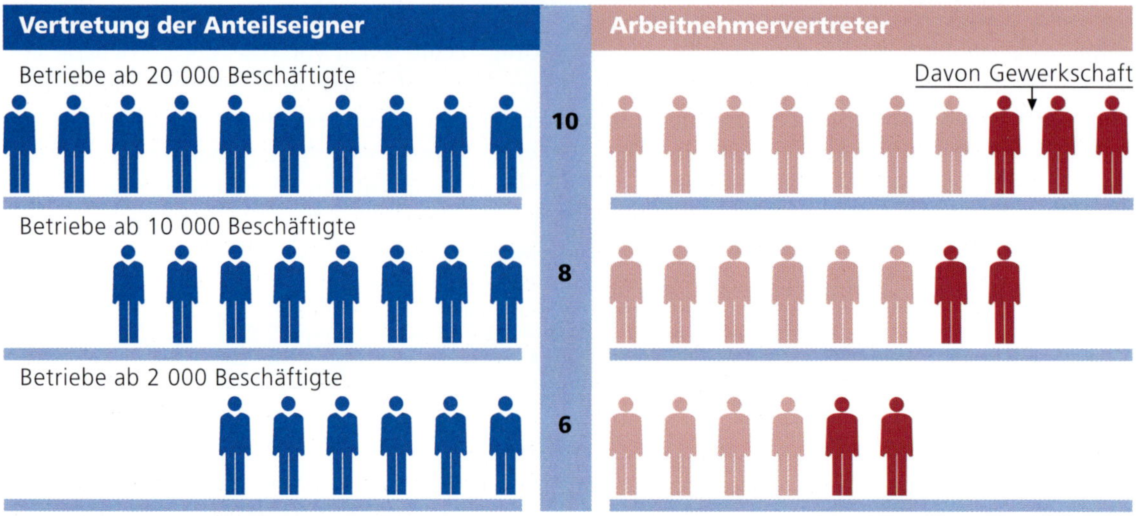

Bei Stimmengleichheit im Aufsichtsrat hat der von der Arbeitgeberseite bestellte Aufsichtsratvorsitzende eine ausschlaggebende zweite Stimme.

Handelsblatt, 20.7.2005

M 5 Kontrovers diskutiert: Unternehmensmitbestimmung – ein Auslaufmodell?

a) Mitbestimmung – Anpassung an Europa notwendig

Im November 2004 haben die Bundesvereinigung der Deutschen Arbeitgeberverbände (BDA) und der Bundesverband der Deutschen Industrie (BDI) ein Konzept zur Reform der Mitbestimmung vorgestellt. Wichtigster Vorschlag: Der Aufsichtsrat großer Firmen soll nicht mehr zwingend paritätisch besetzt werden. Stattdessen sollen Arbeitnehmervertreter und Manager gemeinsam überlegen, wie die Belegschaft am besten beteiligt werden kann. Ein solcher Schwenk ist nicht zuletzt wegen aktueller Entscheidungen aus Brüssel geboten.

Den Belegschaften großer Unternehmen räumt das Mitbestimmungsgesetz von 1976 weitreichende Beteiligungsrechte ein: So müssen Firmen mit mehr als 2.000 Beschäftigten die Hälfte der Sitze im Aufsichtsrat für Arbeitnehmervertreter reservieren. Das generöse deutsche Modell löst bei so manchem ausländischen Unternehmer sicherlich einen handfesten Kulturschock aus. Kein anderes Mitglied der Europäischen Union schreibt eine paritätische Besetzung des Aufsichts- bzw. Verwaltungsrates vor. …

Allein schon die Wahl des Aufsichtsrates kostet viel Geld. Bei Siemens zum Beispiel schlug der letzte Urnengang im Jahr 2002 mit 5,4 Millionen Euro zu Buche. Zudem droht stets die Gefahr, dass die Diskussionen im obersten Kontrollgremium unternehmerische Entscheidungen verzögern. Über solche Malus-Punkte hinaus könnte der Alleingang Deutschlands in Sachen Mitbestimmung dem Standort D bald weitere ernste Konsequenzen einbringen. Dafür sorgen zwei Entwicklungen auf der europäischen Bühne.

Bislang galt: Wer seinen Verwaltungssitz in Deutschland ansiedelt, der muss die hiesigen Mitbestimmungsregeln umsetzen. Diese Vorgabe hat der Europäische Gerichtshof gekippt:

Künftig dürfen ausländische Unternehmen, die ihre Zentrale nach Deutschland verlegen, auch die Beteiligungsgesetze aus ihrer Heimat anwenden. Zieht etwa eine britische Aktiengesellschaft von London nach Berlin, so gelten für sie die gesetzlichen Vorgaben aus Großbritannien. Heimische Unternehmen, bei denen die Nachteile der Mitbestimmung überwiegen, könnten dadurch ihre Wettbewerbsfähigkeit weiter einbüßen. Denn nach deutschem Recht gegründete Firmen müssen auch künftig viel Geld und Zeit in die Mitbestimmungspraxis investieren.

iwd – Informationsdienst des Instituts der deutschen Wirtschaft Köln Nr. 47, 18.11.2004

b) „Wir haben uns bewusst für die Mitbestimmung entschieden"

Willkommen im Club! Kraft Foods Deutschland gehört seit ein paar Wochen dazu. Der Hersteller von Milka, Mirácoli und Jacobs Krönung hat die paritätische Mitbestimmung eingeführt. Nun sitzen im Aufsichtsrat sechs Vertreter der Arbeitnehmer und sechs Abgesandte der Eigentümer – gemeinsam überwachen sie die Geschäfte und segnen wichtige Investitionen ab. …

„Wir haben uns bewusst für die Mitbestimmung entschieden", sagt Reinhard Lüllmann, Personalchef bei Kraft in Bremen. Noch vor kurzem war das Unternehmen in einem Geflecht eigenständiger Gesellschaften für Vertrieb, Fabriken und Forschungsabteilungen organisiert – um die paritätische Mitbestimmung zu vermeiden, die ab 2000 Beschäftigten Pflicht ist. Doch im vergangenen Jahr entschieden die Manager, alles zusammenzulegen. „Ich habe dafür viel Zeit und eine Menge Geld investiert", sagt Personalchef Lüllmann. Betriebsräte und Manager wurden systematisch trainiert, miteinander statt gegeneinander zu arbeiten. Irgendwann lief das so gut, dass sich das Management fragte, wozu es noch das teure Gewirr einzelner Gesellschaften brauchte. So kam man zum Entschluss, mehr Demokratie zu wagen. …

Nein, die Mitbestimmung ist nicht das große Standortproblem: Im Global Competitiveness Report des World Economic Forum gehören deutsche Unternehmen – anders als der Standort insgesamt – seit Jahren zur Weltspitze. Bei Kriterien wie Marktstellung, Innovationsfähigkeit oder Markenstärke landeten sie in diesem Jahr sogar auf Platz eins, trotz Mitsprache der Werktätigen. Die gewerkschaftsnahe Hans-Böckler-Stiftung rechnet außerdem vor: Von den 30 renditestärksten Unternehmen in Deutschland leben 27 mit der paritätischen Mitbestimmung. Experten wie der gerade mit einem internationalen Preis ausgezeichnete Stanford-Professor Edward Lazear warnen daher vor dem Abbau der Partizipation: „Wer dieses Prinzip infrage stellt, riskiert Produktivitätsverluste der deutschen Wirtschaft."

Es seien „doch eher schwache deutsche Manager, die in die Vereinigten Staaten fahren und dort über die Mitbestimmung klagen", sagt Reinhard Lüllmann von Kraft Foods. Amerikanern sei das deutsche System zwar nicht bekannt, aber sie würden schnell die Vorteile von Beteiligung und Mitverantwortung erkennen. „Das ist ihrer Kultur gar nicht fremd." Er selbst, berichtet der studierte Betriebswirt, habe früher geglaubt, Mitbestimmung sei nur ein notwendiges Übel, das man mit viel Taktik kleinhalten müsse. Heute sieht er das anders: „Ich kann die ideologischen Debatten nicht mehr hören."

Kolja Rudzio, in: Die Zeit 45/2004

Aufgabe zu M 5

1. Die Mitbestimmung wird unterschiedlich bewertet. Arbeitet die jeweiligen Sichtweisen aus den Texten heraus und führt eine Pro-Kontra-Diskussion zum Thema.

M 6 Arbeitnehmerorganisationen in Deutschland

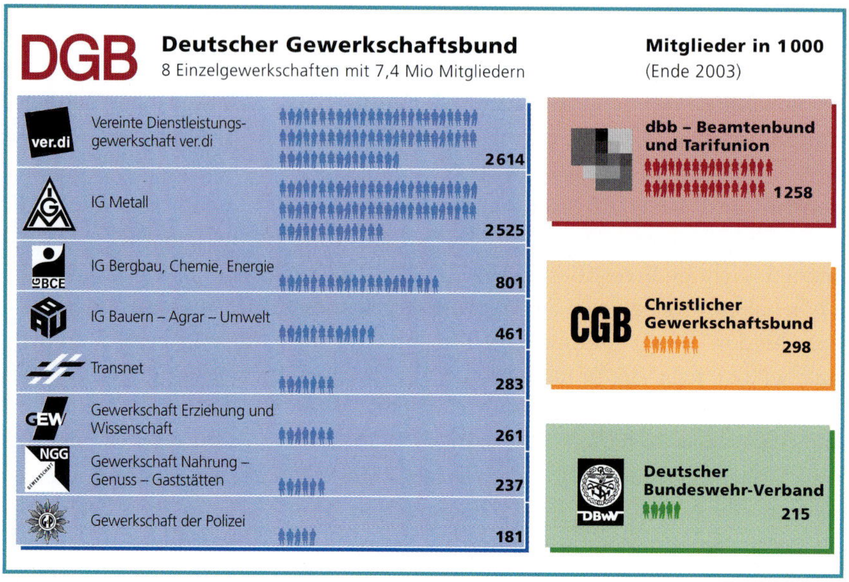

In der heutigen pluralistischen Gesellschaft haben Gewerkschaften als Wortführer eines großen Teils der arbeitenden Bevölkerung erheblichen Einfluss auf die Gestaltung der staatlichen Arbeits- und Sozialpolitik. Gleichzeitig vertreten sie die Ansprüche der Arbeitnehmer in der direkten Auseinandersetzung mit den Arbeitgeberverbänden. Sie sehen ihre Aufgabe vor allem darin, in Tarifverträgen bessere Lohn- und Arbeitsbedingungen zu verankern, die Mitbestimmungsrechte der Arbeitnehmer zu sichern und zu erweitern und den Arbeitsschutz zu verbessern. Mit der deutschen Einigung konnten ab 1990 auch in Ostdeutschland freie, unabhängige Gewerkschaften tätig werden. Die frühere DDR-Einheitsgewerkschaft FDGB löste sich auf.

Erich Schmidt Verlag, Zahlenbilder Nr. 240110

M 7 Die Arbeitgeberverbände

Die Arbeitgeber sind heute in einer Vielzahl von Verbänden und Vereinigungen organisiert. Solche Vereinigungen sind z.B. die Bundesvereinigung der Deutschen Arbeitgeberverbände, der Bundesverband der deutschen Industrie, Zentralverbände der übrigen Wirtschaftszweige, Industrie- und Handelskammern, Handwerkskammern und Berufgenossenschaften. Als Tarifpartei gegenüber den Gewerkschaften treten einzelne Arbeitgeber oder die Fachverbände der Bundesvereinigung der Deutschen Arbeitgeberverbände auf.

Erich Schmidt Verlag, Zahlenbilder Nr. 236150

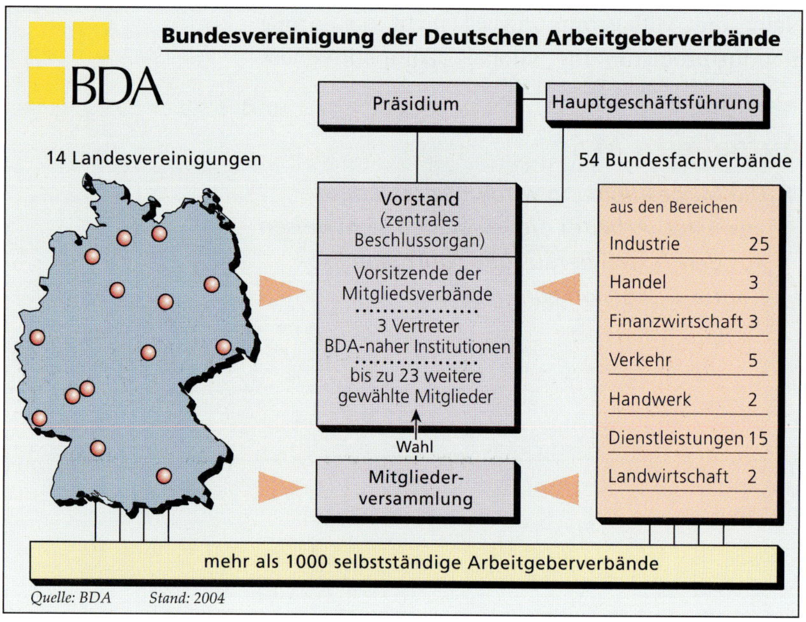

M 8

Die Gestaltung der Arbeitswelt durch Tarifverträge

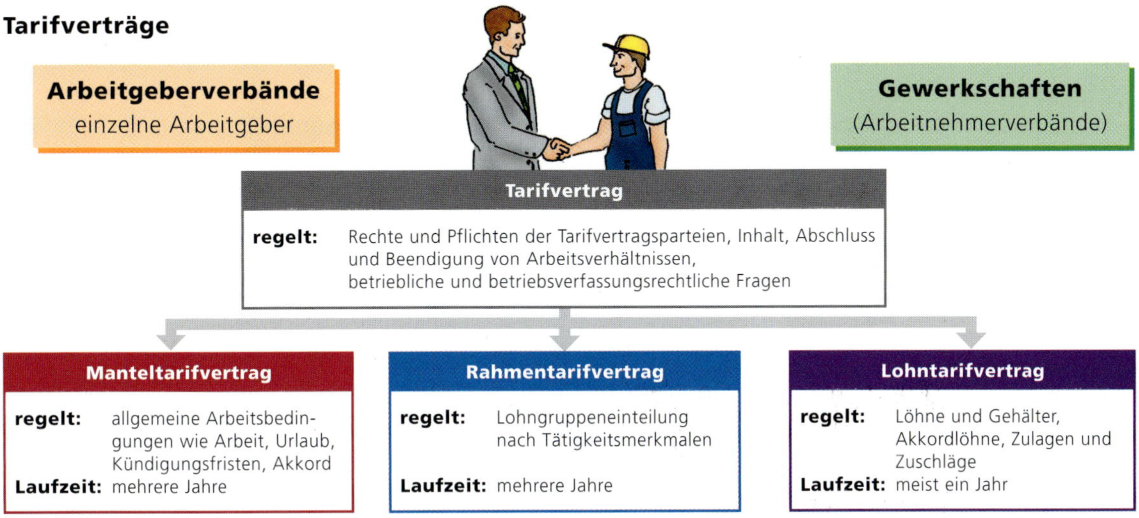

Erich Schmidt Verlag, Zahlenbild 240021

Die Tarifautonomie überantwortet die Lohnfindung, aber auch die Gestaltung vieler Details der Arbeitswelt den Tarifvertragsparteien. Die Tarifautonomie ist in Art. 9, Abs. 3 Grundgesetz garantiert. Darin heißt es: „Das Recht, zur Wahrung und Förderung der Arbeits- und Wirtschaftsbedingungen Vereinigungen zu bilden, ist für jedermann und für alle Berufe gewährleistet. Abreden, die dieses Recht einschränken oder zu behindern suchen, sind nichtig, hierauf gerichtete Maßnahmen sind rechtswidrig." Tarifvertragsparteien sind Gewerkschaften, einzelne Arbeitgeber sowie Vereinigungen von Arbeitgebern. Der Staat schafft den rechtlichen Rahmen, darf sich aber in die konkreten Auseinandersetzungen der Tarifpartner nicht einmischen. Die Mitglieder der Tarifpartner sind zur Einhaltung der ausgehandelten Tarifverträge verpflichtet.

Autorentext

M 9

Spielregeln für den Arbeitskampf

Grundlage: Tarifautonomie (GG Art. 9,3 und Tarifvertragsgesetz § 2,1)

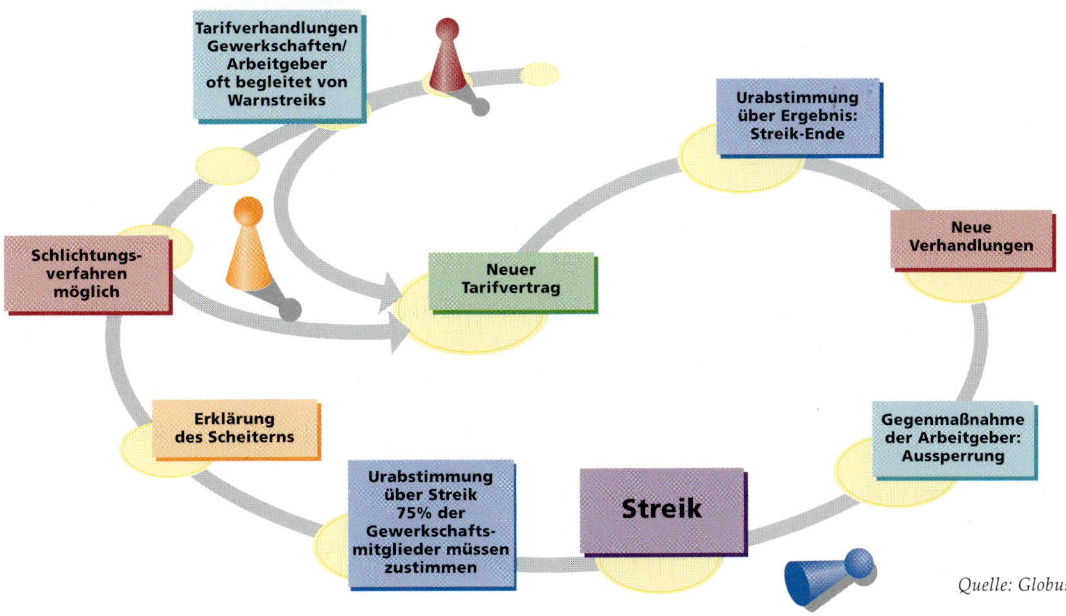

Quelle: Globus

Konflikte und Interessenausgleich in der Arbeitswelt

Unterschiedliche Interessen und Konflikte im Betrieb

Mitarbeiter und Unternehmens- oder Betriebsleitung haben oft unterschiedliche Interessen, wenn es um die Gestaltung von Arbeitsverhältnissen geht. Besonders konfliktträchtig sind dabei Personalfragen, insbesondere bei Kündigungen und Fragen der Arbeitszeitregelung.

Ein dichtes Netz von gesetzlichen Bestimmungen, unter anderem im Betriebsverfassungs- und Kündigungsschutzgesetz, regelt im Fall der Kündigung, aber auch in vielen anderen Punkten, die Mitwirkungs- und Mitbestimmungsrechte der Arbeitnehmer und Arbeitnehmerinnen an Unternehmensentscheidungen.

Mitbestimmung und Mitwirkung im Betrieb

Infobox, M 2 – M 5

Die gewählte betriebliche Interessenvertretung der Arbeitnehmer ist der Betriebsrat. Er hat gesetzlich abgestufte Informations-, Anhörungs- (zum Beispiel bei Kündigungen) und Beratungsrechte in wirtschaftlichen, personellen und sozialen Angelegenheiten. Diese drei Rechte werden auch als Mitwirkung bezeichnet. Die Mitbestimmung im engeren Sinn besteht im Zustimmungsrecht (zum Beispiel bei Einstellungen) und im Mitbestimmungsrecht (zum Beispiel bei der täglichen Arbeitszeit).

Neben der betrieblichen Mitbestimmung gibt es noch die Mitbestimmung auf Unternehmensebene bei Betrieben, die mehr als 500 Mitarbeiter haben.

Mittlerweile gibt es ein Gesetz, das die Einsetzung eines „Europäischen Betriebsrates" in den Unternehmen ermöglicht, die mindestens 1000 Beschäftige in zwei und mehr Mitgliedsstaaten der Europäischen Union haben. Die Rechte dieser Euro-Betriebsräte beschränken sich allerdings auf Information und Anhörung.

Tarifkonflikte

M 6 – M 9

In der breiten Öffentlichkeit werden die unterschiedlichen Interessen und Konflikte, die es in der Arbeitswelt gibt, am offensichtlichsten in den Tarifkonflikten ausgefochten. Hier geht es um Fragen der Lohngestaltung. Sie werden oberhalb der betrieblichen Ebene durch die Tarifvertragsparteien ausgehandelt, zu denen die Gewerkschaften, einzelne Arbeitgeber sowie Vereinigungen von Arbeitgebern gehören.

Das Recht der Tarifvertragsparteien, ohne staatliche Einmischung Tarifverträge auszuhandeln oder zu kündigen, wird als Tarifautonomie bezeichnet. Sie ist in Artikel 9, Absatz 3 Grundgesetz geregelt. Ergänzend treten Bestimmungen des Tarifvertragsgesetzes (TVG) hinzu. Bis es zum Tarifabschluss kommt, gibt es in der Regel eine komplizierte Abfolge zahlreicher Schritte, die eine unbedachte Eskalation solcher Konflikte zum Schaden aller verhindern sollen.

Das Ergebnis der Tarifverhandlungen besteht in Tarifverträgen. Dies sind Arbeitsverträge, die einheitliche Mindestlöhne und Mindestarbeitsbedingungen für die Arbeitnehmer und Arbeitnehmerinnen ganzer Wirtschaftszweige regeln.

Rolle der Gewerkschaften

Zu den Hauptaufgaben der Gewerkschaften gehört die Verbesserung der Lohn- und Arbeitsbedingungen durch den Abschluss von Tarifverträgen. Darüber hinaus nehmen die Gewerkschaften aber auch für sich in Anspruch, die allgemeinen Lebens- und Arbeitsverhältnisse in Deutschland mitzugestalten.

Seit längerer Zeit leiden die Gewerkschaften jedoch unter einem massiven Mitgliederverlust.

3. Die eigene Berufswahl

M 1

Vom Traum zum Beruf

Als ich noch ganz klein war, wollte ich unbedingt Detektiv werden, weil ich das vom Fernsehen kannte. Später dann Skateboardfahrer. Den ganzen Tag nur Skateboard fahren und auch noch damit Geld verdienen, das stellte ich mir ganz toll vor. Erst als ich älter wurde, wurden meine Berufswünsche etwas realistischer. Mit ungefähr 14 wollte ich Journalist werden. Mein Onkel arbeitet nämlich bei der lokalen Tageszeitung und ich fand spannend, was ich von seinem Beruf mitbekommen habe. Noch lieber wäre ich aber Reporter beim Fernsehen geworden. In dieser Zeit habe ich auch bei der Schülerzeitung unserer Schule mitgemacht. Ich habe aber wenig geschrieben, das konnten die anderen irgendwie besser. Das Layout der Zeitung habe ich dafür fast ganz allein gemacht. Das hat mir riesigen Spaß gemacht, vor allem, als unsere Schülerzeitungsredaktion einen eigenen Rechner mit Layoutprogramm vom Förderverein der Schule bekommen hat. Als wir in der 9. Klasse unser Betriebspraktikum gemacht haben, wäre ich auch gerne zur Zeitung gegangen, aber die haben mich leider nicht genommen. Stattdessen bin ich in einer Offset-Druckerei gewesen. Das war eigentlich viel interessanter, denn dort habe ich gesehen, wie aus Ideen und Vorlagen Plakate, Anzeigen usw. wurden. Danach sollte mein neuer Traumberuf unbedingt etwas mit Gestalten und Design zu tun haben. Beim Arbeitsamt habe ich dann erfahren, dass es in diesem Bereich viele unterschiedliche Berufe gibt, dass man gar nicht für alle das Abitur braucht. In der Schule lief es leider nicht ganz so gut. Mit den Fremdsprachen tu' ich mich heute immer noch schwer. Ich habe dann das Gymnasium nach der 10. Klasse verlassen und bin auf die Fachoberschule für Gestaltung gegangen. Zum Glück wurde ich da aufgenommen, weil ich aus meiner Zeit bei der Schülerzeitung einige Arbeiten vorzeigen konnte. Die FOS habe ich nach zwei Jahren mit dem Fachabitur verlassen. Jetzt mache ich im 2. Lehrjahr eine Ausbildung zum Grafik-Designer. Nach der Ausbildung könnte ich an einer Hochschule für Gestaltung studieren. Ich glaube aber nicht, dass ich das sofort mache. Erst einmal möchte ich arbeiten. Ich hoffe, dass ich auch einen Arbeitsplatz finde. In der Werbebranche wäre toll. Mal sehen. Das Studium läuft mir nicht weg. Studieren kann ich dann immer noch (Bastian, 19 Jahre).

Autorentext

Aufgaben zu M 1

1. *Schreibt eure eigenen Traumberufe auf und vergleicht sie untereinander.*

2. *Verdeutlicht am Beispiel von Bastian den Unterschied zwischen einem Traumberuf und einem realem Berufsbild (M 1).*

M 2

Was ist mir wichtig?

Welche der nachfolgenden Kriterien für die Berufswahl sind für euch wichtig? Bringt die Kriterien in ein persönliche Reihenfolge, ergänzt weitere Kriterien und vergleicht eure Ergebnisse:

Spaß an der Arbeit
viel Freizeit
Umgang mit Menschen
mit anderen zusammen arbeiten
gute Verdienstmöglichkeiten
Selbstständigkeit
Aufstiegschancen
sicherer Arbeitsplatz
Beruf und Familie müssen sich miteinander vereinbaren lassen
...

M 3

Was will ich? – Was kann ich?

a) Interessen herausfinden

Welche Tätigkeiten interessieren mich?

- **1.** anbauen/hegen ernten/züchten
- **2.** bauen
- **3.** herstellen/zubereiten/ Material bearbeiten
- **4.** kaufen/verkaufen/ bedienen/beraten
- **5.** behandeln/pflegen/ erziehen /unterrichten
- **6.** gestalten/malen/ entwerfen/zeichnen
- **7.** montieren/installieren/reparieren
- **8.** prüfen/untersuchen
- **9.** schreiben/verwalten/berichten
- **10.** Maschinen steuern und bedienen

Wo möchte ich arbeiten?

- **1.** Werkstatt/Halle
- **2.** Verkaufsraum
- **3.** im Freien/Natur
- **4.** soziale/medizinische Bildungseinrichtung
- **5.** Labor/Prüfstation
- **6.** Hotel/Gaststätte
- **7.** Fahrzeug/Transportmittel
- **8.** Beim Kunden
- **9.** Büro
- **10.** Ausland/ferne Länder

Womit möchte ich arbeiten?

- **1.** Baustoffe
- **2.** Chemische Stoffe
- **3.** Elektronik
- **4.** Fahrzeuge/ Transportmittel
- **5.** Glas/Keramik/ Edelstein
- **6.** Holz/Papier
- **7.** Lebensmittel
- **8.** Mess- und Prüfgeräte
- **9.** Menschen
- **10.** Metalle
- **11.** Pläne/Entwürfe
- **12.** Regelungen/Gesetze/ Vorschriften
- **13.** technische Anlagen
- **14.** Textilien/Leder
- **15.** Tiere/Pflanzen
- **16.** Zeichen-/Schreibgeräte
- **17.** Büromaschinen/Büromaterial
- **18.** Maschinen/Werkzeuge
- **19.** Informationen/Medien/ Fremdsprachen

b) Über welche Fähigkeiten verfüge ich?

Geistige Fähigkeiten?

- **1.** Sprachbeherrschung/ sprachliche Gewandtheit
- **2.** logisches Denken
- **3.** Räumliches Vorstellungsvermögen
- **4.** Beobachtungsvermögen
- **5.** rechnerisches Denken
- **6.** Rechtschreibsicherheit
- **7.** guter schrift- sprachlicher Ausdruck
- **8.** Konzentrationsfähigkeit
- **9.** Merkfähigkeit
- **10.** Kreativität
- **11.** Sinn für Formen und Farben

Soziale Fähigkeiten?

- **1.** Kontaktfreudigkeit
- **2.** sicheres Auftreten
- **3.** Rücksichtnahme
- **4.** Selbstständigkeit
- **5.** Belastbarkeit
- **6.** gute Umgangsformen
- **7.** Teamfähigkeit
- **8.** zuhören können
- **9.** andere überzeugen können
- **10.** Verantwortungsbereitschaft
- **11.** Interesse für andere Menschen
- **12.** Hilfsbereitschaft

Körperliche Fähigkeiten?

- **1.** körperliche Belast- barkeit (Stehen, Bücken, Sitzen)
- **2.** gutes Hören
- **3.** Farbsehen
- **4.** robuste Gesundheit (Widerstandsfähigkeit)
- **5.** handwerkliches Geschick

nach: Mach's richtig, Ausgabe 1997/98

Aufgaben zu M 3

1. *Entscheide für jede Auswahl in M 3:*
trifft voll und ganz zu = +
trifft weniger zu = O
trifft überhaupt nicht zu = -.

2. *Erstelle nun ein Profil deiner persönlichen Interessen, Stärken und Schwächen und benenne Berufe, für die du dich eignest.*

3. *Interessant ist es auch, das Selbstbild mit der Wahrnehmung eines Mitschülers / einer Mitschülerin zu vergleichen und die Unterschiede in der Fremd- und Selbstwahrnehmung herauszufinden.*

4. *Wo kann man die unter b) aufgeführten Fähigkeiten erwerben?*

Berufe in einem Kurzreferat vorstellen

I. Erarbeitung

Jeder sucht sich einen Beruf aus, den er in einem Kurzreferat vorstellen möchte.

1. Leitfragen formulieren

Die Herausforderung bei einem Referat besteht neben der Präsentation in der Formulierung einiger klarer Leitfragen, die das Thema des Referates eingrenzen und strukturieren. Dabei muss man auch berücksichtigen, für wen das Referat gehalten wird, welcher Adressatenkreis angesprochen wird und über welches Vorwissen die Zuhörer verfügen.

Mögliche Leitfragen:

- Über welche Fähigkeiten sollte derjenige, der den Beruf ausüben möchte, verfügen?
- Welche schulischen Voraussetzungen werden verlangt?
- Wie lange dauert die Ausbildung?
- Welche Tätigkeiten werden ausgeübt?
- Wie sind die Verdienstmöglichkeiten?
- Welche Aufstiegschancen hat man?
- Hat man die Möglichkeit, diesen Beruf auch im Ausland auszuüben?
- Wie ist die aktuelle Lage auf dem Arbeitsmarkt?
- Ist der Beruf ein krisensicherer Beruf?
- Wie sind die Zukunftschancen?
- Wird dieser Beruf in gleicher Weise von Männern und Frauen ausgeübt?

2. Informationen sammeln und systematisch auswerten

Ausreichende Informationsmöglichkeiten findet ihr in den angegebenen Adressen (vgl. S. 309) und auf den Internetseiten der Bundesagentur für Arbeit. Ihr solltet zur Vorbereitung des Referates auf jeden Fall das BIZ der Arbeitsagentur aufsuchen.

Für andere Referate solltet ihr zur ersten Orientierung Lexika, Handbücher und Überblicksdarstellungen heranziehen, bevor ihr auf andere Informationsquellen (z.B. Archive, Bibliotheken, CD-Roms, Internet) ausweicht.

Das Material sollte nach einer ersten Sichtung sorgfältig ausgewertet werden, d.h., Texte genau lesen, unbekannte Wörter klären, zentrale Aussagen zusammenfassen, Statistiken und Schaubilder genau auswerten. Die Ergebnisse notiert man dann am besten in Stichpunkten auf einer Karteikarte.

3. Eine Gliederung erstellen

Alle Informationen weiterzugeben, die man finden konnte, ist noch lange kein Referat. Entscheidend ist, die Informationen so aufzubereiten, dass die Zuhörer die Informationen auch aufnehmen und verwerten können. Dazu muss ein sinnvoller Weg für die Informationsweitergabe gefunden werden. Das Gliederungsschema lässt sich am besten anhand der Leitfragen entwickeln. Allgemein gliedert sich jedes Referat in Einleitung, Hauptteil und Schluss.

4. Niederschrift des Referates

II. Präsentation

1. Vortragsvorlage erstellen

Die Einleitung soll das Interesse der Zuhörer wecken. Deshalb setzt man an den Anfang eines Referates gerne eine provokante These sein, eine persönliche Bemerkung des Referenten, eine Statistik oder auch einen Gegenstand. Bei der Berufsvorstellung kann man einen Gegenstand mitbringen, der typisch für diesen Beruf ist. Am Ende der Einleitung sollte man eine kurze Übersicht über den Hauptteil geben. Dies erleichtert das Zuhören.

Im Schlussteil fasst man noch einmal die wichtigsten Aussagen zusammen und knüpft, wenn möglich, an die Fragestellung der Einleitung an.

2. Vortrag

Man sollte auf keinen Fall die schriftliche Fassung vorlesen, sondern möglichst frei und auch ungezwungen vortragen. Der freie Vortrag und der Blickkontakt zu den Zuhörern sind von zentraler Bedeutung. Wer nur vorliest, verliert schnell den Kontakt zu den Zuhörern. Vorlesen wirkt zudem sehr eintönig und ermüdend. Deshalb sollte man den Vortrag in Stichworten auf Karteikarten übertragen. Die Karteikarten enthalten nur die wichtigsten Informationen, sind klar gegliedert und gut lesbar beschriftet.

Der mündliche Vortrag sollte durch eine angemessene Mimik, Gestik und Körpersprache unterstützt werden. Die Wirkung des Vortrages wird durch Visualisierungen weiter unterstützt. Hierzu kann man den Overhead-Projektor einsetzen, Lernplakate schreiben, Filmsequenzen einspielen usw.

Autorentext

M 4

Die Funktion der Arbeit

Bei einer Veranstaltungsreihe zum Thema „Hauptsache Arbeit? Was wird“, die im Frühjahr 2000 in Hamburg durchgeführt wurde, erhielten die Besucherinnen und Besucher folgende Frage: „Welche Funktion hat die Erwerbsarbeit für die Menschen heute? Nennen Sie mehrere Funktionen!“
U.a. wurden folgende Antworten geben:

- Gibt Selbstbewusstsein
- Sichert Lebensunterhalt
- Selbstachtung
- Herausforderung
- Zeitvertreib
- Spaß
- Finanzielle Absicherung
- Beschäftigt sein
- Selbstbestätigung
- Erkennen der eigenen Fähigkeiten
- Lebensinhalt
- Zeitvertreib
- Kurzweil
- Broterwerb
- Sinn
- Lebenssinn
- Berufung
- Lebensunterhalt
- Kaum Zeit für anderes zu haben
- Anregung
- Erfüllung von Zukunftsträumen
- Kontakte zu Kollegen
- Identität
- Soziale Sicherheit
- Dazu gehören
- Kreativität
- Anerkennung
- Vermittelt Gefühl, nützlich zu sein
- Selbstentfaltung
- Steigerung des Selbstwertgefühls
- Geldverdienen
- Einkommen

nach: Claudia Lenz u.a. (Hg.), Hauptsache Arbeit? Was wird … Maßstäbe. Modelle. Visionen, Hamburg 2001, S. 18-19

Aufgabe zu M 4

1. *Erstelle aus den in M 4 genannten Begriffen eine Mindmap, die die Bedeutung der einzelnen Funktionen von Arbeit für den Menschen sinnvoll gegliedert.*

M 5

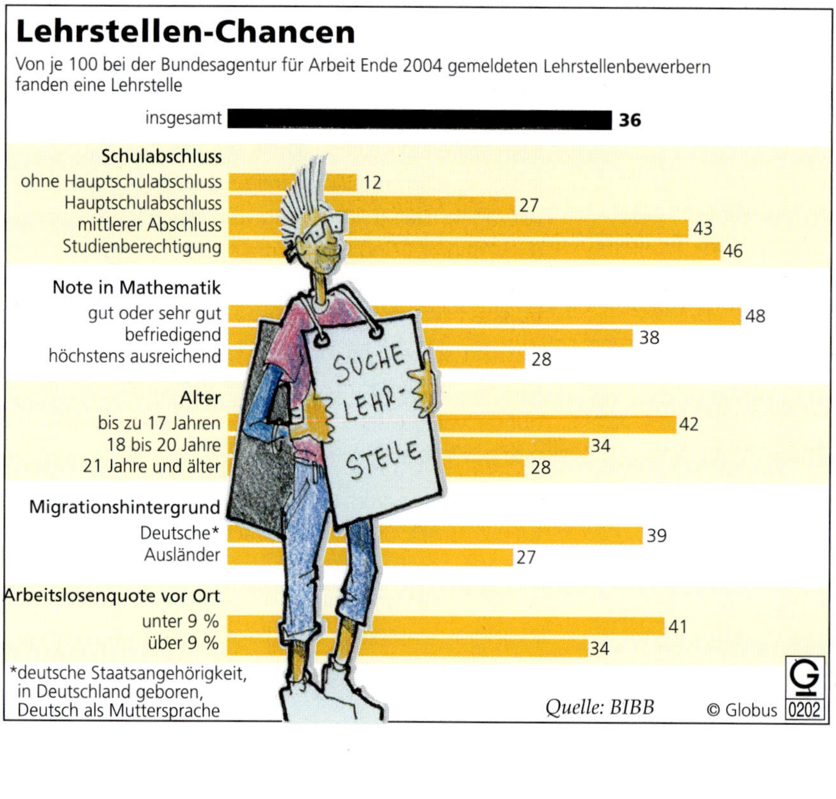

M 6

Erfolgsfaktor Soft Skills

Der Weg in das Berufsleben erfordert eine gründliche Bestandsaufnahme. Jeder Berufswähler sollte seinen Standort ehrlich bestimmen und sich fragen, wo die eigenen Stärken und Schwächen liegen. Dabei zählen heutzutage nicht nur die Fachkenntnisse und gute Noten. Personalchefs achten auch auf so genannte Schlüsselqualifikationen, die im Englischen „Soft Skills“ genannt werden. Nach einer allgemeinen Definition sind Schlüsselqualifikationen Kenntnisse, Fähigkeiten, Fertigkeiten und Werthaltungen zum Lösen gesellschaftlicher Probleme. Als Berufsqualifikationen sind es funktions- und berufsübergreifende Qualifikationen zur Bewältigung beruflicher Anforderungssituationen.
Als „Hard Skills“ wird die eigentliche Fachkompetenz bezeichnet. Sie ist die Grundlage jeglicher beruflichen Betätigung. Dieses Wissen wird durch eine Ausbildung, ein Studium oder später durch die Berufserfahrung erworben.
Soft Skills sind beispielsweise: Ausdauer/Belastbarkeit oder auch die Einstellung zur Arbeit. Sie gehören in den Bereich der persönlichen Kompetenz. Kontakt- und Kommunikationsfähigkeit, Teamfähigkeit oder auch Führungsverhalten sind Ausdruck der sozialen Kompetenz. Lernverhalten, logisches Denken und Problemlösungsverhalten können der Rubrik methodische Kompetenz zugewiesen werden.

nach: Bundesanstalt für Arbeit (Hg.), abi. Berufswahlmagazin Heft 3/2003, S. 14

M 7

Anforderungen früher und heute

Die **STUTTGARTER ZEITUNG**, die größte Zeitung Baden-Württembergs, die besonderen Wert auf ihren Wirtschaftsteil legt, sucht einen arbeitsamen und zuverlässigen jüngeren

Wirtschafts-Redakteur

Er soll nach entsprechender Einarbeitung ein selbständiges Arbeitsgebiet erhalten, das von der Verbraucherpolitik über die sorgfältige Beobachtung von Verbrauchsgüterindustrie und Handel bis zum Besuch großer Messen reicht. Er sollte in der Lage sein, wirtschaftspolitische Vorgänge objektiv und rasch zu kommentieren, komplizierte Vorgänge verständlich darzulegen und eine Bilanz sorgfältig zu analysieren.

Es wird kein Überspezialist oder Übertheoretiker erwartet, aber eine solide Kenntnis der Volks- und Betriebswirtschaft. Einige Jahre Zeitungserfahrung wären nützlich, jede Erstarrung in der Routine schädlich. Begabung zum Umgang mit fremden Menschen ist eine unerläßliche Voraussetzung. Angebote mit den übliche Unterlagen, Angabe der frühesten Eintrittsmöglichkeit und des Gehaltsanspruchs an die

STUTTGARTER ZEITUNG – Verlagsleitung
Stuttgart, Turmhaus

Stellenanzeige aus dem Jahr 1960

Wir sind einer der weltweit führenden Spezialisten für die Entwicklung und Herstellung von modernen Phytopharmaka – einer neuen Generation von Naturarzneimitteln mit wissenschaftlich dokumentierter Wirkung. International ergänzen auch chemische Wirksubstanzen das Unternehmensprofil.

Wir suchen ab sofort einen (m/w)

Kommunikationsmanager

Ihre Aufgaben

- Selbstständige Planung, Organisation und Erledigung aller Kommunikationsaufgaben der Produkt-PR für die verantworteten Produkte
- Entwicklung und Umsetzung von Produkt-PR-Kommunikationskonzepten sowie Produktbotschaften und Kommunikationsinhalten
- Erstellen von Pressetexten
- Aufbereitung der Medieninformation nach dem jeweiligen Zielmedium
- Aufbau und Pflege von Journalistenkontakten sowie Briefing von Referenzen und Meinungsbildnerpflege
- Durchführung von Presseveranstaltungen als Produktpressesprecher
- Analyse des PR-Erfolgs (Medienresonanz)
- Vertretung des PR-Bereiches in den nationalen und internationalen Businessteams
- Interne und externe Produkt-PR z.B. Informationsveranstaltungen und Präsentationen

Ihr Profil

- Naturwissenschaftliches, medizinisches oder betriebswirtschaftliches Studium
- Erfahrung im Bereich der pharmazeutischen Industrie
- Berufspraxis in der PR-Agentur oder journalistische Kenntinisse
- Stil- und Textsicherheit
- Sicherheit und Erfahrung im Umgang mit Medien (Kamera)
- Gute Englischkenntnisse, PC-Anwenderkenntnisse (MS-Office) und Internetnutzung
- Ausgeprägte Kommunikationsfähigkeit, Selbstständigkeit, Flexibilität, Organisationstalent und Teamgeist.

Wenn Sie eine Tätigkeit mit hervorragender Zukunftspersektive in einem innovativen Umfeld reizt, senden Sie Ihre vollständigen Bewerbungsunterlagen unter Angabe des frühestmöglichen Eintrittstermins sowie Ihrer Gehaltsvorstellung an:

SEDAMUS AG, Rekrutierung und Personalmanagement · Ursula Neuhaus · Parkallee 15 · 51067 Köln
Tel. 0221/89898 · Fax 0221/898988 · E-mail: bewerbung@ sedamus.de

Stellenanzeige aus dem Jahr 2004

Aufgaben zu M 6 und M 7

1. *Vervollständige dein persönliches Berufsprofil aus M 3, indem du ergänzt, über welche persönlichen, sozialen und methodischen Kompetenzen du verfügst (M 6).*

2. *Vergleicht die Stellenanzeigen in M 7 und unterscheidet nach geforderten Soft- und Hard Skills. Beschreibt, wie sich die Anforderungsprofile verändert haben.*

M 8 Geschlechtsspezifische Berufswahl

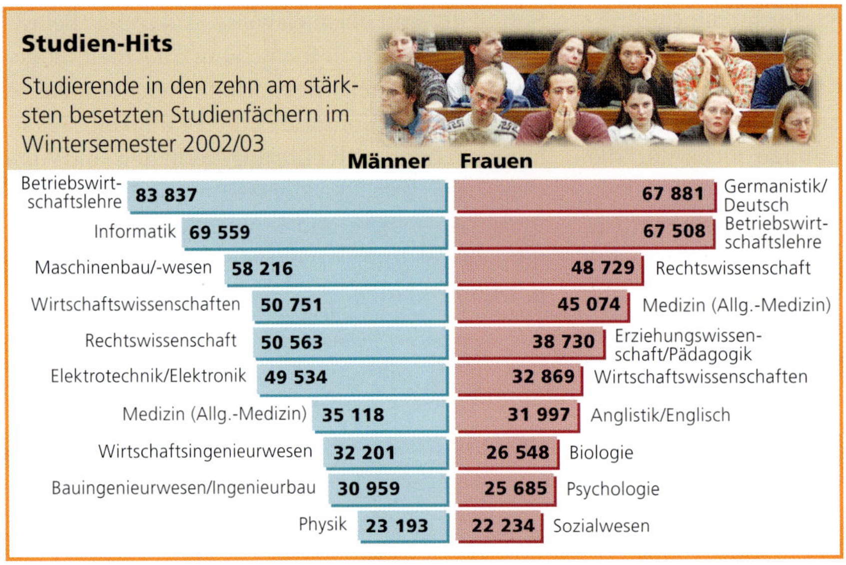

Globus Grafik 8866

M 9 Haben Berufe ein Geschlecht?

Nach einem leichten Anstieg der Frauenanteile [in den gewerblich-technischen Berufen] Anfang der Neunzigerjahre ist die Zahl inzwischen wieder rückläufig. Waren 1991 zum Beispiel im Beruf Tischler/Tischlerin 10,1 Prozent der Azubis weiblich, sank ihr Anteil 2001 auf 7,4 Prozent. Der Frauenanteil unter den angehenden IndustriemechanikerInnen rutschte im gleichen Zeitraum von 8,8 auf 5,4 Prozent.

Um typischerweise männerdominierte Betriebe herum halten sich hartnäckig die veralteten Vorstellungen vom anderen Geschlecht. Meister in gewerblich-technischen Berufen, so heißt es, mögen keine Mädchen in ihren Werkstätten und wimmeln sie notfalls … ab. Andererseits: Junge Frauen stürmen auch nicht gerade die Kfz-Werkstätten, Werkzeugmacher- oder Schreinereibetriebe. …

Das ist umso bedauerlicher, als die jungen Frauen so gut ausgebildet sind wie nie. Es fehlt ihnen aber an Vorbildern, mit denen sie sich identifizieren könnten: Handwerksgesellinnen, Meisterinnen, Technikerinnen, Ingenieurinnen oder Informatikerinnen sind rar. Nach ihren beruflichen Vorstellungen gefragt, antworten Mädchen häufig, sie wollten gern mit Menschen zu tun haben. Die moderne Dienstleistungsideologie, wonach nicht nur in der Altenpflege, sondern auch im Handwerk der Umgang mit Menschen eine Schlüsselqualifikation darstellt, scheint sich weder bei den Jugendlichen noch in vielen Betrieben herumgesprochen zu haben.

Wie auch immer: Berufe haben ein Geschlecht. Sich für einen Beruf und gegen einen anderen zu entscheiden hat oft wenig mit den Inhalten zu tun und mehr damit, wie wir uns als Männer oder Frauen verstehen. Bestimmte Berufe rufen bestimmte Bilder in den Köpfen hervor. Eine Verkäuferin, eine Lehrerin, eine Erzieherin wird eher mit „weiblich“ assoziiert[1] als eine Frau im Blaumann, die an einem Auto schraubt. …

In den IT-Berufen tut sich eine neue Geschlechterkluft auf. Als das Studium der Informatik an den Unis noch als Orchideenfach galt, wurde es gern von Frauen gewählt. Seit das Fach den Zugang zu den Schaltstellen der Informationsgesellschaft verspricht, sinkt der Anteil der Studentinnen. Auch im dualen Ausbildungssystem umweht die Informatik eine herbe männliche Note. Junge Frauen fühlen sich vom Beruf „EDV-Kaufmann/Kauffrau“ nicht mehr angesprochen, seit er in „Informatikkaufmann/frau“ umbenannt wurde – auch wenn sich an den Inhalten nichts geändert hat. Als aus dem Ausbildungsgang „mathematisch-technische(r) Assistent/Assistentin“ der/die „Fachinformatiker/in“ wurde, sank

der Frauenanteil von 60 auf 28 Prozent. Offensichtlich glauben viele, „Assistentin" sei etwas typisch Weibliches.
Ein Vater, der seine Tochter ermuntert, mit Bohrmaschine, Feile oder Computer umzugehen, eine Lehrerin, die Schülerinnen Praktika in einer Elektronikwerkstatt vermittelt, eine Freundin, die Schreinerin lernt, können hilfreich sein. Aber dann ist da immer noch die Berufsberaterin im Arbeitsamt, die zu einer Ausbildung als Altenpflegerin rät, da sind die gleichaltrigen Freunde, die Mädchen im Blaumann doof finden oder meinen, Computer seien Männersache. …
Die Integration von Mädchen und jungen Frauen in technische und naturwissenschaftliche Berufe jenseits von Assistenz- und Zuarbeitefunktionen wird von vielen Akteuren, die auf Berufsentscheidungen Einfluss nehmen, nicht wirklich gewollt.

Claudia Pinl, die tageszeitung – Magazin, 13.9.2003

[1] assoziieren = (gedanklich) in Verbindung (mit etwas) bringen

M 10

Ist die Erziehung schuld? – Ein Erklärungsversuch

Die Berufswahl der Mädchen lässt ein unbewusstes, geschlechtsspezifisches Denken aufgrund der Erziehung deutlich werden, sagt Brigitte Lohmann. Das alte Geflecht „Schule – Heirat – Kinder – keine Karriere" ist oft noch in den Köpfen der Mädchen verankert. Besonders das vorgelebte Verhalten der Mutter in Beruf und Familie wirkt sich prägend auf die Vorstellungen der Mädchen zu ihrer Lebensplanung aus. Auch die Meinungen von Freunden und Bekannten haben großen Einfluss. … Bei der Berufswahl der künftigen Schulabgängerinnen wird die Frage, ob Beruf und Familie miteinander vereinbar sind selten gestellt. Die späteren Verdienstmöglichkeiten werden oft nicht in die Überlegungen einbezogen. Die jungen Mädchen wissen einfach nicht, was das Leben kostet.
Speziell in den typischen Frauenberufen – wie Verkäuferin, Floristin, Friseurin, Arzthelferin – deckt das Einkommen nach der Ausbildung meist nicht einmal das Existenzminimum ab. Die Heirat mit einem besser verdienenden Partner scheint daher schon vorgegeben. Der berufliche Einstieg wird nur als Übergangslösung gesehen. …
Befragt nach Lebensplänen kommen Äußerungen wie: „Klar, erst Schule und Ausbildung, aber dann: Heiraten, Haus mit Garten, Kinder und – keine Karriere." Oder: „Nach der Familienpause vielleicht später mal einen Teilzeitjob."

Jutta Ludwig/Ilona Hauhalter, Frankfurter Rundschau, 20.1.1999

Aufgaben zu M 8 – M 10

1. Das Berufswahlverhalten von Mädchen und Jungen unterscheidet sich. Arbeitet die in M 9 und M 10 enthaltenen Begründungen heraus und diskutiert diese anschließend in der Klasse. Welche weiteren Gründe könnte es geben?

2. Informiert euch über die Aktivitäten des „Girl's Day" (www.girlsday.de) und der Initiative Neue Wege für Jungs (www.neue-wege-fuer-jungs.de) im Internet.
a) Wie beurteilt ihr die Chance, mit solchen Angeboten das Berufswahlverhalten von Jungen und Mädchen zu beeinflussen?
b) Entwickelt in Gruppen Gestaltungsvorschläge für die Umsetzung an eurer Schule.

M 11 BOGY- Berufsorientierung am Gymnasium

1. BOGY – was ist das?

BOGY ist eine Konzeption zur Berufs- und Studienorientierung am Gymnasium, die den Prozess der Berufs- und Studienwahl in den Klassen 10 – 12 in Gang setzt und begleitet. Dabei werden die Behandlung des Berufswahlprozesses im Unterricht, die Angebote der Berufsberatung der Arbeitsämter und der Studienberatung der Hochschulen sowie eine unmittelbare Erkundung in Betrieben bzw. Berufsfeldern in eine möglichst sinnvolle Beziehung zueinander gesetzt.
Den Kern von BOGY bildet die Möglichkeit einer einwöchigen Berufserkundung, die für Schüler/-innen der Klassen 10 oder 11 eingeführt wurde. Dieses Praktikum kann seitdem in Großbetrieben, in kleineren Unternehmen, in einer Praxis oder Kanzlei von Selbständigen, aber auch in gemeinnützigen Einrichtungen oder in der Verwaltung stattfinden. Dabei werden in erster Linie Berufe oder Berufsfelder erkundet, die die gymnasiale Bildung voraussetzen.

nach: www.schule-bw.de/schularten/gymnasium/bogy/index_html (12.4.2006)

2. BOGY-Materialien

Es gibt zahlreiche Materialien zur Unterstützung des BOGY-Prozesses. Sämtliche Materialien können online über die BOGY-Internetseite (www.schule-bw.de/schularten/gymnasium/bogy/index_html) oder das Landesinstitut für Erziehung und Unterricht (www.leu.bw.schule.de/berat/bogy.htm) abgerufen werden:

Für Lehrerinnen und Lehrer

Die „Handreichungen zur Berufs- und Studienorientierung an Gymnasien (BOGY)" stellen eine wichtige Hilfe für Lehrerinnen und Lehrer bei der Umsetzung von BOGY im Unterricht dar. Sie bestehen aus Unterrichtsmodulen für die Jahrgangsstufen 10 bis 13, die einen schüler- und projektorientierten Ansatz verfolgen. Vermittlungstechniken, Visualisierungs- und Moderationsmethoden stehen dabei im Mittelpunkt der verschiedenen Vorschläge.
Außerdem wird die Umsetzung von BOGY im Schulalltag durch eine Vielzahl von Organisationshilfen (Musterschreiben, Adressen etc.) erleichtert (zu finden auf der BOGY-Internetseite).

Für Schülerinnen und Schüler

Der „BOGY-KOMPASS" ist eine Entscheidungshilfe in Form eines Tagebuchs zur persönlichen Berufs- und Studienorientierung für Schülerinnen und Schüler, das auf die Maßnahmen von BOGY an der jeweiligen Schule abgestimmt ist . Der „BOGY-KOMPASS" greift die individuellen Überlegungen und Aktivitäten ab der Klasse 10 bis zum Ende der Schulzeit auf und unterstützt so jede(n) bei der Erforschung, Betrachtung und Bewertung von individuellen Interessen, Neigungen, Eignungen und Stärken.
Der „BOGY-KOMPASS" wird von der Berufsberatung des Landesarbeitsamts Baden-Württemberg herausgegeben und mit Beginn des Schuljahres an alle Klassen 10 der Gymnasien in Baden-Württemberg verteilt. Man kann den „BOGY-KOMPASS" im Einzelfall auch bei der Berufsberatung des örtlichen Arbeitsamtes bzw. beim Herausgeber anfordern.

Für Betriebe

Das BOGY- Handbuch für Betriebe ist ein Leitfaden und Hilfsmittel für die branchenübergreifende Organisation und Durchführung der BOGY- Berufserkundungen, sowohl für kleine und mittlere als auch für große Betriebe. Es wurde gemeinsam von Fachleuten aus der Wirtschaft und von Lehrern, die BOGY in die Praxis umsetzen, verfasst.

www.schule-bw.de/schularten/gymnasium/bogy (14.6.2007)

3. Checkliste zur Vorbereitung der Berufserkundung

Zeitraum	Tätigkeiten und Informationen
Beginn des Schuljahres	Information über die Berufserkundung im Unterricht durch den/die BOGY-Beauftragte/n-Lehrer/in
September	Berufserkundungsmappe anlegen (DIN A 4); Lebenslauf, Begleitschreiben der Schule, Schriftverkehr mit den Erkundungsstellen, Notizen u.ä.
September/ Oktober	Elternabend über Berufserkundung BOGY-Beauftragter informiert Schüler und Eltern
September/ Oktober	**Informationen über Berufe/Berufsfelder sammeln** • Persönliche Recherche (Eltern, Verwandte, Bekannte, Zeitschriften, Internet) • Besuch im BIZ: Informationen über Berufe/Berufsfelder sammeln. Evtl. fachliche Beratung durch Abiturientenberater
Oktober/ November	**Erkundungsstellen suchen:** *Wer hilft?* Familie, Freunde, Bekannte, Ehemalige etc. fragen; Schüler der Klassen 11 oder 12 befragen nach ihren Erfahrungen mit ihren Erkundungsstellen. **Weitere Informationen sammeln:** Gelbe Seiten im Telefonbuch; IHK und HWK; VDI, Berufsinformationszentrum (BIZ). Internet: www.arbeitsagentur.de www.bibb.de www.berufenet.arbeitsamt.de www.abimagazin.de www.unimagazin.de www.berufswahl.de. konkrete Schritte unternehmen: • Telefonische Anfrage • Schriftliche Bewerbung mit Empfehlungsschreiben der Schule an die Erkundungsstellen • Vorstellungs- und Planungsgespräch Bei Absagen nachfragen und weitersuchen; BOGY-Beauftragten nach weiteren Adressen fragen.
Dezember	Zusagen der Erkundungsstellen und Zeitpunkt und Ort für den ersten Erkundungstag bestätigen

www.schule-bw.de/schularten/gymnasium/bogy (2.4.2006)

Die eigene Berufswahl

Wege der Berufsfindung
M 1 – M 5

Den Weg zum passenden Beruf zu finden, ist nicht einfach. Im Laufe unserer persönlichen Entwicklung ändern sich unsere Vorstellungen vom Wunsch- oder Traumberuf immer wieder. Zum Beispiel vom Detektiven, Astronauten hin zum Profifußballer, Journalisten oder Pfarrer. Mit dem Prozess des Älterwerdens gehen wir immer realistischer mit dem Traumberuf um und wir fangen an, unsere Fähigkeiten, Fertigkeiten und Interessen mit den Anforderungen, die ein ganz bestimmter Beruf an die Persönlichkeit des Menschen stellt, abzugleichen. Dabei kommt es immer wieder vor, dass wir Berufswünsche verwerfen, dass sich uns andere Möglichkeiten aufzeigen. Weil es eine nahezu unüberschaubare Anzahl an Ausbildungs- und Studienmöglichkeiten und ebenso viele Berufsbilder gibt, ist es notwendig, sich bei der Entscheidung Hilfe bei den Experten der Berufsberatung zu holen.

Geschlechtsspezifische Berufswahl
M 6 – M 10

Obwohl Jungen und Mädchen gemeinsam aufwachsen und dieselben Schulen besuchen, ihnen dieselben Ausbildungs- und Studienmöglichkeiten offen stehen, wählen Jungen und Mädchen unterschiedliche Studienfächer und Ausbildungsberufe. Zumindest in den westlichen Bundesländern ist zu beobachten, dass immer noch wenige junge Frauen die technischen Fachrichtungen der Hochschulen besuchen und später z.B. den Beruf einer Diplomingenieurin ausüben, das Lehramt an Grundschulen hingegen hauptsächlich von Frauen ausgeübt wird. Gleiches gilt für die Ausbildungsberufe, auch wenn es einige Mädchen gibt, die sich nach der Schule für einen klassischen Handwerksberuf entscheiden. Deshalb sprechen wir von der geschlechtsspezifischen Berufswahl. Dass dieses Bild in den östlichen Bundesländern anders aussieht, liegt an der Berufsförderung in der ehemaligen DDR. Dort wurden Frauen aufgrund eines Arbeitskräftemangels nach dem Zweiten Weltkrieg gezielt in „Männerberufen" ausgebildet, so dass es dort nicht zu der Unterscheidung in typische „Männer"- und „Frauenberufe" gekommen ist. Dies hält noch bis heute an.

BOGY
M 11

BOGY ist ein Angebot der Schulen zur Berufs- und Studienorientierung. Neben der Möglichkeit einer einwöchigen Berufserkundung sollen im Unterricht Fragen zur Berufs- und Studienorientierung geklärt und wichtige Fertigkeiten für die Berufswahl erworben werden. Schülerinnen und Schüler sollen so auf eine fundierte Berufswahlentscheidung vorbereitet werden.

Nützliche Internetadressen

Kapitel Einwanderung

www.integrationsbeauftragte.de/ (Beauftragte der Bundesregierung für Migration, Flüchtlinge und Integration; Informationen zu Fragen der Ausländer-, Migrations- und Flüchtlingspolitik)

www.proasyl.de (Die Organisation Pro Asyl unterstützt Flüchtlinge und setzt sich für die Einhaltung der Menschenrechte ein)

www.unhcr.de/ (Das Amt des Hohen Flüchtlingskommissars der Vereinten Nationen (UNHCR) hilft Millionen von Flüchtlingen und Vertriebenen)

Kapitel Sozialstaat

www.bmgs.bund.de (Bundesministerium für Gesundheit und Soziale Sicherung)

www.destatis.de (Statistisches Bundesamt)

www.die-rente.info (Sonderseite des Bundesministeriums für Gesundheit und Soziale Sicherung mit Informationen zur Rente)

www.sozialpolitik.com (Seite der Arbeitsgemeinschaft Jugend und Bildung e.V. im Auftrag des Bundesministeriums für Gesundheit und Soziale Sicherung; mit Informationen zum Sozialstaat speziell für Schüler)

Kapitel Recht und Rechtsprechung

www.abc-recht.de (Rechtsratgeber mit vielen Informationen)

www.bka.de/pks/pks2004/index.html (Bundeskriminalamt, polizeiliche Kriminalstatistiken)

www.bundesverfassungsgericht.de (Bundesverfassungsgericht)

http://dejure.org (Gesetzesdatenbank, sämtliche Gesetze online mit Suchmaschine)

www.jugendschutz.net (Seite der Länder zum Thema Jugendschutz im Internet)

www.ratgeberrecht.de (Rechtsportal der ARD, Thema Recht im Alltag, Lexikon, Gerichtsurteile)

Kapitel Der politische Willensbildungs- und Entscheidungsprozess in Deutschland

www.politische-bildung.de (Informationsportal der Bundeszentrale und der Landeszentralen für politische Bildung, mit hervorragend sortierter Linkliste zu allen politischen Themen)

www.bpb.de (Bundeszentrale für politische Bildung, zahlreiche Online-Publikationen, Politik-Lexikon)

www.bundesregierung.de (Bundesregierung)

www.bundestag.de (Bundestag)

www.bundespraesident.de (Bundespräsident)

www.bundesrat.de (Bundesrat)

www.bundeswahlleiter.de (Informationen zu Wahlen und Wahlrecht des Statistischen Bundesamtes)

Kapitel Internationale Politik: Demokratie und Menschenrechte

www.amnesty.de (Amnesty International Deutschland, mit Informationen zum Thema Menschenrechte)

www.auswaertiges-amt.de (Seite des Außenministeriums, mit vielen Nachrichten, Länderinfos und zahlreichen nützlichen Links zu internationalen Organisationen)

www.bundeswehr.de (Bundeswehr)

www.bmvg.de (Bundesministerium der Verteidigung)

www.hrw.org/ (Human Rights Watch; die Menschenrechtsorganisation setzt sich für den Schutz der Menschenrechte ein)

www.nato.int (Internetauftritt des Nordatlantischen Bündnisses)

www.runiceurope.org (Regionales Informationszentrum der Vereinten Nationen (RUNIC), übersichtliche Seite mit Informationen zur Arbeit und Aufbau der UNO)

www.terre-des-femmes.de/ (Terres des Femmes ist eine gemeinnützige Menschenrechtsorganisation für Frauen und Mädchen, die durch internationale Vernetzung, Öffentlichkeitsarbeit, Aktionen, Einzelfallhilfe und Förderung von einzelnen Projekten Frauen und Mädchen unterstützt)

Kapitel Integratives Modul: Globale Herausforderungen und Zukunftssicherung – das Beispiel China

www.china.org.cn/german/index.htm (staatliche Webseite der VR China mit Informationen zur aktuellen Politik aus staatlicher Sicht und allgemeinen Landesinformationen)

www.chinaweb.de (Katalog mit Links zum Thema China)

www.forumue.de (35 Nichtregierungsorganisationen gründeten das Forum Umwelt und Entwicklung, Informationen zur Nachhaltigkeit und zum Agenda 21-Prozess)

www.learn-line.nrw.de/angebote/agenda21/ (umfassende Linksammlung zum Thema Nachhaltigkeit und Agenda 21)

Kapitel Die Zukunft Europas und der Europäischen Union

www.eiz-niedersachsen.de (Europäisches Informationszentrum Niedersachsen, gut aufbereitete Seite zum Thema Europa mit aktuellen Publikationen, dazu die Jugend-Seite www.entdeckeeuropa.de)

www.europa.eu.int (Offizieller Server der Europäischen Union, mit umfassenden Informationen über die Arbeit der EU, Austausch- und Förderungsprogramme, Dokumente zum Download)

www.europa.eu.int/citizens (Das Europa Bürgerinformationssystem bietet Leitfäden und Ländermerkblätter im Hinblick auf Wohnen, Arbeiten, Studium, Ausbildung und vieles mehr)

www.europa-digital.de (Europäische Nachrichten und Hintergrundinformationen)

Kapitel Wirtschaftsordnung und Kapitel Wirtschaftspolitik

www.bda-online.de (Bundesverband der Deutschen Arbeitgeberverbände (BDA), gute aktuelle Informationen)
www.bmwi.de/ (Bundesministerium für Wirtschaft und Technologie)
www.bmas.bund.de/ (Bundesministerium für Arbeit und Soziales)
www.bundesfinanzministerium.de (Bundesministerium der Finanzen)
www.chancenfueralle.de (Seite der Initiative Neue Soziale Marktwirtschaft e.V., mit vielen Wirtschaftsinfos und einem sehr guten Wirtschaftslexikon)
www.dgb.de (Seite des Deutschen Gewerkschaftsbundes, mit Informationen zu Interessen und Rechten von Arbeitnehmern, Link zur Seite der DGB-Jugend)
www.diw.de/deutsch/produkte/publikationen/school/ (Zeitschrift DIW@School des Deutschen Instituts für Wirtschaftsforschung Berlin mit verständlich geschriebenen Beiträgen zu Wirtschaftsthemen)
www.iwkoeln.de (Institut der deutschen Wirtschaft Köln, mit den Publikationen iwd und Wirtschaft und Unterricht)
www.schulbank.de (Schulseite des Bundesverbandes deutscher Banken mit zahlreichen Wirtschaftsnachrichten und Sonderthemenseiten speziell für Schüler)
www.wr-unterricht.de/ (umfangreiche Materialsammlung zum Thema Wirtschaft und Recht)

Kapitel Arbeit und Beruf

www.arbeitsagentur.de (Bundesagentur für Arbeit)
www.berufenet.arbeitsamt.de (Seite der Bundesagentur zur Berufswahl)
www.girlsday.de (Zukunftstag für Mädchen)
www.iab.de (Institut für Arbeitsmarkt und Berufsforschung)
www.orientiere-dich.de (Seite mit Informationen zu verschiedenen Berufen und Studiengängen)
www.schule-bw.de/schularten/gymnasium/bogy (BOGY; umfassende Informationen zur Berufs- und Studienorientierung am Gymnasium)

Kleines Politiklexikon

Abgeordnete
Die gewählten Mitglieder eines Parlaments.

Agenda 21
Handlungsprogramm für eine nachhaltige Wirtschaftsweise der Staaten, verabschiedet im Jahr 1992 in Rio de Janeiro. Die Lokale Agenda 21 soll das Programm auf lokaler Ebene (Städte und Gemeinden) verwirklichen.

Betriebsrat
Die gewählte betriebliche Interessenvertretung der Arbeitnehmer in Betrieben. Der Betriebsrat hat gesetzlich abgestufte Informations-, Beratungs- und Mitbestimmungsrechte in wirtschaftlichen, sozialen und personellen Fragen. Er ist keine Vertretung der Gewerkschaften und ist zur vertrauensvollen Zusammenarbeit mit der Betriebsleitung verpflichtet.

Binnenmarkt
Ein Wirtschaftsraum, in dem einheitliche Bedingungen für den Verkehr von Waren, Dienstleistungen und Kapital herrschen. BürgerInnen können ihren Wohn- und Arbeitsort frei wählen. Der Binnenmarkt in der EU wurde zum 1. Januar 1993 verwirklicht.

Bruttoinlandsprodukt (BIP)
Wert aller Sachgüter und Dienstleistungen ohne Vorleistungen, die in einem bestimmten Zeitraum innerhalb der Landesgrenzen einer Volkswirtschaft erzeugt werden.

Bund (Bundesstaat)
Der Zusammenschluss mehrerer Staaten zu einem Gesamtstaat, zum Beispiel die Bundesrepublik Deutschland mit allen Bundesländern.

Bundeskanzler
Der Chef der Bundesregierung. Er bestimmt die Richtlinien der Politik und trägt die Verantwortung dafür.

Bundespräsident
Das Staatsoberhaupt der Bundesrepublik Deutschland. Er repräsentiert Deutschland nach außen. Außerdem gehören zu seinen Aufgaben die Ernennung und Entlassung der höchsten Staatsbeamten und die Unterzeichnung der vom Bundestag verabschiedeten Gesetze.

Bundesrat
Der Bundesrat ist ein Teil der Legislative. Über ihn wirken die Länder an der Gesetzgebung des Bundes mit. Der Bundesrat muss bei Gesetzen, die Länderinteressen berühren oder die Verfassung ändern, zustimmen, damit diese in Kraft treten können. Bei anderen Gesetzen kann er Einspruch erheben, der aber vom Bundestag überstimmt werden kann.

Bundestag
Name des deutschen Parlaments, s. dort!

Bundesverfassungsgericht
Das oberste Gericht der Bundesrepublik. Es entscheidet z. B. bei Meinungsverschiedenheiten darüber, ob ein Gesetz verfassungsgemäß ist. Jeder Bürger kann es außerdem anrufen, wenn er meint, in einem seiner Grundrechte verletzt worden zu sein.

Bürgerinitiative
Lockerer, zeitlich befristeter Zusammenschluss von Bürgerinnen und Bürgern, die wegen eines bestimmten Anliegens Einfluss auf die Politik nehmen möchten.

Demokratie
Das Wort stammt aus dem Griechischen und bedeutet Herrschaft des Volkes. Die Beteiligung aller Bürgerinnen und Bürger an allen Abstimmungen kann nur in sehr kleinen Staatsgesellschaften verwirklicht werden (direkte Demokratie). Wo dies nicht möglich ist, wählt das Volk Vertreter (Repräsentanten), die für das Volk handeln (repräsentative Demokratie).

Europäische Union
Die Gemeinschaft von heute (2006) 25 europäischen Staaten wurde 1957 als Wirtschaftsbündnis gegründet. Neben der gemeinsamen Politik in allen wirtschaftlichen Bereichen wurde im Vertrag von Maastricht (1992) auch eine Zusammenarbeit in der Außen- und Sicherheitspolitik sowie der Justiz- und Innenpolitik beschlossen.

Europäische Zentralbank (EZB)
Die EZB wurde am 1.6.1998 gegründet und bildet zusammen mit den nationalen Notenbanken das Europäische System der Zentralbanken. Die EZB ist von politischen Weisungen unabhängig und seit der Einführung des Euro am 1.1.1999 für die Geldpolitik im Euro-Raum (2006: 12 Staaten) zuständig. Ihre Hauptaufgabe ist es, die Preisstabilität zu garantieren. Darüber hinaus unterstützt sie auch die allgemeine Wirtschaftspolitik.

Exekutive
Die ausführende Gewalt, d.h. Regierung und Verwaltung.

Föderalismus
Gliederung eines Staates in Gliedstaaten (in der Bundesrepublik Deutschland die Bundesländer) mit eigener Verfassung, Regierung und Parlament. Bezeichnet auch das Bestreben, die Rechte der Gliedstaaten zu wahren.

Fraktion
Alle Abgeordneten einer Partei im Parlament.

Fünf-Prozent-Klausel
Vorschrift, dass alle Parteien bei einer Wahl mindestens fünf Prozent der gültigen Zweitstimmen erhalten müssen, um ins Parlament zu kommen, bzw. um an der Sitzverteilung teilnehmen zu können.

Gewerkschaft
Freiwilliger Zusammenschluss von Arbeitnehmern, um gemeinsame wirtschaftliche, soziale und berufliche Interessen besser durchsetzen zu können.

Globalisierung
Die wachsende Verflechtung der Weltwirtschaft, ermöglicht u.a. die Ausweitung der Kommunikationsmedien und enger Verkehrsverbindungen. Die Globalisierung bewirkt auch in einigen Bereichen eine Vereinheitlichung der Lebensstile. Außerdem wird die Weltöffentlichkeit zunehmend zur Kontrollinstanz für politisches Fehlverhalten.

Grundgesetz
Die Verfassung der Bundesrepublik; sie regelt den Aufbau, die Aufgaben und das Zusammenspiel der Staatsorgane. Im Grundgesetz werden auch die Grundrechte garantiert.

Grundrechte
In der Verfassung garantierte Rechte, die für jeden Einzelnen gewährleistet werden, wie zum Beispiel die Meinungsfreiheit, die Versammlungsfreiheit und die Menschenwürde.

Inflation
Prozess anhaltender Preisniveausteigerungen bzw. anhaltender Geldentwertung.

Judikative
Die rechtsprechende Gewalt; sämtliche Gerichte der Bundesrepublik Deutschland.

Jugendstrafrecht
Das Jugendstrafrecht ist ein besonderes Strafrecht für Jugendliche, das im Jugendgerichtsgesetz (JGG) geregelt ist. Es findet Anwendung auf Jugendliche zwischen 14 und 18 Jahren. Auf Heranwachsende zwischen 18 und 21 Jahren kann es angewendet werden. Kinder unter 14 Jahre sind strafunmündig. Während Erwachsene mit Haft- oder Geldstrafen bestraft werden, sieht das JGG einen breiten Katalog von Strafmöglichkeiten vor, der Strafzweck der Erziehung steht im Vordergrund.

Kabinett
Der Kanzler, die Minister und politischen Beamten (Staatssekretäre).

Koalition
Zusammenschluss zweier oder mehrerer Parteien, die gemeinsam eine Regierung bilden und Gesetzentwürfe ausarbeiten.

Konstruktives Misstrauensvotum
Der Bundestag kann den Bundeskanzler nur durch die Wahl eines neuen Kanzlers (konstruktiv!) zum Rücktritt zwingen.

Legislative
Die gesetzgebende Gewalt; sie wird in der Bundesrepublik Deutschland von Bundestag und Bundesrat ausgeübt (auf Landesebene von den Länderparlamenten).

Mandat
Auftrag; der Wähler beauftragt durch die Wahl einen Politiker, seine Interessen zu vertreten.

Mehrheitswahlrecht
Danach ist gewählt, wer in seinem Wahlkreis die Mehrheit der Stimmen erhalten hat, die Minderheiten werden nicht berücksichtigt. Relative Mehrheit: Gewählt ist, wer die meisten Stimmen hat. Absolute Mehrheit: Gewählt ist, wer mehr als die Hälfte der Stimmen erzielt. Qualifizierte Mehrheit: eine vereinbarte Mehrheit, z.B. 2/3 der Stimmen, muss erreicht werden.

Menschenrechte
Das sind die persönlichen Rechte, die jedem Menschen von Geburt an zustehen, z. B. das Recht auf Meinungsfreiheit.

NATO
(= North Atlantic Treaty Organization, deutsch: Nordatlantikpakt) Verteidigungsbündnis zwischen europäischen Staaten, den USA und Kanada mit dem Ziel der Stärkung der Sicherheit durch politische, wirtschaftliche und militärische Zusammenarbeit.

Opposition
Alle Personen und Gruppen, die der Regierung im Parlament gegenüberstehen und sie kritisieren.

Parlament
Die Versammlung der vom Volk gewählten Abgeordneten. Das Parlament regt Gesetze an, bewilligt sie und kontrolliert die Regierung. In einer parlamentarischen Demokratie nimmt vor allem die Opposition die Kontrollfunktion wahr, da die Mehrheit im Parlament die Regierung trägt.

Parteien
Politische Gruppen, die über einen längeren Zeitraum Einfluss auf die politische Willensbildung nehmen. Sie sind bereit, in Parlamenten und Regierungen, Verantwortung zu übernehmen.

Produktion
Bezeichnet die Erstellung betrieblicher Leistungen (Güter- und Dienstleistungen) durch die Kombination und Umwandlung von Produktionsfaktoren (Arbeit, Boden, Kapital, (Wissen)).

Rechtsstaat
Alle staatlichen Handlungen sind an Recht und Gesetz gebunden, für jeden Bürger gelten die gleichen Gesetze.

Soziale Marktwirtschaft
Die Soziale Marktwirtschaft ist eine Wirtschaftsordnung, die den Grundsatz der Freiheit auf dem Markt mit dem des sozialen Augleichs verbindet.

Sozialstaat
Bezeichnung für einen Staat, der seinen Bürgern ein Existenzminimum sichert, wenn sie in Not geraten sind, und für einen gerechten Ausgleich zwischen Reichen und Bedürftigen sorgt. In Deutschland geschieht dies z.B. durch die Sozialversicherungspflicht und durch staatliche Unterstützung, wie die Sozialhilfe, Kindergeld oder Ausbildungs- und Arbeitsförderung.

Sozialversicherungssystem
Bezeichnung für die Gesamtheit gesetzlicher Pflichtversicherungen in Deutschland (Arbeitslosen-, Renten-, Kranken-, Pflege- und Unfallversicherung). Die Sozialversicherung versichert den Einzelnen gegen Risiken für seine Existenz. Sie ist organisiert nach dem Solidarprinzip. Sozialversicherungspflichtig sind alle abhängig Beschäftigten. Die Versicherungsbeiträge teilen sich Arbeitgeber und Arbeitnehmer.

Tarifvertragsparteien
Dazu zählen Gewerkschaften (vertreten die Arbeitnehmer) und Arbeitgeberverbände (vertreten die Arbeitgeber). Im Rahmen der Tarifautonomie handeln diese beiden Interessengruppen in eigener Verantwortung Tarifverträge aus, die Löhne, Arbeitszeiten und sonstige Arbeitsbedingungen regeln sollen. Der Staat darf sich nicht einmischen.

UNO
(= United Nations Organization, deutsch: Vereinte Nationen) Eine nach dem Zweiten Weltkrieg gegründete Organisation, die die Wahrung des Friedens und der Menschenrechte in der Welt zum Ziel hat. Fast alle Staaten der Welt sind Mitglieder der UNO.

Verbände
Organisierte Gruppen, die auf die Politik Einfluss nehmen möchten, ohne politische Verantwortung zu übernehmen. Zur Verfolgung gemeinsamer Interessen werden Zusammenschlüsse gebildet, z.B. Berufsverbände.

Verhältniswahlrecht
Jede Partei bekommt so viele Sitze im Parlament, wie sie prozentual Stimmen von den Wählern erhalten hat. Auch Minderheiten werden berücksichtigt.

Wahlen
Verfahren der Berufung von Personen in bestimmte Ämter durch Stimmabgabe einer Wählerschaft. In Demokratien werden die wichtigsten Staatsämter durch Wahlen besetzt. Demokratische Wahlen müssen die Bedingungen allgemein, frei, gleich und geheim erfüllen. Das genaue Wahlverfahren (Verhältniswahl, Mehrheitswahl) ist meist in Wahlgesetzen geregelt.

Währungsunion
Zusammenschluss souveräner Staaten mit vorher unterschiedlichen aber gleich starken Währungen zu einem einheitlichen Währungsgebiet. Im Gegensatz zu einer Währungsreform bleibt der Geldwert beim Übergang zu einer Währungsunion erhalten.

Register

Zur Benutzung: Die wichtigsten Fundstellen der Begriffe sind **fett** gedruckt. Hier steht der Begriff in einem zentralen Zusammenhang oder wird eingehend erläutert. Wird ein Begriff in einer infobox oder im Glossar erklärt, so ist der Seitenverweis blau gedruckt. Personennamen sind ***kursiv*** gedruckt.